Jürgen Wippich
Denk nicht an blau

Reihe
Pragmatismus & Tradition
Band 36
Herausgegeben
von Thies Stahl

Inhalt

Für wen ist dieses Buch geeignet?

„Denk nicht an blau." Falls Sie herausgefunden haben, wie Sie dieser Manipulation entgehen, können Sie das Buch wieder ins Regal zurückstellen. Sie wissen über die Grundlagen menschlicher Erkenntnis genügend Bescheid. Sie können gefahrlos und unbeschadet durch das Zeitalter der Information marschieren. Falls Sie aber mehr über diesen ulkigen Satz erfahren wollen, sollten Sie ein wenig weiterlesen.

Für wen ist dieses Buch geeignet?

Für Personen, die eigenverantwortlich handeln können. Für Menschen, die das Modell: „Die-Welt-ist-ein-Uhrwerk-und-ich-bin-nur-ein-kleines-Rad" abgelegt haben, und die eine wesentliche Grundidee des NLP, nämlich die Verwandlung externaler Kontrollvariablen in innere Entscheidungsvariablen, wirklich ernst nehmen wollen. Durch diese zauberhafte Verwandlung bekommt die Person mehr „choice", zu deutsch: Wahlmöglichkeiten im Handeln, Empfinden und Denken. Das wiederum ist ein Bedürfnis vieler Menschen, und zwar nicht nur solcher, die sich für NLP interessieren. Mit dem Gedanken an „choice" bewegen wir uns auf dem Gebiet der Ethik. Mit ethischen Fragen wird das Buch abschließen. Das Buch richtet sich an Menschen, die ethisch handeln möchten, ohne zum Moralapostel zu werden. An Personen, die eine Entscheidung in Richtung „Ich will" oder „Ich kann tun" getroffen haben. Deshalb mag ich auch nicht im Sinne einer Mission schreiben, die ja ein verstecktes „Du sollst" in sich birgt. Ich mag also weniger dem Leser eine Wahrheit oder Idee vermitteln, sondern eher über wichtige Geschehnisse nachdenken. Der Leser kann diesen Vorgang des Nachdenkens begleiten.

Vermutlich werden Personen, die sich mit folgenden Themen beschäftigen, viel Spaß am Nachdenken haben:
- Erweiterung des traditionellen NLP
- Hypnotherapie und die Psychotherapie M.H. Ericksons
- systemisches Coaching und Therapie
- strategische Therapie
- Wärme und Menschlichkeit in der Systemischen Therapie
- Konfliktmanagement und Umgang mit Gewalt
- Chaos-Management und Umgang mit Kreativität
- mentales Training im Sport
- Umgang mit Computern
- Klientenzentrierte Therapie

- Provokative Therapie
- menschliches Lernen, Wachsen, Heilen
- transkulturelle Fragen und Glaubenssysteme
- Kybernetik lebender Systeme

Für wen ist das Buch *weniger* geeignet?

Menschen, die in Ursache- und Wirkungsketten denken, werden zwischen den Buchdeckeln ebensowenig Freude haben wie Personen, die noch dem orthodoxen psychoanalytischen Gedankengut verhaftet sind. Die Fragen, über die ich nachdenken werde, haben fast ausschließlich entweder mit kybernetischen* Grundlagen zu tun oder mit uralten taoistischen Weisheiten. Beide Gebiete erfreuen sich der Schönheit des „WAS geschieht" oder der Erotik des „WIE". Sie stellen weniger die Frage nach dem **„WARUM"**. Ungeeignet ist das Buch für:

- Personen, die glauben, daß man etwas erklären könnte, was nicht in Worte zu fassen ist
- Sucher nach einer „objektiven Wahrheit"
- Menschen, die andere Menschen direkt kontrollieren wollen
- Personen, die Glaubenssätze beibehalten wollen, wie: die Erde sei eine Scheibe und das Gehirn sei ein kleiner Computer
- Menschen, die glauben, man könne etwas erkennen ohne dabei etwas zu fühlen
- Menschen, die glauben, man könnte Berliner Luft in Dosen abfüllen und weltweit vermarkten
- Menschen, die bei der Formel 2+2=4 in Panik geraten, und das Buch wieder beiseite legen
- Menschen, die meinen, Systemische Therapie sei ein ausschließlich logischer Vorgang

---

* Kybernetik ist die Wissenschaft des Steuerns und Regelns in lebenden wie auch maschinellen Systemen. Dabei geht es um Systeme, die geschlossen sind für Regeln und Information, also ‚informationsdicht', aber offen für Energie. Das Wort kommt aus dem Griechischen: kybernetes – Steuermann, bzw. Steuermannskunst; kybernan – steuern, leiten.

Danksagung

Die Klientenzentrierte Gesprächspsychotherapie und die Verhaltenstherapie, meine beiden ersten Psychotherapieformen, hatte ich damals eher als Konzept gelernt. Ich orientierte mich an Untersuchungsergebnissen, die man aufgrund klar festgeschriebener Regeln erstellt hatte. Natürlich hatte ich damals von meinen beiden Ausbildern, Wolf Rüdiger Minsel – übrigens jetzt auch Familientherapeut – und Manfred Zielke, sehr viel gelernt. Dafür bin ich ihnen immer noch zu Dank verpflichtet. Nichtsdestotrotz legte ich damals meine Zielrichtung des Lernens in äußere Vorgänge. Wie wohl sehr viele meiner Studienkollegen hatte ich Angst vor meinen eigenen Entscheidungen. So gab ich damals einem Gott mit dem Namen „Gaußsche Normalverteilung" die Verantwortung für die Vorgänge, die bei psychotherapeutischen und anderen Veränderungsprozessen des Lebens richtig oder falsch waren.

Einhergehend mit dem Lernen von NLP, Hypnotherapie nach Milton H. Erickson* sowie Systemischer Therapie bzw. systemischer Weltsicht, kehrte sich dieser Vorgang nahezu ins Gegenteil um. Da dieses Lernen in direkter Beziehung mit den Personen geschah, von denen ich lernen konnte, möchte ich ihnen an dieser Stelle meinen Dank aussprechen und beschreiben, für welche Vorgänge sie in meiner Entwicklung einen Raum bereitgestellt hatten. Mag sein, daß diese Danksagung dem einen oder anderen Leser zu mächtig oder zu umfangreich erscheint. Er sollte dann einfach weiterblättern. NKS ist mit denjenigen Personen verbunden, die es vertreten. Es ist weniger mit einem Konzept verknüpft. Diesen Vorgang darzustellen, war einer der Gründe, dieses Buch zu machen. So beschreibe ich an dieser Stelle, wie ich von diesen Personen gelernt habe. Aus diesem neuen Lernen konnte sich NLP schließlich in NKS – Neurokybernetische Selbstorganisation – verwandeln. Das geschah in jüngster Zeit mit der ganz persönlichen Hilfe Heinz von Foersters. Deshalb möchte ich mit ihm beginnen. Anschließend möchte ich mich an meine anderen Lehrer und Lehrerinnen zurückerinnern.

Heinz von Foerster habe ich kennengelernt, kurz bevor ich mit dem Schreiben dieses Buches begann. Es geschah durch unsere Tagung „Balance und Metabalance II", ein Begriff, der von Terry Tafoya erfunden wurde. Zunächst war ich ihm für eine zweistündige Nachhilfestunde zu tiefstem Dank verpflichtet, in der er mir bestätigte, daß all meine Gedanken zur Kritik des NLP ihre Richtigkeit hatten. All

---

* Strategische Therapie setze ich in diesem Buch mit der Hypnotherapie Ericksons gleich. Jay Haley, einer der Begründer von Strategischer Therapie, soll gesagt haben, daß nicht eine Sitzung vergeht, in der er etwas tut, was er von Erickson gelernt habe.

die Zweifel, die ich in den letzten Jahren mit mir herumtrug, waren plötzlich vom Winde verweht. In diesem ganz persönlichen Gespräch berührte mich aber noch viel mehr seine ethische Grundhaltung und seine Fähigkeit, mich zu verzaubern. Selbstverantwortung und Konstruktivismus sind ohne tiefe persönliche Empfindungen leere Phrasen. Heinz von Foerster lebt Konstruktivismus. Vor der Begegnung mit ihm hätte ich es kaum für möglich gehalten, daß Menschen nach einem Vortrag mit vordergründig logischen und erkenntnistheoretischen Inhalten so berührt sind, daß sie Tränen in den Augen haben. Sein Spiel mit Zahlen, Logik und Klarheit zeigte mir, wie notwendig es in unserer Zeit ist, mit Wissen, Wissenschaft und Weisheit auf eine verantwortliche Art und Weise umzugehen. Der damaligen Nachhilfestunde sind noch weitere Begegnungen und zahlreiche Telefonate nach Pescadero/Kalifornien gefolgt. Heinz von Foerster hat dieses Manuskript gelesen. Dafür danke ich ihm herzlichst. Seine Unterstützung hat mir sehr geholfen und mich gedanklich immer wieder einen Schritt weitergebracht. Ich glaube, daß ich nach der Vollendung dieser Lektüre die Genialität seiner Arbeit besser verstehe. Ich glaube, er ist einer der wichtigsten Denker unserer Zeit.

Tony Manocchio – bevor ich Tony begegnet war, hatte ich mich auf die hypnotische Seite Ericksons konzentriert. Aus Ericksons Schriften ging aber immer wieder hervor, daß es da noch etwas anderes geben mußte, arbeitete er doch mit Aufgaben und Anweisungen, die wahre Wunder bewirkten, mir aber völlig unverständlich vorkamen. Viele Hypnotherapeuten gebrauchten immer wieder Worte wie „Symptomverschreibung", „Utilisation", „paradoxe Therapie", „Ordealtherapie" und „Reframing". Also stürzte ich mich auf „Reframing", bemerkte aber bald, daß das auch nicht das war, was Erickson gemeint haben mußte.

In Tony Manocchios Kursen konnte ich endlich mit Symptomverschreibungen umgehen lernen. Das Wundermittel „Paradoxie" wurde mir endlich klar. Weiterhin aber auch eine völlig andere Weltsicht: nämlich Lernen durch Tun. Aufhören, alles zu analysieren. Die Sinnlosigkeit des „Warum" und die Sinnfülle der „Schönheit des Wie" konnte sich in mir herausbilden. Handeln statt sich durch Erklärungen und innere Dialoge am Handeln zu hindern. In vielen Bereichen fand ich zur Klarheit. Begeisterten mich vorher Ericksons „Confusion technics", so begann ich nun die Maßnahmen dieses 66jährigen hervorragenden Praktikers zu bewundern, die in ihrer Einfachheit an japanische Strichzeichnungen erinnerten, und der, wie Erickson, keine Probleme zu haben schien, mit Macht, Autorität, Hierarchien und Manipulation umzugehen. Ähnlich wie Erickson war er immer „one down", strahlte dabei aber eine starke Sicherheit und Kraft aus. So lernte ich paradoxerweise eine Menge über Ethik, Grundhaltung und Selbstverantwortung. Und ein wenig mehr über die eigenständige Kraft des Unbewußten. Von Tony Manocchio habe ich Strategische Therapie und Strategische Supervision gelernt.

14

Max van Trommel – die Literatur des von den NLP-Leuten immer wieder zitierten Gregory Bateson führte mich zwangsläufig zur Systemischen Familientherapie, zudem ich durch meine Arbeit in der Psychiatrie immer wieder mit schweren Beeinträchtigungen wie Psychosen und sogenannten schizophrenen Mustern konfrontiert wurde. Als Max van Trommel sein erstes Seminar durchführte, hatte ich dann auch einen sehr logischen und emotional abstinenten Menschen erwartet, der ständig eine mentale Einwegscheibe vor sich herträgt. Ich war überrascht, das Gegenteil erleben zu dürfen. Max van Trommel verkörperte in seiner Arbeit mit Familien genau das, was Carl Rogers als die Grundlagen für positive Veränderungsprozesse in Einzeltherapie bezeichnet, nämlich Kongruenz, Empathie, emotionale Wärme und positive Wertschätzung. Weiterhin konnte ich Verbindungen finden zwischen Sprachmustern wie zirkulären Fragen und Empathie, die ich später mit dem NLP verknüpfte, so daß sich neue Muster daraus ergeben konnten. Ich war begeistert, wie Max ganz direkt die Ideen Maturanas in die Praxis übersetzte.

Terry Tafoya – Erickson wurde einmal gefragt, ob seine norwegische Herkunft für seine sehr praxisbezogene hypnotherapeutische Arbeit wichtig sei. Er soll geantwortet haben: „Ich hatte eine indianische Großmutter." Die Bedeutung dieses Satzes ist mir erst durch die Erfahrung mit Terry Tafoya klargeworden. Während einer Fahrt an den Gardasee erzählte er mir sehr viel über seine Klienten, seine indianischen Ursprünge und die Verbindung zur Arbeit M.H. Ericksons. Dadurch wurde mir über Erickson vieles klar, was ich unbewußt geahnt hatte. Z.B. zeige ich seit ca. vier Jahren unseren Fachpflegern den Film „Der Schamane" (der Hauptdarsteller ist ein traditioneller indianischer Heiler), um ihnen den Gegensatz zwischen westlichen psychiatrischen Systemen, natürlichen Heilmethoden und Ericksons Arbeit durchsichtig und greifbar zu machen. Ich scheute mich jedoch, den Film in Wochenendworkshops vorzustellen, da ich der Meinung war, daß die Kursteilnehmer einen Zusammenhang zwischen M.H. Erickson und dem indianischen Schamanen kaum sehen würden, da ich damals noch nicht in der Lage war, präzise über innere und äußere Landkarten zu sprechen.

Mittlerweile ist mir klar, daß das Erfahren internaler Strukturen und Muster eine Grundlage der Neurokybernetischen Selbstorganisation ist. Im Kennenlernen fremder Kulturen sehen wir unsere eigenen. Und da kulturelle Glaubenssysteme die persönlichen Lebenslieder ausrichten, diese wiederum „Wahr-nehmung" und Sprache regulieren, sollte man vielleicht mit dem Studium fremder Kulturen und ihrer Glaubenssätze beginnen, wenn man seine eigenen klären will.

In seiner Gegenwart lernte ich lernen zu sehen. In einem Cafe in Torbole sagte er: „Schau, diese Leute könnten alle in San Francisco sitzen. Aber die Leute hier haben alle ganz andere Verhaltensmuster als dort." Immer wieder faszinierte es mich, wie konkret er sehr feine, nichtverbale Reaktionen in Paarbeziehungen oder bei Einzelpersonen beobachtete und beschrieb. Dabei ist er in der Lage, Vorgänge aus den Augen des Wissenschaftlers (dissoziiert) zu beschreiben. (Sein indianischer Name ist X'-aiyama-yai, frei übersetzt: das geistige Auge des Adlers.) So behauptet er, ähnlich wie Bandler und Grinder oder Vaihinger, daß ein Wort nicht „wahr" sein kann, und so kann seiner Meinung nach auch eine Definition nicht gleichzeitig der Kontext sein. Ein Gedanke, den wir in unseren Seminaren schon oft gestreift hatten. Während dieser Gespräche hatte ich noch den Vormittag im Kopf, an dem er einige indianische Geschichten in Verbindung mit Ericksonschen Metaphern erzählt hatte. Dabei war ich wohl die meiste Zeit in Trance. Ich erinnere mich jedoch noch an meinen Ärger über meine Vergeßlichkeit, all das nicht auf Video aufgenommen zu haben und an ein „Reframe", daß man solche Vorgänge im Herzen behalten wird. So sind dann meine Ausführungen hier auf diesem weißen Papier lediglich Fragmente.

Humberto Maturana – Texte und Bücher von Maturana zu lesen ist nicht jedermanns Sache. Die narrative spanische Sprache verleitet zu langen Schachtelsätzen, die vom Englischen ins Deutsche übersetzt werden. Weiterhin ist das Gedankengut erstens ungewöhnlich und zweitens zirkulär. Wolfram Köck sagte mir, daß er nach der Übersetzung eines seiner Bücher den Eindruck gehabt habe, nichts verstanden zu haben. Als er den Meister dann in einem Seminar persönlich erlebte, fiel es ihm wie Schuppen von den Augen. Mir ging es ähnlich. Ich fühle mich Humberto Maturana zu tiefstem Dank verpflichtet. In seinem Seminar drückte er all das aus, was ich jahrelang in der personenbezogenen Gesprächspsychotherapie ganz praktisch erlebt hatte. Mir war sofort klar, daß all die theoretischen Gedanken, die er mit der Lebendigkeit und Leidenschaft des Südländers darstellte, genau das ausdrücken, was ich in meinen hypnotherapeutischen Kursen immer wieder erlebt hatte. Es war Zufall, aber gegen Ende des Seminars kehrte meine Frau Ingrid von einem Erickson-Kongreß aus Phoenix, Arizona, zurück, und wir erfuhren, daß Humberto Maturana und Heinz von Foerster seit über 30 Jahren in engster Arbeitsgemeinschaft standen.

Frank Farrelly – bei Frank ist alles extrem. Wenn man Tony Manocchio als einen Künstler sieht, der mit wenig Linien viel ausdrückt, wird Frank ein riesiges barockes Gemälde erstellen. Ich habe viel von ihm gelernt: direkte und risikoreiche Kommunikation, Körperkontakt, Umgang mit Sexualität, Mißbrauch, Kreativität, Flexibilität, nicht gleich fünfzehn, aber zumindest acht mentale Bildschirme vor dem inneren Auge anzuschalten, Stimmen zu hören ohne die Angst, wahnsinnig zu werden, spontan zu sein, nicht länger zu schweigen, wenn ich etwas zu sagen habe, lügen ohne rot zu werden. Viele Gefühle, die ich mit irgendeinem Schalter irgendwann einmal ausgeknipst hatte, konnte ich wieder anschalten, dabei herzhaft lachen und/oder wieder weinen. Endlich erlebte ich tatsächlich Kongruenz und Authentizität, die mir in der Gesprächspsychotherapie immer noch zu wenig gewesen war. Ich lernte Empathie und emotionale Wärme dann zu verwirklichen, wenn sie angemessen ist, und zu merken, wenn sie schadet. Ich lernte immer mehr ich selbst zu sein, zu spielen, aufzuhören, ein Buch sein zu wollen, aufzuhören, ein Roboter sein zu wollen. Ich begriff, was Multi-Level-Kommunikation ist. Ich lernte Trance durch Schock. Ich lernte mich am Klienten zu orientieren und an mir selbst. Ich lernte, wie Frank Skifahren lernt. Ich denke, ich habe viel gelernt.

Paul Carter & Stephen Gilligan – durch Paul und Stephen wurde Trance zur Beziehungsarbeit. Daß weder der Therapeut noch der Klient im Mittelpunkt sind, sondern daß das Zusammenspiel beider ein Ergebnis bringt, konnte ich als tiefes Lernen erfahren. Ich begriff, daß für jede Veränderung ein guter Ort wichtig ist. Innerhalb dieses ganzheitlichen Ansatzes lernte ich meine inneren Teile kennen. Diese „Parts-work" konnte ich später in das Modell des NKS integrieren.

Jeffrey K. Zeig – Jeffs prozeßdiagnostische Kriterien halfen mir mehr als 10 Jahre lang, in der Ausbildung von Menschen in der Psychiatrie oder in Supervisionen auf psychiatrischen Stationen, ein individuelles Problem sofort zu erkennen. Ärzte sagten dann oft: „Ich weiß zwar nicht warum, aber jeder Patient, über den wir gesprochen haben, hat sich verändert." Durch Jeff erfuhr ich hypnotherapeutische Klarheit. Es war faszinierend zu erleben, wie er mit wenigen Worten Trance induziert oder sehr logisch Verwirrung aufbaut.

Steve Lankton – Ericksons Arbeit mit Metaphern nimmt innerhalb meiner Psychotherapien einen breiten Raum ein. Metaphern kann man einfach so erzählen, was aber manchmal irgendwo im Nirgendwo endet. Das klare Modell multipel eingebetteter Metaphern half mir, meine zunächst chaotischen aber trotzdem wirksamen „Overload-Techniken" ein wenig zu ordnen und zielgerichteter anzuwenden. Heute wundere ich mich oft, wie ich bei all dem Slalomfahren durch die magische Welt der Geschichten und all die assoziativen Erzählungen immer wieder den roten Faden finden und dort ankommen kann, wo ich hinwill.

Thies Stahl – von Barbara Steen und Beverly Stoy hatte ich die Grundlagen von NLP und Hypnotherapie gelernt. Da viele hypnotische Prozesse auf der Grundlage von Konfusions-Techniken zur Wirkung kommen, war mir die Struktur der ganzen Angelegenheit teilweise recht zweifelhaft. Nun konnte ich erleben, wie man mit NLP-Techniken klar und präzise arbeiten kann. Es war in den Jahren 1982 bis 1984 das beste, was mir geschehen konnte. Ich bin Thies heute noch dankbar für die Art, mit der er damals die amerikanische Art des NLP aufgrund seiner gestalt- und familientherapeutischen Grundlagen sehr klar übersetzte. Die Vielfalt des Intensivtrainings konnte ich nun als Co-Trainer anwenden. Parallel dazu arbeitete ich auf einer psychiatrischen Akutaufnahmestation mit psychisch stark beeinträchtigten Patienten. In der Zeit mit Thies konnte ich nahezu sämtliche NLP-Grundlagen vertiefen. Die Notwendigkeit einer familientherapeutischen Ausbildung wurde mir damals von Thies nahegelegt und führte mich später zu Max van Trommel und Tony Manocchio.

Barbara Steen & Beverly Stoy – mit Barbara und Beverly begann der Weg ins NLP und in die Familientherapie. Irgendwie war ich in das Seminar hineingerutscht. Ich hatte gerade mit einer Dissertation über die Integration des Katathymen Bilderlebens in die Gesprächstherapie begonnen und bemerkte schon während des ersten Seminars, daß ich hier etwas fand, was ich schon immer gesucht hatte: die Seite des Verstehens (Gesprächstherapie nach Carl Rogers) und die Seite des Handelns (die Schulen der Lernpsychologie und Verhaltenstherapie) waren irgendwie unter einem Hut. (Erst später bemerkte ich, daß das nur gelingt, wenn man die Entscheidung trifft, aus den theoretischen Modellen herauszuspringen. Darum geht es in diesem Buch.) Bei den beiden Frauen lernte ich ein breites Spektrum sämtlicher NLP-Techniken, allerdings in ganz direkter Verbindung mit dem Lernen Ericksonscher Hypnotherapie. Für diese Erfahrung bin ich beiden sehr dankbar. Vieles geschah ganz klar und direkt, vieles in Form von Metaphern und in tiefer Trance – über Weisheiten wie „Dein Bewußtes ist clever und wird vieles behalten wollen …". Ich schrieb immer noch vieles mit. Solange, bis die Hand mit dem Stift herunterfiel und ich für die nächsten 50 Minuten in tiefer Trance da saß … – " Aber Dein Unbewußtes ist verdammt klüger und weiß viel besser, wann Du Dich an die tiefen Quellen Deines Wissens erinnern wirst. Vielleicht schon jetzt. Vielleicht wird Dir das Wissen in einigen Tagen bewußt werden. Vielleicht wird es Dir bewußt werden, wenn Du in einer bestimmten Situation ein Problem hast. Vielleicht wird es Dir auch gar nicht bewußt werden, und Dein Unbewußtes wird Dich zu jenem Zeitpunkt gelehrt haben zu handeln. Vertrauen zu entwickeln, daß all das Wissen zum Lösen dieses Problems in Dir ist …" Jetzt, nach mehr als 12 Jahren, weiß ich, was diese verwirrenden Sätze bedeuten. Ich bin Barbara und Beverly für diese ganzheitlichen Lernerfahrungen ebenso dankbar wie für das breite Angebot ihres NLP-Supermarktes an Verhaltenstechnologien. Das meiste davon konnte ich damals erfolgreich umsetzen.

Prof. Günter Hole danke ich für sein Vorbild als Mensch. Er ist einer der wenigen Professoren, denen man nicht anmerkt, daß sie es sind. Er ist einer der wenigen Psychoanalytiker, die ich kenne, die die Psychoanalyse nicht als Religion betreiben und zusätzlich ein hohes Ausmaß an Selbstkritik verwirklichen. Er lebt die Einstellung, daß jede Therapieform ihre Berechtigung hat und ich denke, daß er sich als Ordinarius für Psychiatrie die Fähigkeit erhalten hat, Ethik zu leben. In einem Forschungskolloquium, in dem ich einmal ein Referat über NLP hielt, beendete er eine fruchtlose Diskussion ganz einfach mit der kurzen Bemerkung:

NKS – neurokybernetische Selbstorganisation

„Wer heilt hat recht." In diesem Zitat drückt sich die individuelle Beziehung zwischen Therapeut und Klient aus, die Günter Hole lebt. Die zehn Jahre, die ich in der Weiterbildungsstätte für Krankenpflege in der Psychiatrie gelehrt habe, sind untrennbar mit seiner vorbildlichen Menschlichkeit verbunden, die er auch trotz der in diesem Buch beschriebenen gegensätzlichen organisatorischen Lebenslieder aufrechterhalten konnte. Im Buch wird klar, wie schwer es ist, so eine Haltung in einem System zu leben, welches bezüglich seiner grundsätzlichen Organisation asozial ist. So war mir seine Menschlichkeit ein Geschenk. Sie schaffte den Rahmen, in dem ich mich entfalten konnte.

Prof. Volker Faust als Leiter der Abteilung Wissenschaft und Forschung des Psychiatrischen Landeskrankenhauses Weissenau danke ich für die Unterstützung im organisatorischen Bereich und der ständigen Ermunterung, die oben genannten, bekannten Persönlichkeiten zu Fortbildungen einzuladen.

Schließlich möchte ich Ingrid Derra-Wippich danken für die persönliche und fachliche Unterstützung bei der Entwicklung der Neurokybernetischen Selbstorganisation während der vergangenen zehn Jahre. Irmgard Hepp bin ich dankbar für die ganz direkte Hilfe bei der fachlichen Bearbeitung und Korrektur des Manuskriptes für dieses Buch sowie dessen Übersetzung in die Praxis in der Rolle als Ausbilderin. Eine große Hilfe war mir auch die unterstützende Ermutigung von Gottfried Probst vom Junfermann Verlag. Für das Korrekturlesen danke ich Herrn Helmut Restle.

Um all die Erfahrungen, die ich von den oben genannten Personen gelernt habe, mit Heinz von Foersters letztem Anstoß zum NKS werden zu lassen, fehlt noch der Dank an all die Klienten, Kursteilnehmer und Mitarbeiter von Teams, mit denen ich arbeiten durfte, sowie der Dank an den Arlberg mit seinen verschiedenen Tobeln, Tälern und Tiefschneehängen. Bevor die Indianer zur Jagd gehen, befragen sie in einer Meditation das Wild, ob sie es jagen dürfen. Über dieses Reframe sowie andere rekursive Muster nachzudenken, ist ein Teil des Buches. So muß ich neben dem Arlberg auch den Atlantikwellen in Famara auf Lanzarote, in Ostende, Sylt und El Medano danken – und dem Wind. Dort konnte ich viel lernen, was mit großer Lebensfreude wie auch dem Tod zu tun hat. Ich lernte Respekt. Ich bekam eine Ahnung, was mit dem TAO gemeint ist. Mir wurde klar, daß derjenige, der *gegen* das Meer kämpft, zwangsläufig verliert. Oder der, der *gegen* sein Unbewußtes kämpft. Oft kam mir das Zitat Ericksons ins Bewußte: „Interessant, welche Signale mir das Unbewußte ins Bewußte gibt." Max van Trommels Aussage, daß Tanzen etwas völlig anderes ist als das Sprechen über das Tanzen, kam mir beim Tanz in den Wellen in den Sinn. Ich bin ich selbst. Ich lernte, daß ich nur ich selbst bin. Etc. etc.

Ravensburg im Oktober 1994

Jürgen Wippich

19

Die Ziele des Buches

Lesen und Schreiben ist eine Sonderform menschlicher Kommunikation. Im Moment weiß ich gar nicht, ob ich Schreiben überhaupt als Kommunikation bezeichnen soll. Ich sitze hier und denke nach. Dann drücke ich die Tasten auf dem Keybord, und auf dem Bildschirm tanzen irgendwelche Buchstaben herum. Mein Kommunikationsraum besteht im Moment wohl nur aus Leubel und mir (Leubel ist mein 386-AT-Rechner). Mit Ihnen, lieber Leser und liebe Leserin, kann ich also gar nicht direkt kommunizieren. Vielleicht ärgert sich ja der Lektor ganz furchtbar über meine Gedanken, und das ganze Werk landet im Mülleimer. Dann könnten Sie auch nicht über den weiter unten zitierten Satz von Bischof Berkeley nachdenken: „Wenn irgendwo auf der Welt ein Baum umfällt, macht dann das Fallen ein Geräusch?"

Jahrhundertelang wurden Lettern, die auf irgendeinem Hintergrund geschrieben waren, als absolute Wahrheiten betrachtet; in Stein gehauen, wie die Gebote, die Moses von Gott empfing. Ein Kenner der Materie sagte mir einmal, eine solche Auffassung sei sehr einseitig. Eine einseitige Interpretation, die den Verwaltern von Religionen Gelegenheit gibt, Macht über Menschen auszuüben. Er sagte, die ursprüngliche Aussage sei ganz anders. Gott habe Moses die Gebotstafeln mit den Worten gegeben, er könne sie nehmen wie in Stein gehauen oder sie so nutzen, wie es die Umgebung gerade erfordert.

Die meisten Leser erwarten eine Art logische Ordnung. Sprache ist ja auch größtenteils etwas Logisches. Hoffentlich gelingt es Ihnen nicht, in meinen Gedanken eine lineare Logik zu finden. Der Mensch erkrankt an der Logik. Ich hätte dann das Ziel verfehlt, Ihnen Möglichkeiten aufzuzeigen, die eigenständige Arbeit Ihres Unbewußten anzunehmen. Außerdem würde dieses Buch schnell in dem Topf vieler anderer Schriften landen, mit denen ein Autor den Versuch gemacht hat, den Wind einzufangen. **Das Buch beschäftigt sich mit Selbstorganisation.**

Ein wenig Wind möchte ich schon einfangen. Sonst gäbe es ja nur Chaos. Ein wenig kommunizieren möchte ich auch. Sonst würden Sie nichts verstehen. Ich kann nicht direkt mit Ihnen kommunizieren. Ich weiß nicht, ob Sie am Schreibtisch oder im Flugzeug sitzen, im Bett liegen, ob Sie entspannt sind oder angespannt. Ich weiß gar nicht, wann Sie das Buch lesen. Raum und Zeit sind verzerrt. Da wir nicht direkt miteinander kommunizieren können, mache ich Ihnen folgenden Vorschlag:

Ich habe zu irgendeiner Zeit irgendwo herumgesessen und über „blau" und die Mängel des NLP nachgedacht. Dieses Nachdenken ist für mich ein meditativer Vorgang. Dabei kann ich verschiedenste Realitätsbereiche klären. Zu dieser

Schreibmeditation verwende ich eine mentale Assoziationstechnik, die ich an anderer Stelle genau beschrieben haben (Wippich & Derra-Wippich 1991). Dabei schreibe ich einen Begriff auf die Mitte eines Blattes und lasse aus den entstehenden visuellen und auditiven Vorgängen Worte in Form von Kringeln aufs Papier fließen. Daraus bilde ich dann später Sätze und Absätze. Die Ergebnisse dieser meditativen Klärung finden sich nun in diesem Buch wieder. Es entstehen Erklärungen, also Beschreibungen meiner Wirklichkeit, die ich irgendwie mit Bedeutungen verknüpfe. Veränderungen im menschlichen Bereich geschehen ja auch ohne Erklärungen. Im Gegenteil. Ein Erklärung kann leicht dazu führen, daß sich ein Verhalten oder ein Zustand nicht ändert. Jeder kennt das. Irgendwo auf der Welt entsteht ein Problem. Was tut man? Man bildet eine Arbeitsgruppe. Nun sitzen die Menschen da herum und diskutieren. Sie möchten eine Lösung finden, aber sie klammern sich eher fest. Sie können sich nicht lösen. Sie können nicht handeln. Ist eine Erklärung gefunden, sagen sie: „Ach ja. Das ist es. Nun wissen wir es. Wir können es den anderen sagen. Wir können stolz darauf sein, die Lösung zu haben." Nun kann man handeln. Manchmal wird gehandelt, manchmal beruhigt die Erklärung, und das Problem wird akzeptiert. Menschen auf diesem Erdball sind ohne Erklärungen auf die Welt gekommen und wieder von ihr gegangen. Seit Jahrtausenden. Es geschah einfach. Menschen zur Steinzeit haben andere Menschen gezeugt. Ohne Erklärung. Vermutlich schon immer mit viel Spaß. Menschen sind gestorben. Es entstand Schmerz. Auch ein Tier leidet, wenn ein anderes Tier stirbt. Der domestizierte Hund leidet, wenn ihn sein „großer Meutegefährte" verläßt.

Menschsein ist ohne Sprache nicht möglich. Worte sind Beschreibungen innerer Zustände und Vorgänge. Mir macht es Spaß, diese Zustände immer präziser zu beschreiben, sie zu verknüpfen und ihnen eine Bedeutung zu geben. Dabei entsteht für mich eine persönliche „Wahrheit". Ich lade Sie ein, an diesem Klärungs- und Erklärungsvorgang teilzuhaben, wenn Sie Lust dazu haben und sich darauf einlassen möchten.

Da der Weg ein Ziel des Buches ist, entsteht schon beim Schreiben, wie auch beim Lesen dieses Satzes, eine Paradoxie. Geschriebene und gesprochene Sprache neigt zur Linearität, jedenfalls dann, wenn man sich auf die denotative Seite konzentriert. Auf dieser denotativen Seite sind die Begriffe eindeutig definiert. Ein Wort folgt auf das andere wie die Algorithmen eines Computerprogramms. Schritt für Schritt. Alles nacheinander. Die konnotative Seite dagegen ist der Bereich der Ganzheitlichkeit, der rechten Hirnhälfte, der Bereich freier Assoziationen, transderivater Suchprozesse etc. etc.

All diese Vorgänge geschehen im Hier und Jetzt. Hier gibt es kein Vorher und Nachher. Die Vorgänge sind unaussprechlich, der Weg ist das Ziel.

Das Paradox, das sich daraus ergibt, entsteht deshalb, weil ich mich durch die Verwendung von Sprache an das Nacheinander binden muß, gleichzeitig aber ständig an dem Versuch scheitere, die ganzheitlichen Prozesse des Hier und Jetzt ausdrücken zu wollen. Dieser Versuch geht entweder völlig in die Hose oder bleibt zumindest fehlerhaft. Einerseits muß ich, um die Ebenen zu trennen und um zu vermeiden, zu viel Chaos anzurichten, darauf hinweisen, daß ich verschiedene Gedanken und Ideen erst weiter unten beschreiben werde. Daraus ergibt sich ein Vorgang, der im NLP als „mis-matched" bezeichnet wird. Beispielsweise ist ein Vorgang dann „mis-matched", wenn innerhalb eines Seminars ein Kursteilnehmer eine Frage stellt über ein Thema, das ihn persönlich und emotional ganz stark berührt und der Kursleiter darauf verweist, daß er dieses Thema in einem späteren Seminar oder „erst morgen" behandeln wird. Aber möglicherweise ist der Kursteilnehmer so stark von einem Thema betroffen, ist er innerlich so sehr damit beschäftigt, daß er nicht in der Lage ist, sich an den momentanen Vorgängen des Seminars zu beteiligen. So ist es besser, wenn der Kursleiter sofort mit ihm über dieses Thema arbeitet. Daraufhin ist er wieder lernfähig. Ganz „mis-matched" weise ich darauf hin, daß in so einem Fall ein guter Kursleiter das an anderer Stelle des Buches erwähnte Prinzip des Hammers zu nutzen weiß. Er wird also das momentane Problem mit dem momentanen Unterrichtsziel verknüpfen können. Wenn das gelingt, ist natürlich alles integriert, und der Vorgang ist doppelt genutzt. Aber dazu gehört viel Erfahrung.

Die direkte Arbeit kann jedoch zu einer Verwechslung von Ebenen führen. Es kann sein, daß die anderen Teilnehmer mit der daraus entstehenden Demonstration überfordert sind. So muß er sich dafür entscheiden, einen Zustand des „mis-matched" in Kauf zu nehmen, um damit eine Verwechslung logischer Ebenen zu vermeiden oder umgekehrt.

Ich werde die Prozesse persönlicher Erfahrung und Erkenntnis im Licht der neuen Weltsicht sowie des Paradigmenwechsels darstellen. Dem liegen biokybernetische und neurobiologische Erkenntnisse des radikalen Konstruktivismus sowie meine ganz hautnahen persönlichen und praktischen Erfahrungen zugrunde. Diese betreffen meine eigenen Lernprozesse, z.B. beim Skifahren, Lernen von Sprachen, Lernen vom Klienten, von Familien, Kursteilnehmern und Teams.

NLP ist keine Therapie. NLP ist auch keine Theorie. **NLP ist eine „Verhaltenstechnologie"**, deren Wirksamkeit sich ausschließlich ganz direkt im praktischen Erfolg der jeweiligen Interaktion kundtut. Wahrheit definiert sich also ausschließlich durch das situative Kommunikationsverhalten, welches durch den Kontext gefärbt wird, in dem diese Interaktion stattfindet. Ziel des Buches ist, dem Leser die Möglichkeit zu geben, die Kompliziertheit dieses komplexen Gedankenganges aufzulösen. Richard Bandler und John Grinder, die beiden „Erfinder" des

NLP, drücken sich da einfacher aus. Immer wieder schreiben sie: „Alles was wir sagen, ist nicht wahr!" Diese und ähnlich interessante „Wahrheiten" lassen sich bei Gregory Bateson, den Philosophen N. Whitehead und B. Russell und bei den alten Griechen wiederfinden. Bei ihnen findet man Zitate wie den von einem Bürger der Insel Kreta gesagten Satz: „Alle Kreter sind Lügner" oder: „Ich weiß, daß ich nichts weiß."

Mein Hauptanliegen ist, mich mit solchen zirkulären Gedankengängen zu beschäftigen. Sie sind die Grundlage für das NLP, welches den Anspruch erhebt, sich eingehend mit dem Gebiet der subjektiven Erfahrung des Menschen zu beschäftigen. Schließlich möchte ich darstellen, warum ich neuerdings, auf Anraten von Heinz von Foerster, besser von NKS, von Neurokybernetischer Selbstorganisation spreche. Dieser Begriff drückt wohl am ehesten all das aus, was geschieht, wenn man die ursprünglichen Fertigkeiten von Virginia Satir, Milton H. Erickson und Fritz Perls Techniken erweitert und vertieft.

Wenn Sie, lieber Leser, sich allerdings eine „objektive Lösung Ihrer Probleme" wünschen, sei es für eine Examensarbeit oder Dissertation im klassischen wissenschaftlichen Sinn, sollten Sie dieses Buch am besten wieder weglegen. Vermutlich werden Sie dann sehr wenig von den folgenden Gedanken annehmen können. Möglicherweise werden Sie Ihren Organismus bis zur letzten Seite in eine Art Dauerstreß versetzen, was Ihrer Gesundheit einen großen Schaden zufügen könnte.

Die NLP-Leute haben wohl die wichtigsten Techniken von Milton H. Erickson „entlehnt"; zu deutsch abgekupfert, geklaut oder, positiv formuliert, in simplifizierende Lerneinheiten übersetzt. Dabei sind sie ganz andere Wege gegangen als die an ihre Nullhypothesen geketteten Elfenbeinturmakademiker, die sich innerhalb ihres Rechtfertigungskontextes zunächst einmal über den Gott der Gaußschen Kurve absichern müssen, bevor sie es wagen, einem Klienten direkt in die Augen zu schauen. Die NLP-Leute haben es vermieden, große Datenmengen in Form von Therapeuten- und Klientenvariablen zu sammeln, die sie dann durch irgendein Forschungsdesign schleusen, welches mit irgendeinem klugen Statistikprogramm verknüpft ist, so daß hinterher wieder einige „Onkel Doktors" frisch gebacken herauskommen. Die NLP-Leute haben den psychotherapeutischen Zauberkünstlern ganz direkt auf die Finger geschaut, und zwar nicht nur ihnen, sondern auch den Klienten in der Beziehung zu den Meistern. Das ist mutig, weil es anders ist als die Norm. Vor allem geht es weg von dem Prinzip des „mehr desselben" und bringt neue qualitative Erkenntnisse.

Was man nun allerdings nicht tun darf ist, dieses Konzept mit einer Theorie oder gar einer therapeutischen Schule zu verwechseln. Damit läuft man leicht Gefahr, Verrücktheit zu produzieren. Natürlich gibt es verschiedene deutsche Wissenschaft-ler (die Bindestriche sind ernst gemeint!), die NLP oder auch Hypnotherapie aus ihrer Weltsicht oder aus ihrem Glaubenssystem heraus im Sinne einer DIN-Norm irgendwo hineinpressen wollen, um damit Karriere machen zu können. Dabei werden dann aber grundlegende Ebenen verwechselt. Nicht anders als im Irrenhaus. Die Temperatur eines Fieberkranken kann man schlecht mit dem Zollstock messen. Nach über 10 Jahren Arbeit in der Fortbildung von Fachkräften in der psychosozialen Versorgung und ganz speziell in der Psychiatrie, stimme ich mit Bandler und Grinder in ihrer Aussage überein, daß der einzige Unterschied zwischen vielen Insassen von psychiatrischen Landeskrankenhäusern und verschiedenen Wissenschaftlern derjenige sei, daß Letztere für ihren Wahn eine Menge soziale Achtung erhalten. Gleiches gilt meiner Meinung nach für eine Reihe religiöser und politischer Vorbilder. Für viele. Nicht für alle.

Anders als die meisten Begründer psychotherapeutischer Schulen, entwickelte Milton H. Erickson keine generalisierende Theorie, die für sich den Anspruch auf allgemeine Gültigkeit erhebt. Ich glaube, das war einer der Gründe, warum er in der Lage war, für jeden Patienten eine ganz persönliche Theorie zu entwickeln. Für ihn war jeder Mensch etwas Besonderes. So sagte er einmal:

„Und ich wünschte, die rogerianischen Therapeuten, die Gestalttherapeuten, die Transaktionsanalytiker, die Gruppenanalytiker und all die anderen Abkömmlinge der verschiedenen Schulen würden endlich einmal begreifen, daß nicht einer von ihnen wirklich die Tatsache anerkennt, daß eine Psychotherapie für die Person A nicht auch eine Psychotherapie für die Person B ist. Ich hab schon viele Leiden behandelt und dabei jedesmal eine neue Behandlungsweise erfunden, je nach der Persönlichkeit des einzelnen Patienten. Wenn ich mit einem Gast essen gehe, dann weiß ich, ich muß den Gast wählen lassen, was er essen will, denn *ich* kann es nicht wissen. Ich denke, Menschen sollen sich so kleiden, wie *sie* es wollen. Ich bin ganz sicher, sie wissen alle, daß ich mich so kleide, wie ich es will (Erickson lacht). Ich denke, Psychotherapie ist ein individuelles Verfahren" (Erickson in: Zeig [3] 1988, 133) ... „Ich meine, jede theoretisch begründete Psychotherapie ist falsch, weil jeder Mensch anders ist" (Erickson in: Zeig [3] 1988, 162).

Ich denke, daß Ericksons Worte sowohl mit den neuen Forschungsergebnissen über die Funktionsweise von Nervensystemen konform sind (G. Bateson, H. von Foerster, H. Maturana), als auch mit denjenigen über die Selbstorganisation von kleinen und großen sozialen Systemen (N. Luhmann, U. Steger, G. Probst). Seiner Weltsicht liegen Gedankengänge zugrunde, über die sich Philosophen, Gottkönige, religiöse und politische Machthaber schon seit Jahrtausenden den Kopf zerbrochen haben. Sie finden in den Forschungsergebnissen der neuen Physik ihren Niederschlag. Für Therapeuten und Führungskräfte sind sie deshalb von Bedeutung, weil sie direkten Einfluß auf den Zeitgeist haben. NKS ist ein Ergebnis der neurokybernetischen Forschung. Die Aussagen der neuen Physik, der Quantenmechanik sowie der modernen Biokybernetik und Erkenntnistheorie sind zuweilen recht kompliziert. Andererseits sind sie sehr praktisch. Maturana spricht von „the praxis of living" (1986, persönliche Mitteilung). Nur mit einer Änderung des Zeitgeistes konnte die Wende in Rußland stattfinden. In jener Zeit haben wir in unseren Fortbildungsgruppen in NLS und in Systemischer und Strategischer Therapie oft scherzhaft gesagt, Michael Gorbatschow habe mit Raissa ständig heimlich Bateson gelesen. Schließlich haben sie dann wohl gemeint, so theoretisch mache es einfach keinen Spaß. Sie müßten das Ganze doch einmal ausprobieren. Daraufhin hat Michael sich dann systematisch entmachtet. Ein Vorgang, der wohl in der Geschichte dieser Welt sehr ungewöhnlich ist, der aber zur Zeit in vielen Firmen eine Reihe Nachahmer gefunden hat (Schott 1992). Dieser Entmachtungsvorgang ist eine Grundlage für die meisten nichtlinearen, also rückbezüglichen oder zirkulären Veränderungsvorgänge. Darauf werden wir zu einem späteren Zeitpunkt näher eingehen. Die Gedankengänge dazu sind nicht immer einfach. Eine zu starke Vereinfachung schränkt unsere Wahlmöglichkeiten ebenso ein wie zuviel Kompliziertheit.

In unserem Ansatz verstehe ich mich als Übersetzer. Ich möchte diese hochkomplizierten Gedankengänge in eine Sprache übersetzen, die jeder versteht. Zusätzlich habe ich dem Leser auch einige Originalzitate zugemutet. Dadurch schwankt der Sprachstil manchmal von anschaulich provokativer Bildhaftigkeit über Witze, Anekdoten, Fallberichte und Metaphern bis hin zu zirkulären Gedanken und komplizierten Aussagen von Wissenschaftlern.

Manche dieser Zitate sind wirklich schwer zu verstehen. Ich selbst war beim Lesen mancher Literatur oft geneigt, das Buch dem Autor zurückzuschicken. Mit der Anmerkung, er könne es selber lesen. In jedem Fall möchten wir dem Leser die Möglichkeit geben, auf die Originalliteratur zurückzugreifen. Der Stil vieler Autoren, dem Leser lediglich eine eingeschränkte Literaturliste zur Verfügung zu stellen, vermittelt zwar den Eindruck, der Autor könnte das Ganze auf Grund seiner eigenen Fähigkeiten entwickelt haben. Ich ziehe es aber vor, offen darzulegen, woher ich meine Informationen bezogen habe. Der interessierte Leser kann dann auf weiterführende Literatur zurückgreifen.

Ich habe mich bemüht, komplizierte Zitate zu übersetzen. Viele Gedanken sind nun aber nicht in der gesprochenen Sprache auszudrücken. Nicht ohne Grund heißt es im Taoismus: „Das Tao, von dem man reden kann, ist nicht das absolute Tao" (Lin Yutan zit. n. W. Scholz 1986, 70).

... bei den Juden durfte „JAHWE" nicht genannt werden, und bei den nordamerikanischen Indianern, wie auch bei den alten sibirischen Steppenvölkern, wurden Weisheiten – oft von Frauen – als heilende Geschichten mündlich weitergegeben. Es war nicht gestattet, sie aufzuschreiben.

Oder Wittgensteins Satz Nr. 6.522: „Es gibt allerdings Unaussprechliches. Dieses *zeigt* sich, es ist das Mystische." ... und Satz Nr. 6.53: „Die richtige Methode der Philosophie wäre eigentlich die: Nichts zu sagen, als was sich sagen läßt, also Sätze der Naturwissenschaft – also etwas, was mit Philosophie nichts zu tun hat –, und dann immer, wenn ein anderer etwas Metaphysisches sagen wollte, ihm nachzuweisen, daß er gewissen Zeichen in seinen Sätzen keine Bedeutung gegeben hat. Diese Methode wäre für den anderen unbefriedigend – er hätte nicht das Gefühl, daß wir ihn Philosophie lehrten – aber *sie* wäre die einzig streng richtige." ... und schließlich sein berühmter Satz Nr. 7, der letzte Satz seines Tractatus Logicus Philosophicus: „Wovon man nicht sprechen kann, darüber muß man schweigen."

In diesem Satz liegt wohl auch eine Analogie zu Ericksons Respekt vor dem Unbewußten und seiner Sicht, daß eine Therapieform, die ohne Sprache auskommt, immer schneller am Ziel ist als jene, die viel Worte braucht. Skifahren lernt man eben durch Skifahren und nicht indem man darüber redet.

Noch ein Wort zur männlichen und weiblichen Sprachform. Ich habe auf Sprachkonstruktionen wie seine/ihre verzichtet, weil sie mir hölzern erscheinen. Ich selber fühle mich eher zu sogenannten weiblichen Denkmustern hingezogen, wenn man schon diese Polarisierung benutzt. Ich verstehe darunter eine ganzheitliche Weltsicht im Gegensatz zu jener, die linear ist, oder die einzelne Phänomene herausgreift; meist um damit Macht auszuüben. Mir gefällt deshalb auch die ursprüngliche taoistische Weltsicht. Sie ähnelt sehr stark dem Modell Milton H. Ericksons. Jene war mündlich überliefert worden, bevor sie von den drei Weisen Frauen dem gelben Kaiser übergeben wurde. In jener Weltsicht ist bei der Frau die Erscheinungsform YIN (weiblich) und der Kern YANG (männlich) und umgekehrt. Das eine ist im anderen enthalten. Diese Sicht findet man im Denken der nordamerikanischen Indianer wieder. Das Symbol dafür ist die Pfeife. Der Pfeifenkopf symbolisiert die weibliche Vulva, der Pfeifenstil den männlichen Penis. Das eine geht nicht ohne das andere. Es ist etwas Geschlossenes. Wenn ich beide Teile auseinanderreiße, ist das Prinzip zerstört. Wir werden diesen sogenannten rekursiven oder rückbezüglichen (auf sich selbst bezogenen) Vorgang später wiederfinden. Dann, wenn wir über die Grundlagen lebender Systeme nachdenken. Dieses Prinzip ist ganz anders als das europäische, welches seine Wurzeln im alten Persien hat. Hier dient der Schoß des Weibes dazu, den kleinen Homunculus, den Mann „auszubrüten". Das Weib erfüllt einen Zweck. Es ist da „um zu". Es dient dem Mann.

Meist schreibe ich in der Ich-Form. Wenn ich die „Wir-Form" benutze, meine ich Ingrid und mich (mit Ingrid war ich 19 Jahre lang verheiratet) oder andere Co-Trainer, die in den letzten Jahren viele Erfahrungen in Theorie und Praxis mit mir geteilt haben.

Ein weiteres Bemühen war, Gliederung und Ordnung zu wahren. Sprache ist multidimensional. Der Gegenstand des Buches ist jedoch u.a. „Leben". Dies ist verbunden mit Nicht-Linearität, Chaos, Ganzheitlichkeit, Zirkularität und Paradoxien. Deshalb schlage ich dem Leser manchmal vor, im Text hin- und herzuspringen. Rückbezüglichkeit bedeutet ja gerade, daß eine Vorerwartung, ein Vorgang der Zukunft auf das „Hier und Jetzt" zurückwirkt. Doch nun wieder zurück zu anderen Prozeßkriterien von Sprache.

Wenn Martin Luther in bezug auf Sexualität über das „Unaussprechliche" redet, könnte man meinen, er habe da ein Problem, da er ja ansonsten dem Volk so gut „aufs Maul geschaut" hat. Man könnte aber auch die Ansicht vertreten, daß er gewußt hat, daß ein Bild mehr sagt als tausend Worte jemals sagen können, und daß tiefe Trancezustände, so wie sie unter anderem bei der Sexualität auftreten – meine persönlichen Orgasmen gehören zu solchen Zuständen – mystischen Erfahrungen gleichkommen. Diese neigen wiederum dazu zu verschwinden, wenn man sie in Sprache faßt. Das Zerreden eines Orgasmus wäre somit vergleichbar mit der praktischen Anwendung der Unschärferelation Heisenbergs.

Andererseits lassen sich Trancezustände durch Schock, Witz und Einsatzreframes auslösen. Damit kommt man mit dem Mystischen in Berührung. Auf das Entstehen neuer Erkenntnis ist zu hoffen. Heinz von Foerster nutzt das Wort „Scheiße", um den Vorgang des „Abspaltens" in der Wissenschaft und in der Schizophrenie aufzuzeigen. Der systemische Therapeut Retzer (1993) zitiert eine Seite lang in der seriösen Zeitschrift „Familiendynamik" den tschechischen Romancier Milan Kundera, um durch den gehäuften Gebrauch von „Scheiße" die Wirkung von Metaphern direkter erfahrbar zu machen. Das Wort „Scheiße" hat Einzug in die Sprache der Wissenschaftler gehalten.

So ist dann wiederum doch alles Reden nicht umsonst. Mit-ge-teiltes Leid ist offenbar halbes Leid und mit-ge-teilte Freude ist meist doppelte Freude. Gott sei Dank.

So kann ich bei all meinem Nachdenken sogenannte obszöne Sprachmuster nicht immer vermeiden – ich möchte den Schock schon an dieser Stelle ankündigen. Erstens, weil Provokative Therapie und Ericksonsche Schocktherapie Teil des Themas sind, welches ich dem Leser nicht vorenthalten will, und zweitens, weil ich dem Leser die Möglichkeit geben mag, anhand einiger Beispiele im Sinne Heinz von Foersters immer wieder zu prüfen, wie er als Person auf das jeweilige Beispiel reagiert, so daß er neben der ganzen Theorie noch ein wenig Selbsterfahrung erleben kann. Und schließlich mag ich meine obszönen Gedanken. Sie im Keller zu lassen käme einer Erfahrung Frank Farrellys gleich. Er sagte mir einmal, für ihn sei es, wenn er etwas nicht aussprechen darf, als ob er zehn Stunden lang einen Orgasmus zurückhalten müsse. Sowas sei einfach schmerzhaft.

28

Meine Arbeit über Frank Farrelly (Wippich & Derra-Wippich 1995) und die humorvolle Seite Milton H. Ericksons beglückten mich mit der Erfahrung, daß Erkenntnis einerseits durch drastische Beispiele, andererseits durch entspannte Meditation eher gegeben ist als durch ein verkrampftes Ausbrüten trockener, theoretischer Sätze. Solche „double-takes" ermöglichen schöpferische Augenblicke. Dazu ein Beispiel von Milton H. Erickson: „Ein double-take ist, wenn man eine Geschichte an der Grenze des Obszönen erzählt. So daß der andere nicht weiß, ob er rot werden soll oder nicht. Auf jeden Fall so, daß er nicht rot wird, damit man dann aber die Gelegenheit bekommt zu sagen: Oh, Entschuldigung. Sie werden ja rot!" Das ist natürlich eine harte Beeinflussung und somit ein weiterer Grund, am Schluß über Fragen von Ethik nachzudenken.

Man muß zweimal hinschauen oder hinhören, um erfassen zu können, was da abgeht. Ein innerer Suchprozeß wird ausgelöst. Paßt das Label oder das Wort, was ja in der linken Hemisphäre (bei Japanern die rechte) nicht gespeichert, sondern „strukturiert" wird (vgl. Gazzaniga & LeDoux 1983; von Foerster 1985, 43ff) mit Strukturen des „Hörfühlens" und „Sehfühlens" zusammen, die in anderen Gehirnarealen in Form von rekursiven Mustern kreiseln, vergleichbar mit lauter kleinen Nichttrivialen Maschinen. Ein Reframe, eine Neudefinition entsteht. Durch einen Schock werden die sprachlogischen Bereiche umgangen, und man erreicht tiefere Gefilde des Lernens. Ein Problem dabei ist wohl, daß man sich selbst schlecht schocken kann und damit weniger lernt. Es sei denn, man liest die angemessenen Bücher oder sucht sich eine dementsprechende Umgebung aus (Film, Puff, Satire, Erlebensurlaub oder Überlebenstraining, verrückte Menschen etc.). Nun hoffe ich, daß meine Sprachmuster noch nicht zu stark abgenutzt und normiert sind, so daß sie noch Überraschungen bei Ihnen auslösen. „Man könnte die Theorie aufstellen, daß die Vulgärsprache eine Form des Schockierens sei, die sich in den meisten Kulturen entwickelt habe, um die Zuhörer wachzurütteln, damit sie für das Gesagte aufnahmebereiter sind und sich leichter davon beeinflussen lassen" (Erickson & Rossi 1981, 59).

In einer Zeit, in der den 10jährigen Kids bei der Entwicklung ihrer Computerprogramme schon ganz geläufig ist, daß Wahrheit innerhalb eines jeweiligen Realitätsbereiches definiert wird, hat dieses Buch weniger das Ziel, Ihnen eine bestimmte Wahrheitslehre aufzudrängen, sondern es soll Ihnen vielmehr „Wahrnehmungs- und Erkenntniswerkzeuge" in die Hand, oder besser in den Kopf geben, die es Ihnen ermöglichen, unterschiedliche Wahrheiten zu unterscheiden. Vielleicht mögen Sie zunächst einmal ein wenig über einige Sätze des „Hausphilosophen" von Bandler und Grinder nachdenken. Hans Vaihinger schrieb sein Werk *Die Philosophie des als ob* schon im Jahre 1876, veröffentlichte es jedoch erst zu Anfang des 20. Jahrhunderts, weil er der Meinung war, der Zeitgeist sei noch nicht reif dazu. Mir sind die folgenden Sätze Hans Vaihingers zu einer ständigen Begleitung geworden:

Wahr ist nur das Empfundene.
Denken ist der bestmögliche Irrtum.
Gehen ist kontrollierte Fallbewegung.

... die Heinz von Foerster mit der Aussage

WAHRHEIT IST DIE ERFINDUNG EINES LÜGNERS

so richtig auf den Punkt bringt.

Ich habe die Erfahrung gemacht, daß es sehr wertvoll sein kann, ab und zu ein wenig über diese drei Sätze zu meditieren. Man kann auf vielen Wegen Zugang zur systemischen Weltsicht finden. Vielleicht als Mathematiker, vielleicht auch durch eine Krankheit wie Krebs oder gar eine Psychose. Ich habe zahlreiche Menschen kennengelernt, die diese für den Normalbürger ungewöhnlich anmutenden Wege gegangen sind. Sehr beeindruckt haben mich die Schilderungen des damals 80jährigen Psychiaters und Familientherapeuten Carl Whitaker, der von der heilsamen Kraft der Psychose sprach und anschaulich berichtete, wie er zweimal in seinem Leben solche Phasen des Irr-sinns durchlaufen habe. Psychose, Hypnose, Mystik, Trance und Meditation haben viel Gemeinsames. Darüber hatten Gregory Bateson und Margaret Mead während des zweiten Weltkrieges geforscht.

Vielleicht ist es mir erst in dem Moment leichtgefallen, die vielschichtigen Gedankengänge u.a. von Gregory Bateson, Heinz von Foerster oder Humberto Maturana zu begreifen, als ich endlich die anstrengenden Versuche aufgab, ihren Gedankengängen mit logischen Mitteln folgen zu wollen und mir die Erlaubnis gab, darüber zu meditieren. So macht man es ja auch mit Zen-Koans. Der Sinn, über ein sinnloses Koan wie zum Beispiel den Versuch, mit einer Hand in die Hände zu klatschen, ständig zu meditieren, liegt darin, irgendwann einmal die Entscheidung zu treffen, es aufzugeben, diesen Gedanken mit logischen Mitteln lösen zu wollen. Wittgenstein würde wohl in diesem Zusammenhang auf den letzten Satz seines Tractatus Logicus hinweisen.

Verständlichkeit

Im Informatikzeitalter wird die körperliche Arbeit immer mehr durch geistige Tätigkeiten ersetzt. Information ist wichtiger als Materie. Computer-Hardware wird immer billiger, die Software-Preise dagegen steigen oder bleiben gleich. Dieser Trend erfordert immer bessere Möglichkeiten, Informationen zu selektieren, weiterzugeben und sich anzueignen. Langsame, nebulöse und doppeldeutige Kommunikation ist energiefressend, krankmachend und im Endeffekt teuer und destruktiv. Gute „Brainware" ist verstärkt gefragt.

Die NKS-Techniken bieten eine Unzahl von Möglichkeiten, wie man mit einfachen Mitteln einen Text oder eine Rede so gestalten kann, daß die Zuhörer oder Leser verstehen, was man sagt oder schreibt. Im Grunde genommen beschäftigt sich ja das gesamte Gebiet NKS mit diesem Vorgang. Als Daumenregel kann man wohl sagen, daß ein Text dann verständlich ist, wenn er innerhalb der fünf Sinne viele Unterscheidungen enthält und, was sich daraus ergibt, wenn man wenig Nominalisierungen, Tilgungen und Generalisierungen verwendet. Dieser zweite Teil der Aussage stimmt nun aber nicht so ganz. Nominalisierungen, Tilgungen und Generalisierungen sind Trance-Induktionen oder logische Bausteine – je nach dem Kontext oder der Umgebung, in dem ich sie anwende (ich hätte auch schreiben können: in dem sie Verwendung finden). Werden z.B. Nominalisierungen als „bedeutungsvolle Worte" angewendet, im Wechsel mit sinnesbezogenen Verben, so kann sich die Aussagekraft des Textes oder der Rede für den Leser oder Zuhörer erhöhen, weil er in der Lage ist – natürlich ohne sich dessen gewahr zu werden –, die Schüssel der Abstraktion mit seinen Sinnen zu füllen. Religiöse Führer und andere Manipulatoren (Werbefachleute, Politiker, Schamanen, Schriftsteller etc.) wissen um diesen Vorgang. Die Jesuiten waren wohl die ersten, die sich in Europa mit Trance beschäftigt haben. Solche bedeutungsvollen Worte sind z.B. Liebe, Allmacht, Menschlichkeit, keltische Rituale, Erlösung, Vorsehung, tiefes Wissen, Ganzheitlichkeit, Wesen, Musik, tiefer Energiefluß etc.

Wie kreativ Journalisten lokaler Zeitungen mittlerweile mit Sprache umgehen, drückt sich im folgenden kurzen Abschnitt aus, ein Vorgang, den ich mit „Relabeling" bezeichne, eine abgewandelte Form des „Reframing", das vom Mental Research Institute in Palo Alto entwickelt wurde und in seiner vereinfachten Form in verschiedenen NLP-Büchern beschrieben ist. Reframing könnte man mit „Neu-Rahmen" übersetzen. Mir gefällt das einfache Wort *Neudefinition*. Ich möchte dem Leser vorschlagen, sich, anstatt mit der Denotation von Begriffsbildungen herumzuquälen, anschließend nach der Lektüre dieses Buches mit den verschiedenen Ebenen von Witzen zu befassen. Man erfährt dabei den Sinn des Reframing ganz direkt. Der wiederum ist so uralt ist wie das Denken des Menschen selbst. Auf diese Weise erkennt man die Vermischung und Verwechslung von logischen Ebenen sehr schnell.

Relabeling könnte man als „Neu-etikettieren" bezeichnen. Man klebt ein teuer aussehendes Etikett auf eine Flasche mit billigem Wein. Wenn die hypnotischen Bedingungen angemessen sind, wird der Wein dem Genießer hervorragend munden, vielleicht auf eine ähnliche Art, wie Jesus aus Wasser Wein werden ließ. Jeder, der ein wenig mit simplen hypnotischen Mustern Erfahrung hat weiß, wie einfach es ist, jemand von einigen Gläsern Wodka betrunken werden zu lassen ... in denen Wasser ist. Doch nun zum: *RELABELING*. Dazu ein Beispiel aus einer Tageszeitung: „Daß ‚Public Relations‘ – die verfeinerte Form der altgedienten Propaganda – heutzutage das wirkungsvollste Instrument der Regierenden ist, um ihre Schäfchen zu lenken und zu kontrollieren, weiß niemand besser als der amerikanische Politiker. Also spricht man nicht mehr von Krieg, sondern von ‚friedenschaffenden Missionen‘, und die schwerste Nuklearrakete im westlichen Arsenal wurde schon von Ronald Reagan auf ‚Peacekeeper‘, also Friedenshalter getauft. Dieser Präsident brachte vor zwölf Jahren die sogenannte Reagan-Revolution zustande, und da außerdem das Informationszeitalter in das Kommunikationszeitalter überging, stieg er zum ‚Großen Kommunikator‘ auf. Heute erleben die USA die ‚Clinton-Revolution‘, und der neue Mann aus Arkansas ist ein mindestens so begabter Ideenvermittler, wie es der Schauspieler aus Hollywood war."

Der Journalist der Tiroler Tageszeitung (März 1993) beschreibt mit einfachen Worten einen Vorgang, der von Heinz von Foerster (1985) auf theoretisch sehr anspruchsvolle Art angegangen wird. Die Worte hätten allerdings auch aus seinem Munde stammen können. Möglicherweise ist die kreative Umdeutungs-Nominalisierungsfähigkeit in einer gemeinsamen österreichischen Genstruktur begründet. Vielleicht kommt einer der Forscher in der kreativen Enge seines Labors auf die Idee, dieses Gen zu finden oder zu manipulieren, um damit Karriere machen zu können.

Nominalisierungen („N", auch Abstraktionen genannt) sind im negativen Sinn Verzerrungen oder Whiteheadsche Täuschungen (nach dem Philosophen North Whitehead benannt). Unter „N" versteht man hier, ein Verbum in ein Hauptwort zu verwandeln: gehen wird zu Gang; denken wird zu Gedanke. Beim Verzerren wird ein Prozeß mit einem Gegenstand verwechselt. Einen Eisberg mit einem Nebelgebilde zu verwechseln, kann für einen Seefahrer tödliche Folgen haben. Das gleiche gilt für den Wanderer in der Wüste, der die Oase mit der Fata Morgana verwechselt.

Positiv gesehen sind Nominalisierungen logische Bausteine. Dazu sollte die Abstraktion (das Label, die Nominalisierung, das Fremdwort, die Substantivierung) klar definiert sein, so daß jeder weiß, was damit gemeint ist. Deshalb habe ich mir einerseits angewöhnt, Begriffe zu übersetzen, andererseits die Erlaubnis gegeben, Fremdworte auch weiterhin zu benutzen, weil sie innerhalb ihres Rahmens eine besondere Bedeutung schaffen. Der Begriff „Widerstand" in der Psychoanalyse z.B. ist mit einer ganz besonderen Bedeutung verbunden. Diese Bedeutung ist völlig anders als diejenige in der Hypnotherapie, im systemischen Denken und im NKS. Thies Stahl hat über diesen Begriff einen sehr aufschlußreichen Aufsatz geschrieben (Stahl 1994). Ähnlich ist es mit dem Begriff des „Unbewußten", der von Sigmund Freud völlig anders gehandhabt wird als von Milton H. Erickson und von Lao Tse. Werner Scholz (1986) hat über diesen wichtigen Unterschied lange nachgedacht. Vaihinger betrachtet diesen Begriff als völlig unsinnige Wortschöpfung.

Jede psychotherapeutische Schule, jede Subgruppe, jede Familie, jedes Paar entwickelt eine eigene Sprache, die zum Teil sehr intim ist. Nicht jeder soll hören, ob ich meine Frau „Spatzl" nenne, ob ich über „ficken" reden kann, oder ob mir dieses Wort einen Schock versetzt. Amüsant zu lesen ist Ericksons Schocktherapie mit dem Wort „ficken". Ob ich von dem „Unaussprechlichen" spreche oder lieber sage: „Seit langer Zeit hat sie mich heute nacht endlich wieder besucht." Eine Klientin sagte mir in einer Paartherapie: „Wir sprechen oft mit meiner Liesel ..."

Vielleicht sind manche Personen, die einen sexuellen Mißbrauch erlitten haben, über obszöne Worte und Bilder deshalb so schockiert, weil ihnen vom Mißbraucher zwangsläufig beigebracht wurde, über den Mißbrauch zu schweigen. Das schwere Trauma oder der daraus resultierende Schmerz läßt sich dann nicht mehr verarbeiten. Bei Virginia Satir, Bandler und Grinder kann man nachlesen, wie Menschen, die im sprachlichen Bereich wenig Unterscheidungen machen können, wenig oder nur geringe Möglichkeiten haben, ein Problem zu lösen.

„Manager haben sich daher eine hochentwickelte Sprachregelung zugelegt, die vor allem auf Sitzungen für emotionale Neutralität sorgt. Der sterile Code erlaubt einerseits eine problemlose Vermittlung des wirklich Gemeinten; da die Kommunikation aber frei von jedem erkennbaren Gefühl ist, können die Worte des anderen beliebig umgedeutet werden, falls die sozialen Beziehungen oder Einstellungen zueinander sich ändern.

Eine solche mehrdeutige, keimfreie Sprache wird meistens gar nicht einmal dazu benutzt, jemanden absichtlich zu täuschen. Zweck der Übung ist vielmehr, innerhalb eines spezifischen Kontextes bestimmte Einschätzungen, Beurteilungen oder Absichten zu übermitteln, wobei stillschweigend vorausgesetzt wird, daß, sollte sich der relevante Kontext ändern, auch den gefallenen Äußerungen eine neue, angemessene Bedeutung untergeschoben werden kann. Im Endeffekt führt dies jedoch dazu, daß niemand beim Wort genommen wird, da die Worte ohnehin keine verläßliche Bedeutung haben.

Es ist wie der amerikanische Rückzug aus Vietnam, der als ehrenvoller Friede hingestellt wurde. Man sagt das Eine und meint das Andere. In diesem System kommt es vor allem darauf an, die Tatsachen so mit Worten zuzudecken, daß sie irgendeiner einflußreichen Gruppe rosiger erscheinen.

So sind die Vertreter der Gewerbeaufsicht natürlich alle freche ungewaschene Hippies, die von der Branche, die sie mit Auflagen knebeln wollen, nichts verstehen; Umweltaktivisten ('Körnerfresser') nichts als schwachköpfige Idealisten, die am liebsten wollen, daß alle Leute in Zelten wohnen, nur noch Kerzenlicht benutzen und von Beeren leben; die Rechtsanwälte der Arbeitnehmerseite allesamt durchtriebene Gauner, die das Unternehmen aussaugen, um von unbedachten Klienten exorbitante Gebühren kassieren zu können; Gewerkschafter radikale Unruhestifter, die nichts anderes im Sinn haben als die harmonische Arbeitgeber-Arbeitnehmer-Beziehung zu stören; und Journalisten sowieso nur sensationslüsternde Schlagzeilenjäger, die möglichst viele Zeitungen oder Werbeminuten verkaufen wollen" (Jackall 1985).

Ein weiterer unangenehmer Nebeneffekt des Gebrauchs von unklarer Sprache in Organisationen ist die indirekte Ausübung von Macht. Dabei erstellt eine dominante Person beispielsweise undurchsichtige Regeln. Von der akademischen Ebene her funktioniert das ebensogut wie aus der Ebene der Verwaltung heraus. Der Akademiker kann diese Regeln mit irgendeiner sogenannten „wissenschaftlichen Erkenntnis" begründen, der Verwaltungsmensch lebt ohnehin in seiner Welt der Paragraphen. Beide Personen werden ohne große Schwierigkeiten Worte finden, die keiner versteht. Da sich nun viele Mitarbeiter auf der submissiven Ebene „zu klein", „zu dumm" oder sich aus anderen Gründen weder mit der Welt der Akademiker noch mit der Welt der Paragraphensammler und Erbsenzähler anfreunden können, haben sie oft Angst, die ungenauen Regeln zu hinterfragen. Die mächtige Person bleibt in der kontrollierenden Rolle. Sie kann dem Mitarbeiter jederzeit vorwerfen, sie habe etwas versäumt, falsch gemacht, eine Arbeit nicht richtig ausgeführt etc.. Die Person in der untergeordneten Rolle weiß niemals so richtig, was sie tun soll. Sie lebt ständig in dem Streß der Schuld. Wenn sie die „großen Worte" hinterfragen würde, würde sie ja ihre eigene Unfähigkeit und Unwissenheit offenbaren, was wiederum ihr Schuldgefühl verstärken würde. Ein endloser Vorgang ...

Gregory Bateson hat sich zu Abstraktionen folgendermaßen geäußert: „Die Psychologen sprechen gewöhnlich so, als seien diese Abstraktionen der Beziehung ('Abhängigkeit', 'Feindschaft', 'Liebe' usw.) reale Dinge, die durch Mitteilungen beschrieben oder ausgedrückt werden müssen. Das ist eine auf den Kopf gestellte Erkenntnistheorie: In Wahrheit begründen die Mitteilungen die Beziehung, und Wörter wie 'Abhängigkeit' sind sprachlich codierte Beschreibungen von Mustern, die in der Kombination ausgetauschter Mitteilungen angelegt sind. Wie bereits erwähnt, gibt es im Geist keine ‚Dinge‘ – noch nicht einmal ‚Abhängigkeit‘. Wir sind durch die Sprache so benebelt, daß wir nicht klar denken können, und es ist angebracht, sich manchmal daran zu erinnern, daß wir tatsächlich Säugetiere sind“ (Bateson [2] 1983, 358).

Wenn Menschen einen Vorgang oder Zustand als Problem erleben, fällt es Ihnen schwer, präzise Worte dafür zu finden. Wenn etwas schmerzhaft ist, blendet man am besten sämtliche Körpersignale aus und benutzt eine abgespaltene, analytische Sprache mit vielen Hauptwörtern und Verallgemeinerungen. Man spricht so, als ob man selbst gar nicht spricht. Man wird also zu einem Beispiel für jemand, der etwas sagt, aber er sagt es so, als ob er es selbst gar nicht sagt. Eigentlich sagt er selbst ja auch gar nichts. Im Grunde könnten seine Wortgebilde von einem Tonbandgerät heruntergespielt werden oder von einer Maschine mit einer sogenannten künstlichen Intelligenz (einer Datenbank, auf der dieses „Wissen“ lagert). Das Ganze hat den Vorteil, daß man dabei nichts mehr zu fühlen braucht, so daß es in vielen Lebenslagen hilft, einen schmerzhaften Vorgang zu überleben. Wenn Menschen dagegen etwas sehr Angenehmes erleben, können sie es meist mit Worten aus allen fünf Sinnesbereichen erzählen und erleben. Gefühle spielen dabei eine wesentliche Rolle. Das ist gleichermaßen logisch und sinn-voll, will man doch den Vorgang wirklich vollständig erfassen und erfahren. Auf welche Art dies im einzelnen geschieht, darüber habe ich mir in diesem Buch Gedanken gemacht. Jedenfalls wird Sprache, die ganz präzise alle fünf Sinne abdeckt, von den meisten Menschen gut verstanden.

Der folgende Text ist aus einem Buch von Lara Cardella (1990). Sie bekam dafür im Alter von 19 Jahren einen italienischen Literaturpreis. Das Buch ist für Familientherapeuten, die an transkulturellen Mustern interessiert sind, sehr lesenswert. Lara Cardella beschreibt das „sizilianische Modell der Welt“ aus ihrer Sicht als Jugendliche in der Pubertät: „Dann ließ er mich das Pornoheftchen (O) seines Vaters anschauen (v), und das war wirklich etwas Besonderes (TTN) für mich; denn wenn ich, bei meinen Nonnenanwandlungen (N), im Biologiebuch die Abbildung (v) eines nackten Mannes sah (v), bedeckte (v,k) ich sie sofort mit einem Heft oder mit einem anderen Buch (O), gewiß nicht mit der Hand (O, k). Die Bildergeschichte (N,v) hatte den Titel Schneewittchen und die sieben Zwerge (N). Das überraschte mich (Tr) ein wenig, denn ich verstand den Bezug zur Märchenwelt (N) nicht (Tr). Verwundert blieb ich auf Seite fünf hängen (k), als ich das süße (c) Schneewittchen auf allen vieren sah (v), das Kleid hochgeschoben (v,k) und mit nacktem (v,k) Hintern, und bei ihr der edle Jäger (N) mit runtergelassenen (v,k) Hosen und einem seltsamen Ding (N) zwischen den Beinen (O,v). Ich schaute Angelo zwischen die Beine (v) und dann in die Augen (v) ..., er lachte (v,a).

Ma unnu sapivi che semmu accussì? Hast du nicht gewußt, daß wir so gebaut sind? (Auditiv, da Zitat; gleichzeitig Trance-Induktion durch fremde Sprache.)

Na ja, ich hatte immer gesehen (v), daß sich die Jungen zwischen den Beinen (O) kratzen (k), aber ich wußte nicht genau, warum (Tr). Außerdem drehte (v,k) sich Angelo, wenn wir zusammen pinkelten (k), immer zur anderen Seite (v) und zeigte (v) mir nur seinen Rücken (O) oder höchstens sein Hinterteil (O)."*

Unverständlichkeit

Nun einige Beispiele für „Unverständlichkeit". Ein besserer Ausdruck wäre wohl schlechte Verständlichkeit. Nehmen wir gleich einmal den folgenden wissenschaftlichen Text:

„Das Nervensystem funktioniert stets in der Gegenwart, und es kann nur verstanden werden als ein System, das in der Gegenwart funktioniert. Die Gegenwart ist das für eine Interaktion notwendige Zeitintervall; Vergangenheit, Zukunft und Zeit existieren nur für den Beobachter. Auch wenn viele Nervenzellen ihre Arbeitsweise fortlaufend verändern mögen, kann ihre jeweilige Vorgeschichte dem Beobachter klarmachen, wie ihre gegenwärtige Operationsweise zustandegekommen ist, nicht jedoch, wie sie jetzt tatsächlich verläuft, noch worin ihre gegenwärtige Mitwirkung an der Erzeugung bestimmter Verhaltensweisen besteht." (Bei dem Text handelt es sich um einen wissenschaftlichen Text aus diesem Buch, ein Zitat, für dessen schlechte Verständlichkeit ich mich nicht verantwortlich fühle.)

„Sind alle Sprechkanäle des Funktelefonnetzes belegt, dann kann zum Freischalten von Sprechkanälen die Gesprächszeit automatisch begrenzt werden. Ankündigung: LED grün blinkt und akustisches Signal ertönt. Zusätzlich kann die Anzeige *Gespräch zu Ende* erscheinen. Sie können noch etwa 30 s sprechen." (Aus der Gebrauchsanweisung meines Mobiltelefons der deutschen Firma Siemens.)

Dialog in der Seilbahnstation. Ich habe das folgende Gespräch einer Familie als Beispiel für Tilgungen und Generalisierungen bei der Ankunft auf der Bergstation sofort niedergeschrieben: „Hier sind wir gefahren. (Die Mutter meint den Hang am gegenüberliegenden Berg.) ... Rauf und runter ... Wie schön es war ... Alle waren mit ... Es ging so gut ... Ich weiß es noch ganz genau ... Es hat soviel Spaß gemacht ..."

---

*   Die Abkürzungen bedeuten: v = visuell; k = kinästhetisch; a = auditiv; c = chemisch (schmecken und riechen); O = gegenständliches Objekt im Gegensatz zu einer Nominalisierung. N = Nominalisierung oder bedeutungsvolles Wort; T = Tilgung; G = Generalisierung; Tr = Trance-Induktion – N,T,G bewirken in den meisten Fällen auch Trance-Reaktionen beim Leser oder Gesprächspartner.

36

(Dieses Gespräch dauerte noch ca. 7 Minuten – so lange braucht die Seilbahn bis zur Bergstation –, ohne daß ein sinnesbezogenes Wort fiel.)

Beim Niederschreiben meiner Meditationen habe ich einen Stil angestrebt, der demjenigen von Lara Cardella entspricht. Ich bin mir darüber klar, daß ich dieses Ziel nicht immer erreichen konnte. Manchmal war das Gedankengut schwierig und nur bedingt mit direkter persönlicher Erfahrung in Verbindung zu bringen. Ich mußte Zitate verwenden, die ich vorher mehrmals gelesen hatte, um deren Bedeutung wenigstens erahnen zu können. Dadurch sind nun Textstellen entstanden, die fern von jeglicher Verständlichkeit sind. Möglicherweise ist das aber auch für manche Leser wiederum ein Vorteil. In all den Seminaren der letzten 20 Jahre habe ich immer wieder die Erfahrung gemacht, daß manche Europäer eine einfache und sinnesbezogene Sprache nicht mögen. Es zieht nur, wenn es ganz kompliziert ist. Eine sinnesbezogene Fallbeschreibung Milton H. Ericksons, die ich in manchen Seminaren vorlese, wurde einige Male von Teilnehmern als „platt" bezeichnet.

Der Abschnitt über Sprache gehört eigentlich ans Ende des Buches. Er ist Teil des Ergebnisses meines Nachdenkens über NKS. Er ist aber auch Teil des Prozesses. Hier mischen sich Form und Inhalt. Grundsätzlich hoffe ich, daß der Leser den Kontrast zwischen komplizierten wissenschaftlichen Zitaten, Trance-Sprache, mehr oder weniger drastischen Provokationen und anderen Sprachmustern nicht nur ertragen, sondern auch ein wenig amüsant finden wird.

Teil I
Ethik, Kontrolle und Entscheidung

Außen und Innen. Eine Grundsatzfrage

Ein wesentliches Ziel des NLP ist die Verwandlung von sogenannten und angeblich existierenden externalen Kontrollvariablen in internale Entscheidungsvariablen*. Mein größtes Anliegen ist es, Ihnen vermitteln zu können, genau diesen Vorgang zu erkennen, zu verstehen und evtl. nachzuvollziehen. Ich glaube, daß die Verwechslung von äußerer und innerer Motivation mit vielen Leiden auf diesem Erdball zu tun hat. Ich glaube, daß diese Verwechslung genauso zu Kriegen, Terrorismus, Wirtschaftskrisen, Ozonlöchern und anderen Umweltkatastrophen oder zu Zusammenbrüchen von Unternehmen führt wie auch zu Psychosen, Krebs, Bulimie, Substanzenabhängigkeit, religiösem Fanatismus und anderen Grauenhaftigkeiten. Im Grunde kostet diese Verwechslung von Innen und Außen eine Unmenge an Geld. Das wird klar, wenn man den Bestseller von Günter Ogger mit dem Untertitel „Schuld haben immer die Anderen" (1992) liest. Um eine Verwechslung zwischen externaler und internaler Motivation und die manchmal damit verbundene „Wahnbildung" zu vermeiden, ist es meiner Erfahrung nach eine große Hilfe, die mit den nachfolgenden Worten Heinz von Foersters so anschaulich beschriebene Entscheidung zu treffen. Natürlich kann man ständig versuchen, beides zu mischen. Ich habe es zeitweise versucht. Es funktioniert lediglich als paradoxe Symptomverschreibung, als perverses Prinzip, als der Versuch, eine Handlung immer wieder zu wiederholen, obwohl die Erfahrung immer wieder lehrt, daß das gewünschte Ziel niemals erreicht werden kann.

Heinz von Foerster spricht von einer wesentlichen Lebensentscheidung bezüglich externaler oder internaler Motivation, Attribuierung oder was es noch alles für Worte dafür gibt. Ich muß sagen, daß mich seine Worte – die ich damals von einer Tonkassette, die mir meine Frau von einem Milton Erickson-Kongreß mitgebracht hatte, hörte – derartig beeindruckten, daß ich danach viele Handlungsweisen und Entscheidungsprozesse in meinen Seminaren, meiner psychotherapeutischen Praxis etc. drastisch verändert habe. Meine Klienten wurden zufriedener, sie gaben sich fortan viel schneller die Erlaubnis, mit etwas Altem fortzufahren oder aufzuhören, oder die Erlaubnis, mit etwas Neuem anzufangen. Eine Haltung, die ich in einem Seminar mit Terry Tafoya lernen konnte. Heinz von Foerster sagte zu diesem grundlegenden Entscheidungsvorgang:

„Nun möchte ich Euch mein Kapitel Nr. 1 vorstellen; es ist meine metaphysische Position: Jeder von uns muß sich früher oder später selbst zwei fundamentale meta-

---

* In diesem Zusammenhang benutze ich den Begriff NKS.

physische Fragen beantworten. Und diese Fragen sind: Bin ich ,geteilt' * – das bedeutet getrennt, abgeteilt von der Welt – oder bin ich ,ein Teil'**, bin mit der Welt? Natürlich kann ich diesen grundsätzlichen Standpunkten Namen geben: Und der erste ist: wir betrachten uns von der Welt abgetrennt, während wir hier gerade so sitzen. Dort ist die Welt, hier bin ich. Ich habe nur meine Beobachtung, ich verbinde mich mit der Welt ... Ich bezeichne das als den schizoiden Standpunkt. Von schizoid, trennen. Und den anderen bezeichne ich als die mitleidsvolle (erlaubnisgebende) Position.

Nun behaupte ich, daß, wenn du den schizoiden Standpunkt einnimmst, das Versprechen einer Moral dir wie ein Wurmfortsatz anhängen wird, als Hintergedanke von etwas, das du einem Ausschuß gibst. Während ein Komitee natürlich nichts handhaben kann, und deshalb gibst du es ihm ja (lautes Lachen in der Gruppe) ... so, mein Gedanke dabei ist, daß das organisierende Prinzip dieser Position ist:

,Es müßte sein!'

Es organisiert immer die anderen. Es organisiert niemals dich selbst. Wenn du jedoch die erlaubnisgebende Position einnimmst, dann tust du mit dir selbst, was du auch anderen zu tun gedenkst. Das organisierende Prinzip dieser Position ist:

,Ich soll tun!'

Das heißt, es bezieht sich alles auf mich. Es scheint so, daß die erlaubnisgebende Position es verunmöglicht, wissenschaftlich zu sprechen, weil Wissenschaft natürlich Abtrennung zwischen dem Beobachter und dem Anderen herstellt. Das ist, weil Wissenschaft Wissenschaft genannt wird: Das kommt direkt aus der intereuropäischen Wurzel ,sci', was zum Beispiel die Grundlage bietet für Schizophrenie, Wissenschaft und andere Dinge, die du gern abtrennen möchtest (die Gruppe kichert zunächst, bricht dann in lautes Lachen aus), und das ist zum Beispiel ,shit', im Deutschen einfach ,Scheiße' (die Gruppe bricht in lautes Gelächter aus, sie klatscht ganz stark Beifall), wenn du ... (immer noch Gelächter) ... ich empfehle, es im ,American Heritage Dictionary of the English' nachzuschlagen, was die europäische Wurzel hergibt und es ist faszinierend, die Etymologie einiger Worte zu prüfen.

Nun ist natürlich eine dieser wundervollen Ideen des Abtrennens – Abspaltens – die Idee der Objektivität. Nun, Objektivität hat gewöhnlich eine unglaubliche Popularität, und in den meisten Fällen glauben die Leute das dann, weil Objektivität ein wissenschaftliches Konzept ist. Nun, meine Damen und Herren, Objektivität ist so beliebt im Volk, weil es dir hilft, Verantwortung loszuwerden. Weil, wenn du

---

*   englisch ,a part of'
**   englisch ,a part of'

42

Objektivität akzeptierst, bist du lediglich ein Sprachrohr für etwas anderes. Du kannst nicht beschimpft werden, wenn die Dinge schieflaufen. Es ist eben die Situation. So kannst du für all das nicht beschimpft werden. So hilft die Idee der Objektivität bei all diesen Vorgängen sehr. Natürlich magst du sagen, daß du tatsächlich Objektivität fordern kannst, weil es gewöhnlich so formuliert wird, daß die Eigenschaften des Beobachters seine Beobachtungen nicht beeinflussen sollen. Aber das ist barer Unsinn, weil, wenn du nicht in der Lage bist zu beobachten, dann wird es gar keine Beobachtung geben können. So, wenn dann diese Objektivität Unsinn ist, und wenn gewöhnlich angenommen wird, daß ihre Negation Subjektivität ist, würde es Sinn ergeben.

Aber, meine Damen und Herren, wenn Sie eine nicht-sinnvolle Position negieren, bekommen Sie eine nicht-sinnvolle Proposition. So hilft das auch wieder nicht; so muß man den ganzen Standpunkt verändern. Noch weiter: es stellt sich tatsächlich heraus, daß die Eigenschaften, von denen ich glaube, daß sie den Objekten innewohnen, das Innewohnen des Beobachters infiziert haben. Ich werde Ihnen zwei Beispiele geben. Da gibt es etwas, über das im Moment viel geredet wird. Wenn Sie etwas über Obszönität erfahren möchten ... zeigen Sie einem Herrn ein Bild. Sie fragen ihn, ist das obszön? Er sagt ,Ja'. Nun wissen Sie eine Menge über den Herrn; aber gar nichts über das Bild (lautes Lachen).

Oder hier ist die Geschichte von Pawlov. Wie Sie sich erinnern, war es Pawlov, der zur Wende dieses Jahrhunderts die Eigenart des ,Bedingten Reflexes', das ist, wenn ein Reiz für einen anderen genommen wird um dieselbe Reaktion auszulösen, auf das Ausführlichste studierte: Man zeigt einem Hund ein Stück Fleisch. In der Vorfreude läuft ihm das Wasser im Mund zusammen; er saliviert. In dem Moment läutet der Laborassistent mit einer Glocke.

Wenn dieses Spiel genügend oft wiederholt wird, saliviert der Hund auch dann, wenn nur die Glocke geläutet wird; ein bedingter Reflex ist etabliert! Pawlov bekam dafür 1904 den Nobelpreis. Da Pawlov seine Laborberichte mit der größten Sorgfalt abfaßte, konnte Jerzy Konorsky, ein polnischer Experimentalpsychologe, vor etwa 15 Jahren Pawlovs Versuche wiederholen. Genau wie bei Pawlov, ging das Hund-Fleisch-Glocke-Spiel für einige Zeit. Jedoch vor dem entscheidenden Experiment nahm Konorsky, ohne Wissen des Assistenten, den Klöppel aus der Glocke heraus.

Ahnungslos nahm der Assistent die Glocke, und schüttelte sie heftig; kein Ton war zu hören – **aber der Hund salivierte!** *Daraus schloß Konorsky, das Läuten der Glocke war ein Reiz für Pawlov, aber nicht für den Hund!*

Leider hat Konorsky für diese Beobachtung nicht den Nobelpreis bekommen" (von Foerster 1986).

Es lohnt sich, das Originaltonband in englischer Sprache zu hören. Auch in deutscher Sprache sind mittlerweile zwei Tonbänder zum Thema Kybernetik von

Heinz von Foerster zu erwerben. Bei mir hat das Hören des oben zitierten Textes zu einer Lebensentscheidung geführt. Mir wurde plötzlich klar, daß Heinz von Foerster die tägliche Praxis in der Psychiatrie, die meines Erachtens ein Abbild unserer Gesellschaft ist, metaphorisch beschreibt. Was geschieht dort? Nehmen wir ein einfaches Beispiel: Ein Patient wird zum erstenmal in eine Akutaufnahmestation eingewiesen. Er zeigt ein bizarres Verhalten. Der Psychiater führt mit ihm ein Interview durch. Über den Patienten gibt es noch keine Akte. Also kann der Psychiater nichts aus der alten Akte abschreiben, was er aus zeitlichen und anderen Gründen tun würde. Er wird den Patienten solange interviewen bis er sagen kann, diese ist eine „xyz"-Symptomatik, ganz klassisch nach Bleuler oder dem ICD-10 (Dilling et al. 1992) -Katalog, z.B. eine Schizophrenie Nr.: F25.2. Damit kann er die Akte schließen und beiseite legen. Er kann den Patienten auf Station zurückschicken und die Akte dem Pflegepersonal überlassen. Aber das Entscheidende ist: **Er braucht für die Beziehung zum Patienten keine Verantwortung mehr zu übernehmen.** Nach dieser Erkenntnis konnte ich die Entscheidung treffen, diesen Prozeß nicht mehr leben zu wollen. Von diesem Moment an entschied ich mich, selbstverantwortlich zu handeln. Das war nicht immer einfach.

Bewußtes und Unbewußtes – der indianische Schamane und Sprachwissenschaftler Terry Tafoya sagte mir einmal, die Sprache des weißen Mannes sei eine dumme Sprache. Sie kenne nur eine Realität, die Realität des Objektiven (persönliche Mitteilung). Sprache hat etwas damit zu tun, mit welcher Sicht man die Welt sehen will. Der an die Objektivität der Welt gewöhnte weiße Mann tut sich mit diesem Gedanken schwer. Aber jeder Richter weiß, wie die Wahrnehmung bei Zeugenaussagen gefärbt sein kann und welche Fehler dabei einfließen können. Wenn zwei Menschen das gleiche sehen, ist es noch lange nicht dasselbe.

In den empirischen Wissenschaften und bei psychologischen Meßverfahren versucht man, diesen Blick zu objektivieren oder zu standardisieren. Ich glaube, daß man den Blick des sogenannten wissenschaftlich orientierten Standardbeobachters um einiges erweitern muß, wenn man als „Heiler" oder auch als Führungskraft den Weg der Weisheit beschreiten will. Notwendigerweise muß man dazu den Weg des wissenschaftlichen Denkens zeitweise verlassen, denn als Wissenschaftler kann man nur mit einem Auge sehen. Auf den anderen bleibt man blind. Man muß, wie oben erwähnt, die Welt abspalten. Der indianische Heiler dagegen lernt die Welt mit verschiedenen Augen zu sehen. Er kann zwischen den geistigen Augen und den realen (objektiven) Augen unterscheiden. Die Endsilbe -yai z.B. gibt bei dem Wort „Auge des Adlers" zu erkennen, daß es sich um das geistige Auge handelt, eine bestimmte Sicht, mit der man die Welt sieht und nicht ein Auge, das man herausgenommen hat, weil man den Kopf im Kochtopf kochen will. Ich möchte diese Sichtweisen im folgenden beschreiben.

44

Die Augen des Heilers

Das Auge des Adlers – gemeint ist das geistige Auge. Der Adler schwebt hoch oben am Himmel. Er sieht die Vorgänge auf der Erde mit großer Distanz. Diese Sichtweise entspricht der Dissoziation in der NKS und in der Hypnotherapie, aber auch derjenigen des Wissenschaftlers, der zwischen Beobachtung und Experiment trennt. Im psychotherapeutischen Bereich entspricht diese Sicht der Haltung Sigmund Freuds, der irgendwann einmal die Gesichter seiner Patienten nicht mehr ertragen konnte, und sich, um objektiv deuten zu können, ans Kopfende der Couch setzte. Dieser Vorgang wurde dann bei den Familientherapeuten der Mailänder Orientierung beibehalten, die bemerken konnten, daß man die Geschehnisse innerhalb einer Familie hinter einer Einwegscheibe neutraler wahrnimmt als der Therapeut, der in der Familie sitzt. In der NKS entsprechen die beiden Beobachtungspositionen dem dissoziierten und dem assoziierten Zustand. In Seminaren mit Max van Trommel machte ich die Erfahrung, wie wichtig es ist, zwischen beiden Zuständen hin- und hergehen zu können. Persönlich arbeite ich nicht mehr mit der Spiegelscheibe, sondern mit Kollegen, die im Rahmen eines reflektierenden Teams quasi „am Kopfende des Teams" oder „am Kopfende des Familienkreises" sitzen und dann aus dieser Beobachtungsposition einige Minuten lang diskutieren, was sie gesehen haben. Diese Diskussionsrunde gibt viel Raum für neue Sichtweisen, Neudefinitionen, Reframings, versteckte und indirekte Botschaften etc.. Die beobachtenden Kollegen definieren sich als „ein für den Prozeß hilfreiches Team".

Das Auge der Maus – die Maus ist ein sehr kleines Tier. Deshalb ist sie aber nicht weniger mächtig. Sie hat die Fähigkeit, sich mit der Erde zu vereinigen, so daß sie sogar von einem so starken Tier wie dem Büffel nicht bezwungen werden kann. Wenn man die Macht der Maus auf die Realität der Kriegsführung überträgt, braucht man nur an die Kriegsführung der Vietkongs zu denken, die sich in Erdtunnels vergraben hatten, wo die Amerikaner sie nicht erwischen konnten. Oder aber indem sie sich in ihrer Kleidung derjenigen der amerikanisch-vietnamesischen Soldaten anglichen, dabei aber, um sich untereinander zu erkennen und nicht gegenseitig zu erschießen, Signalsysteme benutzten, wie ein offener Knopf der linken Brusttasche oder ein Herunterhängen der rechten Schulterklappe und sich mit diesem Trick sehr wirksam und unerkannt unter dem mächtigen Feind bewegten, der sie nicht erkennen konnte. Schon Sun Tsu hatte vor mehr als 2500 Jahren gesagt, daß eine Armee wie Wasser sein müsse, die in das Land des Feindes hineinfließt. Wasser ist stärker als Fels.

Das Auge der Maus entspricht der oben erwähnten assoziativen Sichtweise der NKS. Therapeuten, die diese Sicht vertreten haben, sind Carl Rogers oder auch

Milton H. Erickson, jedenfalls in dem Falle, wenn er sagt: „Sprich die Sprache des Klienten und bleib einen Schritt hinter ihm."

Politiker, die diese Haltung vertreten haben, waren Gandhi, aber auch Gorbatschow, der sich von einer One-Up-Haltung hin zu einer One-Down-Haltung systematisch entmachtet hat und damit einen Veränderungsprozeß einleitete, der die Welt auf den Kopf gestellt hat. Es ist die Grundhaltung von Rapport, Empathie, Joining und struktureller Kopplung.

Das Auge des Büffels – der Büffel ist ein sehr großes und sehr starkes Tier. Deshalb kann er sich ein sehr großmütiges Auge leisten, welches die Welt ganzheitlich sieht. Er kann es sich sehr gut leisten, über Unebenheiten des Bodens, kleine Büsche und Steine einfach hinwegzusehen. Er ist großmütig und lebt mit der Weitsicht der Prärie. Im täglichen Leben entspricht diese Haltung dem gütigen Vater, dem Chef oder dem Vorgesetzten, der Vertrauen in seine Mitarbeiter hat und kleinere Fehler einfach nicht beachtet. Es ist die Art von Carl Rogers und Milton H. Erickson, die jedem Menschen eine Chance gibt. Die Grundhaltung ist die Akzeptanz, die Veränderungen einleitet. Akzeptanz drückt sich in der Weite der Prärie aus, in der es möglich ist, überallhin zu gehen und in der es keine Barrieren (die ursprüngliche Wortbedeutung des Wortes Problem ist Erdwall/Barriere) gibt. Es ist eine Weite, die zu einer ständigen Bewegung und Veränderung einlädt. Menschen, die vor einigen Jahrhunderten Deutschland und andere europäische Länder verlassen hatten, weil ihnen diese Länder zu eng geworden waren, und die diese Weiten der Prärie durchquert hatten, haben gelernt, wie angenehm es ist, ganz problemlos immer weitergehen zu können.

Das Auge des Falken – der Falke ist ein sehr kleiner, aber sehr schneller Vogel. Sein Auge ist sehr scharf und er ist es gewohnt zu kämpfen. Sind die ersten drei beschriebenen Sichtweisen den meisten Therapeuten und Kommunikatoren geläufig, so sind viele von ihnen auf diesem Auge fast blind. Persönlich habe ich bisher zwei Menschen erlebt, die auf allen vier Augen gleichmäßig gut sehen konnten. Einer von ihnen war der Familientherapeut Carl Whitaker, den Thies Stahl während eines meiner ersten NLP-Seminare als einen der Erfinder des Reframing bezeichnet hatte; der andere ist Frank Farrelly. In seinem eindrucksvollen Buch über die Therapie einer Familie beschreibt Whitaker, wie wichtig es ist, daß man bereit ist, den Kampf mit der Familie aufzunehmen (Whitaker & Napier 1982). Ich denke, daß Therapeuten wie Erickson, Whitaker und Farrelly auf allen vier Augen voll durchblicken. Milton H. Erickson habe ich leider nicht mehr erleben dürfen, Whitakers Eleganz lediglich auf einem einzigen Seminar, Frank Farrelly dagegen recht oft. Whitakers Schüler Frank Farrelly sagte mir, daß wenn er arbeitet, vor seinen Augen 15 bis 25 Bildschirme laufen, in seinem Körper ein ganzes Gefühlskino rumort, Musik spielt, und ihm gute Geister ständig das einreden, was er sagen sollte. Er braucht dann nur auswählen (persönliche Mitteilung, 1987).

Bewußte Vorgänge sind logisch. Unbewußte Vorgänge sind nicht unlogisch. Ein großer Teil des Gebietes der persönlichen Erfahrungen hat mit unbewußten Vorgängen zu tun. Vor längerer Zeit hatte ich einmal ein Seminar damit begonnen, daß ich den Begriff der „Nominalisierung" metaphorisch mit einer Analogie erläutern wollte, nämlich daß das Bestreben, Vorgänge des Unbewußten mit Hilfe sprachlicher Logik zu erklären, dem Versuch gleichkommt, „Dünnschiß an den Nagel zu hängen". Ganz spontan rief ein Teilnehmer: „Einfrieren!" Damit war der Vorgang auf den Punkt gebracht und das folgende Gelächter „verinnerlichte" das „AHA"-Erlebnis ein für alle Mal auf mehreren Sinnesebenen. Die sogenannte Whiteheadsche Täuschung, die Verwechslung eines Vorganges mit einem Objekt, war endlich klar.

Ein hoher Prozentsatz der vielen Kringel und kleinen Linien auf dem weißen Papier, die zwischen den beiden Buchdeckeln in Form von Worten Symbolwerte annehmen, hat das Ziel, wirklich klar zu machen, daß logische Vorgänge nur in dem Bereich „wahr sind", in dem sie definiert wurden. Mit Sprache versuchen wir Erklärungen abzugeben. Das kann gefährlich werden, weil diese Erklärungen falsch sein können. Das ist dann der Fall, wenn ich eine Erklärung abgebe, die nur innerhalb meines eigenen Realitätsbereiches „wahr" ist. Sie lenkt den Fokus auf einen Punkt und hält daran fest. Wenn ich jemanden zum Essen einlade, wäre es sehr unhöflich, ihn mit Erklärungen überzeugen zu wollen, daß dieses Steak oder jenes Fischgericht eine Mahlzeit ist, die ihm schmecken müsse. In diesem Realitätsbereich anerkennen wir, daß Geschmack etwas Individuelles ist. Wenn wir uns mit religiösen Glaubenssätzen oder politischen Ansichten ähnlich verhielten, würde es vielleicht weniger Kriege geben. Aber indem ich meine meditativen Gedanken zur geschriebenen Sprache werden lasse, begebe ich mich auch auf das Glatteis der Welt der Erklärungen. H. Maturana hat einmal gesagt, daß er als Wissenschaftler seine Leidenschaft für Erklärungen auslebt. Die Evolution jedoch habe erklärungslos stattgefunden. Einfach so (persönliche Mitteilung, 1986). Weiter unten wird vielleicht deutlich, daß eine Erklärung eher einen Zustand konserviert, Akzeptanz dagegen scheint eher eine Veränderung zu ermöglichen. Eine Erklärung „konserviert" einen Vorgang innerhalb eines logischen Systems. Die Akzeptanz von etwas Unbekanntem jedoch schafft die Möglichkeit, eine Grenze zu überwinden, Neugier zu befriedigen und Neuland zu betreten. Die Entscheidung, eine paradoxe Symptomverschreibung anzunehmen, ohne sie zu hinterfragen, schafft bei einem Klienten zum ersten Mal die Möglichkeit, aus den krankheitserzeugenden Grenzen der Logik herauszutreten und sich auf ein Reframing, eine Neudefinition des Problems einzulassen.

47

Erklärung konserviert einen Zustand

Werner Scholz meint hierzu: „ ..., daß die Aufgaben der Taoisten und Ericksons letztlich mit graduellen Unterschieden dieselben sind, nämlich Logik, Rationalität, Bewußtsein zum Einsturz zu bringen, um dahinter eine positive Kraft, ein Prinzip zu finden, um unser Leben angemessener gestalten zu können" (Scholz 1986, 200). „Was aber geschieht in dem Moment, wo Menschen aufgrund ihrer starren Verhaltensmuster in Krisen gerutscht sind? Sie verwenden eben die psychische Instanz, das logisch Bewußte, das sie in Schwierigkeiten gebracht hat, dazu, sie wieder herauszubringen. Und das ist exakt der Punkt, an der die Eskalation der Problematik beginnt." Ich möchte hier nicht die Logik verteufeln. Ich möchte lediglich darauf hinweisen, daß im Bereich der Logik andere Gesetze herrschen als im Bereich der Unlogik. Im Traum ist alles möglich. Im Bereich der Logik ist nur das möglich, was für diesen Bereich vorher festgelegt wurde. Das gilt auch für die Sprache.

Niels Bohr pflegte zu sagen: „Das Gegenteil einer richtigen Behauptung ist eine falsche Behauptung. Aber das Gegenteil einer tiefen Wahrheit kann wieder eine tiefe Wahrheit sein" (Bohr in: Heisenberg 1973, 124).

Und Henry Miller meint: „Unter Verrücktwerden versteht man, den Verstand zu verlieren, den Verstand, aber nicht die Wahrheit, denn es gibt Verrückte, die Wahrheiten aussprechen, während andere schweigen ..." (Miller 1979).

Im Sinne des NLP, das davon ausgeht, die Grundhaltungen von Milton Erickson, V. Satir, Fritz Perls sowie der Kybernetiker Gregory Bateson und Ross Ashby in hohem Ausmaß widerzuspiegeln, sind dann Veröffentlichungen auf der Grundlage der orthodoxen Wissenschaften schlichtweg falsch. Sie sind dagegen wahr unter der Sicht ihrer jeweiligen therapeutischen Schulmeinung. Meiner Meinung nach haben sie aber überhaupt nichts mehr mit dem zu tun, was die o.g. „Meisterzauberer" intendiert hatten. Vielleicht ist es ähnlich den wunderbaren Handlungen eines Jesus Christus, die erst Jahrzehnte später niedergeschrieben wurden und dann schließlich und endlich jahrhundertelang von religiösen Führern mißbraucht werden konnten. Wenn Jesus heute sehen würde, was so alles unter seinem Namen getrieben wird, würde er vielleicht sagen: „Gut, gut. Aber so doch nicht!" Einer von Milton H. Ericksons Hauptansätzen ist Kreativität. Gerade diese Kreativität läßt sich nun aber sehr schlecht oder gar nicht in irgendeine Norm hineinpressen. Das folgende Zitat drückt diese Haltung aus: „Jedes Individuum ist eine einzigartige Persönlichkeit. Folglich sollte eine Psychotherapie so beschaffen sein, daß sie dem Individuum auf der Ebene der Einzigartigkeit begegnet, als daß sie die Person so zuschneidert, daß sie in das Folterbett einer Theorie über menschliches Verhalten hineinpaßt" (Zeig 1982, VII). Mit anderen Worten: Der Therapeut sollte es vermeiden, sich nach dem Gesetz des Nagels zu richten. (Für den, der den Hammer erfand, wurde jedes Problem zum Nagel.)

48

Der Versuch, kreative Vorgänge zu normieren, kommt wohl dem Versuch gleich, eine Blume aus dem Regenwald des Amazonasgebietes in Deutschland auf der Fensterbank in einem Blumentopf zu züchten. Regenwald läßt sich schlecht kontrollieren.

Kreativität läßt sich nicht kontrollieren. Komplexe Vorgänge, sei es bei einer einzelnen Person, in einer Familie, einem Wirtschaftsunternehmen oder einem Staatssystem, sind nicht kontrollierbar. Wenn man auf ein System Druck ausübt, nimmt der Grad der Organisation ab, so daß man den Druck und die Kontrolle verstärken muß. Die Unordnung nimmt zu und man muß wieder Ordnung schaffen. Wenn man auf einen geschlossenen Behälter, in dem sich eine Flüssigkeit befindet, Druck ausübt, wird es da drinnen wärmer. Die Moleküle rasen im Behälter chaotisch hin und her. Der Grad der Organisation der Moleküle sinkt ab (vgl. Heinz von Foerster 1985b). Wenn ich den Druck verstärke, werden die Moleküle stärker hin- und herrasen. Wenn der Druck zu stark wird, explodiert der Behälter. Ich habe nun mehrere Kontrollmöglichkeiten: Ich kann die Wände des Behälters verstärken oder den Druck regulieren. Auf welche Art dieses Prinzip auch auf soziale Systeme zutrifft weiß nun jeder, seitdem das Sowjetreich zusammengebrochen ist. Ich selbst bin an der Zonengrenze aufgewachsen. Ich habe während meiner ganzen Jugend erfahren, wie es aussieht, wenn man auf ein soziales System Druck ausübt und die Grenzen immer stärker bewachen muß. In einem derartigen System ist sehr schwer Kreativität freizusetzen. Dazu muß man Chaos zulassen können.

Auch wenn zur Zeit viele Menschen geordneten Strukturen nachtrauern, weil sie meinen, das Leben sei dann einfacher und schöner, ändert es nichts an der Tatsache, daß sich lebendige Vorgänge nicht direkt kontrollieren lassen. In einigen Firmen hat man das mittlerweile erkannt. Andere, die noch nach alten Prinzipien geführt werden, werden zwangläufig aussterben (vgl. Peters 1992; Gerken 1992; Gerken & Kapellner 1993).

Man weiß aus der Chaosforschung daß, je komplexer ein System ist, desto weniger ist es kontrollierbar. Dafür gibt es mathematische Formeln. Man kann sich aber auch einfach hinsetzen und darüber meditieren oder schlichtweg nachdenken. Es dauert bestimmt nicht so lange wie ein Mathematik- oder ein Informatikstudium. Weiter unten benutze ich die Metapher der „Nichttrivialen Maschine" Heinz von Foersters, um klarzumachen, wohin der Versuch führt, lebende Systeme als Input/Output-Systeme zu betrachten. Man kann sie nicht direkt kontrollieren. Höchstens indirekt. Allerdings nur dann, wenn sie sich kontrollieren lassen, oder wenn sie sich so verhalten, als ob man sie kontrollieren könnte.

Ein Gebiet, das mich bei der Veränderung von Menschen und Unternehmen ganz besonders interessiert, ist die Veränderung von Glaubenssätzen, Lebensliedern,

Ideologien, „Beliefs". NLP kommt aus Kalifornien. Jeder Amerikaner weiß, daß sich das Lebenslied eines Kaliforniers ganz beträchtlich von demjenigen eines Bürgers aus dem mittleren Westen unterscheidet. Ich denke, daß die Unterschiede zum Mitteleuropäer wohl noch krasser sind. Geht es bei der Bildung subjektiver Erfahrung um innere Landkarten, so haben die inneren Landkarten sehr viel mit dem Land zu tun, in dem sie gelernt wurden. Vielleicht ist es überhaupt ein Problem, dieses NLP, das in Kalifornien für Kalifornier konzipiert wurde, preußischen Bürokraten beibringen zu wollen und kommt dem Versuch gleich, einen christlichen Würdenträger zu einem thailändischen Puffbesuch einzuladen. Wenn ich ein fremdes Land betrete, so ist es gut, die Sitten und Gebräuche der Bürger zunächst einmal zu achten, auch wenn sie mir völlig unlogisch erscheinen. Auf dieses „Achten und Respektieren" der inneren Landkarte meines Gegenübers kommt es in vielen NKS-Techniken an. Dazu zwei kleine Anekdoten über transkulturelle Sprach- und Lebensmuster:

Bei den Eskimos gibt es die Sitte, daß ein Gast mit der Ehefrau des Gastgebers zusammen lachen darf. Sozusagen als Gastgeschenk. Miteinander lachen bedeutet Liebe machen oder Sex haben. Nun kam ein Missionar ins Dorf. Er wurde von diesen Menschen sehr freundlich aufgenommen, war allerdings über das Gastgeschenk furchtbar schockiert und lehnte es vehement ab. Die Leute waren darüber derartig verärgert, daß sie ihn aus dem Dorf prügelten.

In Japan gibt es drei, heutzutage vermutlich vier, deutlich voneinander unterscheidbare Sprachformen. Die Sprache der Männer, die Sprache der Frauen und die Sprache der Geishas und die der Prostituierten. Als nach dem zweiten Weltkrieg das japanische Wirtschaftswunder in Gang kam, schickten die Amerikaner Führungskräfte nach Japan. Man schickte diejenigen zu den Verhandlungen, die die japanische Sprache wenigstens in ihren Grundlagen beherrschten. Es waren diejenigen, die während des zweiten Weltkrieges in Japan gewesen waren. Sie hatten mit Prostituierten Kontakt gehabt. Nur die japanischen Geschäftspartner bemerkten, welche der drei Sprachen die Amerikaner sprachen. Ihre Höflichkeit verbot ihnen, darüber zu sprechen. Es ist hart, wenn einem die kulturellen Gepflogenheiten eine bestimmte Art des Lachens aufzwingen. Diese Geschichte erzählte mir vor langer Zeit ein Japaner aus dem Topmanagement. Der Fisch im Wasser weiß nicht, was Wasser ist. Menschen, die am Meer leben, hören das Rauschen der Wellen nicht mehr ...

Andererseits kommt nun kaum ein Therapeut als fertiger Milton H. Erickson auf die Welt. Der therapeutische Anfänger, der junge Psychiater, der Diplompsychologe, der ganz „grün" und ohne pychotherapeutische Praxis der Alma Mater entspringt, der Sozialarbeiter, Pädagoge, alle vollgepfropft mit vielen „objektiven Wahrheiten" und dem unstillbaren Drang, helfen zu wollen, haben eine unglaubliche Angst davor, etwas falsch zu machen. Es ist besser, er orientiert sich an einigen Grundregeln, anstatt vor lauter Angst soviel Chaos zu stiften, daß es seinen Klienten hinterher schlechter geht als vorher. Über regelorientierte innere Modelle werde ich weiter unten ausführlicher nachdenken.

Vom NLP zum NLS

Unser bisheriger Ansatz

Meine Frau und ich hatten damals zehn Jahre Erfahrung in Klientenzentrierter Psychotherapie (als Ausbilder), in Verhaltenstherapie/Lernpsychologie und zwei Jahre im Katathymen Bilderleben, bevor wir das NLP kennenlernten. Meiner Meinung nach ist Therapie extrem subjektiv. Konflikte in einem Unternehmen, in einem Team oder in einer Familie sind eine subjektive Angelegenheit. Sie geschehen im momentanen Kommunikationsraum, der aus dem Therapeuten und der Familie besteht oder aus dem Coach und dem Unternehmen. Die persönliche Haltung des Beraters oder Therapeuten, sein Wertesystem und seine Lerngeschichte fließen in den Problemlösungsprozeß ein. Aus diesem Grund halte ich es für wichtig, die therapeutischen Schulen, die mich und meine Frau beeinflußt haben, aus persönlicher Sicht zu beschreiben.

Der klientenzentrierte oder personenbezogene Ansatz wurde von Carl Rogers entwickelt. Der Psychologe und Theologe Rogers hatte zunächst 12 Jahre als Psychoanalytiker gearbeitet und dann diese Therapieschule verlassen. Selbstexploration und Selbstaktualisierungstendenz als grundlegende Konzepte seines Ansatzes finden sich in ähnlicher Bedeutung im systemischen Denken wieder (vgl. Wippich 1983, 1985). Sie werden später angesprochen. Die Prozeßbezogenheit seiner Arbeit hat große Ähnlichkeit mit dem NLP. Daß Rogers Aussagen immer noch von Bedeutung sind, zeigt u.a. ein Artikel im Harvard Manager (Rogers & Roethlisberger 1992). Den ideologischen oder philosophischen Unterschied zwischen der Verhaltenstherapie und der Klientenzentrierten Therapie könnte ich metaphorisch wie den Unterschied zwischen Feuer und Wasser ansehen. Der Umgang mit dem „Pawlovschen Dackel", d.h. der direkten, externalen Manipulation eines lebenden Wesens, ist nicht jedermanns Sache. Meine auch nicht. Allerdings habe ich viele Elemente der Lernpsychologie in der individuellen Arbeit mit Menschen außerordentlich erfolgreich anwenden können. Jedenfalls in einfachen und überschaubaren Bereichen, wie z.B. beim Skiunterricht mit Jugendlichen. Wenn es sich um komplexe Probleme handelt, funktionierte bei mir der Ansatz von Rogers besser.

Der Kontakt mit NLP und der Hypnotherapie M.H. Ericksons

Gelernt hatte ich NLP von zwei Frauen, die damals direkt von Bandler/Grinder und Milton H. Erickson kamen. So erfuhr ich von Anfang an einen Teil seiner „Ursprünglichkeit", nämlich eine Kombination von Hypnotherapie und NLP. Erst ein Jahr später wurde ich dann von Thies Stahl, bei dem ich in einigen seiner Seminare als Co-Trainer teilnehmen durfte, mit dem reinen NLP vertraut gemacht.*

Schon damals war mir klar, daß Haltungen wirksamer und wichtiger sind als Techniken. Techniken sind notwendig, um eine Grobstruktur zu erlernen. Ohne entsprechende Grundhaltungen sind Techniken aber oft völlig wirkungslos oder gar destruktiv. Manchmal wirken sie wie „der gespielte Witz"; bzw. wie der schlecht gespielte Witz.

Erickson sagt ganz klar (Rossi & Erickson 1981, 77), daß seine Arbeit, ähnlich wie diejenige von Rogers, sehr viel mehr mit Haltungen als mit Techniken zu tun hat.

Heute vermitteln wir den bei uns Lernenden die Fähigkeit, zwischen verschiedenen inneren Haltungen zu unterscheiden. In einem Gespräch – und das betrifft eine Geschäftsverhandlung oder ein Teamgespräch mit Mitarbeitern ebenso wie eine Coaching-Sitzung oder ein Therapiegespräch mit einer Familie – ist es wesentlich wirksamer, wenn Sie für die Grundhaltungen sensibel werden, anstatt Techniken einfach so unreflektiert anzuwenden. Das unten beschriebene zirkuläre Fragen – eine Erweiterung der NLP-Metafragen – erfordert die Grundhaltung „Neugier". Das ist etwas ganz anderes, als wenn Sie an dem Problem eines Mitarbeiters im Sinne von Rogers und Roethlisberger (1992) Anteil nehmen und Empathie zeigen. Dazu sollten Sie gelernt haben, was Empathie wirklich heißt. Es ist nicht einfach eine Technik. Es ist eine Grundhaltung. Provokation und Humor wird in dem Moment sehr destruktiv, wenn die Empathie fehlt. Das hinterläßt schmerzhafte Wunden für alle Beteiligten. Ein Witz bewirkt Gelächter in einer Gruppe und betretenes Schweigen in einer anderen, wenn man nicht aufpaßt. Andererseits ist das provokative Sprachmuster nach Farrelly ein hochwirksamer Vorgang, der schneller und tiefer „Rapport" schafft und Kreativität freisetzt als sämtliche NLP- und andere Gesprächstechniken, die ich kenne.

Technik soll dem Menschen dienen, damit er Erfahrung mit ihr macht. Dann braucht er sie nicht mehr. Er kann es dann ohne Technik.

---

* Heute bin ich sehr froh darüber, daß ich damals kein reines NLP lernte, sondern Hypnotherapie mit Hilfe von NLP-Techniken.

Die Erweiterung

Was mir gefallen hat

Als klientenzentriertem Therapeuten gefiel mir natürlich die prozeßbezogene Arbeit und das Fehlen eines jeglichen Hineinpressens der Person in irgendwelche diagnostischen oder theoretischen Schubladen. Der Umgang mit den fünf Sinnen öffnete mir sprichwörtlich nicht nur Augen und Ohren, sondern machte mich auch wesentlich empfindsamer für körperliche Vorgänge.

Vorher war ich – so mein heutiger Eindruck – als Ausbilder in Gesprächstherapie auf beiden Ohren etwas taub, zusätzlich aufs Maul gefallen und dabei noch etwas blind.

Sehr gut entsinne ich mich noch an eine Supervisionsstunde vor zehn Jahren an der Universität Göttingen. Der auszubildende Gesprächstherapeut erzählte etwas von dem „Widerstand" seiner Klientin. Wie gewohnt hörte ich mir dann einen kurzen Ausschnitt des Gesprächs vom Tonband an. Was sich dann abspielte, kann ich lediglich als Gedächtnisprotokoll wiedergeben:

Kl.: „Irgendwie sehe ich da keinen Weg mehr." (1)

T.: „Sie haben den Eindruck, Sie treten auf der Stelle." (2)

Kl.: „Äh ...ja ...nein. Ich seh da keine Zukunft. "(3)

T.: Pause ... „Ist das so, daß Sie das Gefühl haben, Sie sind ganz festgefahren." (4)

Kl.: „Nee, auch nicht. Wenn ich mich selbst so betrachte, muß ich mir sagen, für mich allein sind da alle Wege offen. Aber mit ihr zusammen siehts einfach finster aus." usw. (5)

Da ich selbst eher visuell-körperlich in die Welt trete als auditiv-körperlich, habe ich noch den Gesichtsausdruck des Therapeuten vor Augen. Seine Augenbewegungen waren meist bei 7 Uhr, also im kinästhetischen Bereich. Seine Äußerungen als angehender Gesprächstherapeut waren sehr gut und entsprachen voll und ganz dem Konzept. Trotzdem redeten beide aneinander vorbei. Das Gespräch dauerte die üblichen 45 Minuten. Weitere kurze Ausschnitte waren sehr ähnlich wie der oben beschriebene. Der Therapeut interpretierte das Ganze als Widerstand.

Da ich vorher auf einem meiner ersten NLP/Hypnotherapie-Seminare gewesen war, hatte ich eine Art „Aha-Erlebnis". Der sogenannte Widerstand war auf eine Kommunikationsstörung zurückzuführen. Der Therapeut baute in sich auf ganz andere Art Information auf als die Klientin. Die Klientin gebraucht ganz deutlich visuelle Worte: „sehe" (1), „seh" (3), „mich betrachte", „offen", „finster" (5). Der Therapeut spricht in Körperworten: „Eindruck", „treten" (2); „Gefühl haben", „festgefahren" (4).

Ich übte mit ihm ein wenig sinnesbezogene Worte. Dabei berichtete er dann noch, daß sich die Frau sehr farbig kleide, sich dezent schminke, eine gute Frisur trage, sehr aufrecht vor ihm sitze und oft nach oben schaue. (Dem NLP unkundigen Leser empfehle ich, in den orthodoxen NLP-Büchern noch einmal diese Muster zu betrachten. Stahl 1988, 1992; Dilts 1985; Wippich 1983, 1985).

Die folgenden kurzen Rollenspiele waren für die ganze Gruppe plötzlich eine neue Erkenntnis. Bei der nächsten Supervision berichtete der Therapeut, seine Beziehung zur Klientin habe sich drastisch verbessert. Auch die anderen Gruppenteilnehmer konnten ihr Repertoire erweitern. Ohne die unten ausführlicher beschriebene Praxis zu sehr vorwegzunehmen, möchte ich kurz beschreiben, wie ich im Moment reagieren würde:

Kl.: „Irgendwie sehe ich da keinen Weg mehr." (1)

T.: „Sieht alles ganz dunkel aus oder haben Sie das Gefühl, Sie schauen in die falsche Richtung?" (2)

Kl.: „Ja ... äh ... Ich glaube ich sollte mal mehr auf mich selber schauen als auf Gerda. Ich glaube, ich hänge zu sehr an ihr." (3)

T.: „Gibt es ein besseres Gefühl, wenn Sie auf sich selber schauen, als wenn Sie sich an Gerda klammern. Wie ist der Unterschied?"

Heute ist mir das Ganze auch theoretisch klar. Können wir doch nur durch die „operationale Schließung der external sensorischen Seite mit der internal motorischen Seite" handeln und erkennen, d.h. alle unsere Sinne befinden sich in einer Wechselwirkung. Diese komplizierte Aussage wird unten ausführlich besprochen. Sie ist eine der Grundlagen dieses Buches.

Heute würde ich vermehrt Fragen gebrauchen. Gemäß Max van Trommel ist jede Frage, die einen Unterschied produziert, eine zirkuläre Frage. Zirkuläre Fragen sollten nicht mit triadischen Fragen verwechselt werden. Diese Fragen sollten sich immer auf eine Art „Auge-Körper-Schaukel" oder „Ohr/Mund-Körper-Schaukel", also diese „operationale Schließung" beziehen. Das sieht vermutlich etwas kompliziert aus. Ich hoffe, es wird weiter unten verständlich und faßbar.

Was ich am NLP noch ganz hervorragend fand, ist die Klarheit in der Ich-Du-Ebene, wie sie bei Cameron-Bandler in ihrem Abschnitt *Das Meta-Modell* (1991) gut beschrieben ist. Als Gesprächstherapeut konnte ich die „Wahrheit" der Geschehnisse an eigenen, emotionalen Reaktionen erahnen – was ja nicht falsch ist. Das Problem dabei war, daß ich immer nur fühlen sollte. Überzogen gesagt, sollte ich taub und blind Gefühle und emotionale Erlebnisinhalte verbalisieren. Nur weil einige Wissenschaftler, die mit der Idee von Carl Rogers Karriere gemacht hatten und ihr Augenmerk aus irgendwelchen Gründen auf diesen Ausschnitt des Lebens geworfen hatten, sollte ich mich nun an den Regeln orientieren, die sie herausgefunden hatten. (Unten schreibe ich darüber, daß nur das Empfundene wahr ist. Ohne Körpersignale kann man nichts erkennen.)

Oft blieb mir dann nach verschiedenen Sitzungen ein dumpfes Gefühl zurück, das ich dann mit nach Hause nahm. Es war wirklich so, wie es in einem der NLP-Bücher geschrieben steht. Ich nahm den ganzen seelischen Schmutz anderer Leute mit nach Hause. Schon nach dem ersten Seminar über Hypnotherapie und NLP hatte ich den Eindruck, daß ich endlich sehen und hören durfte. Es war wirklich großartig. Ich erinnere mich noch gern daran zurück. Zum erstenmal hatte ich das Gefühl, klientenzentriert arbeiten zu können.

Als Rogerianer hatten wir gelernt, dem Klienten keine Ratschläge zu geben. Er soll zu einer Selbstexploration seines Modells von Welt gelangen. Selbstaktualisierungstendenz ist das Ziel. So fand ich es sehr erfrischend, bei Leslie Cameron-Bandler zu sehen, daß man seine eigenen Reaktionen sehr klar an den Reaktionen seines Gegenüber bemerken kann. Heute würde ich sagen, wir sitzen gerade gemeinsam auf der Ohr-Körper-Schaukel oder der Auge-Körper-Schaukel. Weiter unten spreche ich von „Hör-Fühlen", „Seh-Fühlen" und „Bewegungs-Fühlen". In diesem Sinne möchte ich Maturana zitieren: „Denken ist demnach Handeln im Bereich des Denkens, Gehen ist Handeln im Bereich des Gehens, Reflektieren ist Handeln im Bereich der Reflektion, Sprechen ist Handeln im Bereich des Sprechens, Schlagen ist Handeln im Bereich des Schlagens ... und wissenschaftliches Erklären ist Handeln im Bereich des wissenschaftlichen Erklärens" (Maturana in: Krieg 1992, 171). So gefällt mir dann auch immer wieder eine persönliche, erfundene Weisheit wie: „Skifahren lernt man durch Skifahren, Windsurfen durch Windsurfen", ebenso wie eine Aussage von der Theologin Heide-Marie Emmermann: „Dann war Sex endlich das, was Sex ist: Sex" (Emmermann 1991).

Durch die Begegnung mit der Gesprächstherapie im Jahre 1970 konnte ich erfahren, daß es etwas anderes gibt als die abgespaltene Sprache Sigmund Freuds, die mit ihren Whiteheadschen Täuschungen versucht, alles zu erklären und damit einen Realitätsbereich schafft, in dem es keine Unterschiede mehr gibt. Ein Jahrzehnt später kam ich mit der Hypnotherapie Ericksons und den Techniken des NLP in Berührung. Die Muster der NLP-Metasprache halfen mir, noch genauer zu werden als das Modell der Gesprächstherapie. Das Six-Step-Modell des Reframings erinnerte mich sehr stark an die Focusing-Schritte, mit denen ich gern gearbeitet hatte. Es war auch eine Erweiterung oder Umkehr. Reframing geht vom Visuellen ans Problem heran, Focusing vom Gefühl oder von der Seite der Körpersignale. Das wird unten klar.

Mit den Dissoziationstechniken fand ich endlich eine Integration zwischen einem rogerianischen und einem lernpsychologischen Ansatz. Der Begriff Dissoziation entspricht dem indianischen „Auge des Adlers" oder der Sicht des Wissenschaftlers, der so tut, als ob er beobachten kann, ohne an der Beobachtung teilzunehmen. Paradoxerweise würde er also beobachten ohne zu beobachten. Im Grunde genommen schränkt er lediglich seine Wahrnehmung ein. Er startet den Versuch, etwas zu sehen ohne zu fühlen, was natürlich ein weiteres Problem schafft, denn damit würde er ja die sensomotorische Geschlossenheit unterbrechen, die die Grundlage einer jeweiligen Erkenntnis ist. Nichtsdestotrotz bin ich nach all den NLP-Programmen zum Umgang mit Phobien auf die trivial einfachen Ericksonschen Gedanken zurückgekommen und helfe einer Person, einen schmerzhaften Vorgang mit so wenig Gefühl wie möglich oder sogar mit guten Gefühlen anzuschauen. Dazu braucht sie einen guten Ort, d.h. einen inneren Ort, einen „State" oder ein Muster, das sich durch „Gelöstheit" kennzeichnet. Physiologisch drückt sich dieser „State" durch Aktivierung des parasympathischen Nervensystems aus. Innerhalb des endokrinen Systems wird Noradrenalin ausgeschüttet. Die physiologischen Reaktionen sind direkt sichtbar. Ein großer Teil der NLP-Trainingsprogramme dient dem Erkennen dieser „minimal cues" und wurde von Milton Erickson „geklaut". Dieser traf einmal eine Frau auf der Straße, die er erst einmal vorher gesehen und untersucht hatte. „Sie sind ja schwanger!" sagte er. „Ja", gab sie zur Antwort. „Aber das weiß ich auch erst seit einer Stunde." Als junger Arzt eichte sich Erickson auf die tonalen Schreibmaschinenmuster seiner Sekretärin, um dann eines Morgens sagen zu können: „Ah, Ihr Mann ist schon aus dem Urlaub zurückgekehrt!" Zur sexuellen Entwicklung sagt er: „Wenn eine Frau ihr aktives Geschlechtsleben beginnt, geht als erstes eine Veränderung in ihrem endokrinen System vor sich. Der Kalziumgehalt des Skeletts ändert sich. Das Haar macht wahrscheinlich eine ganz, ganz leichte Veränderung durch. Die Oberaugenwülste treten ein ganz klein wenig mehr hervor. Die Nase wird vielleicht um eine Winzigkeit länger. Die Lippen werden etwas voller. Der Winkel des Unterkiefers ändert sich. Das Kinn wird ein bißchen massiger. Die Fettpolster an Brust und Hüften werden größer und fester. Der Köperschwerpunkt verlagert sich. Die Folge ist, daß die Frau ihren Körper anders trägt. Der Gang ist anders. Die Art, wie sie beim Gehen die Arme bewegt, und die Art, wie sie den Körper trägt, sind vollkommen verändert. Und wenn man das beobachten gelernt hat, kann man diese Veränderung fast sofort erkennen ..." (Erickson in: Zeig 1988, 266).

Techniken wie Kalibrieren, dieses außerordentlich präzise „sich eichen" auf die Reaktionen einer anderen Person, sind für mich ein personenbezogenes Verhalten in hohem Ausmaß; sie sind viel klientenzentrierter als sich diese Therapieform heute darstellt. Leider verkommt diese Therapieform in Deutschland zu einem regel- und rollenorientierten Ideologiesystem. Der Prozeß wird nicht am Menschen geprüft, sondern an Regeln, Normen, Ausbildungsrichtlinien, Forschungsergebnissen und anderen äußeren Gegebenheiten. Ganz so wie es sich für einen guten deutschen Therapeuten gehört. Oft habe ich den Eindruck, daß ein deutscher Standard-Therapeut ein ganz besonderes Modell von der Welt braucht. Über die Modellbildungsvorgänge und die damit verbundenen Lebenslieder, Beliefs oder Ideologien werde ich weiter unten etwas länger nachdenken.

NLP mit seiner ideologischen Freiheit stellte sich mir in einer erfrischenden Praxisorientierung dar, die sich mir allerdings in den Schriften von Rossi und Erickson noch ursprünglicher und unverfälschter darbot (Rossi 1980). Als extrem klientenzentriert erlebe ich einige Grundhaltungen M.H. Ericksons wie z.B.: „Sprich die Sprache des Klienten und bleib einen Schritt hinter ihm", oder: „Die Beziehung zwischen Klient und Therapeut darf nicht zum Problem werden. Das Problem muß sein, wie der Klient ohne Therapeut lebt."

Im NLP fand ich diesen Gedanken in Aussagen oder bildhaften Darstellungen von Richard Bandler wieder. Einen großen Teil der Arbeit von R. Bandler halte ich nach wie vor für sehr kreativ und außerordenlich wertvoll, wie z. B. die Idee, daß ein Klient ein Recht auf bestmögliche Arbeit des Therapeuten hat, so daß der Klient sich entfalten kann. Der Therapeut muß ihm dazu den Raum geben und sich u.a. davor hüten, selbst zu halluzinieren. Wobei wir wieder bei C.G. Jung oder Heinz von Foerster sind. Deutungen von Therapeuten über Klienten sind Aussagen über das Modell des Therapeuten. Um meine Aversion gegen große Teile des psychoanalytischen Modells auch wirklich klar zum Ausdruck zu bringen, hier folgende kurze Metapher: „Für einen Analytiker reicht ein einziger Klient zum Leben. Dieser aber darf nie krank werden."

Die Metapher bringt denjenigen Teil der psychoanalytischen Therapie auf den Punkt, den ich ablehne: Jemanden lange in eine Behandlung einzubinden, wenn es mittlerweile eine Vielzahl von Methoden gibt, die schneller und ökonomischer dem Klienten Möglichkeiten geben, seine Ziele zu erreichen. Weiterhin wird die Psychoanalyse mit einer quasi-religiösen „Theorie" untermauert, so daß schließlich die gesamte Prozedur von der Krankenkasse, also im Endeffekt vom Staatsbürger finanziert wird.

Was mich gestört hat

Grundsätzlich werden im NLP zwei wichtige Bereiche munter vermischt, die von der Sache her getrennt bleiben müßten. Die Struktur der Erfahrung wird immer wieder mit dem Handeln durcheinandergebracht. Bandler und Grinder sagen zwar immer wieder, die Landkarte sei nicht das Gebiet, von dem sie gemacht wurde. In der Praxis des NLP bleibt unklar, wie die Struktur der Erfahrung, d.h. in diesem Fall die grundlegende Organisation eines lebenden Systems, beschaffen ist. Hierin liegt wohl auch der Hauptirrtum des NLP. Ein Inhalt wird mit einem Vorgang verwechselt. Wie der Atheist, der Gott ablehnt, sich dadurch jedoch ständig mit der Nichtexistenz desselben beschäftigt, scheinen Bandler und Grinder, indem sie ständig auf der Hut sind, nicht die Speisekarte mit der Mahlzeit zu verwechseln, dem Irrtum verfallen zu sein, die Struktur subjektiver Erfahrung sei eine ähnliche Repräsentation wie die verkleinerte Projektion einer Landschaft auf einer Landkarte. Man neigt dann leicht dazu, das Gehirn mit einer Trivialen Maschine, z.B. einem Computer, zu verwechseln. Genau das ist es aber nicht. Bandler als Programmierer konnte sich natürlich vor dieser Verwechslung nur sehr schlecht schützen. Computerprogramme sind qualitativ etwas völlig anderes als die Bestandteile subjektiver Erfahrung. Beide Bereiche gehören in das Gebiet der Biokybernetik. Ich denke, die Verwechslung des Menschen mit einer Trivialen Maschine ist eine der Hauptstörungen des NLP. Wie die Struktur subjektiver Erfahrung nun wirklich aussieht, sich anfühlt oder zu verstehen ist, wurde mir immer wichtiger. Im folgenden möchte ich mich mit dieser Frage befassen.

Ein Vorgang, der mich zu Anfang am NLP sehr begeistert hatte, war die Präzision der Arbeit. Irgendwann kam mir jedoch in den Sinn, daß es problematisch ist, Verhaltenstechnologien wie das Extrakt aus einer Blume zu verwenden. In einem der ersten NLP-Kurse, in dem ich als Co-Trainer teilnehmen durfte, hatte mir ein Teilnehmer die Geschichte vom Bauern Schmidli erzählt: Der Bauer Schmidli ärgerte sich jedes Jahr über das Wetter. Wenn er Regen brauchte, war es zu heiß, und wenn das Korn schon ganz hoch gewachsen war, gab es plötzlich Regengüsse, die wieder alles zunichte machten. Also fragte er Gott, ob er nicht mal das Wetter machen dürfe. „Okay", sagte Gott, „kein Problem. Aber nur für eine Saison". Also gab sich Schmidli große Mühe, jeden Tag ein Gleichgewicht zwischen Regen und Sonne herzustellen. Manchmal blieb er sogar nachts auf, um den Mond anzustellen. Schließlich war Erntezeit. Aber die Ähren waren leer geblieben. „Du hast den Wind vergessen", sagte Gott leise lächelnd.

Einschränkungen des NLP-Modells

Einschränkungen durch das kulturgebundene Modell

Wir möchten die Fehler vermeiden, die es im NLP nicht gibt. Pardon. Ist doch klar. Im NLP spricht man nicht von Fehlern. Oder doch. Jeder weiß, daß man durch Fehler lernt. Also sind Fehler etwas sehr Wertvolles. Es ist gut, wenn man Fehler machen darf. Sehr kreativ finde ich den von Barbara Schott beschriebenen Umgang mit dem Fehler des Monats (Schott 1992). In einer Firma spricht man regelmäßig über diesen Fehler. Man sucht ihn geradezu, um aus ihm neue Schritte ableiten zu können. Eine hervorragende und kreative Übertragung des Ericksonschen Prinzips der Utilisation, d.h. der Nutzung eines Symptoms auf unternehmerische Prinzipien. Aus meiner Sicht gibt es keine Fehler. Alles was im Moment geschieht, hat für alle Beteiligten seinen Sinn. Allerdings können Veränderungen schnell und elegant geschehen, oder viel Zeit und auch Umwege in Anspruch nehmen. Deshalb spreche ich gern von Einschränkungen. Wenn Einschränkungen fortfallen, können viele Prozesse noch schneller vonstatten gehen.

Einschränkungen durch die individuelle Sicht

Meiner Meinung nach unterliegt NLP verschiedenen Einschränkungen. Wenn sie fortfallen geht vieles noch besser, eleganter und menschlicher. Wenn wir menschlich handeln wollen, Energie und Kosten sparen wollen, wachsen wollen, gesund bleiben ... Egal ob wir Personalentwicklung betreiben, Therapeuten ausbilden wollen, Ideen oder materielle Dinge verkaufen, Umweltpolitik betreiben oder die Betreuung eines Wahnsinnigen auf einer Akutaufnahmestation zum Ziel haben – alles wird schneller, eleganter und für alle Beteiligten zufriedenstellender funktionieren, wenn wir unsere Einschränkungen erkennen. Ich kann eine Grenze erst dann überwinden, wenn ich sie erkenne. Ansonsten kann es gefährlich werden. Ich könnte stolpern oder eine Mine auslösen, die mir den Fuß abreißt. Das geschah in der Nähe meines Dorfes während meiner Jugendzeit – auf der östlichen Seite des Stacheldrahtes. Das Dorf lag direkt an der damaligen Zonengrenze.

Einschränkungen in der Praxis

Meine Erfahrung war, daß NLP-Techniken zwar in den meisten Workshops erfolgreich sind, in der „Realität des harten psychotherapeutischen" Alltags funktionieren sie nicht immer so, wie es in den Büchern geschrieben steht. Es ist klar, daß Teilnehmer zu den Workshops kommen, die entweder etwas über NLP gelesen haben oder grundsätzlich ein prozeßbezogenes Weltbild besitzen. Personen mit einer rigiden Einstellung werden solche Kurse wohl kaum besuchen. In meinen Kursen war noch kein altgedienter Verwaltungsbeamter, noch kein Vertreter einer der größeren Kirchen in einer gehobenen Rolle, noch kein Offizier oder Stabsoffizier der Bundeswehr und auch noch kein Politiker einer rechtsorientierten Partei. In diesen Kursen entsteht dann ein Treibhauseffekt, der mit der Realität in Deutschland wenig zu tun hat. Teilnehmer machen persönliche Selbsterfahrung, lernen aber wenig über die Anwendung der Prozeduren in der Welt draußen. Diese Erfahrung hängt einerseits mit den weiter unten beschriebenen kulturellen Glaubenssätzen und Organisationsideologien zusammen. Andererseits aber auch mit der Struktur mancher größerer Unternehmen, die dazu neigen, sich sehr stark mit sich selbst zu beschäftigen – z.B. mit ihrer hierarchisch geordneten Beziehungsstruktur – und nicht wahrnehmen können, was draußen geschieht.

Wenn der Kontext, d.h. die Umgebung, nicht berücksichtigt wird, können manche Maßnahmen gefährlich und destruktiv werden. NLP lenkt das Augenmerk auf Einzelheiten wie Sinnesmodalitäten oder die linguistische Beschaffenheit eines Satzes. Wie schon Maturana sagt, erhält man mit dieser Sicht Listen über etwas. Über die Art des Zusammenspiels der einzelnen Bestandteile sieht man dann leider nichts mehr. Das kann gefährlich werden. In meinem ersten Buch über NLP und Hypnotherapie (1983; ich glaube, es war das erste von einem deutschsprachigen Autor überhaupt) beschreibe ich eine erfolgreiche Arbeit mit einem sehr schwierigen Patienten (S. 213). Der Patient war suizidal und derartig kontaktgestört, daß er weder das Krankenhaus verlassen noch auf seiner Station an einer Therapiegruppe teilnehmen konnte. Nachdem er innerhalb der Einzeltherapie verschiedene Maßnahmen wie Senoi-Dreamwork-Reframe, Dissoziation etc. erfolgreich durchlaufen und eine Menge dabei gelernt hatte, schaffte er es nach einer 10-minütigen Strategiearbeit, den ganzen Nachmittag mit dem Bus in der Stadt herumzufahren und am nächsten Tag an der Therapiegruppe teilzunehmen. An beidem hatte er nicht nur großen Spaß, er war geradezu begeistert, denn er hatte niemals geglaubt, daß er so etwas jemals wieder hinkriegen würde. Er konnte bald entlassen werden und ... kehrte nach ca. neun Monaten in das Krankenhaus zurück. Das erste, was er wörtlich sagte, war: „Herr Wippich, Ihre Therapie war wirklich toll. Aber ich möchte nicht gesundtherapiert werden."

Mit meinen Techniken hatte ich mich sehr einseitig auf das Symptom des Patienten konzentriert. Es war wie bei einem Wanderer im Wald, der einen wunderschönen Vogel sieht, sich auf diesen Anblick konzentriert und dabei über eine Baumwurzel stolpert. Ich wollte, daß mein schönes NLP funktioniert. Ich hatte nicht einmal den sekundären Gewinn beachtet. Für das umgebende System war ich blind geworden.

Einschränkungen durch die gleichwertige Verwendung der Sinnes-modalitäten

NLP sieht die Sinnesmodalitäten als Bausteine, die zusammenhanglos nebeneinander stehen können. Das ist natürlich tatsächlich ein Fehler. Natürlich kann man mit dieser Behinderung leben. Auch der Flachdenker, der meint, die Erde ist eine Scheibe, konnte damit jahrhundertelang gut leben. Aus Angst, am Ende der Scheibe herunterzufallen, ist er lieber nicht nach Amerika gesegelt. (Manchmal denke ich, es wäre nicht nur für die nordamerikanischen Indianer besser gewesen, alle Europäer wären Flachdenker geblieben.)

Dem Ansatz, die Sinnesmodalitäten gesondert zu trainieren, liegt wohl der Wunsch zugrunde, einen Menschen genauso wie einen Computer, d.h. wie ein offenes System behandeln zu können, in das man direkt eingreifen kann. Vermutlich liegt ihm auch der uralte Glaubenssatz zugrunde, sich die Welt untertan machen zu wollen. Bei all dem ist der Vorgang der vollständigen operationalen Schließung von den Anwendern noch nicht erkannt worden.

Zum Schluß noch eine weitere schwerwiegende Einschränkung. Ein großer Anspruch des NLP ist die Erweiterung von Choice, von Optionen und Wahlmöglichkeiten. Für mich ist mit diesem Gedanken eine Steigerung von Kreativität, Überwindung von Grenzen und Einschränkungen sowie auch eine Steigerung von lustvollen Lernvorgängen verbunden. Vorgänge, die ich als Coach, Supervisor und Therapeut ebenso suche wie für mein Privatleben. Und ich denke, eine Person in einer Führungsposition ist in Entscheidungssituationen auf derartige Möglichkeiten ebenso angewiesen wie ein Leistungssportler. Dieser Anspruch ist nicht zu erfüllen, wenn man Sinnessysteme gesondert trainiert und damit die Ganzheitlichkeit – weiter unten erkläre ich den neurobiologischen Begriff der operationalen Geschlossenheit – aufreißt und zerstört. Daß nun viele der NLP-Techniken trotzdem funktionieren, spricht für die Idee der Techniken und die „kreative Power" der Anwender, nicht aber für das NLP.

Erickson sagt: „Ich gewinne immer bei den Olympischen Spielen ... " Er ist der Meinung, daß wir wieder lernen sollten wie Kinder Lernen lernen. Ich habe noch kein Kind gesehen, das das Gehen im Laufstall präzise trainiert hat. Im Laufe der letzten 32 Jahre habe ich viele zweijährige Kinder in St. Anton, Österreich, mit ihren Müttern beobachtet, wie sie mit ihren kurzen Skiern Laufen lernten. Mit viel Spaß.

Theoretische Einschränkungen

Da es keine NLP-Theorie gibt, kann man nur bedingt über theoretische Einschränkungen reden. Eine Reihe theoretischer Einschränkungen befinden sich aber mit den praktischen in einer deutlich erfahrbaren Wechselwirkung.

Einschränkungen durch die Idee der Programmierung

Wenn man externe Kontrollvariablen in internale Entscheidungsvariablen verwandeln will, ist der Gedanke des Programmierens ein logischer Irrtum und ein schwerwiegender Fehler. Ein herkömmlicher Computer würde dem Anwender die Meldung zurückgeben: Fataler Fehler Nr. Soundso oder gleich abstürzen. Das Nervensystem als neuronal vernetztes System kann solche Fehler gut abpuffern und verdauen. Natürlich kann man rechts blinken und links abbiegen, aber es ist schade, wenn Sie durch Strukturfehler und begriffliche Unklarheiten an Grenzen kommen. Es ist ebensowenig möglich, gleichzeitig einen Berg hinauf- und hinunterzulaufen, wie davon zu sprechen, äußere Entscheidungsvariablen in innere Handlungsvariablen verwandeln zu wollen oder einen Menschen oder sich selbst zu programmieren. Die Klärung dieses „Wahnsystems" ist ein Teil der Mission dieses Buches. Menschen sind keine Input/Output-Systeme. Sie können nicht programmiert werden. Trotz dieses Irrtums glaube ich nicht, daß ein NLP-Trainer das Ziel haben wird, in einigen Jahren lauter kleine Roboter auf der Welt herumlaufen zu sehen, die von ihnen perfekt programmiert wurden. Ich glaube auch nicht, daß ein Anwender das Ziel hat, sich zum Roboter zu machen, indem er sich selbst programmiert.

NLP-Techniken sind sehr wirksam. Sie sind noch wirksamer, wenn der Anwender in der Lage ist, die Entscheidung zu treffen, neue Erkenntnisse der Neurobiologie zu erkennen und seine Grundhaltung in diese Richtung zu ändern. Francesco Varela sagt hierzu: „Sie müssen eine Entscheidung treffen, und diese Entscheidung hat Konsequenzen. Sie können eine Zelle als ein System, bei dem Sie Inputs und Outputs sehen, beschreiben. Sie können dann Inputs, z.B. Ionen, beschreiben, die metabolisiert werden usw. Die Outputs sind dann Ausscheidungen. In die Mitte stellen Sie eine Black-box – die Zelle – und beschreiben alle

Input-Output-Relationen. So können Sie über Stimuli und Antworten darauf sprechen. Das ist zweifellos möglich. Die Frage ist nur, ob es uns hilft zu verstehen, was die spezielle Qualität des Lebens ausmacht. Meine Auffassung ist, daß dies nicht der Fall ist. Es erklärt nämlich nicht, daß ein lebendes System die komische Eigenheit aufweist, seine eigene Welt hervorzubringen. Deshalb haben wir das Konzept der Autopoiesis entwickelt ... Man kann freilich auch eine andere Wahl treffen und die Perspektive der Autonomie einlegen. Dann sieht man die kreative Potenz des Menschen und versucht mit ihr zu arbeiten. Es ist unmöglich, beide Ansichten zugleich zu vertreten. Man kann immer nur in einer dieser beiden Welten leben. Entweder man hat Inputs oder man hat Kreativität. Beides zugleich geht nicht, denn Inputs verhindern Kreativität" (Varela in: Simon 1988a, 109).

Einschränkungen durch den linguistischen Ansatz

Im linguistischen Ansatz betrachtet man Sprachstrukturen abgespalten von der Kommunikation. Für mich sind aber rückbezügliche Vorgänge in der Sprache wichtig, ohne die nichts erkannt werden kann. Der Begriff „linguistisch" schafft somit Verwirrung, da er Sprache mit Kommunikation verwechselt. Er sagt etwas ganz anderes aus als das, was bei den sehr lebendigen NLP-Techniken geschieht. Für mich war die Frage wichtig, wie man Sprachmuster des NLP mit denen der Hypnotherapie, der Provokativen Therapie, der Klientenzentrierten Therapie, der Strategischen Therapie und der Systemischen Therapie so vereinen kann, daß etwas Sinn-volles dabei herauskommt. Daraus sind sehr praktische Handlungsanweisungen entstanden, deren ausführliche Beschreibung den Rahmen des Buches sprengt.

Die Grammatik eines Satzes ist etwas anderes als der Kommunikationsprozeß zwischen zwei oder mehreren Personen. Die Sprache wird auf eine Art untersucht, wie man Schulaufsätze korrigiert. Man konzentriert sich auf eine Art Aufsatzheft, anstatt auf das, was zwischen zwei oder mehreren Personen geschieht. Zugrunde liegt eine längst überholte Philosophie von u.a. N. Chomsky und auch B.B. Skinner, der den Menschen als Triviale Maschine betrachtet hat.

Kommunikation findet in einem Raum statt, der sich immer wieder neu erzeugt. Wie Luhmann klarmacht, besteht dieser Raum aus der Auswahl einer Information, der Auswahl der Mitteilung dieser Information, und der Auswahl, inwieweit die Mitteilung angenommen oder abgelehnt, d.h. verstanden oder mißverstanden wird. Dieser Kommunikationsraum ist autopoietisch, d.h. er erzeugt sich durch seine Bestandteile immer wieder selbst. Später wird dieser Vorgang sehr praktisch an der Erfahrung „Shivas Dance" aufgezeigt. In einem derartigen kommunikativen

Raum gibt es weder Sender noch Empfänger. Auf diese Tatsache hat schon eine Begründerin des NLP, L. Cameron-Bandler, hingewiesen. Die Bedeutung von Kommunikation entsteht im Kommunikationsvorgang in jedem Moment neu. Sie geschieht im Hier und Jetzt. Somit ist es für eine angenehme Kommunikation wenig praktikabel und auch nicht sinnvoll, von Oberflächenstrukturen und Tiefenstrukturen grammatischer Sätze zu sprechen, da sich ja selbige außerhalb des Kommunikationsraumes ansiedeln würden. Aus diesem Grunde hat uns Heinz von Foerster (1992) empfohlen, von Neurokybernetischer Selbstorganisation (NKS) zu sprechen.

Erickson sagt zu raum- und zeitverschobenen Analyseprozeduren: „Die Psychoanalyse paßt auf alle Probleme zu allen Zeiten. Freud hat Moses analysiert, dabei gehe ich jede Wette ein, daß Freud mit Moses niemals irgendwelche Berührung hatte. Er wußte nicht mal, wie Moses aussah, und trotzdem hat er ihn analysiert. Und das Leben zu Moses Zeiten war anders als zu Freuds Zeiten! Freud hat auch Edgar Allan Poe analysiert, nach Poes Schriften, Briefen und Zeitungsartikeln, die über ihn erschienen sind. Ich meine, jeder Arzt, der aus den Geschichten eines Schriftstellers, aus seinen Briefen an Freunde und aus Zeitungsartikeln, die man über ihn geschrieben hat, eine Blinddarmentzündung diagnostizieren wollte, gehört eingesperrt (Erickson lacht beim Erzählen. Anmerkung des Verfassers). Trotzdem hat Freud Edgar Allan Poe analysiert – nach Geschwätz, Hörensagen und Poes Schriften. Von dem Mann selbst wußte er gar nichts. Und Freuds Schüler haben die Alice im Wunderland analysiert – eine vollkommen fiktive Gestalt. Trotzdem, die Analytiker haben sie analysiert" (Erickson in: Zeig 1988, 132).

Ernest Lawrence Rossi schreibt: „Jeder Zugang ist ein Reframe. Immer wenn wir beim Lernen, bei Verhaltensweisen, mit denen wir ein Problem dekodieren, Zugang zum ‚Zustandsabhängigen Gedächtnis‘ finden, haben wir die Möglichkeit, zu reorganisieren und neu zu assoziieren oder das Problem in einer Weise neu zu definieren, die es löst. Diese Prämisse begründet sich auf neueren Untersuchungen über Lernen, Gedächtnis und Kognition ... Ein Gedächtnis funktioniert dabei nicht wie ein Tonbandgerät, das wir zurückspielen, um das abzurufen, was wir gelernt haben. Gedächtnis ist immer ein konstruktiver Vorgang, durch den wir in jedem Moment beim Zurückrufen eines vergangenen Ereignisses eine neue, subjektive Erfahrung synthetisieren" (Rossi 1986, 68).

Über solche und andere Gedanken möchte ich in diesem Buch nachdenken. Eine Mission dabei ist, den Leser zum Mitdenken anzuregen.

Ethische Einschränkungen

Der Gedanke, Wahlmöglichkeiten zu erweitern, entspricht dem ethischen Imperativ Heinz von Foersters:

„Handle immer so, daß sich die Anzahl von Wahlmöglichkeiten erhöht."

Dieser wiederum ist mit seinem ästhetischen Imperativ verbunden:

„Willst du sehen, so lerne zu handeln."

Andererseits sagt sein Onkel, der berühmte Philosoph Wittgenstein: „Es ist klar, daß sich Ethik nicht aussprechen läßt" (von Foerster 1990b). Je mehr man seine NLP-geschulten fünf Sinne nutzt, um selbsthypnotisch über diese Sätze zu meditieren, kommt man dahinter, daß man nicht über Ethik sprechen kann, ohne als Moralist betrachtet zu werden. Ich glaube, im Rahmen dieses Buches habe ich eine Zwischenlösung gefunden, indem ich nicht über Ethik spreche, sondern darüber nachdenke. Am Ende des Buches möchte ich noch ein wenig mehr über den Unterschied zwischen Ethik und Moral nachdenken.

Im folgenden beschreibe ich eine Situation, über die der Leser sich seine eigenen Gedanken bezüglich der Erweiterung von Wahlmöglichkeiten machen mag. Der Abschnitt stammt aus einem Zeitungsartikel über Richard Bandler. Aus der Schilderung geht hervor, daß es sich bei den Kursteilnehmern wohl um Langzeittherapeuten, also um Psychoanalytiker handelt, die keine Veränderungsbereitschaft zeigen.

Smith & Wesson-Therapie

„Richard Bandler sprach gerade über Motivation und wie man Einstellungen von Personen durch eine Psychotherapie verändern kann ... So saßen an diesem Tag im Jahre 1983 fünfzehn Psychotherapeuten auf ihren Sitzplätzen, für die sie eine Menge Geld bezahlt hatten, und Bandler fuhr fort zu bemerken, daß viele Einstellungen hier in diesem Raum nur sehr schwer zu verändern sein würden.

Die meisten von uns lehnten es beispielsweise ab, bestimmte Aufgaben durchzuführen, weil wir etwas Derartiges mit Angst oder Unbequemlichkeiten verbanden ... Er bat die Gruppe, über persönliche Erfahrungen zu berichten. Ein männlicher Therapeut bot sich an. ‚Was könnte Sie dazu veranlassen, das Verhalten willentlich auszuführen?' fragte Bandler. ‚Absolut nichts', sagte der Mann. War er sich darüber sicher? Der Mann schien sich darüber sehr sicher zu sein. ‚Nur eine kleine Pistole mit geringem Kaliber könnte diese Arbeit leisten', sagte der Mann etwas flapsig. Bandler griff in die Tasche und zog einen Derringer heraus. ‚Würde es dieser hier schaffen?' Er schwenkte die Pistole vor dem Gesicht des Mannes hin und her. ‚Wollen Sie sich jetzt verändern?' Als er die Pistole sah, wechselte der Klient in einen tiefen Panikzustand. Das Ereignis war für ihn so beängstigend, daß er sogar heute nach vier Jahren ausschließlich unter der Bedingung der Anonymität bereit ist darüber zu sprechen. Nennen wir ihn deshalb einfach Dave.

‚Als ich die Pistole sah', sagte Dave, ‚wußte ich, daß er sie nicht benutzen würde, aber ich war mir doch nicht hundertprozentig sicher, ob er sich so absolut sicher war.'

Bandler starrte ihn an. ‚Nicht wahr, Sie glauben nicht, daß ich abdrücken werde?' sagte er, spannte den Abzug und ging näher auf ihn zu. ‚Sind Sie sich wirklich sicher, daß ich nicht abdrücken werde?'

Dann ging er weg. Bandler führte diesen Vorgang ungefähr 10 Minuten lang fort, indem er hin- und herging. Jedesmal, wenn er wegging, begann Dave sich zu dissoziieren und zu intellektualisieren. Jedesmal, wenn Bandler näherkam, so Dave, ‚kroch ich in meine eigenen Hosen hinein und lief fast aus dem Raum'. Dave pendelte hilflos unter Bandlers Worten zwischen diesen beiden Zuständen hin und her.

Die anderen Personen im Raum waren vor Angst zutiefst erschrocken. ‚Man wagte kaum zu atmen', sagte ein Teilnehmer, der das alles beobachtet hatte … Verschiedene NLP-Trainer beurteilten diese Arbeit als eines der brillantesten Kunststücke von Richard Bandler" (Holup 1987).

Für mich entsteht die Frage, welche Mittel man anwenden darf, um jemanden zu einer Veränderung einer Einstellung, eines Verhaltens oder eines Symptoms zu bringen. Welche Mittel sind legitim, um jemandem die Entscheidung leicht zu machen, eine qualitativ neue Handlung durchzuführen, die für seine Entwicklung gut ist. Der Psychiater Luc Ciompi (1989) hat einmal eine Patientin in einem Ruderboot mitgenommen, um sie in den Berner See fallen zu lassen, so daß er sie hinterher retten konnte. Die zwangsläufig eintretende Schocksituation verhalf ihr zu der Entscheidung, sich von ihren psychiatrischen Symptomen zu befreien. Ein Kursteilnehmer berichtet von einem Erlebnis in einem tantrischen Seminar, in dem er plötzlich nicht mehr Herr seiner Sinne war und sich psychotisch verhielt. Ein anderer Teilnehmer, den er sehr gerne mochte, ohrfeigte ihn daraufhin recht kräftig. Er entschied sich für die Realität und war sofort wieder bei sich. Es ist klar, daß solche Entscheidungen nicht vom Verstand her getroffen werden können.

Ich bin davon überzeugt, daß wohl zu jedem sozialen Lernen so etwas wie eine soziale Ethik gehört. Ein System mit mehr Wahlmöglichkeiten ist lebensfähiger als eines, welches weniger besitzt. Der Vorgang ergibt sich aus den Prinzipien der Selbstorganisation. Dabei kann nichts von außen programmiert werden, wie unten beschrieben wird, da der Mensch keine Triviale Maschine ist. Dabei ist Vertrauen und die Fähigkeit des Sich-Fallenlassen-Könnens die Grundlage ohne die nichts geht. Das trifft auch für eine geschäftliche Beziehung zu. Ohne Vertrauen wird sie wenig Ergebnisse zeitigen. Wenn man einen Vertrag wieder aus der Schublade holen muß, ist die Beziehung zu Ende.

Ich denke, daß jemand, der wissentlich verschweigt, Wahlmöglichkeiten einschränkt. Das sollte gerade der deutsche Bürger wissen, der eine Vergangenheit mit sich herumträgt, über die er nicht so gern reden mag. Damit löst sich nun aber dieses Problem erst recht nicht. Man kann nur Vorgänge verzeihen und dann auch verändern, die man nicht vergessen hat. Was ich nicht sehen will oder was ich aus irgendwelchen Gründen nicht wahrnehmen kann, das kann ich auch nicht verändern. Wegzuschauen und nicht sehen und auch nicht handeln wollen, kann sehr gefährlich sein. Wenn ein Kind mit einer Bombe spielt, muß ich mein Wissen als erwachsener Mensch einsetzen, um es zu schützen. Ich *muß* handeln.

Verschweigen und „nicht sehen wollen" gehört auf die krankmachende Seite. Die Fähigkeit zur Selbstexploration schmerzhafter Vorgänge läßt Menschen gesund werden. Das zeigen eine Unzahl von empirisch-wissenschaftlichen Untersuchungen aus der Klientenzentrierten Psychotherapie, die aber von einigen Gesundheitspolitikern und Ärzten sowie Funktionären anderer psychotherapeutischer Richtungen wie der Psychoanalyse und Verhaltenstherapie bewußt ausgeblendet werden. Der Vorgang des Tilgens reduziert Wahlmöglichkeiten. Das gilt für Einzelpersonen wie auch für Staatssysteme. Massenvergewaltigungen kamen in Ländern mit einer zentralen Mittelpunktslage wie Deutschland immer wieder vor. Religiöse Strukturen halfen im Laufe der Jahrhunderte beim Verschweigen kräftig mit. Die entstehenden Tabus tragen dazu bei, Staatssysteme zu bilden, die zu keiner kreativen Problemlösung mehr fähig sind und Menschen in extremer Form mißbrauchen.

Der Hauptunterschied zwischen den Frauen, die von Serben vergewaltigt wurden und Frauen, die zu anderen Zeiten mißbraucht und vergewaltigt wurden, liegt darin, daß ein großer Teil der jugoslawischen Frauen gewillt ist, offen darüber zu sprechen. Sie wollen nicht wegschauen, wie es leider viele deutsche Männer und Frauen immer noch tun. Sie wollen hinschauen und sagen, was geschehen ist.

In unserer Informations- und Kommunikationsgesellschaft sind Veränderungen schnellebig. Glasnost und Perestroika brachten das Sowjetreich zu Fall. Das Zurückhalten von Information gehört zu macht- und regelorientierten Staatssystemen oder zu dysfunktionalen Familien. Ein Kind, welches beispielsweise in einer Alkoholikerfamilie aufwächst, lernt als Überlebenstraining, daß es schweigen muß, weil niemand wissen darf, daß Papa – der ja die Rolle einer gehobenen Führungs-position bekleidet, vielleicht ist er Bürgermeister, Topmanager, Religionslehrer, Klinikchef oder vielleicht Politiker eines größeren Bundeslandes und die nächste Wahl steht an – in unregelmäßigen Abständen säuft. Besser wäre, wenn er regelmäßig saufen würde, dann könnte man sich wenigstens darauf verlassen. Aber so muß das Kind als weitere Überlebensfähigkeit auch noch das Gebot „Du darfst nicht fühlen" lernen. Denn nach außen darf die Information in keiner Weise dringen. Das Kind muß also „cool" bleiben.

Mangelnde Ethik und die damit verbundene Einschränkung von Wahlmöglich-keiten und Zurückhaltung von Information kann langfristig teuer werden. Im Endeffekt führt sie zum Zusammenbruch von Unternehmen und großen Organi-sationen. Darüber werde ich im letzten Teil des Buches nachdenken.

In einer Zeit, in der wir wissen, auf welche Weise physikalisches, psychologi-sches und medizinisches Wissen auf diesem Erdball nicht nur zur Verfeinerung von Foltermethoden dient (Rittermann 1988), sondern auch zur Zerstörung dieses Erdballs mißbraucht wird, glauben wir, daß das schon erwähnte Prinzip des Hammers nicht immer das richtige sein kann. Zumindest sollte ein Handwerks-bursche, der ein Werkzeug benutzt, ganz grob Materialien und Handhabung selbigen Instrumentes kennengelernt haben. Ethik und Haltungen schaffen einen Kontext. Dieser Kontext färbt den Inhalt. Soziale Kontexte erhalten ihre Bedeutung durch kinästhetische Signale. Maturana spricht in diesem Zusammenhang von Liebe, was immer das auch sein mag (1985, 129). Das Lernen von sozialen Symbolen ohne Liebe ist nicht möglich oder absurd, weil wir uns von Kindesbeinen an in Form von sogenannten Eigenwerten in gemeinsamen konsensuellen Berei-chen stabilisiert haben, ohne die eine Verständigung unmöglich wäre. In Rahmen dieses Buches möchte ich über die Grundlagen dieser Vorgänge nachdenken.

Die Instrumente des NLP sind sehr scharfe Instrumente. Es sind sehr mächtige Instrumente. Sie sind vergleichbar mit dem Skalpell eines Chirurgen, welches jener sehr genau einzusetzen weiß und nicht ziellos damit im Operationsraum herum-stochert. Scharfe Werkzeuge werden sich bald abnutzen, wenn man nicht sorgsam mit ihnen umgeht. Heutzutage sind materielle Dinge nicht mehr viel wert. Ein Skalpell kostet nicht viel. Know how ist von Wert. Wir leben im Informationszeit-alter. NKS, Neurokybernetische Selbstorganisation, ist angewandte Brainware, Wissen und die direkte Erfahrung über die Funktionsweise des Gehirns oder des Menschen schlechthin. Wie weiter oben schon erwähnt, spreche ich von NKS anstatt von NLP.

Virginia Satir, die Co-Autorin eines der Bücher von Bandler und Grinder, antwortete auf die Frage Thies Stahls, was der deutsche Leser zum NLP wissen müsse: „Ich denke, er sollte wissen, daß es mit dem NLP das gleiche ist, wie mit

Strategien überhaupt – sie müssen in einen Rahmen gestellt werden, der durch Einfühlung und Liebe für die Persönlichkeit des andern geprägt ist. Die guten Leute, die mit dem NLP arbeiten – es gibt eine Reihe von ihnen – stellen es in einen Rahmen von Menschlichkeit (humaness). Ich denke, genau das ist wichtig, denn schließlich ... ging es ja aus meiner Arbeit hervor, die getragen ist von Liebe und Engagement. NLP ist ein großartiges Werkzeug, denn die Dinge, die ich mache, vor allem, wenn sie in dieser Form angewandt werden, sind durchschlagend sehr wirkungsvoll. Doch wenn Leute keine Ahnung haben von Psychodynamik und nicht wissen, wie mit diesem Werkzeug umzugehen ist, können sie Schreckliches damit anrichten!"

Wenn ich an die Seminare zurückdenke, in denen ich als Co-Trainer bei Thies Stahl dabeisein durfte, kann ich immer noch an verschiedene präzise Techniken denken, die ich von ihm gelernt habe. Viel wichtiger jedoch waren seine Grundhaltungen und sein Hinweis, daß ein NLP-Trainer ohne familientherapeutische Kenntnisse wohl sehr beschränkt bleiben wird. Er selbst hatte ja ein intensives Training bei Virginia Satir durchlaufen. Ich habe diesen Hinweis sehr ernst genommen und Strategische und Systemische Therapie gelernt.

Heinz von Foerster war eng mit Virginia Satir befreundet. Viele Bewunderer von Heinz von Foerster blicken auf seine kybernetischen Erkenntnisse als Mathematiker und Computerspezialist. Meine Bewunderung gilt seiner Weisheit bezüglich seiner ganzheitlichen Weltsicht. Darin schließt sich Selbstverantwortung und ethisches Handeln mit ein. Er schrieb zur Verantwortung des Experten: „Wissen bedeutet Verantwortung. Ein Arzt muß direkt an der Unfallstelle tätig werden. Wir können es uns nicht länger leisten, einer globalen Katastrophe lediglich als wissende Zuschauer zuzusehen. Wir müssen all das Wissen, das wir haben, durch Kommunikation und Kooperation miteinander teilen und damit die Probleme unserer Zeit bewältigen. Nur auf diese Weise können wir unsere soziale und individuelle Verantwortung als Kybernetiker erfüllen, nur indem wir das praktizieren, was wir predigen" (v. Foerster 1985, 22).

Mit unserem Konzept der Neurokybernetischen Selbstorganisation möchten wir menschliches Wachstum fördern. Heinz von Foersters Zitat entspricht meinen Grundhaltungen. Ich glaube, daß dieses Zitat auch die Aussagen von Carl Whitaker und Milton H. Erickson unterstreicht, daß Grundhaltungen wichtiger sind als Techniken. Grundhaltungen hängen mit dem Modell der Welt zusammen, ein Konzept, welches die NLP-Leute wohl von dem Kybernetiker Ashby – meiner Meinung nach wenig reflektiert und der Organisationsform lebender Systeme ignorant bleibend – einfach übernommen haben. Deshalb gebrauche ich lieber den Begriff „Holodyn", um etwas Lebendiges auszudrücken. Ein Holodyn lebt. Ein Modell ist ein feststehender logischer Baustein.

Einige Gedanken zur Überwindung der Grenzen des NLP

Ich wollte es etwas genauer wissen und bin zu den Ursprüngen zurückgegangen. Ich hatte mich gefragt, was Gregory Bateson wirklich gemeint hat und habe ihn im Original gelesen. Das war zwar schwierig, da ich aber gerade Hypnotherapie und NLP-Strategien gelernt hatte, machte es mir großen Spaß, mich in die Materie des Lernen lernens zu vertiefen. Da die Zeit nicht stehengeblieben war, wollten wir auch wissen, was die Kollegen von Bateson, nämlich Humberto Maturana und Heinz von Foerster, heute denken. Mit Hilfe dieser Lektüre konnte ich feststellen, daß ich meine Lern- und Lehreffekte in Therapien und Gruppen beträchtlich vergrößern konnte.

Schon seit meiner Jugend, als ich im Heim meines Vaters meine pädagogische Karriere als Vierzehnjähriger mit dem Beibringen des Tennisspiels, Skifahrens und Schwimmens begann, fragte ich mich immer wieder, wie man am schnellsten irgend etwas lernen kann. Durch die Jugendlichen, auch durch die Pädagogen, lernte ich, daß es bei einigen sehr schnell ging, bei anderen dauerte es ewig. Dabei machte ich die Erfahrung, daß, wenn etwas sehr praktisch und angstfrei war, eigenständig und großen Spaß machte, das Lernen meist sehr schnell ging. War es theoretisch, abgehoben, verkopft, strukturlos oder autoritär gelenkt, gab es meist Probleme. Ein Beispiel dieser Verkopfung und Strukturlosigkeit war ein psycho-analytisch orientierter Psychologe M., der auch aus meiner heutigen Sicht damals viel Schaden anrichtete. Er hätte sicherlich in einem besonders für ihn geschaffenen Kontext sehr gute Arbeit geleistet. In dieser Umgebung traten nun oft Probleme auf, wenn z.B. ein Junge nachts etliche Stühle zertrümmert hatte und im Gespräch dann sagte: „Das war mein Aggressionstrieb. An dem muß ich mit M. erstmal kräftig arbeiten."

Diesbezügliche Diskussionen erlebte ich im Alter von vierzehn Jahren an aufwärts. Da mein Vater ständig Studenten aus der naheliegenden Universität einlud, war ich an den verschiedensten psychologischen, theologischen und philosophischen Gesprächen beteiligt. Während meines Studiums stürzte ich mich dann auf die praktischen Seiten von Psychotherapie und Pädagogik. So lernte ich zunächst die external orientierte Verhaltenstherapie und Lernpsychologie. Während der ersten fünf Semester war ich gleichzeitig Skilehrer für ein großes Sporthaus und konnte die gelernten Lerntheorien nicht nur mit Jugendlichen, sondern auch mit Erwachsenen umsetzen. Später machten wir die Erfahrung, daß diese Lerntheorien in der angewandten Pädagogik weniger gut funktionierten als die

Klientenzentrierte Psychotherapie, die mit ihrem Konzept der Tendenz zur Selbstaktualisierung mehr Raum für die Lern- und Entwicklungsfähigkeit junger Menschen ließ. In dieser Therapie wurde ich dann Ausbilder.

Die Einstellung meines Vaters war gekennzeichnet durch Ermutigung zur Verselbständigung, Strukturgebung, Risikobereitschaft, Humor, Praxisorientierung und eine Reihe anderer Eigenschaften, die ich später bei Milton H. Erickson lesen konnte. Noch heute erinnere ich Sätze wie:

- als guter Pädagoge sollte ich mich selbst in Frage stellen können;
- nur wenn ich über mich selbst lachen kann, habe ich Humor;
- ein Psychologe muß in der Lage sein, in die Scheiße zu fassen (das war tatsächlich wichtig, manche verhaltensgestörten Jungen ruinierten regelmäßig die Toiletten, und Psychologen waren in den Dienst integriert wie die anderen Mitarbeiter auch);
- jeder hat eine Chance;
- gute Pädagogik ist nur möglich, wenn ich mit einem Bein im Knast stehe;
- jeder Jugendliche braucht eine Aufgabe.

Die Erfahrungen führten dazu, daß ich, nach meiner ersten Berührung mit der Hypnotherapie und dem daraus erwachsenen NLP, meine Dissertation über das Katathyme Bilderleben nach Leuner als Integration in die Klientenzentrierte Therapie an den Nagel hing. Diese Entscheidung bewahrte mich wohl endgültig vor einer akademischen Karriere und gibt mir heute Gelegenheit, über die damit verbundenen ethischen Probleme nachzudenken. Sie bewahrte mich wohl auch davor, daß Menschen ausschließlich wegen eines akademischen Titels zu mir kommen, so daß ich es jetzt wohl leichter habe. Denn Personen, die sich einen Heiler wegen eines akademischen Titels aussuchen, haben wohl größere Schwierigkeiten als andere, ein Problem wirklich anzupacken. Sie verlagern die Verantwortung nach außen, wobei wir wieder beim Hauptthema des Buches wären: Selbstorganisation oder Fremdorganisation. In diesem Zusammenhang nicht unerwähnt bleiben sollte aber auch die Erfahrung, daß es jene Klienten gibt, die zwar sagen, sie gehen zu keinem Heiler mehr, der seine Zeit mit einer akademischen Ausbildung verbracht hat, dafür aber einen Geistheiler nach dem anderen aufsuchen und so auch wieder das Problem nach außen verlagern.

Die beiden Trainerinnen Beverly Stoy und Barbara Steen, von denen ich in sehr intensiven Kursen NLP und Hypnotherapie gelernt habe, hatten ihr Handwerk direkt bei dem gerade verstorbenen genialen Meisterzauberer psychotherapeutischer Praxis gelernt. Sie benutzten die NLP-Techniken, um uns Ericksons Fähigkeiten und Haltungen zu vermitteln. Vom ersten Moment an bemerkte ich, daß es genau das ist, was ich immer gesucht hatte: nämlich eine Integration zwischen VT und GT. Die Grundannahmen der GT und diejenigen der VT hatten für mich vorher in krassem Widerspruch gestanden. Nur ging alles das, was ich in jenem Moment lernte, schon weit über das hinaus, was ich immer gesucht hatte. Schlagartig gab ich meine akademischen Ziele auf. Später wurde mir klar, daß der systemische Ansatz sowie auch eine tiefe indianische oder auch taoistische Weisheit darin verborgen liegt. So konnte ich NLP von Anfang an nicht einfach als eine simplifizierende Technik betrachten. Die Techniken geben eine gute Struktur und damit einiges an Sicherheit. Gleichzeitig mit dieser Sicherheit besteht aber auch die Gefahr, daß sie im gleichen Moment die Kreativität verhindern, die sie hervorrufen möchten.

Die akademische Seite in mir war aber nicht vollständig verschwunden. Ich war ständig bestrebt, verantwortungsvoll zu handeln und zwar besonders dann, wenn es um Menschen ging. Ich wollte es genau wissen. In bezug auf Pädagogik und Psychotherapie lehnte ich damals ein Handeln nach dem Schema: „Denn sie wissen nicht was sie tun!" schlichtweg ab. Vielleicht deshalb, weil mir die abgespaltenen Sprachmuster der Psychoanalytiker jahrelang in den Knochen saßen, habe ich den Wortstamm „Neuro-" ernstgenommen. Damals glaubte ich, daß die Beschäftigung mit dem Nervensystem mehr mit direktem Handeln zu tun hat als eine philosophische, nominalisierende Begriffswelt, die wenig Unterschiede produziert, und die einen neuen Begriff mit einem alten erklärt, so daß hinterher alles stimmt oder gar nichts. Als ich im Jahre 1982 in der Weiterbildungsstätte einer psychiatrischen universitären Klinik einen neuen Job begann, meinte ich, es könnte meiner Arbeit mit Klienten helfen, wenn ich mich mit neurophysiologischen Vorgängen beschäftigen würde. Aus diesem Grund begann ich mich sehr intensiv mit G. Bateson, H. Maturana und anderen Autoren zu beschäftigen. Was die Arbeit in der Klinik anbelangt, merkte ich ziemlich bald, daß meine Bemühungen den meisten Mitarbeitern so ziemlich egal waren. Spezialwissen scheint nicht zu zählen. Daß diese Gleichgültigkeit mit dem Lebenslied der Institution und im weiteren Sinne mit der inneren Landkarte derselben zusammenhängt, ist mir erst seit kurzem klar. Die Gleichgültigkeit gegenüber innovativem Wissen und das Ausblenden von Spezialisten ist ein wesentliches Merkmal rollen- und machtorientierter Organisationen und Unternehmen. Darüber werde ich später im Zusammenhang mit Glaubenssystemen und Lebensliedern sprechen.

Kreativität versus Programmschritte

Einer der wesentlichen Unterschiede zwischen Mensch und Maschine ist die Kreativität des menschlichen Gehirns. Programmschritte engen ein. Echtes Lernen ist Deutero-Lernen, d.h. ein spielerisches Lernen auf einer höheren logischen

Ebene. Kein Kind lernt laufen, indem es trainiert. Aus diesem Grund ist mir das Erfinden von neuen Techniken wichtiger als das Erlernen von NLP-Regeln. Gregory Bateson gibt hierzu ein sehr anschauliches Beispiel: „Man denke an ein sehr einfaches Paradigma: ein weiblicher Delphin (steno bredanensis) ist darin geübt, den Ton der Pfeife des Ausbilders als eine ‚sekundäre Verstärkung‘ zu hören. Auf den Pfeifton folgt aller Erwartung nach Futter, und wenn sie später wiederholt, was sie tat, als die Pfeife ertönte, wird sie wahrscheinlich die Pfeife nochmals hören und Futter bekommen.

Der weibliche Delphin wird jetzt von den Dresseuren daran gewöhnt, dem Publikum ‚wirksame Konditionierung‘ zu demonstrieren. Wenn sie ins Schaubecken kommt, hebt sie ihren Kopf über die Wasseroberfläche, hört das Pfeifen und wird gefüttert. Dann hebt sie wieder den Kopf und wird nochmals durch Füttern ‚verstärkt‘. Drei Wiederholungen dieser Abfolge genügen für die Demonstration, und danach wird der Delphin aus dem Becken geschickt, um auf die nächste Vorführung, zwei Stunden später, zu warten. Er hat einige einfache Regeln gelernt, die seine Handlungen, das Pfeifen, das Schaubecken und den Dresseur innerhalb eines Musters aufeinander beziehen – eine Kontextstruktur, eine Gruppe von Regeln darüber, wie die Informationen zusammengesetzt werden müssen.

Dieses Muster paßt jedoch nur auf eine einzige Episode im Schaubecken. Der Delphin muß das Muster aufbrechen, um mit der *Klasse* solcher Episoden umgehen zu können. Es gibt einen größeren *Kontext von Kontexten*, der ihn ins Unrecht setzen wird.

Bei der nächsten Vorführung will der Dresseur wieder ‚wirksame Konditionierung‘ demonstrieren, aber um das zu schaffen, muß der Delphin eine andere auffällige Verhaltensweise annehmen. Wenn der Delphin auftritt, hebt er wieder den Kopf. Er bekommt aber keinen Pfeifton zu hören. Der Dresseur wartet auf das nächste auffällige Verhalten – wahrscheinlich ein Schwanzschlag, der ein üblicher Ausdruck von Verstimmung ist. Dieses Verhalten wird dann verstärkt und wiederholt.

Aber der Schwanzschlag wurde natürlich bei der dritten Vorführung nicht belohnt.

Schließlich hat der Delphin gelernt, mit dem Kontext von Kontexten umzugehen – indem er bei jedem Auftritt eine andere oder neue zufällige Verhaltensweise anbietet.

All dies vollzog sich in der freien Naturgeschichte der Beziehung zwischen Delphin, Dresseur und Publikum. Die Abfolge wurde dann mit einem neuen Delphin experimentell wiederholt und sorgfältig beschrieben.

Aus dieser experimentellen Wiederholung der Sequenz müssen zwei Punkte hinzugefügt werden: Erstens, daß es (nach dem Urteil des Dresseurs) notwendig war, die Regeln des Experiments mehrere Male zu brechen. Die Erfahrung, Unrecht zu haben, war für den Delphin so schlimm, daß es, um die Beziehung zwischen Delphin und Dresseur (d.h. den Kontext der Kontexte des Kontexts) aufrecht zu erhalten, notwendig war, viele Verstärkungen zu geben, auf welche der Delphin kein Anrecht hatte.

Zweitens, daß jede einzelne der ersten vierzehn Übungen durch viele vergebliche Wiederholungen irgendeines Verhaltens charakterisiert war, das in der unmittelbar vorausgegangenen Übung verstärkt worden war. Anscheinend zeigte das Tier nur ‚zufällig‘ eine andere Verhaltensweise. In der Pause zwischen der vierzehnten und fünfzehnten Sektion schien der Delphin sehr erregt zu sein, und als er zum fünfzehnten Mal auftrat, legte er eine hochentwickelte Vorführung hin, in der acht auffällige Verhaltensweisen vorkamen, von denen vier völlig neu waren – etwas, das bei dieser Tierart noch nie beobachtet worden war.

Die Geschichte veranschaulicht, so glaube ich, zwei Aspekte der Genese eines transkontextuellen Syndroms:

Erstens, daß starker Schmerz und Fehlanpassung induziert werden können, wenn man ein Säugetier bezüglich seiner Regeln ins Unrecht setzt, um in einer wichtigen Beziehung zu einem anderen Säugetier Sinn zu stiften.

Und daß zweitens, wenn es gelingt, diese Pathologie abzuwehren oder zu überstehen, die Gesamterfahrung *Kreativität* fördern kann" (Bateson 1983, 359ff.).

Spielkontext versus Zielkontext

Das Zitat Gregory Batesons verhalf mir zu der sehr praktischen Unterscheidung zwischen Spielkontext und Zielkontext. Dazu gehört allerdings eine ganz persönliche Erfahrung im Umgang mit Computern. Irgendwann hatte ich begriffen, daß für mich die einzige Möglichkeit, meine tief verankerte Aversion und Angst im Umgang mit Zahlen und logischen Prozeduren zu bewältigen, darin bestand, wieder zu lernen wie Kinder Lernen lernen – also zu spielen. Das half. Allerdings spielte ich nur noch mit Programmen herum – Computerspiele langweilten mich völlig. Ich begab mich in die schier endlose Welt der Festplatte, der Speicher und der internen Struktur. Das half paradoxerweise zum Verständnis des Gehirns und zu mehr Klarheit im Umgang mit Familiensystemen. Allerdings war ich nicht mehr in der Lage, Artikel oder Briefe zu schreiben oder andere alltägliche Dinge zu erledigen, Dinge, wozu ich mir *Leubel* eigentlich angeschafft hatte. Form und Inhalt waren etwas durcheinandergeraten und manchmal stürzte Leubel sogar ab, wie man so schön in der Computersprache sagt. Irgendwann gewöhnte ich mir an, ganz klar zu entscheiden, wann ich in den Zielkontext gehe und wann ich mir für den Spielkontext Erlaubnis gebe. Im Moment befinde ich mich im Zielkontext. Die Tastatur klappert munter vor sich hin – übrigens ein recht altes, leicht defektes Provisorium, welches mir jemand geschenkt hat, weil die Leertaste immer wegsprang; nun merke ich aber gerade, daß sie sich durch das viele Schreiben anscheinend endgültig wieder eingerenkt hat, und ich habe keine Gelegenheit mehr, mich von meinem Buchschreib-Zielkontext durch einen Hardware-Herumspielkontext ablenken zu lassen – vor mir auf dem Schreibtisch liegt offen die Mutterplatine auf einem Stück Schaumstoff herum, so daß ich jederzeit an die einzelnen Steckkarten heran kann, die Speicherbausteine auswechseln oder andere praktische Dinge tun kann, wenn mir danach ist. Ein Gehäuse gibt es nicht. Das ganze funktioniert hervorragend und hat den Vorteil, die Hardware-Bauteile sofort für einen Einstiegsworkshop zu nutzen, in denen die Teilnehmer erfahrungsgemäß innerhalb von zwei Tagen die Grundlagen im wahrsten Sinne der Wortes spielerisch begreifen.

So habe ich innerhalb dieses Spielkontextes viel lernen können, und da Technik dem Menschen nur solange dient, solange er damit Erfahrung macht, konnte ich mich in der letzten Zeit ausführlich dem Zielkontext widmen, d.h. sehr konzentriert schreiben. Kreatives Problemlöseverhalten findet auf einer humorvollen und spielerischen Ebene statt. Daher funktioniert die Therapie Ericksons und Frank Farrellys so gut. Deshalb lernen Kinder so schnell mit einem Computer umzugehen. Erwachsene dagegen tun sich damit sehr schwer ... Die Weisheit des alten Milton Erickson: „Wieder Lernen lernen, wie Kinder Lernen lernen", habe ich sehr ernst genommen. Beim Skifahren, beim Lehren des Skifahrens oder Snowboardens. Beim Lernen des Windsurfens. Im Slalom war ich mit 17 Jahren immer der Zweite. In Mathematik hatte ich meist eine Fünf oder Sechs. Wenn's gut ging, eine Vier. In Englisch oft eine Fünf. Heute, mit 46 Jahren, fahre ich besser Ski als mit 17. Ich habe ein Buch in englischer und deutscher Sprache über Frank Farrelly geschrieben (1955). Kurse über die Funktionsweise von Computern durchzuführen macht mir einen Riesenspaß. Wohlgemerkt: über die Funktionsweise, nicht über Anwendungssoftware mit Benutzeroberflächen, die den Menschen versklaven. Es handelt sich um Kurse mit der Weisheit im Hinterkopf, daß früher vor kleinen Maschinen große Gehirne saßen und heute vor großen Maschinen oft ... Der Zeigarnik-Effekt ist eine „wissenschaftliche Erfindung" oder ein Erklärungsmuster von Psychologen für eine sehr praktische alltägliche Trance-Induktion Milton H. Erickons, wenn er beispielsweise in einer sexualtherapeutischen Sitzung über Küche, Keller und Wohnzimmer sprach und das Schlafzimmer gezielt ausließ. Mir macht es Spaß, zu spielen oder mit den Vorgängen in meinem Gehirn zu spielen. ... Hänschen klein ... Ich hoffe, Sie haben sich die Erlaubnis geben können, sich durch diese kurze Ericksonsche Konfusions-Technik verwirren zu lassen.

Ich habe mich mit der Integration von NLP und Familientherapie genauer befaßt. Die Verbindung meiner fünf Sinne mit den unterschiedlichen präzisen Sprachmustern auf der Bit-Ebene ist ein wesentliches Ergebnis dieses Integrationsversuches.

Ich habe hervorragende Forscher und Theoretiker zu Seminaren eingeladen, um von ihnen lernen zu können.

Weitere Einflüsse zur Entwicklung von NKS gehen von Heisenberg aus, ebenso von Krishnamurti (ganz im Gegensatz zu Bhagwan/Osho), von Mantak Chia und dem Tantrismus der ursprünglichen östlichen Liebeslehre.

Zusammenfassung

Aus dem Gesagten soll hervorgehen, daß ich den Menschen nicht als eine programmierbare, triviale oder allopoietische Maschine betrachte, sondern als eine nichttriviale autopoietische. Würde man den Menschen als Triviale Maschine betrachten, so wäre der Gedanke der Rückverwandlung der sogenannten äußeren Kontrollvariablen in innere Entscheidungprozeduren und die damit verbundene Erweiterung von Wahlmöglichkeiten schlichtweg falsch. Nimmt man an, daß ein lebendes System seine eigenen Wahlmöglichkeiten selbständig erweitert, so wäre das mit dem Gedanken von Selbstaktualisierung im Sinne von Carl Rogers oder der Idee von Selbstorganisation bzw. Autopoiesis im Sinne der Konstruktivisten verknüpft, was wiederum jegliche Programmierung von außen ausschließt. Wir haben es mit unterschiedlichen logischen Räumen zu tun, vergleichbar mit qualitativ völlig unterschiedlichen Spielen. Schach hat eben ganz andere Spielregeln als American Football. Ludwig Wittgenstein würde wohl sagen, daß der eine Raum mit dem anderen kontradiktorisch ist. Ich dagegen denke, es ist einfach irrsinnig zu meinen, man könnte gleichzeitig innen und außen sein oder auf einem Schachbrett American Football spielen.

Weiterhin bringt das Linguistische in Verbindung mit dem Sender/Empfänger-Modell große Probleme mit sich und führt bei Menschen zwangsläufig zu Fehlern. Es ist klar, daß eine Verwechslung der Modelle zwangsläufig zu Irrtümern führen muß, weil die Regeln nicht mehr stimmen können. Schach hat andere Regeln als American Football. Das Sender/Empfänger-Modell beinhaltet Regeln, die sehr wohl für Triviale Maschinen zutreffen. Für menschliche Kommunikation ist es ungeeignet. Das linguistische Modell mag im Bereich der Computerwissenschaften zutreffen. Wenn lebende Systeme miteinander umgehen, ist das Kommunikationsmodell sinn-voll.

Wittgensteins Satz Nr. 4.116: „**Alles, was überhaupt gedacht werden kann, kann klar gedacht werden. Alles, was sich aussprechen läßt, läßt sich klar aussprechen**", würde in diesem Sinne für triviale, programmierbare Maschinen zutreffen. Kommunikation beinhaltet aber sehr viele Vorgänge, über die man, wie schon erwähnt, „schweigen" muß, weil man sie nicht aussprechen kann. Ein Bild sagt eben mehr als tausend Worte jemals sagen könnten. Zu diesem Gedanken möchte ich noch einmal Wittgensteins Satz Nr. 3.221 zitieren: „**Die Gegenstände kann ich nur** *nennen*. **Zeichen vertreten sie. Ich kann nur von ihnen sprechen,** *sie aussprechen kann ich nicht*. **Ein Satz kann nur sagen, wie ein Ding ist,** *nicht was es ist*."

Etwas anschaulicher würde das heißen, daß ich Kartoffeln zwar ausbrechen (wenn ich mit meinem Magen Probleme habe), aber nicht aussprechen kann. So entstehen schon innerhalb des Wortes **N**euro**l**inguistisches **P**rogrammieren Ungereimtheiten, die den ganzen Begriff in sich selbst schwierig werden lassen.

Es ist einfach schade, daß ein großer Teil der außerordentlich kreativen Ansätze eine starke Begrenzung erfahren. Um diese Begrenzung zu überwinden, habe ich mir in den folgenden Abschnitten über das grundlegende Modell lebender Systeme im Zusammenhang mit den kreativen Techniken der **N**euro**k**ybernetischen **S**elbstorganisation Gedanken gemacht.

Teil II
Selbstorganisation und die Ursuppe

Innere Landkarten

Programmierer unterscheiden zwischen Modellen und Landkarten oder Landkarten und Territorien. Als ich von Heinz von Foerster das Manuskript dieses Buches zurückbekam, war ich natürlich außerordentlich glücklich, daß er lediglich eine Reihe kleinerer „Stolpersteine" gefunden hatte und daß es keine unüberwindlichen Felsbrocken, reißende Flüsse oder tiefe Canyons gab. Bis auf diesen Absatz. Der trug vorher die Überschrift: DAS MODELL UND SEINE LANDKARTE. Und ich fand den Hinweis, diese Begriffe doch loszuwerden, weil „die Landkarte das Territorium ist" und „wir Menschen nichts anderes haben". Zunächst war ich erst einmal über meinen Denkfehler recht erschrocken, sah mich vor einer steilen Felswand und fürchtete einen großen Teil des Buches überarbeiten zu müssen. Dann bemerkte ich aber, daß es sich lediglich um einen kleinen Buckel handelte, den ich auch als wenig geübter „free-climber" leicht überwinden konnte. Ich hatte ja mein ganzes Buch auf diesen Gedanken aufgebaut, und ich merkte, daß es sich lediglich um Begriffe handelte, die für menschliches Lernen zwar metaphorisch interessant sind, die aber Verwirrung schaffen, wenn man genauer sein will. Man gerät dann leicht in den Bereich des „slipping domains", wie Heinz von Foerster und Humberto Maturana auf der Konferenz „Neuro Worlds" (1994) mit anderen bekannten Wissenschaftlern der deutschen und anderen Landschaften diskutierten. Sie warnten davor, Begriffe, die in dem Bereich der maschinellen Welt Sinn geben, auch für die Welt menschlicher Erkenntnis zu verwenden.

In meiner ersten hypnotherapeutischen Trance erzählten mir zwei Frauen eine Geschichte über Wege, Landschaften, Kreuzungen, Entscheidungen usw. – über Landkarten. Sie begannen die gesamte Ausbildung mit dieser Geschichte. Wir alle waren auf irgendwelchen Wegen angereist. Ich fiel in eine tiefe Trance. Erst später erkannte ich, worum es ging. Jede Reise, und wenn es eine Weltreise ist, beginnt einige Millimeter vor dem rechten oder linken Fuß. Oder gar im Fuß. Ich war mit Landkarten aufgewachsen. Landkarten gehörten im Heim meines Vaters zum täglichen Leben. Seit dem 13. Lebensjahr habe ich mich mit Landkarten beschäftigt. War doch Demokratie und Selbstorganisation eines der Erziehungsziele in dem Jugendheim meines Vaters. Mein Vater war im Dritten Reich Obersturmbandführer der Hitlerjugend gewesen, hatte dann, nachdem er als Offizier verwundet worden war, in Ostpreußen landwirtschaftliche Jugend ausgebildet. Fünfzig Jungen und fünfzig Mädchen. 1954 hatte er dann ein Kurheim für Jugendliche aufgebaut, gleichzeitig jedoch Psychologie studiert. Dabei hatte er sich mit Makarenko, Eichhorn und Martin Buber beschäftigt. Das daraus entstandene pädagogische Konzept nutzte die erlebnispädagogischen Elemente, die schon Hitler zu nutzen wußte, ebenso wie die Philosophie des Religionspädagogen und Existenzialphilosophen Martin Buber, der auch eine Grundlage für das gesprächspsychotherapeutische Konzept Carl Rogers geboten hatte. Ein Teil dieser Pädagogik der Selbstorganisation war, daß die Jugendlichen, Jungen im Alter von dreizehn bis achtzehn Jahren, jeden Morgen in kleinen Gruppen, ohne Aufsichtsperson, im Harzwald herumwanderten und bestimmte Ziele aufsuchen mußten. Betreuer oder andere Jugendliche befanden sich dann an diesen Zielpunkten. Der Betreuer oder Leiter einer vierwöchigen Gemeinschaft verstand sich ohnehin als ein Katalysator. Ohne daß ich damals etwas von Hypnotherapie oder Gregory Bateson gewußt hätte, wuchs ich also ganz praktisch, körperlich und geistig mit diesen Landkarten auf. Auf ganz natürliche Weise lernte ich, daß diese Landkarte wirklich nicht mit der Realität identisch war. Denn bestimmte Wege, die auf der Landkarte eingezeichnet waren, gab es einfach nicht mehr. Sie waren zugewachsen. Wenn eine Gruppe ein Ziel nicht fand, oder erst abends zurückkam, weil sie sich verlaufen hatte, waren die Leute oft sauer, weil die Karte nicht hundertprozentig stimmte.

Im Laufe meiner hypnotherapeutischen Ausbildung lernte ich dann, wie spannend es ist, die eigene innere Landkarte immer mehr zu entdecken. In den letzten Jahren, besonders durch die Begegnung mit H. Maturana und H. v. Foerster, wurde mir klar, daß eine innere Landkarte qualitativ etwas völlig anderes ist, als die Umgebung, mit der sie in einer Wechselwirkung ist. Systemisches Denken half mir, diese Metaphern von inneren und äußeren Landkarten immer mehr zu begreifen und auch anderen Menschen verständlich zu machen. Deshalb glaube ich mittlerweile, daß es auch in NKS-Seminaren besser ist, sich zunächst mit den Beziehungen zwischen mehreren Personen zu beschäftigen, als mit einer einzelnen. Ist es doch ein großer Unsinn zu meinen, wir haben unsere inneren Landkarten nur von einer einzigen Person gelernt.

Es ist wohl jedem klar, daß es ein beträchtlicher Unterschied ist, ob sich meine innere Landkarte, mein „Holodyn"* in einer Familie oder einer Staatsform entwickelt hat, in der das Lebenslied gesungen wird: „Was uns nicht tötet, macht uns nur härter", oder in einer Familie oder Kultur, in der Geborgenheit und Kreativität die erste Geige spielt. Deshalb denke ich, daß es für professionelle Kommunikatoren

---

*   Den Begriff habe ich 1983 geprägt. Der Gehirnforscher Pribram hatte das menschliche Gehirn mit einem Hologramm verglichen. Ein Hologramm ist eine Bildplatte, mit der man eine dreidimensionale Fotografie herstellen kann. In dieser Bildplatte ist jede Information überall gespeichert. Zerbricht man die Bildplatte, kann man aus jedem kleinen Bruchstück immer noch ein dreidimensionales Foto herstellen. Da das Gehirn aber ständig in Bewegung ist, habe ich den Wortteil „Holo" mit dem Wortteil „Dyn" aus dem Substantiv Dynamik in Verbindung gebracht. Dynamik ist die „Lehre von der Bewegung, bzw. Kraft" und stammt aus dem Griechischen: dynamikos – mächtig, kräftig, stark, wirksam.

von primärer Bedeutung ist, sich mit diesen unterschiedlichen familiären/kulturellen Bedingungen zu befassen.

Die sensu-motorischen Generalkategorien Sehen, Hören, Fühlen, Schmecken und Riechen bezeichne ich auch als Sinnesmodalitäten. Wenn wir all unsere fünf „Sinne beisammen" haben, sind wir wirklich gesund. Wenn nicht, sind wir entweder ver-rückt, ent-rückt oder ent-zückt. Wollen wir wissen, wie diese fünf Sinne funktionieren, wie sie entstanden sind, müssen wir uns damit beschäftigen, wie Leben entstanden ist. Unser Auge erwartet Licht. Es reagiert lediglich auf die Lichtquantenunterschiede, die Druck auf die biochemischen Substanzen ausüben, wenn sie auf die Netzhaut fallen. Das Auge erwartet keine chemischen Einflüsse, das tun die Rezeptoren der Zunge. Aus eigener Erfahrung als Kind wissen wir, wie schmerzhaft es war, als ein wenig Wasser ins Auge eindrang. Das Ohr erwartet Luftdruckunterschiede, der Körper reagiert auf warme und kalte, harte und weiche Einflüsse und propriozeptiv auf die Schwerkraft. Hans Vaihinger, der „Hausphilosoph" von Bandler und Grinder, schrieb, Gehen sei die zweckmäßigste „Fallbewegung" und Denken sei regulierter Irrtum (Vaihinger 1918, 217).

So erwarten die jeweiligen Sinnesorgane immer die entsprechenden äußeren Einflüsse, für die sie sich im Laufe der Evolution herausgebildet haben. Es hat eine Wechselwirkung zwischen Umgebung und den jeweiligen Sinnen gegeben. Im NLP taucht der Begriff des „Programmierens" auf. Als ich begann, mich für das Programmieren zu interessieren, lernte ich, daß es zum Gebiet der Kybernetik gehört. Ich lernte weiterhin, daß man ein biologisches System unter dem Gesichtspunkt der „Biokybernetik" betrachten kann. Nimmt man nun das Wort „Programmieren" im NLP ernst, so kann man ein biologisches System unter dem Gesichtspunkt der „Biokybernetik" betrachten. Richard Bandler, einer der Begründer des NLP, ist nun zwar Programmierer, aber anscheinend hat er leider die kybernetischen Vorgänge eines Computers mit denen eines biokybernetischen Systems verwechselt. Denn beide Systeme funktionieren kybernetisch grundlegend anders. Verwechselt man solche Vorgänge, können grobe Fehler passieren. Damit schränken sich Wahlmöglichkeiten ein und die Hauptannahme des NLP, nämlich die Erweiterung von Wahlmöglichkeiten, wird drastisch eingeschränkt. Es entsteht der fatale Fehler Nr. 1. Genau den wollen wir, wie schon oben erwähnt, vermeiden.

Im folgenden möchten wir ein lebendes System als ein biokybernetisches System betrachten. Dieses biokybernetische System befindet sich in einer raum-zeitlichen Umgebung. Wir beschäftigen uns also mit dem Begriff „System" und seinem Dahindriften durch Raum und Zeit. Das mag zunächst abstrakt anmuten, ist aber im Endeffekt ungemein praktisch.

Das Holodyn

Die innere Landkarte, die Lebensregeln und die autopoietische Organisation

Beim Schreiben der folgenden Seiten möchte ich darüber nachdenken, wie subjektive Erfahrung auf der „bit-Ebene", sozusagen in der feinsten Feinheit, zustande kommt. Eine klare Entscheidung darüber zu treffen, ob man sein Handeln von Konsequenzen abhängig macht, die sich in äußeren Regeln, Vorschriften und Verhaltensanweisungen begründen, oder von Konsequenzen, die sich in der Person selbst begründen, gehört gleichermaßen zum Thema „Mein Holodyn" oder „Meine innere Landkarte", ein Thema, das ich weiter unten unter dem Label „Große Landkarte" beschreibe. Die große Landkarte ist aber mit der kleinen Landkarte ebenso verknüpft, wie das Huhn mit dem Ei bei der Frage, wer zuerst da war. Zunächst geht es darum, welche Struktur die Landkarte eines lebenden Systems überhaupt hat. Dazu möchte ich die folgende Geschichte zitieren, die Frank Farrelly in einem Seminar erzählt hat. Dadurch sollte der Unterschied zwischen zwei inneren Landkarten, die man in diesem Fall auch als Lebenslieder, psychotherapeutische Glaubenssysteme oder Haltungen bezeichnen könnte, klar werden.

Eine Wegbeschreibung kann sehr ungenau sein. Wenn Sie in einer fremden Stadt sind und zum Hauptbahnhof wollen, kann Ihnen folgendes widerfahren:

„Also, stell dir vor, du kommst in irgendeine fremde Stadt und fragst irgend jemanden auf der Straße: ‚Sag mir, wo ist der Hauptbahnhof?' ... und er schaut dich an, mit warmen Augen, totaler Kongruenz und wirklich total empathisch ... und er sagt: ‚Ja, weißt du, ist das so, daß du dich so verloren und ängstlich fühlst?' (Gruppe beginnt zu kichern) ... und er sagt: ‚Ja, aber wo ist dieser Bahnhof?' ... und er sagt: ‚Ja, weißt du, ich krieg jetzt so den Eindruck, daß du irgendwie irritiert bist, ich hör das an deiner Stimme.' (Wumm-bumm! Die Gruppe bricht in einen lauten und explosiven Lachanfall aus.) ... und du sagst: ‚Schau ... mhmm ... (lauter) ich will (Ingrid kann vor lauter Lachen kaum übersetzen) ... wissen, wo der Bahnhof ist ...' (Wumm-bumm! Noch einmal. Wieder bricht die Gruppe in einen lauten und explosiven Lachanfall aus.)

Frank: ‚Es ist richtickk, es ist gut!'

... und dieser klientenzentriert behandelte Fremde, der kriegt dann irgendwann einmal so ein richtiges Gefühl von Haß und Wut und all dem, was dann dazugehört ... Ist es denn die Möglichkeit, daß es in dieser Stadt nur Idioten gibt, es sind alles klientenzentrierte Therapeuten hier, die selbst nicht wissen, wo ihr

Bahnhof ist ... Weißt du, es gibt eine Zeit, wo man geboren wird, und eine Zeit, wo man stirbt ... und es gibt eine Zeit, wo es nötig ist, Gefühle mit Wärme und Empathie zu reflektieren ... und es gibt auch Zeiten, wo es eine klare Information braucht, eine klare Richtung braucht" (Farrelly in: Wippich & Derra-Wippich).

In dieser Geschichte vermischen sich einige Ebenen. Eine klare sprachliche Wegbeschreibung ist oft viel verwirrender als eine Wegskizze. Stellen Sie sich vor, Sie sind in einer fremden Stadt, müssen einen wichtigen Termin einhalten und jemand gibt Ihnen die folgende Beschreibung: „Wenn Sie zum Rathaus wollen, fahren Sie die Dingsdastraße runter bis zur ersten Ampel – nein, äh, warten Sie, es ist die zweite. Dort biegen Sie rechts ein. Nach ungefähr fünfhundert Metern macht die Straße eine leichte Rechtskurve. In dieser Rechtskurve ist ein großes, gelbes Gebäude. Dahinter biegen Sie links ab. Dann fahren Sie ungefähr einen Kilometer geradeaus bis zur Brücke. Vor der Brücke biegen Sie in die Flußstraße ein ..."

Eine Wegskizze ist zwar oft genauer als eine in Worten geschilderte Beschreibung des Weges, da ja, wie schon oft zitiert, ein Bild immer mehr sagt, als tausend Worte jemals sagen können. Sie ist aber niemals mit der zugehörigen Landkarte identisch. Die innere Landkarte ist etwas völlig anderes als das Gebiet außen. Sie ist niemals fertig gezeichnet. Sie wird ständig korrigiert und verbessert. Mein Onkel, ein Ingenieur, der sich im Alter von 56 Jahren seinen Jugendtraum erlaubte, über den Atlantischen Ozean zu segeln, erzählte mir einmal, daß er nachts am Ruder, wenn er meditierend die Sterne betrachtete, herausfand, daß man jede Maschine in einem Probelauf testen kann – unser Gehirn, meinte er, hat keinen Probelauf. Er sagte, es sei ein Endlauf. Es läuft immer.

Wenn ich über die Struktur der inneren Landkarte nachdenke, muß ich darüber nachdenken, wie ein lebendes System beschaffen ist. Um bei der Metapher „Landkarte" zu bleiben: Ich muß wissen, auf welche Art die Wege, Berge, Städte, Flüsse dargestellt worden sind. Irgendwann werde ich aber merken, daß die Idee der Landkarte zwar einiges vereinfacht, andererseits aber auch zur Verwirrung beitragen kann, weil es ein festes Modell ist. Feste Substanzen mit flexiblen zu verwechseln kann schmerzhaft sein. Stellen Sie sich vor, jemand hat am Strand einen Ball hingelegt, der – täuschend ähnlich – aus Stein besteht. Es wird sehr weh tun, wenn Sie das Kunstwerk mit einem Fußball verwechseln und barfuß dagegentreten. Schauen wir uns nun also einige Merkmale lebender System an.

Die Ursuppe

Man kann sich fragen, wer die innere Landkarte gemalt hat und landet bei Schöpfern, Philosophen, Naturwissenschaftlern, esoterischen und anderen Denkern, die auf irgendeine Weise Erklärungen gesucht haben oder noch suchen. Mir hat es Spaß gemacht, über die Evolution nachzudenken. Die Phase, in der ich Unmengen Science Fiction-Romane, dann Phantasieliteratur und schließlich wissenschaftliche Bücher in mich hineinfraß, half mir, mein inneres raum-zeitliches Gefüge in die verschiedensten Richtungen auszudehnen, mit dem Ergebnis, irgendwann einmal zu begreifen, daß all die Theorien Krücken sind, mit denen ich mehr oder weniger elegant durch die Welt stolpere. Irgendwann brachten mich die Worte Heinz von Foersters, die ich damals von einer Tonbandkassette hörte, auf den Punkt, daß ich es selbst bin, der für diese Erklärungen verantwortlich ist. Es soll nicht überheblich klingen, aber ich bin einige Millionen Jahre alt. In mir ist, wie in jedem anderen Menschen auch, das Wissen dieser Jahrmillionen gespeichert. Evolutionäres Wissen.

Vielleicht können Sie ein wenig meditieren, eine kleine visuelle Traumreise machen, Bilder vor Ihrem inneren Bildschirm dahingehen lassen, wie Ihr Auge, Ihr Trommelfell, chemische Sinne aus den Sinnen der verschiedensten Tierarten und Reptilien hervorgegangen sind. Irgendwann kommen Sie vielleicht in einer Art Ursuppe an. Auf dieser Zeitreise können Sie sich vielleicht Welten konstruieren, in denen Ihre Sinne ganz bestimmte Eigenschaften aufweisen müssen, um mit dieser Umgebung gut korrespondieren zu können. Warum nicht einmal wie ein Fisch im Wasser blitzschnell dahingleiten, oder gar wie ein fliegender Fisch mit einer Partnerin über die glitzernden Wellen dahinjagen, um dann wieder ins ... Ich liebe diese Beobachtung der fliegenden Fische beim Windsurfen, weit draußen auf dem Atlantik.

Irgendwann kommen Sie in Ihrer Meditation bei der Ursuppe an. Vor Jahrtausenden gab es nichts als Aminosäuren, kosmische Strahlungen, eine Atmosphäre, die die Erde umgab. In dieser Ursuppe gab es also verschiedene einzelne Partikel. Diese Partikel jedoch bewegten sich in einem Chaos ganz wild durcheinander. Jegliche Struktur fehlte. Wagen wir uns nun an den Systemgedanken heran und versuchen wir, uns eine Phantasie darüber zu machen, wie ein lebendes System entstanden sein könnte. Die uralte Weisheit sagt ja, das Ganze sei mehr als die Summe seiner Teile.

Nun haben wir ganz viele Teile, aber wir haben jetzt kein Ganzes. Nun möchte ich Ihnen vorschlagen, in Ihrer Phantasie folgendes zu tun: Fügen Sie einige Teile zusammen, irgendwelche Teilchen, die Ihrer Meinung nach zusammenpassen. Vielleicht werfen Sie nebenbei einen Blick auf eine weiße Wand vor Ihnen oder irgendeine Fläche. Stellen Sie sich vor, dort hätte jemand vier Punkte drauf gemalt, in Form eines Quadrats:

Schauen Sie sich die vier Punkte in der Abbildung an, aber die vier Punkte können wirklich nichts dafür, daß Ihr Gehirn ein Quadrat daraus bildet. Vielleicht sind es nur irgendwelche Flecken. Vielleicht viermal ein Fliegenschiß, der dort zufällig in der Form eines Quadrates entstanden ist.

Weiterhin möchte ich Sie bitten, an den Großen Wagen nachts am Himmel zu denken. Falls Sie ihn kennen. Mir ist der Große Wagen natürlich ein Begriff, da, wie Sie wissen, ich mit den Jugendlichen damals sehr oft im Wald unterwegs war. Das geschah auch nachts. Falls Sie den Großen Wagen nicht kennen, schauen Sie sich bitte diese Sterne an. Sie können es aber auch mit jedem anderen Sternbild machen, so wie Sie es in manchen Zeitungen bei Horoskopen vorfinden.

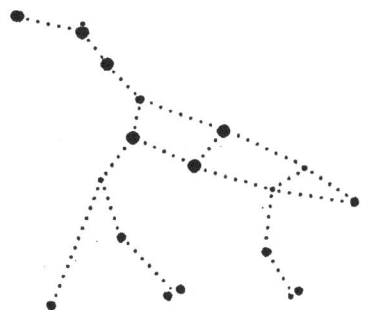

Der Große Wagen besteht aus Sternen, Galaxien und kosmischen Nebeln, die in einer bestimmten Konstellation zueinander stehen. Ein moderner Himmelsforscher sieht die Beziehungen der Sterne untereinander anders als ein Seefahrer in früheren Zeiten. Die Gehirne der uralten Seefahrer haben diese Konstellation zu Hilfe genommen, um sich zu orientieren. Was können die Sterne dafür, daß das Gehirn eines Seefahrers ihnen die Bedeutung eines Großen Wagen oder eines Großen Bären, eines Ursa Major gibt.

Heinz von Foerster hat mir dieses herrliche Bild des großen Bären zugesandt, als er das Manuskript dieses Buches las. Darunter befand sich der folgende Text: „Ein weiteres gut bekanntes Bewegungsmuster ist die Ursa Major-Gruppe, dessen Kern sich aus 14 bekannten Sternen in einem Raum mit dem Radius von ungefähr 6 Parsecs zusammensetzt. Die hellsten Mitglieder sind die 5 zentralen Sterne des Großen Bären. Das Zentrum der Gruppe liegt 23 Parsecs von der Sonne entfernt und die Raumbewegung ist ungefähr 11 mi/sec, auseinanderlaufend von einem Punkt ausgehend unweit von Castor und Pollux. Eine viel größere Anzahl von weiter draußen liegenden Sternen, zusammen etwa 150, haben ungefähr dieselben Raumgeschwindigkeiten wie die Kernmitglieder der Ursa Major-Gruppe; dazu gehören Sirius, Beta Aurigae und Alpha Borealis."

Ein Stern allein gibt wenig Sinn. Erst in der Beziehung mit den anderen Sternen können wir ein Ge-bilde ent-stehen lassen. (Beachten Sie die visuell-kinästhetische Wortwahl. Ich komme später auf diesen Zusammenhang von Körpersinn und Sehen zurück.)

Nach diesem Abschweifen in die kosmische Seite Ihres Gehirns möchte ich Sie bitten, wieder an die kleinen Teile zu denken, die in der Ursuppe herumschwimmen. Teile, die irgendwie zusammenpassen, bilden also miteinander eine Beziehung. Dabei geschieht etwas sehr Wichtiges. Es gibt einen Unterschied zwischen den Teilen, die eine Beziehung bilden, und denjenigen, die unstrukturiert im Chaos der umgebenden Ursuppe herumschwirren.

Damit kommen wir zu einer weiteren Grundweisheit des NKS, nämlich diesem „Ursatz" von G. Bateson über **Information: Jeder Unterschied, der einen Unterschied macht** (Bateson 1982) die sich auch in dem Satz des Mathematikers G. Spencer Brown (1979) wiederfindet, daß keine Form ohne die Form der Unterscheidung möglich ist.

Dabei geschieht noch mehr. Durch jede Unterscheidung entsteht eine Grenze. Indem sich zwei Teile verbinden und eine Struktur bilden, sind sie anders als die unstrukturierten Teile im Chaos. Dieses Anderssein bedeutet Grenze. Das Wort „ja" unterscheidet sich deutlich von dem Wort „nein". Schizophrene Menschen kommen leicht auf den Gedanken, die Grenze zwischen „ja" und „nein" zu verwischen. Der Witz: Wenn eine Frau „nein" sagt, meint sie „vielleicht", wenn sie „vielleicht" sagt, meint sie „ja" ... schafft natürlich offene Türen für sexuellen Mißbrauch. Dieser wiederum führt bei vielen Menschen zu einer Drogen- oder psychiatrischen Karriere. Das erste, was solche Menschen lernen müssen, ist dann, daß „nein" nichts anderes heißt als „nein". (Mit dieser Assoziation möchte ich aufzeigen, daß dieses abstrakte Gebilde in der Ursuppe sehr praktisch sein kann.) Der Gedanke über die beiden Teile, die eine Beziehung miteinander bilden und sich von der Umgebung abgrenzen, findet sich ja später in allen Lebensbereichen wieder.

Zwei Personen treffen sich beim Rockfestival, bei dem es chaotisch zugeht. Sie sitzen einander gegenüber, schauen sich in die Augen, kommunizieren sprachlos oder reden miteinander. Sie nehmen ihre Umgebung nicht mehr wahr. Die Menschen in der Umgebung achten meist den persönlichen Raum der beiden, der dann entstanden ist.

Zur vollständigen Definition des Systembegriffs sind noch einige weitere Bedingungen sehr hilfreich:

- Die Beziehung zwischen Partikeln, Inhalten ist wichtiger als der Inhalt, die Definition, Diagnose oder das einzelne Partikelchen im Vakuum.
- Ein einzelnes Teil kann niemals gleichzeitig das Ganze sein, von dem es Teil ist. Es gibt diesen wichtigen Unterschied zwischen dem einzelnen Teil und dem Ganzen.

Bei lebenden Systemen ist die Organisation in sich geschlossen. Nehmen wir einmal die Sätze (nach Heinz von Foerster):

Das Blatt ist grün.

Das Blatt ist schön.

und

Das Blatt ist kleiner.

Bevor Sie weiterlesen, können Sie ein wenig über die qualitativen Unterschiede der einzelnen Sätze meditieren. Bei dem Satz: „Das Blatt ist grün" errechnet Ihr Gehirn Strukturen, die Sie immer wieder auf eine ähnliche Art wiederholen können. Es sieht aus, als ob Sie sich programmiert haben wie ein Computer oder die unten beschriebene Triviale Maschine. Es sieht dann so aus, als ob sich alle Menschen auf gleiche Art wie ein Computer auf dieses „grün" programmieren ließen. Dieses Errechnen von Strukturen geschieht durch ein Errechnen von sogenannten Eigenwerten. Unten werden wir herausfinden, wie eine stabile Struktur nach dem Prinzip der Eigenwerte zustande kommt.

Bei dem Satz: „Das Blatt ist schön" wissen Sie, daß hier Ihr Gehirn ganz persönliche innere Strukturen, vielleicht körperlicher Natur oder eines körperlichen Wohlbefindens, errechnet. Sie können keinem Menschen aufzwingen, was er als schön erleben soll. Es ist wie bei einer Mahlzeit. Wenn wir jemand zum Essen einladen, lassen wir ihn auswählen was er mag, was ihm schmeckt, und wir zwingen ihn nicht dazu das zu essen, was ihm nicht schmeckt.

Der Satz: „Das Blatt ist kleiner" ist unvollständig. Denn dieser Satz funktioniert nur in der Beziehung mit einem anderen Blatt, das größer ist.

Wenn der Psychiater sagt, der Patient ist schizophren, müßte er bei dieser Diagnose eine Beziehung zu anderen Patienten setzen können, die vielleicht schizophrener oder weniger schizophren sind. Vorher müßte aber das Label, das Etikett „schizophren", ähnlich wie „grün", wirklich klar sein. Sie können darüber meditieren, wie problematisch eine derartige Diagnose ist, da es viel zu wenig schizophrene Personen gibt, um einen solchen Vergleich herstellen zu können, so daß er zunächst vom gesunden Menschenverstand und zweitens vom wissenschaftlichen Denken her nachvollziehbar wäre.

Jeder Inhalt bekommt nur Sinn innerhalb seiner jeweiligen Umgebung. Ein Inhalt ohne Umgebung ist Unsinn. Die Worte auf diesem Papier, auf die Sie sich einlassen, die als Lichtquantenunterschiede Ihr Auge erreichen, und mit denen Sie in Ihrem Gehirn Strukturen errechnen, ergeben ausschließlich in einer deutschen Umgebung Sinn und Bedeutung. Ein Chinese könnte mit diesem Buch überhaupt nichts anfangen.

Rückbezüglichkeit und Rekursivität

Rückbezüglichkeit und Rekursivität sind die wichtigsten Grundlagen des systemischen Denkens und einer ganzheitlichen Weltsicht. Der Gedanke des Reframing ist angewandte Rückbezüglichkeit, besonders die Urformen, wie man sie bei Milton H. Erickson vorfindet, aber auch in Zen-Koans, Sufi-Geschichten oder Relabels, die sich ganz spontan in provokativen Sitzungen ergeben. An dieser Stelle führe ich einige Beispiele für Rekursivität an. Diese Beispiele bestimmen unser tägliches Leben. „Scheiße!", sagte die Giftschlange, nachdem sie sich in den Schwanz gebissen hatte. Viele Witze sind rückbezüglich. Andere wiederum vermischen oder verwechseln logische Ebenen. Es entstehen Paradoxien. Paradoxien sind nicht logisch. Wir müssen lachen. Es lohnt sich Witze zu betrachten, wenn man die systemische Weltsicht begreifen will.

Sprache zum Beispiel ist rückbezüglich. Nehmen Sie den Duden und suchen Sie irgendein Wort. Suchen Sie das Synonym für das Wort. Dann das Synonym des Synonyms. Irgendwann kommen Sie wieder am ursprünglichen Wort an. Meditieren Sie ein wenig über die Sätze: „Der Weg ist das Ziel" oder den Satz von mir: „Alles, was ich in diesem Buch schreibe, ist Lüge."

Allen rekursiven Vorgängen zu eigen ist, daß der Vorgang wieder auf den Vorgang selbst zurückwirkt. Abstrakt dargestellt findet sich das Ganze weiter unten in der Nichttrivialen Maschine wieder. Diese wiederum ist – grob vereinfacht – eine Metapher für ein lebendes System. Rückbezüglichkeit ist wohl einer der wichtigsten Vorgänge für das Entstehen von Leben und das Funktionieren von lebenden Organisationen. Begriffe, die oft sinnverwandt angewendet werden, sind: Rekursivität und Zirkularität (im weiteren Sinne auch ganzheitliches Denken, vernetztes Denken oder mosaikartige Weltsicht).

Oben haben wir darüber gesprochen, daß unser Auge Lichtquantenunterschiede erwartet. Im Laufe der Evolution wurden Augen immer differenzierter. Das geschah in Wechselwirkung mit den motorischen Handlungen eines Wesens. Es gab also oder gibt eine Wechselwirkung zwischen Erfahrung und Erwartung. Darin begründet liegt vielleicht die uralte philosophische Frage: „Was war zuerst da? Das Huhn oder das Ei?" Dazu ein Beispiel aus einem komplexen, vielleicht nationalen System. Stellen Sie sich vor, Sie würden nach dem Zweiten Weltkrieg auf dem Schwarzmarkt herumlaufen. Sie haben gehört, daß die Butter knapp wird. Aus diesem Grunde bemühen Sie sich Butter zu kaufen. Diese Botschaft hatte sich aber sehr schnell verbreitet und Sie mußten feststellen, daß sehr viele Menschen mittlerweile auf dem Weg waren und Butter kaufen wollten. Es waren sehr viele. Alle wollten Butter kaufen. Es gab noch mehr, die hatten es auch gehört und die hatten schon Butter gekauft. Die Butter war sehr knapp geworden. Es gab fast keine Butter mehr. ... Sie können das Beispiel auf aktuelle Krisengebiete übertragen.

Dieser Prozeß der Vorerwartung zeigt sich in vielen Lebensbereichen. In der Medizin oder Psychiatrie als Placebo-Effekt, in der Pädagogik als Rosenthal-Effekt, bei therapeutischen Vorgängen hat es sehr viel mit der Selbstheilung des Immunsystems zu tun. In der Hypnotherapie und im NLP/NKS steuert er Trance-Phänomene oder Veränderungs- und Lernprozeß schlechthin.

Der Rosenthal-Effekt: Psychologische Forscher hatten Schüler hinsichtlich ihrer Intelligenz untersucht. Man hatte dem Lehrer gesagt: „Diese vier Schüler dort sind hochintelligent." Es waren „die Dümmsten". „Jene vier Schüler dort hinten haben am schlechtesten abgeschnitten." Es waren die Intelligentesten. Nach einem Jahr führte man dieselbe Untersuchung wieder durch. Die „Dümmsten" hatten sich drastisch verbessert. Sie schrieben gute Klassenarbeiten. Die „Intelligentesten" dagegen hatten sich ein wenig verschlechtert, allerdings waren sie nicht zu den „Dümmsten" geworden.

Das Rosenhan-Experiment: Hier hatte man 8 Scheinpatienten in 12 psychiatrische Kliniken der Vereinigten Staaten eingewiesen. Es handelte sich um eine

Hausfrau, einen Psychiater, einen Pädiater, drei Psychologen, einen Maler und einen Studenten der Psychologie. Die „Patienten" riefen in der Klinik an und gaben vor, „Stimmen" zu hören. Nach der Einweisung hörten sie damit auf, ein Symptom zu simulieren und verhielten sich wie sonst auch. Diese „normalen" Patienten schilderten hinterher, wie sie, obwohl sie den Vorgang kannten, immer mehr ein „krankes" Verhalten auch tatsächlich realisierten. Sie merkten an sich selbst, wie sie immer mehr die Symptome zeigten, die von ihnen erwartet worden waren (Rosenhan 1981).

Der Placebo-Effekt: In dem Heim meines Vaters gab es Zuckertabletten, Mehltabletten oder Tabletten mit einem anderen unwirksamen Stoff. Wenn an einem Tag X sechzig neue Teilnehmer einer vierwöchigen Kur anreisten, kam es immer wieder vor, daß am ersten Abend vier oder fünf der Jungen unter furchtbaren Kopfschmerzen litten. Wir gaben ihnen dann zunächst eine halbe dieser sehr „starken Schmerzmittel" und sagten ihnen, daß, wenn die Schmerzen innerhalb einer Stunde nicht verschwunden seien, sie sich dann die andere Hälfte holen kommen sollten. Das Mittel sei jedoch so stark, daß wir ihnen zunächst nur eine halbe Tablette geben würden. Sehr selten kam dann nach einer Stunde noch jemand, um sich die andere Hälfte zu holen. Meistens war die Antwort bei der abendlichen, besorgt vorgetragenen Frage, ob die Schmerzen denn noch sehr stark seien: „Nein, nein, vielen Dank, es ist alles in Ordnung."

Der Voodoo-Tod: Sehr anschaulich beschreibt der amerikanische Arzt Larry Dossey eine Placebo-Behandlung, die er als junger Assistenzarzt in einem ganz konservativen, schulmedizinisch orientierten Krankenhaus erlebte. Hier einige Ausschnitte aus dieser anschaulichen Schilderung:

„Der alte Mann saß unbeweglich mit weit aufgerissenen Augen da. Er war vor zwei Wochen eingewiesen worden. Mein Freund Jim, wie ich ein Assistenzarzt, war für seine Behandlung zuständig. Der Mann lag im Sterben. Er war abgemagert und vom Tode gezeichnet. Wir hatten diese Zeichen während unserer ersten sechs Monate im Krankenhaus zu deuten gelernt. Ich schaute in die Flamme der Urotropin-Tablette und wollte nicht so recht glauben, was wir da taten.

Seit zwei Wochen war der eingefallene alte Mann nun schon durch die routinemäßigen Untersuchungen und Tests gegangen. Man hatte Röntgenaufnahmen gemacht, Blutproben entnommen usw. Ein Krankheitsbefund hatte sich daraus nicht ergeben. Eine eigene Diagnose war Krebs, für einen älteren Mann, der innerhalb der letzten sechs Monate 50 Pfd. seines Gewichts verloren hatte, eine durchaus begründete Annahme. Jim setzte trotz der negativen Testergebnisse seine gründliche Untersuchung geduldig fort, das tatsächliche Krankheitsbild früher oder später schon noch zu ermitteln. Im Verlauf dieser Untersuchungen verschlimmerte sich der Zustand des Patienten beträchtlich. Er war inzwischen sehr geschwächt, fast bettlägerig.

Seit zwei Tagen waren nun endlich alle Testergebnisse ausgewertet. Es gab keine Tests mehr, die Jim noch hätte machen können. Jim befand sich in einer sehr unangenehmen Situation: Sein Patient lag offensichtlich im Sterben, ohne daß er den leisesten Hinweis auf irgendeine Krankheit hatte. Während der Morgenvisite hatte er den alten Mann in sein Dilemma eingeweiht. Er sagte ihm: ,Sie liegen im Sterben, und ich weiß absolut nicht warum.' Der Patient hatte ihm daraufhin erwidert: ,Ach, Herr Doktor, das ist schon in Ordnung so. Ich weiß selbst, daß ich sterbe und ich weiß auch, warum.' Jim starrte ihn an, er traute seinen Ohren nicht. Der alte Mann fuhr mit seiner Eröffnung ganz seelenruhig fort: ,Herr Doktor, man hat mich verhext!'

Dann erzählte er seine erstaunliche Geschichte ... Ein persönlicher Feind hatte drei Monate zuvor eine ortsansässige Schamanin angeheuert, ihn zu verhexen. Die Schamanin brachte seine Frau irgendwie dazu, ihr eine Locke seines Haares zu geben. Nachdem sie in den Besitz dieses Unterpfandes gelangt war, hatte sie einen Fluch über ihn ausgesprochen. Dann informierte sie den alten Mann und seinen Widersacher, daß er ,verhext' worden sei und Kraft ihres Fluches nun bald sterben müsse.

Jim erzählte mir diese seltsame Geschichte unter vier Augen ... Für ihn stand fest, daß wir ihm helfen müßten ... während der folgenden 24 Stunden entwickelte Jim seine therapeutische Strategie. Ich trug dazu nur wenig bei. ... Jim hatte sich dazu entschieden, mit der ,Zeremonie' bis zum Samstagabend zu warten. Am Wochenende ebbte der Betrieb im Krankenhaus merklich ab und damit verminderte sich auch die Gefahr unserer Entdeckung. Gegen Mitternacht begab er sich dann zu seinem Patienten aufs Zimmer und half ihm in den Rollstuhl, denn zum Gehen war er bereits zu schwach. Daraufhin vergewisserte er sich, daß er im Flur niemandem begegnen würde und huschte mit seinem Patienten zu dem Sprechzimmer am anderen Ende des Korridors, wo ich auf ihn wartete und die Urotropin-Tablette bereits angezündet hatte. Nachdem Jim mit dem alten Mann eingetreten war, schloß ich ganz nervös die Tür hinter den beiden ab. Mir kam die Geschichte reichlich töricht vor und ich befürchtete, daß uns jemand entdecken würde. Wir waren nun ganz unter uns, in Dunkelheit und vollkommener Stille.

Jim saß auf einem Stuhl mit seinem Gesicht dicht hinter der bläulichen Flamme. Nach einer Weile, die mir wie eine Ewigkeit vorkam, erhob er sich, vollkommen ruhig und Herr der Lage. Der alte Mann und ich folgten gespannt jeder seiner Bewegungen. In dem ungewohnten Licht sah er größer aus als sonst: Hier war ein wirklicher Schamane am Werk. ... Jim zog nun aus seiner Tasche eine blitzblanke Operationsschere hervor, die er sich für diese Gelegenheit ,ausgeborgt' hatte. Sie funkelte in dem schwachen blauen Licht. Er ging auf den alten Mann zu, der wie erstarrt in seinem Rollstuhl saß und jede einzelne von Jims bedächtigen und wohlüberlegten Bewegungen wahrnahm. Er erhob die Schere, ergriff mit der anderen Hand eine Locke des grauen Haares und begann, sie langsam abzuschneiden. Dem alten Mann schien mittlerweile der Atem stillzustehen. Jim hielt die Haarsträhne in seiner linken Hand, kehrte ohne Hast, dem Patienten ununterbrochen das Gesicht zuwendend, zum Schreibtisch zurück. Über die bläuliche, tanzende Flamme gebeugt, war er zu einer Ehrfurcht gebietenden Erscheinung geworden. Er schaute dem erstarrten, ausgezehrten Patient direkt in die Augen und sprach gemessen, mit ruhiger, tiefer Stimme: ‚Mit diesem Feuer, welches die Locke hier verbrennt, ist auch die Verhexung in deinem Körper restlos verbrannt und vernichtet.' Er senkte seine Hand und ließ die Haare in die Flamme fallen. Dann fügte er die ominöse Warnung hinzu: ‚Solltest du jedoch jemals zu irgend jemandem irgend etwas von dieser Zeremonie verlauten lassen, wird der Fluch stärker denn je in deinen Körper zurückfahren!' (Wie war ich dem Schamanen Jim dankbar, daß er genügend Geistesgegenwart besaß, sich gegen die potentielle Schädigung seines ärztlichen Rufes zu schützen! ...)

Die ‚Enthexung' schlug fast unmittelbar an. Jims Patient erwachte mit einem Bärenhunger. Er bestellte dreimal Frühstück, im allgemeinen die ungenießbarste Mahlzeit des Krankenhaustages. Auch bei allen folgenden Mahlzeiten verlangte er die doppelte Portion, offenbar ohne auch nur im geringsten darauf zu achten, was ihm eigentlich serviert wurde. Er nahm unglaublich schnell zu ..." (Dossey 1984).

Über Placebo-Effekte, Rückbezüglichkeit und Selbstreflektion läßt sich wahrscheinlich leichter meditieren, als daß man sie mit einer Sprache erklären könnte, deren Worte wie ein Computerprogramm linear aufeinander folgen. Über die Rückbezüglichkeit des Hyperzyklus konnte ich zuerst im Jahre 1983 meditieren, als mir ein Buch von Erich Jantsch über die Selbstorganisation des Universums in die Hände fiel (1982). In den folgenden Jahren verließ mich zunehmend das Bedürfnis, Paradoxien erklären zu wollen, was am Ende ohnehin unmöglich ist.

Die Aufgabe, die Zen-Meister in Form von Koans ihren Schülern stellen, wie z.B. den sinnlosen Versuch, mit einer Hand in die Hände zu klatschen, hat zum Ziel, das Bestreben aufzugeben, Probleme ausschließlich mit der Logik lösen zu wollen, findet manchmal auch in den ganz alltäglichen Vorgängen des Lebens ihren Niederschlag. So erzählte mir ein Kollege, daß er zwei linke Hände habe und kaum in der Lage sei, einen Nagel mit einem Hammer in die Wand zu schlagen. Ein Freund hätte ihm daraufhin vorgeschlagen, doch zwei Hämmer zu benutzen.

Rückbezüglichkeit und Selbstorganisation hängen eng miteinander zusammen. Zustände, die sich selbst organisieren, können gar nicht oder nur bedingt direkt

von außen kontrolliert werden. Man hat schon so wenig Einfluß auf die Eingangsbedingungen, daß man kaum vorausplanen kann, was im Endeffekt dabei herauskommt. Jeder, der während seiner Zeit in der Fahrschule gelernt hat, rückwärts
einzuparken, weiß, wie schwierig es war, nach hinten zu schauen, das Steuer auf
eine bestimmte Art zu drehen ... etc. etc. Die Steigerung dieser Prozedur erlebte ich
damals im Heim meines Vaters immer dann, wenn ich versuchte, mit unserem
Pferdeanhänger rückwärts zu fahren. Einparken war gottseidank selten notwendig.
So war mir der Gedanke Gregory Batesons sehr nah, der vorschlug, doch einmal
über den Versuch nachzudenken, einen Lastwagen mit zwei Anhängern rückwärts
in eine Parklücke zu bugsieren. Das wird wohl nur nach jahrelanger Übung einem
Menschen gelingen, der auf besondere Art dafür geschaffen wurde. Mit der Logik
geht es nicht.

Milton H. Erickson soll in Zusammenhang zum Thema Verstand und Eigenständigkeit gefragt haben: „Warum gute Logik für unlogische Probleme verschwenden?"

Die geschlossene oder die informationsdichte Organisation lebender Systeme

Nach dieser ausführlichen Beschreibung von rekursiven Phänomenen im Makrobereich möchte ich mich, bevor ich einige Seiten weiter unten darüber nachdenke,
wie ein lebendes System in seiner einfachsten Form im Mikrobereich funktionieren
könnte, einer anderen wichtigen Bedingung zuwenden, ohne die kein System leben
kann: die geschlossene Organisation.

Der Leser mag zunächst im Kopf behalten, daß in der Kybernetik eines sehr
einfachen Systems die Bestandteile rückbezüglich miteinander verknüpft sind.
Das wird später mit der Metapher des Hyperzyklus klar. In dem Zusammenhang der Geschlossenheit möchte ich aber noch einmal an die Grundidee der
Kybernetik denken, wie sie von dem Psychiater Ronald Ashby verwendet
wurde: **„Kybernetik kann man definieren als Erforschung von Systemen,
die offen für Energie, aber geschlossen für Information, Regelung und
Steuerung sind – von Systemen, die ,informationsdicht' sind"** (Ashby
1974, 19).

Ich habe die Erfahrung gemacht, daß es gut sein kann, zum Verständnis der
systemischen Weltsicht diesen Gedanken von Ashby sich sozusagen als erstes und
oberstes Gebot zu merken. Damit vermeidet man viele sinnlose und verwirrende
Diskussionen.

Kybernetik → Forschung v. Systemen, die 'informations-95
dicht' sind.

Bei lebenden Systemen geht es dann darum, anzuerkennen, daß ein lebendes System eine Identität besitzt, die sich in der Geschlossenheit seiner Grenzen ausdrückt, auf deren Respekt es letztendlich ankommt. Der Naturwissenschaftler Varela sagt dazu: „Sobald man autonome Systeme – seien es Menschen oder Zellen oder sonstwas – so miteinander verbindet, als seien sie fremdbestimmte Input-Output-Einheiten, tritt ein interessantes Ergebnis ein: Das System wird instabil ... Wenn seine innere, sinnvolle Organisation nicht berücksichtigt wird, versucht ein autonomes System fortlaufend, aus der Situation auszubrechen. Möglicherweise ist auch so zu erklären, warum unsere Welt gegenwärtig aus den Fugen zu geraten droht. Wenn zum Beispiel jeder begrenzte Krieg zu einer nuklearen Katastrophe eskalieren kann, dann zeigt es sich doch, daß eine kleine Fluktuation in dem riesigen System genügt, um es völlig aus dem Gleichgewicht zu bringen. Es bleiben kaum Möglichkeiten zur Autonomie, wenn jeder den anderen als ein relativ einfaches Input-Output-System betrachtet, wenn wir nicht in der Lage sind, die Qualitäten von Selbstbestimmung und Unabhängigkeit – auch auf der Ebene von Nationen – zu respektieren" (Varela 1982, 91).

Mehr als zwanzig Jahre Ausbildungstätigkeit in der Gesprächspsychotherapie ließen mich lernen, wie notwendig eine Grundhaltung des Respekts sein kann, eine Grundhaltung, die ich später in der Hypnotherapie Ericksons wiederfand (Erickson & Rossi 1981, 77), in der Familientherapie bei Anderson und Goolishan sowie in der praktischen Verkörperung derselben bei Max van Trommel und Tony Manocchio. Wie modern diese Haltung ist, zeigt das Beispiel von Mr. Smith und Mrs. Jones in einem Artikel von Rogers und Roetlisberger in der Zeitschrift *Harvard Manager* (1992). Auf den folgenden Seiten werde ich über die Grundlagen dieser Haltung nachdenken, die sich in der NKS-Praxis im Vorgang des Rapport, Matching oder Pacing/Leading zeigt.

Eine griechische Metapher für Geschlossenheit ist die Geschichte vom Gott Hermes oder vom Garten des Hermes. Ist es nicht interessant, daß man noch heute von hermetischer Abgeschlossenheit redet. Manchmal fragt man sich wirklich, wie es kommt, was die Alten so alles wußten. Der Literat Robert Bly beschreibt die Geschlossenheit aus der Sicht der griechischen Mythologie:

„Der griechische Gott Hermes ist seit uralter Zeit mit den von Mauern umstandenen Gärten verbunden, ja mit allem, das absichtlich oder unabsichtlich umschlossen ist. Ich finde es zauberhaft, daß man noch heute z.B. von einer Dose Pfirsiche sagt, sie sei ‚hermetisch verschlossen‘. Hermes bewacht die Herstellung von Gefäßen, das Anlegen begrenzter Plätze, besonders die Bereiche, die für geistige Arbeit jeder Art vorgesehen sind. Ein Nonnenkloster, ein Meditationsraum, eine tiefe Quelle, eine Nische für den Hausgott, eine Beziehung, in der wir einen heiligen Baum wachsen lassen wollen, eine Grabkammer, das Zimmer der Lieben-

hermetisch –> Hermes

den, das Arbeitszimmer der Philosophen, der Kessel des Alchimisten, all das sind hermetische Gefäße" (Bly 1990, 183).

„Hermes ist der Gott des inneren Nervensystems. Seine Präsenz ist gleichbedeutend mit himmlischer Intelligenz. Wenn wir im Bereich des Hermes sind, wandern Botschaften mit fantastischer Geschwindigkeit zwischen dem Gehirn und den Fingerspitzen hin und her, zwischen dem Herzen und den Tränenkanälen, zwischen den Genitalien und den Augen, zwischen dem Teil in uns, der leidet, und dem Teil, der lacht. Hermes ist wie Quecksilber, und wir wissen, daß man Quecksilber nicht in der Hand halten kann – es rollt überall hin, teilt sich in winzige Tropfen, verbindet sich wieder, fällt auf den Boden, rollt unter den Tisch, bewegt sich mit verblüffender Schnelligkeit. Im Englischen heißt es nicht umsonst *quicksilver* (schnelles Silber).

Diese Hermes-Energie nennt man in Nordeuropa Odin, in Italien Merkur, in Griechenland Hermes. Sein Wochentag ist der Mittwoch (Odinstag), im Französischen *mercredi*.

Manchmal, wenn Freunde sich in einem geschlossenen Raum unterhalten, wird das Gespräch allmählich hitziger: man sagt geistreiche Dinge, jeder trägt etwas bei, die Gedanken fliegen; das wahrhaft Geistige folgt unmittelbar auf das wahrhaft Obszöne. Hermes ist da. In einem schönen Moment der Unterhaltung tritt eine Stille ein, die geheimnisvoll wirkt; jeder zögert, sie zu durchbrechen. In Spanien nannte man diese Stille bis ins fünfzehnte Jahrhundert hinein ‚Hermes Stille‘, so zu lesen in López-Pedrazas exzellentem Buch über Hermes.

Die alte Tradition behauptet, daß echtes Lernen nur in der Gegenwart von Hermes möglich ist. Das ist deprimierend, denn normalerweise versuchen die Universitätsfakultäten für Englisch und Soziologie und Theologie Dozenten mit Hermes-Energie loszuwerden. Das ganze akademische System wurde von teutonischen Hermes-Killern geschaffen. Hermes ist magisch, detailverliebt, obszön, tänzerisch, naiv und keinesfalls karrierebewußt. In dem Sekundenbruchteil, in dem die Zunge ein Wort vollständig ausgesprochen hat, läßt Hermes echte Information einfließen. Du willst sagen: ‚Das ist meine Mutter‘, und du sagst: ‚Das ist meine Frau.‘ Mir ist das passiert. Meine Mutter sah sehr geschmeichelt aus. Du willst sagen ‚Kater‘ und du sagst ‚Vater‘, denn Hermes ist schneller als unsere Gedanken. Was gemeinhin als ‚Freud‘scher Versprecher‘ bezeichnet wird, ist eigentlich die Präzision des Hermes. Hermes durchbohrt Wichtigtuerei, Frömmelei, Sicherheit und Selbstgefälligkeit" (Bly 1990, 200ff).

Zunächst sollten wir uns aber eine weitere wichtige, begriffliche Unterscheidung anschauen, nämlich die der offenen oder geschlossenen Organisation. Der Eindruck von Geschlossenheit, so wie ihn Maturana gebraucht, führt leicht zur

Buch über Hermes von López-Pedrazas

Verwirrung. Wenn wir von geschlossenen Familiensystemen sprechen, meinen wir meist dysfunktionale Familien, die u.a. Alhoholismus, Inzest, Krebs und andere mißliche Symptome produzieren. Rigide Familiensysteme oder auch geschlossene oder verschlossene Einzelpersonen sind in den meisten Fällen sehr unflexibel und damit in einer Umgebung wenig lebensfähig. Andererseits schafft erst die Geschlossenheit einer Organisationsform eine Identität und macht Leben möglich. Ein Mensch der nicht „NEIN" sagen kann, der sich anderen Menschen gegenüber wenig abgrenzen kann, wird genauso Probleme bekommen, wie derjenige, der nur innerhalb der eigenen Mauern lebt.

Wir sollten uns über den unterschiedlichen Gebrauch des Begriffes wirklich klar werden. Der Leser mag genau hinschauen. Wir sprechen hier von der Organisationsform. Wir sprechen davon, auf welche Art ein System organisiert ist, so daß es sich seine Identität erhält und lebt. Wir betrachten den Prozeß der Verknüpfung der Teile oder Inhalte. An den Teilen schauen wir vorbei. Wenn wir auf die Teile schauen, können wir möglicherweise den Prozeß nicht mehr sehen. Man sollte sich entscheiden, wo man hinschauen will. Seit Heisenberg weiß man, daß man entweder auf das Teil oder auf die Welle schauen kann. Vielleicht können Sie sich vorstellen, Sie seien Sportfotograf. Wenn Sie einen Reiter ablichten wollen, der mit seinem Pferd mit hoher Geschwindigkeit über ein Hindernis springt, können Sie eine hohe Verschlußgeschwindigkeit – z.B. 1/500 sec. – wählen. Das Bild wird superscharf. Man sieht exakt jeden Schweißtropfen und jedes einzelne Haar. Das Photo eignet sich als Werbung für die gute Optik der Kamera. Aber das Pferd hängt mit dem Reiter über dem Hindernis in der Luft. Der Eindruck der Schnelligkeit und Bewegung geht verloren. Sorgen Sie dagegen dafür, daß nur für den dreißigsten Teil einer Sekunde Licht auf den Film fällt, wird das Bild unscharf. Die Bewegungen hinterlassen Spuren und der Eindruck von Geschwindigkeit und Bewegung bleibt erhalten. Wenn man auditiv ist, hört man das Hufgetrappel und das Rauschen zwischen Absprung und Aufsprung. Das Photo wäre als Sportfoto geeignet. Es kommt also darauf an, wie man hinschauen will. In unserem Fall wollen wir auf die Beziehungen, die Relationen schauen.

Familien, Unternehmen und andere Gruppen bestehen aus einzelnen Personen oder Gruppen von einzelnen Personen. Angenommen, sie bestehen aus etwas Greifbarem. Mit Organisationsform ist hier nun die Art und Weise gemeint, wie ein Regelsystem organisiert ist. Der Pfeil, der auf den Punkt einwirkt, ist ein offenes System. Es entspricht dem Tennisschläger, der auf den Ball trifft, wobei der Ball ins Leere fliegt. Das Tennisspiel ist geschlossen organisiert. Jeder Ball wird solange rekursiv ins Spiel zurückgeschlagen, bis einer von beiden, abhängig von den als „wahr" festgelegten Regeln, gewonnen hat.

98   ⟶ ·

Die unendlich vielen kleinen Partikel innerhalb eines lebenden Systems sind auf eine ganz bestimmte Art und Weise verknüpft. Stellen Sie sich einmal ein Schachspiel vor.

Ein Schachspiel besteht aus vierundsechzig Feldern und zweiunddreißig Figuren. Die meisten Spiele bestehen aus einzelnen Teilen und einer Umgebung. Jede Figur hat eine bestimmte Funktion. Eine einzelne Figur sieht vielleicht schön aus, wenn wir sie in der Hand halten, aber ein Weltmeister wie Bobby Fisher wird wohl kaum vor dem Brett sitzen und die wunderschön geschnitzten Formen der Dame bewundern. Ihn interessiert vielmehr, wie die Figuren dort herumstehen. Er zerbricht sich den Kopf über die Regeln und Beziehungen, mit der die Figuren zueinander bewegt werden können. Falls Sie daherkommen, das Pferd nehmen und willkürlich irgendwo hinsetzen würden, vielleicht mit dem Satz: „Stellen Sie's doch mal hierhin. Hier ist noch Platz ..." – gäbe es wahrscheinlich von den beiden Spielern völlig verständnislose Blicke. „Entschuldigung" werden Sie sagen und die Figur wieder hinstellen. Und er wird sich weiter grübelnd über das Brett beugen. Oder wenn Sie pötzlich das Pferd nehmen und es, wie einen Turm über das Spielfeld bewegend, irgendwo absetzen und vorschlagen: „Machen Sie doch einmal folgenden Zug", wird er ganz verständnislos den Kopf schütteln und die Figur wieder auf seinen alten Platz stellen.

Die Organisationsform dieser Regeln heißt Schach. Wir haben ein völlig geschlossenes, logisches Regelsystem vor uns. Sie hätten die Regeln des Spiels verletzt. Wenn Sie die Geschlossenheit aufreißen, stirbt das Spiel. Sie dringen in das Regelsystem ein. Sie mogeln. Vielleicht hätten Sie ein neues Spiel erfunden. Auf jeden Fall wäre es nicht mehr Schach, so wie es unter allen Schachspielern bekannt ist. Dieser Gedanke gilt auch für andere Spiele. Sie können ein normales Kartenspiel nehmen, damit pokern, Skat spielen, Mau-Mau, 17 & 4 und wer weiß, welche Spiele Sie noch erfinden könnten. Die Schönheit der Dame oder des Königs spielt keine Rolle. Die Art und Weise, wie die einzelnen Teile verknüpft werden, durch Spielregeln, machen das Spiel aus. Die Identität des Spiels steht und fällt mit den Regeln. Wenn Sie die Regeln verletzen, ist das Spiel tot. Oder der Mogler. Diese Reaktion kennen wir aus all den alten Western oder anderen Krimis. Wer mogelt, wird erschossen. Man sollte darauf achten. Das Prinzip kann lebenswichtig sein.

In diesem Zusammenhang noch eine bedeutsame Bemerkung zur „Wahrheit". Im System „Schach" ist nur das „wahr", was ins Regelsystem hineinpaßt, also was den Ablauf und die geregelte Organisation am Leben erhält. Im Zusammenhang lebender Systeme könnten wir nun sagen, es soll nur das als „wahr" gelten, was die „Lebensregeln" des Systems aufrechterhält. Das gilt auch für Unternehmen, Familien und andere Organisationen. Lebensregeln in solchen Systemen ergeben sich aus Werten beziehungsweise Wertesystemen, dem Informationsfluß, der Art und Weise wie Entscheidungen getroffen werden, und so weiter. (Näheres hierzu im Abschnitt „Topologie".)

Lebende Systeme sind, was die Organisation ihrer Lebensregeln anbelangt, immer geschlossen. Ein System lebt, solange die autopoietische Organisation erhalten bleibt. Ein lebendes System kann deshalb niemals ein Input/Output-System sein – es ist keine Triviale Maschine. Es ist nicht programmierbar. Das muß wirklich klar sein. Irgendwann ergeben sich Probleme im praktischen Handeln, wenn man einerseits von „Choice" redet, indem man äußere Kontrollvariablen in innere Entscheidungsvariablen verwandelt (Dilts et al. 1985) und andererseits der Meinung ist, man sei programmierbar. Das ist dann ein bißchen wie rechts blinken und links rausfahren. Robert Dilts schreibt zum Programmieren:

„Ein Teil der NLP-Anschauung über den Geist beruht darauf, das Gehirn mit einem Computer zu vergleichen. Ein geistiges Programm hat große Ähnlichkeit mit einem Computerprogramm. Es sagt Ihnen, was Sie mit der Information, die Sie bekommen, machen sollen. Und wie bei einem Computerprogramm können Sie mit Hilfe ein und derselben Strategie viele verschiedene Arten von Information verarbeiten ... Ziel der Psychologie und insbesondere des NLP ist es, die ‚Programmiersprache' des Gehirns zu entdecken, um unser eigenes Gehirn sowie auch die Gehirne anderer so beeinflussen zu können, daß sie das, was sie unseren Wünschen gemäß tun sollen, eleganter, effektiver und ökologischer tun ... Wenn jemand sich eine ganz bestimmte Information merken will, beispielsweise eine Telefonnummer, was tut er dann mit dieser Information, um sie in seinem Gehirn oder in seinem Biocomputer speichern zu können? ... Eine Mikrostrategie ähnelt der Assembler-Sprache oder dem Maschinen-Code eines Computers" (Dilts 1992, 11ff).

Jedenfalls ergeben sich die Probleme dann, wenn man einen Menschen nicht nicht als autopoietisches System auffaßt. Faßt man ihn dagegen als Black-Box oder Triviale Maschine oder als Test-Operate-Test-Exit-Einheit auf (vgl. Dilts et al. 1985), braucht man natürlich mehr „Choice" im Sinne der Quantität. Ein Kind, das mehrere bunte Bausteine hat, hat natürlich mehr Wahlmöglichkeiten als ein armes Kind, das nur drei aus Holz besitzt.

Natürlich ist es eine große Verführung, lebende Systeme als eine Triviale Maschine oder „black box" zu betrachten. Man glaubt, daß man in so eine Maschine etwas hineintun kann, und daß dann auch wirklich das herauskommt, was man haben will. Dabei kann man sich dann ein wenig wie der Herrgott fühlen.

Dieses Prinzip der Trivialen Maschine – es wird unten noch genauer beschrieben – funktioniert auch (fast) immer so gut. Das Auto springt jeden Morgen an. Die Kaffeemaschine, das Radio, der Fernseher, die Stereoanlage, der Heizungsthermostat ... alles geht wie von selbst. Wir sind verliebt in diese Trivialen Maschinen.

Wir können uns fühlen wie kleine Götter, die sich die Natur untertan gemacht haben. Warum soll nicht der Mensch auch so funktionieren. Der Sohn gehorcht. Die Ehefrau gibt mir Sex oder ist eine gute Zuhörerin, ja eine regelrechte Therapeutin. Sie erfüllt alle meine Wünsche. Und erst meine Mitarbeiter im Betrieb ... Alles läuft programmgemäß. Wie auf Knopfdruck.

Klar, der Programmierer liefert dem Unternehmen, was es haben will. Er ist gewohnt, gute Software zu verkaufen. Warum nicht auch gute *„brainware"*. Der Bedarf ist da. Der Bedarf nach „brainware", die für „menschliche Triviale Maschinen" entwickelt wird. Also verkaufen wir *brainware* für Systeme, die es vielleicht gar nicht gibt?

Warum sollten wir also einem Wissenschaftler glauben, daß es beim Menschen kein „Rein und Raus" gibt. Warum sollte er uns weismachen wollen, daß das alte deutsche Märchen vom Nürnberger Trichter eine Lüge sein soll? Maturana jedenfalls sagt sehr klar: „Ein geschlossenes neuronales System hat weder Input- noch Outputoberflächen, als charakteristische Merkmale seiner Organisation ... gibt es für sein Operieren als System lediglich seine eigenen Zustände neuronaler Aktivität, unabhängig von dem, was der Beobachter über ihren Ursprung sagen mag" (Maturana 1982, 142).

In der Zeit, als ich Abitur machte, gehörte es zum Glaubenssystem fast eines jeden Abiturienten, er sei nur dann ein guter Mensch, wenn er eine absolut perfekte Stereoanlage mit riesigen Boxen besitzt, bastelt oder konstruiert, die einen wahnsinnig irren Sound verursacht. Einige meiner Freunde waren überzeugt, sie hätten nun das Nonplusultra dieser Boxen gebaut und waren von der Idee beseelt, die Welt mit ihrem Supersound zu beglücken. Also gingen sie zur nächsten größeren Elektronikfirma, um ihr Machwerk vorzustellen. „Irre", sagten die Techniker, „wahnsinnig gut. Sogar fast ein wenig besser als unsere, die wir gerade entwickeln. Verkaufen wir aber erst in zehn Jahren. Der Markt ist noch nicht reif. Die Leute wollen erstmal was Einfacheres. Tut uns leid."

Wenn man dem Glaubenssystem unterliegt, der Mensch sei ein offenes System, dann ist er manipulierbar und programmierbar. In Europa haben wohl die meisten Menschen noch diese Version der inneren Landkarte im Kopf. Es ist klar, daß es dann besser ist, NLP als Input/Output-System zu verkaufen. Wenn der Paradigmenwechsel dann vollzogen ist, kann man bessere Programme verkaufen. So ein Wechsel ist schwer zu ertragen. Schon Isaac Newton machte das Fehlen eines absoluten Raumes schwer zu schaffen, weil es nicht mit seiner Vorstellung von einem absoluten Gott in Einklang zu bringen war. Er weigerte sich, diesen Mangel hinzunehmen, obwohl es sich aus seinen Gesetzen ergab. Wohl ganz ähnlich ist es mit dem linearen und systemischen Denken. Bei mir hat es einige Jahre gedauert, bis ich diese Geschlossenheit und Eigenständigkeit lebender Systeme begreifen konnte. Als ich dann einen meiner früheren Professoren traf, sagte er, daß er sich schon lange mit Systemischer Therapie beschäftige. Er habe mehr als fünf Jahre gebraucht, sich da reinzudenken. „Gott sei dank, der Weg vom Flachdenker zum Meister der Relativität scheint auch für ihn nicht ganz so einfach zu sein" dachte ich. Innerlich fühlte ich mich fortan ein wenig größer.

Wenn ich in der Lage bin, Geschlossenheit zu akzeptieren, kann ich dagegen auch Grenzen annehmen. Ich bin in der Lage, vor der Natur Respekt walten zu lassen, dem Metaphysischen, dem Unbewußten und anderen Lebensvorgängen. Aus meiner eigenen Erfahrung weiß ich, wie schwer es ist, diese Haltung zu verwirklichen. Bei zahlreichen Patienten, Mitarbeitern, Ehepartnern möchte man direkt eingreifen. Man möchte sie verändern. Als Ehemann oder Ehefrau kann ich ja nun plötzlich nicht mehr einfach so sagen: „Deine Worte tun mir weh!" Nein, nein. Dieses Spiel kann ich nun plötzlich nicht mehr spielen. Ich muß von jetzt ab akzeptieren, daß ich für meine Gefühle selbst verantwortlich bin. Ich kann nicht mehr signalisieren: „Ich bin so krank, aber ich zeige dir nicht, was ich hab." Wehe, wenn ich für meine indirekten Kommunikationsmuster keinen Ersatz habe.

Ich bewundere Menschen wie Milton H. Erickson, die die Fähigkeit der Akzeptanz und Eigenständigkeit von Lebensvorgängen oder des Respektes vor der Natur zu ihrem Lebenslied werden ließen. Bei vielen Wissenschaftlern unserer Zeit habe ich den Eindruck, daß ihnen der Respekt vor den Grenzen fehlt. Sie werden sich mit meinen Gedanken schwertun.

Das Loslassen von dem Gedanken, ein System sei offen, bedeutet natürlich auch, daß man die Grenzen und die Geschlossenheit anerkennt. Daß dieser Schluß und dieser Vorgang nicht jedermanns Sache ist, kann ich zum Zeitpunkt des Schreibens überall auf der Welt beobachten. Da werden Kriege geführt, es wird gefoltert und vergewaltigt, Kinder werden mißbraucht ... Allerdings wird darüber wenig gesprochen. Dieses Schweigen bezeichne ich lieber als „Verschlossenheit". Doch dazu später.

Ein Ehemann sagt zu seiner Frau: „Du machst mich krank!" oder: „Mach mich glücklich!" Ein Vater zum Sohn mit lauter Stimme und ausgestrecktem Zeigefinger: „Werde du erstmal selbstständig" und meint damit: „Aber werde es so, wie ich es will." Die Verrücktheit solcher Sätze erkennen wir oft erst, wenn wir genauer hinhören oder hinschauen. Das zugrundeliegende Glaubenssystem, später werde ich die machtorientierte oder regelbezogene Ideologie beschreiben, läßt sich nicht so ohne weiteres ändern. Wohl kaum, indem man jemandem sagt: „Ändere dich. Lerne Selbstorganisation und systemische Weltsicht!!" Vermutlich werden die meisten Personen mit der klassischen Weltsicht gar keine Chance haben, sich zu ändern. Sie werden aussterben, so wie die meisten Flachdenker ausgestorben sind. Ein angenehmer Grundsatz der NKS ist, daß es besser ist, das zu tun was funktioniert, anstatt dem perversen Prinzip zu verfallen, immer wieder etwas zu wiederholen, was nicht funktioniert. So erscheint es sinnvoller, sich auf selbstorganisierte Unternehmungen und Unternehmen zu konzentrieren, als auf solche, die zur Zeit im wahrsten Sinne des Wortes aussterben, oder aber mit einem immensen Aufwand am Leben erhalten werden. Es ist beruhigend, immer mehr zu lesen und zu hören, daß jemand ein Produkt kauft, weil die Firma die Ideologie des „Light-Management" oder ein anderes lebendiges Konzept vertritt, anstatt auf den materiellen Wert zu achten, der heute kaum noch unterboten werden kann.

Die operationale Geschlossenheit neuronaler Systeme ist die Voraussetzung für Leben und Identität, für die Selbstorganisation lebender Systeme, für Wahrnehmen, Erkennen und Handeln mit unseren fünf Sinnen.

Der Hyperzyklus

Nun möchte ich wieder an den Mikrobereich zurückdenken, um eine Ahnung dafür zu bekommen, wie in einem sehr kleinen, geschlossenen System die einzelnen Teile rückbezüglich miteinander verknüpft sind. Ich denke, daß wir niemals wirklich ganz genau wissen können, was dort in diesem unendlich Kleinen geschieht. Wir können uns ein Bild davon konstruieren. Da Zeit eine Rolle spielt, wird sich das Bild immer wieder ändern. Das macht die Sache noch komplizierter. Aber schon die rückbezügliche Verknüpfung der Bildelemente des feststehenden Bildes wirft für das Verständnis Probleme auf. Dazu wieder einige Worte Wittgensteins:

Satz Nr. 2.224: **Aus dem Bild allein ist nicht zu erkennen, ob es wahr oder falsch ist.**

Satz Nr. 2.225: **Ein a priori wahres Bild gibt es nicht.**

Satz Nr. 3.001: **„Ein Sachverhalt ist denkbar" heißt: Wir können uns ein Bild von ihm machen.**

Satz Nr. 3.010: **Die Gesamtheit der wahren Gedanken sind ein Bild der Welt.**

Das mag nun alles sehr abstrakt anmuten, hat für mich aber einen ganz direkten praktischen Sinn. In einer hypnotischen Trance arbeite ich oft mit Metaphern. Diese Metaphern können Raum und Zeit einerseits bis in den Weltraum vergrößern, ihn andererseits aber auch zur zellulären Struktur und weiter verkleinern. Diese Maßnahmen können bei verschiedenen Krankheiten große Heilungserfolge bringen (Rossi 1986; Tulku 1985).

103

Ich verwende die Idee des Hyperzyklus als Metapher, um sichtbar zu machen, daß ein lebendes System autopoietisch geschlossen ist. Betrachten Sie einmal die Abbildung des Hyperzyklus.

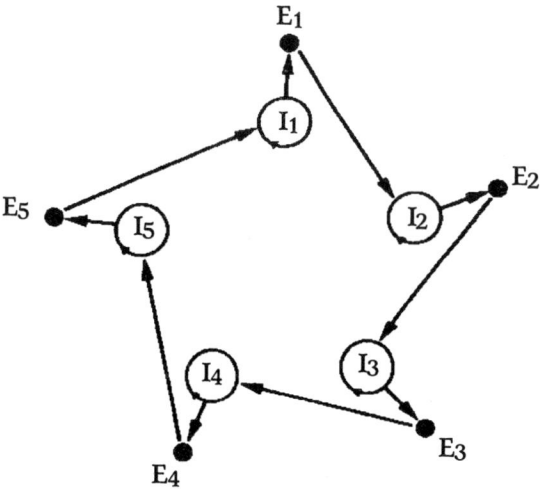

Hyperzyklus nach M. Eigen und P. Schuster aus Erich Jantsch: Die Selbstorganisation des Universums (1982, 150)

Der Hyperzyklus wurde von dem Nobelpreisträger Manfred Eigen erfunden. Er besteht aus einem inneren Ring von Molekülen. Diese Moleküle sind für Katalyse, d.h. für Verbrennung, Wärmeenergie vorhanden. Jedes lebende Wesen braucht Energie, Verbrennung und Wärme. Der äußere Ring besteht aus Molekülen, die für Information verantwortlich sind. Das Interessante an diesem Hyperzyklus ist, daß er geschlossen organisiert ist, es keine Katalyse ohne Information gibt und keine Information ohne Katalyse. Die Vorgänge sind wechselseitig miteinander verknüpft.

Nutzen wir nun, um das Bild in seiner Vollständigkeit zu verstehen, die vorher beschriebenen Beispiele über Vorerwartung und Rückbezüglichkeit. Vereinfacht dargestellt, funktioniert das Ganze wie der Regler einer Zentralheizung. Wenn es zu heiß wird, wenn zu viel Energie fließt, zeigt der Außenfühler, daß die Energie gedrosselt werden muß, d.h. ein informationsverändernder Mechanismus wird in Gang gesetzt. Beim Hyperzyklus kann dieser informationsgebende Mechanismus nur funktionieren, wenn genügend Energie da ist. Ich möchte Sie bitten, die weiter unten beschriebene Nichttriviale Maschine gedanklich in diesen Hyperzyklus einzusetzen, oder diesen Vorgang später nachzuholen. An dieser Stelle wird wieder einmal deutlich, daß eine der Schwierigkeiten beim Schreiben eines solchen Buches darin besteht, daß die Worte auf diesen Seiten linear, also nacheinander dahinfließen.

Der Vorgang, den ich darzustellen versuche, ist jedoch zirkulär. Er ist vernetzt und ganzheitlich auf sich selbst bezogen. Ein Bild sagt eben mehr, als tausend Worte jemals sagen könnten, und es ist einfach schwierig, rekursive Vorgänge mit digitalisierenden Worten beschreiben zu wollen. Es gleicht dem Versuch, die Müller-Lyer'sche Täuschung ohne das zugehörige Bild ausschließlich mit Sprache erklären zu wollen. Versuchen Sie's mal.

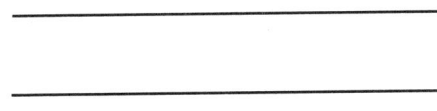

Beide Striche sind doch gleich lang, oder?
Nachfolgend sind sie es nicht mehr. Oder doch?

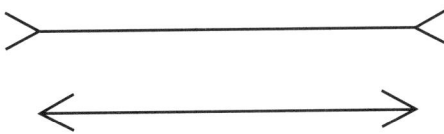

Dieser Hyperzyklus ist also geschlossen organisiert. Wenn ich den Kreis an einer Stelle unterbrechen würde, hätte ich die Spielregeln, oder die, nennen wir es hier einmal „Lebensregeln" verletzt. Das gleiche geschieht, wenn Sie die rekursive Feedbackschleife der weiter unten beschriebenen Nichttrivialen Maschine unterbrechen oder ganz hautnah, wenn im Winter Ihr Heizungsthermostat ausfällt. Sie sehen also, diese theoretischen Eskapaden können manchmal ganz praktisch sein. Es ist „the praxis of living", wie Maturana sagte (1986, persönliche Mitteilung).

Dieser Hyperzyklus wurde, wie schon oben erwähnt, von dem Nobelpreisträger Manfred Eigen „erfunden". Manfred Eigen experimentiert damit im Göttinger Max-Planck-Institut. Nehmen wir einmal das Gebilde des von Manfred Eigen konstruierten Hyperzyklus als eine Metapher, um die Organisation eines lebenden Systems besser verstehen zu können. Eine sehr verständliche Beschreibung gab es in einer Sonderausgabe der Zeitschrift „GEO Wissen" zum Thema Chaos und Kreativität. Dort finden sich auch Zusammenhänge der hier beschriebenen Thematik zur Funktionsweise größerer Unternehmen und den Gedanken, die Niklas Luhmann entwickelt hat.

Der Hyperzyklus lebt Leben nach. Wie Sie auf der Abbildung sehen können, besteht dieses Gebilde aus zwei Arten von Molekülen. Solche, die Energie in Gang setzen, den sogenannten Katalysatoren, und solche, die für Information verantwortlich sind. Wie man auf der Abbildung sehen kann, gibt es nur dann einen angemessenen Energiehaushalt, wenn Information fließt und wenn Katalyse da ist. Katalyse wiederum ist nur mit Information möglich. Das Ganze wirkt wechselweise aufeinander ein. Der Kreis ist geschlossen. Falls man ihn öffnen würde, würde alles auseinanderfallen. Das System würde dann genauso sterben wie oben das Schachspiel.

Hier haben wir nun eine Reihe von Merkmalen, die für die Struktur der Erfahrung und für die Erhaltung lebender Systeme zwingend notwendig sind. Am Hyperzyklus können wir erst einmal ganz allgemein aufzeigen daß: Energie, Information und geschlossene Organisation eine Rolle spielen. Dazu sind wiederum drei Vorgänge notwendig. Auch diese Vorgänge sind rekursiv. Man spricht auch von zirkulärer Verknüpfung. Maturana spricht von den Relationen der Konstitution, Spezifizierung und Ordnung (1982, 195ff.).

Für die Darstellung dieses Systems verwendet H. Maturana das folgende Symbol:

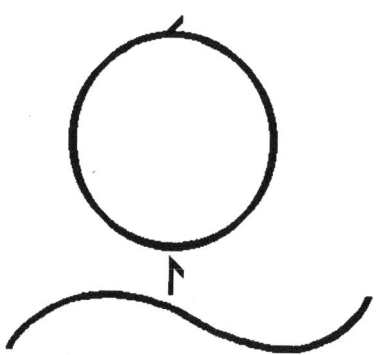

Abb.: Maturanas Symbol

Der Kreis steht für Geschlossenheit. Der Pfeil im Kreis für Zirkularität oder Rekursivität. Die Welle für die Umgebung oder für den Kontext. (Beide Begriffe sind in der Kybernetik, in der Welt der Computer oder wie man sagt, der

„Umgebung" der Computer ebenso wie in der „Umgebung" der Systemischen Therapie klar definiert.) Der Pfeil zwischen Welle und Kreis symbolisiert die Kontextabhängigkeit von Systemen. Das wiederum ist für die weiter unten beschriebene Entstehung von Bedeutungen wichtig. Man kann bei dem Symbol auch an einen Einzeller denken, der durch die unendlichen Weiten des Meeres driftet.

a. Relation der Konstitution. Was damit biochemisch gemeint ist, kann der geduldige Leser weiter unten betrachten. Das Wort heißt einfach, daß sich etwas bildet. Wenn sich etwas bildet, dann werden Grenzen gesetzt. Alles findet seinen Ort. Ohne Grenzen gibt es keine Identität. Der schizophren wahnhafte Mensch kennt keine Grenzen. Alles zerfließt oder bleibt „Ursuppe". Biochemische Teile finden ihren Ort. Menschen bilden Gruppen. Sie grenzen sich von anderen Menschen ab. Oft auf dramatische Art und Weise. Es kann bis zum Krieg gehen. Wenn wir ein Problem haben, bilden wir Worte. Vorher war es nur ein dumpfes Gefühl oder gar ein gefühlloser Zustand, verbunden mit der Gewißheit, daß etwas nicht stimmt.

b. Relation der Spezifizierung. Ohne Spezifizierung kann sich nichts bilden. Die kleinste unterscheidbare Einheit ist der Unterschied, der einen Unterschied macht (Bateson 1981). Das Gesetz der Unterscheidung ist das Gesetz der Form (Spencer-Brown 1979). Eine der Leistungen von NLP ist es, darauf aufmerksam zu machen, daß Sprache genau oder ungenau sein kann, reich an sinnesbezogenen Worten oder total verarmt. (Der Leser mag sich vielleicht an die am Anfang beschriebenen Beispiele zur verständlichen oder unverständlichen Sprache erinnern. In den sogenannten NTG's, den Nominalisierungen, Tilgungen und Generalisierungen, gibt es wenig Unterscheidungen – die Sprache wird unverständlich.) In der NKS haben wir das zirkuläre Fragen mit der NLP-Metasprache verbunden. Daraus hat sich ein außerordentlich wirksames Sprachverhalten entwickelt.

c. Relation der Ordnung und der Ordnung der Ordnung. Wer in Unterscheidungen hängenbleibt, verarmt (vergl. Lin Yutang in: Wippich 1983). Unterscheidungen verschwinden, wenn man das Ganze sieht. Hängt man in diesen Unterscheidungen fest, verliert man den Überblick. In der psychotherapeutischen Praxis ist dies die Seite von Trance. Hier sind bedeutungsvolle Worte, **NTG**'s das Mittel der Wahl. Es ist das Unaussprechliche, das TAO, Jahwe oder die Idee des Unbewußten bei Milton H. Erickson. Nicht bei Freud, der es ja nur analysierte, um gemäß christlich-paulinischer Tradition zu bestrafen. In der Arbeit mit Familien vielleicht eine neue Handlung, die sich aus einer positiven Umdeutung ergeben hatte (Reframing).

Bei der Relation des Konstituierens bildet sich etwas. Heute bilden wir Symbole, um Gegenstände erkennen zu können. Bei der Relation der Spezifizität (sobald sich etwas Neues entwickelt) muß unterschieden werden. Die Frage ist, wie etwas von seiner Umgebung unterschieden werden kann. Im Gegensatz dazu ist im Zustand des Nirwana alles gleich. Wenn wir etwas genauer erkennen möchten, müssen wir unterscheiden. Alle Teile eines Systems stehen miteinander in einer signifikanten Beziehung. Die Ordnung kann sich verändern, wenn ein Bedürfnis für Veränderung da ist. In Träumen, Tagträumen, Trance-Momenten, „AHA-Erlebnissen" organisiert das Unbewußte diese Symbole auf neue Art und Weise.

In einfachen Worten: Es gab da Moleküle, die durch Zufall zusammengekommen sind. Sie haben ein System gebildet. Dabei kamen nur ganz besondere Moleküle zusammen. Diesem „Zusammenkommen" liegt eine besondere Ordnung zugrunde. Ordnung dagegen ist nur möglich, wenn etwas geformt wurde, gebildet oder spezifiziert. Spezifikation ist nur durch Unterscheidung möglich, so wie Gregory Bateson den wichtigen Satz gesagt hat, daß ein Bit ein Unterschied ist, der einen Unterschied macht. Das Ordnende kann der Vitalismus sein, die intervenierende Variable, eine dissipative Struktur, dein innerer Heiler oder Lehrer, Gott, das Unbewußte, das TAO, dein Glaubenssystem, ein Teil im Sechs-Schritt-Reframing des NLP etc. etc..

Heute können wir diesen Prozeß überall sehen: Menschen bilden eine Gruppe. Ganz spezifisch kennzeichnen sie sich durch Kleidung, Batches, Tätowierungen, eine besondere Sprache etc., um damit aufzuzeigen, ob sie zu einer Gruppe gehören oder nicht. Jeder in dieser Gruppe hat eine Rolle oder eine Identität. So gibt es eine Ordnung.

In noch einfacheren Worten: Wenn ein Kind im Sand spielt, formt es den Sand (Relation des Konstituierens) möglicherweise zu Mauern, Türmen, Tälern. In seiner Fantasie und im Sand unterscheidet es die Gebäude, Formen, Berge und anderes. Das ganze „Bauwerk" wird durch ihren oder seinen „Fantasieteil" oder durch ihr oder sein „kreatives Muster" geordnet. Überall auf der Welt formen Babies, sowie sie den Mund gleichzeitig mit einem Geräusch öffnen: „MA ..." Mutter wird diese Handlung spezifizieren und bekräftigen. Dies wird der Interaktion zwischen Mutter und Kind zugeordnet werden. Es wird geordnet und symbolisiert werden. Es wird eine Bedeutung erhalten und mit dem Gefühl verbunden werden. Wenn ein Kind mit seinen oder ihren „Spaßmacherteilen" spielt, so wie Frank in dem Interview mit Jan (Wippich & Derra-Wippich 1995) gesagt hat, wird die Mutter nicht reagieren oder das Kind auf eine andere Art und Weise bestrafen. Baby wird lernen, welche Handlung oder welche Worte für das autopoietische Prinzip bedeutsam sind und welche nicht. Bedeutungen und Handlungen erhalten eine spezifische Ordnung. In jeder spezifischen Kultur oder in jeder spezifischen

Umgebung. Mit dem „Sprachteln" (das Wort „languaging" [Maturana] ist kaum übersetzbar) ist es dasselbe. Wir bilden (konstituierend) Worte. Wir spezifizieren diese Worte. Wir haben eine Ordnung in unserer Sprache.

Wenn „Sprachteln" unsere bewußte Seite darstellt, ist aus einer hypnotherapeutischen Sichtweise die Relation des Ordnens unsere unbewußte Seite.

Aus der Sichtweise der NKS arbeiten wir mit unseren fünf Sinnen; wir leisten eine Menge von Spezifikationsarbeit, beispielsweise nicht nur mit den Sinnesmodalitäten, sondern auch sehr intensiv mit den unten beschriebenen prozeßdiagnostischen Kriterien. Wir arbeiten sehr viel mit Sprachmustern, z.B. mit Repräsentationssystemen. Wir geben dem Klienten die Möglichkeit des „Reframing", ein Prozeß von Neuordnung. All das tun wir mit Hilfe von „struktureller Koppelung".

Schon Wexler schrieb von dem Gesichtspunkt des „Prozessierens" aus, von Information innerhalb der Klientenzentrierten Psychotherapie: „Optimales Experiencing wird auf eine Weise betrachtet, daß es einen selektiven Aufmerksamkeitsprozeß hervorruft und einschließt und dabei Attribute der Information organisiert, die es zulassen, neue Facetten von Bedeutung zu erfahren, die unterschieden und synthetisiert werden" (1974, 80), „ ... wir können auf einer von Moment zu Moment-Grundlage zwei wesentliche Formen von empathischen Antworten unterscheiden: (a) eine integrierende Form oder (b) eine unterscheidende Form. Die Antwort eines Therapeuten, die integrierend ist, dient dem Klienten dazu, eine allgemeine Bedeutung, die durch eine differenzierende Struktur hervorgerufen wurde, die der Klient gerade erschaffen hat, zu synthetisieren und zu organisieren. Eine differenzierende Antwort ist auf eine ganz besondere Facette focussiert, die durch eine oder einige Strukturen des Klienten und weitere Unterscheidungen des Klienten hervorgerufen wurden, die für den Klienten einen mehr besonderen Aspekt von Bedeutung bilden" (1974, 103). Provokative Therapie kombiniert all diese Werkzeuge sehr kreativ. Frank perturbiert, um sich in Maturanas Denkweise auszudrücken, ein lebendes System, wenn er provokativ handelt. Auf diese Weise wird eine neue strukturelle Koppelung möglich.

Bevor wir klares Wasser in einen Eimer gießen, ist es notwendig, das alte, schmutzige Wasser auszuschütten. Bevor wir ein altes Haus renovieren, ist es notwendig, alte Mauern niederzureißen.

In einfachen Worten ausgedrückt heißt das, wir sollen unsere Sinne klären und daß, wenn wir gesund sind, wir unsere fünf Sinne „beisammen" haben. Bereits vor unserer Geburt beginnen wir, unsere fünf Sinne zu organisieren. Wir unterscheiden unsere Gefühle, unser Zuhören, Sehen, Riechen, etc.. Nichts ist statisch bei diesem Prozeß. Jede Beobachtung, jede Handlung wird auf eine neue Weise getan. Manchmal sieht es so aus, als ob wir etwas wiederholen könnten. Aber niemand kann auf die gleiche Art in den selben Fluß zweimal hineinsteigen. In der NKS kennen wir Techniken, um unsere fünf Sinne für mehr Wachstum und Gesundheit zu nutzen. Aber wenn wir damit anfangen, Heinz v. Foerster, Humberto Maturana, Manfred Eigen, Francesco Varela und anderen Wissenschaftlern zu folgen, oder wenn wir damit anfangen, alte taoistische Heilungsprozesse mit Mantak Chia (1986) wiederzugewinnen, werden wir erkennen, daß es kein Programmieren gibt. Es ist Selbstorganisation. Es ist eine Menge mehr, als die Kontrolle der Welt durch Techniken. Der bewußte Teil des menschlichen Gehirns ist nicht in der Lage, die Komplexität zu erfassen, mit der wir in jeder Sekunde unseres Lebens all die Symbole bilden, unterscheiden und ordnen.

Menschen werden krank, wenn sie ihr TAO (vergl. W. Scholz 1986) verlieren. Ein taoistischer Meister, Milton H. Erickson und Frank Farrelly reißen alte, verkrustete Mauern und rigide Strukturen nieder, weil sie das Ziel haben, das Individuum zu befreien, damit es ein wachstumsorientiertes und befriedigenderes Leben beginnen kann. Wenn man sich auf Sexualität konzentriert, ist es eine einfache Methode, Tabus zu verletzen, Konfusion zu schaffen und die alten Strukturen niederzureißen.

Das Ganze kann man auch gut theoretisch ausdrücken. Doch Vorsicht. Solche Zitate sind vergleichbar mit dem Wechsel von einer angenehmen Skipiste ins extreme Buckelgelände, in eine steile Rinne oder einen vereisten 50-Grad-Hang. Das ist nicht jedermanns Sache. Man sollte wirklich eine klare Entscheidung treffen, ob man da durch will. Hierzu ein Zitat von Humberto Maturana: „Wir können als Beobachter alle zellulären Prozesse auf ein System dreier ontogonaler Koordinaten abbilden und aufgrund der Gültigkeit dieser Projektion feststellen, daß Spezifizierung hauptsächlich durch Nukleinsäuren, der Zellaufbau durch Proteine, und die Ordnung (Steuerung) durch Metaboliten bewirkt wird. Der autopoietische Raum ist jedoch gekrümmt und in dem Sinne geschlossen, daß er ausschließlich durch sich selbst bestimmt wird, und daß daher eine derartige Projektion zwar unsere kognitive Beziehung zu ihm repräsentiert, ihn aber nicht reproduziert. In diesem Raum findet Spezifizierung überall dort statt, wo die Organisation einen spezifischen Prozeß festlegt (Proteinsynthese, Enzymwirkung, selektive Permeabilität). Ordnung findet überall dort statt, wo zwei oder drei Prozesse zusammentreffen (Veränderung der Geschwindigkeit oder Abfolge, allosterische Effekte, gegeneinander wirkende oder unverbundene Hemmungen, Bahnungen, Inaktivierungen usw.), und wird durch die Struktur der Bestandteile bestimmt. Konstitution findet überall dort statt, wo die Struktur der Bestandteile Relationen physikalischer Nachbarschaft herstellt (Membranen, Partikel, aktive Enzymoberflächen)" (Maturana 1982, 196).

Na, stimmt's!? Der biochemisch unbeleckte Leser ist mit Sicherheit total frustriert. Manch ein Spezialist dieses Gebietes mag nun so richtig aufleben. Mir sagte Wolfram Köck, der Übersetzer der Maturana-Texte, er hätte, nachdem er das Werk des Meisters in die deutsche Sprache übertragen hatte, von all dem wirklich nichts verstanden. Allerdings habe er den Eindruck gehabt, daß das alles außerordentlich wichtig sei. Als er dann Humberto Maturana in einem Seminar ganz persönlich erleben durfte, hatte er ständig „AHA-Erlebnisse". Mir ging es ähnlich. Über die Texte mußte ich sehr lange nachdenken und meditieren. Beim persönlichen Kontakt mit dem Urheber sah dann alles ganz selbstverständlich aus. Ganz ähnlich war es dann auch bei Heinz von Foerster. Die Erfahrungen, die ich gerade berichtet habe, sollen im Grunde eine der Missionen dieses Buches sein: Kommunikation ist immer eine Mitteilung zwischen zwei Personen. Das Schreiben dieser Arbeit dient vielleicht mir, dem Autor, zur Klärung meiner inneren Strukturen. Dem Leser kann es – während er darüber meditiert – zur Klärung, Spezifizierung und Ordnung seiner (biochemischen) Strukturen verhelfen.

Autopoiesis, Selbstorganisation und Selbstorganisierungstendenz

Wieder einmal viele Nominalisierungen für einen Vorgang, über den sich eine große Anzahl von Philosophen der vergangenen Jahrhunderte, ja wohl Jahrtausende den Kopf zerbrochen haben. Viele brüten noch immer. Mittlerweile zermartern sich auch empirische Wissenschaftler die Gehirne. Einige verstehen was gemeint ist, andere wiederum sagen, so etwas gibt es nicht. Einerseits vielleicht, weil es ihnen schwerfällt sich hineinzudenken, andererseits, weil ihnen der Gedanke gefährlich erscheint, jemand anderes als sie selbst könnte die Macht des Wissens besitzen.

Weitere Begriffe, die man in der Literatur zu diesem Gedanken findet, sind Synergetik, dissipative Strukturen, Vitalismus oder Immunsystem.

In der orthodoxen Wissenschaft werden solche Begriffe manchmal als intervenierende Variablen bezeichnet, Einflüsse, die man heranzieht, wenn man mit den üblichen Beobachtungsmethoden nichts mehr erklären kann. Wenn man in der Medizin einen Heilungsvorgang nicht endgültig klären kann, spricht man von Vitalismus.

Die Nominalisierung von H. Maturana, „Autopoiesis", ist leicht zu übersetzen. „Auto" heißt selbst und „poiesis" heißt machen. Ein lebendes System macht alles selbst, um die Organisation aufrechtzuerhalten, die es am Leben erhält. Oben

Auto ⇒ selbst u. poiesis ⇒ machen

sprachen wir von den „Lebensregeln". Als ich den Begriff zum erstenmal las, gefiel er mir sofort. Später wurde mir bewußt, daß ich die Grundlagen von meinem Vater gelernt hatte. Er verstand sich als Katalysator für Entwicklungsvorgänge bei Jugendlichen.

Später kam ich dann mit der Tendenz zur Selbstaktualisierung in Berührung. Alle vier Wochen kamen fünfzig bis siebzig Jungen ins Heim. Innerhalb einer Woche lernten sie Grundregeln, damit sie ihre Gemeinschaft selbst verwalten konnten. Der Betreuer trat zurück. Methoden der Lernpsychologie und Verhaltenstherapie, die ich auch von der Pike auf lernte, paßten dort nur zum Teil hinein. Sie hatten nur teilweise Erfolg. Im Nachhinein wird mir klar, daß die Grundannahme der verhaltenstherapeutisch orientierten Lernpsychologie, die Kontrolle von außen, mit der Idee der Selbstorganisation in Konflikt geraten war. Allerdings hatten die Vertreter der rogerianischen Richtung ständig mit dem Vorwurf zu kämpfen, das Konzept „Selbstaktualisierungstendenz" sei ein unwissenschaftliches Konstrukt, ein Glaubenssatz, der nicht operationalisierbar sei. Deshalb sei er auch nicht empirisch erfaßbar, d.h. er sei nicht zu beobachten. Der daraus entstehende Erfolgsdruck führte wohl dazu, daß die Klientenzentrierte Psychotherapie mittlerweile zur wissenschaftlich am meisten untersuchten therapeutischen Schule gehört. Interessanterweise wird sie nicht von den Kassen unterstützt, was wohl eher eine Frage der Lobby als eine Frage ihrer Wirksamkeit ist. Es ist ähnlich wie bei all den Ärzten in der Psychiatrie, die gezwungen sind, Psychoanalyse zu lernen, obwohl in allen psychiatrischen Lehrbüchern nachzulesen ist, daß dieses Verfahren nur bei Patienten mit angemessener Ich-Stärke anzuwenden ist, die man aber bei kaum einem der psychiatrischen Patienten findet. Ist er doch gerade deshalb im Irrenhaus, weil er sie nicht hat. Er hat zwar wenig Ich-Stärke – was das auch immer sein mag – in jedem Fall hat er, jedenfalls nach meinem Glaubenssystem, Selbstorganisation und Autopoiesis. So lernen die Ärzte zwar eine Therapieform, die für die meisten Patienten irrelevant ist, die ihnen aber später in einer freien Praxis die Möglichkeit gibt, mit den Kassen abzurechnen. Betrachtet man die Psychoanalyse mit wissenschaftlichen Augen, so ist in ihrer Begriffswelt wirklich nichts operationalisierbar. Eine wissenschaftlich-empirische Beobachtung ist fast unmöglich. Trotzdem wird die Methode vom Staat unterstützt. Nach diesem kleinen Ausflug in ein Thema, das eigentlich ans Ende gehört, zurück zur Selbstorganisation und Autopoiesis. David A. Wexler schreibt folgendes über die Problematik des Begriffs der Selbstaktualisierung, den ich synonym mit Maturanas Autopoiesis verwende:

„Die Konzepte über Selbstaktualisierung und Experiencing (Bense 1977) sind in weitem Ausmaß die Eckfundamente gewesen, auf denen Klientenzentrierte Therapie und Praxis gebaut wurden. Die Tendenz zur Selbstaktualisierung bewirkt die grundlegende motivationale Kraft, mit der sich ein Klient in einer Therapie zu einer verstärkten funktionierenden und größeren psychologischen Gesundheit hinwendet. Diese Bewegung wird weitgehend definiert in Begriffen von Veränderung in der Qualität des Experiencing des Klienten, und die Rolle des Therapeuten wird typischerweise gesehen als diejenige eines Katalysators, der das Experiencing des Klienten erleichtert. Carl Rogers Theorie der Selbstaktualisierung und des Experiencing erfreut sich einer beträchtlichen Popularität in der heutigen humanistischen Psychologie. Die Begriffe haben jedoch recht wenig systematische Untersuchungen in der wissenschaftlichen Psychologie bewirkt; ihre Moralität und ihre Ungenauigkeit in der Art und Weise, in der sie definiert sind, hat es sehr erschwert, sie handhabbar zu machen und sie empirisch zu untersuchen" (Wexler 1974, 49).

Maturana sagt: „Es gibt lebende Systeme. Diese erzeugen eine spezifische Erscheinungswelt, die Erscheinungswelt lebender Systeme. Um lebende Systeme zu erklären, ist es notwendig und hinreichend, die Organisation aufzuweisen, die eine Klasse von Einheiten definiert, welche eine Erscheinungswelt generiert, die von der für lebende Systeme charakteristischen Erscheinungswelt nicht unterscheidbar ist. Eine derartige Organisationsform kann folgendermaßen beschrieben werden.

Es gibt eine Klasse mechanistischer Systeme, in der jedes Element ein dynamisches System ist, das als eine Einheit durch Relationen definiert wird, welche es als ein Netzwerk von Prozessen der Produktion von Bestandteilen konstituieren. Diese Bestandteile wirken einmal durch ihre Interaktionen in rekursiver Weise an der Erzeugung und Verwirklichung eben jenes Netzwerkes von Prozessen der Produktion von Bestandteilen mit, das sie selbst erzeugte, und bauen zum anderen dieses Netzwerk von Prozessen der Produktion von Bestandteilen dadurch als eine Einheit in dem Raum auf, in dem sie (die Bestandteile) existieren, daß sie die Grenzen dieser Einheit erzeugen.

Ich nenne solche Systeme **autopoietische Systeme,** die Organisation eines autopoietischen Systems heißt die **autopoietische Organisation.** Ein autopoietisches System, das im physikalischen Raum existiert, ist ein lebendes System (Maturana/Varela 1973; Varela/Maturana/Uribe 1974).

Aufgrund dieser ihrer Organisation operieren autopoietische Systeme als homöostatische Systeme, die durch ihre Aktivität ihre eigene Organisationsform als die kritische fundamentale Variable konstant halten. Alle (dynamischen) Zustände eines autopoietischen Systems sind Zustände der Autopoiese und führen zur Autopoiese. In diesem Sinne sind autopoietische Systeme geschlossene Systeme, ihre Erscheinungswelt ist notwendigerweise ihrer Autopoiese untergeordnet, und ein gegebenes Phänomen ist ein biologisches Phänomen nur insofern, als es die Autopoiese zumindest eines lebenden Systems einschließt" (Maturana 1982, 141).

Schauen wir uns doch einmal eine kleine Zelle an. Es soll ein Lebewesen sein, welches lediglich aus einer einzigen Zelle besteht, ein Einzeller. Seine kleinsten

Bestandteile sind Moleküle, die wiederum aus Atomen bestehen. Diese wiederum bestehen aus Quanten, Quarks usw. Die Teile sind auf eine ganz besondere Art miteinander verknüft. Maturana nennt die Art der Verknüpfung die „autopoietische Organisation".

Diese Art der Verknüpfung ist die Grundbedingung, daß der Einzeller am Leben bleibt. Wenn sich diese Art der Organisation ändert, stirbt er. Es gibt nur die beiden Möglichkeiten: Die Organisation bleibt erhalten und der Einzeller lebt, oder die Organisation wird unterbrochen. Der Einzeller stirbt. Es ist wie bei einem Pokerspiel. Halten wir die Regeln ein, spielen wir Poker. Verändern wir die Regeln, haben wir gemogelt. Es ist kein Poker mehr. Je nachdem, in welcher Umgebung wir falsch spielen, zieht jemand eine geladene Waffe oder er zwinkert einfach nur mit den Augen. Beim Einzeller ist es schon ernster. Er ist wirklich tot, wenn diese grundsätzliche Organisation gestört ist. Sie ist die Grundbedingung, daß er am Leben bleibt. Er muß ständig unterscheiden, was für ihn gut oder was für ihn schlecht bzw. böse ist.

Nennen wir diese Art der Verknüpfung die „Lebensregeln". Böse ist dann das, was die Lebensregeln öffnet, gut ist, was sie geschlossen läßt. Vielleicht sind verrückte Worte wie „tot-lebendig-Gesetz", „Lebendigkeitsregel", „gut-böse-Regeln" für den Leser unterhaltsamer als wissenschaftliche Begriffe. Die Definition des Wortes ist aber vielleicht in diesem Fall gar nicht das Wichtigste. Es kommt auf den gedanklichen Vorgang an. Der gedankliche Vorgang findet sich in den Mythen und Märchen der verschiedensten Kulturen wieder. In diesem Fall die Idee der hermetischen Geschlossenheit, die sich im Mythos vom Garten des Hermes wiederfindet, dem Gott des Nervensystems (Bly 1991). Es wurde an anderer Stelle beschrieben. So ist die Beschäftigung mit Metaphern unter anderem auch deshalb so wichtig, weil dabei auch (mit Wittgenstein) klar wird, daß man mit der Logik nicht alles ausdrücken kann. Humberto Maturana nennt das Ganze die „autopoietische Organisation". Wichtig ist es, den Vorgang wirklich zu begreifen und den Unterschied zum Begriff „Struktur" zu verstehen. Das Ganze mag wieder einmal sehr theoretisch und abgehoben anmuten. Meine Erfahrung ist aber, daß ich grobe Fehler im Umgang mit großen und kleinen Systemen von vornherein vermeiden kann, wenn mir dieser Vorgang wirklich klar geworden ist – in der Kommunikation mit einer einzelnen Person ebenso wie in der Führung eines Unternehmens.

Was ist nun Struktur? Zunächst einmal: Gehorcht die Organisation diesem Alles- oder Nichts-Gesetz, so ist die Struktur außerordentlich flexibel. Nehmen wir ein ganz einfaches Beispiel. Betrachten wir einen Stuhl. Seine Bestandteile sind die Beine, die Sitzfläche und die Lehne. Wenn wir die Teile zusammenfügen, haben wir seine Organisation geschaffen. Würden wir ihn zersägen, so haben wir seine „Lebensregel" zerstört. Wir haben Kaminholz. Die Teile sind noch da. Aber als

Stuhl kann er seine Funktion nicht mehr erfüllen. Dann ist er gestorben. Wir könnten dann lediglich ein wenig daran herumsägen oder herumschnitzen. Aus dem Heim meines Vaters mit den dissozialen Jugendlichen sind mir noch beide Formen vom Umgang mit Stühlen gut bekannt. Gestorbene Stühle, Stuhlteile zwar für den Kamin oder solche, an denen herumgeschnitzt worden war, auf denen man aber noch sitzen konnte.

Ein Mensch besteht einige Sekunden vor seinem Tod aus den gleichen Teilen, d.h. Zellen und Molekülen, wie hinterher. Wenn er gestorben ist, so ist es so, „ALS OB" jemand seine autopoietische Organisation zersägt hat. Wenn der Stuhl in seiner Funktion so bleiben soll wie er ist, vielleicht weil wir gerade darauf sitzen, so müssen wir ihn in seiner Organisation erhalten. Vorsicht! Nicht zu sehr kippeln, wenn er sehr alt ist. Sonst gibt es einen mächtigen Crash und das wertvolle Museumsstück kracht zusammen und – oh weh – wir modifizieren hoffentlich lediglich unsere körperliche Struktur in Form eines blauen Fleckens am Hintern.

Strukturdeterminismus

Bei der Veränderung von Strukturen haben wir meist unendliche Wahlmöglichkeiten. Wenn der Stuhl zu hart ist, legen wir ein Polster drauf. Gefällt uns die Farbe nicht, so malen wir ihn einfach an. Stört uns die Form, so schnitzen wir ein wenig an ihm herum, erstellen ein dreibeiniges Designermodell etc. etc. Der Vielfalt der Möglichkeiten sind keine Grenzen gesetzt. Je nachdem, für welchen Zweck wir ihn benutzen wollen, determinieren wir seine Struktur. Und da er wie eine Triviale Maschine funktioniert, haben wir ja die Macht, ihn zu determinieren. Hier können wir ein bißchen Gott spielen, wenn wir dieses Machtgefühl so sehr lieben. Nebenbei bemerkt, scheint es wirklich wichtig zu sein, den Unterschied zwischen Trivialen und Nichttrivialen Maschinen recht bald zu erkennen, damit wir wissen, wann wir gefahrlos Gott spielen dürfen, d.h. wann wir uns die „Natur untertan" machen dürfen.

Sonst kommen wir leicht in Verruf das zu tun, was mir einmal ein Diakon in einer meiner Ausbildungsgruppen sagte: „Der durchschnittliche Christ meint, er kann die Natur ruhig ausbeuten und zerstören, weil er glaubt, Gott wird sie wieder herrichten."

Was heißt das nun alles für unsere Betrachtung über Lernen, Wachsen, Heilen? Ganz einfach. Die Struktur bestimmt, welches Lebewesen in welche Umgebung hineinpaßt. Die Struktur, die sich im Laufe der Evolution herausgebildet hat, entscheidet, ob jemand lieber als Wurm in der Erde herumkriecht oder als Made im Speck sitzt. Ein Fisch paßt ins Wasser, ein Mensch aufs Land. Dieser allerdings kann denken. Er hat mehr Möglichkeiten herumzuspielen, um seine Struktur, die ihm der „große Geist" mitgegeben hat, zu modifizieren. Er kann mit Holzbalken herumfummeln, um schließlich ein Floß zu bauen, mit dem er auf dem Wasser herumpaddeln kann, um die Fische besser fangen zu können. Auch wenn er ins Wasser will, muß er seine Struktur determinieren. Er kann einen Taucheranzug benutzen oder lernen, wie man länger unter Wasser bleibt. Vielleicht gar fünf Minuten, wie die japanischen Frauen, die nach Perlen tauchen. Oder er kann, wie Messner, ohne Sauerstoffgerät auf einen achttausend Meter hohen Berg hinaufsteigen. Solange die autopoietische Organisation erhalten bleibt, kann die Struktur eines lebenden Wesens sich auf fast unendliche Art an eine Umgebung angleichen. Als Menschen haben wir „Choice" – Wahlmöglichkeiten. Ein Grundziel von NKS. Die Organisation bleibt bis zum Tod invariant – unveränderlich, aber die Struktur hat unendlich viele Möglichkeiten sich zu verändern. Ich kann auf viele Arten an „blau" denken.

Im Laufe der Evolution haben sich lebende Systeme in ihrer Struktur determiniert. D.h., sie haben sich jeweils so verändert, daß sie in ihrer Umgebung leben können, ohne ihre Organisation zu verändern. Der Fisch kann im Wasser am Leben bleiben, der Mensch auf dem Land, der Vogel in der Luft, der Engerling in der Erde. Zusammenfassend können wir an dieser Stelle sagen:

DIE STRUKTUR EINES LEBENDEN SYSTEMS KANN AUF VIELFÄLTIGE WEISE VERÄNDERT WERDEN.

Die Organisation bleibt geschlossen. Invariant. Unverändert.

So wie wir die Triviale Maschine Nr.: 415 879 061 604 975 117 675 bauen können. Diese Maschine würde nach ganz bestimmten „Lebensregeln" konstruiert werden. Darüber denken wir weiter unten genauer nach.

Die Struktur humanoider Biosysteme hat sich nun auf eine Art determiniert, daß sich auf einer äußeren Seite, einem Sensorium, verschiedene Sinnesmodalitäten herausmutiert haben, die in zirkulärer oder rekursiver Wechselwirkung mit einer inneren motorischen Seite ständig an irgendwelchen Bedeutungen herumrechnen. Die NLP-Leute glauben, es gäbe so etwas wie Repräsentationssysteme, was zur Verwirrung führt, denn dann müßte ja irgend etwas repräsentiert werden, was woanders schon da ist.

Vielleicht erinnern Sie sich an das Zitat von Robert Dilts, der die Verwandlung von äußeren Kontrollvariablen in innere Entscheidungsvariablen als eines der Hauptziele des NLP bezeichnet. Vielleicht erinnern Sie sich auch an Piaget, der eine Unzahl von Veröffentlichungen über die sensomotorische Entwicklung im Kindes- und Jugendalter geschrieben hat.

Fügen Sie nun die gedanklichen Teile der Ursuppe, der Nichttrivialen Maschine des Hyperzyklus und der operationalen Schließung von Vorgängen, die auf sich selbst zurückwirken, zusammen und betrachten Sie die Abbildung eines Einzellers. Nehmen Sie das Bild als visuelle Metapher. Der Einzeller soll eine externale sensorische Seite haben und eine internale motorische. Zur operationalen Geschlossenheit sagt Heinz von Foerster (1985, 72): „Wir sind zur Zeit damit beschäftigt, die Proposition, daß das Motorium die Interpretation für das Sensorium liefert, und daß das Sensorium die Interpretation für das Motorium liefert, ein für alle Mal experimental zu etablieren.“

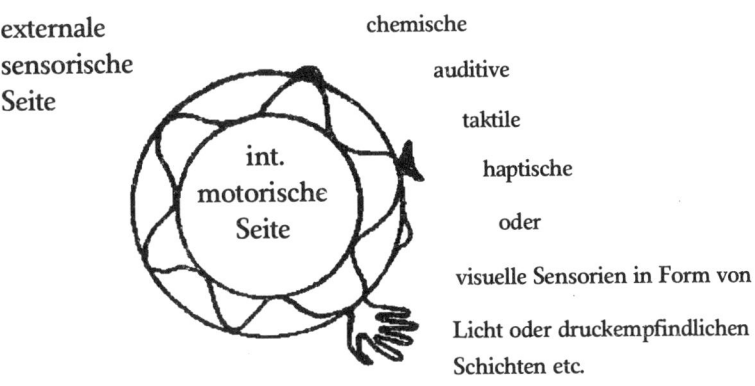

Abb.: Einzeller mit sensorischer und motorischer Seite

Der Einzeller hat noch keine Augen, Ohren, Hände etc. Ich habe lediglich eine Hand symbolisch angefügt. Aber er hat eine sinnesbezogene Seite, die nach außen

117

gerichtet ist. Diese Sinne sind mit dem integrierenden Sensorium zirkulär verknüpft. Es ist eine ähnliche Zirkularität wie beim Hyperzyklus. Gedanklich muß ich hier die einige Seiten später beschriebene Nichttriviale Maschine in den Hyperzyklus einbauen. Wenn wir lebende Wesen mit Trivialen Maschinen gleichsetzen würden, müßten kleine Landkarten von der großen Welt irgendwo im Kopf abgespeichert werden. Aber genau das wäre aus der hier vertretenen Sichtweise völlig falsch. Es erklärt die Funktionsweise von Computern, aber nicht diejenige lebender Systeme. Über die Prozedur einer inneren Abbildung von äußeren Gegenständen und Vorgängen hatte vor einigen Jahrhunderten schon Cusanus nachgedacht. Daß eine Repräsentation, also eine Abbildung, wie wir es von einem Computer her kennen, bei einem lebenden System nicht funktionieren kann, zeigte Heinz von Foerster auf der ersten Konferenz zum Lernen, Erinnern und Vergessen im Gespräch mit den bekannten Wissenschaftlern Sir John Eccles, Sperry, Pribram und McConnel in Princeton im Jahre 1963 (von Foerster 1985). Heinz von Foerster zeigte schon damals sehr deutlich, daß es so nicht geht.

Ein sehr praktikabler Gedanke ist nun aber die Tatsache, daß wir in dem Moment gesund sind, wenn wir unsere fünf Sinne beieinander haben, und weiterhin Batesons Idee, daß Unterschiede, die Unterschiede machen, zur Erkenntnis führen. Wenn ich also „sehe", daß der Kochtopf anscheinend heiß ist, weil er dampft, werde ich zum Anfassen sinnvollerweise einen Topflappen nehmen. Meine Hände werden gesund bleiben. Der Statistikwitz über den Mann, der beide Füße ins Eiswasser hält, mit seinem nackten Hintern auf der Herdplatte sitzt, um aus der Differenz beider Daten den Mittelwert und somit die normale Temperatur seines Körpers erfahren möchte, zeigt die Problamik auf, die entstehen kann, wenn man keine Unterschiede mehr sieht. Daraus schließe ich, daß der Gebrauch der Sinne ebenso lebenswichtig ist wie die Fähigkeit, klare Unterscheidungen treffen zu können. Mit der praktischen Anwendung werde ich mich später ausführlicher beschäftigen. Doch zurück zum Einzeller.

Wir können uns unseren Einzeller als Kugelfisch vorstellen. Er hat seine äußeren fünf Sinne und sein inneres Motorium, mit dem sich alles integriert. Alles ist in sich geschlossen, damit es auch am Leben bleibt. Und nur dann funktioniert es auch. Heinz von Foerster (1992) hat mir genau deshalb vorgeschlagen, das Ganze „Neuro-Kybernetische Selbstorganisation" (NKS) zu nennen, was meiner Meinung nach den Vorgang wesentlich präziser und gleichermaßen ganzheitlicher beschreibt als NLP.

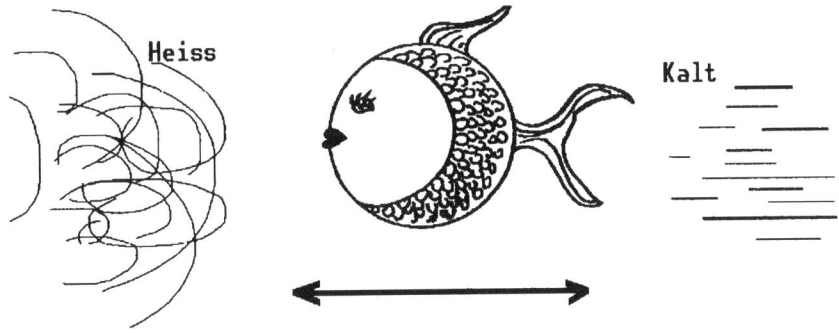

Heiss

Kalt

Der oben abgebildete Kugelfisch lebt nun in den Tiefen des Meeres in der Nähe einer heißen Quelle. Er schwimmt hin und her und seine Gut/Böse-Regeln sind so konstruiert, daß immer, wenn es entweder zu heiß oder zu kalt wird, er sich durch die entsprechenden motorischen Reaktionen, in diesem Fall Flossenschläge, wieder in die richtige Richtung lenkt. Aus dieser Unterscheidung entsteht für den Fisch eine BEDEUTUNG. Ein menschlicher Beobachter, der Sprache gebraucht; also jemand wie Sie und ich, lieber Leser, wird den Vorgang mit unterschiedlichsten Worten beschreiben können: heiß-kalt-Lebensregeln, Vitalismus etc. Als Mensch sind wir also in der Lage, BEDEUTUNGSVOLLEN Vorgängen BESCHREIBUN-GEN zu geben. Über diese Prozedur werde ich einige Seiten weiter noch einmal nachdenken. (Die Metapher mit dem Kugelfisch kam mir während des Schreibens. Später las ich in einer populärwissenschaftlichen Zeitschrift über Forschungen, die tatsächlich davon ausgehen, daß das erste Leben auf diesem Planeten tief im Meer in der Nähe von heißen Quellen entstanden sei.) Worauf es ankommt, ist also die Rekursion zwischen den Sinnen und der Motorik. Heinz von Foerster sagt dazu bezüglich menschlicher Organismen: „Es gibt außerordentlich interessante Experimente mit Kleinstkindern, in denen man zeigen kann, daß das Erwerben perzeptueller Mannigfaltigkeiten direkt mit der Manipulation gewisser geeigneter Objekte im Zusammenhang steht (Piaget/Inhelder 1956; Bower 1971; Witz 1972). Aber leider kann man mit Kleinstkindern nicht reden; oder richtiger, man kann mit ihnen reden, aber man versteht ihre Antworten nicht. Mit Erwachsenen besteht die Schwierigkeit, daß das sensomotorische System schon so gut integriert ist, daß man schwer trennen kann, was schon früher gelernt wurde und nun in die Experimentalsituation hinübergetragen wird, außer man geht eine völlig neue ‚Dimension' ein, deren Zugang unseren früheren Erfahrungen prinzipiell verschlossen blieb" (vergleiche hierzu die Beispiele von M.H. Erickson weiter unten; von Foerster 1985, 72).

Determinismus, das Uhrwerkmodell, das Märchen vom Nürnberger Trichter oder: der Mensch als Maschine

Mittlerweile frage ich die Leute in einem Seminar, einem Team oder einer Supervisionsgruppe, wie sie mich als Gruppenleiter haben wollen: Als Coach oder als jemand, der die Uhr wieder aufziehen soll. Damit klären sich sehr schnell Erwartungen, Arbeitsauftrag und auch die Organisationsstruktur und das Wertesystem im weiter unten beschriebenen Absatz über die Lebenslieder, die ein System lebendig werden lassen.

Das Uhrwerkmodell entspricht der Philosophie des Determinismus. Determinieren heißt festlegen, bestimmen. Determinismus ist die Lehre von der Unfreiheit des Willens. Alles ist festgelegt. Die Welt ist wie eine große Maschine. Die Filme „Metropolis" oder „Moderne Zeiten" sind hervorragende Beispiele für diese Weltsicht. Für den Deterministen funktionieren Menschen wie kleine Roboter oder eine Triviale Maschine. Er betrachtet sie wie offene Systeme, in die man direkt eingreifen kann. Der Sohn gehorcht dem Vater wie ein Hund, der aufs Wort hört. Die Form, in der Menschen zusammenleben, ist die unten beschriebene regelorientierte Organisationsform. Der Einzelne darin verzahnt sich mit dem Gesamtsystem mit Hilfe seiner external gelernt/konditionierten Regeln, Vorschriften und Verhaltensanweisungen wie in einem großen Uhrwerk. Beispiele dafür sind natürlich der Preußenstaat und der deutsche Beamte. Der Preußenstaat basiert auf einer rollen- und regelorientierten Organisationsideologie. Vieles von diesem „Beliefsystem" ist in Deutschland noch gut zu beobachten, aber auch andere Länder haben sich etwas von diesem Prinzip abgeschaut. Das amerikanische Militär wurde von dem preußischen General Steuben aufgebaut. In den USA hat das Militär einen relativ starken Einfluß auf die Wirtschaft. Personen mit militärischem Rang sind in der Wirtschaft gerne gesehen. Das Militär unterstützt wissenschaftliche Projekte (vgl. Weizenbaum 1987).

Wenn mein Auto plötzlich immer langsamer wird, obwohl ich das Gaspedal ganz durchtrete, werde ich nicht daran denken, meinen Fuß von einem Arzt untersuchen zu lassen, sondern ich werde mir überlegen, wo die nächste Werkstatt sein könnte. Mit diesem Beispiel erklärte uns Humberto Maturana, was er unter Strukturdeterminismus versteht.

Ein lebendes System ist „strukturdeterminiert". Die Art und Weise, wie seine Struktur beschaffen ist, determiniert, d.h. bestimmt, inwieweit es seine Lebens-

120

regeln, d.h. seine Organisation, in der jeweiligen Umgebung erhält. Darüber werde ich weiter unten schreiben. Zum Verständnis ist zunächst einmal wichtig, warum die meisten Menschen in eine Triviale Maschine verliebt sind. Vielleicht wird dann auch klar, weshalb die meisten Menschen dazu neigen, andere Menschen auch zu einer Trivialen Maschine machen zu wollen. Wer den Unterschied zwischen Trivialen und Nichttrivialen Maschinen versteht, vermeidet grobe Fehler. Er wird einfach besser kommunizieren können. Ein guter Reiter kann mit seinem Pferd kommunizieren. Mit seinem Chef wird er anders umgehen. Manche Menschen allerdings verwechseln ihren Computer mit ihrer Frau.

Teil III
Menschen und Triviale bzw.
Nichttriviale Maschinen

Die Triviale Maschine

Mag sein, daß der Leser bei dem Wort „Maschine" aversiv reagiert. Vielleicht ist er geneigt, das Buch beiseite zu legen und fragt sich: „Was soll das Ganze?", „Was hat eine Maschine mit einem Menschen zu tun?" Mir hat die Beschäftigung mit der Trivialen Maschine sehr geholfen, zu mir selbst zu finden. Sie hat mir geholfen, mein „Mensch-Sein" wiederzufinden. Ich konnte sehr klare Unterschiede zwischen lebenden Wesen und Maschinen erkennen. Das ist das Ziel Heinz von Foersters, wenn er die Metaphern der Trivialen Maschine und der Nichttrivialen Maschine verwendet, um Menschen die Entscheidung zu ermöglichen, wieder Verantwortung für sich selbst zu übernehmen. Ich habe auch gelernt, daß viele Menschen vor dieser Verantwortung große Angst bekommen. Manche reagieren fast panisch. Sie wollen zwar frei sein, aber Veranwortung übernehmen wollen sie nicht. Oder aber, sie wollen Macht haben. Macht über andere. Die gibt ihnen dann den Selbstwert (von außen), den sie innen nicht haben. Von solchen Menschen höre ich dann, daß dieser Vergleich zwischen Mensch und Maschine absurd sei und daß es einen großen Weltlenker gibt, der alles lenkt. Kommen sie aus dem esoterischen Bereich, höre ich viele allgemeine Begriffe, die man schlecht oder gar nicht hinterfragen kann, wie z.B. „kosmische Energie", das „große Wissen", das „ganzheitliche Denken". Leider durfte ich auch erleben, daß die Weisheiten der nordamerikanischen Ureinwohner, der alten Chinesen, der Systemischen Therapie, die Geschichten Milton H. Ericksons und die Arbeit Carl Rogers mißbraucht

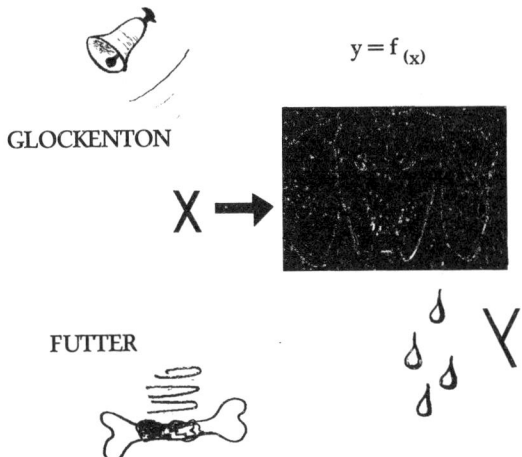

Abb.: Blackbox und Pawlovscher Dackel

werden, um Macht auszuüben oder Menschen in die Zwangsjacke von Regeln und Vorschriften zu pressen. Die eingehende Beschäftigung mit der Idee der Maschine hat mir geholfen, fremden Göttern gegenüber skeptisch zu werden. Henri Bergson soll auf dem Sterbebett als letzten Satz gemurmelt haben: „Das Universum ist eine Maschine, um Götter hervorzubringen …" Dieser Satz könnte etwas mit Konstruktivismus und Selbstverantwortung zu tun haben.

Bei der Trivialen Maschine handelt es sich um eine gedankliche Konstruktion. Sicherlich kann man überall in der Welt solche Trivialen Maschinen sehen und finden und mit ihnen herumspielen. In diesem Fall wollen wir uns aber ganz bewußt die gedankliche Konstruktion dieser Trivialen Maschine betrachten. Ein hervorragendes Äquivalent dieses Typus ist die sog. „Blackbox", der kleine schwarze Kasten, der mich seit den ersten Semestern Verhaltenstherapie in meinem Studium bis heute hin verfolgt hat. Noch heute verwende ich in meinem Unterricht und in meinen Seminaren diese „Blackbox", um die ursprünglichen Unterschiede zwischen Verhaltenstherapie und Psychoanalyse meinen Studenten aufzuzeigen.

Schon in den ersten Semestern im Studienfach Psychologie wurde mir demonstriert, daß der klassische Psychoanalytiker an einer Änderung eines Verhaltens oder an der Lösung eines Problems überhaupt nicht interessiert sei, sondern er beschäftige sich, wenn man den Menschen eben als diese „Blackbox" auffasse, mit den Vorgängen innerhalb dieses kleinen schwarzen Kästchens. Er mache Deutungen und Hypothesen darüber, was in der Vergangenheit innerhalb dieser Blackbox geschehen sei. Lernpsychologen und Verhaltenstherapeuten dagegen sind der Auffassung, es sei großer Unsinn, sich mit diesen vergangenen Vorgängen in der Kiste zu befassen. Wichtig dagegen sei das Symptom, und dieses Symptom könne ich sehr deutlich am Verhalten einer Person erkennen. Wichtig sei also das, was ich in die Blackbox hineingebe und dabei genau beobachte, was dabei herauskommt.

Die Metapher für dieses Input/Output-System ist der Pawlovsche Dackel. Wenn er Futter sieht, läuft ihm das Wasser im Maul zusammen. „Warum nicht messen, wieviel Speicheltropfen dabei entstehen?" fragte sich der gute alte Pawlov um die Jahrhundertwende. „Was geschieht, wenn ich beim Anblick des Futters eine laute Klingel ertönen lasse?" Pawlov hat dann einige Male hintereinander die Klingel in Kombination mit dem Anblick des Futters ertönen lassen. Das Ergebnis war, daß dem Hund dann irgendwann, auch ohne daß er seinen Futternapf vor Augen hatte, der Speichel nur so dahintroff. „Der Hund hat gelernt!" – sagte daraufhin Pawlov.

„Innere Kontrollvariablen haben sich in äußere Entscheidungsvariablen verwandelt", würden wir in Umkehrung des Zitats von Robert Dilts sagen oder auch im gegensätzlichen Sinne von Heinz von Foerster: Pawlov hat sich zusammen mit seinem Dackel dafür entschieden, „apart", also getrennt, abgeteilt von der Welt,

126

durch die Welt zu marschieren. Vereinfacht könnte man sagen, der orthodoxe Psychoanalytiker ist blind für die Umgebung, während der Lernpsychologe oder orthodoxe Verhaltenstherapeut dem Lebenslied der Kausalität verhaftet bleibt. Er denkt in Ursache-Wirkungsketten. Beide behandeln den Menschen wie eine Triviale Maschine. Der Analytiker begeht den – in manchen Fällen – lebenslangen Versuch, die inneren Bestandteile zu analysieren. Kraß ausgedrückt, kommt mir das manchmal vor, als ob der „kleine Hansi" die Märklin-Lokomotive, die ihm Papi zu Weihnachten geschenkt hat, auseinandernehmen möchte. Aber sie ist sooo kompliziert. Der VT'ler tut so, als funktioniere der Mensch wie eine Märklin-Lokomotive. Wenn man Strom hineingibt, kommt Bewegung heraus.

Wir nehmen also diese Blackbox als Metapher für die Triviale Maschine. Die „Weltformel" oder das erste Gebot der Menschen, die der Religion der „Blackboxer" angehören, ist:

$$y = f(x)$$

In Worten heißt das: „y ist eine Funktion von x." Ich weiß, daß vielen deutschen Lesern bei einer solchen Formel ein unangenehmer Schauer den Rücken herunterläuft oder sich der Magen zusammenzieht, weil diese Schriftzeichen als „Anker" oder „Konditionierung" dazu führen, daß bestimmte Nervenzellen zu feuern beginnen.

Also funktionieren einige Spezies der Gattung Mensch wohl doch wie der als Beispiel angeführte Dackel, und Herr Pawlov hatte recht? Lassen Sie mich ein wenig weiter darüber nachdenken und zunächst die Schriftzeichen mit meinen Worten übersetzen: y ist eine Abhängige von x. Immer, wenn ich x in die Gleichung hineinnehme, kommt y auf eine vorher genau festgelegte Art und Weise heraus. Damit hätten wir das gedankliche Modell einer Trivialen Maschine beschrieben.

Man kann auch von einer allopoietischen Maschine im Gegensatz zu einer autopoietischen Maschine sprechen. Allopoietisch heißt fremd und poietisch heißt machen. Wie schon gesagt heißt es also „fremd gemacht". Wir sprechen also von einer fremdgesteuerten Maschine im Gegensatz zu der unten beschriebenen auto-poietischen, sich selbst steuernden Maschine. Wohlgemerkt, der Mensch soll hier nicht mit einer Maschine gleichgesetzt werden. Eine autopoietische oder Nichttriviale Maschine ist eine Metapher für ein lebendes System, so wie das Auge des Büffels eine Metapher für eine bestimmte Sichtweise ist, oder der Titel „Der mit dem Wolf tanzt" für die Sichtweise einer Haltung steht. Was sind die Merkmale einer allopoietischen Maschine? Das Hauptmerkmal ist wohl die sogenannte

Input/Output-Funktion. In die Kaffeemaschine kommen einfach Wasser und Kaffeepulver hinein und nach einiger Zeit kommt der fertige Kaffee heraus. Unsere stinkigen Socken und Unterhosen legen wir in eine Waschmaschine und – wunderbar – nach einiger Zeit kommt diese Wäsche zwar noch naß, aber sauber heraus. Beim Auto gießen wir einfach Benzin in den Tank, stecken den Schlüssel ins Schloß, und unsere Triviale Maschine fährt dorthin, wohin wir sie haben wollen. Wir brauchen keine Pferde mehr davor spannen, wir brauchen keinen Kutscher, keinen Stall, wir können diese Maschine einfach irgendwo parken und freuen uns, daß sie immer wieder auf die gleiche Art und Weise funktioniert.

Die Merkmale der Trivialen Maschine (TM):
a) synthetisch determiniert;
b) historisch unabhängig;
c) analytisch determinierbar;
d) vorhersagbar.

Zu a) Wir kennen die Teile, aus denen sie gebaut wird.

Zu b) Sie funktioniert jederzeit. Sie lernt nicht. Ein Vorher und Nachher läßt sie völlig unberührt. Sie nutzt sich nicht ab. Sie funktioniert in 100 Jahren genauso wie heute.

Zu c) Wir sind in der Lage, an Hand des Outputs genau zu erschließen, was innen drin geschieht.

Zu d) Es ist das, was sich nicht nur ein Vorgesetzter, sondern auch „Otto Normalverbraucher" so sehnsüchtig wünscht. Wenn etwas funktioniert, soll es morgen genauso funktionieren.

Das Schöne an der Trivialen Maschine ist nämlich, daß wir sämtliche Verantwortung abgeben können. Nichtsdestotrotz haben wir lediglich das gedankliche Konstrukt, d.h. die Idee einer Trivialen Maschine, denn jede Maschine wird sich abnutzen. Weiterhin können wir bemerken, daß wir selbst und die meisten Menschen ganz scharf darauf sind, solche Trivialen Maschinen zu besitzen. Leben ist doch Veränderung. Alles Leben ist Bewegung. Ich jedenfalls freue mich darüber, wenn mein Auto auch im Winter anspringt und ich nicht daran herumbasteln muß wie bei den Schrottkisten, die ich früher hatte. Manche Therapeuten wünschen sich auch, daß der Mensch wie eine Triviale Maschine funktioniert. Dann wäre man ja unglaublich erfolgreich, und hätte Macht und Ansehen. Leider wissen wir mittlerweile von der Quantenmechanik, daß viele Aussagen und Metaphern der nordamerikanischen Indianer ebenso gültig zu sein scheinen wie uralte Geschichten der taoistischen Medizin: Alles was geschieht, geschieht im Moment, die analytische Weltsicht ist sehr einseitig und nichts ist von Dauer.

Das Erlebnis von Ganzheitlichkeit drückt sich für mich beim Windsurfen aus. Dabei bilde ich eine Einheit mit den Elementen Wasser, Luft und dem Feuer der Sonne. Was aber hinzukommt ist das Werkzeug. Ein Teil der Faszination des Windsurfens ist für mich der Umgang mit dem Material. Anders als beim Skifahren, in dem die Umgebung relativ statisch ist, ist beim Windsurfen alles relativ. Die Wellen bewegen sich und mit meinem Körper, meinem Auge, meinem Ohr, muß ich mich auf diese Bewegungen und die Umgebung einlassen. All das wird aber nur funktionieren, wenn ich die jeweilige Segelgröße, Bordlänge, etc. auf die momentanen Bedingungen abstimmen konnte. In einer Meditation kam mir die Idee, daß dieses „Werkzeugverhalten" schon für die alten Seefahrer eine große Faszination ausgeübt haben mußte.

Michael Gazzaniga und Josef LeDoux (1983, 47) schreiben hierzu: „Eine interessante Hypothese gründet sich auf der Theorie, daß sich die Sprache aus dem Gebrauch von Werkzeugen entwickelt hat. Nach dieser Theorie führte der Gebrauch von Werkzeugen zu einem vermehrten Interesse für Gegenstände, wobei das Resultat dieses Prozesses die Zuordnung von Namen zu Gegenständen war. ... Dann, obwohl es mehrere Theorien über die Entwicklung der Primaten gibt, wird übereinstimmend hervorgehoben, daß die Differenzierung der Funktion der Extremitäten sehr wichtig ist. Aus den Klauen entwickelten sich sensible, greifende Extremitäten, die die Fähigkeiten des Primaten für die Wahrnehmung der Welt, des geschickten Bewegens in dem Geäst des sie umgebenden Waldes, und das Fangen der Beute mit den Händen vergrößerten. So kam es, daß sich eine ganz entscheidende Spezialisierung der Hände für das Greifen entwickelte und die Hände die Funktion, die davor das Maul beim Ergreifen und Sammeln der Beute hatte, übernahmen. Ebenso versetzten Veränderungen des visuellen Mechanismus, die ein genaues Binokularsehen ermöglichten, die frühen Primaten in die Lage, bestimmte Stellen im Raum zu lokalisieren, so wie die Entfernung beim Beutemachen mit den Händen und der Fortbewegung in den Bäumen exakt zu taxieren. Deshalb kann man sagen, daß für die Evolution der Primaten die erweiterte Fähigkeit, sich in der Wechselwirkung mit der räumlichen Umwelt zu behaupten, typisch ist."

Da Werkzeugverhalten mit Sprachfindung zu tun hat, sollten wir den Gebrauch von Werkzeugen, technischen Gegenständen und Techniken recht ernst nehmen, denn Sprache ist ja das, was uns einerseits vom Tier unterscheidet, uns andererseits aber auch für den Planeten Erde so gefährlich werden läßt. Vielleicht ist der Mensch wirklich das gefährlichste Raubtier der Erde. Ein wesentliches Merkmal Trivialer Maschinen ist ihr Input/Output-Charakter. Da auch hervorragende Vertreter des

NLP wie Robert Dilts das menschliche Gehirn immer noch mit einer Trivialen Maschine vergleichen und damit natürlich zwangsläufig in theoretische, ideologische und irgendwann auch zwangsläufig in sehr praktische Inkongruenzen geraten, sollten wir uns im folgenden ein wenig mit dem Unterschied zwischen Trivialen und Nichttrivialen Maschinen, zwischen autopoietischen und allopoietischen Systemen oder dem qualitativen Unterschied zwischen Gehirn und Computer beschäftigen.

Zunächst möchte ich jedoch berichten, daß ich aus meiner ganz persönlichen praktischen Erfahrung in der Anwendung von NLP-Technologien im Sport, in der Beratung von Führungskräften ebenso wie in der Psychotherapie mit „normalen Neurotikern" und schwer beeinträchtigten psychiatrischen Patienten gleichermaßen merken konnte, daß eine Einstellung wie die oben von Robert Dilts zitierte, die Wahlmöglichkeiten für den Therapeuten und Patienten/Klienten im äußersten Maße eingeengt haben. Damit wird eines der Hauptziele des NLP/NKS, nämlich „Choice/Wahlmöglichkeiten" anzubieten verletzt. Aus diesem Grunde ist es mir auch so immens wichtig, den Unterschied zwischen Programmieren und Selbstorganisation, d.h. zwischen der Funktionsweise eines Gehirns oder auch sozialer Kommunikation und der Funktionsweise eines Computers sehr klar herauszuarbeiten. Beides, unser menschliches Gehirn, unsere neurologischen Prozesse, wie auch die Funktionsabläufe in Computern kann man aus der Sicht kybernetischer Steuerungsvorgänge betrachten. Wenn man aber eine autopoietische Maschine mit einer allopoietischen verwechselt, können sehr grobe und destruktive Fehler entstehen. Wenn man Qualität haben will, sollte man Fehler vermeiden. Beschäftigen wir uns also im folgenden mit einem Vergleich dieser Trivialen/allopoietischen und der Nichttrivialen/autopoietischen Maschine.

Beide Maschinen, in einer sehr einfachen Form, sind synthetisch determinierbar. Als Heinz von Foerster in seinem Referat über diese Maschinen erzählte, war alles sehr einfach und klar. Das ist wohl immer so, wenn ein weiser Mann etwas sagt. So ganz nebenbei schlug er vor, man solle sich doch, wie die Amerikaner sagen: „in the privacy of your home" ein wenig mit diesen Konstruktionen beschäftigen und sich die Erlaubnis geben, damit herumzuspielen. Das habe ich dann versucht. Ich wollte es genau wissen und fing an, mir ganz einfach Gebilde auszudenken. Um später die Nichttriviale Maschine mit der Trivialen vergleichen zu können, ist es gut, wenn Sie sich mit einem kleinen Zahlenspiel beschäftigen. Für mich waren diese Zahlenspiele eine sehr bedeutsame Selbsterfahrung. Hatte ich doch in Mathematik während meiner ganzen Schulzeit ständig eine Fünf, Sechs oder Vier gehabt (wenn es gut ging), so konnte ich in den letzten Jahren meine einschränkenden Glaubenssätze verändern und mich mit Computern und komplizierten Zahlenspielen anfreunden. Nebenbei bemerkt: mir kam dabei der ganze grauen-

130

hafte pädagogische Schrott hoch, den Lehrer sich in den Schulen lieferten, um mir, gottseidank erfolglos, ihre engstirnigen Denkmuster aufzudrücken. Allerdings merke ich auch, wie schwer es mir zeitweilig fällt, in solchen Formeln zu denken. Andererseits macht es mir Spaß, darüber zu meditieren und einzelne Schritte zu entdecken. Heinz von Foerster (1992) sagte, wenn er Lehrer wäre, würde er mit den Schülern die Mathematik einfach neu erfinden. So hatte ich während der Entdeckungsreise „in the privacy of my home" immer wieder große Erfolgserlebnisse, stieß aber auch auf Grenzen. So war ich ganz stolz, als ich einige Zeit über diese einfache Idee einer **TM** mit drei Inputs und drei Outputs meditiert hatte und eine Formel der Kombinatorik „erfand", deren Richtigkeit Heinz von Foerster in einem Brief bestätigte. Sein angefügter, in Formeln ausgedrückter mathematischer Weg, der den Unterschied zwischen der Trivialen und Nichttrivialen Maschine aufzeigt, und klarmacht, daß der Mensch nicht berechenbar ist, gibt mir die Gelegenheit, mich im nächsten Jahr „in the privacy of my home" weiterhin meditativ mathematisch zu befassen.

Schauen Sie sich die folgende Abbildung einer ganz einfachen Trivialen Maschine an. In meiner Fantasie habe ich einen Prototyp gebastelt, mit dem man zwei unterschiedliche Inputs, Eingaben, haben kann, bei dem zwei Outputs herauskommen. Basteln wir uns einen einfachen einarmigen Banditen. Er ist so einfach, daß wir alle Möglichkeiten übersehen können. Es gibt zwei Symbolmöglichkeiten als input (#,+) und zwei Symbolmöglichkeiten als output (&,*). Nun handeln wir ganz streng nach dem ersten Gebot aus der Welt der Blackboxer oder Trivialisateure [y = f(x)]: Immer wenn wir auf der Ypsilonseite (Y) das jeweilige Symbol eingeben, soll auf der Xseite das dazugehörige Ergebnis herauskommen.

y	x
#	&
+	*

input (handwritten annotation next to #,+) *output* (handwritten annotation next to &,*)

Nun haben wir einen einarmigen Banditen, mit dem wir immer gewinnen. Tag für Tag. Jahr für Jahr. Jedesmal bei der Kombination „erst #, dann +" kommt „erst &, dann * " heraus. Es funktioniert ähnlich wie bei einer Kaffeemaschine, bei der für „#" „ein Teelöffel Kaffeepulver" und für „+" „0,2 l Wasser" steht. Es kommt immer wieder derselbe schlaffe Kaffee heraus. Beim Kaffee ist das ganz in Ordnung. Wir bleiben gesund, wenn er nicht zu stark ist und wir uns an schlaffen Kaffee gewöhnen. Beim einarmigen Banditen wird es irgendwann einmal langweilig. Die Frage ist, wieviel unterschiedliche Maschinen wir mit den vier Symbolen bauen könnten? Nach der Formel n^n wären es 2^2, also 4 unterschiedliche Maschinen.

Wir könnten dann unseren Banditen so programmieren, daß er nur bei der einen, also der oben angeführten Lösung „Bingo" macht und Geld auswirft.

Um wahrscheinlich den Vorgang später mit einer Handlung in Beziehung setzen zu können, verwendet Heinz von Foerster die folgenden Symbole:

$$y = Op(x)$$

Das bedeutet, daß die **TM** absolut fehlerfrei und unveränderlich durch ihre Handlungen (Operationen) eine Ursache, die wir „x" nennen, mit einer Auswirkung oder einem Ergebnis verbindet. Die Handlungen sind also das, was sich innerhalb der Blackbox abspielt. Aus der Sicht Pawlovs wäre es der Dackel. Aus der Sicht von Robert Dilts wäre es das Maschinenspracheprogramm im Dackel. Das „x" wäre der Glockenton oder der Anblick des Futters, und das „y" wären die Speicheltropfen. Aber aus meiner konstruktivistischen Sicht ist das völlig verkehrt, weil eben der arme Hund keine Triviale Maschine sein kann. Die Idee des Pawlovschen Dackels ist eine jener Trivialisierungen, die in die Irre führen – die Wahlmöglichkeiten wegnehmen, weil sie grundlegende Vorgänge durcheinanderbringen.

Die Frage wäre nun, wieviel unterschiedliche Maschinen man herstellen könnte, wenn man drei Löcher als Eingang und drei Löcher als Ausgang hätte? Nach der Formel n^n gäbe es 27 Möglichkeiten:

$$3^3 = 27$$

Sie können also 27 unterschiedliche Maschinen herstellen. Das Ganze ist also sehr überschaubar. Und wenn Sie vielleicht eine kaschierte „Zockerpersönlichkeit sind", könnten Sie ja jemandem ein kleines Computerprogramm geben, damit er eine einzige aus diesen acht unterschiedlichen Maschinen herausfindet. Er wird nicht sehr lange brauchen. Bauen Sie nun eine Maschine mit vier Löchern. Damit hätten Sie dann schon die Möglichkeit:

$$4^4 = 256$$

... unterschiedliche Maschinen zu bauen. Ihr Freund mit dem Computerprogramm hätte schon etwas länger zu tun, diejenige herauszufinden, die Sie ihm dargeboten haben. Betrachten wir nun die Nichttriviale Maschine.

An dieser Stelle meiner Zahlenmeditationen „in the privacy of my home" paßte nun die Formel irgendwie nicht mehr mit der Wirklichkeit meiner selbst erstellten Tabelle zusammen. Also erfand ich etwas Neues, fand die Bestätigung dafür in Form der Fakultätenformel in einem Mathebuch und schrieb Heinz von Foerster, um ihn zu fragen, ob es richtig sei und bat ihn um eine Übertragung auf die Nichttriviale Maschine. Heinz antwortete mir mit einem kreativen Brief sowie den zugehörigen, für mich recht schwierigen Formeln. Der Brief ist am Ende des Abschnitts angefügt.

Dieses kleine Zahlenspiel hat nun aber nicht zum Ziel, dem Leser aufzuzeigen, wie ich meine mathematische Macke allmählich kurieren konnte. Ziel ist, mit relativ einfachen Zahlenexperimenten deutlich werden zu lassen, daß sich Menschen und andere Lebewesen grundlegend und qualitativ in ihrer Organisation und Architektur von Maschinen unterscheiden. Zahlen sind in diesem Fall deshalb wichtig, weil wir im Informationszeitalter leben. Wir sollten mit Information umgehen können. Natürlich können wir auch einfach glauben. Aber das haben die Menschen jahrtausendelang getan. Sie tun es auch heute noch. Ich muß daran glauben, daß die Erde eine Kugel ist und keine Scheibe und daß sich die Erde um die Sonne dreht. Ich muß es glauben, weil ich es in der Schule gelernt habe. Ich lerne etwas zu glauben, obwohl ich täglich eines Besseren belehrt werde. Wenn ich meine fünf Sinne benutze, sehe ich, daß die Sonne morgens im Osten aufgeht, sich über den Horizont dreht und schließlich im Westen, an der anderen Seite des „Scheibenhorizonts", wieder verschwindet. Wenn ich in einer Raumstation aufwachsen würde, könnte ich sehen, daß die Erde eine Kugel ist. So bin ich auf die Beschreibungen der Erwachsenen angewiesen. Man lernt, ihnen zu glauben. Sie haben die Macht des Wissens. Aus diesem Grunde denke ich, daß es gut ist, daß jeder, der es will, dieses kleine Rechenexempel nachrechnen kann, anstatt einfach zu glauben, daß es Unterschiede zwischen Menschen und Maschinen gibt. Man glaubt ja, daß Computer intelligent seien. Mann und auch Frau glauben an viele dieser nicht nachvollziehbaren „Wahrheiten" wie Schöpfungsmythen, kosmische Energie etc.. Wenden wir uns nun der Nichttrivialen Maschine zu.

Die Nichttriviale Maschine

Die Nichttriviale Maschine soll hier zwar eine Metapher für die operationale, sensomotorische Schließung lebender Systeme sein, wir wollen aber zunächst mit ganz einfachen künstlichen NTMs heraumspielen, um aufzuzeigen, welche Gefahren es in sich birgt, wenn man den Versuch unternehmen will, Menschen a) analysieren und b) vorhersagen oder nach den Gesetzen der Kausalität behandeln zu wollen.

Lebende Systeme sind, wie nun ganz ausführlich diskutiert wurde, geschlossen organisiert. Ohne die operationale sensomotorische Schließung ist kein Leben, keine Wahrnehmung und kein Erkennen möglich. Das haben Forscher wie Piaget, Maturana, Heinz von Foerster, Francesco Varela und die von den NLP-Begründern so häufig zitierten Autoren wie Gregory Bateson und Ross Ashby aufgezeigt.

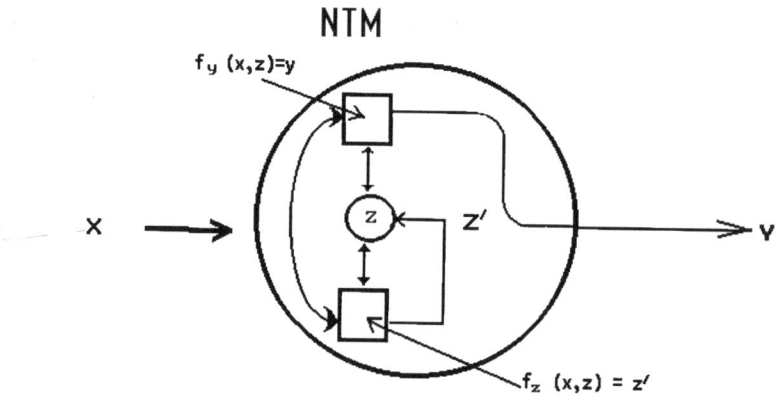

Abb.: Nichttriviale Maschine

Auf der Abbildung können Sie sehen, daß, wenn man eine Variable x eingibt, dann das Ergebnis, das die Maschine produziert, wieder zurückgefüttert wird. Dadurch ändert die Maschine ihren Zustand. Das, was eingegeben wird, hat einen direkten Einfluß auf den jeweiligen, momentanen Zustand der Maschine. Wenn Sie, wie oben im Text vorgeschlagen, ein wenig über Paradoxien wie Rosenthal- und Placebo-Effekt meditiert haben, können Sie evtl. Ihre Erfahrungen mit einer Meditation über die Nichttriviale Maschine in Verbindung bringen. Ich möchte Ihnen vorschlagen, gedanklich ein wenig mit der Tabelle zu experimentieren.

Schauen wir uns, um das Ganze ein wenig zu entzaubern, zunächst eine einfache Tabelle an. Der große Unterschied zwischen der Trivialen und der Nichttrivialen

Maschine besteht, wie erwähnt, darin, daß die NTM eigenmächtig ihren inneren Zustand verändert. (Da sind wir wieder bei den internen Entscheidungsvariablen, der Grundidee von Selbstorganisation!) Bauen wir uns eine ganz einfache Maschine, die sich zwischen zwei Zuständen entscheiden kann. Die Zustände nennen wir Zustand I und Zustand II. Wenn wir im Zustand I unter dem Inputzeichen etwas eingeben, soll unter dem Outputzeichen jeweils das herauskommen, was wir programmiert haben. Wenn wir also C eingeben, soll 3 herauskommen. Gleichzeitig soll aber die Maschine in den Zustand II schalten. Was geschieht ist, daß die Maschine dadurch, daß ich etwas eingebe, ihren inneren Zustand verändert. Das entspricht dem Vorgang in der Quantenmechanik, daß sich ein Teilchen durch die Beobachtung verändert. Es entspricht dem Effekt in der psychologischen Forschung, daß sich die Versuchspersonen auch ohne Therapie verändern, nämlich einfach durch das Bewußtsein, daß mit ihnen geforscht wird. Es entspricht dem Rosenthal-Effekt, dem Placebo-Effekt, dem Rosenhan-Experiment, etc. etc.

Im Zustand I

Input x	Output y	innerer Zustand
A	1	II
B	2	II
C	3	I

Im Zustand II

Input x	Output y	innerer Zustand
A	3	I
B	2	I
C	1	II

Im Zustand II habe ich die Maschine so programmiert, daß die Ergebnisse, die Outputs, genau umgekehrt sind. Gleichzeitig verändert die Maschine ihren inneren Zustand an ganz anderen Schritten als unter Zustand I. Wenn ich also im Zustand I zunächst A eingebe, spuckt sie 1 aus. Gleichzeitig schaltet sie in den Zustand II. Wenn ich jetzt wieder A eingebe, kommt plötzlich nicht 1 heraus, sondern 3. Sie schaltet in den Zustand I, und wenn ich wieder A eingebe, kommt wieder 1 heraus. Die Maschine verhält sich also völlig erratisch oder irrwitzig, wie die Schwaben sagen. „Was soll der ganze Technikkram?" mag sich der Leser fragen. Mir hat die

Rechnerei geholfen, mit Analysen, Deutungen und Voraussagen über Menschen und Gruppen von Menschen zurückhaltender zu werden, oder ganz damit aufzuhören. Der Leser mag im nachrechnen, wieviel unterscheidbare Nichttriviale Maschinen er bauen könnte, wenn er drei Inputs hat. Heinz von Foerster hat es für uns ausgerechnet. Es sind

$$\text{bei } N_3, \text{max } (3,3) = 3^{81} \text{ ungefähr } 10^{40}.$$

Das ist eine recht ordentliche Anzahl von Wahlmöglichkeiten bei nur drei Inputs. Nun haben Menschen einige Löcher mehr, mit denen sie etwas aufnehmen. Sie haben meistens auch mehr als zwei Möglichkeiten, innere Entscheidungen zu treffen. Von einigen sehr engstirnigen Exemplaren einmal abgesehen. Vielleicht möchte aber doch jemand die Herausforderung annehmen und weiter an Menschen herumanalysieren, um sich mächtig fühlen zu dürfen oder weiter Menschen mit Programmen voraussagbar machen zu wollen, damit endlich Ordnung herrscht! An anderer Stelle hat Heinz von Foerster ausgerechnet, wie lange es dauert, bis ein sehr schneller Computer aus den vielen Maschinen (Möglichkeiten) diejenige herausgefunden hat, die man meint (in der Fachsprache heißt das: Maschinenidentifikationsproblem). Bei vier Inputs kommt man auf eine Zahl von

$$N_4 = 4,294,967,296$$

Mit einem Rechner, der in einer Sekunde eine Million testen kann, hat man in nicht weniger als einer Stunde und 15 Minuten die Maschine identifiziert.

$$\text{Bei } N_{24} = 6,3 \times 10^{57}$$

sähe das schon anders aus (vier Inputs und zwei innere Zustände). Der eben zitierte schnelle Rechner schafft „nur ungefähr 30 Trillionen (d.h. 30×10^{12}) im Jahr", und das Universum in dem wir leben, ist höchstens 20 Billionen (d.h. 20×10^9) Jahre alt. „In dieser Zeit wäre lediglich ein Ausschnitt getestet worden" (von Foerster 1990a).

Ich möchte Ihnen auch vorschlagen, sich ganz eigenständig unterschiedliche Nichttriviale Maschinen zu basteln und eigene Tabellen zu erstellen. Jedenfalls werden Sie bald merken, daß die Anzahl der Wahlmöglichkeiten bei der rekursiv operierenden Nichttrivialen Maschine sehr schnell in einem beträchtlichen Ausmaß ansteigt, so daß das Ganze mit keinem Rechner der Welt mehr zu erfassen ist. Bei nur vier unterschiedlichen Eingaben unter x müßte Ihr Freund, den Sie damit ärgern wollen, aus

$$2^{8192} = 10^{2466}$$

möglichen Maschinen diejenige herausfinden, die die Ihre ist (die eine Maschine, die Sie gebaut haben). Die Anzahl der Elementarbausteine im Universum beträgt aber nur etwa 10^{72}. Wir kommen auf Zahlen, die die Grenzen des Kosmos überschreiten. Wer es nicht glaubt, sollte es direkt nachlesen (vergl. von Foerster 1985b).

Ich möchte es dem Leser überlassen, ob er nun daran glaubt, daß es einen großen Unterschied zwischen Menschen und Maschinen gibt, oder ob er es lieber selbst nachprüfen will; ob er daran glaubt, daß man es zwar versuchen kann, Menschen zu analysieren, daß dieser Versuch aber große Fehlerquellen in sich birgt, oder ob er es lieber probieren will; ob er daran glaubt, daß sich Menschen selbst organisieren, oder ob er lieber weiter probieren will, sie mit irgendwelchen Mitteln zu verändern, direkt zu manipulieren, von sich abhängig zu machen oder mental Folterprogramme zu basteln ...

Ich denke nicht, daß es notwendig ist, ständig dazusitzen und an Trivialen und Nichttrivialen Maschinen herumzurechnen, wenn man lernen will, gut zu kommunizieren. Viele Menschen schrecken solche Zahlenbeispiele ab. Sie reduzieren die Verkaufszahlen von Büchern, wie der Physiker Hawking im Vorwort seines Bestsellers über Raum und Zeit schreibt. Ich glaube aber, daß es gut ist, die Beispiele anzuführen. Ich denke, sie machen klar, daß es zwischen Gehirnen, lebenden Systemen und Maschinen Unterschiede gibt, die man respektieren sollte. Manche Menschen begreifen diesen Unterschied besser, wenn sie Zahlen sehen. Andere wiederum kommen auch damit nicht zur Erkenntnis. Ein berühmter Naturwissenschaftler sagte einmal, man müsse jene Menschen aussterben lassen, die nicht in der Lage sind, alte Glaubenssätze abzulegen, und sich mit denen beschäftigen, die die wesentlichen Vorgänge eines Paradigmenwechsels erkennen.

Bei diesen Maschinen handelt es sich nun einzig um geistige oder technisch materielle Produkte, d.h. sehr einfache und abgegrenzte Geschehnisse. Bei einem Computer wird ein Bit, die kleinste Informationseinheit, dadurch dargestellt, daß ein Schalter entweder an oder aus ist. Maturana hat einmal gesagt, daß ein wesentlicher Unterschied zwischen einem Computer und einem lebenden System darin besteht, daß eine Nervenzelle lebt. Sie ist also nicht so klar zu definieren wie der Schalter eines Computers. Wenn Sie nun entweder ganz logisch oder gedanklich-meditativ die Metapher der Nichttrivialen Maschine in die Metapher des Hyperzyklus übertragen, werden Sie bemerken, daß zwischen dem Computer und einem Gehirn oder einem neuronalen Netzwerk, sprich lebendem System, nicht nur quantitative, sondern beträchtliche qualitative Unterschiede bestehen. Lassen Sie uns noch einmal zusammenfassen:

Die Merkmale der Nichttrivialen Maschine (NTM):
a) synthetisch determiniert;
b) historisch abhängig;
c) analytisch nicht bestimmbar (determinierbar);
d) unvorhersagbar.

Sie ist synthetisch bestimmt, d.h. aus klar definierten Bausteinen zusammengesetzt. Wenn ich die Teile habe, kann ich sie bauen. Sie ist historisch abhängig, d.h. was vorher war, hat Auswirkung auf das, was jetzt geschieht, sie ist analytisch nicht bestimmbar – diese Aussage ist wohl für jeden Analytiker ein Schlag ins Gesicht und wahrscheinlich auch unannehmbar, da er sich ein halbes Leben damit beschäftigt hat, Nichttriviale Maschinen analysieren zu wollen, und schließlich und endlich ist sie auch noch unvorhersehbar. Eine Aussage, die jeden Verhaltenstherapeuten und Lernpsychologen ganz furchtbar ärgern muß. Denn er hat doch lange genug geglaubt, entweder als mächtiger Therapeut Menschen programmieren zu können, oder aber mit Methoden des Selbstmanagements vom Bewußten her sein Unbewußtes in die richtigen Bahnen lenken zu wollen.

Gedanklich sollten wir nun folgendes tun: Wir sollten eine Reihe von Nichttrivialen Maschinen basteln, und diese dann zu dem oben beschriebenen Hyperzyklus zusammenbauen. Wenn wir ganz viele hätten, könnten wir ein wenig Gott spielen, und einen Einzeller herstellen. Dieser hat dann eine äußere sensorische Seite und eine innere motorische. Vielleicht hat er eine licht- oder wärmeempfindliche Seite, deren Rekursionen internal motorisch verrechnet werden können, so daß er sich bewegen kann.

Während ich dieses Buch schreibe, hat sich nun meine Seminarform wieder einmal ein wenig verändert. Hatte ich in den letzten Jahren kaum noch theoretische Inhalte in die Workshops eingebracht, so ergaben sich jetzt einige Übungen, die den Teilnehmern halfen, die systemische Weltsicht und vor allem die operationale Geschlossenheit lebender Systeme besser zu verstehen. Eine dieser Übungen möchte ich nennen: „Wir bauen einen sich selbstorganisierenden Ball." Die Idee entstand einmal in einer Gruppensituation, in der eine Teilnehmerin einen großen grünen Ball von fünfzig Zentimeter Durchmesser mitgebracht hatte, damit sie sich draufsetzen konnte, um ihren Säugling zu schaukeln. Diesen Ball hatte ich dann verwendet um zu demonstrieren, daß er seine Funktion als Ball solange erfüllt, solange er geschlossen ist. Wenn ich hineinsteche oder die Luft ablasse ist er tot. Ich bin eingedrungen und habe, mit den Worten Maturanas, „instruierende Interaktion" ausgeübt. Er hat seine Funktion als Ball aufgegeben. Da ich so einen Ball nicht besitze, beginne ich im Allgemeinen mit der Idee, sich so einen großen grünen Ball vorzustellen, der inmitten des Kreises der Gruppe herumliegt. In einer

Gruppe hatte ich auch schon einmal ein Präservativ aufgeblasen und dann jemanden hineinstechen lassen.

Der Ball oder das Präservativ wird dann getreten. Es ist ein Symbol für ein fremdorganisiertes System, eine allopoietische Maschine, oder einen Menschen, der sich herumtreten läßt. Dann schließt sich die wichtige Frage an: Was braucht der Ball, damit er als selbstorganisiertes System den Tritten der Gruppe ausweichen kann. (Nebenbei bemerkt, wäre es nicht interessant, ein Fußballspiel für die nächsten Jahrhunderte mit so einem Ball zu entwickeln?) Die Teilnehmer diskutieren dann im Sinne der unten beschriebenen aufgabenorientierten Firma über die Konstruktion eines solchen Balls. Es sollte darauf hinauslaufen, daß der Ball wie ein Einzeller mit einem äußeren Sensorium und einem inneren Motorium funktioniert. Die letzte Gruppe hatte auf außerordentlich kreative Art und Weise ein mit Flüssigkeit gefülltes Objekt entwickelt, das durch ein cleveres Röhrensystem blitzschnell Flüssigkeiten hin- und herpumpte, um auf diese Weise allen Reaktionen von Außen auszuweichen. Die Idee mit dem Röhrensystem war durch eine andere Übung vorher entstanden, die sich als *klärend* erwiesen hat: Jeweils eine Gruppe erklärt der anderen in sinnesbezogener Sprache, wie eine geschlossene und eine offene Heizungsanlage funktioniert (so daß es ein achtjähriges Kind versteht).

Dann gibt es in Gruppen – und auch unter Lesern – diejenigen, deren Gehirn viel Denkfutter braucht. Für sie habe ich noch ein kurzes Zitat aus dem Buch über Schrödingers Katze von John Gribbin (1991) aufgeschrieben:

„Vielleicht werden die Leute, die so unbekümmert das Quantenkochbuch benutzen, von der Vertrautheit der mathematischen Gleichung getröstet. Feynman erklärt das Grundkonzept auf einfachste Weise. In der Quantenmechanik besteht ein ‚Ereignis‘ aus einer Reihe von Anfangs- und Endbedingungen, nicht mehr und nicht weniger. Auf der einen Seite unserer Apparatur verläßt ein Elektron die Kanone, und auf der anderen Seite der Löcher kommt das Elektron bei einem Detektor an. Das ist ein Ereignis. Die Wahrscheinlichkeit eines Ereignisses ist gegeben durch das Quadrat einer Zahl, die im wesentlichen Schrödingers Wellenfunktion Ψ ist. Gibt es mehr als eine Möglichkeit, in der sich das Ereignis vollziehen kann (beide Löcher sind bei dem Experiment offen), so ist die Wahrscheinlichkeit eines jeden möglichen Ereignisses (die Wahrscheinlichkeit, daß das Elektron bei einem gewählten Detektor auftrifft) gegeben durch das Quadrat der Ψ's, und es gibt Interferenz. Wenn wir jedoch eine Beobachtung machen, um festzustellen, welche der alternativen Möglichkeiten tatsächlich eintrifft (wenn wir also nachschauen, durch welches der Löcher das Elektron geht), so ist die Wahrscheinlichkeitsverteilung gerade die Summe der Quadrate der Ψ's und das Interferenzfeld verschwindet – die Wellenfunktion kollabiert.

Physikalisch betrachtet ist das unmöglich, aber mathematisch gesehen ist es sauber und einfach, geht es um Gleichungen, die jedem Physiker vertraut sind. Solange man nicht fragt, was es bedeutet, gibt es keine Probleme. Fragt man jedoch, warum die Welt so sein sollte, wird selbst Feynman erwidern müssen: ‚Wir haben keine Ahnung.‘ Wenn man weiterbohrt und nach einem physikalischen Bild dessen, was da geschieht, fragt, wird man darauf kommen, daß alle physikalischen Bilder sich in eine Welt von Geistern auflösen, in der Teilchen nur dann real zu sein scheinen, wenn man sie betrachtet, und in der sogar eines wie der Impuls oder der Ort lediglich ein künstliches Produkt der Beobachtung ist. Es ist kaum verwunderlich, daß viele angesehene Physiker, darunter auch Einstein, sich jahrzehntelang bemüht haben, diese Deutung der Quantenmechanik auf irgendeine Weise zu umgehen.“

Auch in diesem Bereich scheint man das zu sehen, was man sehen will oder sehen kann. Womit wir wieder beim Konstruktivismus gelandet wären. Oder bei der am Ende des Buches gestellten Frage nach dem Unterschied zwischen Ethik und Moral.

In seinem Vortrag in Weissenau 1992 über Endscheitbares und Unendscheitbares stellte Heinz von Foerster auf beeindruckende Weise dar, wie die Menschen in unserer Kultur dazu neigen, schon kleine Kinder zu Trivialen Maschinen erziehen zu wollen.

„Ich war bei einer Familie zu Besuch, als deren sechs Jahre alter Sohn anderthalb Stunden später als üblich weinend nach Hause kam:

,Ich mußte nachsitzen.‘

,Warum, was ist passiert?‘

,Die Lehrerin hat gesagt, ich hätte ihr eine freche Antwort gegeben.‘

,Was hast du ihr gesagt?‘

,Sie hat gefragt, was 3x2 ist, und ich habe gesagt 2x3 und alle haben gelacht, dann hat sie mich in die Ecke gestellt.‘

Jetzt mischte ich mich ein: ,Ich denke, du hast die richtige Antwort gegeben, aber kannst du das auch beweisen?‘

Sofort zog er ein Stück Papier heraus, auf dem drei Spalten mit jeweils zwei Punkten gezeichnet waren und sagte: ,Das ist 3x2.‘

*   *   *

*   *   *

Dann drehte er das Papier um 90° und sagte: ‚Das ist 2x3.'" (von Foerster 1992, persönliche Mitteilung)

*   *

*   *

*   *

Mich stimmt so ein Ereignis einerseits freudig, andererseits macht es mich traurig. Die Kreativität von Kindern läßt mich immer wieder innerlich lachen. Wenn ich aber sehe, mit welcher Ignoranz und Gefühllosigkeit manche Menschen auf anderen herumtrampeln – in vielen Fällen sogar solche, die eine lange Ausbildung in ihrem Fach durchlaufen haben –, werde ich traurig, ungeduldig und in der letzten Zeit gottseidank sehr klar und manchmal auch wütend.

Briefwechsel Jürgen Wippich – Heinz von Foerster

Lieber Heinz,

nun bin ich mit meinem fast 300 Seiten langem „Ouevre" fast fertig. In dem Buch denke ich nach. Ich verkünde keine Ideen sondern lade den Leser ein, mich in meinem „Nachdenken" zu begleiten. Am Schluß denke ich über Ethik nach. Ich spreche also nicht über Ethik, sondern ich denke darüber nach.

Das Buch beginnt mit dem Nachdenken über „choice", eines der Hauptziele des NLP, nämlich externale Kontrollvariablen in internale Entscheidungsvariablen zu verwandeln, führt dann über viele Gedanken von Dir, Maturana, Varela und Luhmann zu Kritik des NLP und führt Deinen Vorschlag der Neurokybernetischen Selbstorganisation ein.

Ein ganz wichtiger Teil für mich ist eine Unterscheidung zwischen persönlichen und kulturellen Glaubenssätzen. Ich verwende dabei den Begriff „Lebenslieder". Dieser Begriff ist weniger belastet als Ideologien, Skipten, Beliefs, Wertesysteme etc.

Jemand, der tief im unbewußten die Entscheidung trifft, das Lebenslied der Selbstverantwortung, Selbstheilung und Selbstorganisation zu singen, wird bei einer Krankheit wie Krebs eher heilen, als jemand, der die Verantwortung in des Medizinmodell legt. Ingrid jedenfalls hat vor ca. drei

Jahren die erstere Entscheidung getroffen und ist jetzt kerngesund. Wenn ich zurückblicke, hat die Begegnung mit Dir, damals in Phoenix eine Menge zu dieser Entscheidung beigetragen.

In meinem Buch denke ich nun auch über die Lebenslieder von Organisationen Familien und Kulturen nach. So unterscheide ich — etwas provokativ — zwischen der amerikanisch/kalifornischen und der russisch/europäischen Seite. Die einen pfeifen das Lied des Determinismus, die anderen das Lied der Kreativität und Selbstorganisation. Das Sowjetreich und der Hitlerstaat haben ein ganz anderes Lebenslied als manche Naturvölker.

Mit dieser Idee arbeite ich mittlerweile ganz praktisch und sehr erfolgreich in Arbeitsgruppen und Supervisionsgruppen in der Psychiatrie und Kliniken. Dort gibt es immer wieder Subsysteme, die sich bekämpfen. Der Kampf wird auf der Verhaltensebene ausgetragen. Das Problem ist aber in den extrem unterschiedlichen Glaubenssystemen begründet. Z.B. hat sich Psychiater A hat mit einigen Mitarbeitern verbündet. Er singt das Lied der Macht und betrachtet alle Menschen als Triviale Maschine, in die man nur genügend Haldol reinschütten muß, damit sich beruhigen. Er war früher in Rumänien Mathematikprofessor, vor 15 Jahren in den Westen und wurde Arzt. Ein anderer Teil des Teams möchte choice, Menschlichkeit und Kommunikation mit den Patienten. Deine Unterscheidung und Entscheidung zwischen „Teil-der-Welt-sein" und „Abgeteilt sein" hat mir geholfen, zu sehen und neu zu handeln. Zur Zeit besteht die Kunst für mich darin, zwischen diesen unterschiedlichen Welten zu verhandeln, so daß kein Krieg entsteht. Das ist deshalb schwierig, weil ich mich ja der einen Partei zugehörig fühle.

Im Großen ist es das Problem der Skinheads und der Rechten in Deutschland.

Schließlich bin ich bei meinem Nachdenken über die Triviale Maschine auf ein weiteres Problem gestoßen. Da viele Leser und Kursteilnehmer vor der Macht der Zahlen erfahrungsgemäß große Angst haben, hatte ich — „in the privacy of my home" — einige Triviale Maschinen gebaut, um zunächst meine eigene Zahlenphobie zu korrigieren und um weiterhin den durch unfähige Mathematiklehrer geschädigten Menschen Gelegenheit zu geben, Schritt für Schritt, oder Byte für Byte die Funktionsweise der Trivialen und Nichttrivialen Maschine wirklich zu erfassen.

Ich habe also Triviale Maschinen mit 3 Inputs und 3 Outputs gebaut und mich an der Formel 33 oder nn orientiert, was 27 ergeben würde oder bei 4 Inputs und vier Outputs 256 unterschiedliche Maschinen.

Wenn ich also einen einarmigen Banditen baue, bestünde dieser aus 27 Maschinen. Eine Maschine davon wäre diejenige mit den Symbolen: + # $ und bei + soll als Output das Symbol „1" herauskommen, bei # das Symbol % und bei $ das Symbol c.

Bei meinem Herumspielen „in the privacy of my home" kam aber eine Tabelle mit 36 Symbolen heraus. Irmgard hat dann jenen oben beschriebenen Arzt beziehungsweise Mathematikprofessor befragt, der ihr, ganz im Sinne seines Lebensliedes, zur Antwort gab, dazu müsse er zu Hause in einem Buch über Wahrscheinlichkeitsrechnung die richtige Formel aufsuchen, was also auf dieser Ebene zu keiner Lösung führte, auf einer anderen Ebene aber die gestörte Beziehung zwischen Irmgard und diesem Arzt ins Positive verdrehte.

Nun fand ich in einem alten DDR-Statistikbuch von Claus Ebner aus meiner 68-Zeit im Bereich Kombinatorik die Fakultätenregel, die bei den drei Symbolen die Regel

$P_n = n! = 1 \times 2 \times 3 = 6$
also $3! \times 3! = 6 \times 6 = 36$ Wahlmöglichkeiten bei 3 Inputs und 3 Outputs ergibt und
$4! \times 4! = 24 \times 24 = 576$ bei 4 Inputs und 4 Outputs,

womit für mich die Welt des Handelns und die der Formeln wieder stimmte. Nun weiß ich nicht, ob sie auch für Dich stimmt und inweit sie mit der Nichttrivialen Maschine zusammenpaßt. Müßte die Formel dann

$n!^{n!}$

heißen?

Lieber Heinz, mit dieser Frage, für die es in Deinem Kopf die Anwort schon gibt, in meinem noch nicht, möchte ich zunächst abschließen und lieber weiter über Deinen Vorschlag in unserem letzten Telefongespräch nachdenken, lieber in der Weltgeschichte herumzufliegen und einmal nach Pescadero zu schauen anstatt zur Venus zu wollen.

Allerbeste Grüße auch unbekannterweise an Deine Frau

Dein Jürgen

Lieber Juergen,

Habe mit Entzuecken Deinen verfuehrerischen Lebensliedern gelauscht, mit Freude von Deinem kommenden Buch gehoert, und danke Dir fuer Deinen Kurzbericht..

Nun, zur trivialen Maschine (TM)!

Ihre wahre Natur hat sie wieder am Beispiel Irmgard/Arzt+Mathematikprofessor gezeigt: Selbst die trivialste Maschine kann die nicht-trivialsten Folgen hervorbringen.

Aber jetzt: Wieviele, N=?, unterscheidbare TM'n kann man bauen, mit X Inputsymbolen und Y Outputsymbolen?

In Deiner Studie hast Du Dir zwei Einschraenkungen gegeben. Die Erste, dass die Anzahl der Input- und Outsymbole gleich sei (X=Y); die Zweite, dass nie verschiedene Inputsymbole gleiche Outputsymbolen ergeben sollen. Du hast richtig in Deinem Statistikbuch gefunden, dass die Anzahl der Weisen in denen n Schueler in einer Klasse auf n Baenke gesetzt werden koennen (oder n Symbole auf n Plaetze), ist n Fakultaet:

$$n!$$

Also fuer n=3; n!=6, oder

$$
\begin{array}{c|c}
A & 112233 \\
B & 231312 \\
C & 323121
\end{array}
\qquad \textbf{HURRAH !}
$$

Ich nehme an, dass Du geglaubt hast, dass die Reihenfolge in der die Inputs gegeben werden eine Bedeutung hat, und hast daher alle Permutationen von A,B,C in Betracht gezogen. Aber bedenke: TM's ignorieren die Vergangenheit. Daher enthaelt Deine Tafel von 36 Maschinen von jeder TM 6 Exemplare (gleiche TM'n, gleiche Farbe).

Bedenke jetzt den allgemeinen Fall:

$$
\begin{array}{c|ccccccccc}
A & 123 & 123 & 123 & 123 & 123 & 123 & 123 & 123 & 123 \\
B & 111 & 222 & 333 & 111 & 222 & 333 & 111 & 222 & 333 \\
C & 111 & 111 & 111 & 222 & 222 & 222 & 333 & 333 & 333
\end{array}
$$

dann siehst Du, wie Deine 6 Faelle unter den allgemeinen 27 auftauchen.

144

Aber wieviel allgemein?

Zur schnellen Einsicht, ersetze A,B,C, duch E,Z,H, und erlaube 10 Outputsymbole: 0,1,2,3,...9. Dann

$$
\begin{array}{l}
E \mid 01234..9\,012..9\,.......\,012..9 \\
Z \mid 00000..0\,111..12\,.......999..9 \\
H \mid 00000..0\,000..\ 1\,.......999..9
\end{array}
$$

Jetzt dreh' die Tabelle um 90°, mit H,Z,E, oben, dann liest Du der Reihe nach von oben nach unten alle (dekadischen)Zahlen von 0 bis 999 (E=Einer; Z=Zehner..). Also:

$$N=10^3, \text{ und (allgemein) } N(X,Y)=Y^X.$$

Die Vergangenheitsabhaengigkeit der Nicht-Trivialen Maschine (N-TM) wird durch den Wechsel der "inneren Zustaende", "z", gewaehrleistet. Gibt es von denen Z, dann wird

$$N_Z(X,Y) = Y^{Z.X},$$

Da die Anzahl der inneren Zustaende hoechstens der Anzahl der TM'n sein kann (mehr sind redundant), so ist die Anzahl der moeglichen N-TM'n:

$$N_{Z,max}(X,Y) = Y^{Y^X.X}.$$

In Deinem Fall, S=Y=n:

$$N_{n,max}(n,n) = n^{n^{n.n}} = n^{n^{n+1}}$$

und mit n=3:

$$N_{3,max}(3,3) = 3^{3^4} = 3^{81} \text{ ist ungefaehr } 10^{40}.$$

Alles Liebe Dir, und ganz grosse Umarmung für Irmgard,

Euer Heinz

Tabelle zur Trivialen Maschine:

A 1   A 1   A 2   A 2   A 3   A 3
B 2   B 3   B 1   B 3   B 1   B 2
C 3   C 2   C 3   C 1   C 2   C 1

A 1   A 1   A 2   A 2   A 3   A 3
C 2   C 3   C 1   C 3   C 1   C 2
B 3   B 2   B 3   B 1   B 2   B 1

B 1   B 1   B 2   B 2   B 3   B 3
A 2   A 3   A 1   A 3   A 1   A 2
C 3   C 2   C 3   C 1   C 2   C 1

B 1   B 1   B 2   B 2   B 3   B 3
C 2   C 3   C 1   C 3   C 1   C 2
A 3   A 2   A 3   A 1   A 2   A 1

C 1   C 1   C 2   C 2   C 3   C 3
A 2   A 3   A 1   A 3   A 1   A 2
B 3   B 2   B 3   B 1   B 2   B 1

C 1   C 1   C 2   C 2   C 3   C 3
B 2   B 3   B 1   B 3   B 1   B 2
A 3   A 2   A 3   A 1   A 2   A 1

Tabelle zur Trivialen Maschine:

146

Bedeutungen

Der Einzeller und der Metazeller

Wenn wir uns die grundlegende Frage stellen, wie lebende Systeme lernen, sich verändern, wachsen, heilen etc., ist es völlig egal, ob wir auf einen Einzeller schauen oder einen Metazeller, der aus Milliarden von Zellen besteht, oder gar auf ein Staatsgebilde.

Klassische Methoden wissenschaftlicher Beobachtung verleiten dazu, einzelne Merkmale herauszupicken, was dazu führt, daß man lediglich eine Liste von Ergebnissen erhält, aber daß man nichts darüber weiß, wie Leben funktioniert. Wenn man nachts im Schneetreiben durch die Landschaft fährt, anhalten würde und sich eine einzelne Schneeflocke auf der Windschutzscheibe anschauen würde, wäre das Schneetreiben verschwunden. Es gibt nur noch dieses Schneekristall in seiner bewundernswerten Herrlichkeit. Wenn man eine milchige Flüssigkeit durch ein Mikroskop anschaut, sieht man ein Molekül. Der milchige Eindruck ist verschwunden.

Es ist wie mit der Geschichte von den fünf Wanzen beim Jahrestreffen. Die eine erzählt von einem herrlichen Ausblick und der angenehmen frischen Luft, die zweite von der Dunkelheit und Geborgenheit, scharfen Gerüchen und Düften. Die dritte weiß über die Erdnähe, laute Geräusche, viel Staub und Hornhaut zu berichten. Die vierte fühlte sich recht wohl. Sie konnte ständig schwingende Schaukelbewegungen genießen. Es war wie in der Wiege. Die fünfte dagegen hatte große Mühe gehabt, ständig die Fliehkraft auszugleichen. Es war wie „bungee jumping" und sie mußte sich sehr festhalten um immer wieder den Aufschlag auf dem Körper zu überleben. Erst nach und nach kamen die fünf dahinter, daß sie das letzte halbe Jahr auf ein und demselben Esel gelebt hatten.

Denken Sie noch einmal an den einige Seiten vorher beschriebenen Einzeller und den Kugelfisch, der zwischen heiß und kalt unterscheiden kann. Dieser Einzeller hat also eine äußere sensorische Seite und eine innere motorische, die ich auch als integrierende Seite beschreiben möchte. Nehmen wir an, seine äußere Haut ist lichtempfindlich und kann zwischen hell und dunkel unterscheiden. Gleichzeitig vielleicht auch zwischen heiß und kalt und sie ist auch empfindlich für Vibrationen, so daß Luftdruckunterschiede oder Wasserdruckunterschiede in Form von lauten „Geräuschen wahrgenommen" werden können. Das Ganze wird dann im Sinne der oben beschriebenen Nichttrivialen Maschine oder im Sinne des Hyperzyklus motorisch verrechnet. Diese Verrechnung geschieht nach den Prinzipien von Erfahrung und Erwartung, wie sie Rupert Riedl (1981) in seinem hervorragenden Buch über die evolutionäre Entwicklung der Sinnessysteme beschreibt. An dieser Stelle geschieht nun etwas sehr Bedeutungsvolles – nämlich die Bildung von „Bedeutungen". Es ist sozusagen bedeutungsvoll, wie sich Bedeutungen bilden. Erst durch die operationale Geschlossenheit ist ein lebendes System in der Lage, irgend etwas innerhalb einer Umgebung zu erkennen und innerhalb dieser Umgebung zu handeln. Es ist der Verdienst von Jean Piaget, jahrzehntelang diesen Prozeß in der Entwicklung von Kindern beobachtet zu haben, und der Verdienst von Heinz von Foerster, innerhalb der kybernetischen Grundlagenforschung diesen Vorgang als allgemeine biologische und speziell menschliche Erkenntnisfähigkeit beschrieben zu haben.

Anhand derartiger Metaphern wurde mir klar, worin eine der stärksten Einschränkungen des NLP liegt. In der focussierten Sicht und der Verwechslung von Programmieren mit Selbstorganisation.

Das Ganze mag sehr abstrakt anmuten. Es ist jedoch sehr praktisch. Wie sollte klar werden, daß es nicht möglich ist, ein lebendes Wesen als Triviale Maschine aufzufassen. Kann ich doch von außen nichts hineingeben. Die Einflüsse, die auf diesen Kringel einwirken, bewirken lediglich Zustandsveränderungen innerhalb des Kringels. Falls ich da eindringen würde, ginge ja alles kaputt. Die Metapher des Räubers, der die Tür der Schatzkammer mit einer hochdosierten Ladung aufsprengt und hinterher leider feststellen muß, daß er alle Schätze zerstört hat, klingt vielleicht übertrieben, drückt aber die Idee des Problems aus.

Anschaulicher ist vielleicht die Metapher vom Elefanten und der Maus. Wenn ich mit einem Luftgewehr auf einen Elefanten schießen würde, würde ich vielleicht seine Haut ein wenig verletzen. Würde ich dagegen auf eine Maus schießen, wäre sie sofort tot. Maturana sagt nun, daß nicht die Kugel tötet, sondern der Organismus auf die Einwirkung ganz unterschiedlich reagiert.

Der Organismus der Maus reagiert mit der Auflösung seiner „Lebensorganisation". Der Organismus des Elefanten dagegen kann seine Lebensorganisation erhalten. Er verändert ganz minimal die Struktur seiner Haut. Sie bekäme lediglich einen Kratzer oder ein kleines Loch.

Auch die Maus wäre in der Lage, auf die äußere Einwirkung angemessen zu reagieren. Sie ist körperlich ganz anders beschaffen als der Dickhäuter. Sie müßte deshalb andere Sinne oder Fertigkeiten einsetzen als der Elefant. Der Elefant kann ruhig verharren. Die Maus müßte ihre visuellen Unterscheidungsfähigkeiten in Wechselwirkung mit der Motorik dazu benutzen, den Vorgang zu erkennen, um schnell weglaufen zu können. Das ginge nur mit historischer Abhängigkeit, d.h. sie müßte etwas lernen.

Das Ganze klingt vielleicht weithergeholt, aber es gibt genügend Geschichten über Tiere in der Wildnis, die auf den Menschen mit einem Gewehr in der Hand sehr schnell reagieren. Auch in stark umweltverschmutzten Flüssen wie dem Rhein gibt es mittlerweile Fischarten, die anscheinend all die Chemie zum Leben brauchen.

Ich denke, daß diese Sicht vergleichbar ist mit der Sicht der modernen Physik. Dort ist mittlerweile klar, daß es eine Wechselwirkung zwischen der Beobachtung und dem Experiment gibt. Man erhält immer das, was man sehen will.

Der größte Irrtum, dem ein Therapeut, eine Führungskraft, ein Politiker oder ein Vater oder eine Mutter, die ihren Sohn erzieht, anheimfällt, ist wohl derjenige zu meinen, man könne in irgendeiner Form etwas in einen Menschen hineintun. Man möchte ihn also mit einer Trivialen Maschine gleichsetzen. Maturana spricht in diesem Zusammenhang von einer sogenannten instruierenden Interaktion. Die Metapher dafür ist das Märchen vom König Midas. Es wird weiter unten erzählt. *S. 160*

Zwischen lebenden Systemen kann keine Information übertragen werden, wie das bei Computern geschieht. Zwischen Computern werden Signale ausgetauscht, zwischen Menschen Metaphern. Dieser Satz ist leicht dahergesagt. Er hat aber weitreichende Folgen. Wenn ich ihn annehme, habe ich selbst Verantwortung. Wenn ich ihn ablehne, brauche ich selbst keine Verantwortung übernehmen, kann andererseits aber auch Macht über andere Menschen ausüben.

Der paradoxe Satz „Denken Sie nicht an Blau" manipuliert Sie zwar, an „Blau" zu denken, aber Ihr Blau wird evtl. ein Hellblau sein, ein Dunkelblau – wenn Sie gestern abend einen über den Durst getrunken haben, reagieren Sie auf diesen Satz vielleicht in irgendeiner Form mit körperlichen Reaktionen – sie möchten „blaumachen". Vielleicht haben Sie gar keine Farbe vor Augen, sondern das geschriebene Wort in schwarzen Buchstaben usw ... Wenn ich den Satz zum zweiten Mal sage, *Denk nicht an ... „Blau"*, – haben Sie, da Sie ja als Nichttriviale Maschine historisch abhängig reagieren, vielleicht schon ein wenig gelernt und können nun an Rot oder etwas ganz anderes denken. Carl Gustav Jung war wohl sehr weise, als er sagte, daß nur derjenige, der den Traum träumt, ihn auch deuten könne.

Wie Bedeutungen entstehen

Wenn irgendwo im Weltall ein Stern explodiert und keiner kann es sehen, geschweige denn hören, macht die Explosion ein Geräusch? Gibt es eine Lichterscheinung? Wenn irgendwo auf der Welt ein Baum umfällt, gibt es ein Geräusch, wenn es keiner merkt? Wenn Ihre Partnerin oder Ihr Partner ganz furchtbar

⟹ Eigenverantwortung vs. Macht über andere

149

schnarcht und Sie schlafen so tief und fest, daß Sie nichts davon hören, hat das Schnarchen dann eine Bedeutung?

Ein Freund von mir, der in Indien aus dem Flughafen kam und ein Taxi haben wollte, wunderte sich über die verneinenden Kopfbewegungen, mit der die Inder auf seine Frage „Is it free" antworteten. Jedesmal strahlte ihn der Taxifahrer an und bewegte sein Haupt mit dem bekannten „Nein". Mein Freund ging zum nächsten Taxi – es war leer – und zum nächsten und zum nächsten ... bis schließlich – Gottseidank hatte er genügend Phantasie – so langsam in Form eines inneren Dialoges die Frage in ihm aufstieg: „Könnte es sein, daß ..." ... Und schließlich die Erkenntnis: „Tatsächlich!! Diese Kopfbewegung bedeutet in diesem Land etwas ganz anderes als bei uns. Nämlich JA!'." Meditieren Sie ein wenig, ob ein Computer kreativ genug wäre, so eine Erkenntnis zu entwickeln. Ein ganz herkömmlicher Computer oder ein neurales Netzwerk.

Die Frage hier ist: Wie errechnet ein ganz normales, humanoides Biosystem oder ein Einzeller eine Bedeutung? Nach dem vorher Gesagten ist das ganz einfach. Jedenfalls möchte ich die Idee mit Hilfe der Erkenntnisse von Heinz von Foerster und Humberto Maturana/Francesco Varela vereinfacht darstellen. Der interessierte Leser kann sich in der Originalliteratur überzeugen und sein Wissen vertiefen.

Für meine praktische Arbeit im Coaching, in der Therapie, in der Supervision, aber auch für meine eigenen Lernerfahrungen in der Brandung des Meeres, auf weiten Tiefschneehängen mit dem Snowboard oder in den unendlichen Tiefen der Speicherchips meines Computers war diese vereinfachte Sicht zunächst außerordentlich hilfreich.

Betrachten wir zunächst wieder unseren Einzeller. Nehmen wir dieses Mal einen ganz einfachen Einzeller, der irgendwo in einer Flüssigkeit, vielleicht in einer Höhle mit einer heißen Quelle lebt. Er hat eine äußere, sensorische Seite, die in der Lage ist, Temperaturunterschiede wahrzunehmen. Er besitzt also ein ganz einfaches kinästhetisches Wahrnehmungsorgan. Gleichzeitig soll er auch ein kinästhetisches Bewegungsorgan besitzen. Dieser Einzeller soll in der Lage sein zu unterscheiden, was „gut und böse" für ihn ist. Wenn dieser Einzeller nun zu sehr in die Nähe der heißen Quelle schwimmt, so wird seine internale, motorische integrierende Seite errechnen, daß vielleicht seine autopoietische Organisation zerstört werden könnte, so daß er sich mit seiner Kinästhetik in Bewegung setzt und mehr in Richtung „kalt" schwimmt. Wenn es zu kalt wird, geht es andersherum. Der Einzeller errechnet die Bedeutung „gut" bzw. „böse" hinsichtlich der Geschlossenheit seiner autopoietischen Organisation, die nicht zerstört werden darf. Die motorische Seite und die damit verbundenen Körpersignale sind ein wesentlicher Bestandteil dieses Bedeutungsraumes. Das mag zwar trivial klingen, ist aber eine Aussage von großer Tragweite. Maturana gebraucht den Begriff Emotionen. Innerhalb der Praxis der

Kommunikation des täglichen Lebens spreche ich lieber von Körpersignalen, da eine Nominalisierung weniger Unterschiede produziert, als ein Signal, welches die Person jeweils an einem spezifischen Ort ihres Körpers wahr-nehmen kann.

Maturana schreibt: „Emotionen sind dynamische Körperdispositionen, die die Handlungsbereiche spezifizieren, in denen Tiere im allgemeinen und wir Menschen im Besonderen im Augenblick operieren. Dementsprechend entstehen alle tierischen Handlungen in irgendeinem emotionalen Bereich und werden darin verwirklicht, und es ist die Emotion, die den Bereich definiert, indem eine Handlung (eine Bewegung oder eine innere Körperhaltung) stattfindet, gleichgültig, ob sie für einen Beobachter, der das Tier in einem Umfeld wahrnimmt, in einem abstrakten oder einem konkreten Bereich stattfindet, was die Natur der Handlungen spezifiziert. Tatsächlich wissen wir aus unserem täglichen Leben, daß wir, wenn wir von einer Emotion zur anderen übergehen, unseren Handlungsbereich wechseln und daß wir, wenn wir jemanden seinen oder ihren Handlungsbereich wechseln sehen, einen Wechsel der Emotion sehen. Mit anderen Worten: Es ist eine fundamentale Emotion, unter deren Einfluß wir im jeweiligen Augenblick in dem entsprechenden Handlungsbereich agieren, die unser Verhalten in diesem Augenblick als eine bestimmte Art des Handelns in diesem Bereich definiert. Wenn wir daher irgendeine menschliche Aktivität verstehen wollen, dann müssen wir auf die Emotion achten, die diesen Handlungsbereich definiert, in dem die jeweilige Aktivität stattfindet, und müssen gleichzeitig lernen, die mit dieser Emotion gewünschten Handlungen zu erkennen" (Maturana 1991).

Ohne Emotionen geht also nichts. Das ganze Zitat drückt sich als Handlung in der weiter unten beschriebenen Übung „Shivas Dance" aus oder im Vorgang Pacing/Leading schlechthin (vgl. Wippich 1983/1985; Gilligan 1987; Lankton 1979). Körpersignale färben den Vorgang der Bedeutungsbildung subjektiv ein. Körperlose, objektive Wahrheiten gehören damit der Vergangenheit an. All die Glaubensbekenntnisse der Pychoanalyse, des Christentums, Islams, Bhagwanismus, Faschismus, Kommunismus, Psychologismus, kann ich als subjektive Weltsicht des jeweiligen Erfinders dieser Weltsicht betrachten. Genauso wie die Bereiche, über die ich momentan beim Schreiben nachdenke, wirklich subjektiv sind. Allerdings muß ich persönlich für meine Gedanken und Aussagen haften. Vor zehn Jahren hätte ich das wohl noch nicht gekonnt. Damals lebte ich in einer Welt, die ich weiter unten als regelorientiertes Organisationssystem bezeichnen werde. Ich hatte den Schritt der Umwandlung von äußeren Kontrollvariablen in innere Entscheidungsvariablen noch nicht vollzogen. Meinen Emotionen zu trauen war mir fremd. Die Verzauberung gelang mir durch Kontakte mit „inneren Geistern" beim Six-Step-Reframing oder Senoi-Dreamwork-Reframing (Lankton 1979; Wippich 1982) sowie durch viele hypnotherapeutische Erfahrungen à la

FK ⇒ Emotion - Denken - Bewegen - ~~Fühlen~~ Wahrnehmen 151
(sensorisch ⇒ warm/kalt).

Milton H. Erickson. Die damalige, zu externale Ausrichtung war zwangsläufig mit schuldhaften Lebensliedern – die saßen tief – und einem wirklich gefestigten Ursache-Wirkungs-Denken verbunden. Eine Aussage von Richard Nixon trifft den Nagel auf den Kopf: „Ich übernehme jede Verantwortung, aber keine Schuld."

Ich bin über die Aussage Maturanas sehr froh. Sie bestätigt mir, daß der Weg, den ich vor dreizehn Jahren eingeschlagen hatte, wohl der richtige war. Damals konnte ich nicht akzeptieren, daß die fünf Sinne gleichwertig nebeneinanderstehen. Ich konnte verstehen, daß ein damals junger Therapeut wie Richard Bandler in einen hybriden Zustand abhebt und psychotisch reagiert, wenn er den Bereich der Gefühle zuwenig gewichtet. Er verliert sein „Grounding", er verliert den Boden unter den Füßen.

Emotionen waren für mich schon damals ein wesentlicher Bereich von Realität. Vaihingers Gedanken, daß nur das Empfundene „wahr" sei, hatten großes Gewicht.

Allerdings war mir der ungenaue Umgang der Gesprächstherapie mit Gefühlen zu einseitig. Es gab dort zu viele ungenaue Nominalisierungen, Tilgungen und Generalisierungen. Das Zitat von Maturana schafft eine Brücke zwischen NLP, Gesprächspsychotherapie etc. und drückt tatsächlich aus, was ich unter Neurokybernetischer Selbstorganisation (NKS) verstehe. Ich finde eine klare Unterscheidung von physiologischen Zuständen darin wieder, genauso wie das präzise Kalibrieren auf minimale Reaktionen. Am wichtigsten erscheint mir aber die Aussage, daß „Wahrheit" immer wieder neu definiert werden muß, und, gemäß des Hausphilosophen des NLP, Hans Vaihinger, mit Körpersignalen verknüpft ist, und somit nur das Empfundene wahr ist oder Wahrheit der zweckmäßigste Irrtum ist.

$$8 + 8 = 27$$

ist im logischen System der Mathematik falsch,

$$8 + 8 = 16$$

dagegen wahr. Ich hoffe, daß Sie in dieser Zeile andere Körpersignale wahr-nehmen als in der Zeile darüber.

Nun haben wir definiert, wie sich innerhalb eines Einzellers die Bedeutung „gut-böse" oder die Information „gut-böse" bildet.

„Bedeutungen" sind also nicht wahr. Die Bedeutungen, die sich hier bilden, sind Konstruktionen von Bedeutungen in dem Gehirn des Autors, also in meinem

Gehirn. Vielleicht aber auch im Gehirn des Lesers, also in Ihrem Gehirn, falls Sie diese Gedankengänge annehmen können.

Werfen Sie nun noch einen kurzen Blick auf die nachfolgende Tabelle. Auf der linken Seite finden Sie die ersten Symbole des binären Zahlensystems. Ein Computer kann ja nur zwischen Schaltern unterscheiden, die entweder an oder aus sind. Das gleiche gilt auch für das Nervensystem. Nervenzellen feuern oder feuern nicht. Klick, klick, klick ... ist die Sprache des Gehirns. So sehen Sie, daß der Unterschied zwischen 0 und 1 symbolisieren kann, daß Strom fließt, oder es fließt kein Strom. Der Unterschied zwischen 00 und 01 ist derjenige, daß einmal nichts ist und zum anderen eben etwas ist. Damit haben wir dem Vorgang noch keine zahlenmäßige Bedeutung zugeordnet. Die zahlenmäßige Ordnung entsteht, wenn wir dem „Nichts" (0; leiser Trommelschlag, schwaches Licht etc.) die Bedeutung „NULL" geben und dem „Es ist etwas" (1; lauter Trommelschlag, starkes Licht etc.) die Bedeutung „EINS". Wenn wir mehr Zahlen brauchen, müssen wir eine zusätzliche Stelle einführen. 00, 01. Nun können wir uns heranwagen, die Zahlen „ZWEI" und „DREI" zu bestimmen. Wir geben der Reihenfolge (10) „Es ist etwas" und „Es ist nichts" die Bedeutung „ZWEI" usw.

Unterschiede, die Unterschiede machen	Bedeutungen, die wir den Unterschieden geben
00	null
01	eins
10	zwei
11	drei
100	vier

Ich gebe der Reihenfolge 100 die Bedeutung „VIER". Es ist ein Unterschied, ob ein Teilchen als Materie oder als Welle gemessen wird. Es ist ein Unterschied, ob etwas ist (01) oder nicht ist (00). Eine Nervenzelle feuert oder feuert nicht, ein Licht kann an oder aus sein. Bei Rauchzeichen wird vielleicht eine große Rauchwolke von einer kleinen unterschieden, bei der Kommunikation mit Trommelschlägen ein dumpfer Ton oder ein heller. Auf der rechten Seite stehen die Bedeutungen. Fließt einmal kein Strom und dann wieder Strom, bekommt dies als Bedeutung die Zahl 1, fließt erst Strom und dann keiner, bekommt dies als Bedeutung die Zahl 2. Fließt zweimal Strom, bekommt dies als Bedeutung die Zahl 3. Wir Menschen haben dem Computer Bedeutungen gegeben. Es geschieht auf eine ähnliche Art wie im Morsealphabet, bei indianischen Rauchzeichen, bei der Klopfzeichensprache im Knast, der Verständigung zwischen Kriegsschiffen durch Lichtzeichen, eben durch Unterschiede, die Unterschiede machen, wie Gregory Bateson feststellte.

Wer sich in der Wüste orientieren will, kann Merkmale hinterlassen. Stellen Sie sich vor, Sie reiten dort herum und Ihr Pferd äpfelt. Falls Sie nach einigen Stunden plötzlich vor einem Haufen Pferdeäpfel stehen, können Sie der Situation Bedeutung geben. Endweder reitet da noch jemand herum oder Sie haben sich im Kreis bewegt.

Nehmen wir an, Sie seien ein „Flachdenker" und Sie glauben noch daran, daß die Erde eine Scheibe sei.

Nehmen wir weiterhin an, Sie haben ein wenig Zeit und Sie könnten das Gebiet erkunden, Sie möchten Ihren Claim abstecken. Da es Wüste ist, wollen Sie sich einen sehr großen Claim schaffen. Nehmen wir an, Sie haben ein großes Vertrauen in ihre geometrischen Kenntnisse und nehmen sich vor, ein riesiges Quadrat abzureiten. An jedem Eckpunkt soll das Pferd äpfeln. Es soll einen gut sichtbaren und unterscheidbaren Haufen in den Wüstensand setzen. Wenn Sie den Winkel und die Entfernungen genau messen könnten, würden Sie am vierten Haufen eine große Abweichung feststellen. Oder Sie würden sich wundern, daß Sie ihn gar nicht finden. Um eine Erklärung für das Phänomen zu bekommen, müßten Sie eine dreidimensionale Vorstellung entwickeln. Sie müßten die Welt als Kugel vor sich sehen. Dann könnten Sie bemerken, daß sich die Winkel an jedem Pferdeapfel verzerrt haben ... Es ist interessant, ein wenig mit dieser einfachen Idee visuell zu spielen.

Vielleicht haben Sie Robinson Crusoe gelesen und erinnern sich an Robinson, der sich auf der Insel völlig allein wähnte, plötzlich einen Fußabdruck im weißen Sand vor sich sah. Der Fußabdruck schuf schlagartig – im Film mit dramatischer Musik untermalt – eine neue Bedeutung. Ist es nicht erstaunlich? Ein Fußabdruck im Sand, im Kino in Großaufnahme dargestellt, schafft urplötzlich einen Bedeutungskontext voller Spannung. Die Zuschauer halten die Luft an. Gibt es noch jemanden auf dieser Insel?

Vielleicht passen hier wieder zwei Sätze von Wittgenstein:

Satz Nr. 4.1212: Was gezeigt werden kann, kann nicht gesagt werden.
Satz Nr. 4.1213: Jetzt verstehen wir auch unser Gefühl: daß wir im Besitze einer richtigen logischen Auffassung seien, wenn nur einmal alles in unserer Zeichensprache stimmt.

Wir Menschen sind in der Lage, immer wieder neue Bedeutungen zu bilden. Sprache ist nur dann Sprache, wenn sie über die eigene Sprache reflektieren kann. Sprache ist nur dann Sprache, wenn man die Merkmale der eigenen Sprache erkennen kann. Alles, was gesagt wird, wird von jemandem gesagt. Bedeutungen zu verwechseln oder falsch einzuschätzen, kann schwerwiegende Fehler nach sich ziehen. In den letzten dreizehn Jahren konnte ich in vielen Lebensbereichen

Verhaltenstechnologien des NLP erfolgreich anwenden. Sie waren meist dann erfolgreich, wenn ich den Menschen als ein eigenständiges, sich selbst organisierendes System aufgefaßt hatte und die damals von Dilts vorgeschlagene Grundhaltung beherzigt hatte, nämlich es einem Menschen zu ermöglichen, sogenannte äußere Kontrollvariablen in innere Entscheidungsvariablen zu verwandeln. War ich jedoch unserem alten kulturellen Glaubenssatz des „lerne vom Lehrer" verfallen, gingen diese wunderbaren NLP-Techniken meist „voll in die Hose". Heute spreche ich lieber von NKS und benutze diese Techniken lieber wie eine Schale in die man Sekt hineingießt. Lag früher die Konzentration auf der Schale (Technik), kann ich heute eher den Sekt genießen (Prozeß).

Die NLP-Technik des Reframing war so eine Schale. Dabei wird ein Vorgang in einzelne Programmschritte zergliedert. Die Zergliederung eines komplexen Vorgangs in einzelne Schritte ist natürlich in vielen Fällen notwendig und sinnvoll. Wenn ich auf dem Klo sitze, werde ich mir zuerst den Hintern abwischen, dann die Hose hochziehen und nicht umgekehrt. Ein Windsurfer, der mit einem kurzen Brett, ohne den Wasserstart gelernt zu haben und ohne Kenntnis des Reviers und des Wetters weit aufs Meer hinaussegelt, startet eine lebensgefährliche Aktion. Er sollte zunächst einige Lernschritte vollzogen haben, ehe er sich auf eine derartige Erfahrung einläßt.

Der Unterschied zwischen dem Windsurfer auf dem Meer und dem Klienten auf dem Stuhl vor mir liegt darin, daß der Klient in einer mentalen Prozedur von einigen Minuten Dauer sich zehn Stunden auf dem Meer aufhalten, dabei dreimal ums Leben gekommen sein kann und noch eine Menge mehr Vorgänge in Raum und Zeit erleben kann, die dem Windsurfer nicht möglich sind. Da in einer therapeutischen Sitzung Raum und Zeit zusammenfallen, ist es in vielen Fällen interessanter, „den sprudelnden Sekt als Sekt zu behandeln", anstatt ihn biochemisch zu analysieren. Für mich waren ganzheitliche hypnotherapeutische Erlebnisse für das Erlernen dieser Haltung ebenso bedeutsam wie die provokative Arbeit Frank Farrellys. Bei Frank konnte ich lernen, wie ein ständiges Umdeuten mit neuen Labels immer wieder neue Bedeutungen schafft. Der Vorgang gleicht der Kreativität eines Künstlers wie Pablo Picasso, der einzelne Bildelemente für sich genommen klar definiert, um sie dann so zusammenzusetzen, daß sich daraus ein neues Werk mit einer völlig neue Bedeutung ergibt. So nahm Picasso den Lenker eines Rennrades. Weiterhin den Sattel eines Rennrades. Auf eine bestimmte Art zusammengefügt ergibt sich für den Betrachter das eindrucksvolle Bild eines Stierkopfes (siehe Wippich 1986, 55).

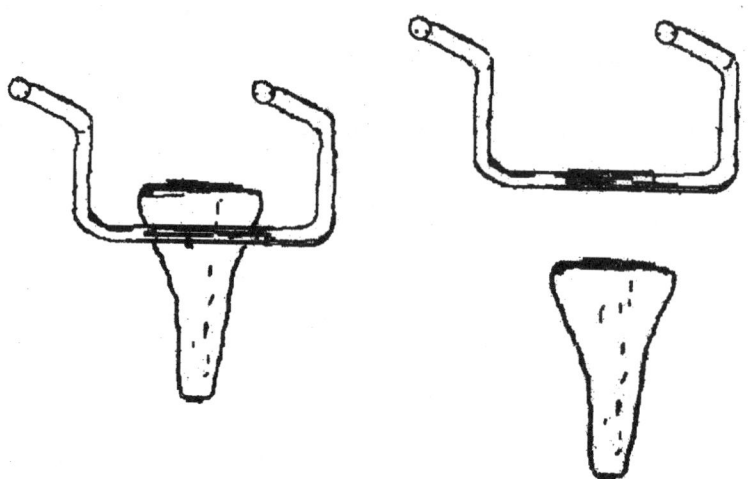

Abb.: Stierkopf nach Pablo Picasso

Dieses Zusammenfügen von Elementen zu einer neuen Bedeutung ist wohl die Grundlage von Sprache und menschlicher Erkenntnis überhaupt. Auf eine ähnliche Art, wie in der Quantenmechanik ein kleines Teil auf ein anderes trifft und sich damit der Charakter des Teilchens von Materie zur Welle ändert, so entsteht auch bei Sprache durch das Zusammentreffen der verschiedenen Worteelemente immer wieder eine neue Bedeutung. Erlebnisse blitzen auf als Erkenntnis im Fluß des Dialogs. Verstehen geschieht im Fluß der Interaktion im Kontext des geschlossenen kommunikativen Rahmens. Dieser Vorgang wird weiter unten beschrieben. Er ist deshalb nicht programmierbar, weil die Erkenntnis einer Bedeutung immer wieder neu in diesem immer wieder neu definierten Kommunikationsrahmen einfach geschieht.

Der Leser mag darüber nachdenken, ob der von einer Frau gesagte Satz: „Ich bin ein feuchter Traum auf zwei Beinen" von einem Computer überhaupt verstanden werden kann. Der Leser mag weiterhin darüber nachdenken, welche Bedeutung diesem Satz von einer Person aus einem männlichen, einem feministischen, einem sprachwissenschaftlichen, einem japanischem Geisha-Milieu, einem Skihütten-Milieu, einer tantrischen Gruppe, einer Gruppe von Nonnen oder welchem noch denkbaren Kontext beigemessen wird. In welcher Vielfalt mit Sprache Bedeutung geschaffen wird, kommt auch in zwei wissenschaftlichen Artikeln der Zeitschrift „Familiendynamik" zum Ausdruck, in denen sich die Autoren nicht scheuen, unter Einbezug renommierter Schriftsteller wie Umberto Eco und M. Kundera, mit Worten wie „Scheiße" und „Arschloch" unter anderem auch psychotherapeutisch herumzuspielen.

Das bedeutungsvolle Spiel mit solchen Worten funktioniert auch in der folgenden Geschichte: Täglich zur vollen Stunde öffnete der Kuckuck die Tür der Schwarzwälder Kuckucksuhr und schrie „Kuckuck, Kuckuck". Irgendwann hatte er das Ganze satt. Er verließ die Uhr, breitete seine Flügel aus, flog über den Schwarzwald und schrie „Kuckuck, Kuckuck". Er flog über Europa und schrie „Kuckuck, Kuckuck", über die Nordsee und schrie „Kuckuck, Kuckuck", über den Atlantik und schrie „Kuckuck, Kuckuck". Plötzlich sah er tief unter sich Fische. Er flog hinunter und machte „Kuckuck, Kuckuck". „High!", sprach der Hai mit tiefer Stimme.

Milton Erickson verwendete sehr gezielt sprachliche Schlüsselwörter, um es dem Klienten zu ermöglichen, seine Weltsicht und daraus folgend auch sein Verhalten verändern zu können. Folgenden Spruch kann man in Lindau als Touristengag auf Hals- und Handtüchern sowie als Autoaufkleber kaufen:

„It's nice to be a Preuss but it's higher to be a Bayer."

Die von Erickson (Zeig 1988) innerhalb eines hypnotischen Workshops gebrauchte Version, adressiert an einen deutschen Kursteilnehmer, ist wohl nur zu erfassen, wenn man beider Sprachen einigermaßen mächtig ist:

„It's nice to be price but it's higher to be buyer."

Der Satz, in einem therapeutischen Kontext angewendet, ergibt einen ganz besonderen Sinn, wenn man darüber nachdenkt, daß es hier darum gehen könnte, jemanden auf indirekte Art zu einer persönlichen Entscheidung zu verhelfen. Erickson betont die Worte „price = Wert" und „buyer = Käufer" auf besondere Art. Die Botschaft könnte dann sein, daß es angenehmer ist, ein Käufer zu sein, weil man in der Lage ist, aktiv zu handeln, als einfach passiv zu genießen. Diese Unterscheidung wird interessanterweise heutzutage auch von einigen Familientherapeuten gemacht, indem sie von Gästen und Kunden sprechen. Gäste sitzen da und nicken. Aber sie tun nichts. Kunden gehen nach der Sitzung fort und handeln. Sie setzen die Ideen der Therapie bewußt oder unbewußt in eine aktive Handlung um.

Dieser Vorgang des Wandelns von einem Bedeutungskontext in einen anderen findet sich auch in meiner ursprünglichen Therapieform, der Gesprächstherapie. Von dem Gesichtspunkt des „Prozessierens" von Information innerhalb der Klientenzentrierten Psychotherapie, schrieb David A. Wexler: „Optimales Experiencing wird auf eine Weise betrachtet, daß es einen selektiven Aufmerksamkeitsprozeß hervorruft und einschließt, und dabei Attribute der Information organisiert, die es zulassen, neue Facetten von Bedeutung zu erfahren, die unterschieden und synthetisiert werden" (1974, 80).

Dieser Aneinanderreihung von Substantiven kann ein Kollege von David Wexler mit Sicherheit Bedeutung verleihen. Vielleicht gelingt das auch noch einer Reihe von anderen Personen aus dem Club der klientenzentrierten psychotherapeutischen Forscher. Ein Mann von der Straße wird diesen Satz wohl kaum verstehen. Ich denke, daß es daran liegt, daß mit den Schlüsselworten beim Leser keine Körpersignale hervorgerufen werden können. Und wenn ja, dann höchstens negative, die sich ganz allgemein auf den Absatz beziehen, der nicht verstanden wird. Das finde ich deshalb so spannend, weil gerade der als „Experiencing" bezeichnete Vorgang ein ganz hautnah köperlicher ist. Als eingeweihte Person weiß ich, daß mit dem Wort „Experiencing" ein Erfahrungsprozeß gemeint ist, der mit Körpersignalen verbunden ist. Ich weiß auch, daß der Vorgang in eine Therapieform mündet, die, Focusing genannt (Gendlin 1981), sehr der Reframing-Technik im NLP ähnelt. Vielleicht geht es Wexler ähnlich wie vielen anderen Heilern und Forschern, die sich gerade mit dem Thema intensiv beschäftigen, mit dem sie ihre Probleme haben.

Was mich aber in der letzten Zeit viel mehr reizt, weil es bei einzelnen Menschen und Gruppen von Menschen schneller zu positiven Veränderungen führt, ist die direkte Verknüpfung von bedeutungsvollen Worten mit Körpersignalen. Eine Verknüpfung, die sich biokybernetisch in der Rückbezüglichkeit zwischen sensorischer Seite und motorischer Seite ausdrückt und von Heinz von Foerster und Humberto Maturana am präzisesten durchdacht wurde. Schlüsselworte, die Emotionen auslösen, sind aus meiner Erfahrung viel besser geeignet, diesen Prozeß des Hinüberhebens von einem einschränkenden Kontext in einen Kontext der Wahlmöglichkeiten möglich werden zu lassen. In Gruppen demonstriere ich das manchmal, indem ich in unterschiedlichster Tonalität und mit ganz unterschiedlicher Körperhaltung zu jemand „Du Arschloch" sage. Daran wird die denotative und konnotative Seite von Sprache sehr schnell klar. Den Vorgang habe ich wohl schon sehr früh von meinem Vater gelernt, der immer wieder großen Spaß daran hatte, besonders im Kreis von Gästen oder Bekannten dem auf dem Boden liegenden Bernhardiner namens Bacchus mit ganz liebevoller Stimme Botschaften zu sagen wie: „Bacchus, du bist ein böser Hund" oder „Bacchus, du bist ein ekelhaftes Viech" etc., worauf Bacchus zum Erstaunen der Gäste mit großer Freude reagierte, mit dem Schweif wedelte oder aufstand und mit Herrchen zu schmusen begann.

Bedeutungsvolle Worte sind Brücken zwischen Welten, die vorher unvereinbar waren. Eine Brücke zwischen diesen Welten kann deshalb entstehen, weil die Welten, wie auch das Wort, mit Körpersignalen verknüpft werden können. Geschickte Rhetoriker kennen den Vorgang und nutzen ihn, um Macht auszuüben. Darüber denke ich weiter unten nach. Im therapeutischen Feld sucht der Klient oder das Arbeitsteam, bzw. eine Familie, nach einer neuen Bedeutung. Luigi

Boscolo beschreibt den Fall eines vierzehnjährigen Jungen aus einer sehr fleißigen Familie, der zum Anführer einer hochkriminellen Jugendbande geworden war. Nachdem die Therapeuten den Jungen in Zusammenhang mit der familiären Struktur und besonders der Rolle der Mutter als „einen sehr moralischen Jungen" umdefiniert hatten, trat eine Änderung ein. Die Neudefinition hatte bei allen Familienmitgliedern tiefe Emotionen ausgelöst. Der Junge traf eine Entscheidung, die vorher nicht möglich gewesen war. Er bat um einen „Erholungsurlaub" bei seinen Großeltern, etwas, das er vorher immer abgelehnt hatte. Nach drei Monaten kehrte er zurück und begann ein neues Leben.

Soweit zu Metaphern und Bedeutungen. Worte können viel bewirken. Sie können Schmerzen stillen und heilen. Das wissen wir von Milton H. Erickson. Sie können Materie verändern und die Welt in Brand setzen. Das wissen wir von Hitler und Goebbels. Mit den Metaphern haben wir schon in den praktischen Bereich vorgegriffen. Damit vermischt sich wieder die Form mit dem Inhalt. Ich denke aber, daß es andererseits auch zum Verständnis beiträgt. Im nächsten Abschnitt geht es dann noch einmal um den Mikrobereich, bevor ich über das wichtige Thema der Lebenslieder nachdenke, die wiederum mit Ethik und Moral zu tun haben.

Rigidität, Stabilität und der Irrtum
des Programmierens

Unsere alltägliche Erfahrung mit unseren Sinnen läßt in uns den Glauben entstehen, daß wir in einem direkten Kontakt mit der Welt stehen, und daß wir sie auch direkt beeinflussen könnten. Wohl deshalb versuchen Menschen nach wie vor auf diesem Erdball, anderen Menschen ihre Bedeutungen von irgend etwas mit den verschiedensten mehr oder weniger gewaltsamen Methoden einzubleuen. Maturana nennt diesen Vorgang instruierende Interaktion und erzählt dazu das Märchen vom König Midas.

König Midas und die instruierende Interaktion

Alles, was König Midas berührte, wurde zu Gold. Er berührte einen Stein. Er wurde zu Gold. Er berührte eine Rose, sie wurde zu Gold. Es war wunderbar. Er ging nach Hause. Er umarmte seine Tochter. Sie wurde zu Gold. Er trank Wein, der wurde zu Gold. Er starb. In einem Workshop in Weissenau hat uns Maturana diese Metapher erzählt, um uns zu zeigen, daß in biologischen und menschlichen Systemen instruierende Interaktion nicht möglich ist. Kein Mensch kann einen anderen beeinflussen, so wie das König Midas getan hat. Der Einfluß ist strukturabhängig. Die PERTURBATION von außen muß mit der Struktur des Systems zusammenpassen. Andererseits stirbt es. Ein chinesisches Wort muß zur inneren Struktur desjenigen passen, der diese spezifischen chinesischen Worte gelernt hat. Das klingt trivial, aber es ist ein Teil der Essenz von Psychotherapie. NLP sagt, daß jede Person ein eigenes Modell von der Welt hat. Wir interagieren nicht direkt mit der Welt, sondern durch dieses Modell. Ein NLP-trainierter Mensch weiß, daß, wenn ich das Wort „blau" sage, man entweder eine Farbe sehen, einen Klang hören oder ein Gefühl von „blau" haben kann.

Wie kommt es nun, daß es manchmal so aussieht, als ob wir uns oder andere Menschen programmieren könnten. Wie kommt es, daß wir in einem Haus, das wir gar nicht kennen, ohne weiteres jede Tür öffnen können, obwohl die Türdrücker ganz unterschiedlich gebaut sind. Manche Menschen mit einem Hirnschaden können das nicht. Sie müßten jeden Handgriff mühsam lernen. Sogar Tiere können so etwas lernen. Ich erinnere mich gut daran, daß meine Großeltern einen Schäferhund hatten, der jede Tür aufmachen konnte. Keiner hatte es ihm jemals beigebracht.

Draußen gibt es lediglich „Luftdruck", „Lichtquanten", „Temperaturen", „chemische Einflüsse". Unsere Wahrnehmungsorgane sind dafür konstruiert (sie haben sich im Laufe der Evolution dazu entwickelt), auf diese Bereiche zu reagieren. Sie reagieren auf Unterschiede. Diese Unterschiede leiten sie zum Gehirn weiter. Dabei sieht das Auge nichts, das Ohr hört nichts und die Hand oder der Schwanz fühlt nichts. Die neuronale Erregung wird **unspezifisch** weitergeleitet. Die Sprache des Gehirns ist ganz einfach: „Klick, klick, klick" und nichts anderes. Es sind die Unterschiede, die Unterschiede machen, wie Gregory Bateson sagte. Dieser Vorgang ist zum Lernen, für Kommunikation und auch für Therapie deshalb so wichtig, weil schon hier sehr viele Fehler und Verwechslungen entstehen. Erst innerhalb des Nervensystems werden die Unterschiede zu Bedeutungen im Zusammenspiel der Sinnesmodalitäten verrechnet. Es gibt hier keinen Input und auch keinen Output. Das Gehirn reagiert und errechnet ganz eigenständig die Bedeutung, die für „es selbst" von Bedeutung ist.

Gerhard Roth (in: Schmid 1987, 233f) schreibt hierzu: „Die spezifische Modalität der Sinnesorgane, auf der unsere Sinneswelt zu beruhen scheint, ist ‚hinter' den Sinnesorganen offenbar verschwunden. Die Sinnesorgane übersetzen die ungeheure Vielfalt der Welt in die ‚Einheitssprache' der bioelektrischen Ereignisse (Nervenpotentiale), denn nur diese Sprache kann das Gehirn verstehen (auch die Sprache der Hormone muß in Nervenpotentiale übersetzt werden, damit eine Wirkung auf die Nervenzellen erfolgen kann). Man kann leicht einsehen, daß diese Übersetzung in die neuronale „Einheitssprache" etwas für die Funktion des Nervensystems Unabdingbares ist, denn wie könnten sonst im Dienste der sensorischen Verhaltenssteuerung Auge und Muskeln, aber auch Auge und Ohr, Gedächtnis und Geruch miteinander kommunizieren, d.h. Instanzen, die äußerst unterschiedlich gebaut sind und ebenso unterschiedlich funktionieren. Die ‚neuronale Einheitssprache' ist die Grundlage der Integrationsleistung von Nervensystem und Gehirn. ... Der eigentliche Sinneseindruck entsteht im Gehirn, und zwar als eine Kombination simultaner und sukzessiver Verarbeitung."

Dabei findet nun aber, und das mag zunächst paradox klingen, eine sehr deutliche Unterscheidung zwischen einem Innen und Außen innerhalb des Gehirns statt. Dazu schreibt Roth weiter: „Außerdem ist die Art der Repräsentation fundamental verschieden: während die Umwelt nur sensorisch im Gehirn repräsentiert ist, ist der Körper sensorisch und motorisch repräsentiert. Jedes motorische Kommando wird sensorisch abgefragt, um zu kontrollieren, ob das Kommando auch ausgeführt wurde. Über verschiedene somatosensorische Rückmeldungen **fühlen** wir unmittelbar, was unser Körper tut. Die Erfahrung des Körpers, auch wenn sie nur gehirn-intern ist, ist daher anderer Natur als die Erfahrung der Umwelt. ... Für das Gehirn bedeutet dies: alles, was senso-motorisch rückgekoppelt ist, ist Körper, was aber nur zu Erregung in den sensorischen Zentren ohne direkte Rückkoppelung führt, ist Umwelt. ... Es ist deshalb auch sehr irreführend, wenn von vielen Wahrnehmungstheoretikern gesagt wird, die von uns sinnlich erfahrene Welt sei in Wirklichkeit in unserem Kopf bzw. Gehirn" (237 ff.).

Diese Aussage sehe ich in einem sehr engen Zusammenhang mit der Arbeit Milton H. Ericksons. Sie hat mir in bezug auf eine Reihe von NLP-Praktiken sehr zu denken gegeben, und dazu geführt, in der direkten Arbeit präziser zu werden, d.h. klientenzentrierter und weniger programmierend bzw. linguistisch.

Stabilität und Eigenwerte

Ankern, das Lernen von Stabilität, oder wie wir rot und grün unterscheiden

Wenn wir an Heinz von Foersters **N**icht**T**riviale **M**aschine, an die Chaos-Theorien oder die Unschärferelation Heisenbergs denken, dann scheint die ganze Welt ein großes Chaos zu sein. So etwas ist beängstigend, und der eine oder andere, der das nicht aushält, schielt nach dem Schöpfer, oder dem Führer, Philosophen etc. So einer solle doch wenigstens sagen, daß es irgendwo eine Ordnung gibt.

Interessanterweise sind nun aber unzählige Lebewesen, die zu dieser Philosophie niemals fähig waren, sehr wohl in der Lage, angemessen in dieser Welt zu überleben. Wie kommt es wohl, daß bei all dem Chaos irgend etwas stabil ist. Schon ein Baby im Uterus kann Unterschiede machen. Aber wir wissen nicht, wie es sein Lernen erlebt. Wir werden es nie herausfinden. Wenn das Baby uns die Frage beantworten könnte, wäre es ja schon erwachsen. Es ist wie mit dem Beispiel des Affen in Maturanas und Varelas Buch *Baum der Erkenntnis*. Wenn wir den Affen fragen würden, wie er sich als Affe fühle, und er könnte uns die Frage beantworten, wäre er ja kein Affe mehr, sondern ein Mensch. Er würde die menschliche Sprache beherrschen und damit ein vollwertiges Mitglied der menschlichen Gemeinschaft sein (Maturana, Varela 1987). Wieder einmal können wir nur spekulieren. Auch Träume, die man erinnert, sind schon wieder etwas ganz anderes als der Traum selbst. Seit ich gelernt habe, im Traum zu wissen, daß ich träume, weiß ich, wie problematisch es ist, einen Traum im Wachzustand zu analysieren. Im Wachzustand ist es ja nicht mehr der Traum, da ich ihn ja jetzt im Kontext meines Bewußtseins erlebe. Tanzen ist Tanzen. Sprechen über den Tanz ist etwas ganz anderes als tanzen. Aerobic ist Aerobic. Sprechen über Aerobic ist etwas ganz anderes als das damit verbundene Erlebnis von Bewegung und Musik. Zärtlichkeit ist Zärtlichkeit. Sex ist Sex. Erotik ist Erotik. Über Sex sprechen, über Erotik diskutieren wiederum ist etwas ganz anderes.

Ganz entspannt im Hier und Jetzt

„Das Nervensystem funktioniert stets in der Gegenwart, und es kann nur verstanden werden als ein System, das in der Gegenwart funktioniert. Die Gegenwart ist das für eine Interaktion notwendige Zeitintervall; Vergangenheit, Zukunft und Zeit existieren nur für den Beobachter. Auch wenn viele Nervenzellen ihre Arbeitsweise fortlaufend verändern mögen, kann ihre jeweilige Vorgeschichte dem Beobachter klarmachen, wie ihre gegenwärtige Operationsweise zustandegekommen ist, nicht jedoch, wie sie jetzt tatsächlich verläuft, noch worin ihre gegenwärtige Mitwirkung an der Erzeugung bestimmter Verhaltensweisen besteht" (Maturana 1982, 43).

Wenn alles im „Hier und Jetzt" geschieht, wenn dabei alles grenzenlos wäre, würde die Welt irgendwo ins Nirgendwo fließen. Dem scheint aber nicht so zu sein. Sicher gibt es einige Psychotiker und einige meditative Meister, die alle Grenzen überwunden haben. Die einen leben in einem ewigen Streß – solange sie keine externalen Substanzen bekommen –, die anderen kommen ohne dieselben aus, produzieren vermutlich internal angemessene Stoffe und bleiben dabei anscheinend in einem ewig andauernden Zustand von „Flow", „Happiness" oder Gelöstheit. Viele Menschen dagegen weisen ein beträchtliches Maß an Rigidität auf, hängen an sehr klar abgegrenzten Erinnerungen der Vergangenheit und laufen, vereinfacht ausgedrückt, wie die oben erwähnten **T**rivialen **M**aschinen, **TM**s, durch die Welt.

So entsteht aus diesen Überlegungen eine weitere Frage: „Wenn wir ausschließlich in der Gegenwart funktionieren, wie können wir dann noch wissen, was gestern war? Oder vor zwei Jahren? Oder vorhin?" Wenn Sie sich daran erinnern wollen, wie Sie heute morgen wach wurden, ist diese Erinnerung mit einem Körpergefühl verbunden, ist sie bildhaft oder gab es etwas zu hören? Irgendeine Ihrer kleinen **NTM**s wird mit Sicherheit anspringen. Wie also funktioniert diese Erinnerung zunächst einmal in seiner Grundstruktur? Heinz von Foerster schreibt zum Problem des Gedächtnisses, des Behaltens: „ ... Lassen Sie mich gleich auf das eigentliche Problem kommen, dem wir uns gegenübersehen, auf das Problem nämlich, wie lebende Organismen es schaffen, sich selbst in einer Umwelt am Leben zu erhalten, die eher alles andere als simpel ist ...

Damit sind wir in der Lage, nun die zweite Frage zu stellen: Was müssen unsere Organismen lernen können? Vielleicht kann diese Frage eher beantwortet werden, wenn wir uns zuerst fragen: ‚Warum sollen diese Organismen überhaupt etwas lernen?' ... Ich glaube, daß der eigentliche Grund dafür, daß diese Systeme überhaupt etwas lernen müssen, darin besteht, daß solches Lernen sie instand setzt, induktive Schlüsse zu ziehen. Mit anderen Worten, das System muß zur Verbesserung seiner Überlebenschancen imstande sein, zukünftige Ereignisse aus der Vergangenheit zu berechnen, es muß ein (Er-)Rechner induktiver Schlüsse sein. Darüber hinaus liegt auf der Hand, daß nur ein System mit einem Gedächtnis imstande ist, solche induktiven Schlüsse zu ziehen, denn es ist unmöglich, aus dem Zeitstück gegenwärtiger Ereignisse allein Schlüsse über die nachfolgenden Ereignisse abzuleiten, wenn frühere Zustände der Umwelt nicht in Betracht gezogen werden können.

Ich habe damit die nähere Bestimmung meiner Aufgabe abgeschlossen: Ich möchte einen (Er-)Rechner induktiver Schlüsse bauen, dessen Zunahme an innerer Organisation Ungewißheiten hinsichtlich der Vorhersagen zukünftiger Ereignisse in seiner Umwelt beseitigt.

An diesem Punkt möchte ich an die Situation erinnern, in der wir ein Rechengerät noch mit einem Aufzeichnungsgerät gekoppelt haben, um unser Gedächtnisproblem zu bewältigen. Aus der eben beschriebenen Aufgabe ergibt sich jedoch klar, daß eine Aufzeichnung der Vergangenheit, wie detailliert und dauerhaft sie auch immer sein möge, völlig wertlos ist. Sie ist tot. Sie gibt uns nicht den geringsten Hinweis auf zukünftige Ereignisse, wenn wir nicht einen Dämon einsetzen, der ständig über diese Aufzeichnungen hinwegfegt, mit Lichtgeschwindigkeit für jede Eintragung einen bestimmten Wert berechnet, diese Werte in einer Menge von Selektionsoperationen miteinander vergleicht und schließlich daraus die Wahrscheinlichkeitsverteilung der nächsten zukünftigen Ereignisse berechnet. Dieser Dämon muß dies alles außerdem zwischen den zeitlichen Augenblicken erledigen! Wenn wir weiter darauf bestehen, Aufzeichnungen zu machen, verlagern wir lediglich unser Problem des Gedächtnisses auf die Fähigkeiten eines solchen Dämons, der nun seinerseits die Aufgabe hat, als ein (Er-)Rechner induktiver Schlüsse zu arbeiten. Ich kann daher die Aufzeichnungen ohne weiteres wegwerfen und über die Konstruktion dieses Dämons nachdenken, der ja gar nicht auf die Aufzeichnungen der Ereignisse zu schauen braucht, sondern nur auf die Ereignisse selbst" (von Foerster 1985a, 138).

Wir erhalten unsere Erinnerungen in Form von Strukturen aufrecht. Visuell kommen solche Strukturen vielleicht den farbigen Strudeln in einem Gewässer gleich. Auditiv vielleicht bestimmten Tonfolgen, die einen Rhythmus ergeben, und visuell-kinästhetisch den Bewegungen des Dirigenten in einem Orchester. In meiner Vorstellung sind das alles kleine Nichttriviale Maschinen, Handlungen, die immer wieder auf sich selbst bezogen werden, bis ein stabiles Muster entsteht.

Heinz von Foerster hatte uns 1992 sehr anschaulich demonstriert, daß, wenn man mit einem Taschenrechner eine Wurzel zieht und aus diesem Ergebnis immer wieder die Wurzel zieht, man irgendwann einmal bei der Zahl 1 ankommt (1985a, 55). Der Mathematiker Hilbert hat diesen Vorgang als Eigenwert bezeichnet. Genau diese Rekursion findet nun auch bei allen lebenden Systemen statt.

Das Resultat einer Handlung wird auf sich selbst zurückgeführt, wie die Strudel im Wasser.

Wer nicht wie ich Gelegenheit hatte, als Kind in Bergbächen Dämme zu bauen, kann ja einmal auf das Loch achten, welches beim Ablassen des Wassers in der Badewanne entsteht. Ich denke, in der Vernetzung des Nervensystems hält sich so eine Miniorganisation aufrecht, wie ein Strudel im Wasser auch sein ganz eigentümliches Muster beibehält. Es entsteht eine kleine Nichttriviale Maschine.

$$\text{Op [ ]} = \boxed{}$$

Die auf sich selbst zurückgeführte Operation ergibt einen geschlossenen Wirkungskreis. Als „Wurzelformel" kann man das Ganze folgendermaßen niederschreiben (wer Angst vor Formeln hat, mag darüber hinweglesen):

$$\text{Op [ ]} = \sqrt{}$$

Wenn der Leser mit dem Anfangswert 137 beginnt und immer wieder (rekursiv) aus dem Ergebnis die Quadratwurzel zieht, erhält er die folgende Zahlenkette und darf sich fortan als Chaosforscher betrachten (und diese Forschungsrichtung ist in Deutschland im Jahre 1993 laut *Spiegel* gerade „IN"):

$\sqrt{137} = 11.70469991$, und daraus wieder die Wurzel:
3.42121322, und daraus wieder: 1.84965218, und weiter
1.36001918
1.1661986
1.07990675
1.03918561
1.01940453
1.00965564
1.00481622
1.00240521
1.00120188
1.00060076
1.00030033
und so weiter

1.00000014
1.00000007
1.00000003
1.00000001
1
1

So stabilisieren sich die Werte nach einer Anzahl von Rekursionen auf den Eigenwert **EINS** (vergl. von Foerster 1985b, 55).

Visuell kann man die Prozedur folgendermaßen darstellen:

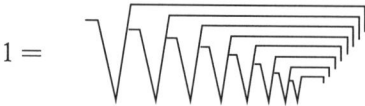

Stellen wir uns einen neuronalen Vorgang als eine kleine Nichttriviale Minimaschine vor, als rekursive Wechselwirkung zwischen SENSORIUM und MOTORIUM

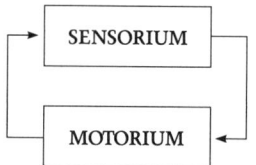

So kann sich durch eine rekursive Rechnung immer wiederkehrender externaler Einflüsse sehr bald eine Bedeutung stabilisieren. Der Einzeller, der zwischen Gut und Böse, d.h. zwischen heiß und kalt zu unterscheiden gelernt hat, mußte vorher immer wieder ähnliche Werte rekursiv errechnen, so daß er schließlich sehr präzise und klar zwischen heiß und kalt unterscheiden konnte. Man lernt „Sehfühlen", „Hörfühlen", „Gehfühlen", „Mama-Sagen", den Unterschied zwischen $8 + 8 = 16$ und $8 + 8 = 15$, „Skifühlen", „Liebling" flüstern, Kunstsehen, Dire Straits hören, den Kopf schütteln, Umarmungsfühlen, militärisch grüßen, innerlich „Arschloch!" sagen, wenn mich beim Skifahren ein hektischer Möchtegernrennläufer schneidet ...

Daß dieses „sensomotorische Verhalten" gut funktioniert, konnte ich während des Schreibens dieses Buches gut ausprobieren, als ich zwischendurch Wasser in die Badewanne einlaufen ließ, das sich dann, als ich hineinsteigen wollte, als zu heiß erwies. „Also gut", sagte ich mir, „lasse ich etwas kaltes Wasser nachlaufen".

Ich begab mich also wieder an Leubel, meinen 386er AT-Computer, um noch einige Sätze über die Funktionsweise meiner fünf Sinne zu schreiben. Natürlich vergaß ich das Wasser. Als ich dann in die Wanne stieg, war es ein wenig zu kalt. Um die richtige Mischung zu erlangen, legte ich den Brausekopf – voll auf heiß gedreht – in die Wanne und setzte mich hinein. Das ging so lange gut, bis sich durch eine Körperdrehung in Richtung Tageszeitung der heiße Duschkopf auf meinen Hintern gerichtet hatte, worauf eine urplötzliche, sehr rasche, sensomotorische Reaktion erfolgte. Diese ist jetzt mit dem Bild glitzernder Tropfen und dem Geräusch spritzenden Wassers so gut in meiner Person verankert, daß ich Ihnen sehr anschaulich über diesen Vorgang berichten kann.

Erickson schildert sehr anschaulich und in einer sehr einfachen Sprache, aber mit Aussagen auf unterschiedlichen „Bedeutungsniveaus", wie sich ein Kind „Wissen" bildet. Wenn ich diese Geschichten lese, fasziniert es mich zu erkennen, wie es der Erwachsene schafft, die Bedeutungen des Kindes mit seinen eigenen zu verwursten. Mich begeistert die klare Sprache Ericksons. Sie ist vielfältiger und hautnäher als der abstrakte Stil der meisten Akademiker, die sich mit der Entwicklung des Menschen befassen. Was Erickson ausmacht, ist seine „multi-level-communication". Man bekommt auf vielen Ebenen gleichzeitig sehr viele Botschaften. Oft merkt man das aber erst einige Zeit später.

Als ich einen Ausschnitt der Schilderung Ericksons kürzlich in einem Seminar vorlas, bekam ich von einer Psychologin die Rückmeldung, die Sprache sei „platt". Sind viele Europäer schon so entfremdet, daß sie einfache, klare Beispiele nicht mehr hören mögen? Also, liebe Leserin, lieber Leser, wenn es Ihnen zu platt vorkommt, lesen Sie einfach darüber hinweg. Mir sind manche Tiefschneehänge in der Sonne auch oft zu einfach. Ich gehe dann lieber mit dem Snowboard in die Buckelpiste. Widmen Sie sich dann einfach den Zitaten von Maturana:

„Was nun die sexuelle Entwicklung und Reifung des Menschen angeht, so ist das Neugeborene zunächst einmal vollkommen unwissend. Es hat einen Saugreflex und es kann schreien. Aber das Schreien hat noch keine bestimmte Bedeutung. Das Neugeborene schreit, würde ich annehmen, aus Unbehagen an der neuen Umgebung. Nach einer Weile wird der Säugling gewahr, daß ab und zu ein warmes, feuchtes Gefühl auftritt. Es ist ein angenehmes feuchtwarmes Gefühl. Es dauert eine ganze Weile, bis der Säugling merkt, daß auf dieses feuchtwarme Gefühl immer ein feuchtkaltes Gefühl kommt, das unangenehm ist. Schließlich lernt das Kind, das eine mit dem anderen in Zusammenhang zu bringen.

Man kann einen sehr jungen Säugling, wenn er hungrig ist, hochnehmen, ihm aufs Bäuchlein patschen und ihn wieder hinlegen. Wenn er denken könnte, würde er nun denken: ,Das war eine herrliche Mahlzeit, sehr anregend!' Dann wird er schlafen, bis ihn der Hunger das nächste Mal beißt. Dann könnte er denken: ,Diese

Mahlzeit hat nicht lange vorgehalten.' Also nimmt man ihn wieder hoch, und diesmal patscht man ihm auf den Rücken, und er fühlt sich wieder angeregt und befriedigt. Man legt ihn ins Bett zurück, und er schläft, bis ihn der Hunger von neuem plagt. Dann aber brüllt er aus Leibeskräften, denn das Patschen auf den Rücken war keine Mahlzeit, die lange vorhalten kann.

Nach einer Weile merkt die Mutter allmählich, daß das bisher undifferenzierte Schreien eine Bedeutung gewinnt. Es besagt jetzt: ‚Ich habe Hunger', ‚Mir ist kalt', ‚Ich bin naß', ‚Ich bin allein', ‚Ich will getätschelt werden', ‚Ich will mich ankuscheln', ‚Ich will Beachtung'. Sobald das Kind Dinge zu unterscheiden gelernt hat, ist sein Schreien jedesmal entsprechend anders.

Sehr viele Mütter versuchen zu früh, ihr Kind an den Nachttopf zu gewöhnen. Wenn sie zu früh damit anfangen, kann es ihnen zwar gelingen, das Kind darauf zu konditionieren, daß es das Töpfchen benutzt. Aber wenn sie zu früh angefangen haben, bricht der ganze Erfolg bald wieder in sich zusammen, und die Mutter kann das nicht verstehen.

Gewöhnlich liegt das Kind auf einer Decke auf dem Boden oder im Laufställchen, und ganz plötzlich sitzt es dann aufrecht und schaut sich im ganzen Zimmer um. Es ist sehr neugierig. Und die Mutter sagt: ‚Johnny wird gleich in die Windeln machen.' Sie rennt herbei, nimmt ihn hoch und setzt ihn aufs Töpfchen. Johnny hat das dritte Element entdeckt, das vor dem Wasserlassen die Vorwarnung gibt: den Blasendruck. Er weiß noch nicht, wo der Druck herkommt; **er schaut sich im Zimmer danach um.** (Hervorhebung durch den Verfasser!) Wenn also das Kind den Blasendruck spürt und weiß, darauf folgt ein feuchtwarmes Gefühl und später ein feuchtkaltes, dann kündigt es das an.

Eines nun muß man über das Kind wissen: Es kennt den eigenen Körper nicht. Es weiß nicht, daß seine Hände ihm gehören. Es weiß nicht, daß es die Bewegungen der Hände selber macht. Es kennt seine Knie und seine Füße nicht. Das sind nur Objekte. Darum muß es sie wieder und wieder anfassen. Den eigenen Körper kennenzulernen, ist tatsächlich sehr schwierig ...“

Milton H. Erickson mußte nach seiner schweren Krankheit im Alter von 17 Jahren alle Bewegungen neu lernen. Er war gelähmt und konnte nicht sprechen. Eine Pflegerin half ihm. Wie ich mittlerweile erfuhr, guckte er die Bewegungen von seiner jüngsten Schwester ab, die zu jenem Zeitpunkt geboren wurde. Er schaute ihr einfach zu, übte die Bewegungen immer wieder in seiner Vorstellung und machte es dann genauso wie sie. Später sagte er, man sollte wieder Lernen lernen, wie Kinder Lernen lernen. Erickson schreibt: „.... Ich weiß, wie schwierig es ist. Mit 17, als ich vollständig gelähmt war und nur die Augen bewegen konnte – aber Gehör und Verstand waren in Ordnung –, legte mir die Pflegerin, die mich betreute, immer ein Handtuch übers Gesicht, damit ich nichts sehen konnte. Dann berührte sie mich mit der Hand, und ich mußte ihr sagen, wo sie mich berührt hatte. Ich mußte raten, ob es das linke Bein oder das rechte Bein war, mein Bauch, meine Hand, die rechte oder die linke, oder auch das Gesicht. Es dauerte lange, bis ich gelernt hatte, wo meine Zehen oder wo meine Füße waren und bis ich die einzelnen Körperteile erkannte. Bis ich so weit war, mußte ich viel mit verbundenen Augen üben. Und dabei habe ich verstehen gelernt, was im Kopf eines Säuglings vorgeht" (Zeig 1988, 268f; vergleiche hierzu auch das „Abkoppeln" bei Heinz von Foerster).

„Und Johnny muß jeden Teil seines Körpers lokalisieren und bestimmen lernen. Daß er sein Wasser durch den Penis läßt, ist für ihn eine Überraschung. Vorher war das einfach nur ein feuchtwarmes Gefühl.

Kaum daß er laufen kann, will er auf der Toilette im Stehen pinkeln wie der Papa. Und dann spritzt er das Badezimmer voll und ist ganz verblüfft. Er bekommt eine elementare Lektion erteilt: ‚Beim Gebrauch des Penis bitte zielen!' Er lernt ins Toilettenbecken zu urinieren.

Dann muß er das richtige Zeitgefühl für das Urinieren bekommen. Er merkt, daß er von der Diele schneller zur Toilette gelangt als vom Wohnzimmer, und noch weiter ist es von der Küche und sehr viel weiter von der Vordertür, von der Hintertür oder vom Hof. Allmählich lernt er, die Zeit, die er braucht, um bis zur Toilette zu kommen, richtig einzuschätzen.

Dann bekommt er seine zweite hochwichtige Lektion für die Zukunft erteilt. Er gelangt rechtzeitig zur Toilette, aber sie ist von einem Erwachsenen besetzt. Also macht er sich in die Hosen (Erickson lacht). Die Mutter denkt, er hat's aus Wut getan. Er hat es getan, weil er die Probleme des Urinierens im Verhältnis zur Bevölkerungsdichte nicht kennt (lacht).

All dies lernt der Junge abschnittweise. Er lernt den gesellschaftlichen Aspekt des Pinkelns begreifen.

Dann noch etwas: Wenn der Junge zuverlässig trocken ist, zieht die Mutter ihm einen nagelneuen Anzug an und sagt zu ihm: ‚Bleib still auf dem Stuhl sitzen, rühr dich nicht, mach dich nicht schmutzig! Wir gehen in die Kirche.' Johnny macht sich in die Hosen. Und warum? Na, weil er einen neuen Anzug anhat und nicht weiß, wo zum Teufel in diesem Ding sein Penis steckt. Die Mutter hätte mit ihm auf die Toilette gehen sollen und ihm zeigen, wo der Penis in dem neuen Anzug zu finden ist. Statt dessen denkt sie nun, Johnny hätte ihr da irgend etwas heimzahlen wollen. Sie weiß, er ist trocken, aber sie hat den Umstand übersehen, daß er den neuen Anzug trägt. Und wo zum Teufel steckt der Penis in diesem neuen Anzug? ...

Den Penis kann man auf mehr als eine Weise gebrauchen (allgemeines Gelächter). Ein Junge muß lernen, wie man auf die Katze, den Hund, das Blumenbeet oder den Rasenmäher pinkelt, in Flaschen und Büchsen und durch Astlöcher im Zaun. Er muß auf einen Baum klettern, um zu sehen, ob der Urin tatsächlich den

Boden erreicht. Mit anderen Worten, er hat das unbestimmte Gefühl, daß der Penis zum Gebrauch in der Außenwelt da ist. Aber niemand sagt ihm, wie man ihn in der Außenwelt gebraucht. Das muß er selber herausfinden."

„Ich weiß noch, wie unsere Hauswirtschafterin in Michigan, eine staatlich geprüfte Krankenschwester, immer wütend wurde, wenn sie die Flaschen und Büchsen voll Urin fand, die von meinen Söhnen an allen möglichen Stellen versteckt worden waren. Warum sie darin reingepinkelt hatten, konnte ich ihr nicht sagen, weil sie zu prüde war, als daß man mit ihr hätte offen darüber reden können. Alle Jungen durchlaufen dieses Stadium.

Meine sieben Schwestern und vier Töchter haben alle das gleiche Stadium durchlaufen. Sobald es dunkel war, gingen sie in eine Gartenecke urinieren. Auch auf Picknicks haben sie es ausprobiert. Alle mußten dasselbe lernen: Daß der genital-urinale Trakt zum Gebrauch in der Außenwelt da ist. Sie mußten selber ausprobieren, auf welche Art und Weise" (Zeig 1988, 275).

Was geschieht nun bei „Johnny", wenn er Sprache lernt. Alle Babies auf der Welt sagen Mamma. Das liegt möglicherweise daran, daß durch den Spalt der Lippen und dem herausströmenden ersten Ton zwangsläufig ein Wort wie „Mamma" entstehen muß, das sich dann im Sinne des oben beschriebenen Errechnens dieser Eigenwerte zunehmend stabilisiert. Auditive Eindrücke werden dabei rekursiv innerhalb des visuellen und kinästhetischen Sinnessystems immer wieder wiederholt. Wie der oben beschriebene Einzeller reagiert Johnny im Sinne einer geschlossenen autopoietischen Organisation.

Auf diese Weise können wir uns eine theoretische Erklärung dafür herholen, was NLP unter der Prozedur „Ankern" versteht:

Anker = Errechnen von Eigenwerten

Der Unterschied zur Denkweise der Lernpsychologie/Verhaltenstherapie ist beträchtlich. Er ist nicht quantitativer, sondern qualitativer Natur. Ankern ist in unserem, von Heinz von Foerster vorgeschlagenen Prinzip einer biokybernetischen Selbstorganisation eine vollständige Erweiterung der Technik des Ankerns aus dem NLP. Ankern ist ein Vorgang, der mit Konditionierung nichts zu tun hat, denn er verläuft ausschließlich autopoietisch. Es gibt, wenn Sie an die ursprünglichen Ziele des NLP denken, so wie sie von Dilts et al. 1982 formuliert worden waren, keine externalen Kontrollvariablen. Im Sinne der autopoietischen Organisation gibt es ausschließlich innere Entscheidungsvariablen.

Ganz konform mit der Idee des NLP ist dagegen der Umgang mit Zuständen, mit States. Das Denken in Eigenwerten bezieht sich praktischerweise sehr präzise auf jeden „State", z.B. einen Problemzustand, der dann sinnesbezogen erfahren oder beschrieben wird, oder einen Ressourcezustand. Klar wird dann auch, wie notwendig es ist, daß der NLPler, wenn er dem Klienten die Möglichkeit gibt, einen Problemzustand mit einem Ressourcezustand in Beziehung zu setzen, er ihn diesen Vorgang ganz selbständig durchlaufen läßt. Das Nervensystem des Klienten muß einen neuen Zustand auf eigene Art und Weise errechnen können, um eine neue Bedeutung finden zu können.

Dazu sollten wir darüber nachdenken, was mit den Begriffen konsensueller Bereich und strukturelle Koppelung gemeint ist. Sie sind die Grundlage für viele praktische NKS-Techniken.

Nach dieser Kopfarbeit möchte ich Sie an einer persönlichen Erfahrung teilnehmen lassen: Ich glaube, ich war sechs Jahre alt, und mußte den Schulbeginn wiederholen, weil ich während des ersten Schuljahres in den Sommerferien bei meinen Großeltern in der damaligen DDR gewesen war. Die Russen hatten den eisernen Vorhang errichtet und ich konnte nicht rechtzeitig zum Schulbeginn wieder in den Westen zurückkehren. Meine Mutter hatte eine Tante eingeladen, die nun den Versuch unternommen hatte, mir das Einmaleins auf eine Art einzubleuen, die mich noch heute an preußischen Drill erinnert. Ich sehe sie noch vor mir, mit ihrem strengen Haarknoten, ihren stechenden Augen und den ständigen Fragen: „Ist wieviel????!!!" Dahinter stand das familiäre Lebenslied meiner Eltern: „Nur wer Leistung bringt, ist ein guter Mensch."

Die visuelle Erinnerung bewirkt noch heute ein unangenehmes Gefühl im Magen. Dieser „Anker" hat wohl eine Menge mit meinen schlechten Leistungen im Mathematikunterricht zu tun, die später durch eine negative Beziehung zum Lehrer verstärkt wurden, und sich erst in den beiden Abiturklassen umkehrten. Dort gefiel mir die Thematik, und der Lehrer – ein promovierter Mathematiker – verhielt sich wie ein Pädagoge. Es kam tatsächlich vor, daß ich eine „Zwei" schrieb, ein für mich undenkbares Ergebnis. Dieser Anker führte wohl ab 1982 zu dem Wagnis, mich mit den damals auf den Markt kommenden „Home- und Personalcomputern" zu beschäftigen, zumal ich in einem meiner ersten NLP-Kurse als Co-Trainer bei Thies Stahl einen Teilnehmer kennenlernte, der mich in der Idee bestärkte, daß Mathematik etwas ist, was jeder begreifen kann, und daß ich lediglich unter miserablen Lehrern gelitten hatte. Ich brauchte lediglich die angemessenen Anker, um meine Zahlenphobie dissoziieren zu können und um ein neues Verständnis zu entwickeln. So begann ich damals visuelle mit auditiven oder auditive mit körperlichen Signalen zu verknüpfen. Ich trainierte beim Seilspringen in visuellen Zahlen anstatt mit auditiven zu zählen.

Nun mache ich seit zwei Jahren Aerobic. Einer meiner Trainer, Wolfgang Schuchard, bringt aus den USA die neuesten Platten mit. Bei einer dieser sehr rhythmischen Einlagen mit dem kinästhetischen Titel „Who brings all the power in" und dem darauf folgenden Refrain „ONE, TWO, THREE, FOUR" konnte ich sehr gut das digitale Zahlensystem visuell, kinästhetisch und auditiv ankern. Der Vorgang ähnelt stark der Beschreibung Heinz von Foersters, der die präzisen Beobachtungsprotokolle Jean Piagets verwendet, um aufzuzeigen, wie wir als Mensch in unserer senso-motorischen Geschlossenheit „Eigenwerte" produzieren, also die Stabilität eines Begriffs, Handgriffes oder Vorganges lernen, so daß wir ihn wiederholen können. Im NLP bzw. NKS sagen wir, wir ankern etwas.

Mit der Metapher der **NTM** kann man nun hergehen und einzelne Lernschritte zerkleinern. Ich möchte sie so zerkleinern, daß man eine Idee entwickeln kann, wie ein Organismus im Mikrobereich lernt. Das gibt Verständnis für die NLP-Prozedur des Ankerns.

Um diese Prozedur auf verschiedene Organismen, wie es Menschen nun einmal sind, übertragen zu können, verwenden wir Symbole, die wir mit Regeln verknüpfen. Wir entwickeln also ein System von strengen Regeln, wie wir es von Spielen wie Poker, Schach, Schafkopf oder Mühle her kennen. Wissenschaftler wie Mathematiker oder Logiker nennen so etwas einen Formalismus. Das mag im Moment vielleicht ganz furchtbar kompliziert anmuten, hat aber den Vorteil, bei Lernvorgängen für erhellende Klarheit zu sorgen – jedenfalls dann, wenn es um mentales Training, NLP-Prozeduren, hypnotherapeutische oder familientherapeutische Maßnahmen geht. Der Philosoph und Mathematiker Bertrand Russell hat einmal gesagt: „Ein guter Formalismus denkt für uns." Heinz von Foerster fügt diesem Zitat gleich den Satz hinzu: „Das soll uns aber bitte nicht davon abhalten, mitzudenken" (Schmid 1987, 148). So ein Formalismus kann ein Computer sein. Er „denkt" für uns. Nun habe ich in den letzten Jahren gottseidank gelernt, LEUBEL mit seiner „denkenden" Software als Werkzeug zu benutzen und mir meine eigene „Brainware" zu schaffen und zu erhalten.

Wenn ich den Formalismus Heinz von Foersters für mein persönliches Lernen nutzen möchte, kann ich mich als Operator (Op), als Handelnder auffassen. Dabei erzeuge aus einem momentanen Lernschritt jeweils einen neuen, der auf den eben gemachten folgt. Ich möchte ein Beispiel erzählen, welches die Idee des Holodyns und den weiter unten genannten Lebensliedern mit der Prozedur des Ankerns und sehr präzisen Mikroprozessen verknüpft: Beim „Ankern" fasse ich mich also als Operator (Op) auf. Ich erzeuge aus einem Lernschritt jeweils einen neuen. Das digitale Zahlensystem, welches ich beim Aerobic verwenden möchte wäre, indem ich die Null weglasse: 01, 10, 11, 100 ..., es gibt diese irre Musik mit dieser Stimme, die schon für sich ein Anker ist: „WHO BRINGS ALL THE POWER IN!!", und dann kommt „ONE, TWO, THREE, FOUR".

Innerhalb der formalisierten Sprache heißt es:
$$x_1 = Op[x_0] ,$$

das heißt auf deutsch: Ich, Jürgen, der Operator, erzeugt aus x_0 den Schritt x_1. Er kommt nach dem Schritt x_0. Das wäre die erste Sequenz mit den vier digitalen Zahlen vor meinem inneren Auge und der Stimme „ONE, TWO, THREE, FOUR", dem auditiven Anker, der selbstverständlich motorisch gekoppelt wird.

x_0 Vorerwartung, nur visuelle Zahlen ungenau im Kopf:

x_0
01	ONE	(Bild ungenau, Wort ist klar, Bewegung gespürt)
10	TWO	(Bild ungenau, Wort ist klar, Bewegung gespürt)
11	THREE	(Bild ungenau, Wort ist klar, Bewegung gespürt)
100	FOUR	(Bild ungenau, Wort ist klar, Bewegung gespürt)

Nun kommt: $x_1 = Op[x_0]$,

x_1
01	ONE	(Bild ungenau, Wort gehört, Bewegung gespürt)
10	TWO	(Bild klar, Wort laut gehört, keine Bewegung gespürt)
11	THREE	(Bild ungenau, Wort hat gefehlt, Bewegung gespürt)
100	FOUR	(Bild unklar, Wort ist laut, Bewegung gespürt)

und nun: $x_2 = Op[x_1]$,

x_2
01	ONE	(Bild ungenau, Wort gehört, Bewegung gespürt)
10	TWO	(Bild klar, Wort laut gehört, keine Bewegung gespürt)
11	THREE	(Bild klar, Wort hat gefehlt, Bewegung gespürt)
100	FOUR	(Bild unklar, Wort ist leise, Bewegung nicht gespürt)

$x_3 = Op[x_2]$,

x_3
01	ONE	(Bild klar, Wort leise, Bewegung gespürt)
10	TWO	(Bild klar, Wort laut gehört, keine Bewegung gespürt)
11	THREE	(Bild klar, Wort hat gefehlt, Bewegung nicht gespürt)
100	FOUR	(Bild klar, Wort ist laut, Bewegung gespürt)

usw. usw. mit dem Eigenwert

Das Ganze* funktioniert wohl wie das oben beschriebene Errechnen von Eigenwerten durch fortlaufendes Wurzelziehen. Irgendwann ist das digitale Zahlensystem dann innerhalb meines senso-motorischen Systems geankert, und ich könnte anfangen, das Einmaleins digital zu lernen ... Da nehme ich dann aber doch lieber LEUBEL zu Hilfe.

---

*   Für die Korrektur dieses Absatzes danke ich ganz besonders Heinz von Foerster.

Konsensuelle Bereiche – Strukturelle Koppelung und sinn-volle Kommunikation

Beide Begriffe sind Ergebnisse der neurobiologischen und erkenntnistheoretischen Forschung Humberto Maturanas. Strukturelle Koppelung hat für mich die psychologische Bedeutung von Rapport im NKS und in der Hypnotherapie. Familientherapeuten sprechen von Joining, Gesprächspsychotherapeuten von der Verbalisierung emotionaler Erlebnisinhalte oder Empathie. All das findet in einem Kommunikationsraum statt, der sich über die fünf Sinne definiert. Der Rapport findet mit unseren Augen, Ohren, Bewegungsmustern und Körpersignalen sowie den chemischen Sinnen innerhalb dieses „konsensuellen", also gemeinsamen sinnesbezogenen Bereiches statt.

Der Philosoph Jiddu Krishnamurti, wohl einer der klarsten Denker unseres Jahrhunderts, unterscheidet zwischen Kommunikation und einem Erleben, das er als „in Kommunion sein" bezeichnet. Dieses „in Kommunion sein" hat große Ähnlichkeit mit der von Maturana definierten strukturellen Koppelung und dem „to be a part of the world", also dem „mit der Welt eine Einheit bilden" von Heinz von Foerster.

„Wie ich glaube, besteht ein großer Unterschied zwischen Kommunikation und Kommunion. In der Kommunikation nimmt man durch Worte, freundliche oder unfreundliche, durch Symbole, durch Gesten, an Ideen teil, und Ideen können ideologisch ausgelegt oder aufgrund unserer besonderen Eigenart, unserer Idiosynkrasien oder unserer Erfahrungen interpretiert werden.

In der Kommunion hingegen ereignet sich etwas völlig anderes. In der Kommunion gibt es keine Beteiligung an Ideen und keine Interpretation. Sie mögen sich durch Worte verständigen oder auch nicht; aber zwischen Ihnen und dem, was Sie betrachten, steht ein unmittelbares Verhältnis; und Sie werden eins mit Ihrem eigenen Geist, mit Ihrem eigenen Herzen. Man kann in Kommunion mit einem Baum sein oder mit einem Berg oder mit einem Fluß. Ich weiß nicht, ob Sie jemals unter einem Baum gesessen und wirklich versucht haben, mit ihm eins zu sein. Es liegt darin nichts Sentimentales, es ist kein Gefühlsrausch: Sie befinden sich im innigsten Kontakt mit dem Baum, es ist eine Beziehung von ungewöhnlicher Vertrautheit. In solch einer Kommunion muß Schweigen, muß ein tiefes Gefühl der Stille herrschen. Ihr Körper, Ihre Nerven sind beruhigt; das Herz hört beinahe auf zu schlagen. Es gibt keine Interpretation, keine Gedankenverständigung, kein Beteiligtsein. Der Baum ist nicht Sie, noch werden Sie mit dem Baum identisch: Da ist nur dieses Gefühl der Vertrautheit in einem tiefen Schweigen.

Ich weiß nicht, ob Sie es je versucht haben. Versuchen Sie es doch irgendwann einmal – wenn Ihre Gedanken nicht plappern, nicht überall umherschweifen, wenn Sie keine Selbstgespräche führen ..." (Krishnamurti 1981).

Martin Buber kann man wohl als einen der wichtigsten Philosophen der Neuzeit bezüglich menschlicher Kommunikation bezeichnen. Er hat den humanistischen Psychologen Carl Rogers sehr stark beeinflußt. Rogers hatte 12 Jahre als Analytiker gearbeitet, bevor er sich vom Konzept der Abstinenz löste und sich der Empathie zuwandte. In seinem Buch „Ich und Du" (1979) spricht er interessanterweise auf eine ähnliche Art über die Beziehung zu einem Baum, wie Krishnamurti es getan hat:

„Ich betrachte einen Baum.

Ich kann ihn als Bild aufnehmen: Starrender Pfeiler im Anprall des Lichts oder das spritzende Gegrün von der Sanftmut des blauen Grundsilbers durchflossen.

Ich kann ihn als Bewegung verspüren: das flutende Geäder am haftenden und strebenden Kern, Saugen der Wurzeln, Atmen der Blätter, unendlicher Verkehr mit Erde und Luft – und das dunkle Wachsen selber.

Ich kann ihn einer Gattung einreihen und als Exemplar beobachten, auf Bau und Lebensweise. Ich kann seine Diesmaligkeit und Geformtheit so hart überwinden, daß ich ihn nur noch als Ausdruck des Gesetzes erkenne – der Gesetze, nach denen ein stetes Gegeneinander von Kräften sich stetig schlichtet, oder der Gesetze, nach denen die Stoffe sich mischen und entmischen.

Ich kann ihn zur Zahl, zum reinen Zahlenverhältnis verflüchtigen und verewigen. In all dem bleibt der Baum mein Gegenstand und hat seinen Platz und seine Frist, seine Art und Beschaffenheit.

Es kann aber auch geschehen, aus Willen und Gnade in einem, daß ich, den Baum betrachtend in die Beziehung zu ihm eingefaßt werde, und nun ist er kein ES mehr. Die Macht der Ausschließlichkeit hat mich ergriffen.

Dazu tut nicht not, daß ich auf irgendeine der Weisen meiner Betrachtung verzichte. Es gibt nichts, wovon ich absehen müßte, um zu sehen, und kein Wissen, das ich zu vergessen hätte. Vielmehr ist alles, Bild und Bewegung, Gattung und Exemplar, Gesetz und Zahl, mit darin, ununterscheidbar vereinigt.

Alles, was dem Baum zugehört, ist mit darin, seine Form und seine Mechanik, seine Farben und seine Chemie, seine Unterredung mit den Elementen und seine Unterredung mit den Gestirnen, und alles in einer Ganzheit" (13ff.).

Und dann einige Seiten weiter: „Ich werde am Du; Ich werdend spreche ich Du. Alles wirkliche Leben ist Begegnung."

Die Aussagen von Krishnamurti und Martin Buber beschreiben auf sehr anschauliche Art und Weise, was Maturana unter struktureller Koppelung versteht. (Auch Heinz von Foerster verwendet ab und an Zitate von Martin Buber, um die

Beziehung zwischen Menschen zu beschreiben). Nach Maturana driftet der Einzeller in einer Umgebung durch Raum und Zeit. Stellen wir uns den Einzeller einmal als Fußball vor. Im Sinne des Determinismus ist er völlig abhängig von äußeren Einflüssen. Er wird umhergetreten. Er ist fremdbestimmt, wird durch die Fußtritte „determiniert". Obwohl ein drastischer Wertewandel stattfindet, wird ein großer Teil der Verhaltensweisen der Menschheit nach wie vor von diesem Glaubenssystem bestimmt. Viele Menschen glauben, es gebe einen Nürnberger Trichter, sie glauben, sie seien von außen programmierbar. Man sollte also irgendwann einmal eine klare Entscheidung darüber treffen, ob man Fußball bleiben will – vielleicht bis man ins entscheidende Tor geschossen wird – oder ob andere Ideologien vielleicht nicht doch ein paar zusätzliche Optionen schaffen.

Maturana sagt zur strukturellen Koppelung: „Die Interaktionen einer zusammengesetzten Einheit im Raum ihrer Bestandteile sind Interaktionen durch ihre Bestandteile, d.h. strukturelle Interaktionen. Wenn die Bestandteile einer Einheit oder ihre Relationen untereinander sich aufgrund einer strukturellen Interaktion verändern, verändert sich die Struktur der Einheit, und wenn diese strukturellen Veränderungen ohne Veränderungen der Organisation der Einheit ablaufen, bleibt die Identität der Einheit invariant. Eine Einheit, deren Struktur sich verändern kann, während ihre Organisation invariant bleibt, ist eine plastische Einheit, und die strukturellen Interaktionen, in deren Verlauf diese Invarianz erhalten werden kann, sind (Stör-)Einwirkungen. Da die Zustandsveränderungen eines autopoietischen Systems durch seine Struktur determiniert werden, stellen die (Stör-)Einwirkungen, aufgrund derer die auto-poietische Einheit Zustandsveränderungen (Strukturveränderungen ohne Identitätsverlust) erleidet, lediglich Auslöserereignisse dar, die die Abfolge derjenigen Zustandsveränderungen des Mediums ankoppeln, die die Störeinwirkungen darstellen. (Absatz vom Autor eingefügt.)

Unter der Voraussetzung, daß es ein konstitutives Merkmal einer autopoietischen Einheit ist, ihre Organisation unter Bedingungen strukturellen Wandels homöostatisch invariant zu erhalten, führt die Verwirklichung der Autopoiese einer plastischen autopoietischen Einheit unter (Stör-)Einflüssen von seiten eines sich verändernden Mediums notwendigerweise entweder zum Aufbau einer Struktur der autopoietischen Einheit, die spezifische Zustandsveränderungen erzeugen kann, welche durch spezifische Zustandsveränderungen des Mediums ausgelöst werden können, oder zu seiner Auflösung. Das Ergebnis der Herstellung einer solchen dynamischen strukturellen Übereinstimmung, d.h. *strukturellen Koppelung*, ist die effektive raumzeitliche Abstimmung der Zustandsveränderungen des Organismus mit den rekurrenten Zustandsveränderungen des Mediums, solange der Organismus autopoietisch bleibt" (Maturana 1982, 144).

Je mehr wir uns als strukturdeterminierte Organismen verstehen, desto mehr Wahlmöglichkeiten haben wir. Unser Auge erwartet Licht. Unser Ohr erwartet Luftdruckunterschiede. Die Struktur unserer Wahrnehmungsorgane befindet sich mit der Umgebung in einer Wechselwirkung. Ein Elefant hat eine dicke Haut, ein Gepard kann sehr schnell laufen, ein Adler kann am besten auf hohen Felswänden seinen Flug beginnen, und eine Fledermaus besitzt ein eingebautes Echolot. Im Laufe der Evolution haben wir uns vom Einzeller zum Multizeller, zum Menschen entwickelt, und dabei haben sich unsere Strukturen immer mehr so herausgebildet, daß sie sehr gut in die jeweilige Umgebung hineinpassen. Unser Denkapparat, der nach Vaihinger uns lediglich hilft, unsere Irrtümer bestmöglichst zu regulieren, der uns hilft, unsere Struktur so zu verändern, daß wir uns an die unterschiedlichsten Umgebungen ankoppeln können, ist lediglich ein zusätzliches Instrument, das wir nicht überbewerten sollten. Manchmal hilft es zur Planung oder Problemlösung, manchmal stört es und behindert den Vorgang.

Sollten wir beim Autofahren ganz plötzlich an unserem rechten Fuß bemerken, daß das Gaspedal nicht mehr geschwindigkeitsregulierend funktioniert, so werden wir wohl kaum auf die Idee kommen, unseren rechten Fuß durch einen Arzt untersuchen zu lassen, sondern wohl eher die Mechanik des Fahrzeugs betrachten oder zunächst einmal schauen, ob Benzin im Tank ist. Die Veränderung der strukturellen Koppelung ermöglicht es dem Menschen, auf dem Mond zu landen, in der Tiefe des Meeres herumzugründeln, die Kommunikationssysteme von Delphinen und Ameisen zu untersuchen und Affen über sechshundert Worte der englischen Sprache beizubringen, so daß diese wiederum in der Lage sind, sie ihren Kindern weiterzuvermitteln. Unser Ohr ist auf Luftdruckunterschiede eingestellt, das Auge auf Licht, die Haut auf Wärme und Druck, die Zunge und die Nase auf Chemie. Im NKS und in der Hypnotherapie Ericksons koppeln wir uns strukturell, wenn wir uns mit dem Atem, der Mimik, Gestik und Sprachmustern an unser Gegenüber angleichen. Hierauf werde ich weiter unten genauer eingehen.

Hier schlägt das Herz des NKSlers wieder höher. Der Begriff „konsensueller Bereich" drückt wohl theoretisch genau das aus, was NKS in der Praxis will. Nämlich eine sehr präzise Kommunikation über die fünf Sinne. Da es sich nun aber bei einem Menschen in keiner Weise um eine Triviale Maschine, also um ein Input-Output-System handelt, sieht das Ganze nun auf den ersten Blick wieder einmal komplizierter aus als es wirklich ist. Für mich jedenfalls ist das Denken in Vorgängen von Selbstorganisation mittlerweile wesentlich einfacher als das Studium mancher NLP-Bücher. Wenn Sie sich vielleicht fünf Biosysteme oder auch Nichttriviale Maschinen vorstellen, so könnten diese fünf Biosysteme miteinander über Ihre Sinne kommunizieren. Das ist ja genau das, was täglich zwischen Menschen geschieht. Sie haben lediglich vergessen, so wie der Fisch vergessen hat, daß er im Wasser schwimmt.

Theoretisch-abstrakt wie auch sehr praktisch gedacht, würden sich diese Individuen mit bestimmten Lauten, Sprache, Augen und Ohren gegenseitig in einem Realitätsbereich „irritieren" oder perturbieren und zwar so lange, bis sie sich durch rekursive oder auch rückbezügliche Handlungen auf Eigenwerte stabilisiert haben, die ein Äquivalent für „blau" sind. Wenn man annimmt, daß – eben sehr vereinfacht dargestellt – Menschen im Sinne von Nichttrivialen Maschinen funktionieren, dann stabilisieren sie sich eben auf den Gedanken „blau", indem sie Eigenwerte errechnen. Blau ist dabei nichts anderes als eine Metapher, eine Bedeutung für einen Zustand, in dem sich das Nervensystem befindet. Die fünf Bioorganismen stabilisieren sich also, indem sie rückbezügliche Handlungen durchlaufen, und das können Laute und Gesten sein, auch ein gemeinsamer Eigenwert für „blau". Es ist wohl das, was die NLP-Leute als Anker bezeichnen. Jeder Anker ist – metaphorisch gedacht – ein kleines Muster verschiedener Nichttrivialer Maschinen. Es ist ein Netzwerk von neuronalen Strukturen, die rekursiv miteinander verknüpft sind. Tatsächlich werden ja mittlerweile Computer gebaut, die als neuronale Netzwerke die Struktur des Gehirns nachempfinden.

Sprache entsteht auf eine ähnliche Art. Jedes Sprachsymbol ist ein Anker. Über diese Sprachsymbole kann dann wiederum „gesprochen" werden. Die zunächst stabilen Eigenwerte können innerhalb ihrer Grenzen verändert werden. „Ist es hellblau oder dunkelblau?", „Warst du gestern blau?" oder „Do you feel blue?". Beim „Collapsing Anchors" können sich die Strukturen verändern. Klingt einfach oder sehr kompliziert, nicht wahr?

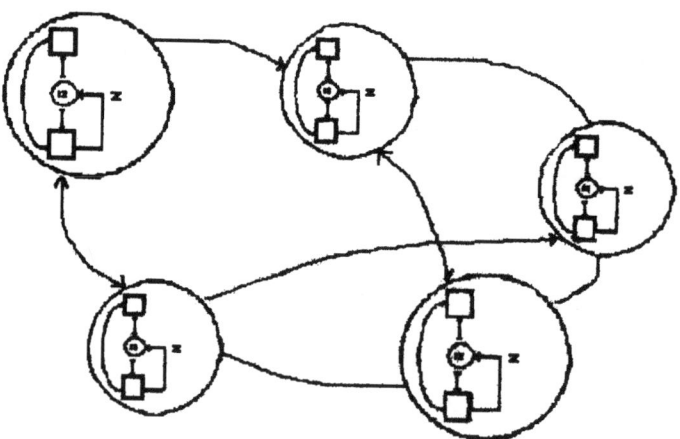

Abbildung von mehreren Rekursionen Nichttrivialer Maschinen

178

In diesem Raum empfangen die Maschinen voneinander Signale. In jeder Maschine wird das Signal eigenständig interpretiert. Es ist wohlgemerkt keine „Einigung" über das Signal, weil ja jede Maschine das Signal für sich interpretieren muß. Dieser Vorgang ist mir einmal in einem persönlichen Gespräch mit Heinz von Foerster klargeworden, in dem ich erwähnte, daß sich eine Mutter mit ihrem kleinen Kind über die Worte, die gesagt werden dürfen und die, die auf Grund ihres Lebensliedes möglicherweise nicht ausgesprochen werden dürfen – z.B. darf ein Wort wie „Votze" nicht gelernt werden –, einigt; oder daß sich eine helfende Person in der Psychiatrie, der ambulanten Therapie oder ganz einfach in einer persönlichen Beziehung sich mit einer suizidalen Person darüber einigt, daß diese Person am Leben bleibt.

Mir wurde klar, daß die Idee der Einigung zur Verwirrung führt. Das alles mag vielleicht abstrakt klingen. Meine Erfahrung ist nun aber, daß so eine Verwirrung sich ganz direkt auf die praktische Arbeit auswirken kann, genauso wie die Theorie, die Erde sei eine Scheibe, für die Menschen der damaligen Zeit direkte Auswirkungen hatte. (Sie blieben zu Hause und ließen die Indianer in Nordamerika in Ruhe, wäre die eine Seite der Auswirkung.) So eine Verwirrung sollte man, wenn möglich, vermeiden.

Vielleicht schafft die Metapher eines U-Bootes oder besser eines Raumschiffes mehr Klärung. In der Zeit, als ich noch Phantasie-Romane wie die *Nebel von Avalon* oder Science-Fiction Romane von derselben Autorin, von Marion Zimmer-Bradley, in mich hineingefressen habe wie der Walfisch den Krill, hätte ich jede **NTM** als kleines Raumschiff betrachtet, welches aus einer ganz fremden Welt kommt. Nehmen wir an, daß sich in der unendlichen Weite des Weltraumes zufällig drei Raumschiffe treffen und auf eine Art Signale austauschen. Die Lebewesen in dem jeweiligen Raumschiff werden die Signale auf ihre eigene Art dahingehend interpretieren, was hinsichtlich ihrer „Lebensregeln" gut und was böse ist. Wenn es gut ist, werden sie fortfahren, Signale auszutauschen. Wenn die Gefahr besteht, daß ihre „Autopoiesis" gestört wird, d.h. wenn jemand versuchen wird, in die Geschlossenheit ihres Systems einzudringen, werden sie wohl die Gegend fluchtartig, in diesem Fall mit mehrfacher Lichtgeschwindigkeit – was wiederum nur in solchen Romanen möglich ist – verlassen. Grundsätzlich ist aber die Lebenswelt in dem jeweiligen Raumschiff von der anderen so verschieden, daß die Signale zwar empfangen werden, daß aber die Interpretation ganz eigenständig abläuft. Erst durch eine ständige Prüfung der Symbole im Austausch wird sich das Dreiersystem so einpendeln, daß immer mehr „verstanden" wird, daß immer mehr „Sprache" entsteht.

Liebe und soziales Verhalten

Liebe unter Maschinen ist wohl ziemlich problematisch. Wie soll Liebe möglich werden, wenn alle Systeme operational geschlossen sind? Jedes System ist darauf angewiesen, in Wechselwirkung mit der Umgebung Unterschiede zu errechnen. Gleichzeitig muß es seine Identität, seine Geschlossenheit wahren. Geschieht das Errechnen der Unterschiede in klarer Vielfalt, so entwickelt ein System viele Wahlmöglichkeiten. Innerhalb des Systems kann sich viel Information aufbauen. Energie fließt frei. Es gibt viel Kreativität und wenig Hemmungen oder Barrieren (neuronal: Inhibitions). Jedes lebende System ist auf solche Zustände angewiesen und findet sie natürlich innerhalb seiner Gattung am stärksten. Innerhalb seiner Gattung ist strukturelle Koppelung oder Strukturdeterminismus am stärksten möglich. Ein Karpfenmännchen kann schlecht mit einem Papageienweibchen schmusen. Das funktioniert lediglich in Märchen oder Comics. Eine strukturelle Koppelung zwischen zwei Personen scheint dem Menschen nicht zu genügen. Es kommt dem Versuch eines Seefahrers gleich, sich lediglich an einem einzigen Stern zu orientieren. Er braucht etwas drittes. Also muß – in vielen Fällen leider – ein Kind her. Oder ein Freund, die Arbeit, der Verein etc. In vielen Kulturen haben mehrere Frauen einen Mann. Das ist auch in der Tierwelt nicht ungewöhnlich. Die Geburtenregelung scheint paradoxerweise besser zu funktionieren (Deffarge, Troeller 1984).

Denken wir einmal an das Gegenteil. Die von Rene Spitz beschriebenen Kinder bekamen wenig strukturelle Koppelung. Sie starben früh. Mißbrauchte, körperlich mißhandelte oder auch sehr autoritär aufgezogene Kinder entwickeln Verhaltensstörungen, psychiatrische Symptome, Suchtprobleme oder andere Symptome. Im besten Fall laufen sie lediglich einem Führer nach. Grundsätzlich haben sie weniger Wahlmöglichkeiten und können sich schlecht eigenständig einer neuen Umgebung anpassen. Wie sollen sie Sozialverhalten entwickeln. So haben sich dann auch die jungen Menschen im Dritten Reich in den Führer verliebt. Anstatt sich untereinander strukturell zu koppeln, verfielen sie einer dissoziierten Liebe zu einer unerreichbaren mächtigen Person. Allerdings hatte dieses Sozialsystem nur eine Lebensdauer von etwas mehr als einem Jahrzehnt. „Liebevolle" soziale Systeme in den Regenwäldern dieses Planeten konnten dagegen jahrhundertelang überleben, bevor der weiße Mann begann, die Menschen zu missionieren.

Wenn ich Heinz von Foersters Weltsicht auf die Menschheit anwende, hat meines Erachtens seit dem Zusammenbruch des Sowjetreiches ein interessantes weltweites kybernetisches Rechenspiel begonnen. Bis vor kurzer Zeit gab es zwischen den Völkern wenig Berührungspunkte. Tyrannen und Fürsten konnten es sich leisten, über relativ uninformierte Menschen Macht auszuüben. Sie konnten es sich auch leisten, übereinander herzufallen. Macht ging einher mit Selbstwert. Im Informationszeitalter lohnt sich weder das eine noch das andere. Die Grenzen zwischen den Völkern verschwinden. Vor Jahrhunderten war es noch eine Verletzung einer heiligen Regel, als ein Heerführer eine Brücke über einen Fluß baute. Heute ist eine „Global Bridge" ein Symbol, für die Verbindung zwischen den Völkern. Dieser Gedanke entpricht der Shivas Dance-Erfahrung zwischen zwei Personen. Die Völker sind so zusammengewachsen, daß die Machtausübung eines Volkes über ein anderes weder wirtschaftlich noch auf andere Art wertvoll wäre. Im Gegenteil. Da ein mächtiges nicht mit einem weniger mächtigen Volk angemessen kommunizieren kann (vergl. Drucker 1966/1993, 106), ginge viel zu viel Information verloren. Dieser Verlust an Information hätte in unserer Zeit für viele Subsysteme mit Sicherheit tödliche Folgen. Wohl im wahrsten Sinne des Wortes. Unsere Zeit lebt von Information. Durch die Brücken zwischen den Völkern – bei gleichzeitiger Wahrung der Identität, d.h. der kulturellen, wirtschaftlichen, ethnologischen und anderen Grenzen – baut sich innerhalb des jeweiligen Gebietes Information auf. In unserer Zeit leben wir von Information. „Information" ließ ein großes Staatssystem wie die bürokratische Sowjetunion zusammenbrechen. Information wird immer wichtiger und baut sich schneller auf. In einem Informationsnetz wie z.B. CompuServe kann man sich für relativ wenig Geld mit jeder Person auf diesem Planeten über ein beliebiges Thema austauschen. Man kann sich stündlich die Berichte jeglicher Zeitung, des Wetters etc. ausdrucken. Aus kybernetischer Sicht ist Macht und Bürokratie sinn-los. Die Satellitenschüssel ist der persönliche Feind eines jeden Diktators.

Bevor ich intensiver über die Praxis nachdenke, möchte ich noch einmal einen Blick auf das Phantasiebild eines Mehrzellers werfen, in dem die besprochenen Vorgänge integriert sind. Sein Zentrum „Z" trifft Entscheidungen. Es integriert motorisch die inneren Augen, Ohren, Nasen, Zungen, Mund, Hände, Herz etc. „Z" entscheidet über den jeweiligen Zustand des Systems. In bezug auf das NLP ist „Z" die von Robert Dilts angesprochene innere „Entscheidungsvariable". In diesem Sinne gibt es keine Augen und Ohren, die mit dem Außen direkt verbunden sind. Es gibt nur innere Augen, Ohren, einen Gleichgewichtssinn, ein Herz, einen Bauch oder Hara (Sonnengeflecht etc.). Wie weiter unten beschrieben, lernt es bei den nordamerikanischen Ureinwohnern der Mensch, mit vielen Augen zu sehen. Er ist erwachsen, wenn er gelernt hat, beispielsweise das Auge des Adlers sozusagen als mentale Sichtweise vom Auge des Adlers im Kochtopf (rein physiologisch) zu unterscheiden. Als Heiler muß er in der Lage sein, mit vielen Augen sehen zu können. Damit geraten wir aber schon auf das komplexe Gebiet der Metapher, ohne das sich kein Mensch verständlich machen kann, das aber dazu verführt, Verwirrung zu stiften bis hin zum Irrsinn.

Zurück zu „Z". In Heinz von Foersters **NTM** schaltet „Z" in der einfachsten Form zwischen zwei Zuständen hin und her. Wenn man das Bild betrachtet, kann man darüber nachdenken, wie groß „Z"'s Entscheidungsmöglichkeiten sind, die inneren Zustände zu verändern. Schaffen wir damit gleich eine Verbindung zu einfachen NKS-Prozeduren. „Z" kann dafür sorgen, das innere Auge auf die sonnendurchflutete Landschaft des letzten Urlaubs zu lenken. „Z" kann die innere Stereoanlage erklingen lassen, und das Rauschen des Meeres erfüllt das ganze System. (Nur ein Irrer oder jemand, der gerade einen Trip eingeworfen hat, könnte auf die Idee kommen, es hört jemand mit.) „Z" kann die Konzentration auf das Hara lenken etc. etc. Das sind einfache Konzentrationsübungen für die innere Welt. Genauso kann „Z" sich für die Wahrnehmung nach außen entscheiden. Dabei kann das System aber nur das sehen, hören oder fühlen, was es im Laufe seiner Geschichte gelernt hat zu „dekodieren", also auf welche Art es gelernt hat, einem Vorgang oder Gegenstand Bedeutung zu geben, d.h. welche Lichtquantenunterschiede mit welchen Luftdruckunterschieden, mit welchen Körpermustern oder Signalen verknüpft werden. Bei „BLAU" kann man eben an eine Farbe mit heller oder dunkler Tönung, an „BLAU MACHEN", an „BLAU SEIN" oder sonst etwas denken. „Z" kann eine Unzahl von Entscheidungen treffen. „Z" ist für den Zustand von innerem Eintopf oder Nebulosität verantwortlich. Man kann sich z.B. sehr klar und ganz bewußt auf einen positiven Vorgang konzentrieren. Das wird nicht möglich sein, wenn zunächst eine unangenehme, gefährliche oder schwere Arbeit geleistet werden muß. „Z" wird das System an diese Arbeit erinnern wollen. Manchmal sind auch die Fähigkeiten von „Z" begrenzt. Wenn „Z" in einer Kultur groß geworden ist, in der das Lebenslied der bedingten Abwertung gesungen wird, kann sich „Z" wohl nur für die negativen Seiten des Lebens entscheiden. Das System hat sich dann an einen Zustand von Dauerstreß gewöhnt und ist wahrscheinlich regelrecht süchtig nach Adrenalin und den verwandten Hormongruppen. Gelöstheit und Noradrenalin werden dann als Gift erlebt. Das System bleibt rigide, eingeschränkt und engstirnig. Da hilft es dann auch nicht, wenn es 10 unterschiedliche NLP-Techniken lernt. Das System ist dann eben nicht nur innerhalb eines Bereiches engstirnig, sondern in 10 Bereichen. Es potenziert sozusagen Engstirnigkeit. Im schlimmsten Fall kann man hoffen, daß solche Systeme aussterben. Im besten Fall erkennt es seine Engstirnigkeit und trifft die Entscheidung, sein Lebenslied, den Kontext oder die wesentlichen Verhaltensweisen zu ändern. In diesem Fall am besten alles gleichzeitig. Doch dazu später. Das launische „Z", der interne Zustand, ist verantwortlich für die Kontrolle 2. Ordnung, ohne die kein Leben möglich ist.

Teil IV
NKS in der Praxis

Ein guter Therapeut weiß, daß er über den Klienten keine Gewalt hat. Er braucht diese strukturelle Koppelung. Unterschiedliche Schulen haben unterschiedliche Worte für den gleichen Prozeß: Der Hypnotherapeut nennt es Rapport, Rogers spricht von einer guten Beziehung, die NLP-Leute mischen sehr präzise die Repräsentationssysteme, wenn sie „Rapport machen", Psychoanalytiker sprechen von Übertragung und Gegenübertragung; Familientherapeuten sprechen von Joining oder struktureller Koppelung etc..

In jeder Kommunikation kennen wir diesen Prozeß. In Mikrosekunden prüfen wir den Rapport oder die strukturelle Koppelung. Durch Augenbewegungen, Sprachmuster, Körperhaltungen oder Bewegungen, Geruch usw. Wir tun es unbewußt. In den meisten Fällen verläuft dieser Prozeß unbewußt.

Sämtliche NLP-Techniken, die ich in den letzten dreizehn Jahren erfahren konnte, sei es damals bei Barbara Steen, Beverly Stoy oder bei Thies Stahl, konnte ich anschließend in meiner Lehrtätigkeit hervorragend umsetzen. Aber es blieben Techniken in dem Sinne, in dem Carl Whitaker, einer der Väter des Reframing und der Familientherapie, einmal sagte: „Diese Erfahrungen überzeugten mich, daß jede Technik ein Prozeß ist, wobei sich der Therapeut selbst weiterentwickelt und dabei den Klienten als Medium benutzt ..." (Whitaker in: Gurman, Kniskern 1981, 188). Oder, ohne Carl Whitaker als Sprachrohr zu nehmen, vergleiche ich die Techniken des NLP mit eigenen Lernerfahrungen u.a. beim Windsurfen, Snowboarding oder Skifahren.

So hatte ich bei Siggi Hofmann, einem bekannten Surfbuchautor, Physiker und Anhänger neuer Lernmethoden, eine Privatstunde genommen. Siggi zeigte mir verschiedene Techniken und wies mich auf meine internale „Trance-Orientierung" hin. Ich lernte einige sehr wertvolle Bewegungsabläufe zu zwei komplizierten Manövern, die dann auf den kleinen Wellen und im mittelstarken Wind des Lago di Garda großen Spaß machten und gut funktionierten. Bei hohen Wellen in Sylt, Zandvoort, Ostende oder Tarifa ist es jedoch völlig nutzlos, ja vielleicht sogar gefährlich, sich auf diese Programmschritte zu konzentrieren. Hängengeblieben oder „eingebrannt, hineingemeißelt wie in Moses Tafeln" – als sehr stabile Eigenwerte – in die Engrammstrukturen meines biokybernetischen Systems ist aber Siggis Bemerkung:

> **„Das Manöver muß aus dem Bauch heraus kommen!"**

Ein Satz, den ich in sämtliche Therapiestunden, Workshops, Referate auf Kongressen, lange Autofahrten und geschäftliche Verhandlungen mitnahm.

Meine damalige Ehefrau Ingrid, die, während ich hier schreibe, gerade von einem Erickson-Kongreß aus Phoenix/Arizona zurückkehrt, erzählte mir die Geschichte eines Referenten, der seine Praxis in New York City verließ und als jüdischer Arzt in einem Indianerreservat die Erfahrung machte, lediglich auf Grund seiner weißer Hautfarbe diskriminiert zu werden. Die Erfahrung verhalf ihm dazu, seine Vergangenheit mit neuen Augen zu sehen. Bei einer seiner ersten Visiten saß er am Krankenbett eines indianischen Schamanen, der sich nach einem Unfall auf der Intensivstation befand. Der Indianer fragte ihn, wo er seine Heilkünste gelernt hatte. Recht freimütig zählte er all seine akademischen Grade samt den renommierten Universitäten auf und bemerkte durch die Schläuche hindurch an den belustigten skeptischen Augen und Mundwinkeln des Indianers, daß er wohl einen Fehler gemacht hatte und auf diese Weise wohl keinen Zugang zu seinem Patienten bekommen würde. Irgendwann im weiteren Verlauf des Gesprächs fragte ihn der Indianer, ob er denn tanzen könne – der Tanz ist, wie wir von Terry Tafoya wissen, ein wesentlicher Bestandteil indianischer Heilungszeremonien. Heiler, die keine entsprechenden Attribute besitzen, werden nicht anerkannt: „Der hat ja nicht mal 'ne Trommel ...“ Dieser Arzt berichtete nun wiederum seine Erfahrungen mit Wiener Walzer, Rock'n Roll, Cha cha cha ... und bemerkte wiederum, wie er ins Fettnäpfchen trat. Das Ganze endete irgendwann damit, daß er ihm die Schläuche abnahm, so daß der indianische Schamane ihm wesentliche Schritte heilender Tänze zeigen konnte. Der Abschluß war dann aber der tiefgründige Satz des Indianers, der Satz, weshalb ich die Geschichte hier erzähle: „Die Schritte habe ich dir gezeigt, aber die Musik mußt du selber hören.“

Ein schizophrener Mensch wird zwar immer wieder versuchen, neben sich zu stehen, aber niemand kann jemand anders sein als er selbst. Mir fällt dazu eine Sufi-Geschichte ein. Der Sufi Susska lag auf dem Sterbebett. Seine Angehörigen standen um ihn herum. „Wenn ich auf der anderen Seite bin“, sagte Susska nachdenklich, „wird mich, glaube ich, niemand fragen, warum ich nicht Mohammed geworden bin. Ich glaube eher, man wird mich fragen, warum ich nicht Susska geworden bin.“

Im TAO sein heißt, man hat seinen ganz persönlichen Weg gefunden. Erickson wollte, daß jeder Mensch er selbst wird. Terry Tafoya sagte den Teilnehmern am Anfang eines Seminares einmal, daß sie gar nicht erst versuchen sollten, so zu sein wie er. Sie würden lediglich eine miese Kopie abgeben. Das war sehr klar und gleichzeit sehr witzig. Keiner kann zu einem indianischen Schamanen werden, der gleichzeitig Professor an einer amerikanischen Universität ist, Counselor im Kinsey Institut und Berater der WHO, nur indem er ein paar indianische Rituale lernt, indianischen Schmuck trägt und sich Zöpfe wachsen läßt. Mein Referat auf dem ersten Kongreß zur Ericksonschen Hypnotherapie hatte den Titel: *Ablösung vom*

Guru. Später hatte ich den Eindruck, daß viele deutsche Hypnotherapeuten, übrigens fast alles Männer, mit diesem Thema wenig anfangen konnten.

In den letzten Jahren lehre ich NKS, indem ich von zwei Seiten an das Problem herangehe: von der Makro-Ebene und der Bit-Ebene. Die Bit-Ebene entspricht mehr der Seite der Techniken. Hierzu gehört die unten beschriebene „Shivas Dance-Erfahrung". Dieser Prozedur würde ich im einfachen Sinne die klassischen NLP-Übungen wie „Kalibrieren" sowie verschiedene Pacing- und Leading-Übungen hinzurechnen. Die Makro-Ebene ist sehr komplex. Es ist die Seite der Lebenslieder. Sie ist sehr stark mit system-therapeutischen Ansätzen verknüpft und entspricht der Arbeit Milton H. Ericksons. Beide Ebenen sind untrennbar miteinander verknüpft. Die Ebene der Techniken mit einer Therapieform gleichzusetzen, halte ich für sehr problematisch. Zudem sollte aus dem bisher Gesagten hervorgegangen sein, daß es innerhalb des Begriffs so viele Ungereimtheiten gibt, daß man gut daran tut, diesen Einschränkungen aus dem Weg zu gehen. Viele der Übungen sind eine hervorragende Möglichkeit, sich auf excellente kommunikative Vorgänge in der Psychotherapie, im Coaching und anderen Bereichen vorzubereiten. Will ich mich vor den Einschränkungen schützen, bleibt vom **NLP** schließlich nur noch das **N** übrig. Ich bin jedenfalls Heinz von Foerster sehr dankbar, daß er mir geholfen hat, das linguistische **L** durch das **K** der **K**ybernetik zu ersetzen. Denn das ist es ja, was geschieht: Eine kybernetische Selbstorganisation in der kleinsten Zelle wie auch bei der Integration sämtlicher Erfahrungen zu einem persönlichen und familiären Lebenslied im Rahmen einer inneren Landkarte.

Innere und äußere Landkarten

Wenn ich an mein erstes Hypnotherapie/NLP-Seminar vor dreizehn Jahren zurückdenke, sind mir einerseits noch viele der Techniken ganz klar vor Augen, andererseits ist sehr viel von den Geschichten und Erfahrungen im Land der Träume versunken. Es ist interessant, in welchem Moment welche Geschichte wieder auftaucht. Eine Geschichte ist das Märchen von diesem komischen Unbewußten, von dem die beiden Frauen immer erzählt haben, daß es schon weiß, wann es all das Wissen und die Erfahrungen, die ich gerade lerne, dem Bewußten zugänglich macht; schon gleich jetzt oder erst viel später; dann, wenn die Zeit reif ist, und ich es für irgendeine Problemlösung brauche oder sogar gar nicht! Es war verrückt: Das Unbewußte macht das Wissen dem Bewußten einfach zugänglich und läßt mich einfach handeln. Unglaublich! Es ist interessant, daß ich im Moment sogar wieder den Raum vor Augen und die Stimmen der beiden Hypnotherapie-Ausbilderinnen mit ihrem texanischen Slang wieder im Ohr habe. Das, was ich damals hörte, entsprach nur zum Teil dem „Modell" von der Welt, was man mir jahrelang „eingebleut" hatte. Und mit den Stimmen kommt ein anderes Märchen aus den Tiefen meiner senso-motorisch-rekursiven „Hörfühl"- und „Sehfühl"-Strukturen: Eine Geschichte von Reisen zu anderen Sternen und Planetensystemen, zurück in die Weiten einer Prärielandschaft, die ich vor langer Zeit tatsächlich erlebt hatte, verbunden mit einer Wanderung in die rötlichen Strukturen des Grand Canyon, wo ich den Außenminister eines uralten Landes kennenlernte, der nach so langer Zeit Angst verspürte, seinen Freund, den Innenminister zu besuchen, weil er seine Sprache vergessen hatte und nun wohl noch länger für die Entscheidung brauchte, diese Reise tatsächlich anzutreten. Eine lange Reise, die wie jede Reise genau einen Zentimeter vor dem rechten oder linken Fuß beginnen kann. Jetzt, nach all den Jahren, weiß ich, was die beiden Frauen gemeint hatten, als sie uns die Metapher über die Landkarte erzählt haben.

Heute weiß ich, daß ich die Welt mit verschiedenen Augen sehen kann und daß der Stadtplan von München nicht dasselbe ist wie die Stadt München. Es ist lediglich eine Zeichnung. Das Wort Tomate in unserem Mund ist was anderes, als die Vorstellung der Tomate im Kopf, die unser Gehirn errechnet. Die Speisenkarte auf dem Tisch ist nicht die Mahlzeit. Wer diese Vorgänge verwechselt, läuft Gefahr, seinen Verstand zu verlieren.

Ich bewege mich mit einer „Prozeß-Karte" und einer „Inhaltskarte", einer GROSSEN LANDKARTE, durchs Leben. Dazwischen könnte ich mir dann noch sehr viele unterschiedliche Wegeskizzen anfertigen. Jedenfalls möchte ich für die nächsten Seiten diese Karten konstruieren, um über den Urwald meines inneren

Zauberlandes besser nachdenken zu können. Die Prozeßkarte ist die Mikro-Karte. Sie wird in der Übung „Pacing/Leading" und „Shivas Dance" beschrieben werden.

Die „Wegeskizzen" über verschiedene Erfahrungen im mittleren Bereich konnte ich im Laufe meines Lebens mit Hilfe meiner fünf Sinne anfertigen. Dazu gehört das Erlernen von Techniken im Bereich Sport, Psychotherapie, Sexualität etc. Nachdem ich an einigen Stellen ein wenig Flurbereinigung betrieben hatte, andererseits mir die Erlaubnis gab, an anderen Stellen herrliche Wildgärten mit rauschenden Bächen und stillen Seen entstehen zu lassen, fühlte ich mich wesentlich wohler als damals, wo einiges im Nebel war und ich manchmal etwas taub durch die Gegend wankte.

Die Idee einer Landkarte ist für mich mittlerweile einerseits hilfreich, andererseits auch verwirrend. Es wird ja in meinem Hirn nichts gespeichert auf eine Art, wie etwas in einem Buch oder wie etwas in einem topographischen Amt aufgehoben wird. Es kann ja wirklich niemand auf die gleiche Art in denselben Fluß steigen. Es wird lediglich eine Struktur gebildet, die durch die Errechnung von Eigenwerten stabil bleibt. Vor ungefähr zehn Jahren, als ich das erste deutschsprachige Buch über NLP und Hypnotherapie verfaßte, entstand in mir eine Art *Holodyn* (Wippich 1983). Heute besteht mein Holodyn aus inneren „Sternenstraßen", und es gibt immer wieder ganz neue Gassen und Highways mit ganz neuen Landschaften oder „Gärten des Hermes", die lange verschlossen waren, in denen die Sträucher sich mittlerweile ausgewachsen haben. Gärten, die ganz neu entstehen, mit Gewächsen, die ich noch nie gesehen habe, und Tierstimmen, die interessante Lieder singen. All das kann ich entdecken.

Bleiben wir aber nun trotzdem ein wenig bei der Idee der inneren und äußeren Landkarte. Dieses Wort wird ja mittlerweile von zahlreichen Autoren verwendet.

Äußere Landkarten

Von der Realität um uns herum wissen wir nur, daß sie das ist, was wir nicht wissen. Oder ich weiß, daß ich nichts weiß. Diese Realität erleben wir durch Lichtquanten, Druck und Kraftfelder, Wärmewellen oder chemische Einflüsse. Die genannten Einflüsse wirken auf unseren materiellen Körper ein. Mehr möchte ich über die äußeren Landkarten gar nicht sagen, denn das, was wir meist als äußere Landkarten bezeichnen, sind ja in Wahrheit innere Landkarten. Das, was wir üblicherweise unter äußeren Landkarten verstehen würden, nenne ich der Form halber die „innere äußere Landkarte".

Innere Landkarten

Bits sind Unterschiede, die Unterschiede machen. Auf die oben genannten äußeren Einflüsse reagiert unser Organismus unterscheidend. Dabei rasen diese Bits aber nicht bedeutungslos oder dumm durch das Nervensystem, wie es bei den Datenleitungen eines Computers der Fall ist. Biokybernetische Systeme wie z.B. Vögel, Menschen und Tiere sind auf Grund ihrer operationalen senso-motorischen Schließung in der Lage, Bedeutungen zu erstellen und während ihres Driftens durch Raum und Zeit in jedem Moment zu entscheiden, welche Einflüsse der Umgebung der Autopoiesis dienlich sind und welche nicht. Mein Gott ist deshalb eher eine Nichttriviale Maschine als ein alter Mann hinter den Satelliten.

Innere äußere Landkarten – Mein Holodyn oder mein „Modell der Welt"

Eine Katze findet auch über große Entfernungen wieder zum Haus zurück. Zugvögel kennen ihren Weg in den Süden und wieder zurück. Lachse finden ihre Laichgebiete. Unser Kater hatte damals überall hingepinkelt, um seine nähere „innere äußere Landkarte" zu markieren. Dann hatte meine Frau ihn kastrieren lassen, damit es nicht mehr so stank. Danach wurde er stubenrein. Ich glaube nicht, daß der Mensch das höchste Gut auf dieser Erde ist. Diese Auffassung halte ich für respektlos. Wenn man sich die Artenvielfalt dieses Planeten anschaut, sind wir eher eine Minderheit. Allerdings eine sehr gefährliche. Das ist ein Teil meines Lebensliedes. So haben Tiere sehr vielfältige innere/äußere Landkarten. In der Tierwelt gibt es vielfältigere Sinne als in der Welt der humanoiden Biosysteme. Denken wir an das Echolot der Fledermaus, das Auge der Nachteule, des Falken ... Der Mensch kann seine Sinne und sein Handeln mit technischen Produkten erweitern. Wenn der Blick sich trübt, setzt er eine Brille auf. Wenn er ein Molekül in einer milchigen Flüssigkeit sehen will, nimmt er ein Mikroskop. Wenn Jürgen die Stimme von Terry Tafoya hören will, greift er zum Telefonhörer und hört die Stimme – auf dem Anrufbeantworter. Weil es dort – in Amerika – noch Nacht ist.

Ein Modell oder ein Repräsentationssystem ist etwas Festes. Diese Begriffe sind für Programmierer elektronischer Datenanlagen mit Sicherheit gut geeignet. Bei menschlicher Kommunikation führen sie möglicherweise zu Einschränkungen. Mir gefällt dieser Gedanke des Holodyns, der sich mir 1983 aufdrängte, einfach besser als der des Modells. Da sich nun aber der Begriff des Modells, oder auch der einer zweidimensionalen Landkarte eingebürgert hat, möchte ich diese Worte nicht abschaffen.

Wenn wir dieses Holodyn programmieren, pardon, strukturieren, könnten – wohl wissend, daß niemand auf die gleiche Art in denselben Fluß steigen kann – könnten wir „bottom up" oder „top down" vorgehen. Wir könnten bei den „Bits" anfangen und bei den „Metaphern", „Meaningful Words" oder „Metaphern" enden (vgl. hierzu Haley 1979, 89). Das haben wir im Grunde genommen die ganze Zeit über getan. Gehen wir nun einmal den „Top-Down-Weg" und beginnen mit der Makro-Ebene: Wir leben in einem unbedeutenden Seitenarm der Milchstraße am Rande des Kosmos in einem Planetensystem mittlerer Größe soundsoviele Jahre nach dem Urknall.

Die Handlungen der Menschen waren im Laufe der Zeit durch wechselnde Glaubenssysteme geprägt worden. Angefangen von vielfältigen, komplizierten Gottesideologien bis hin zu eifersüchtigen, einzelnen Göttern, die den Menschen sagten, sie sollen keinen anderen Gott neben sich haben. Die Situation ähnelt meiner Meinung nach derjenigen der drei Schizophrenen auf einer Station, die jeweils meinten, sie seien Jesus. Nun gut. Diese Sicht führte Jahrhunderte lang zum Streit gemäß solch wirksamer „Slogans" wie: „Wer nicht für mich ist, ist gegen mich." Oder: „Willst du nicht mein Bruder sein, dann schlag ich dir den Schädel ein." Paradigmenwechsel führten zur Veränderung der Wahrnehmung. Man wollte nicht mehr glauben, daß die Welt eine Scheibe ist und stellte fest, daß man nicht herunterfiel, wenn man die Welt umsegelte. Einer probierte es aus und heute scheint es schon fast zum Repertoire eines jeden Aussteigers zu gehören, der was auf sich hält. Jedenfalls leben wir momentan im Informationszeitalter. Die wichtigen Metaphern sind:

Information * Energie * Struktur

Informationsverarbeitungsideologien halfen den Siegern, den Zweiten Weltkrieg zu gewinnen. Waren vorher noch ausschließlich Energien oder gute Panzerungen wichtig – in der Psychotherapie Triebkräfte –, so gewannen jetzt diejenigen, die die besseren Informationen besaßen. Heute ist Materie und gute Panzerung zweitrangig. Auf „Know how" und schnellen Informationsfluß kommt es an.

Damit wollen wir die Beschreibung der Grobstruktur beenden und uns den einzelnen Räumen widmen.

Große Landkarte

Die Kultur, in der wir leben. Ein Problem, das auftritt, äußert sich im kulturellen, familiären und individuellen Bereich. Wenn ich mit einem Geschäftsmann aus Thailand verhandeln will, muß ich mit einer ganz anderen Begegnungsstruktur rechnen als bei einem Europäer. Vielleicht erwartet er Geschenke (Fadiman 1987). Ein amerikanischer Geschäftsmann würde so etwas als Korruption betrachten. Beim Treffen stellen Sie fest, daß er sich mit mehreren Personen gleichzeitig verabredet hat. Er lebt einfach in einer anderen Zeitstruktur (James, Woodsmall 1991).

Glaubenssysteme, kulturelle Beliefs und Lebenslieder haben einen beträchtlichen Einfluß auf das Verhalten der einzelnen Person. Aus diesem Grund möchte ich mich weiter unten mit dieser GROSSEN LANDKARTE und den damit verbundenen Werten, Ideologien und Lebensliedern etwas genauer beschäftigen.

Kleine Landkarte

Irgendwann habe ich mich daran erinnern können, daß der Außenminister seine Angst überwand und die Entscheidung traf, sich mit dem Innenminister nach all den Jahren wieder zu treffen. Diese Entscheidung gab mir Mut, und ich traute mich dann auch, Räume aufzusuchen, in die ich mich vorher niemals hineingetraut hätte. Räume, in denen Gewalt und sexueller Mißbrauch stattgefunden hatte und andere Peinlichkeiten. Viele hypnotische und NKS-Erfahrungen in Gruppen schafften mir Klarheit.

Ich denke, man kann grundsätzlich zwei Wege beschreiten, um sein persönliches Holodyn auf die Reihe zu bekommen. Der Weg kann über die große Landkarte, vielleicht über eine „Belief-Arbeit", verbunden mit Dissoziation, Reframing, über eine Familienrekonstruktion (Nerin 1989) oder über die kleine Landkarte, über eine inhaltslose Klärung tiefer und grundsätzlicher Vorgänge verlaufen, die wohl einen großen Teil der verstopften Kommunikationskanäle freischaufeln. Beide Wege sind notwendig. Beide Vorgänge bedingen sich zirkulär.

Die „bit"-Ebene und der Ankerkollaps

Man denke an ein Problem. Kommt es als Bild, Körpersignal, Wort, Gestank oder schaler Geschmack in den bewußten Teil der Person? Man denke an ein schönes Erlebnis. Eine Kraftquelle? Diese ist meist auf allen Sinnen präsent. Eine einfache Methode ist nun, das Problem während einer Meditation beispielsweise in die eine Hand zu tun. Die Kraftquelle kommt in die andere. Es werden also mit Hilfe der „Eigenwertrechenprozedur" zwei neue Nichttriviale Maschinen gebaut: eine linkshändige und eine rechtshändige. Sind Sie fertig, bittet man seinen inneren Konstrukteur, aus diesen beiden Maschinen eine einzige zu machen oder aber die gut

funktionierenden Teile der „Kraftquellenmaschine" in das Problemgerät einzubau-
en. Diese Technik funktioniert nicht immer, hat aber bei einfachen Problemen eine
verblüffende Wirkung.

Die kleine Landkarte hat es meiner Meinung nach noch stärker in sich als die
GROSSE LANDKARTE. Deshalb möchte ich über diese KLEINE LANDKARTE
noch ein wenig länger nachdenken als über die große. Das meiste ist wohl in den
Vorgängen „Pacing" und „Leading" verborgen, Vorgänge, ohne die nichts geht,
wenn Menschen miteinander kommunizieren.

Kommunikation

Gehen ist die zweckmäßigste Fallbewegung. Wer geht, fällt ständig nach vorn. Die
Schwerkraft ist ja immer da. Wer steht, taumelt hin und her. Er fällt nicht um.
Wenn dieser rekursive Selbststeuerungsmechanismus ausfiele, würde der Wach-
soldat am Moskauer Lenin-Mausoleum wie eine Qualle dahinfließen. Wenn wir
aufrecht gehen, zieht uns die Schwerkraft ständig an. Das macht vielleicht
Sportarten wie Snowborden oder Windsurfen so interessant. Es wirkt also nichts
direkt auf den Menschen ein. Darüber habe ich bisher intensiv nachgedacht. So
soll dann auch das folgende Zitat von Varela diese Idee lediglich von einer anderen
Warte her beleuchten. Es soll noch einmal unterstrichen werden, daß es bei einer
Kommunikation zwischen Menschen keinen Sender und auch keinen Empfänger
gibt. Dieses aus der Technik entlehnte Modell wird zwar immer noch verwendet,
führt aber im zwischenmenschlichen Bereich zu gravierenden Irrtümern. Im
zwischenmenschlichen wie auch im wirtschaftlichen Bereich kommt es auf
andere Modelle an. Das Input/Output-Modell jedenfalls sollte man tunlichst
meiden.

„Sie müssen eine Entscheidung treffen, und diese Entscheidung hat Konsequenzen.
Sie können eine Zelle als ein System, bei dem Sie Inputs und Outputs sehen, beschrei-
ben. Sie können dann Inputs, z. B. Ionen, beschreiben, die metabolisiert werden usw.
Die Outputs sind dann Ausscheidungen. In die Mitte stellen Sie eine Blackbox – die
Zelle – und beschreiben alle Input-Output-Relationen. So können Sie über Stimuli
und Antworten darauf sprechen. Das ist zweifellos möglich. Die Frage ist nur, ob es
uns hilft, zu verstehen, was die spezielle Qualität des Lebens ausmacht. Unsere
Auffassung ist, daß dies nicht der Fall ist. Es erklärt nämlich nicht, daß ein lebendes
System die komische Eigenheit aufweist, seine eigene Welt hervorzubringen. Deshalb
haben wir das Konzept der Autopoiese entwickelt ... Man kann freilich auch eine
andere Wahl treffen und die Perspektive der Autonomie einlegen. Dann sieht man die
kreative Potenz des Menschen und versucht mit ihr zu arbeiten. Es ist unmöglich, beide

Ansichten zugleich zu vertreten. Man kann immer nur in einer dieser beiden Welten leben. Entweder man hat Inputs oder man hat Kreativität. Beides zugleich geht nicht, denn Inputs verhindern Kreativität.

…Worin liegt nun der Unterschied einer Störung zu einem Input? Darin, daß die Strukturänderung keine vorab definierte Bedeutung oder Konsequenz hat. Sie gehorcht keiner vorab aufgestellten Regel. Hier trifft einfach etwas auf das System und die Struktur des Systems ändert sich. Insofern ist strukturelle Änderung buchstäblich das, was mit Störung gemeint ist. Jede strukturelle Änderung ist eine Störung. Liegt eine Störung vor, so wird das System ein neues Eigenverhalten entwickeln, weil die Struktur sich verändert hat" (Varela, F. 1988, 109).

Diese Aussage entspricht der Aussage Heinz von Foersters, als ich zu Beginn dieses Buches mit diesem Nachdenken anfing. Es fordert eine klare Entscheidung. Ich denke, daß diese Entscheidung die Wahrnehmung und das Verhalten prägt. Mit dieser Entscheidung konstruiere ich einerseits meine innere Welt, andererseits definiere ich damit zwangsläufig auch meine Handlungsweise und Wahrnehmung. Das wiederum hat gravierende Auswirkungen auf die Art und Weise, wie ich mit jemandem in einen kommunikativen Raum gehe. Mittlerweile ist es selbst in der Regenbogenpresse klar, und es wird ständig öffentlich darüber geschrieben, daß es ein großer Unterschied ist, ob ein Mann mit der Haltung ins Bett geht, er ist der Macho und darf das Weib benutzen, oder ob die Beziehung gleichwertig ist. Hat er diese Gleichwertigkeit niemals gelernt, so wird er mit Erstaunen feststellen müssen, daß sein Schwanz gar nicht mehr so recht mitspielen will. Das muß nicht so sein, aber es kann geschehen. Jedenfalls baut sich in diesem Fall innerhalb seiner Person physiologische Information anders auf, als wenn er gelernt hat, daß im kommunikativ-sexuellen Raum beide Personen von gleichem Wert sind.

Niklas Luhmann sagt dazu: „Ähnlich wie Leben und wie Bewußtsein ist auch Kommunikation eine emergente Realität, ein Sachverhalt sui generis. Sie kommt zustande durch eine Synthese von drei verschiedenen Selektionen – nämlich Selektion einer Information, Selektion der Mitteilung dieser Information und selektives Verstehen oder Mißverstehen dieser Mitteilung und ihrer Information" (1988, 11).

Auch Leslie Cameron-Bandler, eine der Begründerinnen des NLP, war schon 1982 der Meinung, daß es bei der Kommunikation weder Sender noch Empfänger gäbe, sondern eine Kommunikation immer das Ergebnis der jeweiligen Interaktion sei: „Die Bedeutung einer Kommunikation ist das Ergebnis, welches sie bewirkt" (Cameron-Bandler 1982).

Pacing und Leading

Der Vorgang des „Pacing" und „Leading" ist wohl eine der wesentlichen Prozeßbedingungen für eine gute Kommunikation, sei es für eine hypnotherapeutische Sitzung, einen Flirt in einer Bar, die Instruktionen eines Surflehrers an seinen Schüler oder ein gutes Gespräch zwischen einem Verkäufer und seinem Kunden. Über den hypnotherapeutischen Wert von „Pacing" und „Leading" kann sich der Leser bei Stephen G. Gilligan (1987, 94 ff.) informieren. Auch Bandler und Grinder (1975) haben ausführlich darüber berichtet.

Meines Erachtens beginnt mit diesem „Pacing" und „Leading" jegliche Kommunikation. Sie kann auf der gleichwertigen Ebene ebenso geschehen wie auf einer ungleichen. Somit ist sie mit der von Jeff Zeig beschriebenen „one up"/„one down"-Struktur sehr eng verknüpft. Jeff Zeig hat mir einmal gezeigt, wie man sehr schnell eine solche Struktur in einer Gruppe demonstrieren kann. Man bittet zwei nebeneinandersitzende Teilnehmer, doch einmal miteinander zu kommunizieren. (Ich lasse mich intuitiv davon leiten, zwei Personen anzusprechen, bei denen ich sicher sein kann, daß eine eher im „one up"-Modus kommuniziert als die andere.) Ich frage die Teilnehmer anschließend, woran sie erkennen, daß eine von den beiden eher von der „one up"-Warte her kommuniziert als die andere (z.B. Vergrößerung der Körperhaltung, als erste anfangen etc.). Jeff Zeig sagt, diese Struktur zeige sich in den „ersten 26 Nanosekunden" einer Kommunikation (Zeig, persönliche Mitteilung).

Kompliziert wird es, wenn jemand aus der „one down"-Haltung „one up" ist. Er lenkt, indem er sich zurückhält. Die „one up"-Person ist in ihrer Wahrnehmung eher eingeschränkt als jemand, der sich innerlich zurücknehmen kann und die Vorgänge von einer innerlich ruhigen Warte her beobachtet – gemäß Ericksons Haltung, die Sprache des Klienten zu sprechen und einen Schritt hinter ihm zu bleiben. Eine Steigerung ist die Geschichte von den beiden Kämpfern einer östlichen Kampfsportart mit einem jeweils sehr hohen Dan-Grad, die sich sehr lange gegenüberstehen ohne zu handeln. Schließlich verbeugen sie sich und gehen auseinander ohne zu kämpfen. Beide haben erkannt, daß der andere ein ebenbürtiger Meister ist. Der Kampf lohnt sich nicht.

Bevor wir uns weiter mit dem Surflehrer oder dem Flirt in der Bar beschäftigen, möchte ich ein wenig darüber nachdenken, was dieses „Pacing" und „Leading" denn nun wirklich ist. Nachdem in einem Seminar Humberto Maturana uns sehr anschaulich seine Erklärungen über die Funktionsweise lebender Systeme mit vielen Zeichnungen und südländischem Temperament demonstriert hatte, endete er mit einfachen Sätzen, wie „the Praxis of living" und „ein Nervensystem driftet wie ein Boot durch Raum und Zeit". Denken wir wieder an den Einzeller oder an einen Kugelfisch, der, mit Maturanas Worten gesprochen, durch die Abgründe des unendlichen Meeres dahindriftet. Vielleicht ist er, ähnlich wie Krishnamurti, der, wenn der plappernde Verstand aufhört, der mit einem Baum in Kommunion sein kann, eben mit einer wunderschönen rosaroten Koralle in Kommunion. Wenn wir wieder an unseren Einzeller denken oder an unseren Kugelfisch und gleichzeitig an Maturanas Zitat „Denken ist Handeln im Bereich des Denkens ...", dann können wir uns vorstellen, daß sich dieser Kugelfisch von den Farben der Koralle faszinieren läßt. Wir können es jedenfalls so deuten. Nicht nur Kugelfische lassen sich faszinieren.

Ich hatte einmal eine wunderschöne Jagdhündin, die setzte sich im Wartezimmer des Tierarztes auf ihre Hinterkeulen und betrachtete ungefähr zwei bis drei Minuten lang sehr intensiv das Plakat mit den Katzen aus aller Welt, während meine Frau damit beschäftigt war, unseren Kater aus der Vertiefung hinter dem Reserverad des Diesels wieder herauszulocken, in die er sich während der Fahrt vor lauter Angst verkrochen hatte. Als sie nach ungefähr fünf Minuten wieder in das Wartezimmer kam, saß die Hündin immer noch vor dem Plakat, betrachtete in aller Seelenruhe diese Katzen. Dann, nach einiger Zeit, zeigten wir ihr das Plakat mit den Vögeln. Auch vor dieses Plakat setzte sie sich, betrachtete es eine Weile sehr geduldig. Das war ungewöhnlich. Denn diese Jagdhündin zeichnete sich durch einen hohen Grad an Nervosität und unermeßlichen Bewegungsdrang aus. Ein weiterer Charakterzug war allerdings auch ihre unstillbare Neugier.

All das sind jedoch noch keine Beispiele für „Pacing" und „Leading". Es sind lediglich Vorbedingungen. Handelt es sich jedoch hier lediglich um ein einzelnes Individuum, welches sich durch einen Vorgang, dem wir mit Worten wie „Strukturelle Koppelung" oder „in Kommunion sein" Bedeutung gegeben haben, mit allen oder einem Teil seiner Sinne auf die Umgebung einläßt.

Wie übersetzen wir *Pacing*? „Pace" heißt zu deutsch Schritt. So könnte man „Pacing" als Mitmarschieren oder Mitschreiten übersetzen. Soldaten, die marschieren, erleben somit „Pacing". Menschen, die gemeinsam in einem Chor singen, erleben „Pacing" im auditiven Bereich. Einmal ein „Bewegungs-Fühlen", das andere Mal ein „Hör-Fühlen". Tatsächlich sind beide Vorgänge sehr hypnotisch. Die Machthaber im Dritten Reich wußten sie zu nutzen.

Krishnamurti, der mit dem Baum in Kommunion ist, sowie der Kugelfisch, der sich von der wunderschönen rosaroten Koralle faszinieren läßt, koppeln sich mit ihrer visuellen Struktur jeweils an eine Umgebung. Sie konstruieren eine visuell erkennende Umgebung. Ich bezeichne diesen Vorgang als „Seh-Fühlen". Dieses Wort entsprang einmal tief aus meinem Inneren heraus, als ich nach einem wunderschönen Windsurftag auf dem Silvaplana See bei St. Moritz hinterher am Julier-Paß ungefähr zwei Stunden lang in einer tiefen Trance saß. Die Zeit war völlig stillgestanden. Alles war wortlos. Nur dies eine Wort breitete sich irgendwann in meinem Kopf aus. „Seh-Fühlen". Später konnte ich in einer anderen Meditation das Gleiche mit meinem inneren Ohr erleben: „Hör-Fühlen".

Seh-Fühlen: Handeln im Bereich des Seh-Fühlens. Dies geschah allerdings auf eine ganz besondere Art. Nämlich im Sinne des WU WEI, des uralten taoistischen „tue nicht, und es wird getan werden". Ich weiß, daß ich ein komplexes System nicht direkt beeinflussen kann. So kann ich auch die Reaktionen meines Körpers nicht direkt beeinflussen. Weder kann ich mit Gewalt gesund werden, wenn ich erkrankt bin, noch kann ich ein vergessenes Wort, eine Melodie oder sonst noch etwas durch eine direkte Kontrolle meines bewußten Wollens erinnern. Was ich allerdings tun kann, ist, eine Umgebung zu schaffen, in der Seh-Fühlen, Hör-Fühlen, Erinnern oder andere Operationen im bestmöglichen Ausmaß stattfinden. Hier hinein paßt auch ein Zitat Paul Watzlawicks über Heinz v. Foerster: „Er beschreibt sich selbst als miserablen Mittelschüler, der nie seine Hausaufgaben machte; Skifahren, Bergsteigen, eine selbstgegründete Jazz-Combo und seine ungewöhnlichen Erfolge als Zauberer ließen ihm keine Zeit für diesen Unsinn. Mathematik und Physik waren für ihn jedoch Ausnahmen; in diesen Fächern ,wußte ich die Antwort, noch ehe man mich fragte'; es war alles so offensichtlich und vollkommen klar (man ist an den berühmten Mathematiker Gauß erinnert, der einmal in ganz ähnlichem Sinne gesagt haben soll: ,Die Lösung hatte ich schon – jetzt muß ich nur noch die Wege entdecken, auf denen ich zu ihr gelangt war.')" (Watzlawick 1992). Trance ist Selbsthypnose. Trance ist eine besondere Art der Orientierung. Klassische Hypnose mit ihren Techniken und hypnotische Formeln gehörten für mich in die Welt des Determinismus. Der Hypnotiseur ist mächtig, er ist in der Lage, jemand anderen zu beeinflussen. Maturana hat einmal gesagt, daß jedes Volk den Führer bekommt, den es braucht. Ich denke, er hat recht. Was würde geschehen, wenn eine Macht von einem anderen Stern, wobei diese im Besitz einer Zeitmaschine ist, unseren deutschen Adolf Hitler bei seinem Marsch auf die Münchner Feldherrnhalle einfach entfernen würde, ihn einfach für ein paar Tage ausleihen würde, um ihn nach Poona, zu dem damaligen Bhagwan zu versetzen. Wie würden die Anhänger Bhagwans auf ihn reagieren? Oder aber man würde ihn in die Zeit der Hippie-Bewegung nach San Francisco in die Height Ashbury versetzen und ließe ihn dort seine Reden schwingen. Ist es nicht ein interessantes und spannendes Experiment, das Gleiche zu tun mit Napoleon, Goebbels, Fidel Castro ... Oder setzen Sie doch einmal Gandhi neben Stalin ... Gandhi könnte sich zwar in der Wüste – meditierend – wohlfühlen. Was geschähe mit Goebbels, Hitler oder Mussolini, wenn man sie jeweils in die Sahara, die Mohawe-Wüste oder die Kalahari absetzen würde, wo sie dann ganz einfach herumstünden und Reden hielten.

Jedes Volk braucht seinen Führer. Die Entscheidung, sich beeinflussen zu lassen, geschieht unbewußt oder sehr bewußt. Dabei spielen Glaubenssysteme eine sehr große Rolle. Meines Erachtens hat der Determinismus, die Idee, man sei ein Rädchen im Uhrwerk des Kosmos und hilflos allem ausgeliefert, dem Faschismus Tor und Tür geöffnet. Doch darüber möchte ich weiter unten nachdenken.

Wenn sich der Kugelfisch von der Koralle faszinieren läßt, handelt er in dem Bereich des „Seh-Fühlens". Er schafft sich diesen Raum des „Seh-Fühlens".

Der Bereich des „Seh-Fühlens" ist lebensnotwendig. Denken wir an das Experiment von Held und Hein (1963). In diesem Experiment zogen sie frischgeborene Katzen in einem Experimentierkäfig auf, dessen Wände ausschließlich aus senkrechten, schwarzweißen Streifen bestanden. Die kleinen Katzen wuchsen also in einer Welt von senkrechten, schwarz-weißen Streifen auf. Eine andere Versuchsgruppe von jungen Katzen wuchs in einer Welt von waagerechten, schwarzweißen Streifen auf. Tat man die Katzen aus der waagerechten Welt nach einigen Wochen in die Kiste mit der senkrechten Welt, taumelten sie und fielen um. Sie hatten nicht gelernt, diese Umgebung wahrzunehmen. Ihr „Seh-Fühlen" war gestört. Das Gleiche geschah selbstverständlich mit den anderen Katzen. Maturana und Varela (1987) berichten am Ende ihres Buches *Baum der Erkenntnis* von den beiden Mädchen, die von Wölfen großgezogen wurden und die schließlich von einem Missionar „gerettet" worden waren. Das eine Mädchen starb sofort nach dieser „Rettung", das andere fiel über einige Jahre in eine tiefe Depression und starb dann. Die beiden Mädchen waren gewohnt, wie Wölfe zu laufen, zu essen und dementsprechend Laute von sich zu geben. Sie hatten sich mit dem konsensuellen Bereich des Wolfslebens „strukturell gekoppelt".

Denken wir zurück an den Einzeller und den Kugelfisch, so werden wir erkennen, daß der Missionar in einem völlig anderen Bedeutungsbereich lebte und handelte als die beiden Wolfskinder. Er war nicht in der Lage, sich an ihren Bereich „strukturell zu koppeln". Wahrscheinlich wäre ihm das gelungen, wenn er einige Zeit bei Zoologen gelebt hätte, die es gewohnt sind, auch physiologisch mit diesen Tieren zusammen zu leben. Dann wäre es ihm vielleicht möglich gewesen, im Bereich des Seh-Fühlens und des Hör-Fühlens Muster zu erleben und zu durchlaufen, die es ihm ermöglicht hätten, tatsächlich diese beiden Mädchen „zu retten". Wahrscheinlich wäre er jedoch danach kein Missionar mehr gewesen.

Blicken wir noch einmal zurück zu unserem Kugelfisch, der sich von der wunderschönen rosaroten Koralle faszinieren läßt. Stellen wir uns vor, daß ihn plötzlich ganz feine Bewegungen erreichen. Diese Bewegungen führen zu einem „Schwimm-Fühlen" und einer damit verbundenen neuen Orientierung. Langsam dreht er sich in eine andere Richtung und seine Augen fallen auf diese vielen kleinen Fische, die ruckartig immer wieder in eine andere Richtung huschen. Alle bewegen sich gleichzeitig. Wie ein großes Muster. Der Schwarm sieht aus wie ein großes Seidentuch, das durchs Wasser gezogen wird. Alles geschieht wie auf Befehl. Unser Kompaniechef – damals in Mittenwald – hätte seine Freude daran gehabt. Vielleicht hätte er hier einen Beweis gefunden, daß die Welt doch wie ein Uhrwerk funktioniert. Gibt es bei diesen Fischen auch einen „Kompaniechef"? Wer gibt den Befehl für dieses „Pacing"? Pacing ist wohl die Essenz von Kommunikation schlechthin. Im Gegensatz zur strukturellen Koppelung an eine relativ statische Umgebung wie einen Baum oder eine Koralle, koppeln sich hier zwei Organismen innerhalb eines gemeinsamen konsensuellen Bereiches miteinander. Können Fische, Vögel oder auch Fledermäuse sich miteinander in einer Echolotwahrnehmung verkoppeln, so sind Menschen wohl dazu ausschließlich im Bereich ihrer fünf Sinne in der Lage. Sie verkoppeln sich im Bereich des Hör-Fühlens, des Seh-Fühlens oder des Bewegungs-Fühlens. So wie Maturana sagt, ist Sehen handeln im Bereich des Sehens.

So ist Pacing und Leading ein Muster, welches die Handlungsgrundlage für sämtliche weiteren Aktionen im NKS bietet. Pacing und Leading sind vergleichbar mit dem Meer, welches einen Supertanker gleichermaßen wie einen Windsurfer tragen kann, und in sich den weißen Hai und die Auster ebenso birgt, wie Neptun oder eine wunderschöne Seejungfrau vor dem inneren Auge des Träumers – dies jedoch wiederum auf einer anderen logischen Ebene.

Pacing und Leading finden in einem autopoietischen Raum statt, der operational geschlossen ist. Handlungen im Sinne des Hör-Fühlens und Seh-Fühlens bestimmen die Lebensregeln dieses Raumes. Zwei Menschen können miteinander in Kontakt kommen, vielleicht durch einen Blick oder ein Wort. Das kann inmitten einer großen Masse von Menschen geschehen. Vielleicht auf einem Rockfestival, auf einer Messe, auf einem Bahnhof, auf einer universitären Veranstaltung – wo immer es auch geschieht, die Menschen drumherum nehmen die Grenzen dieses autopoietischen Raumes wahr. Sie werden nicht stören. Die beiden Menschen haben irgendwelche Muster erkannt, die einander ähneln oder sehr fremd sind, und deshalb neugierig machen. Sie verkoppeln sich strukturell und lassen sich auf einen konsensuellen Bereich ein.

Vor einiger Zeit wurde in einer wissenschaftlichen Sendung im Fernsehen von einem Experiment mit versteckter Kamera berichtet. Man hatte in Diskotheken und Bars Personen aufgenommen, die sich anscheinend gerade kennengelernt hatten. Bei den Kameras handelte es sich um Hochgeschwindigkeitskameras. Man konnte hinterher feststellen, daß die beiden Personen miteinander ins Bett gingen. Selbstverständlich hatte man den Vorgang anschließend als wissenschaftliche Untersuchung offen dargelegt. Was nun aber für unsere strukturelle Koppelung so interessant ist, ist die Tatsache, daß diese Menschen sich zunächst in ihren groben und später in ihren feinen und minimalen körperlichen Bewegungen und Handlungen anglichen. Ihre Atemmuster glichen sich und auch die Tonalität ihrer Sprache.

Gute Kommunikatoren erkennen Muster. Dazu gehören die kulturellen Muster ebenso wie minimale Reaktionen innerhalb verschiedener Sinnessubmodalitäten. Ein präzises, atomisiertes Training sehr feiner Sinnesmodalitäten käme mit der Betrachtung eines einzelnen Moleküls in einer milchigen Flüssigkeit gleich. Man verliert vollständig den Blick für die Beschaffenheit dieser Flüssigkeit. Man kann kein milchiges Muster mehr sehen.

Will man das innere Modell einer unbekannten Person schnell erfassen lernen, so ist es notwendig, die Muster ihrer Kultur und ihrer Familie in irgendeiner Form zu erkennen. Dazu sind Techniken des zirkulären Fragens, die Familienrekonstruktion oder die Skulpturarbeit von Virginia Satir geeignete Mittel. Der Kommunikator ist dann in der Lage, anhand minimaler Hinweise ihr inneres „Holodyn" in Verbindung mit dem jeweiligen kulturellen Hintergrund zu erkennen, also aufgrund welchen familiären und religiösen Glaubenssystems sie ihr Handeln und ihre Wahrnehmung organisiert. In diesem Fall wird es dann möglich, ein psychotherapeutisches Familienprojekt – oder auch ein Coachingprojekt – mit dem angestrebten Ziel zu beginnen. Das ist natürlich ein hoher Anspruch. Meine besten Arbeiten gelingen mir, wenn ich am Anfang schon das Ende erkenne. Dieses schnelle Erkennen von Mustern zeigt sich in vielen Beispielen der Arbeit Milton H. Ericksons, unter anderem in dem Satz: „Ein paar Tage später kam Rick mit seiner Mutter herein. Ich erkannte auf den ersten Blick, zu welcher Gruppe die beiden gehörten. ... In dieser Kultur nun steht der Mann noch um einiges höher wie der Herrgott, die Frau steht tiefer als tief" (In: Zeig 1988, 152).

Shivas Dance

Das Pacing komplexer „Holodyns" oder Modelle der inneren Welt einer Person erreicht man, wenn man sehr sinnesbezogen arbeitet. Z.B. mit einer Erfahrung, die wir „Shivas Dance" nennen (Wippich 1983). Diese Erfahrung bewegt sich im Bereich des „Bewegungs-Fühlens". Die Erfahrung ist trivial einfach und drückt meiner Meinung nach Kommunikation schlechthin aus. Sie unterscheidet sich qualitativ von Pacing/Leading-Übungen, die man im Gehen durchführt. Die Orientierung im Sitzen ist einfach feiner und trotzdem ganzheitlicher. Die Erfahrung sei im folgenden kurz beschrieben: „Hierzu sollten sich zwei Kursteilnehmer finden, die sich noch nicht gut kennen (andererseits ist die Übung für Paare, Partner sehr gut geeignet). Es kommt darauf an, daß sich zwei Personen auf der kinästhetischen Ebene aufeinander einlassen und kennenlernen. Die Paare sitzen sich gegenüber und berühren sich leicht an den Fingerspitzen der Hände. Sie können mit geöffneten Augen beginnen, dann aber die Augen schließen, um ihre Wahrnehmung voll und ganz auf die kinästhetischen Abläufe zu lenken. Vorher wurde abgesprochen, welcher der Partner zu führen beginnt. Er kann dann anfangen, auf irgendeine Art imaginäre Figuren zu malen. Der andere Partner sollte sich auf die Bewegungsabläufe einlassen können. Im Verlauf des Geschehens sollte dann die Lenkung dem anderen Partner überlassen werden. Irgendwann kann ein gemeinsamer Bewegungsablauf entstehen (Wippich 1983/1985, 225).

Das Kommunikationssystem, welches auf diese Weise entsteht, ist ein vollständig geschlossenes System, das die Prozeß- oder Bewegungsabläufe, aus denen es besteht, durch seine Kommunikation selbst erzeugt. Nennen wir es eine „kinästhetische Nichttriviale Rekursionsmaschine". Die Bewegungsabläufe sind die Bestandteile des Kommunikationssystems der beiden Personen, und diese werden durch die Kommunikation selbst wiederum erzeugt. Die Erfahrung, die man bei dieser Übung macht, trifft sich mit einer grundlegenden Idee Ericksons: „Sprich die Sprache des Klienten und bleib einen Schritt hinter ihm."

Die von Luhmann (1988, 11) beschriebenen Auswahlprinzipien von Kommunikation, nämlich die Auswahl einer Information, die Auswahl einer Mitteilung dieser Information und das jeweilige selektive Verstehen oder Mißverstehen dieser Mitteilung, verbunden mit ihrer Information, können wir in unserer „Nichttrivialen Rekursionsmaschine" auf ganz direkte Art erleben. Gehen wir zunächst einmal vom Verstehen aus. Die sich einlassende Person muß eine Entscheidung treffen – die Information in sich bilden (konstituieren) –, zu führen oder sich führen zu lassen. Die Art des Bewegungs-Handelns, beispielsweise schnell oder langsam, große oder kleine Bewegungen, viel Druck oder ganz zart, muß ausgewählt werden, und dieses Bewegungs-Fühlen muß von der anderen Person verstanden und angenommen werden. Ist das der Fall, wird von den Beteiligten in allen mir bekannten Fällen ein Gefühl von großer Ganzheitlichkeit, von tiefem und wortlosem Verstehen berichtet. Die Erfahrung ist dann einfach schön, und oft ist es kaum möglich, sie in verbaler Sprache „mit-zu-teilen". So wie ein Bild mehr als tausend Worte sagt, ist dieses erlebte „Holodyn" einfach mächtig schön. Vermutlich ist es das, was Maturana als „Liebe" bezeichnet.

Wie kommt es nun, daß zwei Personen oder auch mehrere sich verstehen. Wie kommt es, daß, wenn wir das Wort „blau" sagen, jeder weiß, was gemeint ist. Da nach dem Hausphilosophen des NLP, Hans Vaihinger, nur das Empfundene „wahr" ist, jedenfalls für eine Person, gehen wir noch einmal zurück zu der Übung „Shivas Dance", um aufzuzeigen, wie sich innerhalb eines selbstregulierenden, geschlossenen Kommunikationsraumes sich „verstehen" oder auch sich „mißverstehen" einpendelt. Und wie es sich stabilisiert. Erinnern wir uns daran, daß sich in dem Chaos der unendlichen Wahlmöglichkeiten einer Nichttrivialen Maschine Stabilität im Prozeß des rekursiven Errechnens von Eigenwerten bildet. Dieser Vorgang ist eine wesentliche Grundlage für jegliche Probleme im Chaos- oder Konfliktmanagement. Ein Eigenwert ist ja nichts anderes als die Rückführung des Ergebnisses wieder zurück in das System. Und hier wird jede Bewegung in das System zurückgeführt. Ich hatte den Vorgang weiter oben dargestellt.

Nehmen wir an, der Gruppenleiter hat, wie weiter vorn beschrieben, die Instruktion gegeben, eine Person soll ungefähr dreißig Sekunden lang damit beginnen zu führen, die andere soll sich führen lassen. Danach sollen beide in irgendeiner Form den Vorgängen freien Lauf lassen. Sie, lieber Leser, können nun darüber ein wenig meditieren – oder suchen Sie sich einfach einen Partner oder eine Partnerin, um das Spiel kontrollierend oder gedankenlos zu durchlaufen. Falls Sie darüber meditieren, werden Sie irgendwann zu dem Ergebnis kommen, daß nach den jeweiligen Selektionen der Information „will ich führen" von Person A oder „will ich geführt werden" von Person B und nach den jeweiligen Auswahlkriterien, wie die beiden Personen sich die Information gegenseitig mitteilen, nämlich durch unterschiedlichen Druck in den Fingerspitzen, Größe und Tempo der Bewegungen etc., von beiden Personen irgendwann eine Selektion des Verstehens oder Mißverstehens stattfinden wird, nämlich in welchen Momenten entschieden wird, ob

- keiner von beiden führt,
- A führt – B läßt sich führen,
- B führt – A läßt sich führen,
- es bleibt unentschieden, es entsteht eine paradoxe Situation des Mißverstehens, die jedoch zunächst keiner verläßt.

In den ersten drei Fällen haben sich Bewegungskomponenten in Form von Eigenwerten stabilisiert. Durch ständige rekursive Operationen wird die Mitteilung akzeptiert. Immer mehr Akzeptanz stabilisiert das System entweder hinsichtlich einer one-up/one-down-Sprache, einer Gleichwertigkeitssprache mit dem Wert „wir spielen gemeinsam" oder einer paradoxen Kommunikation mit dem Wert „wir halten die Mißverständnisse aus".

In dem Moment, in dem die Mitteilung einer Information, in diesem Fall Unterschiede im „Bewegungs-Fühlen", von beiden Kommunikationspartnern im autopoietischen Raum angenommen wird, ist der Raum streßfrei. Kongruenz und Akzeptanz sind gegeben. Akzeptanz, Annehmen scheint eine Grundbedingung für gegenseitiges Erkennen zu sein. Man kann wohl nur etwas erkennen, wenn man für eine Wahrnehmung offen ist. Diese Haltung entspricht vielleicht dem Staunen des kleinen Kindes, welches einen Vorgang einfach betrachtet, ohne ihn mit der Logik des prüfenden Verstandes ängstlich hinterfragen zu müssen. In der Praxis fühlt sich das dann meist so an, daß ein hohes Glücksgefühl, verbunden mit sehr viel Kreativität, entsteht. Dabei kann es sehr wohl so sein, daß es völlig unwichtig ist, wer von den beiden Partnern führt oder geführt wird – alles geschieht nach dem Prinzip WU WEI: „Tue nicht, und es wird getan werden", oder nach dem alten östlichen Prinzip – Liebe ist Loslassen. Vergleiche hierzu auch Krishnamurti (1977, aus einer Diskussionssitzung während des Brockwood-Parktreffens am 30. August 1977: Liebe – ein Dialog mit mir selbst).

Der Leser kann nun weiter darüber meditieren, wie auf eine ähnliche Art Sprache entstanden sein mag. So wie Eskimos ganz viele Worte für die Erfahrung „weiß" lernen konnten, wie ein kalifornischer „kid" die Kreativität mit der Muttermilch einsaugt, ein preußischer Junge dagegen schon in seinem ersten Lebensjahr von seinem Papa gesagt bekommt, wie er die Bauklötzchen aufeinanderzustellen hat. Später lernt er dann, wie interessant es sein soll, zuzuschauen, wenn Papa mit der elektrischen Eisenbahn des Sohnes spielt, die Vater ihm unter dem Weihnachtsbaum aufgebaut hat, seinem ferngesteuerten Funkauto ... und noch viel später muß er sich in vielen Situationen, wenn in seinem jungen Leben etwas schiefgeht, vom Vater den Satz anhören: „Werde du erstmal selbständig!", mit lauter Stimme und ausgestrecktem Zeigefinger.

Krishnamurti und Martin Buber haben ihre „Baumerlebnisse" wortlos erfahren. Heinz von Foerster zitiert, um eine tiefe menschliche Kommunikation, die auch über die gesprochene Sprache verläuft, auszudrücken, den Psychotherapeuten Viktor Frankl: „ ... denn so wie der Andere zu einem meiner Eigenwerte, zu meiner Verhaltenskompetenz wurde, so werde ich jetzt zu einem Eigenwert, zu einer Verhaltenskompetenz des Anderen. Ich und Du erzeugen sich gegenseitig; keiner wird ohne den Andern; oder noch anders ausgedrückt: man sieht sich mit den

Augen des Anderen. Als Parabel zu meinen Ausführungen möge die folgende Geschichte mich zum Abschluß bringen. Wie durch ein Wunder überlebte der Psychologe Viktor Frankl als einziger seiner Familie das Konzentrationslager ... Da waren ein Mann und seine Frau, die voneinander getrennt, ebenfalls wie durch ein Wunder die Jahre in den Lagern überlebten und – sie konnten es kaum fassen – sich in Wien wieder trafen. Jedoch wenige Monate danach starb die Frau an den Folgen der Gefangenschaft, und ihr Mann zog sich in tiefster Verzweiflung völlig von der Welt zurück. Er wollte mit niemandem mehr sprechen, aß kaum, hatte alle Hoffnung aufgegeben und saß stumm und teilnahmslos in einem Winkel seiner Wohnung. Schließlich gelang es Freunden, ihn zu überreden, Viktor Frankl aufzusuchen. Soweit ich mich an diese Geschichte nach fast vierzig Jahren erinnere, fand dann das Folgende statt. Etwa eine Stunde sprachen die beiden Männer miteinander, da stellte Dr. Frankl die Frage: ‚Angenommen, Gott gäbe mir die Macht, eine Frau zu erschaffen, die sich von der Ihren nicht unterscheidet. Nicht nur gleicht sie Ihrer Frau in allem Äußeren, in Bewegung und im Sprechen, sondern auch gemeinsame Erlebnisse sind in ihrer Erinnerung so wie in der Ihren. Jede Prüfung, die Sie stellen könnten, würde keine Verschiedenheit ergeben. Ich frage Sie nun? Soll ich diese Frau erschaffen?' Der Mann schwieg eine lange Zeit. Dann antwortete er: ‚Nein.' Darauf verabschiedete er sich und begann langsam, sich wieder dem Leben zuzuwenden. ‚Wie war das möglich? Was ging in diesem Menschen vor?', so fragte ich später einmal Dr. Frankl. Und er antwortete: ‚Wir sehen uns mit den Augen des anderen. So, als sie starb, wurde er blind. Aber als er sah, daß er blind war, konnte er sehen'" (von Foerster 1988, 11).

Das Beispiel Heinz von Foersters geht natürlich weit über die einfache Struktur der Shivas Dance-Erfahrung hinaus und behandelt eine vielschichtige Kommunikation, eine „multi-level-communication", so wie man vor allem die Arbeit Milton H. Ericksons beschreiben würde. Grundsätzlich können wir aber die Shivas Dance-Erfahrung als Grundform von Kommunikation in verschiedenen Lebensbereichen beobachten. Vermutlich auch in einem tierischen oder in einem menschlich-tierischen, in Bereichen, in denen zum Beispiel Zoologen mit Wölfen, Delphinen oder Affen kommunizieren. Die Kommunikation zwischen Pferd und Reiter läuft ähnlich. Eine Springreiterin berichtete mir nach einem Seminar überaus glücklich, was sie durch die Shivas Dance-Übung in bezug auf das Reiten gelernt hatte.

Sei es nun Coaching, Training von Verhaltensmustern oder therapeutische Veränderungsarbeit – die Organisationsform eines autopoietischen Raumes mit ihren jeweiligen Lebensregeln wiederholt sich auf dieselbe Art und Weise. Sie ist wie das Meer, auf dem sich Schaumkronen bilden, Segelboote und Windsurfer herumschwimmen, fliegende Fische auftauchen und wieder verschwinden ...

Dementsprechend können wir nun Übungen erfinden, um sehr klar zu werden, so daß wir sehend im Bereich des Sehens handeln können, sprechend im Bereich des Sprechens, spielend handeln im Bereich des Spielens, kämpfend im Bereich des Kämpfens oder paradox kommunizierend im Bereich des „Nicht-Verstehens". Einschlägige Übungen zur Präzisierung der einzelnen Sinnesebenen und einem damit verbundenen Pacing/Leading sind genügend in der NLP-Literatur bekannt, so daß wir sie hier nicht weiter anführen müssen.

Auf dieser Grundlage, der Grundlage von Streßfreiheit, der Grundlage eines suggestopädischen Alpha-Zustandes oder schlichtweg einfach einer guten Trance, kann man sich selbst gut ankern und damit lernen. Ich schaffe mir solche Zustände, sei es in Therapien, vor Coachingsitzungen, oder wenn ich am Meer sitze und mich auf das Surfen in der Brandung vorbereite. Gute Windsurfer beobachten den Rhythmus der Wellen, die stets in Sets hereinkommen, in einem meditativen Zustand. Ich benutze dazu folgende sieben Schritte:

1. **Das Einrichten einer komfortablen Sitzhaltung.** Beide, der Hypnotherapeut und das Subjekt, sollten angenehm sitzen und sich anschauen (in einem angemessenen Abstand voneinander). Als Hypnotherapeut ist deine physische Präsenz eines deiner wichtigsten Kommunikationsinstrumente; du solltest das Beste daraus machen.

2. **Geh für einen Moment nach innen.** Identifiziere und entspanne jegliche Quelle von physischer und emotionaler Anspannung. Jegliche unnötige Spannung wird es dir als Hypnotherapeut und konsequenterweise dem Subjekt auch schwermachen, die Flexibilität und das „fließende Fühlen" zu entwickeln, das notwendig ist, sich an die Kreativität des fortlaufenden Vorganges zu adaptieren.

3. **Fokussiere aufmerksam das Subjekt.** Bemerke die Art der Muster, die Körperhaltung, muskuläre Spannungen, den emotionalen Zustand und weiteres.

4. **Atme angenehm und leicht.** Obwohl du nicht lethargisch oder unaufmerksam sein magst, magst du entspannt und von dem Subjekt absorbiert sein. Es wird immer wieder wiederholt werden, daß unregelmäßiges oder einengendes Atmen es nahezu unmöglich macht, voll und ganz nach außen orientiert zu bleiben; gutes Atmen dagegen fördert die Entspannung und das Vertrauen, das notwendig ist für eine wirksame Interaktion (besonders dann, wenn man von vornherein unsicher ist oder irgendwie Angst hat). Wenn möglich, synchronisiere deinen Atem mit dem des Subjektes ... Im allgemeinen verstärkt die Synchronisation des Atems die Fähigkeit des Therapeuten, mit dem Subjekt wirksam zu interagieren. Ausnahmen dazu sind, wenn Klienten emotional sehr aufgeregt sind und entweder sehr schwach oder ganz eingeschränkt atmen

(z.B., wenn sie sehr ängstlich sind oder zurückgezogen) oder wenn sie sehr schnell und unregelmäßig atmen (z.B. wenn sie sehr agitiert sind). Wenn man solche Muster annimmt, werden sie ähnliche, das Selbst entwertende emotionale Zustände hervorrufen.

5. **Augenkontakt einrichten.** Viele Hypnotherapeuten finden es am besten, nur in eines der Augen ihres Subjektes zu schauen; weil, wenn man in beide Augen schaut, es oft ein Gefühl der Desorientierung hervorruft, was von der Aufmerksamkeit des Hypnotherapeuten ablenkt. Halte den Augenkontakt so gut es geht aufrecht und stell dein Bedürfnis nach Lidschlagreflex beiseite, dein Bedürfnis wegzuschauen oder innere Gedanken hervorzurufen. (Der veränderte Bewußtseinszustand, der gewöhnlich aus diesem Vorgang sich entwickelt, wird nachfolgend diskutiert werden.)

   Eine besonders wirksame Technik, um den Augenkontakt aufrechtzuerhalten ist, daß man das linke Auge fokussiert, so als ob man durch das linke Auge des Subjektes hindurchschaut (ungefähr 30 cm dahinter). Das führt dazu, daß die Aufmerksamkeit für den Hypnotherapeuten absorbiert wird, nebenbei werden erfolgreich bewußte Prozesse abgelenkt. Währenddessen fokussiert sich das rechte Auge des Hypnotherapeuten ungefähr 30 cm vor dem Subjekt, so daß das periphere Gesichtsfeld jetzt Bewegungen wahrnimmt, die von irgendeinem Teil des Körpers des Subjektes gemacht werden. Auf diese Weise befähigt diese Technik den Hypnotherapeuten dazu, gleichzeitig zwei wichtige Aufgaben zu erfüllen: Die Aufmerksamkeit des Subjektes zu absorbieren und gleichzeitig Informationen über die fortlaufenden verhaltensmäßigen Antworten zu sammeln. Obgleich diese Prozedur ungewöhnlich erscheint, möchte ich dich sehr ermutigen, sie auszuprobieren, bevor du sie beiseite stellst. Sie ist problemlos zu lernen und kann beeindruckende Resultate hervorbringen.

6. **Sich mühelose mentale Prozesse erlauben.** Laß jegliche Gedanken oder Eindrücke durch dein Bewußtsein „driften". Versuche nicht, dir irgend etwas logisch vorzustellen oder dich auf irgendeinen Aspekt der Situation zu konzentrieren. Dies mag zuerst schwierig und verwirrend sein, bleib aber dabei, einfach zu atmen und dich auf das Subjekt zu fokussieren. Gewöhnlich wird über kurz oder lang irgend etwas Interessantes geschehen.

7. **Erlaube dir, frei und leicht zu reden.** Das mag anfangs auch schwierig erscheinen, aber laß die Worte einfach aus deinem Mund herausfließen. Du wirst bald entdecken, daß du auf diese Art sehr intelligent und kreativ kommunizieren kannst (Gilligan 1987, 77).

Diese Schritte habe ich von Steven Gilligan gelernt. Sie beziehen sich auf ein inneres „free-floating-feeling", wie es von Sigmund Freud, Carl Rogers und Milton H. Erickson für kreative Vorgänge gleichermaßen als wichtig angesehen wird.

Darüber haben wir ausführlich berichtet (Wippich & Derra-Wippich 1989, 363-368). Im Sinne von Luhmann helfen diese Schritte dazu, **Information in einer Person** aufzubauen, bevor sich diese Person auf den autopoietischen Raum und die Botschaften oder Mitteilungen **einer anderen Person** einläßt.

Um einen Bezug zur täglichen Lebenspraxis herstellen zu können, möchte ich aufzeigen, daß das Ganze große Ähnlichkeit mit dem Steuern eines Autos hat. Autofahren ist ja bekannterweise, da A U T O M A T I S I E R T, ein hypnotischer Vorgang. Ich bin jedenfalls froh, daß ich nicht mehr so fahre wie damals mit achtzehn Jahren, wo ich jeden Handgriff überdenken mußte. Und auch als Beifahrer fühle ich mich sicher, wenn es bei dem Fahrer automatisch geht, so daß ich mich mit ihm unterhalten kann. Wenn vorn jemand bremst, wird sein Fuß automatisch auf die Bremse drücken.

Wie fährt man durch eine Kurve? Auch das geht ganz automatisch. Es geht ganz ähnlich wie in unserer kinästhetischen Rekursionsmaschine. Arme, Augen, Haltung des Körpers, Po – alles gleicht sich den Steuerbewegungen des Lenkrades an, die mit den Rädern und dem Motor über das Gaspedal in Verbindung stehen. Das Ganze bildet eine „AUTO-AUTOPOIETISCHE EINHEIT". In keinem Fall ist es so, daß, wie bei einer Trivialen Maschine, über das Auge ein Input in den Körper kommt, der sich dann als Output auf Lenkrad oder Gaspedal digitalisiert im Sinne einer TOTE-EINHEIT (Test-Operate-Test-Exit-Einheit, Dilts et al. 1985), die im NLP immer noch das Handeln bestimmt. Wenn es so wäre, wären die Reaktionen des Menschen wohl gefährlich langsam. Was tatsächlich geschieht, ist ein „Seh-Fühlen", „Bewegungs-Fühlen" und auch „Hör-Fühlen" – wenn die Reifen jaulen. Ein Rallyefahrer sagte mir, daß es gefährlich wird, wenn sie nicht mehr jaulen. Ich erinnere mich noch sehr gut an die Zeit, als ich 18/19 Jahre alt war und gerade den Führerschein gemacht hatte. In jener Zeit trieb ich Leistungssport. Ich fuhr Skirennen, Slalom und Abfahrtslauf. In jenem Winter meinte ich, die Ideallinie auch nachts auf den Straßen des Harzes finden zu müssen. Nachts sieht man den Gegenverkehr. Damals gab es Spikereifen und da noch kein Salz gestreut wurde, gab es immer eine geschlossene Schneedecke. So machte es mir einfach Spaß, Power-slides zu üben – zwischen meinem Dorf und der Kleinstadt, wo ich zur Schule ging, gab es 99 Kurven. Als der Winter dann vorbei war, machte es mir Spaß, wenn die Reifen jaulten.

Heute genieße ich eher den ruhigen Fahrstil, den ich allerdings auch in jenem Alter lernte, in dem ich in drei Tagen von New York nach L.A. fuhr. Trotzdem bin ich sehr froh darüber, diese winterliche „Power-slide-Phase" mit diesem automatischen Seh-Fühlen, Hör-Fühlen und Bewegungs-Fühlen durchlaufen zu haben. Hat sie mir doch einmal das Leben gerettet. Als ich Soldat war, brauchte ich zwölf Stunden vom Harz nach Mittenwald. Der Kumpel, der als Beifahrer mit mir zurückfahren wollte, war nicht aufgetaucht. Der Anlasser war kaputt, und so mußte ich die Strecke allein bewältigen. Irgendwo war ich dann auf einem endlosen geraden Straßenstück eingeschlafen. Ich war dann schlagartig aufgewacht und hatte bemerkt, daß ich mit 110 kmh auf eine rot-weiß gestreifte Absperrung zuraste. Dann ging alles ganz automatisch. Die Zeit war stehengeblieben. Ich war nur noch Bewegung und Wahrnehmung in vollendeter Form. Alles ging wie von selbst. Ich hörte wie die Reifen quietschten, sah, wie meine Hände sich mit dem Steuerrad bewegten, der Straßenrand mit den Bäumen und weißen Pfosten vor der Windschutzscheibe im Scheinwerferlicht vorbeiglitten ... dann war Stille. Ich war hellwach. Das Licht der Scheinwerfer verlor sich im Nachthimmel und ich sah all die Sterne glasklar durch die Windschutzscheibe. Ich war rücklings in den Graben gerutscht. Beim Aussteigen bemerkte ich, daß an meinem Auto alles in Ordnung war. Ich hatte mich auf trockener Straße dreimal gedreht und wäre, wenn ich geradeaus weitergefahren wäre, im hohen Bogen in eine sehr tiefe Baugrube gestürzt.

Ganz kontrolliert auf die Nase fallen

Daß Gehen kontrollierte Fallbewegung ist, entspricht einer alltäglichen Lebenserfahrung, die wir natürlich völlig vergessen haben. Die Schwerkraft wirkt ständig. So ist schon das Stehen eine leichte Taumelbewegung. Wer als Soldat die Erfahrung durchleiden mußte, längere Zeit unbeweglich stillstehen zu müssen – ich hatte einmal das Vergnügen bei einem vier Stunden währenden Staatsbegräbnis –, weiß, wie schwer das ist. Sie können ja nach London zum Buckingham Palace fahren oder nach Moskau zum Kreml, um zu beobachten, ob die Wachsoldaten auch wirklich stillstehen. Das Stehen ist eine leichte, kaum wahrnehmbare Taumelbewegung. Die Schwerkraft wirkt immer. Und der Körper wird zu einer „Individuellen Nichttrivialen Kinästhetischen Rekursionsmaschine". Beim Gehen selbst ist es dann in keiner Weise so, daß die Schwerkraft als „Input" auf den Menschen als „offene Triviale Maschine" einwirkt, der dann als „Output" eine Bewegung vollzieht etc., sondern dieses Gehen ist einfach rekursives Handeln im Bereich des Gehens.

Die Weisheit des Gehens läßt sich mit nachfolgender Anekdote ausdrücken:

Im Tao

Ein Europäer geht zu einem weisen Mann. Er fragt ihn: „Weiser Mann, warum bist du so weise?"

Der Mann antwortet: „Wenn ich sitze, sitze ich. Wenn ich stehe, stehe ich. Wenn ich gehe, gehe ich."

Der Europäer rollt die Augen nach oben, überlegt ein wenig und sagt dann: „Aber weiser Mann. Nichts anderes tue ich doch auch."

„Nein", sagt Bankei. „Wenn du sitzt, dann stehst du schon. Wenn stehst, dann gehst du schon. Und wenn du gehst, dann bist du schon am Ziel angekommen."

Beim Gehen bin ich „in Kommunion" mit mir selbst und der Erde. In der Kommunikation bin ich „in Kommunion" mit dem Vorgang „Kommunikation" innerhalb des autopoietischen kommunikativen Raumes, der sich in den hypnotherapeutischen Begriffen „Pacing" und „Leading" ausdrückt.

Paradoxien

Selten besteht nun aber die Kommunikation zwischen Mitarbeiter und Vorgesetztem, zwischen beiden Ehepartnern oder anderen Personen aus einem eindeutigen und klaren Hör-Fühlen und Seh-Fühlen, wie es oben bei den beiden Verliebten beschrieben wurde. Ein großer Teil unserer Kommunikation ist paradox. Meiner Meinung nach liegt das an den kulturellen Bedingungen oder Organisationsideologien und Glaubenssystemen, die weiter unten beschrieben werden. Ein guter Kommunikator sollte also auch paradoxe Kommunikation „pacen" können.

Luhmann (1988, 12) schreibt zur paradoxen Kommunikation: „Über Verstehen und Nichtverstehen und Mißverstehen kann kommuniziert werden – allerdings wiederum nur unter den hochspezifischen Bedingungen der Autopoiesis des Kommunikationssystems und nicht einfach so, wie die Beteiligten es gerne möchten. Die Mitteilung ‚Du verstehst mich nicht' bleibt daher ambivalent und kommuniziert zugleich diese Ambivalenz. Sie besagt einerseits ‚Du bist nicht bereit, zu akzeptieren, was ich dir sagen will' und versucht das Eingeständnis dieser Tatsache zu provozieren. Sie ist andererseits die Mitteilung der Information, daß die Kommunikation unter dieser Bedingung des Nichtverstehens nicht fortgesetzt werden kann. Und sie ist drittens Fortsetzung der Kommunikation. Sie ist also paradoxe Kommunikation."

NLP-Trainings bieten wenig Möglichkeiten, aus dieser Falle herauszukommen. Da NLP-Trainings den Focus auf die Präzisierung individueller Interaktion lenken, erhält der Lernende wenig Möglichkeiten, sein Beziehungswissen dahingehend zu schulen, daß er paradoxe Muster in Systemen erfährt. Aber erst, wenn man den Tanz einer Familie wirklich vor Augen geführt bekommen hat, erhält man eine Ahnung, was die inneren Teile im Reframing, der Arbeit mit Glaubenssystemen und anderen Techniken wirklich bedeuten.

Die „linguistische Abspaltung" des NLP verlagert das Erkennen sprachlicher Vorgänge in einen Bereich außerhalb des Geschehens. Er spaltet ab, macht „apart", wie ich Heinz von Foerster am Anfang des Buches zitiert habe. Paradoxien oder Mißverständnisse finden nun aber direkt innerhalb der Kommunikation statt, sie sind Bestandteil derselben. Wer in Betrieben oder seiner eigenen Familie auf solche Konflikte stößt, wird mit orthodoxen NLP-Methoden am falschen Ort suchen. Er braucht Methoden, die seine Sicht erweitern. Paradoxien können durch Handeln, d.h. durch klare Entscheidungen oder durch klare Unterscheidungen überwunden werden (vgl. hierzu auch Manocchio 1993; Derra-Wippich 1991).

Eine weitere Möglichkeit der Wahrnehmung und des Pacing von paradoxer Kommunikation bietet die Arbeit Frank Farrellys. Sie wurde von mir und meiner Frau ausführlich beschrieben (Derra-Wippich & Wippich 1995).

Anstöße und Durchbrüche

Jedes lebende System reagiert in Wechselwirkung mit der Umgebung. So lange sich ein Organismus am Leben erhält, gibt es keine instruierende Interaktion. Man kann keinen direkten Einfluß auf ein lebendes System ausüben. Man kann sich auf den verschiedenen Ebenen angleichen. Man pendelt sich ein, indem man gemeinsame „Eigenwerte" stabilisiert. Das geschieht in Sprache, Mimik, Gestik und den weiter unten beschriebenen Mustern wie Geben/Nehmen, One up/One down, Enhancing/Reducing, dem Rhythmus des Sprechens etc. Manche Systeme sind hochsensibel, andere dagegen sehr dickfellig oder verrückt. Sie mußten sich während ihrer Kindheit diese Dickfelligkeit oder diese verwirrende Ver-rückt-heit angewöhnen, weil sie sonst in ihrer Familie nicht überlebt hätten.

Bei diesen Menschen ziehen die einfachen NLP-Methoden nicht. Man braucht elegantere, komplexere Methoden oder stärkere „Munition". Zur Dickfälligkeit paßt die vorher angeführte Metapher mit der Gewehrkugel. Wenn man mit einem Luftgewehr aus hundert Meter Entfernung auf einen Elefanten schießt, wird dieser vielleicht gar nicht spüren, daß ihn irgend etwas getroffen hat. Seine Haut (die Struktur) wird vielleicht ein wenig angekratzt. Strahlungstherapie bei Krebs kann heilen. Man sollte die Dosierung kennen. Der Arzt des Universitätskrankenhauses Hamburg-Eppendorf, der jahrelang Patienten mit einer „Dosis weit jenseits der zu respektierenden Toleranz" bestrahlte, so daß einige starben, andere schwere Strahlenschäden erlitten, ist diesem neurobiologischen Grundprinzip gegenüber mit Sicherheit ignorant gewesen (Stern 33/1993).

Als ich damit begann, mich mit provokativen Maßnahmen vertraut zu machen, war die erste Erfahrung, daß ich bemerkte, daß die Dosierung meiner „verbalen Ladungen" meist viel zu schwach war. Sehr selten war sie zu stark. Das geschah dann später ein oder zweimal, als ich mehr Übung damit hatte. Ein Witz, der in einer Gruppe erzählt wird, bewirkt lautes Gelächter. Wenn der gleiche Witz in einer anderen Gruppe erzählt wird – Schweigen! Der Therapeut schießt Worte ab und beobachtet, wie das System reagiert und wie es seine autopoietischen Prozesse reorganisiert. Einige Systeme, die wirklich rigide sind, brauchen tatsächlich große Geschosse. Einige werden sich mit sanften Perturbationen verändern. Deshalb sollte der Therapeut viel Erfahrung mit Rapport-Werkzeugen oder klientenzentriertem Verhalten haben. Worte können scharfe Waffen sein. Manchmal können sie sehr destruktiv sein. Ein Trainer, Therapeut, Consult oder Coach sollte wissen, was **Empathie** ist.

Deshalb denke ich immer mehr, daß Frank Farrelly, ebenso wie Milton Erickson und Carl Whitaker, einige von wenigen Therapeuten sind, die außerordentlich wirksam mit chronisch schizophrenen Patienten arbeiten können, die im seelischen Bereich eine dicke Haut haben. Frank Farrelly z.B. kennt das richtige Kaliber, das richtige Schwarzpulver und die richtige Entfernung. Er bleibt auf dem Boden der Empathie und des starken Rapports. Er sagt klar und deutlich, daß er sein Gegenüber mögen muß und umgekehrt. Dann kann er es sich leisten, mit dem „bösen Geist" (dem Symptom) zu kämpfen. Vielleicht hat er „Art of War" von Sun Tzu gelesen. Jedenfalls tut er das, was die Vietkong in Vietnam getan hat. Die haben sich in der Nähe der amerikanischen Armee versteckt. Auf diese Weise konnten sie nicht bombardiert werden. Sie konnten den Feind perturbieren. Frank fährt bei Rot mental über die Ampel. Er hat vor keinem Symptom Angst. Er bleibt ganz dicht am Symptom. Er perturbiert rigide, krankmachende, logische Strukturen. Alte Mauern fallen zusammen, so als ob sie implodieren, nicht explodieren. Manchmal ist das wirklich erstaunlich.

Jeff Zeig hat einmal in einem Workshop in Ravensburg gesagt: Ericksonsche Hypnotherapie ist wie „Combat-Schießen". Klassisches Schießen ist Hinschauen, Zielen und Abdrücken. Hypnotherapie ist: Abdrücken, Zielen, Hinschauen. Es ist dem Zen-Bogenschießen sehr ähnlich.

Zwischen der Provokativen Therapie, die wir in unserem Buch *Playing the devils advocate* ausführlich beschreiben, und M.H. Erickson gibt es in diesem Bereich viele Ähnlichkeiten. Im folgenden Beispiel, in dem Erickson eine junge Frau perturbiert, zeigt sich seine provokative Seite: „Ich drängte das Mädchen Platz zu nehmen, nachdem ich blitzartig erkannt hatte, daß die einzige Möglichkeit zur Kommunikation mit ihr in einem unfreundlichen, ja brutalen Auftreten liegen würde. Ich mußte brutal sein, um sie von meiner Ehrlichkeit zu überzeugen. Freundlichkeit und eine höfliche Ausdrucksweise würde sie mißverstehen. Ich mußte sie vollkommen davon überzeugen, daß ich ihr Problem erkannt und Verständnis dafür hatte, daß ich mich getraute, frei, offen, emotionslos und ehrlich mit ihr zu sprechen.

Ich nahm ihre Anamnese auf und stellte ihr dann zwei wichtige Fragen: ‚Wie groß und wie schwer sind Sie?' Sie antwortete verzweifelt: ‚Ich bin eine ganz gewöhnliche fette Schlampe. Alle verabscheuen mich.'

Diese Bemerkung ermöglichte mir einen günstigen Anfang: ‚Sie haben nicht die Wahrheit gesagt. Ich spreche so mit Ihnen, damit Sie sich selbst kennenlernen und sehen, wie gut ich Sie kenne. Dann werden Sie glauben, wirklich glauben, was ich Ihnen sagen muß. Sie sind **keine** gewöhnliche, fette, abscheuliche Schlampe. Sie sind der dickste, abstoßendste Fettwanst, den ich je gesehen habe, und es ist eine Strafe, Sie ansehen zu müssen. Sie haben doch eine höhere Schule besucht, Sie wissen im Leben Bescheid, und trotzdem ist es möglich, daß Sie so aussehen; ein Meter fünfzig groß und hundert Kilogramm schwer. Ich habe noch nie ein gröberes Gesicht gesehen. Die Nase platt ins Gesicht gedrückt, die Zähne krumm, der Kiefer überdimensioniert, eine fliehende Stirn und das ganze Gesicht flach. Und dieses schreckliche Kleid, das Sie tragen. So ein abscheuliches Tupfen-Muster; Sie haben überhaupt keinen Geschmack, nicht einmal in bezug auf Ihre Kleider. Ihre Füße schwappen über den Rand der Schuhe. Um es ganz einfach zu sagen: Sie sind die Häßlichkeit selbst. Sie brauchen Hilfe, und ich bin bereit Ihnen zu helfen. Sie wissen jetzt, daß ich keine Hemmungen habe, Ihnen die Wahrheit zu sagen. Zuerst müssen Sie die Wahrheit über sich selbst wissen, bevor Sie alle jene Dinge lernen können, die nötig sind, um sich selber helfen zu können. Aber ich glaube nicht, daß Sie das alles verkraften können. Warum haben Sie mich aufgesucht?'" (Haley 1978, 116).

Für manch einen außenstehenden Beobachter mag ein solches Vorgehen hart und lieblos aussehen. Jeffrey K. Masson jedenfalls scheint es völlig in den falschen Hals gekriegt zu haben, wenn er in diesem Zusammenhang meint: „Es überrascht nicht, daß Erickson der Versuchung erlegen ist, seine Patienten zu mißhandeln" (1993). Ich selber habe oft erfahren müssen, wie destruktiv eine falsch verstandene Empathie bei dissozialen Jugendlichen oder schizophrenen Patienten sein kann. Mißhandlungen sind in dem Moment oft entstanden, in dem Therapeuten, Pädagogen oder Vorgesetzte in ihrer eigentümlichen akademischen Welt von den Jugendlichen nicht angenommen wurden. Die Dissozialen haben dann andere Jugendliche tätlich mißhandelt und gefoltert. Und zwar nicht nur auf eine Art, die man heute als „mobbing" bezeichnet, sondern ganz direkt körperlich. Waren Pädagogen und Therapeuten in der Lage „Deutsch" zu reden, kam es auch zu ehrlichen Verhaltensweisen. Aus meiner Sicht reagiert Erickson ganz hervorragend. Er hat sich an das Muster der Frau angeglichen. „Perturbationen von Systemen" – um wieder in diese sprachliche Steinzeit zurückzufallen – können nur funktionieren, wenn ein Organismus innerhalb eines Raumes seine autopoietische Organisation erhalten und sich entwickeln kann.

Wer sich nun aber sehr stark auf das Pacing von minimalen Reizen konzentriert, verliert leicht den Überblick. Das kann in einer sehr intensiven, provokativen Arbeit ebenso geschehen, wie durch ein hervorragendes verbales und nichtverbales Pacing eines Beraters mit einer einzelnen Person aus einem Team oder einer Familie. Der Berater oder Therapeut schafft einen speziellen Raum zwischen ihm und dieser Person. Er geht eine Koalition ein. Das kann einerseits deshalb gefährlich werden, weil er selbst den Überblick verliert, zum zweiten die anderen Personen sich ausgeschlossen fühlen und drittens damit verbunden vielleicht in eine Konkurrenzhaltung geraten. Man stelle sich folgende Situation vor: Ein Therapeut arbeitet mit einem Paar. Er hat gelernt, sehr humorvoll und provokativ mit seinen Klienten umzugehen. Vielleicht frisch aus einem unserer Workshops entsprungen, beginnt er in Gegenwart des Mannes mit der Frau zu flirten und sehr tief auf die sexuelle Ebene einzusteigen. Das Ganze dauert nur einige Minuten, denn er hat gelernt, den Partner mit zu berücksichtigen, der die ganze Zeit sprachlos daneben sitzt. Nun provoziert er denselben hinsichtlich seiner Sprachlosigkeit und schafft es auch, zum Ehemann einen tiefen Rapport herzustellen. Dieses ganze Spiel geht nun eine Weile hin und her. In jedem Fall beschäftigt sich der Berater oder Therapeut sehr eingehend jeweils einzeln und nacheinander mit einem der beiden Partner. Die Muster der Paardynamik kann er dabei nicht mehr wahrnehmen. Das ist wie erst mit der Frau schmusen und anschließend zum schwulen Liebhaber gehen. Er selbst hat auf einer tieferen Kommunikationsebene mitgeteilt, daß er selber sehr wichtig ist, viel arbeitet und viel Verantwortung übernimmt. Der Therapeut/Berater macht sich sehr mächtig.

Um übergeordnete Muster erkennen zu können, muß er in der Lage sein, zurückzutreten. Erickson, der sagte, „Ich sah schon, wer da zur Tür hereinkam", behielt den Überblick über Zeit und Raum. Meiner Meinung nach kann NLP schließlich in den Kommunikationsbereichen erfolgreich sein, in denen sich die beteiligten Personen ohnehin schon verstehen. Es liegt an der Sache selbst. NKS ist ein Training, das mit Sprache außerordentlich kreativ Verbindungen zu den Sinnessystemen einer einzelnen Person schafft. Es ist dann wie mit dem Molekül in der milchigen Flüssigkeit. Ich kann die Zusammenhänge nicht mehr sehen, wenn ich nur auf ein Partikel oder einen Ausschnitt achte. Über die Wahrnehmung komplexer Muster und ein damit verbundenes Pacing werden wir weiter unten berichten.

Menschen, die ihre fünf Sinne beisammen haben, lernen schnell. Es scheint so zu sein, daß, je eindeutiger dieses „Handeln im Bereich des Sehens, Handeln im Bereich des Fühlens, Handeln im Bereich des Hörens" gelernt wird, desto genauer kann ein Bio-Organismus auch im späteren Leben Informationen verarbeiten. Wenn „Jonny" in der frühen Kindheit paradoxe Kommunikation in Form von Eigenwerten stabilisieren muß und dies später nicht ausgleichen kann, bleibt er sein Leben lang verletzlich. Vielleicht wird er irgendwann Alkoholiker, schizophren, bekommt Krebs oder eine andere psychosomatische Krankheit, nachdem er über weite Strecken seines Lebens sich sehr viel Anerkennung durch irgendeine attraktive Position in der Gesellschaft holen konnte.

Ich hatte über sechs Jahre relativ erfolglos mit einem Arzt psychotherapeutisch gearbeitet. Alle meine Bemühungen im Bereich der Gesprächstherapie, Hypnotherapie und des NLP waren erfolglos geblieben. Ein- bis zweimal in der Woche hatte ein Gespräch stattgefunden. Schließlich hatte mir eine provokative Supervision mit

Frank Farrelly dazu verholfen, mich von dem Mann zu lösen. Dieser Arzt leidet unter einem religiösen und sexuellen Wahnsystem. Er ist in der Bibel gleichermaßen gut bewandert wie in der Psychoanalyse. Briefkontakte pflegt er mit bekannten Psychoanalytikern Europas. Z. hatte eine schlimme Kindheit gehabt. Er konnte sich daran erinnern, daß eines der Kindermädchen ihm den Mund zugeklebt hatte, damit er nicht schrie. Eine kurze Zeit in seinem Leben, ungefähr im Alter von acht Jahren, war er bei einer Schweizer Frau untergebracht. Dort hatte er zum erstenmal eine Art körperliche Wärme zu spüren bekommen. Später war er wieder in einem renommierten deutschen Internat. Er war völlig kontaktgestört. Der Vater hatte ihm die Masturbation verboten. Im Alter von fünfzehn Jahren hatte er die Bibel entdeckt. Noch heute rezitiert er mehrere Stunden lang Psalmen und steigert sich damit in negative, selbsthypnotische Zustände, die zwangsläufig in psychotischen Episoden enden. Es gab keinen Menschen, zu dem Z. eine emotionale Beziehung hatte. Nicht einmal zu seiner Mutter. Seine Beziehungen bestanden ausschließlich aus „professionellen Freunden", und die hielten seine Symptomatik aufrecht.

Durch die Lektüre von Paul Dell (1986) war mir klargeworden, daß therapeutische und andere Veränderungsprozesse ausschließlich in Beziehung mit anderen Personen stattfinden. Es sei denn, man hat seine Karriere als Guru oder Eremit abgeschlossen.

Unser Nervensystem funktioniert ausschließlich im Hier und Jetzt. Wer im Hier und Jetzt handeln kann ist gesund. Das hat manche therapeutischen Schulen der letzten Jahrzehnte dazu verführt, sämtliche Prozesse der Vergangenheit völlig auszublenden. Eine Nichttriviale Maschine ist aber vergangenheitsabhängig. So sollten wir uns sehr wohl mit der Geschichte eines Systems beschäftigen. Dies sollte aber auf eine sinnvolle Art und Weise geschehen, anders als in der Psychoanalyse, die aus sinn-losen bedeutungsvollen Worten oder abstrakten Worthülsen besteht, mit denen dann **alles** erklärt wird, so daß **nichts** mehr unterschieden werden kann.

Jemand wie Z. war schon als kleines Kind nicht in der Lage, klare, stark fühlbare und benennbare Bereiche des Hörens, Fühlens und Sehens zu stabilisieren. Wenn ich an den Kugelfisch zurückdenke, sehe ich ein Exemplar vor mir, das in einer Umgebung aufwächst, in der ein Vulkan glühende Lava in das Eismeer ergießt. Mal ist es heiß, mal ist es eisig kalt, und das Ganze geschieht sehr zufällig. Der Kugelfisch muß Eigenwerte stabilisieren, die es ihm ermöglichen, möglichst wenig zu fühlen. (Sicherlich wird er sich im Laufe der Evolution einen Panzer zugelegt haben.)

Ein Kind, welches in einer Familie groß wird, in der der Vater mal säuft, dann wieder lieb ist (wenn er aber säuft, brüllt er und schlägt um sich und mißbraucht zwischendurch vielleicht die jüngste Tochter sexuell), wird lernen, daß es nichts fühlen darf. Das Muster „Ich darf nicht fühlen" wird sich als Eigenwert stabilisieren. Im Sinne von Luhmanns paradoxer Kommunikation könnten wir sagen, jahrzehntelang wird in der Familie die Information mitgeteilt: wir fühlen nicht, wir schauen nicht hin, wir sprechen nicht darüber, zeigen allen, daß wir eine gute Familie sind, aber wir halten durch – wir kommunizieren unter diesen Bedingungen weiter. Dabei entstehen natürlich eine Reihe von schmerzhaften Vorgängen, die aber abgespalten werden. Man lernt so zu tun, als gehören diese Vorgänge nicht zur Familie.

In einem System, in dem alle Beteiligten ihre fünf Sinne beieinander haben, sei es eine Dyade oder ein Unternehmen, sind Lernprozesse schnell und rasch möglich. Egal, ob es sich dabei um kleine Kinder, junge Erwachsene oder ältere Menschen handelt, man braucht sie nur zu konditionieren, zu bekräftigen oder, wie ich in den letzten zehn Jahren feststellen konnte, zu ankern, und sie werden sehr schnell lernen.

Früher konnten sich in unseren Breiten wohl nur sehr wenige Menschen derartig gute Lernbedingungen schaffen. Heutzutage sind es Gott sei Dank einige mehr. Einige von ihnen werden Weltmeister (Wippich 1994). Wie Lernen im besten Fall schnell und elegant mit viel Spaß möglich ist, weiß jeder, der sich mit NLP, Suggestopädie, Ericksonscher Hypnotherapie oder anderen neuen Formen der Veränderung beschäftigt hat. Eine meiner intensivsten Erfahrungen mit mir selbst war, als ich mir die Erlaubnis gegeben hatte, mich an einem herrlichen, sonnigen Wintertag ein wenig von der üblichen Piste zu entfernen, um eine Stelle zu erklimmen, von der ich wußte, daß man von dort aus eine sehr steile Rinne befahren konnte. Tatsächlich war noch niemand vor mir dagewesen. Es war eines der schönsten Tiefschnee-Erlebnisse, die ich in meinem Leben gehabt habe. Mehr als knietiefer Tiefschnee, der beim Fahren bis ins Gesicht hochsteigt. Kelly, ein Rennläufer, benutzte deshalb immer einen Schnorchel, damit er den feinen Schnee nicht in dem Mund bekam und besser atmen konnte. Nach diesem traumhaften Erlebnis stellte ich fest, daß ich Geburtstag hatte. Ich war gerade vierzig Jahre alt geworden. Ich bemerkte, daß ich viel besser Ski fuhr als früher, wo ich immer unter meinem „Leistungs-Belief" gelitten hatte.

Das intensivste Erlebnis als Skilehrer hatte ich mit Sarah McDonald, einer siebenunddreißigjährigen australischen Hypno- und Familientherapeutin, die sich auch gut im NLP und der Provokativen Therapie auskennt. Sarah hatte berichtet, daß sie vor zehn Jahren einmal eine Stunde auf Skiern gestanden hatte, es habe ihr aber keinen Spaß gemacht. Allerdings war sie sehr sportlich. Sie machte Überlebenstraining im australischen Busch, Jogging, Aerobic und Bergwandern. Nach zwei Stunden Belief-Arbeit auf der Fahrt von Ravensburg nach St. Anton und weiteren zwei Stunden auf Skiern war sie in der Lage, den leichteren Teil einer schwarzen Abfahrt mit viel Spaß zu bewältigen. Das heißt, sie war an ihrem ersten Skitag vom 2800 Meter hohen Valugagipfel nach St. Anton hinuntergefahren. Das ganze Lernen war „NKS live" gewesen. Die wichtigsten Prozeduren waren, den Spielkontext vom Zielkontext zu unterscheiden, um einen Zustand von Gelöstheit und Spaß zu ermöglichen und einen Zustand von Streß zu vermeiden. Sarah fiel es leicht, ihre Körpersignale in bezug auf Seh-Fühlen, Bewegungs-Fühlen und Hör-Fühlen eindeutig zu unterscheiden.

In vielen Fällen haben wir es nun aber mit Konfliktsituationen zu tun. Diese Konflikte können sich in einem Unternehmen abspielen, in einer Familie und einer Einzelperson. In solchen Situationen reichen die eher linearen, gewohnten NLP-Strategien nicht mehr aus. Der Therapeut/Berater muß in der Lage sein, paradoxe Muster zunächst einmal zu erkennen und sie dann zu meistern. Einzelne Techniken dazu ausführlich zu beschreiben, würde den Rahmen dieses Buches sprengen. Ich denke, daß die Neudefinition einer paradoxen Situation einer der besten Wege ist, eine Veränderung zu bewirken. Diese Neudefinition der problematischen Situation kann auf dem Weg des Verhaltens oder auf dem Weg des Verstehens geschehen. Bekannte Maßnahmen sind die verschiedenen Formen des Reframings, sei es die Form des MRI (Mental Research Institute), das Senoi-Dreamwork-Reframing, Reframing durch Märchen oder Metaphern, Witze und Anekdoten, Reframing durch Zeigarnik-Effekte oder Pattern-Interruption, in Verbindung mit Dissoziation etc., oder eher verhaltensorientierte Neudefinitionen wie die Utilisation Ericksons, die Verschreibung des Symptoms, Umkehrprozesse, Geschichten schreiben, Bilder malen oder bestimmte Texte lesen. Erstere sind meiner Meinung nach eher systemisch, es werden Vorgänge des Verstehens angerührt und führen zu einer Änderung des Verhaltens. Bei den nachfolgenden Beispielen verändern die Personen ihr Verhalten. Dadurch erhält die vordem als schmerzhaft erlebte Symptomatik eine neue Bedeutung.

All dem liegt wohl eine Grundstruktur zugrunde. Heinz von Foerster (1988) sagt hierzu: „Schließlich noch ein Hinweis auf die therapeutische Situation. Ich sehe in den Schwierigkeiten, die eine Familie um Hilfe fragen läßt, eine unglückliche Entwicklung eines sehr stabilen Eigenverhaltens der Familienmitglieder zueinander, dem sie, wie aus einer eisernen Falle, aus einem kognitiven Krampf, nicht entweichen können. Eine Möglichkeit für den Therapeuten, diesen Krampf zu lösen, wäre, durch eine hinreichende Perturbation die Familienmitglieder über die stabilisierenden Mauern ihres Eigenverhaltens ‚hinüberzuheben', so daß sie befreit ein anderes Verhalten suchen können. Ich sehe die ‚zirkuläre Befragung' der Mailänder Schule oder das ‚Reframing' des Mental Research Instituts von Palo Alto als solche Perturbationsstrategien. Aber man bedenke, daß schon die Einbeziehung des Therapeuten in die Familienaffären eine Veränderung des „Familienoperators" mit sich bringt, so daß sich nach einer Intervention eine andere Familie mit sich selbst auseinanderzusetzen beginnt und daher anderes Eigenverhalten entwickeln kann."

Das Entstehen paradoxer Muster

Viele Paradoxien entstehen auf dem Gebiet des Festhaltens und Loslassens. Spätestens seit Heisenberg sollte klar sein, daß es in unserer Welt nichts wirklich Festes gibt (Hawking 1992). Der Kosmos ist ständig in Bewegung und der einzelne Mensch auch. Diese Bewegung macht Angst. Wer Angst hat, sucht Halt. Wer hinfällt, möchte sich festhalten. Ein Skilehrer beispielsweise versucht, seinem Schüler weiszumachen, er könne nur dann gut skifahren, wenn er eine gewisse „Haltung" einnimmt. Wie soll sich aber nun jemand bewegen, wenn er in einer „Haltung" innerlich ständig festhält und ständig wie eine deutsche Eiche auf den Skiern steht.

Der karrieremachende Wissenschaftler möchte der Menschheit weismachen, daß nur seine Thesen, die er ans Tor der Alma Mater nagelt, die wirklich richtigen seien. Stephen Hawking (1992, 23) sagt hierzu: „Eine Theorie existiert nur in unserer Vorstellung und besitzt keine andere Wirklichkeit (was immer das bedeuten mag)."

Gehen wir also von folgender Situation aus: ein großer Teil der Menschheit ist in irgendeiner Form etwas „lebensunsicher" und möchte sich die Umgebung so herstellen, daß alles so bleibt wie es ist. Ein solcher Mensch mag einfach nicht wahrhaben, daß sich die Welt immer wieder ändert. Als Biokybernetiker, Leanmanager, oder auch als Physiker wissen wir nun aber, daß alles Leben Bewegung ist. Das Einzige, was wirklich beständig ist, ist die Veränderung. Um eine paradoxe Kommunikation entstehen zu lassen, möchte ich Sie bitten, wieder zu unserer kinästhetischen Rekursionsmaschine, der Übung „Shivas dance" zurückzugehen. Hierbei können Sie Kommunikation auf biokybernetischer Ebene am besten testen. Nehmen Sie dazu vielleicht Ihre Frau, Freundin, Sekretärin (Vorsicht: diese Maschine wird manchmal zum Zauberkasten!). Und üben Sie das Ganze noch einmal wie oben beschrieben. Wenn diese „Maschine" wunderbar funktioniert und alles einen Riesenspaß macht, können Sie ganz bewußt in den Bereich der paradoxen Kommunikation überwechseln. Sie können vorher absprechen, daß Sie Bewegungen ausführen, die „Mißverständnis" ausdrücken. Gleichzeitig nehmen Sie sich aber beide vor, außerordentlich lange durchzuhalten. Es empfiehlt sich, einen Wecker einzustellen. Falls sich das Ganze ohnehin etwas hölzern und festgefressen angefühlt hat, können Sie sich trotzdem vornehmen, die ganze Übung vielleicht über die Dauer von sieben Minuten auszuhalten. In jedem Fall sollten Sie darauf achten, in welchem Ausmaß in Ihnen innere Dialoge oder Bilder oder andere Gedanken und Erinnerungen auftauchen.

Ich möchte kurz erklären, was dabei geschieht: Im Falle einer angemessenen Kommunikation wird von Person A und auch von Person B die Information ausgewählt: „Ich bin bereit, mich spielend einzulassen. Ich möchte loslassen." Diese Information wird dann von beiden Personen durch bestimmte ausgewählte Bewegungen mitgeteilt.

Wie entsteht nun paradoxe Kommunikation? Nehmen Sie einmal an: In einem Seminar mit beispielsweise achtzehn Teilnehmern haben sich wunderbarerweise ganz spontan zehn Personen gefunden, die sich gern mögen. Sie durchlaufen diese Erfahrung auf sehr angenehme Art und Weise. Nun sind aber zwei Männer, vielleicht auch zwei Frauen übriggeblieben, die sich schon in der Vorbereitungsphase so komisch angeguckt haben. Der eine läßt sich möglicherweise sowieso nur abwartend auf Neues ein. Der andere hatte vorher einen inneren Dialog „Bloß nicht mit dem!", ohne zu wissen warum. In dieser Übung ist nun der eine von beiden wirklich bereit, sich auf das Spiel einzulassen, während der andere das auch tut – aber nur vom Kopf her. Vielleicht hat ihn der Chef in dieses Seminar geschickt, damit er etwas Neues lernt. Beide durchlaufen nun diese Bewegungen. Bei beiden entstehen innere Dialoge in der Form: „Du verstehst mich nicht richtig." Weiterhin haben beide den folgenden Glaubenssatz in sich: „Es ist anstrengend, aber ich halte durch."

In unserer Nichttrivialen Rekursionsmaschine rechnen sich nun Eigenwerte über ein sehr unklares Kommunikationsmuster. Ein Teil will weiter, während gleichzeitig ein anderer Teil bremst. Für mich ist so etwas vergleichbar, als ob ich beim Autofahren einerseits die Handbremse anziehe, andererseits aber über die Autobahn rase, als ob ich an der Rallye Monte Carlo teilnehme. Das habe ich übrigens schon mal einem Paar verschrieben, bei dem eine Person sich immer entfalten wollte, die andere Person aber immer durch Worte und Verhalten gebremst hat. Ich hatte sie gefragt, ob sie das Problem wirklich ändern wollen und ob sie ein wenig Geld dazu investieren könnten. Nachdem sie das bejaht hatten, waren sie einverstanden, folgende Aufgabe wirklich auch auszuführen: Sie mußten vierzehn Tage lang, zweimal in der Woche, eine zwanzigminütige Autofahrt an den schönen Ufern des Bodensees unternehmen, wobei der eine Partner fuhr, und der andere immer wieder die Handbremse betätigte. Soweit ich mich erinnere, hatte sich das Problem schon innerhalb einer halben Woche aufgelöst. Diese Form der Kommunikation ist in ihrer extremen Form auch vergleichbar dem Versuch, gleichzeitig ein- und auszuatmen, gleichzeitig einschlafen zu wollen und doch wachzubleiben, gleichzeitig einen Berg hinauf- und hinunterfahren zu wollen. Es ist eine schizophrene Doppelbindung. Die einfachste Form dieser schizophrenen Doppelbindung drückt sich in einer Geschichte Ericksons aus.

Inkongruenz und Schizophrenie

Der junge Erickson beobachtete, wie sein Vater ein junges Kalb an einem Strick in die dunkle Stalltür hineinziehen wollte, um es dort drinnen zu füttern. Das Tier hatte große Angst, einen Schritt in die Dunkelheit zu tun und stemmte sich gegen diesen Schritt über diese Schwelle, was den Vater dazu brachte, immer noch stärker zu ziehen. Erickson stand im Hof und lachte, woraufhin sich der Vater ärgerte. Erickson sagte: „Wollen wir wetten, daß es ganz schnell geht?" und wies den Vater an, wieder genauso stark am Strick zu ziehen wie vorher. Er seinerseits stellte sich an das Hinterteil des Kalbes und zog nun seinerseits noch stärker als der Vater vorne. Nun wirkten zwei Kräfte auf den Organismus ein. Vorn zog der Vater. Er hatte schon allmählich müde Arme bekommen. Erickson zog hinten mit aller Kraft. Sehr bald entschied sich das Kalb dorthin zu springen, wo es am wenigsten unangenehm ist, wo es am wenigsten „Gezerre" spürte – also in den Stall. Die Geschichte wird unter der Worthülse „Double-Bind" seit Jahrzehnten von Theoretikern strapaziert. Für mich ist sie eine hervorragende „brainware"; sie hilft mir, in der Praxis gut arbeiten zu können.

Ich habe die Erfahrung gemacht, daß diese Geschichte für Akademiker immer etwas witzig klingt. Für Menschen, die mit Tieren umgehen, scheint sie ganz normal zu sein. Als ich einmal einem schizophrenen Patienten die Geschichte erzählt hatte, sagte er, daß er beim Verladen von Schweinen die Tiere immer am Schwanz zog, denn dann gingen sie schneller in den Waggon. Ein fünfzehnjähriger Junge aus dem Allgäu sagte mir, daß er sich immer im Stall gegen die Kälber oder Kühe gelehnt hätte, die würden sich dann so angenehm entgegenlehnen. In dem Ganzen liegt aber noch ein sehr tiefer Sinn. In der Stallgeschichte manipuliert der junge Erickson das Tier dahingehend, daß es sich entscheiden kann, dorthin zu gehen, wo es Futter gibt. Der junge Erickson intendierte mit seiner Handlung eine Erweiterung von Wahlmöglichkeiten. Das Tier sollte aus der Doppelbindung herausspringen. Damit haben wir eine heilsame Doppelbindung.

Die oben beschriebene paradoxe Kommunikation wird in dem Moment pathologisch werden, wenn sich keiner der beiden Partner entscheidet „herauszuspringen". Ein solches Muster entsteht, wenn Eigenwerte im Sinne eines „Wir müssen durchhalten", „Wir müssen zusammenhalten" im Rahmen der Kommunikation errechnet werden. Denken Sie zum Beispiel an „Jonny" und seine Mutter. Nehmen wir an, Jonnys Mutter ist eine Frau, die Angst vor körperlicher Nähe hat. (Es könnte auch ein Vater sein, nur sind Mütter oft häufiger in der Nähe von kleinen Babies als Väter. Ich erwähne das an dieser Stelle, weil viele Psychoanalytiker, da sie sehr stark dem Ursache-Wirkungsdenken oder auch Schuld-Sühnedenken verhaftet sind, immer wieder behaupten, die hier beschriebene Sichtweise würde eine Art Schuld auf die Mutter verlagern. Im Grunde drücken sie damit nur aus, daß sie nicht in der Lage sind, in zirkulären Mustern zu denken.) Nehmen wir also an, die Mutter hat Angst vor körperlicher Nähe, sei es, weil sie innerhalb unserer schizoiden Kultur kein kinästhetisches Spektrum entwickeln konnte, vielleicht aber auch, weil sie als Kind mißbraucht wurde und ihre Angst, darüber zu sprechen, noch nicht überwinden konnte und so das Ganze abgespalten und vergessen hat. Nehmen wir weiterhin an, sie ist eine Diplompsychologin. Dann hat sie all die Untersuchungen gelernt, aus denen hervorgeht, daß jedes Kind ein hohes Ausmaß an körperlicher Nähe braucht. In dieser Mutter werden nun sozusagen zwei Bande zerren oder wenn wir an das Kalb denken, zwei Stricke. Der Strick der Angst und der Strick „Ich will eine gute Mutter sein und muß Nähe zeigen". Wenn nun Jonny signalisiert: „Ich will Nähe", bekommt die Mutter Angst, verbunden mit dem Gefühl „Sei eine gute Mutter". Genausowenig wie die beiden Partner in unserer oben beschriebenen kinästhetischen Rekursionsmaschine kann sie mit Spaß, Lust und Freude einen Raum herstellen. Einen kinästhetischen Raum, wie ihn Jonny brauchen würde, um gesund aufwachsen zu können, einen Raum, wie er in der „Shivas Dance-Erfahrung" beschrieben wurde. Das Kalb kann rausspringen und die beiden Partner aus der Übung können es auch. Jonny kann nicht rausspringen. Auch Mama kann nicht rausspringen. So entsteht eine jahrzehntelange, anstrengende, inkongruente, pathologische Situation. Sie entspricht dem folgendem Muster:

Der Kontext ist **alles**. Der Rahmen gibt den Kontext. Wer Sun Tzu liest, wird bemerken, daß es besser ist, einen Konflikt auszutragen, als einen Krieg zu führen, der sehr lange dauert. Wie der Vietnamkrieg. Sun Tzu schrieb sein Buch fünfhundert Jahre vor Christi. Thema ist die Kunst des Krieges. Der deutsche Titel heißt: „Wahrhaft siegt, wer nicht kämpft." Die wirkliche Aussage des Buches ist, daß es am besten ist, einen Konflikt auf eine andere Art zu lösen als mit einem Krieg – wenn der Konflikt dagegen zum Krieg wird, ist es immer noch besser, ihn sehr klar durchzuführen, als in einem langen Stellungskrieg auszuhalten. In langen Stellungskriegen sind beide Parteien Verlierer.

„Ich hasse dich" für sich selbst genommen ist schlimm. „Ich liebe dich" ist natürlich hervorragend. Die Kombination „Ich liebe dich" und „Ich hasse dich" zusammen in diesem Rahmen führt zur Paradoxie. Die Lösung liegt in der LÖSUNG, der AUFLÖSUNG des Rahmens.

Paradoxe Situationen entstehen in Einzelpersonen, in Unternehmen, in Familien- und Staatssystemen. Menschen leiden unter den Ergebnissen dieser Paradoxien, erkennen aber ihre Grundmuster nicht. Man kann die Grundmuster nur erkennen, wenn man aus dem Kontext, aus dem Rahmen herausspringt. Was nutzen wissenschaftliche Untersuchungen über die NLP-Augenbewegungen, wenn sie den Kontext nicht berücksichtigen können, in dem diese Kommunikation geschieht. So wie über einen Witz in einer Gruppe von Menschen gelacht wird, in einer anderen dagegen peinliches Schweigen entsteht, wird die Bedeutung einer jeden Kommunikation immer durch ihren Kontext gefärbt. Zur Zeit des kalten Krieges haben wohl die Russen ständig auf die Atomköpfe der Amerikaner geschaut, und die Amerikaner auf diejenigen der Russen. Jeder wollte mächtiger sein und hat mehr Atomsprengköpfe angeschafft. Vielleicht liegt die Genialität Gorbatschows darin, daß er die Sinnlosigkeit dieses Macht- und Kontrollmusters durchschaut hat und sich schließlich von seiner Machtposition aus systematisch entmachtet hat. Er ist aus der Bedeutung des Machtkontextes herausgesprungen. Die Folge war, daß sich binnen kurzer Zeit die ganze Welt auf dramatische Art verändert hat. Vom Ansatz des NKS ist Reframing wesentlich weiter zu sehen als die Programmschritte des NLP-Reframings. Beim NKS sind die Grundlagen Muster zu erkennen, d.h. genauer zu unterscheiden, oder aber aus einem Muster herauszuspringen, d.h. zu entscheiden. Zum ersteren gehören Techniken, die dazu führen, daß man ein Muster versteht, wodurch sich die Bedeutung des Symptoms verändern wird. Folge ist dann auch die Veränderung eines Verhaltens. Techniken sind die Arbeit in einem „Reflecting Team", Wahrnehmungsübungen, zirkuläres Fragen, Traumarbeit der Senoi, Einsatzreframes, wie wir sie von Carl Whitaker oder Frank Farrelly her kennen. Muster, die dazu führen, sich zu entscheiden, kommen aus dem strategischen Ansatz. Hierzu gehören organisatorische Umstrukturierungen in einem Unternehmen oder in einer Familie wie zum Beispiel eine Veränderung der Hierarchie. Weiterhin die geplante Verschreibung eines Symptoms oder einer problematischen Verhaltensweise.

Betrachten wir noch einmal die beiden Sätze:

Das Blatt ist grün.

Das Blatt ist schön.

Denken wir dabei wieder zurück an die Worte „Eigenwerte, konsensueller Bereich, strukturelle Koppelung und die operationale Geschlossenheit eines Kommunikationsfeldes".

Betrachten wir uns mit Hilfe dieser Vorgänge zunächst den Satz: *Das Blatt ist grün*. In der Übung „Shivas dance", in dieser kinästhetischen Rekursionsmaschine, rechnen beide Partner so lange Bewegungskomponenten, bis sich die Eigenwerte auf eine gemeinsame Stabilität eingependelt haben. Ich denke, daß bei Jonny und Mama in bezug auf das grüne Blatt ähnliches geschieht. Jonny errechnet auf irgendeine Art und Weise zusammen mit Mama immer wieder im **Rhythmus innere Strukturen beim Seh-Fühlen und Hör-Fühlen**, genauso wie Mama es auch tut. Mama hat das Gleiche bei ihrer Mama gemacht. Irgendwann ist in dieser visuell-kinästhetischen und auditiv-kinästhetischen Rekursionsmaschine Stabilität erreicht worden. Jonny kann immer wieder in Kommunion mit dem grünen Blatt das Wort grün sagen. Mama freut sich, daß er es kann und bekommt dementsprechend gute Körpersignale, woraufhin sie ihn streichelt oder drückt.

Nehmen wir nun den Satz: *Das Blatt ist schön*. Wenn eine Person A von einer Person B diesen Satz hört, weiß sie, daß die Person B in diesem Moment gerade innere Strukturen durchläuft, die ganz persönlicher Natur sind. Nehmen wir an, Hans und Else sind frisch verliebt. Beide wandern durch den bunten Herbstwald. Else findet ein Blatt und sagt, das Blatt ist schön. Hans wird diesen Vorgang achten und unterstützen. Damit kommt er in den Bereich der Erweiterung von Wahlmöglichkeit, in den Bereich des ethischen Imperativs des Heinz von Foerster. Er wird Else unterstützen, für sich selbst noch mehr Schönheit und gute Gefühle zu entdecken, indem er vielleicht fragt, was genau sie schön findet: „Else, ist es die Farbe oder die bunte Form, die dich so anregt?"

Else dagegen durchläuft innerlich Strukturen, die man folgendermaßen übersetzen könnte: „Ich weiß, daß ich meine Eigenwerte errechnet habe. Sie sind mein.

Ich übernehme Verantwortung für mein Seh-Fühlen. Die Strukturen, die ich gerade erlebe, sind unaussprechlich schön." Da ein Bild mehr sagt als tausend Worte, kann Else die Schönheit, die sie erlebt, nur zum Teil in Worte fassen. Es ist ähnlich wie mit dem Satz: „Das TAO, das man aussprechen kann, ist nicht das wahre TAO", oder dem alten jüdischen Gedanken, daß man gar nicht erst den Versuch unternehmen sollte, JAHWE sprechen zu wollen oder Wittgensteins Erkenntnis, daß man ein Bild nicht aussprechen kann. Greifen wir ein wenig vor und denken wir ein wenig über Ethik nach. In jedem Fall bedeutet ethisches Handeln hier eine klare Übernahme von Verantwortung für alle inneren Prozesse. Im ganz ursprünglichen Sinn heißt ETHOS Haus oder Hof, also die Vorgänge, die in meinem eigenen inneren Haus oder Hof stattfinden – erst im weiteren Sinne ist dann auch bei den alten Griechen die Moral, die Gesetzmäßigkeit der Gemeinschaft gemeint. Beide Vorgänge könnte man auch als eine mehr bit-ähnliche oder digitale Kommunikation definieren bzw. als eine eher metaphorisch-analoge. Bei der digitalen Kommunikation wird jede Struktur ganz direkt mit einem Vorgang codiert. Wie oben beschrieben, bekommt der Unterschied zwischen einer 0 und einer 1 die Bedeutung eins. Im Computer ist es Strom, der fließt oder nicht fließt, im Nervensystem ist es eine Zelle, die feuert oder nicht feuert. Klick, klick, klick ist die Sprache des Gehirns und des Computers. Durch die operationale Schließung entsteht dann Bedeutung. Jonny weiß, daß bestimmte Strukturen, die im konsensuellen Bereich seines Seh-Fühlens entstehen, im Hör-Fühlen zu dem Wort „grün" gehören. Für Jonny ist es sehr heilsam, wenn er in vielen Bereichen des Bewegungs-Fühlens, des Hör-Fühlens, des Seh-Fühlens solche klaren Zuordnungen in Form von Eigenwerten in sich stabilisieren kann. Mittlerweile weiß man, daß Kinder, die sehr lange von ihrer Mutter auf dem Rücken getragen werden, wie z.B. bei verschiedenen Naturvölkern – den Hopi-Indianern (Vester 1982) – sehr schnell lernen, sehr gesund bleiben und sich auch später im Leben gut entwickeln. Das ist kein Wunder, denn das Kind macht auf dem Rücken der Mutter auf allen Sinnesebenen sämtliche Bewegungen mit. Kinder, die schon als Baby schwimmen lernen oder im Alter zwischen ein und zwei Jahren das Skifahren, werden angeblich im späteren Leben „intelligenter" als solche, denen diese Vorgänge verwehrt bleiben. Das Ganze jedoch wohlgemerkt nur, wenn es spielerisch und ohne Leistungsdruck geschieht. Zusammenfassend möchte ich sagen, daß digitale und klare Information eine Menge Wahlmöglichkeiten öffnet, weil es dem Individuum viel Sicherheit darüber gibt, wie es sich in der Welt zurechtfinden kann. Alles Erkennen beruht auf Unterscheidung. Bedeutung ist unablösbar verknüpft mit der jeweiligen Umgebung.

Jonny lernt, klare Unterschiede zu machen

Digitale Information ist aber nicht alles. Sicherlich kann Jonny irgendwann sehr schnell die elektrischen Kerzen am Weihnachtsbaum zählen. Wenn er jedoch auf dieser Wissensstufe stehenbleibt, wird er vielleicht später als Wirtschaftsboß sehr gut die Farbe der kleinen, blauen oder der großen, braunen Scheine und deren Anzahl unterscheiden können, und er wird auf hervorragende Weise in der Lage sein, in Form von Programmschritten Anweisungen an seine Mitarbeiter zu geben. Irgendwie wird er dann aber plötzlich immer wieder merken, daß, wenn er mit seiner Partnerin auf eine gleiche Weise kommuniziert wie beim Zählen der kleinen blauen und großen braunen Scheine und sich ähnlich programmiert verhält wie bei den Anweisungen, die er seinen Mitarbeitern gibt, er niemals die Ergebnisse bekommt, die er sich von seiner Partnerin wünscht. Auf deutsch: beide verstehen sich nicht. Der Versuch, die Beziehungsprobleme mit einem Menschen auf dem Wege digitaler Kommunikation lösen zu wollen, entspricht dem Versuch, die Schönheit eines Gedichtes durch die Anzahl der einzelnen Worte in diesem Gedicht ausdrücken zu wollen. Viele Partner versuchen das, und es funktioniert nicht. Die Partner streiten beispielsweise über die Anzahl der Kleidungsstücke, die ein kinästhetischer Mann am Ende eines arbeitsreichen Tages in der Wohnung fallengelassen hat. Der Mann hat sich auch selbst fallengelassen und glotzt ins TV. Ein vielzitiertes Beispiel geht dann weiter, indem beschrieben wird, wie der Streit deshalb eskaliert, weil die Frau eine visuelle Sprache, der Mann dagegen eine kinästhetische benutzt. Das Problem läßt sich nun sehr schnell lösen, indem der Mann von der Therapeutin den Vorschlag erhält, einmal daran zu denken, wie es wäre, wenn die Frau es einmal ganz anders gemacht hätte: sie hätte sein Bett angewärmt und er bräuchte sich nur hineinzulegen. Der Mann strahlt. Dann erzählt die Therapeutin aber weiter, daß die Frau beim Anwärmen im Bett Kekse gegessen hätte. Diese würden nun auf seiner Haut pieken. Auf gleiche Weise, wie die Kekse auf der Haut des Mannes pieken, würden aber auch die herumliegenden Socken und Klamotten ins Auge der Frau stechen.

Meiner Meinung nach wird hier lediglich die Kommunikation von einer digitalen Ebene auf die andere verlagert. Dabei findet eine minimale Unterscheidung in der Bedeutung statt. Sicherlich kann eine Art von Erkenntnis bei beiden Partnern in Gang gesetzt werden. Meine Erfahrung ist aber, daß dies bei Konflikten in Betrieben oder zwischen Ehepartnern bei weitem nicht ausreicht. Konflikte finden oft auf ideologischer Ebene, der Ebene der Werte, Glaubenssysteme und Lebenslieder statt. Um diese Strukturen zu erkennen, ist es unumgänglich, sich mit metaphorischer Kommunikation zu beschäftigen.

Schauen wir uns die Socken an. Ich glaube, daß es weniger darum geht, ob sie stinken, auf dem Fußboden oder dem Stuhl liegen, welche Farbe sie haben, ob sie umgekrempelt sind oder glattgezogen, wie viele es sind, etc. Ich glaube eher, daß es um die Frage geht, welche Bedeutung das Herumliegen der Socken im Kontext der Beziehung besitzt. Eine kontextuelle Botschaft färbt ja immer die Bedeutung des Ereignisses, das innerhalb dieses Kontextes stattfindet. Innerhalb einer metaphorischen Kommunikation ist die Bedeutung der herumliegenden Socken sehr vielfältig:

Wir leben in den gleichen Rollenstrukturen wie die Eltern oder Großeltern. Ich möchte aber ganz anders leben. Für meinen Mann bin ich nur eine Putzfrau. Ich möchte, daß meine Frau mich versorgt. In meinem Job muß ich so viel auf meinen Schultern herumtragen. Zu Hause möchte ich alles fallenlassen. Mein Mann mißachtet mich, er sagt nie etwas dazu, wenn ich ihn versorge.

Schlichtweg, für die Frau wie für den Mann gleichermaßen, drückt sich in dem Herumliegen dieses Sockens das gesamte Drama ihres jeweiligen familiär-kulturellen Hintergrundes aus. Aus diesem Grunde ist es so wichtig, sich mit den kulturellen Organisationsideologien und Lebensliedern zu beschäftigen, will man das innere Modell einer Person oder ihr Holodyn wirklich verstehen, begleiten oder verändern. Das ist für ein Verkaufsgespräch gleichermaßen wichtig wie für eine politische Verhandlung oder eine Einzeltherapie.

In einem anthropologischen Buch (Williams 1986) las ich einmal, daß, wenn man sich die Sexualität eines Volkes anschaut, man so ziemlich alles über seine Kultur weiß. Vor einigen Jahren saß ich morgens um halb zehn zusammen mit meiner Frau am Ufer des Gardasees. Es war ein wolkenloser sonniger Tag. Der Strand war fast menschenleer. Wir hörten dies ganz charakteristische Knirschen der Steine, als sich eine junge Frau mit ihrem zweijährigen Kind näherte. Ihr Gang war sehr selbstsicher, sie war fast unbekleidet und trug lediglich einen Slip. Den kleinen Jungen hatte sie in der Hüfte im Arm. Er war nackt. Ihr aufrechter, selbstsicherer, gelassener Gang, den Jungen im Arm, war wie aus einem Guß. Es war ein sehr schöner Anblick. Sie hockte sich an das Wasser, das Kind lief hin und her – es hatte den Anschein, als ob beide sprachlos miteinander kommunizierten. Meine Frau und ich beobachteten den Vorgang sprachlos. Später hatten wir dann darüber gesprochen, daß diese Frau mit ihrer Sexualität eins war, und daß der Junge wohl in einer sehr angenehmen Umgebung aufwächst.

Die Frau verschwand wieder, Ingrid war fortgegangen. Schon von weitem hörte ich, WIE SICH DAS KONTRASTPROGRAMM NÄHERTE. Ich sah, wie eine Mutter ihr ungefähr dreijähriges Kind über den Kies „zerrte". Sie hatte sehr viel Zeugs unter dem Arm, das Kind hielt in der anderen Hand Spielzeug, was es kaum tragen konnte. Es war sehr sauber gekleidet. Die Mutter baute ganz in der Nähe ihren Liegestuhl auf und beschäftigte sich mit diesem Vorgang sehr eindringlich. Das Kind lief ständig ans Wasser. Die Mutter sagte dann immer wieder im tiefsten bayerisch (alle Bayern mögen mir verzeihen, aber es war so): „Komm her, das Wasser ist zu kalt. Du wirst dich erkälten." Der Junge tat natürlich nicht, was er hörte und tun sollte, woraufhin die Mutter ihn zu sich herholte. Nach kurzer Zeit wiederholte sich der Vorgang auf gleiche Art und Weise. Das geschah mehrmals. Dann hörte ich folgenden Satz: „Mama, verstehst du mich nicht?" Mama: „Ich versteh dich schon. Aber ich glaube nicht, daß du mich jemals verstehen wirst."

Später diskutierte ich mit Ingrid darüber, auf welche Art sich bei dem Jungen die Ja-Aber-Struktur so richtig herausbilden wird, und wie lange es dauern wird, bis er irgendein Symptom zeigt.

Teil V
Lebenslieder

Geländespiel

Topologie, Ortskunde und die große innere Landkarte

Bisher hatte ich bei meinem Nachdenken den Schwerpunkt auf Prozesse und Lebensregeln gelegt, mit denen verschiedene Muster, Holodyn im Holodyn, verknüpft sind. Im folgenden möchte ich ein wenig mehr darüber halluzinieren, welche Muster innerhalb dieses beweglichen Modells sich wo befinden. Ich möchte Sie zu einem inneren Geländespiel einladen.

Computer können direkt miteinander kommunizieren. Bit für Bit, Byte für Byte oder Wort für Wort. Sie können ihre Daten seriell, das heißt nacheinander oder parallel, gleichzeitig, austauschen. Bio-Organismen haben sich ein inneres Holodyn gebaut, eine lebendige innere Landkarte oder ein lebendiges inneres Modell von der Welt und driften mit Hilfe dieser Struktur durch Raum und Zeit. Ihre Kommunikation ist deshalb metaphorisch, weil sie sich immer wieder eine neue Bedeutung machen. Ein Biosystem vergleicht ständig, ob die Perturbationen, die von außen kommen, mit den inneren kleinen „Nichttrivialen Maschinen" übereinstimmen. Man könnte den Vorgang mit einem U-Boot vergleichen, in dem der Kommandant anhand seiner Instrumente merkt, in welcher Tiefe er sich befindet, wie schnell er sich bewegt, wie hoch der umgebende Druck ist etc. Der entscheidende Punkt für unsere praktische Arbeit ist nun aber, daß die Beschaffenheit der Instrumente die Vorgänge aus der Umgebung auswählt. Die Selektionen in einem modernen U-Boot sind einfach anders als diejenigen von dem alten, ersten U1, das man heute noch in Kiel-Laboe vor dem Turm des Marine-Ehrenmals besichtigen kann.

Wenn ein Mensch aus dem zwölften Jahrhundert jetzt neben Ihnen säße, lieber Leser, er würde die Welt völlig anders wahrnehmen als Sie. Aber so weit brauchen wir gar nicht zurückgehen. Denken Sie nur an einen Jugendlichen, der mit seinem Vater einen Generationskonflikt lebt. Der Vater kann bestimmte Dinge einfach nicht hören, sehen, fühlen, die der Sohn wahrnimmt und umgekehrt. Den „Tecno-Sound", auf den sein Sohn gerade „voll abfährt", findet er möglicherweise extrem abstoßend. Er als „Alt-68er" steht mehr auf Bob Dylan, den Rolling Stones, den Greateful Dead und Keith Jarrett.

Mit Holodyns, in denen sich zu unterschiedlichen Zeiten Strukturen in Form von Eigenwerten stabilisiert haben, entscheidet man sich eben für die Auswahl einer ganz spezifischen Sensu-Motorik beim „Seh-Fühlen" oder „Hör-Fühlen". Die visuelle Welt des Barockzeitalters sieht einfach anders aus als diejenige der japanischen Werbegrafik. Gregorianische Choräle klingen einfach anders als

Modern Jazz oder Reggae. Und zu den unterschiedlichsten Zeiten haben die Menschen unterschiedliche Lebenslieder gesungen.

Aber nicht nur die Zeit, sondern auch der Raum spielt bei der Ausbildung von Holodyns eine Rolle. So hat man Eingeborenen eines Naturvolkes, die mit der westlichen Zivilisation noch niemals in Berührung gekommen waren, einen Film gezeigt. Die Menschen haben auf diesem Film buchstäblich nichts gesehen. Sie hatten für die Vorgänge auf der Leinwand – Bilder aus dem Stadtleben der westlichen Kultur – keine Sprache und auch keine Unterscheidungsmöglichkeit. Das Einzige, was sie sahen, war ein Huhn, das durch Zufall in diesen Film hineingeraten war. Das aber war nicht geplant gewesen.

In einem meiner frühen Aufsätze über NLP und menschliche Informationsverarbeitung hatte ich über Zeichnungen berichtet, die von Kindern und Erwachsenen der eingeborenen Bevölkerung Südafrikas angefertigt und mit Zeichnungen von Kindern und jungen Erwachsenen aus unserer Kultur verglichen worden waren. Es ist allgemein bekannt, daß man den Entwicklungsstand eines Kindes daran ablesen kann, wie es einen Menschen zeichnet. Kleine Kinder zeichnen Kopffüßler. Sie besitzen eine noch nicht so differenzierte visuelle Wahrnehmung wie Erwachsene.

Interessant war nun, daß bei den Menschen aus Südafrika die Zeichnungen umso differenzierter wurden, je länger sie in den Genuß einer Schule gekommen waren. So zeichneten manche Achtzehnjährige Kopffüßler, wenn sie lediglich einige Monate in der Schule verbracht hatten. Zwölfjährige mit mehrjähriger Schulbildung dagegen zeichneten vollwertige Bilder eines Menschen.

Probleme entstehen meist dann, wenn unsere innere Landkarte nicht mit der äußeren übereinstimmt. Bei dem oben beschriebenen Einzeller ist es noch ganz einfach. Er besitzt gar kein Lebenslied. Ein Lebenslied hat immer etwas mit einem sprachgebundenen Glaubenssatz zu tun. Der Einzeller kann nicht sprechen. Die Unterschiede, aus denen er seine innere Landkarte zusammenzimmert, führen zu Bedeutungen mit einem geringen Komplexitätsgrad. Wenn wir einige Jahrzehnte zurückgehen könnten und zuhören, wie damals das Lebenslied des sowjetischen Kommunismus, verglichen mit dem des amerikanischen Kapitalismus, gesungen wurde, oder wenn wir noch weiter zurückgehen und hören den „Die Erde ist rund"-Denkern und den „Die Erde ist flach"-Denkern oder den Christen und Hexen zu, so werden wir beträchtliche Unterschiede in komplexen Lebensliedern und den inneren Landkarten der Menschen bemerken können. Die inneren Landkarten haben sich natürlich in der umgebenden Kultur entwickelt.

Wieder zurück ins Hier und Jetzt. Konflikte in Unternehmen werden zwar auf der Handlungsebene bemerkt, aber die wahre Konfliktebene ist die der unterschiedlichen Ideologien einzelner Subgruppen oder Personen. Eine moderne Führungskraft muß mit diesen Ideologien jonglieren können (Harrison 1982). Was damit gemeint ist, möchte ich im folgenden erläutern.

Wahrnehmung, Denkweise, Handeln und Kommunikation sind einfach anders entwickelt, wenn ich den ganzen Tag am Fließband stehe, als wenn ich mit meinen Kollegen verrückte Werbetexte entwerfe. Ich entsinne mich noch sehr gut, als in dem Heim meines Vaters immer wieder Jugendliche ankamen, die von einer ganz speziellen Entsendestelle verschickt worden waren: der Deutschen Bundesbahn. Es war die Zeit, als die Beatles gerade populär geworden waren. Die meisten Jungen trugen lange Haare. Die der Eisenbahner dagegen nicht. Ihre Haare waren kurzgeschoren. Sie waren strenger gekleidet und verhielten sich eingeschränkter als die anderen. Sie waren unselbständig und klammerten sich an Autoritäten. Heute würde ich sagen, daß sie in einem System großgeworden sind, das ich später als macht- oder regelorientiert bezeichne. Diese Jungen waren meist Problemfälle, und wir bestellten die Eltern zu einem Gespräch ein. Oft stellte sich heraus, daß die Erziehung autoritär war, daß es häufig Probleme zwischen den Ehepartnern gab, die Erziehung gemäß einem familiären Lebenslied vollzogen wurde, das dem Schienenstrang glich, der sich von Flensburg nach Berchtesgaden quer durch Deutschland zieht. Es kam vor, daß die Eltern mit dem Erziehungsstil des Heimes, der demokratisch war, in Konflikt gerieten. Die Jungen gerieten in Konflikt mit den anderen Jungen oder auch mit Betreuern.

In dem folgenden Beispiel aus einer ganz anderen Umgebung drückt sich meiner Meinung nach die körperliche Reaktion auf externale Vorgänge sehr konkret aus: Im Jahre 1983, als ich ungefähr sechsunddreißig Jahre alt war und mit NLP und Hypnotherapie angefangen hatte, kam ein Patient einer Rehabilitationsstation zu mir. Er sagte, er müsse regelmäßig beim Autogenen Training teilnehmen. Das sei Pflicht auf jener Station. Er bekomme aber immer wieder, sobald er sich auf den Boden legt, ganz furchtbare Kopfschmerzen. Wenn er dann noch die Stimme des Therapeuten hört, wird es so furchtbar, daß er aufstehen muß und es nicht mehr ertragen kann.

Beim genaueren Nachfragen erfuhr ich, daß er aus einer Familienstruktur kommt, die ich weiter unten als machtorientiert beschreibe. Er hatte ganz furchtbare Konflikte mit seinem Vater, der ihn in Form körperlicher Züchtigungen mißbraucht hatte.

Etwas überzeichnet ausgedrückt denke ich, daß dem Autogenen Training, ähnlich wie der klassischen Hypnose in ihrer Urform, ein deterministisches, d.h. macht- und regelorientiertes Lebenslied zugrunde liegt.

Es mag provokativ klingen, aber vor meinen Augen entsteht das folgende Bild: Ein mächtiger Therapeut, meist von seiner Rolle her ein Mensch mit hohem Status, also wenn schon kein Arzt, dann zumindest ein Diplompsychologe, steht oder sitzt vor seinen Klienten oder Patienten, die vor ihm auf dem Boden liegen. Seine Anweisungen, seien es hypnotische Induktionen oder Anweisungen zur Selbsthypnose, sind formelhaft. Für mich sieht das Ganze so aus, als ob ein preußischer Unteroffizier seinen Soldaten, die auf der Erde liegen, Befehle gibt.

Das Lebenslied, das dahinter steht, hat viel mit Macht und Kontrolle zu tun. Das Autogene Training wird medizinisch benutzt wie ein Medikament. Man will vom Bewußten her unbewußte Vorgänge kontrollieren. Die Formeln sind wie Tropfen oder Pillen.

Andere Lebenslieder, andere Welten

Es gibt die verschiedensten Möglichkeiten, die Komplexität unserer Welt wahrzu-nehmen und einzuordnen. Wenn etwas sehr komplex ist, sollte man den Grad der Komplexität verringern. Wenn man nur auf einen Punkt schaut, sieht man das Muster nicht mehr. Jemand, der sich beim großen Wagen am Himmel mit einem einzelnen Stern beschäftigt, wird vielleicht erkennen, daß es gar kein Stern ist, sondern eine weit entfernte Galaxis, die jedoch längst erloschen ist, aber deren Licht noch auf unserer Erde ankommt. Ein Psychotherapeut, der im Mikrokosmos einer Person verschwindet, mag im Makrokosmos seiner persönlichen Philosophien enden – inwieweit er die räumlich-zeitlichen Beziehungsmuster, in denen sein Klient lebt, dabei wahrnimmt, ist fraglich.

Im folgenden Beispiel können wir drei Ebenen eines aktuellen Symptoms klar erkennen: „Eine gut gekleidete, spanisch sprechende Frau wird von ihrem Freund in eine Tagesklinik gebracht. Vier Monate lang war sie nicht in der Lage gewesen, aufzuhören zu weinen. Sie lebt allein, sie ist schwanger und sie fühlt sich unfähig, in ihrer augenblicklichen Situation ein Kind zu haben. Seit der Gedanke an einen Schwangerschaftsabbruch sie sich als Mörderin fühlen läßt, glaubt sie, sie müsse sterben. Die erste Ebene ihrer Situation – der individuelle Glaubenssatz, in dem sie gefangen ist – bewirkt einen unversöhnlichen Konflikt zwischen dem, was sie fühlt, was sie tun sollte und dem, was sie glaubt, was sie tun sollte. Gemäß ihrem augenblicklichen Glaubensstil kann sie entweder das Baby oder sich selbst umbringen – oder ständig weinen. Ihr Symptom ‚Alles was ich tun kann ist weinen' ist ihre Art, andere Wahlmöglichkeiten zu vermeiden.

Betrachten wir die zweite Ebene ihrer Situation – ihren familiären Kontext. Wie spiegelt ihr Symptom diesen Aspekt ihres Lebens wieder? Wir lernen aus der Situation, daß die Frau kurz vorher in Zentralamerika einen jungen Arzt geheiratet hat. Sie hatten entschieden, zusammen ein Kind zu haben, aber plötzlich, ohne Warnung, wurde er vermißt und sie floh in die Vereinigten Staaten und ließ Eltern und Freunde hinter sich. Ganz klar, ihr Symptom des Weinens beschreibt ihren furchtbaren Verlust von Kraft, Kontrolle und Bedeutung in den Termini des Familienlebens und der Familienentwicklung. Sie hatte einen hochstehenden Mann geheiratet und war nun augenscheinlich eine Witwe und schwanger. Die Gedanken, ihr Kind aufzugeben und/oder ihr Leben aufzugeben, bekommen eine andere Bedeutung, wenn sie im Licht dieser drastischen Veränderung innerhalb der Organisation und der Konstellation ihrer Familie gesehen werden.

Das Symptom der Frau spiegelt weiterhin eine dritte Ebene ihres Lebens wieder – ihren sozialen Kontext. Die Frau war in El Salvador eine inbrünstige Katholikin gewesen, wo Abtreibung als undenkbar angesehen wird, als schlimmste Sünde. Die Regierung hatte lange Zeit Bauern und Beamte umgebracht, und brachte nun Ärzte um, die in Verdacht waren, Personen mit ‚regierungsfeindlichen' Tendenzen zu versorgen. Der Mann der Frau war in einer Gegend verschwunden, in der bekannt war, daß die Verschwundenen kaum wiedergefunden wurden. Ihr war von jemandem, der die Pläne der Regierung kannte, angeraten worden, wegzugehen. Wahrhaftig wurde sie innerhalb ihrer sozialen Situation all ihrer persönlichen Kraft und ihrer Lebensbedeutung beraubt. Der Katholizismus war ihre philosophische Kraftquelle in bezug auf die Welt; jetzt ist sie sehr schmerzhaft damit beschäftigt, ein Kind nicht in diese Welt zu setzen. Diese dritte Facette überschneidet sich mit ihren Wahlfreiheiten bezüglich Hoffnungslosigkeit und Verlust von familiärer Unterstützung, die eine Verschmelzung aller negativen Prozeduren in all ihren Hierarchien von Bedeutung und Handeln produziert. Alles was sie tun kann ist weinen.

Wenn die Frau eine andere mentale Haltung hätte, eine andere familiäre Entwicklung, einen anderen sozialen Kontext, würde sie kein Symptom zeigen, obwohl alles für sie so schmerzlich wäre" (Rittermann 1983, 2).

Das Zitat soll aufzeigen, auf welche Art die verschiedenen Ebenen eines Symptoms innerhalb des Modells der Welt einer Person miteinander verwoben sind. Mir konnte die Beschreibung des Problems von Michele Rittermann einige Jahre helfen, Strukturen und Muster klarer zu erkennen.

Das Zitat erinnert mich auch an eine Paartherapie, in der sich die Frau in einem Konflikt zwischen Abtreibung und Austragen eines Kindes hin- und hergerissen fühlte. Ihre persönliche Lebenssituation und ihre Einstellung sagte ihr, daß sie kein Kind haben wollte. Sie war der Meinung, daß ein Kind ein Luxus ist, den man sich in unserer Zeit nicht mehr leisten sollte. Auf Grund ihrer Lebensziele wie auch ihrer persönlichen Geschichte war ihr klar, daß sie einem Kind nur ganz bedingt gerecht werden konnte. Sie wollte sich beruflich weiterentwickeln. Sie hatte einen sexuellen Mißbrauch noch nicht verarbeitet und war noch nicht in der Lage, angemessen darüber zu arbeiten. Obwohl sie aus der Kirche ausgetreten war, gab es tiefe Glaubenssätze, die bei dem Gedanken an Abtreibung extreme, körperliche Empfindungen hervorriefen. Sie war 31 Jahre alt. Sie hatte eine Abtreibung mit 20 Jahren erlebt, diese aber noch nicht verarbeitet. Die Situation war für sie ganz furchtbar schmerzhaft. Andererseits war sie weder in der Lage, darüber zu sprechen noch in irgendeiner Form darüber nachzudenken. Obwohl sie darunter litt, daß sie all ihre unverarbeiteten Probleme auf das Kind übertragen würde, entschied sie sich dafür, das Kind zu bekommen. Es ist verständlich, daß die zwei Glaubenssysteme, die in ihr kämpfen – die alte Weltsicht / die neue Weltsicht – sie fast verrückt werden lassen.

Die Gebote dysfunktionaler Familien

Der Schamane Terry Tafoya ist neben seinen vielen wissenschaftlichen Tätigkeiten in den Vereinigten Staaten auch ein gefragter Drogenspezialist. In einem seiner Seminare hat er einmal auf sehr eindrucksvolle Weise die Mechanismen einer dysfunktionalen Familie dargestellt. Auch dieses Beispiel kann dazu dienen, wahrzunehmen, wie eine Person sich ihr Modell von der Welt konstruiert. Im folgenden einige Auszüge aus einem Videoband.* „Laßt uns einmal ein kleines Kind betrachten, welches sich sehr vielen Regeln und Geboten fügen muß. Es wird auf eine ganz bestimmte Art und Weise geformt werden. Es gibt eine Reihe ganz bestimmter Gebote, die aus einer ganz bestimmten Art von Familie stammen. Wir sprechen dabei von ‚dysfunktionalen Familien‘ im Gegensatz zu ‚nicht funktionierenden Familien‘. Wenn wir uns die Wurzel der Silbe ‚dys‘ genauer betrachten, werden wir erkennen, daß es auf eine schmerzhafte Art funktioniert.

Es gibt Familien, in denen Kinder aufwachsen, die alkolholabhängige oder drogenabhängige Menschen als Eltern haben. Kinder aus Familien, in denen jemand chronisch-psychiatrisch erkrankt ist, haben oft ganz ähnliche Probleme.

Das Modell, was ich beschreiben werde, hat sich bei uns in den Vereinigten Staaten als ganz sinnvoll und praktisch erwiesen, denn es erklärt eine Menge über etliche erwachsene Menschen, die als Patienten zu uns kommen und bei denen wir bisher nicht wußten, weshalb sie diese Probleme hatten. Es gibt in dem Modell vier Elemente, die den Hintergrund erklären, warum ein Mensch Symptome zeigt, der aus einer dysfunktionalen Familie kommt. Bei einer dysfunktionalen Familie kann man die folgenden vier Gebote ziemlich genau vorhersagen:

1. **Das Konzept der Rigidität:** Das ist die Idee, daß etwas ganz genau auf diese Art und Weise geschehen muß. Es gibt keine anderen Optionen. Das ist die Art und Weise, wie es zu sein hat. Ich hinterfrage meine Erfahrung auf keinen

---

* Deutsche Bearbeitung: Ingrid Derra-Wippich und Jürgen Wippich

Fall. Die Familie hat sehr strenge Regeln darüber, wie du handeln sollst und was getan werden muß.

2. **Das Konzept der Isolation:** Das ist die Idee, daß wir die einzigen sind, so wie wir sind. Wenn Ihr mit erwachsenen Menschen, die aus Alkoholikerfamilien stammen, sprecht, werdet Ihr feststellen, daß sie niemals glauben, daß es noch andere Menschen gibt, die auch aus Alkoholikerfamilien stammen. Ein Mann wuchs damit auf, daß er sehr beschämt war, daß sein Vater ein Alkoholiker war, und er wollte nicht, daß andere Jugendliche ihn zu Hause besuchten. Einer seiner besten Freunde mußte ihn vor der Haustür abholen, weil er sich nicht traute, ihn hereinzulassen. Später entdeckte er, daß der Vater seines besten Freundes auch Alkoholiker war, und auch sein Freund mochte nicht, daß er mit ins Haus hineinkam.

Das ist wohl eine Erfahrung, die wir als Therapeuten alle teilen, nämlich daß es häufig so ist, daß die Patienten glauben, daß sie die einzigen auf der Welt sind, die dieses Problem haben. Und wenn ich in der Lage bin zu sagen, oh, heute morgen waren schon drei von dieser Sorte hier, und eigentlich könnten wir eine Gruppe daraus machen, ist es angenehm für die Leute, so etwas zu hören.

3. **Das Konzept des Verleugnens:** Es ist die Idee, kein Problem zu haben: ‚In unserer Familie ist alles völlig in Ordnung.‘

4. **Das Konzept des Schweigens:** Und schließlich gibt es die Idee des Schweigens: ‚Wir diskutieren nicht über die Probleme. Wir sprechen nicht darüber.‘

Wenn Ihr mit erwachsenen Personen sprecht, die aus einer derartigen Familie kommen, werden sie Euch oft eine ähnliche Geschichte präsentieren.

Ein dreißigjähriger Mann berichtet aus der Zeit, als er acht Jahre alt war und sein Vater betrunken nach Hause kam. Der Vater war so betrunken, daß er hinfiel und mit dem Kopf auf der Tischkante aufschlug. Er war stark verletzt und es gab eine Menge Blut. Die Mutter und die ältere Schwester des Jungen hoben den Vater unverzüglich auf, säuberten ihn und legten ihn ins Bett.

Daraufhin gingen sie sofort in die Küche, säuberten alles, so daß alles genauso aussah, wie es ausgesehen hatte, bevor der Vater nach Hause gekommen war. Es mußte so aussehen, als ob der Vater niemals betrunken nach Hause gekommen war.

Sie haben niemals darüber gesprochen was geschah. Es passierte einfach. Als Erwachsener erzählte der Mann dann, es hätte eine Menge solcher Episoden gegeben, aber da niemals darüber gesprochen worden war, waren sie wie Träume.

Terry Tafoya berichtet weiter, daß sich aus diesen Konzepten für ein Kind, das in einer solchen Familien aufwächst, weitere Gebote oder auch Regeln ergeben, die zum Überleben notwendig sind:

5. **nicht sprechen,**
6. **traue keinem Erwachsenen,**
7. **nicht fühlen.**

Man lernt als Kind, seine Gefühle abzustellen. Wenn der Vater mal trinkt und dann wieder ein verständnisvoller Vater ist, weiß ein Kind sehr bald nicht mehr, wann es sich mit seinen Gefühlen einlassen kann und wann nicht. Es wird mißtrauisch. Es ist dann besser ‚cool‘ zu werden. Über allem steht trotzdem die Idee, daß man seine Eltern liebt. Es entstehen Doppelbindungen oder etwas, das man in der psychologischen Literatur unter dem Begriff ‚kognitiver Dissonanz‘ wiederfindet. Ein Raucher zum Beispiel weiß, wie schädlich das Rauchen ist. Trotzdem raucht er. Der Mensch lernt, den Ärger und die Wut gegen sich selbst zu richten. Nach außen darf sie ja nicht dringen" (Tafoya 1988).

Zum Auseinanderhalten der verschiedensten Probleme in Teams, Unternehmen, aber auch in Familien hilft mir sehr, wenn ich mein Augenmerk auf die zugrundeliegende Motivation richte, die zu einem problematischen Verhalten führt. Wird innerhalb einer Gruppe von Menschen Krieg geführt, so liegen den Streitigkeiten an der Oberfläche, die sich in klaren Verhaltensmustern wie Gestik, Mimik und Tonalität zeigen, in den meisten Fällen motivationale Muster zugrunde, die mit der Vergangenheit des Systems (Familie, Firma, stationäres Team etc.) oder einer jeweiligen Einzelperson zu tun haben.

Im folgenden möchte ich vier Lebenslieder unterscheiden. Zwei davon bezeichne ich etwas provokativ als die traditionellen europäisch-russischen, und zwei davon als die amerikanisch-kalifornischen Lebenslieder oder auch Organisationsideologien. Auf die Thematik ausführlich einzugehen, würde den Rahmen dieses Buches sprengen. Ich werde an anderer Stelle darüber ausführlicher berichten. Zunächst möchte ich aber folgendes Beispiel anführen:

„Es wurde während der Genehmigungs- und Aufbauphase einer amerikanischen Chemiefabrik in Europa deutlich, daß die beteiligten Amerikaner und Angehörigen des Gastlandes ziemlich unterschiedliche Ansichten über die Entscheidungsfindung und die Verbindlichkeit von Entscheidungen hatten: Die Amerikaner bevorzugten einen Ansatz, den ich später als aufgabenorientierte Ideologie beschreiben werde. In Konferenzen zur Lösung von Problemen gingen sie davon aus, daß sich jeder, der relevante Vorstellungen oder Informationen hatte, an der Diskussion beteiligen sollte und daß bei der Entscheidungsfindung den am besten informierten und erfahrenen Kollegen das größte Gewicht zukommen sollte. Außerdem bemühten sie sich um klare Entscheidungen. An eine einmal getroffene Entscheidung hielten sie sich in der Regel auch dann, wenn sie nicht völlig mit ihr übereinstimmten.

Einige der am Projekt beteiligten Europäer stammten aus sehr autoritären Organisationen und neigten dazu, entsprechend einer machtorientierten Ideologie vorzugehen (die ebenfalls später beschrieben wird). Jeder einzelne schien zu versuchen, soviel Kontrolle wie möglich auszuüben und so wenig Einfluß anderer zu akzeptieren, wie er nur konnte.

Wenn die Angehörigen des Gastlandes eine Autoritätsstellung innehatten, schienen sie die Ansichten jüngerer Kollegen und die Ratschläge der beteiligten Fachleute zu ignorieren. Wenn sie über eine Machtposition verfügten, verhielten sie sich in den Konferenzen meist ruhig und schienen geradezu froh zu sein, wenn unklare oder auch überhaupt keine Entscheidungen zustande kamen. In diesem Fall pflegten sie immer genau so vorzugehen, wie sie es schon die ganze Zeit vorgehabt hatten" (Fadiman 1987, 35).

Die im folgenden beschriebene provokative Aufteilung in die amerikanische oder vielleicht besser die kalifornische auf der einen Seite und in die europäische auf der anderen, ist willkürlich und soll als „Denkhilfe" verstanden werden. Die Aufteilung geht mit der Idee einher, Menschen als Triviale oder Nichttriviale Maschinen betrachten zu können. Kulturen, die von einem mächtigen Führer beherrscht werden oder die die Verantwortung für ihr Überleben in Regeln und Paragraphen hineinlegen, betrachten sich als ein großes Uhrwerk, also als eine Triviale Maschine. Eine Kultur, die die Kreativität, Integrität und Eigenständigkeit der Person in den Vordergrund stellt, wäre eine kulturelle Nichttriviale Maschine. Wohl wissend, daß sich in unserem Zeitalter der schnellen Signalübertragung die Grenzen verwischen – die Satellitenschüssel ist der größte Feind aller Diktaturen – gibt es in Kalifornien ebenso Gewalt und starre Bürokratien, wie es in Deutschland mittlerweile eine Reihe junger kreativer Firmen gibt, in denen man auf den ersten Blick den Chef nicht vom Gabelstaplerfahrer unterscheiden kann. Als „Denkhilfe" bleibe ich aber bei der Unterscheidung zwischen der kalifornischen und der europäischen Seite.

Kulturelle und familiäre Lebenslieder

Glaubenssysteme, Ideologien, Skripts, Beliefs, Attitudes, Muster von Wertesystemen und die innere Landkarte

Wenn man über die Idee der fünf Biosysteme, die ihre Eigenwerte bezüglich „blau" rekursiv stabilisieren, nachdenkt, so wird irgendwann klar, daß es sich dabei niemals um eine Sender-Empfänger-Operation, bit für bit, wie zwischen zwei Computern nach dem Prinzip von Shannon und Weavar handeln kann, nach dem in unserer Zeit die meisten Wissenschaftler die Übertragung von Information definieren. Shannon und Weavers Theorie ist eine **Signal**theorie. Inwieweit Information oder Botschaften übertragen werden, ist eine ganz andere Frage.

Jedes Biosystem handelt ja eigenständig. Es entscheidet, inwieweit es sich auf die „Verstörungen" der anderen Biosysteme einläßt. Meditiert man weiter, wird man vielleicht auch verstehen, daß sich innerhalb des gemeinsamen konsensuellen Bereichs einer Familie, eines Wirtschaftsunternehmens oder eines Staatssystems noch wesentlich komplexere Eigenwerte wie der Realitätsbereich „blau" errechnen. Solche komplexen Realitätsbereiche wären u.a. die Werte einer Familie, eines Wirtschaftsunternehmens oder eines Staatssystems oder auch ihre Lebenslieder, Ideologien, Skripts oder Beliefs. In einer Input-Output-Denkweise wie im NLP werden diese Vorgänge als „Filter" betrachtet. Dieser Filterbegriff funktioniert bei Computern natürlich hervorragend. Bei Einzelpersonen wie auch bei den o.a. komplexen Systemen ist er dagegen irreführend und kann zu groben Fehlentscheidungen verleiten. Die Handlungsweise einer einzelnen Person wie auch eines Wirtschaftsunternehmens ergibt sich aus einem Zustand heraus, der mit anderen Systemen in Beziehung steht.

Filter ...

für kalten und heißen Kaffee, Rotlicht, Höhensonne, schmutzige Worte und andere feste und flüssige Substanzen

Der Unterschied zwischen einem Filter und der selbstorganisatorischen Konstruktion von Realitätsbereichen ist der folgende: Bei einem Filter werden materielle Substanzen oder energetische Vorgänge wie Wellen, die aus einem Bereich kommen und die in einen anderen hineinsollen, herausgefiltert. Etwas, das in den Bereich, in diesem Fall ein System, hineinsoll, wird entweder durchgelassen oder zurückgehalten. Bei einem Kaffeefilter wird die Kaffeeflüssigkeit in das offene System der Kaffeekanne hineingelassen, der Kaffeesatz dagegen wird zurückgehalten. Bei einem Farbfilter werden die Wellen für alle anderen Farben außer „Rot" durchgelassen, so daß nur diejenigen Wellen die Zapfen und Stäbchen auf der Netzhaut erreichen, so daß man z.B. im Licht einer Dunkelkammer oder im Puff nun deshalb alles im roten Licht sieht, weil unser Gehirn diese Realität konstruiert.

Der Unterschied zwischen einem Filter und der selbstorganisatorischen Konstruktion der Farbe blau ist nun derjenige, daß eben in ein lebendes System nichts hineinkommt und auch nichts hineingefiltert werden kann wie in einer Kaffeemaschine. Wenn wir an „braun" denken, können wir Skinheads, Nazis und Neonazis genauso vor Augen haben wie dunkelbraunen Kaffee. In keiner Weise aber wird Kaffee in unseren Kopf hineingefiltert. Wenn wir an „blau" denken, konstruieren wir uns die entsprechenden Strukturen, die zu dem sprachlichen Begriff gehören. Über diese Farbwahrnehmung hat Maturana ausführlich geforscht. Der Begriff Filter schafft meines Erachtens viel Verwirrung, da er wesentliche Ebenen verwechselt. Über die Verwirrung nachzudenken, ist eines der Themen dieses Buches.

Der Satz von M.H. Erickson: „In dieser Kultur nun steht der Mann noch um einiges über dem Herrgott, und die Frau steht tiefer als tief" (Zeig 1988, 152), drückt das Glaubenssystem jener Kultur aus. Weiterhin können wir Wertmaßstäbe hineininterpretieren und schließlich Phantasien darüber entwickeln, wie sich im visuellen und auditiven Bereich die Verhaltensweisen der Menschen gegenseitig so bedingen, daß das System stabil bleibt. Die Stabilität wird sich so lange erhalten, bis sie vielleicht durch andere kulturelle Systeme von außen gestört wird.

Der wesentliche Gedanke bleibt jedoch, daß Werte und Ideologien das System in einen bestimmten Zustand versetzen. Dieser Zustand geht mit Handlungsweisen einher. Werte wie Gehorsam und die Ideologie: „Gemeinsam sind wir stark!" versetzten die Menschen im Dritten Reich in einen ganz speziellen Zustand, nach dem sie handelten und über eine gewisse Zeit hinweg ihr Staatssystem erhielten. Das Ergebnis jener Zeit zeigt wohl genügend, daß es möglich ist, mit Worten oder geistigen Vorgängen Materie zu verändern, wurde doch die ganze Welt in Brand gesetzt. Der Begriff Ideologie ist in unserem kulturellen Lebensraum negativ geankert. Von einem Teil der Menschen wird er entweder mit den nationalsozialistischen oder mit den kommunistischen Lehren verknüpft. Spricht man von Glaubenssystemen, denken viele Leute an religiöse Lehren. Der Begriff „Skript" oder „Lebensskript" wird mit psychotherapeutischen Schulen verknüpft. Im NLP spricht man von „Belief-Arbeit", eine amerikanisch-deutsche Wortfindung, die in unserer Sprache nun wieder „Glaubenssystem-Arbeit" heißen würde. Ich werde bei meinem Nachdenken über die Konstruktion von Landkarten, mit denen wir mit der Welt in Verbindung treten, beide Begriffe synonym verwenden. In der letzten Zeit habe ich mir allerdings angewöhnt, von Lebensliedern zu sprechen. Dieser, von den nordamerikanischen Indianern kommende Begriff drückt den Vorgang meines Erachtens am besten aus. Er läßt sich auch gut mit dem Wertewandel in Zusammenhang bringen, den viele Mitbürger unserer Zeit so schlecht verkraften. Bei den Indianern ist ein einzelner Mensch dann gesund, wenn er sein Lebenslied gefunden hat. Das trifft auch auf einen Clan oder Stamm zu. Terry Tafoya berichtet von einer Studie, derzufolge man in einem Stamm 95% Alkoholismus vorfand. Der Stamm hatte sein Lebenslied verloren. Als die Leute angeleitet worden waren, die Durchführung ihrer alten Rituale wieder aufzunehmen, verschwand der Alkoholismus nahezu vollständig. Der Stamm hatte sein Lebenslied wiedergefunden.

Was ist eine Organisationsideologie oder das Lebenslied dieser Organisation? Gemeint ist eine System von Werten und Zielen, welches sich in einer Art Lebenslied zusammenfaßt, welches wiederum dazu führt, daß eine größere Gruppe von Menschen motiviert ist, zusammen zu leben. Der Mensch ist Mensch, weil er Sprache besitzt. Diese wiederum läßt soziale Realität möglich werden. Lebenslieder oder Glaubenssysteme ermöglichen oder regeln die Motivationsprozesse für das Zusammenleben der Menschen. Sie schaffen ein Belohnungs- und Bestrafungssystem und regeln Handlungsabläufe. Der einzelne weiß, was „gut" und was „böse" ist, in bezug auf die „Tod/Lebendig-Regeln" des Systems (Clan, Firma, Familie etc.). Werte z.B. sind Meßlatten, an denen sichtbar wird, welche Verhaltensabläufe dazu dienen, daß die Autopoiesis eines Systems gewahrt bleibt. Das gilt für ein totalitäres System ebenso wie für ein demokratisches. Dabei entstehen allerdings eine Reihe von Paradoxien. Die im folgenden beschriebenen Unterscheidungen waren für mich sehr hilfreich, um es einzelnen Personen sowie kleineren und größeren Gruppen zu ermöglichen, langanhaltende Probleme zu lösen. Die Modifikation von Glaubenssystemen hat in den meisten Fällen dramatische und tiefgreifende Veränderungen im Verhalten und in kognitiven Prozessen zur Folge. Menschen, die schon jahrelang an einem Problem genagt hatten, konnten nach einer Veränderungsarbeit mit ihrem Lebenslied ihr Leben grundsätzlich verändern.

Persönliche Glaubenssätze und Werte selektieren die Wahrnehmung und das Handeln eines Menschen. Wenn sich die persönlichen Glaubenssätze mit dem umgebenden System in hoher Übereinstimmung befinden, ist alles in Ordnung. Wehe aber, wenn sich das umgebende, kulturelle System ändert, und der Mensch, die Familie oder das Unternehmen dieser Veränderung hinterherhinkt. Die Beobachtung Ericksons innerhalb einer Fallarbeit, daß die Familie aus einem Volk kam, in dem der Mann mehr war als Gott und die Frau weniger als nichts, beschreibt ein kulturelles Lebenslied, welches das Zusammenleben innerhalb des Systems wohl über die Jahrhunderte hinweg gut geregelt hat. Das beschriebene Symptom des Jungen – eine anscheinend unheilbare Sprachstörung – trat erst auf, als die

Familie in einen Kulturbereich wechselte, in dem ein ganz anderes, ja sogar gegensätzliches Lebenslied gesungen wurde. Ich empfehle jedem Menschen, der sich mit anderen Menschen bezüglich transkultureller Sichtweisen oder Generationskonflikte in irgendeiner Form beschäftigt, sei es als Therapeut, Politiker, Sozialarbeiter, Zollbeamter etc., das Beispiel von Rick in Jeffs Zeigs Buch (S. 151) unter dem hier beschriebenen Blickwinkel zu lesen.

Zusammenfassung

Ein Lebenslied oder Wertesystem bildet das System von Lebensregeln, welches das Unternehmen, die Kultur, den Staat oder die Familie am Leben erhält. Es bildet den autopoietischen Raum. Mit den jeweiligen Wertmaßstäben wird gemessen, was verboten und was erlaubt ist. Mit Hilfe dieses Systems wird bestraft, was das System schädigt und belohnt, was es erhält. Ein Mitarbeiter, der beispielsweise an der falschen Stelle eine kritische Frage stellt, wird von den Kollegen künftig anders behandelt. Er stört die Balance ...

Im folgenden geht es also um ein Lebenslied, welches sich in einer Kultur festgesetzt hat und welches sich über die Familie im GROSSEN HOLODYN der einzelnen Person wiederfindet. Es geht also um die innere Landkarte, über die die Person mit der Welt kommuniziert. Beginnen wir zunächst mit der „europäisch/russischen" Welt.

Das machtorientierte System

Wie aus den bisherigen Gedanken hervorgehen sollte, entsteht Kommunikation innerhalb eines autopoietischen Raumes, der sich selbst erzeugt. Das Lebenslied oder die Organisationsideologie bestimmt die „Lebensregeln" des Systems. Es ist sozusagen der Lebensatem, der dem System eingehaucht wird. Wie wirksam dieses Einhauchen im Dritten Reich war, davon können wohl viele Deutsche im wahrsten Sinne des Wortes ein Lied singen. Bei der Betrachtung der einzelnen Systeme sollten wir darauf achten, daß wir die Ebenen und Begriffe sorgfältig auseinanderhalten. Aufgaben, Rollen, Macht und Beziehungen gibt es in jedem System. Das machtorientierte System allerdings wird durch die Ideologie der Macht definiert und am Leben gehalten.

Die wichtigste Unterscheidung in den folgenden Ausführungen besteht zwischen der Machtausübung einzelner Personen und den Lebensregeln eines Systems, das ausschließlich auf der Macht einer einzelnen Person besteht. Das System kann eine

Familie, ein Staat, eine Firma oder ein religiöses System sein. Entscheidend ist, daß das System durch die machtorientierte Ideologie am Leben erhalten wird.

In jüngster Zeit konnte man sie sehr gut an dem islamischen Führer Saddam Hussein sehen. Die Machtkämpfe der letzten Jahre in Moskau sind ein interessantes Beispiel für ein Gemisch zwischen Macht- und Regelorientierung. Der Kampf der amerikanischen Regierung mit einer religiösen Sekte, die sich auf einer Farm verschanzt hatte, drückt Machtorientierung der Sekte aus. Der Leser mag darüber nachdenken, inwieweit große Religionsverwaltungsorganisationen wie die Katholische Kirche machtorientiert oder regel- und rollenorientiert sind. Der Krieg auf dem Balkan zeigt wie jeder Krieg die Machtorientierung der beteiligten Parteien. Er zeigt aber sehr deutlich, daß man zwar versucht, die Konflikte auf der Verhaltensebene auszutragen, der Konfliktbereich aber auf der Unvereinbarkeit der Lebenslieder der Volksgemeinschaften zu finden ist.

Für viele von uns Deutschen ist die Thematik des Hitlerreiches immer noch tabu. Lebenslieder des Dritten Reiches waren wohl: „Nur wenn wir dem Führer gehorchen, überlebt unser Volk", oder: „Nur wenn wir reinrassig sind, sind wir stark genug um zu überleben". Deutsche Menschen haben meines Erachtens auf Grund ihrer Geschichte große Probleme mit dem Lebenslied der Macht. Da es ein Tabu ist, kann das Problem nicht angesprochen werden und bleibt ungelöst. Am gefährlichsten erscheint mir dieser Vorgang dann zu sein, wenn es um die indirekte Ausübung von Macht geht, wie es im psychosozialen Bereich oder in „väterlich" geführten Betrieben oft der Fall ist. Er ist deshalb so gefährlich, wenn er erst dann bemerkt wird, wenn es zu spät ist.

Aus der hier vertretenen Sichtweise sind die WERTE der wesentliche Teil der Lebensregeln eines Systems. Sie bestimmen die Organisation. Sie werden durch Nominalisierungen ausgedrückt. Mit diesen WERT-LEBENSREGELN wird kontrolliert, was das System am Leben erhält und was es sterben läßt. Mit Werten läßt sich, was ein Mehrpersonensystem anbelangt, in der Praxis leichter arbeiten als mit Lebensliedern. In einem machtorientierten System werden die Werte durch den Führer und seine Helfer vorgegeben. Redner, Propagagandaminister, Prediger oder andere Personen sind dazu da, die Interessen des Machthabers zu vertreten. Das Volk – aus der Sicht Hitlers im Sinne des Massenpsychologen Le Bon „eine blöde Masse" – wird von dem Machthaber gebraucht. Es muß ihn stützen und die Bereitschaft zeigen, seine Werte anzunehmen. Dabei kommt ein hervorragender hypnotischer Prozeß in Gang, dessen posthypnotischen Auswirkungen in Europa noch nach 70 Jahren spürbar sind. Es ist in diesem Zusammenhang interessant, auf das Spiel zwischen Mussolini und dem Papst zurückzuschauen. Mussolini hatte mehrere extrem atheistische Schriften verfaßt. Der Papst einigte sich trotzdem mit dem italienischen Führer. Er stand sogar noch in jenem Moment hinter ihm, als die Geheimpolizei begonnen hatte, seine Priester zu foltern und zu ermorden.

Der Wert „GEHORSAM" ist für ein machtorientiertes System lebensnotwendig, weil er der Sache „Macht" immanent ist, also „drin liegt". In dem Wert „Selbstorganisation" dagegen würde für dieses System eine tödliche Gefahr liegen. Eine ältere Frau erzählte mir einmal, daß, als ihre Mutter ihrer Schwester im Zorn eine Ohrfeige geben wollte, diese die Hand der Mutter festhielt und wörtlich sagte: „Das darfst du nicht. Ich gehöre dem Führer." Saddam Hussein hat einmal über hundert Offiziere erschossen, die sich gegen ihn gestellt hatten. Das Lebenslied einer Organisation ergibt sich aus der Zusammenfassung mehrerer Werte, so wie ein Blumenstrauß aus mehreren Blumen besteht.

In einer machtorientierten Organisation muß eine Person alles ausblenden, was den Werten dieser Organisation widerspricht. Die Sprache des Führers und seiner Unterstützer ist hypnotisch. Sie besteht aus einer Aneinanderreihung von Generalisierungen, Nominalisierungen und Tilgungen. Mit Hilfe dieser Worthülsen werden persönliche Empfindungen in Richtung „Volksempfinden" kanalisiert oder gelenkt (vgl. die Rede von Goebbels am Ende des Buches).

Ein interessantes Beispiel ist die Durchhalteparole des Gebirgsjägergenerals Dietls im Jahre 1943: „Ich erkläre als verantwortlicher Oberbefehlshaber, dem kostbares deutsches Blut in diesem Schicksalskampf anvertraut ist: Ich glaube an den Führer. Je schwieriger die Lage, desto mehr vertraue ich ihm."

Für die praktische Arbeit mit Teams oder Einzelpersonen ist es wichtig, an welchen Verhaltensweisen man Rückschlüsse auf die Werte ziehen kann, die der Person oder dem System innewohnen. Dabei kann man sich an der Sprache oder an nichtsprachlichen Mustern orientieren. An den Aussagen oder Verhaltensweisen kann man also Rückschlüsse auf das innere System ziehen. Feinere Prozeßdiagnosen bei Einzelpersonen sind der ausgestreckte Zeigefinger, die gehobene Stimme, etc. (vgl. Bandler, Grinder und Satir 1976).

In der deutschen Wirtschaft scheinen sich die Geister vergangener Zeiten noch großer Lebendigkeit zu erfreuen, wie man sehr eindrucksvoll bei Günter Ogger nachlesen kann. Erst, als ich mit der Arbeit dieses Buches nahezu fertig war, fiel mir sein Bestseller „Nieten in Nadelstreifen" (1992) in die Hände. Viele seiner Beschreibungen und Beispiele sind hervorragende Beschreibungen der Problematik, über die ich hier nachdenke. „Rolf Berth von der Kienbaum Unternehmensberatung untersuchte mehr als 10 Jahre lang die Leistungsfähigkeit deutscher Unternehmen nach 27 verschiedenen Erfolgsfaktoren. Am besten schnitten solche Unternehmen ab, in deren Vorständen die unterschiedlichsten Typen versammelt waren, am schlechtesten jene, die von einer opportunistischen Crew gesteuert wurden. Zitat eines Mitglieds: ‚Wir sind eine ziemlich gleichförmige Mannschaft und denken und handeln recht ähnlich. Bei uns wird nicht gequatscht, die Chefs sagen uns, was zu tun ist, und dann holt sich jeder, was er an Informationen braucht, und geht an die Arbeit' ... Noch immer gibt es in der deutschen Industrie, allen Parolen von ,kooperativer Führung' zum Trotz, eine Zweiklassengesellschaft aus ,Schlipsträgern' und ,Blaumännern': die einen befehlen, die anderen haben zu gehorchen. Ängstlich grenzen sich die ,leitenden' Angestellten gegenüber den geleiteten ab, durch lächerliche Statussymbole betonen sie die Rangunterschiede innerhalb der betrieblichen Machthierarchie. ... Dieser elitäre Zirkel, eine Gruppe von kaum mehr als 200 Personen, kontrolliert heute über ein kompliziertes Netzwerk den weitaus größten Teil der deutschen Industrie mitsamt der Finanzwirtschaft. Die Herren begegnen sich häufig, mal in den Vorständen ihrer eigenen Unternehmen und deren Tochtergesellschaften, mal in den Aufsichtsräten befreundeter Banken, Versicherungen oder Industriekonglomerate. Jedes Mitglied dieses inneren Zirkels der deutschen Wirtschaft verfügt über krakenhaft lange Arme, die in die entferntesten Winkel ihrer Imperien reichen. Ihre Macht stützt sich auf ein enges Beziehungsgeflecht aus ranggleichen und rangniederen Kollegen. ...

Wie die Stasiseilschaften im Osten, so helfen sich die Assitrupps im Westen gegenseitig aus der Klemme und stützen als unsichtbare Hausmacht den Thron ihres Anführers. ... Vom Gesetz vorgeschrieben ist eine Gewaltenteilung nach demokratischem Muster: Der Vorstand lenkt, der Aufsichtsrat kontrolliert. Da hier wie dort aber die gleiche Spezies sitzt, nämlich angestellte Manager, verhindern Kumpanei und Interessenidentität, daß das Rollenspiel im Sinne des Gesetzgebers funktioniert" (Ogger 1992, 127).

Damit ist die Struktur beschrieben. Diese Struktur bildet sich mit Hilfe der verschiedenen Werte und Lebenslieder. Ich möchte hier sehr genau sein. Bei mir hat es einige Zeit gedauert, bis ich wirklich in der Lage war, diejenigen Werte und Lebenslieder zu erkennen, die dazu beitragen, daß sich ein System am Leben erhält. Macht gibt es überall. Auch in einer Selbsterfahrungsgruppe, in der es sehr demokratisch zugeht, kann es geschehen, daß jemand versucht Macht auszuüben. Damit ist aber das System in keiner Weise machtorientiert. Erst wenn alle das gleiche Lebenslied singen, haben wir es mit einer Organisationsideologie zu tun. Bei Sekten finden wir solche Lebenslieder. Die Mitglieder unterwerfen sich der Idee, daß der Sektenführer Gott nahe oder Gott gleich ist. Gemeinsam tragen sie diesen Gedanken und verhalten sich dementsprechend. Sie kontrollieren sich gegenseitig.

Das Persönliche Lebenslied, welches in Wechselwirkung mit der Kaste der 200 Führungskräfte steht.

Günter Ogger beschreibt deutsche Topmanager folgendermaßen: „Der Kardinalfehler der deutschen Manager ist ihr kleinkarierter Egoismus. Sie lernen frühzeitig, sich gegenüber Mitschülern, Kommilitonen und Kollegen durchzusetzen, aber niemand bringt ihnen bei, wie sie es anstellen sollen, aus den Rivalen um die Macht loyale Teamgefährten zu machen. Und das ist die eigentliche Aufgabe aller Führungskräfte. Sie sind darauf programmiert, zuerst und ausschließlich an die eigene Karriere zu denken; der Erfolg ihrer Mannschaft oder Firma ist für sie nur ein Mittel zum Zweck der Befriedigung ganz persönlichen Machtstrebens"(Ogger 1992, 127).

Doch zurück zum umgebenden System. Irgendwie muß diese Welt ja aufrechterhalten werden. Es muß ein System geben, das entscheidet, was gut und böse ist. Bei Hitler war es die Propaganda. In der Katholischen Kirche waren es jahrhundertelang die Prediger. Heute ist es die Presse. Irgend jemand sagte einmal, daß eine freie Presse der Garant für eine lebendige Demokratie sei. Diese Presse muß nun aber von Menschen gelesen werden. Viele Menschen lesen die *Bildzeitung*, einige den *Spiegel* und nur wenige gar *Kowalski*. Humberto Maturana sagte mir, daß jedes Volk den Führer bekommt, den es braucht. Er sei damals aus diesem Grund auch nach dem Mord an Allende in Chile geblieben, obwohl ihm viele Freunde geraten hatten, das Land zu verlassen.

Inkompetenz und Machtgier in führenden Positionen gehören leider auch in der Psychiatrie zum täglichen Brot eines Praktikers. Immer wieder zeigt sich die hervorragende Kommunikationskompetenz von psychiatrischen Fachpflegern, die u.a. NKS-Techniken auf ganz sinnvolle Art in den Stationsalltag einbinden. Z.B. führt ein Fachpfleger mit einer Patientengruppe ein Entspannungstraining durch. Wenn das dann funktioniert, übernimmt ein Arzt oder Psychologe die Gruppe und gibt den Erfolg als seinen eigenen aus.

Junge Ärzte sind im Umgang mit Psychopharmaka in vielen Fällen recht unbefangen. Jeder Fixer, der mal im Landeskrankenhaus (LKH oder auch PLK [Psychiatrisches Landeskrankenhaus]) war, weiß mehr darüber. In jener Zeit, als ich noch mit harten Drogenabhängigen gearbeitet habe, erzählten mir meine Klienten immer wieder, im LKH sei es wie Weihnachten. Es sei IMMER Bescherung. Man bekommt dort eben alles, was man braucht und haben will. Ein junger Arzt jedenfalls ist völlig ahnungslos, abgesehen von der Theorie, die er im Kopf hat. (So gibt es ein Gerichtsurteil, in dem Ärzten die Kompetenz in der Behandlung von drogenabhängigen Klienten abgesprochen wird; Archiv BDP.) Also fragt er den Stationsleiter um Rat. Das Spiel wird so lange gespielt, bis er sich selbst genügend

Kompetenz angeeignet hat, um selbst die Macht zu ergreifen. Es ist klar, daß auf diese Weise kaum Teamgeist entstehen kann. Der Stationspfleger kommt immer wieder in die Rolle des sogenannten „Parenting-Kindes", des Kindes, das die Rolle des einen oder anderen Elternteils spielen soll.

Entscheidungen/Informationsfluß: Information fließt von oben nach unten. Sie wird z.T. auch zurückgehalten. Interessant ist überhaupt, wie mit der Information gespielt wird. In den meisten Fällen wird sie benutzt, hervorgehoben, verdreht, verzerrt, umgelenkt usw. Was in einem großen System die Propaganda ist, ist in einem kleineren der gezielte Klatsch. So kann man einem Teil des Teams ganz gezielt gewichtet Information zukommen lassen, um Zwietracht zu sähen. Jeder kennt das. Amüsante Beispiele zu diesem Vorgang finden sich in einem Buch über „satanische" Verhandlungsstrategien (Ruede-Wissmann 1993). Information von unten nach oben holt sich der Führer durch Geheimdienste. Zwangsläufig ist diese Information sehr einseitig. Nicht ohne Grund ist wohl eine freie Presse der einzige Garant für die Erhaltung einer demokratischen Staatsform und die Erhaltung der Menschenrechte. Entscheidungen werden „von oben" gefällt. Sie müssen ausgeführt werden und dürfen nicht hinterfragt werden. Ein Beispiel dafür ist das Durchhalten des Generals Paulus in Stalingrad.

Fachleute sind nicht gefragt. Weder der Mensch noch die Aufgabe ist von Bedeutung. Was von Bedeutung ist, ist das, was der Führer will oder der nächste Vorgesetzte. Dieser verkörpert ja das Prinzip der Führung.

In sanften oder verdeckten machtorientierten Systemen wie Familien oder Arbeitsgruppen wird ein Spezialist zwar angehört, aber man glaubt ihm nicht. Man handelt so, wie man es schon immer getan hat. In solchen Systemen kann man Menschen sehr viel Information über die Entwicklung von Kindern oder die Entstehung krankmachender Arbeitsbedingungen geben. Sie werden zuhören, aber schließlich doch auf eine Art handeln, die an dem System nichts ändert. Änderung macht Angst. Jemand, der aus einem machtorientierten System kommt, ist in vielen Fällen mehrfach körperlich und psychisch mißbraucht worden. Seine internen „Nichttrivialen sensu-motorischen Maschinen" sind instabil. Er muß auf Stabilität achten, weil sie für diese Person lebenswichtig ist. Jede Veränderung macht dann zwangsläufig Angst. Solche Menschen haben Probleme mit „Zeit", weil im Handlungsprozeß immer eine innere Hürde zu überwinden ist.

Es scheint keine Rolle zu spielen, ob es sich um einen Politiker handelt, einen Familienvater, den Betreiber einer psychosomatischen Klinik, einen Richter, Firmenchef oder eine einzelne Person – wenn es sich um ein machtorientiertes System handelt, wird jeder Hinweis von außen in den Wind geschlagen, wenn er dem Gedankengut widerspricht, welches sich die Gruppe der Mächtigen oder der einzelne Machthaber in den Kopf gesetzt hat. Ein Richter beachtet das Gutachten eines Spezialisten nicht mehr. Politiker entscheiden gegen die Ratschläge ihrer Wissenschaftler, Diktatoren blenden die Hinweise ihrer Feldherren völlig aus. Hitlers „Durchhaltebefehl" bezüglich Stalingrad war hierfür ein hervorragendes Beispiel. Die Steigerung dessen wird dann möglich, wenn man im Rahmen einer Ideologie oder Theorie die Verantwortung für die Entscheidung externalisieren kann. Hitler konnte mit der Vorsehung argumentieren, die er angeblich besaß. Firmenchefs und Ärzte unserer Zeit können sich bei ihrem Analytiker auf ihren Machttrieb berufen, den man auf Grund dieser Theorie einfach hat. Der wars dann, der einem die Entscheidung abgenommen hat. Der Machthaber ist sich seiner Ignoranz der Interaktion anderer Menschen gegenüber in den wenigsten Fällen bewußt. Er kann die Vorgänge, die in seiner Umgebung ablaufen, nicht wahrnehmen. Ich denke, er darf sie nicht wahrnehmen, weil sie sein persönliches Lebenslied gefährden würden.

Genau betrachtet, kann von oben nach unten gar keine Information fließen. Heinz von Foerster (persönliche Mitteilung) gab dazu ein einleuchtendes Beispiel ab*: Er führte aus, daß die Informationstheorie von Shannon und Weaver eigentlich eine Signalübertragungstheorie sei. Dieser begriffliche Fehler sei durch den Krieg entstanden, in der eine Informationseinheit auf ein Kommando reduziert wird. Beim Militär wird eine Informationseinheit zu einem Signal. Wenn beispielsweise der Unteroffizier das Kommando „Stillgestanden" gibt, reagieren die Soldaten immer wieder auf dieselbe Art und Weise auf dieses Signal. Dabei wird natürlich keine neue Information erzeugt. Das System wird trivialisiert. Die Soldaten funktionieren wie **NTM**'s. Wenn einer von ihnen jedoch plötzlich eine lange Nase machen würde, die Zunge herausstrecken, oder mit einer „fuck you"-Geste oder dem Macho-Finger aus der Reihe tanzen würde, würde neue Information erzeugt werden.

Ich erinnere mich in diesem Zusammenhang noch gut daran als mein sehr kreativer Zimmergenosse Yogi während der Unteroffiziersausbildung bei den Gebirgsjägern diese „Trivialisierung" durchbrach, indem er beim Einüben der Kommandos auf eine Art brüllte und schrie, die sich ständig an der Grenze des Skurrilen bewegte. Wenn wir bei diesen Formalübungen in Reih und Glied vor ihm standen, konnten wir uns das Lachen kaum verkneifen und hatten größte Mühe ernst zu bleiben. Yogi schrie und brüllte jedesmal so laut er konnte in allen Variationen – er war, nebenbei bemerkt, hochmusikalisch und ein hervorragender Pianist – und bewegte dabei auch noch seine Mimik wie ein Clown. Allerdings

---

* Heinz von Foerster: Wissenschaft des Unwißbaren. Neuro Worlds – Zukunftswege der Hirnforschung. Jahreskongreß Wissenschaftszentrum Nordrhein-Westfalen. 3. und 4. November 1993.

bewegte er sich mit seinem paradox-satirischen Auftritt immer gerade an der Grenze, so daß ihm keiner der Ausbilder an den Karren fahren konnte. Heute, nach Heinz von Foersters Vorlesung, ist mir völlig klar, daß der Vorgang auf diese Weise „enttrivialisiert" wurde, und neue Information entstand. Tatsächlich lachten wir in den Pausen und manchmal sogar noch beim Mittagessen über die jedesmal neuen Variationen und Kreationen unseres Kameraden.

Man sagt, der Krieg sei der Vater aller Dinge. Die Tragik machtorientierter Führung scheint darin zu liegen, daß sie etwas produziert, was man im amerikanischen Sprachraum „poor-leadership: armseliges Führungsverhalten" bezeichnet. Aus der hier beschriebenen Betrachtungsweise ist es interessant, auf den 50 Jahre zurückliegenden D-Day zu blicken. Die Alliierten gewannen die Schlacht in der Normandie durch die deutschen Führungsfehler, die ganz besonders vom „Führer" vorgelebt wurden. Man muß sich Fragen, inwieweit diese Strukturen noch heute in unserer Wirtschaft großen Schaden anrichten. Die Paradoxie scheint darin zu liegen, daß diejenigen, die führen wollen, genau an dieser Aufgabe scheitern.

Beziehungen

Gleichwertige und tiefe Beziehungen sind in diesem System nicht möglich. Sie sind auch nicht gewünscht, da sie ja die Position des Mächtigen gefährden könnten. Die Beziehungen definieren sich eher durch ein „Spiel", welches sich anschaulich mit Hilfe des perversen Dreiecks oder des Karpman-Dreiecks aus der Transaktionsanalyse beschreiben läßt. In diesem Dreieck gibt es einen Verfolger (der Mächtige, in einer Familie meist der Vater, in einer Kursreihe die Leiterin oder der Leiter, der Chef etc.), einen Retter oder eine Retterin (meist die Mutter) und ein Opfer (oft der Sohn, die Tochter, eine Kursteilnehmerin).

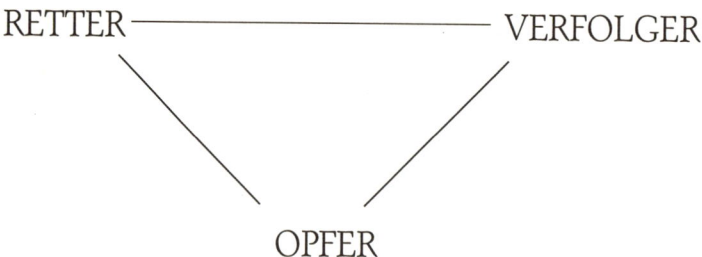

Perverses Dreieck

Der Mächtige holt sich seinen Wert, indem er sich auf Kosten des Opfers groß macht. Durch die Kleinheit des Opfers konstruiert er sich innere Größe – die natürlich zwangsläufig zu einer Art Einsamkeit führen muß. Denn irgendwann ist da oben keiner mehr. Wahrscheinlich kommt er dann wieder runter und hilft dem Opfer. Der Vater beschimpft seinen drogensüchtigen Sohn. Spricht man innerhalb einer guten Beziehung von einer Wertschätzung, die nicht an Bedingungen geknüpft ist, so fällt mir hierzu der Begriff „bedingte Abwertung" ein. Papa hilft dem Sohn, wenn er im Knast sitzt. Mama hilft ihm, wenn Papa auf Reisen ist. Sie bekommt Selbstwert durch ihr „Maria-Teresa-Syndrom". Der Sohn entwickelt sich zum professionellen Versager. In seiner Opferrolle hat er es gelernt, auf indirekte Art Macht auszuüben. Indem er auffällige Verhaltensweisen zeigt, bekommt er einerseits Liebe und Zuwendung, andererseits hat er Papa voll im Griff, der auf ihn reagieren muß, weil er ja sein Opfer braucht, um sich Selbstwert zu holen. Wie schon erwähnt, wäre der Hitler in der Wüste ein sehr einsamer Adolf. Das Prinzip läßt sich auch sehr schön mit dem Alpha-Omega-Prinzip in einer Gruppe in Verbindung bringen, in der ein Führer (Alpha-Person), wenn er abgesägt wird, zum Sündenbock oder schwarzen Schaf (Omega-Typ) werden kann. Beispiel dafür sind die Verurteilten im Nürnberger Prozeß. Selten werden die Spezialisten und Mitläufer (die Retter) zum Führer. (Vergleiche auch Terry Tafoyas Beschreibung einer dysfunktionalen Familie an anderer Stelle dieses Buches.)

Solch eine rotierende Beziehungsstruktur frißt eine Menge Energie. Ein System ist mit sich selbst beschäftigt, jedenfalls auf einer Art unbewußten, „unaussprechlichen" Ebene. Der Energie, Geld und Ressourcen fressende Kampf, der in solchen Systemen ausgefochten wird, stellt sich mit einem Zitat Oggers folgendermaßen dar: "In der Herde fühlen sich Manager wohl, denn wenn alle in die falsche Richtung laufen, kann der Einzelne nichts verkehrt machen ..."

Das Ganze scheint nach dem uralten entwicklungspsychologischen Prinzip zu geschehen: Wenn Dingsda (die Identifikationsperson der ‚peer group') 'ne Bomberjacke anhat, muß Hansi auch eine haben. Schwache Jugendliche mit wenig Selbstwert neigen eher zu dieser „mehr haben" und „mehr gelten"-Sucht oder Suche (Nickel 1975, 335). Man hat ihnen die Träume weggenommen – hier bietet sich nebenbei bemerkt ein guter Markt für Nachhilfestunden an für:

- Traumverkäufer im esoterischen Bereich, aber auch im Rahmen von Religion, Wissenschaft und Sektentum kann man heutzutage eine Menge Geld verdienen.
- Der Jugendliche wird dem Führer folgen. Er braucht Struktur. Er wünscht sich jemand, der ihm zeigt, wo's langgeht.

Der deutsche Staatsbürger ist mit dem hypnotischen Herdentrieb immer gut gefahren. Ist er doch nach der Zeit der Armlevitationen und des gemeinsamen „Pacing und Leading" aus dem II. Weltkrieg als eine Art wirtschaftlicher Sieger hervorgegangen.

Wie tief machtorientierte Lebenslieder auch bei Kommunikationstrainern sitzen, bei denen man es eigentlich weniger erwarten sollte, durfte ich in einer Ausbildungssituation erleben, in der die Organisatorin eines Morgens einfach in mein Seminar eingreifen wollte. In der Ausbildungsreihe, in der erfahrene Therapeuten und Personen aus der freien Wirtschaft Supervision und Coaching lernen, entwickelte sich eine starke Spannung zwischen der Organisatorin und den Teilnehmern. Meine Warnung, einen Fragebogen über den Gruppenprozeß der Gruppe zu diesem Zeitpunkt nicht auszuhändigen, wurde von der Organisatorin nicht berücksichtigt, worauf ein Teilnehmer, ein ehemaliger Banker, den Vorgang als kostenlose Organisationsberatung umdeutete. Das geschah in Abwesenheit der Organisatorin. Sehr kreativ und ganz bewußt deponierte er die Fragen demonstrativ in einer Ecke. Damit schuf er klar unterscheidbare Anker und erhielt den Dank der Gruppe. Das Lebenslied der Macht ließ sich nicht mehr mit dem Lebenslied der Autopoiesis vereinbaren. Ich war froh, daß ich mit der Gruppe wieder angemessen weiterarbeiten konnte.

Interessant ist immer wieder zu beobachten, wie Personen, die selbst machtorientiert strukturiert zu sein scheinen, in Systeme Macht hineinprojizieren, die sich selbst gar nicht als mächtig definieren. Das unten beschriebene aufgabenorientierte System ist zwangsläufig mächtiger als ein machtorientiertes, weil es sachimmanent mehr Wahlmöglichkeiten hat, und ein System mit mehr Wahlmöglichkeiten ist eben mächtiger als eines mit weniger. Das scheint nun auch die jüngste Geschichte zu bestätigen, egal ob man nun auf das tote sozialistische System blickt oder auf deutsche Firmen, die immer noch „wie früher" geführt werden. Die machtorientierte Person jedenfalls scheint in ein wenig mächtiges System oder in eine andere Person „Macht" oder mächtige Fähigkeiten hineinzuprojizieren. Saddam Hussein tut so etwas mit dem amerikanischen Präsidenten und manche Hypnosetherapeuten mit Milton H. Erickson. Dieser war zwar unheimlich stark, hatte aber einfach keine Lust Macht auszuüben. Die machtorientierte Person orientiert sich an der noch mächtigeren Person oder wenn diese nicht zur Verfügung steht, an einem Gott, einem göttlichen oder wissenschaftlichen Prinzip. Wenn man Mensch werden will, sollte man aufhören Affe zu sein. Das Paradox ist, daß der Mächtige wohl irgendwie ahnt, daß er noch nicht so richtig Mensch geworden ist. Da er nun aber soviel Angst vor seinem „Innen" hat, kann er nicht aufhören, „Außen" zu suchen. Er ist gezwungen, „Äußerer" nachzuahmen. In diesem Sinne bleibt er Affe. Tragisch.

Damit haben wir die negativen Seiten von machtorientierten Systemen beschrieben. Als Bürger eines deutschen Staates habe ich mein Augenmerk zwangsläufig auf die negativen Seiten dieses Lebensliedes gerichtet. Es gibt aber auch positive Seiten des Macht-Modells. Solche Seiten finden wir bei der Feuerwehr, dem Katastrophenschutz, ärztlichen Notfallteams etc. Strategische Therapie hat eine Menge mit Macht, Veränderungen der Hierarchien und dem Charisma des Therapeuten zu tun. Vielleicht ist sie deshalb in Deutschland so schwer zu vermitteln. Vielleicht sollten wir wieder einmal Janis Joplin in ihrem Lied „Lord won't you buy me a Mercedes Benz" zuhören ...

Einige Hinweise für die Praxis

In der rollenorientierten Organisationsform verlegt sich die Bindung in die Norm, die Verhaltensvorschriften, Dienstvorschriften des Systems. Sie sind external orientiert. Externale Kontrolle ist angezeigt. Es ist das Bild des Uhrwerks, wo ein Zahn in den anderen greift. In einer Gruppe, ich nenne sie die Uhrwerkgruppe, fragen mich die Teilnehmer: „Wann machen wir eine Pause ...!?", und schauen mich dabei vielsagend an. Die Bedürfnisse eines selbstorganisierten Lebewesens sind, wie wir aufgezeigt haben, von entgegengesetzter Natur. Bei der machtorientierten Organisation orientieren sich die Teilnehmer am Therapeuten. Er hat die Verantwortung. „Jonny" darf seine Bedürfnisse nicht mehr ausleben, weil Papa die Macht und das Wissen hat. Der Chef einer Firma oder der Leiter einer Klinik etc. fühlt sich wie ein kleiner Gott.

Während der Arbeit an diesem Buch sitze ich hin und wieder in meinem Skiort in einem Sessellift für 4 Personen. Ich nehme mein Manuskript fast immer mit auf die Bergstation, weil ich dann viele Gedanken, die ich in meiner „Bewegungstrance" bekomme, in die Arbeit einfließen lassen kann.

Gezwungenermaßen mußte ich einem Gespräch zwischen drei Frauen zuhören, welches die beschriebene Machtstruktur auf mehreren Ebenen ausdrückt. Die eine der Frauen berichtet über ihren Partner: „Thomas muß sich beim Skifahren immer total körperlich abreagieren. Es ist die einzige Art, wie er seinen Streß loswerden kann. Schon während des Examens war er täglich 25 km gejoggt. Er hat sich dabei so überfordert, daß er zwischendurch kotzen mußte. Die letzte Zeit im Geschäft war es für ihn sehr hart gewesen. Jetzt sind wir zwei Tage hier. Gestern abend hat sein Chef bei uns in der Pension angerufen. Er hat ihn allegemacht, weil er angeblich etwas verbockt hat. Dabei war der Chef selbst nicht in der Lage, im Computer das File für die gesuchten Dinge zu finden. Aber der Chef hat über unsere Familie unsere Telefonnummer im Urlaub erfahren. Er hat insgesamt drei Familien verrückt gemacht. Wenn der Chef nicht in der Lage ist, die Stelle zu finden, wo er das File abgespeichert hat, das er bearbeiten sollte, finde ich es nicht gut, daß er sogar noch die Sekretärin dazu gebracht hat, eine Großfahndung zu starten ..."

Das Gespräch verläuft weiter, aber laut meiner Notiz bin ich nun „oben angekommen" und muß aussteigen. Dort ist herrliches Wetter mit strahlender Sonne und wolkenlosem blauen Himmel. Unter mir ist ein großes Wolkenmeer. Die Bergketten sind klar zu sehen und es ist herrliche Sonne. All das kann der Leser nicht nachvollziehen. Er kann hier nur die Buchstaben lesen. Aber die Art meiner Verarbeitung kann er nicht nachvollziehen. Das zitierte Gespräch habe ich zwangsläufig in meine sportliche Erfahrungswelt integriert. Habe ich doch früher bei meinem Training ständig versucht, mit meinem Kopf Macht auf meinen Körper auszuüben. Auch in der Pädagogik hatte ich damals ähnlich gehandelt. Ich hatte mich an Lehrern orientiert und war erst dann richtig glücklich, wenn ich der mächtige Macher sein durfte. Ich holte mir mit dieser Position meinen Selbstwert. Das alles hatte sich vor einigen Jahren durch ein kleines Buch von Krishnamurti dramatisch geändert. Eines morgens befand ich mich in diesem Skigebiet und ganz tief in meinem Inneren machte sich die immer lauter werdende Frage breit: „Was soll das alles?" Jener innere Dialog war außerordentlich heilsam. Ich änderte viele Strophen meines Lebensliedes. Die meisten inneren Dialoge sind allerdings unheilsam. Möglicherweise entstehen sie durch die Identifikation des Kindes mit einer mächtigen erwachsenen Person. Es ist dann so, als ob man mit diesen Worten seinen Körper kontrollieren könnte. Es entsteht Abspaltung und Inkongruenz. Und das ist wohl der Feind jeglichen Lernens und jeglichen gesunden Wachstums.

Innere Dialoge sind gefährlich und zeitverzögernd, im Sport genauso wie in der Psychotherapie und in alltäglichen Kommunikationsbereichen, weil es ein Unsinn ist, körperliche Reaktionen, die infolge der sensumotorischen Geschlossenheit durch Seh-Fühlen entstehen, zunächst über die Zwischeninstanz innerer verbaler Zuordnungen oder anderer Denkprozesse zu versetzen. Die Zwischeninstanz ist der Ort in der linken Hemisphäre, die beim Gebrauch von Sprache aktiviert wird. Dieser Vorgang ist auch eine Hauptaussage der empirischen Forschung von Maturana, daß nämlich in unserem Gedächtnis nichts abgespeichert wird, wie ich schon an anderer Stelle erwähnt habe, sondern daß es lediglich Korrelationen gibt zwischen dieser Sprachhemisphäre und den anderen Gehirnarealen, die ich als kleine Nichttriviale Maschinen im Sinne von Heinz von Foerster bezeichnen würde, oder kleine nichttriviale maschinelle Areale, in denen diese Strukturen in Form von Eigenwerten sich dann in irgendeiner Form rekursiv aktivieren. Ein komplizierter Satz, nicht wahr? Vielleicht können Sie darüber meditieren. Der Mensch ist in Kommunion, wenn der Verstand aufgehört hat zu plappern. Man kann in Kommunion sein mit einer schönen Landschaft, mit einem Baum, oder mit einem

Vorgang. In Shivas Dance ist man in Kommunion mit einem Vorgang. Alles paßt dann zusammen. Wenn man in Kommunion mit einer Landschaft ist, paßt das Hör-Fühlen und Seh-Fühlen der inneren Teile mit dem, was außerhalb mit den sensorischen Mustern erkannt wird, zusammen.

Wahrscheinlich ist es das, was mich, aber auch viele andere Menschen stört: wenn nämlich Menschen miteinander kommunizieren und sich einer von ihnen im inneren Dialog befindet. Er ist dann nicht in Kommunion und der andere ärgert sich. Das gleiche geschieht wohl, wenn jemand schizophren ist. Solche Menschen fühlen nichts. Sie tun, als ob sie mit einem Teil ihrer selbst irgendwo außerhalb im Weltall oder irgendwo anders sein könnten. Eine Frau wird ärgerlich, wenn ihr Partner, während sie mit ihm spricht, mit seinen Gedanken im Geschäft ist. Die synaptischen Bahnungen oder rekursiven Muster dieser nichttrivialen maschinellen Areale sind unterbrochen. Teile der Mimik sind für andere Geschäftsaktivitäten aktiviert. Andere Teile der Mimik mit den Gesprächsteilen der Frau verwickelt. Erst wenn alles zusammenpaßt, herrscht Kongruenz.

Ein ähnlicher Vorgang geschieht im negativen Sinne bei der Einnahme von Psychopharmaka. Sie wirken so, daß sie den synaptischen Spalt unterbrechen und damit die Rekursionen der verschiedenen Bereiche. Damit ist der Mensch nicht mehr lernfähig. Im Grunde genommen ist es egal, ob er in seinen verrückten Phantasien im Weltraum ist, oder ob bestimmte Bereiche durch die Anwendung von chemischen Substanzen unterbrochen werden, so daß zwischen den Synapsen keine Information mehr übertragen werden kann. Inkongruenzen zu verarbeiten kostet viel Energie. Das ist mittlerweile mit neueren Methoden meßbar. Wenn ein Kommunikationspartner, beispielsweise ein Ehemann, in einem Streitgespräch oder nach einem Streitgespräch eine Zeitlang nichts mehr sagt, aber in der Kommunikation bleibt, gibt er der Frau oder auch dem anderen Teil der Familie einen unglaublich großen Raum, sich eigene Gedanken zu machen, zu halluzinieren etc. Das kostet eine Menge Energie. Die Erfahrung in unzähligen Kursen hat gezeigt, daß bei der Übung „Shivas Dance" eine große Spannung entsteht, wenn zwischen beiden Übungspartnern ein schlechter Rapport herrscht.

Es ist wie bei Menschen, die miteinander tanzen, wobei ein Teil des Körpers, oft der obere Teil, sehr zugewandt ist, während der untere Teil erstarrt ist oder sich abwendet. Das kostet eine Menge Energie. Ein Geschäftsmann sagte mir, daß er in eine andere Stadt gezogen sei, von seiner Frau getrennt lebt. Sie rufe ihn oft an. Manchmal sagt sie in einem Satz, sie möchte ihn so gerne wiedersehen, aber sie könne ihn nicht ertragen. Am Ende des Gesprächs fragt sie dann, ob er am Wochenende kommt, um die Kinder zu beaufsichtigen. Wenn er sie in den Arm nimmt, hat er auch das Gefühl, sie zieht ihn an sich und tritt ihm gleichzeitig in die Eier.

Zurück zur Macht. Die Frage ist, wie Personen handeln, deren Modell der Welt oder deren Holodyn in einer Zeit und Umgebung gebaut wurde, in der Macht eine große Rolle spielte. Für unsere praktische Arbeit im Umgang mit Konfliktebenen in Teams von Organisationen und Unternehmen, aber auch beim Coaching von Einzelpersonen, hat sich gezeigt, daß es außerordentlich hilfreich ist, sich zunächst ganz konkrete Verhaltensmuster anzuschauen. Dabei sollte man als Deutscher am besten gleich einmal bei sich selbst anfangen. Mir jedenfalls hat das sehr viel gebracht.

Typische Merkmale für mächtige wie für machtlose Personen sind*: der erhobene Zeigefinger oder Blamer-Finger. Der hochgehobene Kopf und die weitgeöffneten Augen, verbunden mit einem starren, stechenden Blick sind ein sehr wirkungsvolles Mittel: die laute oder sehr leise Stimme in Verbindung mit vielen Nominalisierungen; der schweigende Teilnehmer in der Gruppe – er sagt nichts, aber er wird hinterher möglicherweise das Gegenteil tun von dem, was abgemacht worden ist; der hündische Blick; die geöffneten Hände; NTG's in der Sprache (Nominalisierungen, Tilgungen, Generalisierungen); so ungenau sprechen, daß man nicht „festgenagelt" werden kann. Als Mächtiger hat man jeden Untergebenen im Griff, weil man das Wissen gepachtet hat. Als Machtloser läßt man sich jedes Hintertürchen offen. Ein breites Spektrum von Strategien findet sich bei Wolf Ruede-Wissmann (1993). Der Mächtige ist nicht in der Lage, kybernetisch zu denken, also mit Systemen umzugehen, die informationsdicht sind. Immanent in seinem Lebenslied ist ja enthalten, daß man in Systeme eindringt. Die Idee der operationalen Geschlossenheit wird er öffnen müssen und durch irgendein Spiralmodell ersetzen wollen. Dann kann er wieder eingreifen.

Und ein System betreffend: Fragen an den Coach, z. B.: „Wann machen wir Pause?" –, Fragen nach Informationen, Ratschlägen. Schweigende Gruppen, die den Seminarleiter anschauen. Alle warten, bis der Chef ausgesprochen hat. Formale Sprache. Viel Argumentation. Gestritten wird mit abstrakten Begriffen.

Eine gleichermaßen präzise wie auch metaphorisch verständliche Beschreibung einer machtorientierten Persönlichkeit gibt der Wirtschaftspsychologe F. Ressel über den VW-Chef Piech (*Focus* 31/1993, 112) ab. Man könnte sie gut als Trainingsbeispiel a) zur Wahrnehmung nicht-verbaler Muster und b) zum Erkennen von Zugangshinweisen zum inneren Modell/Lebenslied in einem NKS-Seminar verwenden: „Piechs öffentliche Auftritte erinnern eher an die Ansprachen von verbohrten Sektenführern oder an Feldherrenreden: rhetorisch flach und einstu-

---

* Viele Merkmale werden kulturell, andere genetisch bedingt sein. Droh- und Unterwerfungsgebärden kann man in der Tierwelt, im Zoo oder bei seinem Hund beobachten.

diert, etwa durch Modulation der Stimme: Absenken, Pausen, pastoraler Klang. Seine Körpersprache signalisiert stets Kampfhaltung: den Kopf leicht vorgebeugt, immer auf dem Sprung. Die Augen wie Sehschlitze, die Mimik starr und leblos – kurz: das geschlossene Visier. Die Bewegungen roboterhaft, die Worte kommen wie Geschosse, von Arroganz und Zynismus geprägt. Das ‚VW-Wirgefühl‘ wirkt aufgesetzt, die Aussagen zum großen Wirtschaftskrieg tragen eher psychopathische Züge. Die Unsensibilität der Außenwelt gegenüber geht bis zum Realitätsverlust. Die persönliche Ausstrahlung läßt jedes Charisma vermissen. Piechs Auftritt verbreitet mehr das Gefühl von Angst und Bedrohung als von Sympathie und Anziehung. Er scheint zu spüren, daß ihm die Akeptanz fehlt, er will sie erzwingen. Folge: Die Distanz wird noch größer. Der Führungsstil ist indessen nicht souverän, integrativ und motivierend, sondern scheint einzig und allein bestimmt von einem übersteigerten Macht- und Aggressionstrieb. Piech hat keine Mitarbeiter, sondern ergebene Gefolgsleute, keine kritischen Berater, sondern Wasserträger. Der VW-Chef arbeitet ständig im ‚roten Bereich‘, Entspannung oder gelöstes Verhalten sind nicht sichtbar. Unter Anspannung wird die Drehzahl erhöht, die Aktionen werden hektischer und unberechenbarer, etwa der technisch übereilte Ablauf des Lopez-Transfers von GM zu VW. Piech wirkt konditioniert auf Konflikt, der zum Selbstzweck wird. Das unbewußte Ziel wird so nicht die Einigung, sondern der Kampf, möglichst weltweit, möglichst spektakulär ...“

Und Mächtige, die sich die Hand reichen ... – „Auch Adolf Hitler, der damals geradezu seherisch die Zeit nahen fühlte, ‘da der Papst es begrüßen wird, wenn die Kirche vor den Parteien des Zentrums durch den Nationalsozialismus dereinst in Schutz genommen werden wird‘, schien nicht minder glücklich als sein späterer Gefolgsmann Kardinal Faulhaber, der die Verträge als ‚Gottestat‘ feierte, oder der Oberbürgermeister von Köln, Konrad Adenauer, der Mussolini in einem Glückwunschtelegramm versicherte, sein Name werde in goldenen Buchstaben in die Geschichte der katholischen Kirche eingetragen“ (Drescher 1993, 14).

Das nächste Zitat kann dann kommentarlos den folgenden Abschnitt einleiten. Es bedarf wohl keiner besonderen Fähigkeiten, die Handlungsweise verschiedener Entscheidungsträger im Bereich Politik, Polizei etc. bezüglich der Gewalttaten gegenüber Ausländern zu würdigen. „Dabei wußte die damalige Adenauer-Regierung genau, daß unter den aus dem Hitler-Reich übernommenen Beamten viele Schuldige und Mitschuldige an den Naziverbrechen waren. Sie fanden meist Unterschlupf ausgerechnet in der Justiz, wo sie unbehelligt bis zur gut dotierten Staatspension als Richter und Staatsanwälte der neuen Bundesrepublik ‚dienten‘, als sei nichts geschehen. Reibungslos konnten sie die Roben mit dem Hakenkreuz-Emblem gegen die rote oder schwarze Richtertracht eines demokratischen Gerichts vertauschen“ (Lutzius 1992, 22).

Das regel- oder rollenorientierte System

Im regelorientierten System wird der lebendige Geist des Führers durch Gebote, Regeln, Vorschriften und Paragraphen ersetzt und verfestigt. Lebenslieder und Glaubenssätze sind u.a.:

- „Nur der, der seine Pflicht erfüllt, ist ein guter Mensch."
- „Ordnung ist die erste Bürgerpflicht."
- „Ich bin der erste Diener meines Staates."

Genauso wie im machtorientierten System ist der Mensch ohne Selbstwert. Er ist sozusagen entweder innen hohl oder aber hat seine Ressourcen unter einem Haufen Kulturschrott vergraben. Also braucht er äußere „Kontrollvariablen": entweder den Führer, die Vorschrift oder die Gebote.

In diesem System nun werden die Beziehungen der Menschen untereinander durch Regeln und Vorschriften definiert. Regeln werden eingehalten, damit man innerhalb einer bestimmten Rolle Ansehen erhält. Welche Regeln muß ich erfüllen, damit ich in meiner Rolle als Finanzminister, Lehrer, Eisenbahnschaffner, Psychotherapeut, Briefträger, Arzt, Kommunalpolitiker, Vereinsvorsitzender, Geistlicher oder Patient einer psychiatrischen Station beachtet werde, so daß ich positive oder negative Zuwendung erhalte. Das Schlimmste für einen Menschen ist wohl, wenn er nicht beachtet wird. Jeder Mensch ist zwar anders, aber was allen gemeinsam ist, ist die Angst vor der Einsamkeit. Deshalb fällt es den meisten Menschen so schwer, allein zu sein. Das Schlimmste ist, von der Gemeinschaft ausgestoßen zu werden. Eine Rolle, die man sich durch das Erfüllen von Regeln oder durch das Erschaffen einer Machtposition schafft, reduziert die Angst.

Kürzlich beschrieb mir ein Mitarbeiter eines psychiatrischen Landeskrankenhauses die Persönlichkeiten des alten und neuen Verwaltungsdirektors. Der alte war eher jemand, den wir als den väterlichen Chef beschreiben würden. Er war ein Verwaltungsdirektor, der innerhalb seiner Vorschriften und Gesetze die Rolle des mächtigen Vaters einnahm. Wenn man von ihm etwas wollte, empfal es sich, ihm zwei Anliegen zu präsentieren. Dabei sollte man in die „One-Down-Rolle" des Sohnes oder der Tochter schlüpfen können. Das gab dem Chef auf hervorragende Art Gelegenheit, sein Lebenslied auch tatsächlich auszuleben. Nun war er in der Lage, bei dem einen Anliegen „Nein" zu sagen. Das andere dagegen konnte er in Gnaden gewähren. Einige hatten das Prinzip erkannt. Diejenigen, denen es gelang, in die besagte Rolle zu schlüpfen und ihre Anliegen wohldosiert, strategisch in der richtigen Reihenfolge zu präsentieren, bekamen was sie wollten.

Der neue Verwaltungsdirektor wurde als „regelorientierter Erbsenzähler" beschrieben. Wenn man zu ihm ginge und sagen würde: „Das ist gelb!", so würde er anworten: „Nein, das ist braun!" Wenn man dann vors Gericht zöge, und der

Richter sagen würde: „Das ist gelb!", dann würde er sagen: „Ja, das ist gelb." Es ist klar, daß dieses Prinzip einen Vorgang wie die T4-Aktion im Dritten Reich erleichtert, in der in PLKs Schwestern – auf Anweisung von Ärzten – Patienten die Todesspritze verabreichten (Franz Alt: Alles Kranke ist Last – Fernsehfilm).

Genauso wie im machtorientierten System glauben die Menschen im regelorientierten System an das Märchen vom Nürnberger Trichter oder vom König Midas. Das übergeordnete Glaubenssystem ist der Determinismus oder das Uhrwerk-Modell. In der NKS-Terminologie heißt das, beide Modelle bestimmen ihr Handeln durch externale Kontrollvariablen und haben ihre internen Entscheidungsvariablen noch nicht entdeckt.

WERTE: Gehorsamkeit. War man früher auf den Führer eingeschworen, ordnet man sich jetzt einem Prinzip wie z.B. „Law and order – Recht und Ordnung", „dem Staat dienen", „der Pflichterfüllung" unter. Während der Bürger des Machtsystems auf den Führer schaut, hält sich der des Rollensystems an den Vorschriften fest. Sonst hat er ja nichts. Er besteht ja lediglich aus der „Hülse seiner Rolle", die aber innen leer ist. Kein Wunder, denn auf Grund einer schlimmen Geschichte konnte er niemals lernen, sie zu füllen. Familien, die nach solchen Scripten leben, besitzen eine glänzende Fassade.

Als ich seit längerer Zeit wieder einmal eine Pflichtveranstaltung meines Therapieverbandes besuchte, hatte ich ein interessantes Erlebnis. Dieser Therapieverband hat sich einem der Haupvertreter der Humanistischen Psychologie, Carl Rogers, verpflichtet. Seine Lebenslieder sind, wie schon an anderer Stelle erwähnt, Empathie, Selbstaktualisierungstendenz und Echtheit/Kongruenz. Als ich nun in dieser Pflichtveranstaltung saß, mußte ich wieder einmal feststellen, daß es in keiner Weise um Empathie oder irgendeine Art von menschlichen Beziehungen ging.

Als ich so in der Runde herumschaute, fiel ich plötzlich in eine Art Trance. War es die leichte Müdigkeit durch die lange Fahrt oder aber die Sprache der Redner ... klar, es waren lauter abstrakte Worthülsen und somit hervorragende Trance-Induktionen ... Jedenfalls hatten plötzlich die Kollegen gar keine Augen mehr ... Schrecklich! Wo sonst die Augen waren, waren jetzt Paragraphen! Und wie sie sich bewegten. Wie Roboter. Es waren nur noch Hülsen. Die Menschen zeigten nur noch irgendwelche Hülsen von sich selbst.

Auditiv erlebte ich $1\frac{1}{2}$ Tage lang ein Sammelsurium vom Nominalisierungen und Substantivierungen. Ich fragte mich, wie es möglich ist, daß dort so viele Anhänger eines der Hauptvertreter der Idee von „Selbstaktualisierungstendenz" sich wie Maschinen verhalten, die eine Vorschriftensprache sprechen. Ich denke, sie leben alle in einer besonderen Form von Gesundheitsbürokratie, in der der Mensch eigentlich keine Rolle mehr spielt, in einer Art Psychokratie. Und nun möchten diese Menschen andere Menschen zu Therapeuten ausbilden, die Therapie über Beziehungen machen wollen. Ist das nicht verrückt? Die lebendigen Verhaltensmuster eines psychotherapeutischen Lehrers werden abgespalten und in Form von Paragraphen und Vorschriften auf dem Papier fixiert. In der Klientenzentrierten Psychotherapie war zunächst der Blick auf den Meister Carl Rogers gerichtet. In Deutschland haben sich die Vertreter dieser zunächst sehr menschlichen, therapeutischen Richtung zu einer Gesellschaft zusammengeschlossen, die sich aus meiner Sicht nur noch an den Ausbildungsrichtlinien und Durchführungsbestimmungen dieser Ausbildung orientiert. Der verstorbene Carl Rogers würde sich, falls er sich das Schauspiel der Zusammenkünfte der Gesprächspsychotherapeuten anhören könnte, im Grabe mit Sicherheit gelangweilt wegdrehen und sagen: „Nein, so doch nicht.“

Entscheidungen werden anhand von Regeln und Vorschriften gefällt:

- „Ich darf meine Befugnisse nicht überschreiten.“
- „Ich habe meine Vorschriften.“
- „Das wäre gegen die Ausbildungsrichtlinien.“

„Vergleicht man den Arbeitsstil der deutschen Manager mit denen ihrer Kollegen in den USA und in Japan, dann fällt zunächst ihr extremer Formalismus auf. Unsere Führungskräfte erledigen am liebsten alles schriftlich, und zwar schön der Reihe nach, ohne darauf zu achten, wie wichtig die einzelnen Vorgänge sind. Prioritäten zu setzen fällt ihnen offensichtlich schwer. Auch hier gleichen sie eher biederen Verwaltungsbeamten als dynamischen Industrieführern. Ihre Tage sind bis ins letzte vorgeplant, und ein möglichst voller Terminkalender gilt in ihren Kreisen als Statussymbol“ (Ogger 1992, 213).

In der christlichen Welt wurde der Blick von der Autorität Gottes abgewandt, hin zu der Autorität der Beobachtungsposition der empirischen Wissenschaft. Diese tiefgreifende Änderung der Blickrichtung geschah zur Zeit der Aufklärung. Vorher hatte es zunächst diesen Gott gegeben, der sich sehr eifersüchtig aufführte, denn er duldete neben sich keine anderen Götter. Aus dem bisher Gesagten könnte man ableiten, daß er unter einem machtorientierten Glaubenssystem litt. Vor allem weibliche Gottheiten waren ihm außerordentlich suspekt. Nach dem wirksamen Prinzip: „Wer nicht für mich ist, ist gegen mich“, sorgte er dafür, daß alle umgebracht wurden, die nicht an ihn glaubten. Natürlich nicht so plump, wie ich es hier sage, sondern mit viel subtileren Mitteln. Es gab Regeln in Form von Geboten, die man befolgen mußte. Dann folgten die Menschen wieder einem Führer. Später bürokratisierte sich dann immer stärker ein gut funktionierendes Religionsverwaltungssystem.

Je mehr ich darüber nachdenke, sehe ich diesen Vorgang des Hin und Her zwischen einem mächtigen Führer und dem Vorgang der Bürokratisierung in den verschiedensten Phasen der Geschichte. Ein Heerführer ist über einige Jahre sehr mächtig. Seine Soldaten und das Volk identifizieren sich mit ihm. Irgendwann ist aber die Grenze der Kriegsführung erreicht. Der Vorgang der Bürokratisierung setzt ein. An der damit verbundenen Rigidität erkrankt schließlich die Volksgemeinschaft. Das Volk verliert seine Kraft, Identität oder es stirbt aus. Vielleicht kommt später ein neuer Führer. Alle warten auf ihn, denn das zugrunde liegende Lebenslied ist ja mit Verantwortungslosigkeit und Außenkontrolle verknüpft, oder es besteht vielmehr aus diesen beiden Werten. In Deutschland wurde das Dienstverhältnis, das an einen Monarchen gebunden war, durch den abstrakten Eid auf das Gemeinwohl ersetzt. Das daraus entstandene Beamtentum machte später den Massenmord an den Juden möglich. Menschen, die keinen Selbstwert haben und als Paragraphenhülsen handeln, sind eben gute Werkzeuge. Deshalb wurden sie wohl auch von der Adenauer-Regierung ungefragt übernommen, obwohl man wußte, daß sich gerade im Bereich der Justiz noch viele Schuldige und Mitschuldige an den Nazi-Verbrechen befanden (Lutzius 1992).

Entscheidungen/Informationsfluß: Alles geht über den Dienstweg. In Familien entsteht eine indirekte Kommunikation. Therapeuten haben keine eigenen Ideen. Sie prüfen ihre Verhaltensmuster und Reaktionen an Hand „wissenschaftlicher Kriterien". Beispiel: Vor dem Beginn eines Workshops mit Schuldirektoren zu diesem Thema setzte ich mich an den Frühstückstisch. Es war ein großes Seminarzentrum und der Raum war voll mit hunderten von Menschen. Ich kannte niemanden. Ich bat um den Kaffee, der am anderen Ende des Tisches stand. Mein Tischnachbar besorgte mir den Kaffee, schenkte mir ein und sagte: „Ganz ohne Dienstanweisung!" Er wußte nicht, daß ich ein zweitägiges Seminar über Lebenslieder in Organisationen abhalten würde.

Beziehungen: Persönliche Beziehungen widersprechen der Organisationsideologie dieses Systems, die ja streng deterministisch ist. Der Mensch holt sich seinen Selbstwert aus der Erfüllung der Vorschriften. Vorschriften haben nichts Persönliches an sich. Das ist vielleicht einer der Gründe dafür, daß Jugendliche in der Entwicklung sich lieber eine mächtige Identifikationsperson suchen als leblose Paragraphen.

Hierarchie: Die Hierarchien sind starr und gehorchen dem alten preußischen Stab-Linie-Konzept. Hier kommt das Peter-Prinzip oder die Hierarchie der Unfähigen in vollendeter Form zur Anwendung. Es lautet in seiner einfachsten Form: **In einer Hierarchie neigt jeder Beschäftigte dazu, bis zu seiner Stufe der Unfähigkeit aufzusteigen** (Peter & Hull 1987).

Körpersprache: Starr. Die Person ist wenig aktiv. Die Person beteiligt sich wenig an einer Diskussion. Teilnehmer sitzen regungslos in der Arbeitsgruppe. Sie sitzen da wie Soldaten ohne Uniform. Sie diskutieren dann in der Pause sehr lebendig oder tragen Konflikte dann abends informell bei Bier und Wein in endlosen Diskussionen aus.

Sprache: Nominalisierungen. Generalisierungen. Wir hören die typische Amtssprache, die Juristensprache oder die der Wissenschaftler. Der Mann und die Frau aus dem Volk verstehen sie nicht. Sie fürchten sich davor und meiden deshalb den Kontakt mit den Menschen, die so sprechen.

Wenn man in einer macht- oder regelorientierten Umgebung aufwächst, gibt es Phasen, in denen emotionale Starrheit und nominalisierende Sprache zum Überleben gehören. Der schmerzhafte Panzer der moralisierenden Vorschriften drückt und sticht sozusagen auf der Haut. Eine Nominalisierung klingt sehr bedeutungsvoll und gibt den Anschein einer allgemeingültigen Wahrheit. In Verbindung mit einer nach Wissenschaftlichkeit klingenden Generalisierung singt der Verkünder das Lied der Gausschen Normalverteilung und zwingt den Zuhörer zu der Annahme, der Sprecher sei wirklich ganz großartig. Der Sprecher ist im Grunde genommen ein armer Mensch. Vielleicht ist er ein zu Fleisch gewordenes Paragraphengebilde oder ein „Computer", wie er von Bandler, Grinder und Virginia Satir beschrieben wird. Dieser personifizierte Computer hat wenig Wahlmöglichkeiten. Er muß jegliche Regung mit verkopften inneren Dialogen prüfen, bevor er eine Bewegung ausführen kann.

Daß der von Virginia Satir beschriebene Vorgang sehr schmerzhaft ist, konnte ich am eigenen Leib erfahren, da ich in früheren Phasen meines Lebens selbst zeitweise wie ein „Computer" gefühlt hatte. In Gesprächen fehlte mir jegliche Spontaneität. Ich legte jedes Wort auf die Goldwaage, d.h. ich prüfte alles, was über die Zunge ging und den Mund verlassen sollte, mit inneren Dialogen. Ich hatte ständig Angst, daß das, was da rauskam, nicht der Norm entsprach und von den anderen falsch bewertet wurde. Es war so, als ob die Worte, die das Fließband der Zunge verlassen sollten, erst von einem Kontrolleur, der die Vorschriften kennt, geprüft werden mußten. Der zwangsläufig entstehende Kopf- und Körperkrampf führte dann oft dazu, daß der Mist, der dann tatsächlich rauskam, sich in seinen negativen Folgen bestätigte. Mit den vor 2500 Jahren entstandenen Beschreibungen Sun Tzus könnte ich sagen, daß ich einen Grabenkrieg führte. Meine Schutzschilder waren die Mauern des Schweigens. Ich war ständig mit meinen inneren Offizieren in Diskussionen über all das verstrickt, was der böse Feind – natürlich die anderen da draußen – tun könnte. Da ich mit mir selbst beschäftigt war, konnte ich weder sehen, noch hören und fühlen, was außerhalb von mir geschah. Ich konnte nicht reagieren. Schlug eine Granate ein, mußte ich erst diskutieren, was passiert ist, anstatt zu handeln. Manche Unternehmen sind – ohne daß sie sich dessen bewußt sind – so stark mit sich selbst beschäftigt, daß sie nicht merken, wie sich der Markt verändert. Das kostet viel Geld. In vielen Fällen führt es zum Tod des Unternehmens.

Mittlerweile konnte ich aber lernen, was spontane Reaktionen in einer Umgebung bedeuten. Manchmal trainiere ich auf sogenannten „Hot-dog-Pisten". Das sind extreme Varianten der üblichen Buckelpisten im alpinen Skisport. Dabei blicke ich auf 300 Meter sehr tiefe Hügel und Buckel, die in einem ganz besonderen Rhythmus geordnet sind, in den man beim Fahren hineingezwungen wird. Früher war es so, daß ich beim Skifahren bestimmte Bewegungen mit inneren Dialogen im Kopf prüfen mußte, so daß ich schon auf einer ganz normalen Buckelpiste manchmal beim zweiten Buckel danebenlag oder aber mit einem immensen Kraftaufwand fuhr. Bei der Hot-dog-Piste reicht es aus, einen Fahrer vor mir als Bild im Kopf zu haben. Das Bild im Kopf bewirkt eine Art externale Kontrollschleife, die die angemessenen Reaktionen verzögert.

Andererseits kann ich die 300 Meter gut durchlaufen, wenn ich mich ganz direkt auf den Vorgang einlasse. Es ist ähnlich wie in der oben beschriebenen Übung „Shivas Dance" und macht einen Riesenspaß. Ich sehe den Schnee zwei bis fünf Meter vor mir und mein Körper reagiert einfach. Es gibt lediglich „Seh-Fühlen" und „Bewegungs-Fühlen" im „Hier und Jetzt". Es gibt keine Prüfung über irgendeine externale Instanz. Es ist die Anwendung dessen, was Francesco Varela meint, wenn er sagt, man muß sich entscheiden, ob man sich als „Input/Output-System" oder als autopoietisches System erlebt.

Früher hatte ich mich als Input/Output-System erlebt. Ich hatte geglaubt, die Schwerkraft wirkt auf mich ein in einer Weise, wie man einen Tennisball über das Netz schlägt. Dementsprechend gab ich mir innere Anweisungen. „Steh auf dem Talski. Nimm die Bergschulter vor." Dann entstand ein Handlungsergebnis, der sogenannte Output. Ich nehme die Bergschulter vor. Ich stehe auf dem Talski. Ich sehe, daß der Bergski ein wenig nach vorn geschoben ist. Hurra, ich habe es geschafft. Ich habe die richtige Haltung eingenommen. Ich entspreche den Regeln und Vorschriften des Skilehrplans. Ich habe Vorschrift 1 bis 5 befolgt. Ich bin der Paragraph 1 bis Paragraph 5 des Alpinlehrplans Nr. 13 aus dem Jahre 1963 geworden.

Ein wenig einfacher war es dann, als ich gelernt hatte – ohne zu wissen wie –, gemäß meinen machtorientierten Lebensliedern einfach hinter dem Skilehrer herzufahren. Ich brauchte mich nicht mehr um irgendwelche Verhaltensvorschriften zu kümmern. Es war ja viel einfacher, alle Verantwortung dem Skilehrer zu überlassen und einfach hinter ihm herzufahren. Alle seine Bewegungen, die Kenntnis des Geländes, alles ging ganz automatisch in mich hinein.

Spannend und interessant war in diesem Zusammenhang für mich auch der Erkenntnisprozeß, den ich bei meinem „Wiederentdecken meiner Rechenfähigkeit" erleben durfte. Bewegte ich mich während meiner Schulzeit in Mathe und Physik ständig zwischen den Noten vier und sechs, so traute ich mich mit Aufkommen der ersten Homecomputer an den Gedanken heran, daß ich vielleicht doch gar nicht so dumm sei. Verschiedene NLP-Techniken halfen mir damals, dieses einschränkende Glaubenssystem zu überwinden. Unter anderem gab es in einem Kurs einen Teilnehmer, der sich sehr mit Esoterik beschäftigte und mir sagte, daß sich die Grundlagen der Computerei schon im I Ging und anderen Schriften wiederfänden. Im Sinne Ericksons entdeckte ich auch in diesem Bereich meine Fähigkeit, wieder lernen zu lernen wie Kinder lernen. Das alles machte mir großen Spaß und ich erschuf in meinem Kopf ein kleines „Silicon Valley" am Bodensee.

Im Laufe der Zeit entwickelten sich die Computer immer weiter und nun kam ein Erkenntnisprozeß, der ganz deutlich mit dem Lebenslied dieses Buches einherzugehen scheint. Er hängt mit den Satz zusammen: **Früher saßen vor kleinen Maschinen große Gehirne. Heute sitzen vor großen Maschinen kleine Gehirne.**

Da viele Menschen die Verantwortung gern nach außen verlagern, geben sie nun alles an den Computer ab. Die Maschinen sind immer schneller und größer geworden. In der Werbung kann man z.B. lesen: Dieser neue Rechner mit einem 486-Prozessor löst alle Ihre Probleme. Damit hätten wir die Seite der Macht angesprochen. Computerei ist auf die Regeln bezogen. Hier gibt es nur Denotation. Konnotation ist unmöglich. Das liegt in der Sache. Leubel, so heißt mein Kollege, der 386er – falls ich ihn noch nicht vorgestellt habe – ist eben kein geschlossenes System. Leubel hat zwar eine Art sensorische Seite in Form einer Tastatur und einer Maus. Die rekursive operationale Geschlossenheit mit einer integrierenden motorischen Seite fehlt ihm völlig. Leubel weiß das nicht. Mit Sicherheit weiß es Golem, aber der ist eine reine Fiktion. Er existiert im Kopf von Stanislaw Lem. Mir ist es mittlerweile völlig klar.

So ist die ganze Computerei wohl eine hervorragende Metapher für regelorientierte Systeme und Lebenslieder. Es ist auf wunderbare Weise zu beobachten, wie die Programme, das heißt die Regelsysteme, nach denen der unglaublich schnelle, aber im Grunde genommen dumme Rechner auf einer unglaublich langen Einbahnstraße seine Anweisungen abarbeitet, immer größer geworden sind. Der Mensch braucht nicht mehr selbst zu denken. Er kann diese Aufgabe diesen Regelsystemen übergeben. Er kann sein Gehirn ein wenig kleiner werden lassen.

Dafür kann er dann einen Teil dieses amputierten Gehirns in Form eines „Laptops" mit sich herumschleppen. Da neues Denken zu schwierig ist, läßt er sich lieber mit Hilfe einer „Benutzeroberfläche" durch das Programm führen.

Vor einigen Jahren verglich ein niederländischer Journalist die Benutzeroberfläche von Personalcomputern mit der Propaganda des Hitlerreiches. Er begründete diesen Vergleich mit der hypnotischen Struktur dieser „Spreadsheets", der sich der Anwender lustvoll ausliefere. Er meinte weiterhin, daß die Softwarehäuser diesen Effekt nutzen würden, um Macht auszuüben. Das folgende Zitat eines deutschen Informatikprofessors mag der Leser hinsichtlich eines aus Macht/Regeln kombinierten Lebensliedes selbst analysieren. „Da man für viele Standardroutinen nur wenige Programmtypen braucht, reicht es, wenn einige wenige ‚Superspezialisten' einmal ein Problem lösen und als Software implementieren. Diese Problemlösung kann dann weltweit per Disketten verteilt und genutzt werden. Lokale (breite) ‚Intelligenz' ist für die Lösung des betreffenden Problems vor Ort nicht mehr nötig! Ganz wenige superqualifizierte Menschen reichen aus, um die operativen Probleme der Welt informationstechnisch zu lösen. Die Nationen, die viele Hochqualifizierte ausbilden, erreichen mit dieser Form der ‚informationstechnischen Intelligenzverstärkung' gewaltige Vorteile: Sie können ‚ihre Denke' den anderen aufzwingen, eine völlig neue Form des ‚Kulturimperialismus'. Das Ergebnis dieser Situation ist bekannt. Die Masse der ‚Standard-Software-Lösungen' und viele ‚etwas speziellere Programme' stammen aus den USA, originäre Hardware zunehmend auch aus Japan. In beiden Ländern gibt es Eliteschulen und ‚Eliteuniversitäten', die durch brutale Selektion die Besten der Besten herausfiltern und hoch qualifizieren. ... Wenn Deutschland noch mitmischen will ... heißt das, wirkliche Eliten zu qualifizieren, die sich gegen den Kulturimperialismus aus Japan und USA stemmen können" (Haefner 1993).

Haefner vergißt, daß viele der gängigen Programme gar nicht auf Eliteuniversitäten entstanden sind, sondern von Freaks in den Wäldern von Kalifornien so ganz locker entwickelt wurden. Der Apple-Computer zum Beispiel entstand in einer Garage, und Bill Gates war fast noch ein Kid, als er das Betriebssystem MS-DOS entwickelte, welches heute in den meisten Personalcomputern zur Anwendung kommt. Er tat es, weil es ihm einfach Spaß machte. Heute ist er einer der reichsten Männer der Welt.

Für mich hat sich im Umgang mit Computern eine neue Erotik des Denkens entwickelt. Sie funktioniert so lange, so lange ich wirklich selbst denken darf. Ich habe die Erfahrung gemacht, daß ohne Computer manches einfacher und schneller geht. Viele Vorgänge wiederum laufen wesentlich schneller oder sind ohne Computer kaum möglich. Die wichtigste Erkenntnis war aber, daß sich alles in meinem Kopf abspielt, und daß der Computer ein sehr nützliches Spielzeug darstellt. Mit

Hilfe dieses Spielzeugs konnte ich meine Wahrnehmung in Gruppen und Familien deutlich verbessern. Durch die Fähigkeit, eine Maschine mit meinem Gehirn zu vergleichen, oder besser Ähnlichkeiten und Unterschiede zu erkennen, gelang es mir, regelorientierte Systeme von selbstorganisierten zu unterscheiden.

Der Mißbrauch von Macht und Regeln

Brauchen, „needs", Bedürfnisse – Wenn ich über den Mißbrauch von Macht oder Regeln nachdenke, merke ich, daß ich in einen Bereich hineingerate, den ich erst einmal etwas klarer definieren möchte. Sprache schafft Realität. Wenn nun aber Sprache eine Realität herstellt, die Unklarheit schafft, kommt man in eine „verrückte Rückbezüglichkeit".

Ich kann über den Mißbrauch aus der Sicht der Makroebene wie z.B. der einer Kultur nachdenken. Ich kann aber auch aus der Sicht der Mikroebene, wie beispielsweise aus der eines Kleinlebewesens, vielleicht mit dem „Auge des Kugelfisches" hinschauen. Ich möchte beides tun.

Denken wir einmal über das Wort „brauchen" nach. Wenn ich mir den soeben vollbrachten Satz anschaue, komme ich in den Bereich des „verdeckten Machtmißbrauchs". Ich weiß ja gar nicht, ob Sie darüber nachdenken wollen. Wenn ich also vorschlage, daß „wir" darüber nachdenken sollen, mißbrauche ich mehr oder weniger geschickt meine Macht, um Sie zu manipulieren, mir auf diesen skurrilen Gedankengängen Folge zu leisten. Also schreibe ich lieber, daß ich nun über den Begriff des „Brauchens" nachdenken möchte.

Der Einzeller braucht etwas, um innerhalb der Nische seiner Umgebung überleben zu können. Er braucht bestimmte Energien und Substanzen. Er befindet sich über eine Art Membran mit der Umgebung in einem homöostatischen Austausch. Er selbst tut alles um zu überleben. Er braucht etwas Grundlegendes. Mit menschlichen Worten ausgedrückt braucht er zumindest: bestimmte Wellenmuster (Licht, Wärme, Druck etc.), bestimmte chemische Substanzen (u.a. H_2O, Vitamine). Je nach Komplexitätsgrad kann dann ein menschlicher Beobachter von Grundbedürfnissen sprechen. So hätte dann ein Mensch Grundbedürfnisse nach Sauerstoff, Temperaturausgleich, Wasser, chemischen Substanzen, festen Substanzen.

Ich denke, daß ein menschlicher Organismus diese Bedürfnisse einfach braucht. Wenn er sie sich holen kann, bleibt er am Leben, wenn nicht, stirbt er. Und es ist egal, ob er in einer menschlichen Familie aufwächst, oder z.B. unter Wölfen, wie die von Maturana und Varela dargestellten Bilder aufzeigen (1987, 143).

Die an anderer Stelle von Spitz, Frederic Vester (1978) und Larry Dossey (1984) angeführten Beispiele zeigen, daß komplexe Bioorganismen wie Menschen ein weiteres Bedürfnis haben, um als Säugling und auch später angemessen leben zu können. Ein menschlicher Beobachter kann diesem Bedürfnis verschiedene Namen geben. Ich gebrauche dazu bedeutungsvolle Wort wie Liebe, die aber mit kongruenter körperlicher Nähe oder – je nach Entwicklungsstufe – auch mit Sexualität verbunden sein muß. Die bengalischen Wolfskinder brauchten die Wolfsmutter, um körperliche Nähe und „Liebe" zu fühlen, die von Rene Spitz untersuchten Kinder hatten keine körperliche Nähe, und Vester beschreibt, wie Kinder in verschiedenen Kulturen von der Mutter lange herumgetragen werden, um auf diese Weise – nun mit meinen Worten – Hören und Fühlen oder Sehen und Fühlen zu ankern.

M.H. Erickson war der Meinung, daß wir uns mit Klienten auf der Bedürfnisebene treffen sollten, anstatt sie ins Folterbett von Theorien über menschliches Verhalten hineinpressen zu wollen. Das geht schnell, wenn man Begriffe erstens unklar definiert und zweitens zur Manipulation benutzt. So kann ich von Aggressionstrieben sprechen und empirische Untersuchungen anführen, die diese Triebe bestätigen. Da man mit solchen Untersuchungen immer das herauskriegt, was man herausbekommen will, glaubt der Leser womöglich, daß die Welt der Aggressionstriebe wirklich in Ordnung ist, womit wir uns schon innerhalb des Gebietes des Mißbrauchs bewegen.

Ich denke, daß der Vorgang des „Brauchens" für uns Menschen etwas Zentrales darstellt. Er hat mit dem Innen und Außen zu tun, mit dem Geben und Nehmen, mit dem Festhalten und Loslassen. Die Wirtschaft braucht den Verbraucher, der aber seine Bedürfnisse nur mit Geld befriedigen kann, was zwar nicht gerade glücklich macht, aber beruhigen soll, wie der Volksmund sagt. Ein Kind braucht die Mutter. Manche Mütter können sich von ihrem Kind nicht mehr lösen, und es entsteht eine unheilvolle Beziehung. Manche Mütter denken, sie „brauchen" ein Kind, um den Mann anbinden zu können. Das gilt auch für Ehemänner oder für Kinder, die ein Symptom produzieren, damit die Eltern bei ihnen bleiben.

Menschen, die nicht mehr gebraucht werden, sind unglücklich. In der psychologischen Krebstherapie überleben eher jene Patienten, die das Gefühl haben, „gebraucht" zu werden. Manche Helfer, Ehepartner oder Pflegepersonen reagieren sehr symptomatisch, wenn sie das Gefühl haben, nicht mehr gebraucht zu werden, oder wenn ihre Liebe abgelehnt wird (Madanes 1990). Manche der Morde an Patienten durch Pflegepersonen ließen sich von dieser Warte her erklären.

Mißbrauchen – Was ist Mißbrauch? Nach all dem, was bisher gesagt wurde, erscheint mir der Vorgang sehr klar zu sein. Wenn ich daran denke, daß ein lebendes System autonom ist, dann holt es sich selbst, was es braucht. Mißbrauch findet immer dann statt, wenn ein Mißbraucher meint, er könnte in ein System eindringen, egal ob es mental oder real geschieht; ob eine erwachsene Person ein

Kind sexuell mißbraucht, verprügelt oder ob der Mensch die Natur mißbraucht. Die Folgen sind in den meisten Fällen beträchtlich und nicht absehbar.

Mißbrauch wird meist auf der Ebene der Moral, in wenigen Fällen auf der Ebene der Ethik diskutiert. Da ich am Ende des Buches noch einmal ganz intensiv über Ethik nachdenken werde, möchte ich an dieser Stelle etwas Ungewöhnliches tun: ich möchte den Mißbrauch von der wirtschaftlichen oder volkswirtschaftlichen Seite beleuchten.

Zunächst einmal drücke ich die Ergebnisse eines Mißbrauchs ganz abstrakt aus: Der Hauptschaden, der entsteht, ist derjenige, daß das Informationsverarbeitungssystem eines Biosystems in den meisten Fällen beträchtlich, in manchen Fällen extrem gestört wird. Da Schweigen und Ausblenden zum Vorgang dazugehört, wird nichts gemerkt. Der Schaden wirkt sich auf alle Sinnesmodalitäten aus und sollte deshalb zentrales Thema im praktischen Handeln mit NLP, NKS, hypnotischen und systemischen Techniken sein.

Denken wir noch einmal daran, daß ein Säugling auf klare und eindeutige Signale in den Bereichen des „Hör-Fühlens", „Seh-Fühlens" etc. angewiesen ist. Ein Vater, der seinen Sohn oder seine Tochter heimlich ins Zimmer holt und ihn oder sie dazu zwingt, seinen Schwanz zu lutschen, bringt nun diese eindeutigen Signalsysteme völlig durcheinander:

Was wir tun ist falsch, denn keiner darf es wissen. Was wir tun ist wertvoll, denn ich brauche es.

Du bist nichts wert, denn ich benutze dich. Du bist mir absolut wertvoll, denn ich brauche deine sexuellen Reaktionen.

Die Moral und die Regeln sind das Wichtigste. Wir müssen sie einhalten. Deshalb schließe ich die Tür ab. Die Moral und die Regeln sind nichts wert. Deshalb mußt du meinen Schwanz lutschen, und ich gebe dir Geschenke, wenn du nichts sagst.

Ich bin mächtig, du bist wertlos und ich dringe in dich ein. Du bist wichtig, denn ohne dich geht es nicht.

Der Rahmen, in dem das alles geschieht, entspricht dem Rahmen der dysfunktionalen Alkoholikerfamilie. Das mißbrauchte Kind muß, um überleben zu lernen, schweigen, rigide werden, Vorgänge ausblenden. Es darf nicht sprechen, nicht fühlen, nicht hinschauen.

Das Wertesystem einer solchen Familie oder auch eines größeren Systems ist gestört. Die mißbrauchte Person weiß nicht, anhand welcher Handlungen etwas als gut oder schlecht konnotiert wird. Das folgende Beispiel mag den Vorgang deutlich werden lassen: „Wir sind in den Wald und haben uns ausgezogen. Dabei habe ich zum erstenmal ein Mädchen nackt gesehen, sie mich auch, und wir haben uns angefaßt. Ich hatte vorher noch niemanden nackt gesehen, auch keine Gleichaltrigen, außer beim Baden. ... Wir saßen da auf einer richtigen schönen Spielwiese mit anschließendem Kiefern- und Tannenwald, wie man es im Schwarzwald so hat. Es war wunderbar, es hat uns Spaß gemacht, dem Mädchen und mir, und es war auch ohne Hintergedanken, ohne alles."

An anderer Stelle habe ich den Vorgang des psychotherapeutischen Schreibens dargestellt. Er ist deshalb so wertvoll, weil man sich als mißbrauchte Person schämt, mit einer anderen Person darüber zu sprechen. Beim Schreiben hat man Zeit. Weiterhin braucht man den Druck der Beziehung nicht zu ertragen, der von vielen Menschen als eine Art Inquisition erlebt wird und das therapeutische Setting zum zweiten Mißbrauch werden läßt. Gerade über Sexualität zu sprechen, ist ja für viele Menschen immer noch mit großer Angst besetzt. So beginnt nun auch diese Schilderung mit einer kurzen Andeutung über die Schönheit der Sexualität ... Beim therapeutischen Schreiben mache ich in der ersten Sitzung immer den Vorschlag, über die ersten Doktorspiele zu schreiben. Das zunächst aber über die Sequenz, bevor man von den Eltern erwischt wurde und bevor die Strafe einsetzte. Bei der nun folgenden Schilderung handelt es sich um ein seltsames Gemisch zwischen Strafe, sadistischem Mißbrauch und sexueller Mißhandlung. Ich denke, daß sich diese Situation nicht von derjenigen unterscheidet, in der ein wehrloses Kind vom Vater oder von der Mutter ausgebeutet wird.

„... Aber eine von diesen verflixten Schwestern hat uns beobachtet, und jetzt fing das Drama eigentlich an. Sie rannte uns nach, sah uns da mit heruntergelassenen Hosen, fauchte uns fürchterlich an, und dann ging es zur Sache. Sie hat uns an den Ohren hochgezogen – ich habe da jetzt noch eine Verletzung, die ich nicht wegkriege –, schleifte uns beide über die Wiese, mit runtergelassenen Hosen wohlgemerkt. Alle anderen guckten zu, und sie schleifte uns erst einmal zu den anderen Schwestern. Und erzählte: ‚Ich habe sie entdeckt bei Vergehungen gegen das sechste Gebot.' Und was dann passiert ist, das war jahrelang im Unterbewußtsein verborgen. ... Das Schlimme passierte abends. Die Oberschwester kam zurück mit irgendeinem Pater, der in dem Heim seine Übungszeiten verbrachte. Die beiden waren die Macker, die dann weitergemacht haben. Mir tat alles weh, denn ich hatte die ganze Zeit vorm Altar gekniet und gebetet. Es gab ein fürchterliches Donnerwetter mit: ‚Weißt du überhaupt, was du getan hast? Du hast gesündigt.' ...Und dann haben sie uns beide, die Oberschwester mich, der Pater das Mädchen, am späten Abend wieder an den Ohren nackt herausgeschleift und haben uns an dem angrenzenden Zaun festgebunden, der das ganze Gelände umgab. Wir waren mehrere Meter voneinander entfernt an einer Ecke. Es war ein schöner, schwüler Sommerabend, es zog ein Gewitter auf, und uns wurde gesagt, daß jetzt das Gottesurteil käme. ... In Kreuzsymbolik, splitternackt, wurde mir gesagt, bevor das Gottesurteil komme, würde man dafür sorgen, daß ich dieses Vergehen mein

Lebtag nicht vergäße und man hat mir den ganzen Penis und die Hoden mit Brennesseln eingerieben. Erst kitzelte es, später kam dann der Schmerz. Was der Pater mit dem Mädchen gemacht hat, weiß ich nicht ... Heute weiß ich, daß diese beiden Personen an uns ihre sexuelle Verklemmung ausgelebt haben ... Ich habe heute noch Angst vor Gewittern ... Jetzt ging die Geschichte weiter ... (zu Hause; Anm. d. Autors) Der Pastor hat mich also abends kommen lassen ... Ich wäre ganz nahe dran, dem Teufel zu verfallen ... Und dann ging das Spiel weiter. Ich mußte mich wieder ausziehen, und er kam mit Weihrauch über den nackten Körper und Einreiben und Blabla und Brimborium. Während der ganzen Zeit war er unter seiner Kutte nackt, und irgendwann mußte ich seinen Penis in den Mund nehmen ..." (Glöer, Schmiedeskamp-Böhler 1990).

Ich denke, das beschriebene traumatische Erlebnis ist deshalb so schlimm, weil starke Anker mit familiären und kulturellen Ritualen vermischt werden. Im Sinne von NLP und NKS kann man Rituale als höchstkomplexe Anker bezeichnen. Durch ein derartiges Erlebnis werden wohl zwangsläufig die großen und kleinen Holodyne einer Person stark verzerrt. Wenn ich an die simplifizierende Metapher der Nichttrivialen Maschine denke, sehe ich lauter kleine Apparaturen in der Person, die im Hintergrund verrückt spielen und sie daran hindern, die Welt so wahrzunehmen, wie es im Moment „sinn-voll" wäre. Zwangsläufig muß die Person einen großen Energieaufwand treiben, um diese Apparaturen, oder die – wie es die Senoi sagen würden – bösen Geister ruhig zu halten. Wenn sie es nicht schafft, würde sie ja womöglich völlig verrückt werden. Sie muß also schweigen, ausblenden oder mit Hilfe eines Symptoms wie Alkoholismus, Workoholismus, Schizophrenie oder Krebs – weil es kulturell eher erlaubt ist, „krank" zu sein als crazy – einfach von diesen bösen Geistern ablenken. Schon als Sechzehnjähriger hatte ich mir bei all den hochgeistigen Diskussionen meines Vaters mit seinen Mitarbeitern über Religion, Psychoanalyse, Politik, Psychologie und Pädagogik Gedanken darüber gemacht, wieso der eine oder andere Jugendliche so richtig ausklinkt. Damals kam ich zu dem Ergebnis, es sei Zufall, ob jemand kriminell, alkoholsüchtig oder religiös bzw. politisch fanatisch wird; etwa ähnlich wie die Aussage Heisenbergs, Gott würfle, eine Aussage, mit der Einstein überhaupt nicht klarkam.

Heute fühle und sehe ich mich in der Lage, Erklärungen zu finden, die mir helfen, mein Handeln so zu lenken, daß mir das Leben Spaß macht.

Ich bekomme Verständnis dafür, daß ein großer Teil der Priester panische Angst bekommt, wenn sie an das weibliche Geschlechtsorgan denken. Mir wird klar, wie wichtig es für eine ganze Kultur wird, mit Hilfe eines kräftigen, visuellen Ankers, der Skulptur eines Gefolterten, vom eigenen Körper abzulenken. Die Wahrnehmung des „Innen" ist so furchterregend, daß man das „Außen" braucht. Mir wird auch klar, daß es für viele Männer in führenden Positionen paradoxerweise sehr heilsam ist, ihre Sexualität bei einer Domina auszuleben, auf eine Art, wie sie von der Theologin Heide Marie Emmermann (1991) sehr eindrucksvoll beschrieben wird. Führungskräfte, die der Psychoanalytiker Arno Gruen auf folgende Art charakterisiert: „Ich habe viele dieser Menschen kennengelernt, die in einer fatalen Abhängigkeit leben: Sie wollen durch Macht und Besitz unverletzlich werden, weil sie den Schmerz und die Verzweiflung nicht ertragen können … die als Antwort auf Verletzungen in den Kindheit ihr Bedürfnis nach Wärme und Liebe abgespalten haben. Sie wollen den Schmerz nicht mehr, sie wollen sich nur noch stark fühlen … (sie sind) … Meister im Erwecken von Schuld. Für Mitarbeiter haben sie meist nur Verachtung übrig, und wenn etwas schiefläuft, ergehen sie sich in Selbstmitleid" (Arno Gruen, zit. nach Ogger 1992, 218).

Im Zusammenhang mit unseren gesellschaftlichen Werten ist wohl der Mißbrauch an Männern ebenso verbreitet und ebenso schlimm wie bei Frauen, vielleicht gar schlimmer, weil bei Männern die Prügelei hinzukommt. Aber was soll das. Die Aussage: „Mein Mißbrauch ist schlimmer als deiner!" ist wohl absurd. Innerhalb meiner psychotherapeutischen Arbeit habe ich zahlreiche Frauen und Männer erlebt, die erst nach und nach lernten, sich die Erlaubnis zu geben, wieder hinzuschauen. Dazu braucht man viel Sicherheit und einen guten Ort.

In den letzten Jahren trauen sich immer mehr Menschen, über ihre Mißbrauchs-erlebnisse zu sprechen, auch Männer (Amendt 1993). Darstellungen und Berichte nehmen in der Presse immer mehr Raum ein. Das ist gut so. Die wirksamste Methode, gegen Mißbrauch und Gewalt Vorbeuge zu leisten, ist wohl, das Schwei-gen zu brechen oder zu lernen, hinzuschauen. Hinzuschauen ohne abzustumpfen. Viele Mütter oder Väter werden dabei wohl eine Phase der Verunsicherung durchleben. Möglicherweise entsteht eine neue Körperangst. Einige werden mög-licherweise wieder zu einer neuen Moralisierung tendieren, die wiederum zwangs-läufig zu einem neuen Schweigen führt, was wiederum den nächsten Mißbrauch, die nächste Inquisition oder den nächsten Gewaltakt nach sich zieht.

So haben in Amendts Befragung 31 Prozent der Mütter bei ihren Söhnen den „Engholm" geprüft, um sicherzustellen, daß sich keine Fimose entwickelt. Sie haben sich damit auf illegitime Art Lust verschafft und damit, natürlich unbewußt und ohne bösen Willen, Schaden angerichtet. Die später auftretenden Symptome dieses „morbus engholm" sind wohl dann nicht direkt auf die Handlung zurückzuführen, sondern vielmehr auf das gesamte Familienmuster, welches durch das Ver-schweigen und Ausblenden der Sexualität und anderer wichtiger Bedürfnisse gekennzeichnet ist. Die Sioux in Nordamerika vermeiden solche schmerzhaften Entwicklungsstörungen durch das folgende kulturelle Ritual: Ab dem siebten Lebensjahr kommuniziert der Junge mit der Mutter nur noch indirekt. Hat er

Hunger, sagt er es der Schwester, der Oma oder sonstwem. Diese Person geht dann zur Mutter und richtet ihr aus, „Klein Adlerauge" habe Hunger. Nebenbei bemerkt dürfen die Eltern vieler indianischer Völker ab einem bestimmten Alter ihre Kinder nicht mehr erziehen, weil sie viel zu sehr mit anderen Dingen beschäftigt sind, wie Jagd, Sexualität etc. Sie haben zu wenig Zeit und sind zu ungeduldig. Das machen die Großeltern. Die haben mehr Zeit. Sie sind geduldiger. Die Indianer kennen keine körperliche Züchtigung.

Die für eine angemessene sexuelle Entwicklung notwendige körperliche, z.T. auch erotische Nähe zwischen Eltern und Kindern könnte als sexueller Mißbrauch fehlgedeutet werden. Zeigt sich doch gerade bei verschiedenen Naturvölkern, daß ein unbefangener sexueller Umgang zwischen Eltern und Kindern einen psychosozial und somatisch gesunden Status der Kultur hervorbringt. Die Senoi auf Malaysia und die Mohave-Indianer in Nordamerika sind gastfreundlich, gehen sehr offen und liebevoll miteinander um und leben (oder lebten) sehr gesund. Die ägyptische Kultur lebte über Jahrtausende auf einem sehr hohen Niveau, auch medizinisch. C. Williams ist der Meinung, daß man sich zunächst das sexuelle Verhalten anschauen soll, wenn man sich mit einer Kultur beschäftigt. Und Terry Tafoya sagte, daß alles, was der weiße Mann als Forscher betrachtet, er immer noch durch die Brille des Hexenhammers sieht. Was in der einen Kultur ein ganz normales, ein lebensnotwendiges Ritual ist, würde bei uns sofort als Mißbrauch gelten, und einer ehemals mißbrauchten Person, die vielleicht in die sichere, abgespaltene Position einer Forscherin oder in den machtvollen Sessel am Kopfende einer Couch oder hinter einer Spiegelscheibe geflüchtet ist, sträuben sich nicht nur die Haare, wenn sie evtl. hört oder liest, daß es in der Südsee ein Volk gibt, bei dem die Jungen bis zur Einführung in die Liebe zwischen Mann und Frau regelmäßig den „kraftspendenden Samen" des Mannes trinken müssen. Terry Tafoya hat uns über die multisexuelle und schamanische Rolle der indianischen Amazonen und Berdache berichtet, die man als „Weißer Mann" nur ganz bedingt verstehen kann, u.a. weil unsere Sprache für dieses Gender keine Worte besitzt. Gerade für sexuelles Verhalten gilt wohl, was für Sprache und Erkenntnis von grundsätzlicher Natur ist: Kontext ist alles, Inhalt ist nichts.

Die Grenze zwischen Machtmißbrauch und einer wachstumsfördernden Haltung ist fließend. Elke Küglers Aussage in der Illustrierten *Der Stern* (1993) ist beispielhaft klar. Sie ist Vorsitzende von *pro familia* in Hamburg:

„Stern: Wann beginnt der sexuelle Mißbrauch von Kindern?

Kügler: Wenn der Erwachsene das Kind zur sexuellen Erregung oder Befriedigung ausnutzt. Mißbrauch ist eine Gewaltbeziehung. Das schließt psychische Gewalt mit ein, wie alle Formen von Erpressungen. Das subjektive Gefühl des

Kindes, mißbraucht zu werden, ist der Schlüssel dafür, daß ein Abhängigkeitsverhältnis ausgenutzt wird.

Stern: Nun sind aber die Grenzen gerade beim mütterlichen Mißbrauch fließend. Wo endet mütterliche Fürsorge, wann wird es mehr?

Kügler: Geschlechtsverkehr, Streicheln bis zum Orgasmus ist eindeutig. Doch es gibt einen großen Grenzbereich, wo es schwerfällt, genau zu sagen, was Mißbrauch ist oder nicht. Wenn Eltern mit dem Kind baden oder mit ihm im Bett kuscheln, ist das noch lange kein Mißbrauch, vorausgesetzt, das Kind erlebt es nicht als Gewaltakt. Darum sollten Eltern auf Signale der Kinder achten. Im Zweifelsfall sollte man sich immer kritisch fragen, was man selbst dabei empfindet. Das Kind darf nicht dazu benutzt werden, sich selbst (als Erwachsener. Anm. d.Verf.) genital zu erregen.

Stern: Was ist, wenn das Kind im Bett der Eltern neugierig die Geschlechtsorgane beäugt und sie anfassen möchte?

Kügler: Sehen Eltern dadurch ihre eigenen Schamgrenzen überschritten, empfinden sie es eher als unangenehm, dann sollten sie ihrem Kind das auch zeigen. Betrachten sie es aber als normale Neugier ihres Kindes und können sie damit umgehen, ist alles in Ordnung. Selbst wenn der Vater dabei einen erigierten Penis bekommt oder die Mutter eine feuchte Scheide, ist es kein Grund zur Aufregung. Gefährlich wird es erst dann, wenn es zum Programm fürs Kind wird, mit ins Bett und ins Bad zu müssen, um den Eltern Erregung zu verschaffen.

Stern: Was unterscheidet die kindliche von der erwachsenen Sexualität?

Kügler: Bei Kindern steht die Neugierde im Vordergrund. Kinder spielen mit ihren Geschlechtsorganen, entdecken sie und ihre Gefühle dabei. Ihre Sexualität ist auf sich selbst bezogen. Bei Doktorspielen mit anderen Kindern steckt Neugierde dahinter, nicht, wie bei Erwachsenen, sexuelle Befriedigung."

Das Interview drückt kurz und klar das aus, was ich unter Neurokybernetischer Selbstorganisation verstehe: Sehr feine Signale lernen und das Modell der Welt einer anderen Person in ihrem „so sein" annehmen. Das ist schwer, wenn ich nur aus einer Hülle bestehe, wenn ich wenig Selbstwert bekommen habe und mit moralisierenden Geboten, Verboten und anderen Programmen vollgestopft worden bin.

Wenn wir schon beim Erkennen von Mustern sind, so kann ich feststellen, daß Frau Kügler eine der ganz wenigen Menschen ist, wo ich eine klare Unterscheidung zwischen Ethik und Moral erkenne. Ich erkenne es daran, daß sie nicht über Ethik spricht, denn dann wäre es ja Moral, sie weist dagegen auf deutliche Handlungsmuster hin. Damit entspricht sie dem Vorgang, den Heinz von Foerster als den ästhetischen Imperativ bezeichnet. Nur wenn man handelt, sieht man etwas. Darüber werde ich aber am Ende des Buches ausführlich nachdenken.

Wenn nun die Informationsverarbeitungssysteme vereinzelter Personen gestört sind, wäre das nicht weiter schlimm. Aufgrund seiner zentralen Lage fanden in Deutschland im Laufe der Jahrhunderte immer wieder Kriege statt, in denen vergewaltigt und mißbraucht wurde. Da diese Handlung auf Grund des Schocks und der beschriebenen Mechanismen durch Schweigen als erste Bürgerpflicht gekennzeichnet ist, nimmt es mich nicht wunder, daß in diesem Land Dinge wie Judenverfolgung, eine T4-Aktion und ein neues Aufblühen faschistischer Handlungen möglich sind. Selbst Sigmund Freud, der zunächst so klar und deutlich mit Mißbrauch umging (Wild-Missong 1983, 8 ff.), wie es heutzutage moderner Erkenntnis entspricht, kehrte im Rahmen eines Super-Reframing seine gesamte Erfahrung um, und erfand die Psychoanalyse, ein Verfahren, von dem einer seiner Schüler und ehemaliger Verwalter seiner Archive sagt, es müsse verboten werden (vergl. Masson 1991), nachdem er zahlreiche Notizen des Meisters entdeckt hatte, die seine Nachfolger gezielt zurückgehalten hatten. Nebenbei bemerkt hatte ich in meinen ersten NLP/Hypnotherapie-Seminaren das Glück, eine Nichte Sigmund Freuds, Frau Freud-Löwenstein kennenzulernen, die zu berichten wußte, daß es in der Familie Freud verboten war, über Sexualität und Psychoanalyse zu sprechen. Lesenswert in diesem Zusammenhang ist auch die Literatur von Marianne Krüll (1979).

So haben wir es in diesem Land mit einer großen Anzahl von mißbrauchten Menschen zu tun, *Psychologie Heute* spricht im Oktober 1987 von 62% mißbrauchter Frauen (je nach Art der Untersuchung und Befragungsmethode). Kommen wir zum volkswirtschaftlichen Schaden: In vielen Betrieben und Unternehmen versucht man zur Zeit Umstrukturierungen in Richtung Aufgabenorientierung und Selbstverantwortung. Wie soll das mit einer großen Anzahl von Menschen, die gelernt haben zu schweigen, die Verantwortung den Mächtigen zu geben und die z.T. ganz rigide an Regeln hängen, weil ihr Selbstwert in der Kindheit verlorenging, funktionieren.

Viele NLP-Techniken sind hervorragend geeignet, die Sinne wieder auf Vordermann zu bringen. Meiner Erfahrung nach kann die Idee des Programmierens allerdings auch, wie hoffentlich aus den Überlegungen dieses Buches hervorgeht, zum Mißbrauch der Therapie führen, da sie den Schwerpunkt auf die Technik legt und eine neue Machtstruktur in die Welt setzt.

Die durch Mißbrauch entstandene Störung der Informationsverarbeitungsprozeduren in einer Person kann viel Geld und Energie kosten, besonders dann, wenn sie einseitig die Wahrnehmung auf einzelne Personen oder Bereiche eines Systems richtet. Solche Personen leiden unter anderem an folgenden Störungen:

- Verwechslung von Ebenen;
- externale Attribuierung, d.h. die Motivation, die Ursachen oder die Verantwortung wird nach außen verlagert: „Schuld haben immer die anderen."
- Zeitprobleme
- Entscheidungsprobleme
- Risikoarmut
- geringen Selbstwert (wird durch äußere Attribute ersetzt. Wissen, Titel, Auto etc.);
- ungenaue Sprache.

In Firmen und Institutionen setzt sich die Mißbrauchsstruktur fort. „Auch Krankenhausstrukturen haben an manchem Kunstfehler ihren Anteil. Vor allem Universitätskliniken sind für Medizinskandale anfällig – wegen der unbegrenzten Machtstellung der Chefs. Wer einen Lehrstuhl ergattert hat, kann nicht nur von Privatpatienten Millionen scheffeln, sondern, unkündbar und ohne Kritik akzeptieren zu müssen, wie ein Fürst schalten und walten. ... Er selbst, so der Oberarzt, würde sich nicht einmal trauen Kritik zu üben, wenn der Chef ein Säufer ist. Um so einen loszuwerden, müsse man warten, bis er in sein eigenes Skalpell fällt" (*Stern* 1993). Der Leser mag mit Sicherheit eine Reihe von Beispielen in seiner eigenen Umgebung auftun. Meine Erfahrung in Seminaren ist immer, daß sich bei den Teilnehmern die Augen auftun, wenn sie mit diesem Gedankengut konfrontiert wurden. Ein Beispiel ist aber an dieser Stelle erwähnenswert. Es ist der Mißbrauch von Fortbildungen und Supervision in Institutionen mit europäischen Lebensliedern. Viele Institutionen erhoffen sich bessere Arbeitszufriedenheit und Steigerung der Effektivität durch Fortbildung und Supervision. Leider ist oft das Gegenteil der Fall. Führungskräfte verlagern die Verantwortung für Veränderung nach außen. Die Supervision oder Fortbildung bekommt Alibifunktion. Es ist modern, Supervision zu bekommen, aber in Wirklichkeit soll alles beim alten bleiben. In Schulen wird das Problem der vielen verhaltensgestörten Jugendlichen auf den Schulpsychologen abgewälzt. Die Rektoren und Schulverwaltungen brauchen sich dann nicht mehr damit beschäftigen. Und wenn, dann nur vom „grünen Tisch" aus. In Firmen ist es für die Führungskräfte viel leichter, die unangenehme Arbeit äußeren Beratern zu übergeben, als sich selbst auf eine Veränderung einzulassen. In psychiatrischen Kliniken herrscht die Praxis vor, einige Mitarbeiter in die Weiterbildung zu schicken. Diese durchschauen natürlich innerhalb kürzester Zeit das System, so daß sie innerlich kündigen. Bei den meisten Pflegedienstleitungen besteht soviel Angst vor der Kompetenz einzelner Stationen, daß die Praxis vorherrscht, ein Team durch Versetzung einzelner Mitarbeiter in dem Moment zu zerschlagen, wenn es kompetent geworden ist. So werden Mitarbeiter auf unteren Ebenen immer kompetenter, aber „die da oben tun nichts". Der Spruch „Alter Fisch stinkt zuerst am Kopf" ist mir in den letzten Jahren häufiger genannt worden.

Da kann man nur sagen: **DAS WIRD TEUER!**

Man kann's auch ganz konkret haben: Der Sexualwissenschaftler Ernest Bornemann spricht von 1,7 Millionen DM pro Straftäter. Das betragen die Gerichts- und Gefängniskosten im Durchschnitt für eine Person, die im Rahmen einer mißbrauchenden, sexual- oder beziehungsgestörten Familienkonstellation straffällig geworden ist. Bornemann stellt dabei nicht einmal die Beziehung zum sexuellen Mißbrauch her. Er zeigt lediglich auf, wie sich eine unangemessene Sexualerziehung auf den Menschen auswirkt. Wenn wir auf die Serie von Morden an Ausländerkindern in Deutschland blicken, die gerade in der Zeit, in der ich an diesem Manusskript arbeite, verübt werden, an die Jagd auf deutsche Touristen in Florida denken oder Monster Kody in L.A., kann man – wenn man will – beginnen, die Kosten zu berechnen oder, was ich lieber mache, an Selbstorganisation und Ethik zu denken.

Für mich ist es einfach erfrischend, mit einem Menschen wie Heinz von Foerster zu sprechen. Er konnte sich eine spielerische Unbefangenheit bis ins hohe Alter erhalten. Eine Unbefangenheit, die sich in Weisheit, tiefer Erkenntnisfähigkeit, viel Humor und Liebe für die Menschen ausdrückt. Heinz von Foerster ist ein Mensch, den man sich als Großvater wünscht. Ein Großvater-Sein, das klarmacht, weshalb die Indianer ihre Kinder von ihren Großeltern erziehen lassen. Menschenliebe setzt wohl im Gegensatz zum Menschenmißbrauch ungeahnte Energien frei.

Ein Gegenbeispiel für dieses Freisetzen von Energie fand ich einem Artikel von Henryk Broder in dem österreichischen Nachrichtenmagazin *Pilot* (1994). Faszinierend an diesem kurzen Artikel war für mich, daß der Autor die Bundesrepublik aus seiner Sicht mit einem Alkoholiker vergleicht, der noch nicht ganz trocken ist. In seinem Artikel geht es hauptsächlich um Verschweigen, Verbieten und Einschränken von Veranstaltungen über Nationalsozialistische Kunst und anderes Gedankengut.

„Auf den ersten Blick scheint die Bundesrepublik eine Art antifaschistisches Biotop geworden zu sein, in dem aufrechte Bürger Tag und Nacht darüber wachen, daß Rechtsradikale und Neonazis keine Chance erhalten, sich öffentlich darzustellen oder an sich harmlose Veranstaltungen für ihre Zwecke mißbrauchen. Schaut man genauer hin, sieht man freilich, daß die Antif-Pflanzen ihre Wurzeln tief im braunen Humus haben. Es ist, als würde sich der Kampf gegen Alkoholismus darauf beschränken, ein paar betrunkene Penner vom Bahnhofsplatz zu vertreiben. Der Kampf gegen die alten und die neuen Nazis ist vor allem ein symbolisches Unternehmen, das seinen Protagonisten dazu dient, sich selber ein gutes Gefühl zu verschaffen. Die gewiß gutgemeinten Aktionen sind Zeichen politischer Hilflosigkeit ... Je länger das Dritte Reich zurückliegt, umso länger werden seine Schatten. ... Die braune Gefahr lauert eher in der Mitte, und es sind wieder die bekannten deutschen Schreibtischtäter, die der rechten Reaktion den Weg ebnen. ... Die Vergangenheit hält die Bundesrepublik im Griff, fester als die ärgsten Pessimisten vermuten ... Das Land kann mit einem Alkoholiker verglichen werden, der mit großem Aufwand einen Entzug durchgemacht hat, aber noch lange nicht ‚trocken‘ ist. Kleinste Mengen Alkohol könnten den Patienten wieder rückfällig machen ...“ (Broder 1994).

Wenn wir dieses Zitat mit der weiter oben geschilderten dysfunktionalen Familie vergleichen, werden möglicherweise, jedenfalls dann, wenn uns als deutsche Staatsbürger die Überlebensregeln der Rigidität, des Verleugnens und nicht Hinschauen und Nicht-Drüber-Sprechen-Könnens, weil die Gefühle zu stark werden könnten, wenn uns diese Überlebensregeln noch nicht ganz in Fleisch und Blut übergegangen sind, werden wir zu der oben beschriebenen schmerzhaft funktionierenden Familie möglicherweise einige Parallelen finden können.

Ich glaube, man kann nur verzeihen, wenn man weiß, was man verzeihen will. Dazu muß man hinschauen und darüber reden können. Ich weiß, daß es viel leichter ist, eigene Verletzungen auszublenden und die Gefühle durch Vorschriften, Paragraphen und anderen Formalkram zu ersetzen. Man braucht dann keine Verantwortung mehr zu übernehmen. Aber das kostet viel Energie. Man könnte die wirtschaftlichen Probleme der Bundesrepublik in den neunziger Jahren des ausklingenden Jahrhunderts auch auf dieser Ebene diskutieren.

Ich weiß auch, wie schwer es ist, offen zu sein. Mein Vater hat wertvolle pädagogische Arbeit geleistet. Andererseits hat er mich geprügelt, als ich fünf Jahre alt war. Es war ein sado-masochistischer Mißbrauch. Ich mußte schweigen. Ich schwieg sehr lange. Meine ganze Schulzeit bekam ich schlechte Schulnoten, weil ich mich nicht am Unterricht beteiligte. Ich saß schweigend in der Ecke. Als ich älter war, ließ mein Vater in einer Diskussion den Satz fallen: „Es ist ganz schrecklich, wenn Menschen schreien und um ihr Leben betteln!“, woraufhin meine Mutter ihn sofort mit einem erschrockenen „Sei still, Erwin! Sei still!“ zum Schweigen verdammte. Er war sofort still. Seit einigen Jahren habe ich zu meinem Vater alle Kontakte abgebrochen.

Das aufgabenorientierte System

(Verwandte Begriffe sind „ergebnisorientiert“ oder „zielorientiert“. Ein Ergebnis oder ein Ziel führt aber vom „Hier und Jetzt“ fort. Nervensysteme reagieren im

Moment. Ein System kann sich mit der Aufgabe im Moment beschäftigen und dabei trotzdem ein Ergebnis als Nah- oder Fernziel im Auge behalten.)

Es sollte wohl klar geworden sein. Die Abhandlung über das macht- und das regelorientierte System betrifft Menschen, die die Welt als Triviale Maschine – als großes Uhrwerk – ansehen und sie dementsprechend behandeln möchten. Die nun folgende Abhandlung über das aufgabenorientierte System handelt nun endlich von Menschen, die mit einem ganz anderen Lebenslied durch die Welt tänzeln, nämlich einem solchen, welches aus Strophen von Selbstorganisation und Autopoiesis besteht und welches die Idee der Nichttrivialen Maschine als tragende Grundmelodie in sich hat.

Gerade während ich diese Abschnitte korrigiere, sitze ich am Silvaplanasee im Engadin in der Sonne und es ist wenig Wind, so daß der Surftag heute mehr den Anfängern Vergnügen bereitet, mir aber Gelegenheit gibt, zwischen Punkt und Komma in Trance zu gehen oder Radio zu hören. Und dort sagt der Nachrichtensprecher, daß man sich in einigen Bereichen des Kantons Basel gerade dafür entschieden hat, den Beamtenstatus aufzugeben, weil man sich davon mehr Flexibilität, Kreativität und Effektivität verspricht.

Hinter der Auffassung des aufgabenorientierten Systems stehen die Philosophen John Dewey und William James. Dazu paßt auch der ästhetische Imperativ von Heinz von Foerster. Die Mitglieder haben Spaß an der Herausforderung, eine schwierige Aufgabe zu bewältigen. Es ist die amerikanische „frontier-philosophy". Alles ist machbar. Packen wirs an. „Learning by doing" steht im Vordergrund. Diese Organisationsform überlebt nur so lange, solange eine Aufgabe existiert. Die Werte zeigen mehr Vielfältigkeit als in den anderen beiden oben genannten. Vielleicht sind es solche wie: „Gemeinsam werden wir es schaffen." Auf meiner Tramp-Tour durch die Vereinigten Staaten vor 25 Jahren sagte mir ein Hippie in San Francisco: „Jeder Mensch kann all das lernen, was er lernen will." *

Der Unterschied zwischen einer rollen- und aufgabenorientierten Organisationsform kann anhand des russischen und amerikanischen Raumfahrtprogramms aufgezeigt werden. Während das erstere aufgrund seiner Rollenorientierung über Jahrzehnte weiterlief, erlahmte bei den Amerikanern, nachdem sie erstmal auf dem Mond gelandet waren, der ganze Elan. Das war meine Beobachtung der Vergangenheit. Nun las ich doch vor einigen Tagen tatsächlich in der Zeitung, daß das amerikanische Spacelabprojekt in einer Krise stecke, und daß man die Russen zu

---

* Ich möchte hier nicht zu einer Polarisierung zwischen amerikanischen und europäischen Führungsstilen beitragen. Es ist bekannt, daß es in großen amerikanischen Betrieben klare Machtstrukturen gibt, innerhalb derer man nur Karriere machen kann, wenn man den Vorgesetzten anhimmelt und ihm zum Munde redet. Trotzdem gibt es sehr klare kulturelle Unterschiede, die sich in den Lebensliedern kundtun.

278

einer Beratung eingeladen hätte. Ein Insider sagte, man könnte die Russen vergessen. Sie seien mit der Erwartung angereist, „Ratschläge erteilen zu können". Ein breites Spektrum von Beispielen findet sich in dem Standardwerk von Peters und Waterman, ein Bestseller der achtziger Jahre, der angeblich zu der Wende in Rußland beitrug.

WERTE: Kreativität, Kommunikationsfähigkeit, Beziehungsfähigkeit, Aktivität, Eigenständigkeit, Spontanität.

INFORMATIONSFLUSS: vernetzt, schnell, direkt. Jeder ist gleichermaßen gut informiert. Jeder weiß immer, was zu tun ist.

ENTSCHEIDUNGEN: Finden auf den unteren Ebenen oder im Konsens statt. Alle sind an der Entscheidung beteiligt oder werden berücksichtigt.

REGELN: Die Regeln beziehen sich auf die Aufgabe. Sie werden immer wieder neu definiert und vereinbart.

MACHT: Wie schon an anderer Stelle erwähnt, ist dieses System mächtiger als andere. Der machtlose außenstehende Beobachter projiziert zwar Macht hinein, das System selbst beansprucht aber nicht zwangsläufig Macht. Als Einzelperson drückt sich der Vorgang bei verschiedenen Weltmeistern aus. Eine Olympiasiegerin im Skiabfahrtslauf sagte, es habe ihr an jenem Tag, als sie die Goldmedaille gewann, einfach Spaß gemacht hinunterzufahren. Björn Dunkerbeck und Robby Naish, beide mehrfache Weltmeister im Windsurfen, drückten in den Interviews, die ich mit ihnen machte, aus, daß es im Wesentlichen zwar auf die Herausforderung ankommt, die jedoch muß Spaß machen, und man sollte positiv denken, wenn man gewinnen will (Wippich 1995).

Werte, Entscheidungen und Informationsfluß in einem aufgabenorientierten System bestimmen sich durch die Teilnehmer. Selbst wenn der Chef einer globalisierten Firma mit 30 000 Mitarbeitern wie Levi Strauss eine neue „Firmenbibel" entwickelt, stehen die Werte in Wechselwirkung mit den Mitarbeitern. Selbst wenn der Stationsarzt einer psychiatrischen Klinik über das Rein und Raus der Patienten entscheidet, wird er in einem aufgabenorientierten Stationsteam die Aktivität der Mitarbeiter bei der Entscheidungsfindung in den Vordergrund stellen und gegenüber seinen eigenen Interessen und denjenigen der Klinik den Vorrang geben. Dieser Vorgang ist einer machtorientierten Führungskraft so fremd wie dem Teufel das Weihwasser. Ihr ist unbegreiflich, daß man als Projektleiter sämtlichen Mitarbeitern aktiv zuhören kann, um schließlich und endlich zu einem Ergebnis zu kommen, das die Erfahrungen der Mitarbeiter in hohem Ausmaß berücksichtigt und mit denen der nächsthöheren Hierarchieebene in Einklang bringt. Dazu gehört seitens der Führungskraft eine Menge Risikobereitschaft, die deutsche Führungskräfte laut Ogger nicht haben. Werden die Mitarbeiter nicht berücksichtigt, treten möglicherweise eine Reihe von Fehlern auf. Genau aus diesem Grund sagt Jay

Haley, daß es völlig sinnlos ist, in der Psychiatrie mit Patienten irgendeine Form von Therapie zu machen: Die Mitarbeiter sind nicht in der Lage, Entscheidungen über die Entlassung/Aufnahme treffen zu können. Selbiger Vorgang trifft auch für Projekte oder Projektmanagementgruppen in größeren Betrieben zu. Wenn die Firmenleitung kein Vertrauen in die Projektleiter oder in die Mitarbeiter hat, ist diese Organisationsform zum Tode verurteilt. Man kann dann zwar immer wieder nach den Japanern oder Amerikanern schielen und als Alibi oder Vorzeigemodell einige neue Managementmethoden herholen, sie werden solange nicht funktionieren, solange Führungskräfte diese Ausgewogenheit von Kontrolle und Vertrauen nicht gelernt haben. Um Vertrauen und Risikobereitschaft zulassen zu können, braucht man allerdings einen hohen Selbstwert. Führungskräfte in aufgabenorientierten Unternehmen scheinen ihn zu haben. In aufgabenorientierten Unternehmen sind die Mitarbeiter an den Entscheidungen, was „rein und rausgeht", beteiligt. Direkt. Nicht nur als Alibi. Dieser Gedanke wird mittlerweile auch von deutschen Wirtschaftsmagazinen hervorgehoben, so z.B. mit einem Zitat des bekannten amerikanischen Theoretikers Peter Drucker (der übrigens mit Heinz von Foerster bekannt ist): „Nur wenige Führungskräfte sehen ein, daß sie letztlich nur eine einzige Person führen können und auch müssen. Diese Person sind sie selbst" (DM 7/93, 66).

KÖRPERSPRACHE: Beweglich. Viel Blickkontakt. Interesse und Freude an der Kommunikation drückt sich direkt in der Körpersprache aus. Die Kleidung ist locker und originell. Sie orientiert sich nicht an den Wünschen irgendeiner höheren Hierarchieebene.

SPRACHE: Sinnesbezogene Sprache. Direkte Fragen. Ich-Sätze. Beschreibungen eigener Sichtweisen und Erlebnisse. Hoher Wechsel im Gespräch. Dadurch fließt viel Information sehr schnell und zwar denotativ und konnotativ gleichermaßen. Manchmal geht es recht chaotisch zu. Außenstehende Beobachter in unseren Übungen beschreiben diesen Zustand manchmal als unerträglich.

Wie positiv sich die Neuformulierung von Glaubenssätzen auf das Überleben eines Unternehmens auswirken kann, zeigte sich bei Levi Strauss. Der Marktführer und Jeanshersteller war Mitte der 80er Jahre in eine schwere Krise geraten und Firmenchef Robert D. Haas erkannte damals: „In einem Unternehmen mit rund 30 000 Mitarbeitern ist es unmöglich, daß ein paar Manager allen Leuten sagen können, was sie rund um die Uhr zu tun haben." Zusammen mit seinen Mitarbeitern entwickelte er ein „Aspiration Statement", eine Unternehmensverfassung, die jeden Mitarbeiter in die Lage versetzen soll, eigenständig zu handeln. Haas hat damit anscheinend einen großen Teil der Unternehmensbürokratie abgeschafft. Die Aufgabe der Levi Strauss-Manager besteht heutzutage vor allem darin, sich um die Probleme ihrer Mitarbeiter zu kümmern, und zwar bis ins Privatleben hinein. Haas: „Wenn heute das Kind einer Mitarbeiterin krank ist, so ist das unsere Angelegenheit; denn wenn sie sich um ihr Kind sorgt oder sich krank meldet, obwohl sie gar nicht krank ist, sondern sich nur elend fühlt und dafür auch noch lügen muß, so wird sie auch nicht produktiv sein."

1970 hätte sich ein deutscher Student in einer Diskussion mit Sicherheit an der letzten Äußerung „nicht produktiv sein" festgehakt und das ganze Zitat erst einmal in Frage gestellt. Man hätte die kapitalistische Sicht in den Vordergrund gerückt. Ob dabei die Firma den Bach runtergeht oder nicht, wäre dem Diskussionspartner egal gewesen. Er hätte sich die Vorgänge auf diesem Erdball ausschließlich mit dem Kapitalismus-Kommunismus-Modell erklärt. Die Lebensregeln eines Unternehmens sind nun aber einmal „Produktion" und „Gewinn erzielen". Ansonsten stirbt die Firma und sämtliche Mitarbeiter stehen auf der Straße. Aber das sollte heutzutage längst Tautologie sein, denn wir alle konnten den Zusammenbruch des Sowjetreiches hautnah miterleben.

Seit der Reform von 1987 wurde Levi Strauss wieder lebendig und konnte seinen Marktanteil wieder kontinuierlich steigern. Gottseidank, kann ich sagen, denn meine ersten Jeans waren Levi's und ich verbinde sehr viele Erinnerungen meiner Jugend mit diesem Firmenlogo.

Ich denke, daß man das Lebenslied einer Firma u.a. auch daran erkennt, welche Produkte sie herstellt, fördert und in welchem Stil sie diese vermarktet. Die kalifornische Kleidungsherstellerin Patagonia jedenfalls produziert seit Sommer 1993 einen sogenannten PCR Synchilla Sweater. Der Pullover ist vollständig aus Yoghourt-Bechern sowie anderem Müll hergestellt, dabei aber von Naturfasern nicht zu unterscheiden. Die Firma spendet 1% ihrer jährlichen Einkünfte Umweltschutzgruppen. Das Verhalten der großen Automobilproduzenten, die Vermarktung ihrer Solarautos zu verzögern, gibt viel Raum zur Hypothesenbildung über die Lebenslieder der Führungskräfte dieser Firmen.

Das beziehungsorientierte System

In beziehungsorientierten Systemen wird die Beziehung um der Beziehung willen gelebt. Das ist zeitweise in Ordnung. So z.B. in tantrischen Gruppen, Encounter- oder anderen Selbsterfahrungsgruppen. Man genießt die Beziehung. In einer tantrischen Gruppe ist die gemeinsame Erfahrung von Sexualität im Vordergrund. Das geht eben mit einer guten Beziehung besser als mit einer schlechten.

Die Personen in einer beziehungsorientierten Organisation stellen die gute Beziehung über alles. Handelt es sich beispielsweise um ein Beratungsteam, eine Encountergruppe, eine quasi-religiöse Vereinigung oder esoterische Gruppe, dann ist die Beziehung zwischen den Mitgliedern der Gruppe wichtiger als eine Aufgabe. Es kann definierte Rollen geben (meist sind sie aber wenig klar definiert), es kann Machtstrukturen geben (auch diese sind oft unklar), es kann Aufgaben geben (die aber zweitrangig sind); allem übergeordnet ist die gute Beziehung unter den Mitgliedern. Man trifft sich in der Arbeit, um eine gute Beziehung auszukosten. In einer solchen Gruppe wären z.B. die Patienten oder Klienten lediglich ein Vehikel, welches einem die Möglichkeit gibt, diese gute Beziehung zu leben. Geschieht ein Suizid, ist die erste Frage an den Therapeuten: „Geht es dir gut? Können wir dir helfen? Komm, wir setzen uns zusammen und reden mit dir."

Ein provokatives Lebenslied könnte sein: „Liebe deinen Nächsten mehr als dich selbst." Vielleicht sollte man besser sagen: „Wenn ich mich selbst liebe, kann ich meinen Nächsten lieben."

Nehmen wir einmal die vorher beschriebene Erfahrung „Shivas Dance" als Grundlage eines autopoietischen „Minisystems". Zwei Personen, A und B, möchten für eine kurze Zeit, z.B. sieben Minuten, ein System bilden, welches für diese Zeit eine angenehme Lebensgrundlage bildet. In jeder Person bildet sich die Information: „Ich möchte mich spielerisch bewegen." Spielerisches Bewegen wird zum Wert, zur Lebensregel des Systems. Solange diese Werte bzw. Lebensregeln aufrechterhalten werden, lebt das System.

WERT/LEBENSREGELN: SPIELERISCHE BEWEGUNG

Lebensregeln des siebenminütigen autopoietischen Kommunikationsraumes: Spielerisch Bewegen.

Dieses System lebt von der Beziehung. Es gibt keine Sprache, lediglich Botschaften, die durch Bewegungen ausgetauscht werden. (Erinnern wir uns: eine Sprache ist nur dann eine Sprache, wenn man mit dieser Sprache über die Sprache kommunizieren kann.) Dieses System ist für die kurze Erfahrung einer sprachlosen Beziehung hervorragend geeignet. Für die Erfüllung einer Aufgabe wird es wohl deshalb ungeeignet sein, weil die logische Seite der Sprache fehlt.

Es gibt einen tieferen Grund, weshalb man beim Erstellen einer Firma, eines Vereins oder eines anderen Systems das Augenmerk auf aufgabenorientierte Werte anstatt auf beziehungsorientierte legen sollte. Wenn ich die Erde und die Menschheit als kybernetische Einheit im Sinne Heinz von Foersters betrachte, hat ein Staat für das Überleben des Planeten und der Menschheit eine Aufgabe zu erfüllen. Das gleiche gilt für eine Firma, ein Projekt innerhalb dieser Firma, ein Team, zwei Menschen, die darin arbeiten oder eine Einzelperson. Ein System mit mehr Wahlmöglichkeiten hat mehr Überlebenschancen als eines mit weniger. Dieses Grundgesetz der Kybernetik kann ich gut zu Hilfe nehmen, wenn ich aufgabenorientierte Systeme von beziehungsorientierten unterscheiden will. Nehmen wir einmal an, das Rein und Raus wird über Beziehungen geregelt. Plötzlich haben wir nur noch Mitarbeiter, die a) entweder eine gute Beziehung haben oder b) sich damit beschäftigen, ob sie gut oder schlecht ist. In diesem Fall muß man sich mit dem Auf- und Abwerten einer Person beschäftigen. D.h. die Arbeit mit den Stärken oder Ressourcen in bezug auf eine Aufgabe würde in Frage gestellt werden, weil man ja die Beziehung definieren muß. Und da jeder Schwächen hat, müßte ich mich mit ihnen beschäftigen. Jeder würde sich bei einer Neueinstellung fragen: „Mag ich sie/ihn überhaupt leiden?" anstatt „Paßt er in unser Team, weil er ein Spezialist ist?" und erst dann: „Er scheint zwar ein Arschloch zu sein, aber irgendwie ist er interessant. X paßt zu ihm. Ich werde mich an ihn gewöhnen."

Gute Beziehungen sind wichtig. Entscheidungen, die auf Grund einer kontroversen Diskussion getroffen werden, sind wirksamer und sicherer als solche, bei denen sich alle von vornherein einig waren, ohne alternative Sichtweisen zu diskutieren. Solche Entscheidungen können für eine Firma, ein Team oder eine Einzelperson sehr gefährliche Auswirkungen haben. Aus dieser Sicht werden beziehungsorientierte Systeme nur einseitige Entscheidungen treffen können.

Werden in einem System die Beziehungen stärker berücksichtigt als die Aufgabe, und das trifft auch auf macht- und regelorientierte Systeme zu, so holen sich die Mitarbeiter ihren Selbstwert eben über diese Beziehungen, anstatt sich an dem Ergebnis ihrer Leistung zu bewähren, welches sich an der Aufgabe des Teams orientiert. Im letzteren Fall wird eine Person gelobt, weil sie für das Team „ein Tor geschossen hat". Im ersteren fühlt sich ein Arbeitsgruppenleiter als der Größte, weil er seinen Chef im Rücken, das Gesetz auf seiner Seite weiß, das selbstgestrickte

Ausbildungskonzept oder die selbstgestrickte Ideologie/Esoterik/Religion als unsichtbaren Heiligenschein auf dem Hinterkopf trägt und sich nun seinen Selbstwert dadurch holt, daß er Mitarbeiter runtermachen kann, Kursteilnehmer auf Grund seines Wissens konfrontieren, deuten oder auf heiße Stühle setzen oder mit Hilfe irgendwelcher Dienstvorschriften vergattern kann. Als Teilnehmer des Clubs der Politiker, Ärzte, Militärs, Psychoanalytiker, Priester, Logen, Akademiker hat man dann die jeweiligen Menschen hinter sich, die einem den Rücken stärken.

Einige Merkmale von Personen mit europäischen Lebensliedern

„Wir arbeiten in Strukturen von gestern mit Methoden von heute an den Problemen von morgen vorwiegend mit Menschen, die die Strukturen von gestern gebaut haben und das Morgen innerhalb einer Organisation nicht mehr erleben werden", (Bleicher 1985) und

- sich nicht an Vereinbarungen halten
- nichts selbst tun, sondern warten, ob das Medikament, die Hypnose, das NLP, oder der Therapeut hilft
- in einer Sitzung Bereitschaft zur Mitarbeit signalisieren. Später die Entscheidung treffen, die Vereinbarung zu unterlaufen, um ganz eigenmächtig zu handeln.
- Nicht handeln. Auf Erklärungen, Ratschläge und Deutungen des Therapeuten/Beraters/Vorgesetzten warten. Er weiß es ja. Er ist der Fachmann.
- Den Spezialisten nicht achten. Die eigene Machterfahrung schafft das Problem, gegen eine Macht zu rebellieren. Man setzt den König auf den Thron, um sich Gelegenheit zu verschaffen, am Stuhlbein sägen zu dürfen.
- Nur dann eine Therapie machen (als Klient wie auch als Therapeut), wenn jemand anderes als man selbst die Kosten übernimmt. Diese investiert man lieber in Äußerlichkeiten wie Substanzen, (Medikamente, Alkohol, Dope,) Auto, TV etc..
- Als Geschäftsmann investiert man große Summen eher in Baulichkeiten als in Fortbildungen der Mitarbeiter und schon gar nicht in die eigene Gesundheit oder die Gesundheit der Mitarbeiter.
- Als Verwaltungsbeamter bemüht man sich, an teuren Fortbildungen mit bestem Service teilzunehmen. Diese muß der Staat zahlen, weil man sich ja schließlich zur entsprechenden Rolle emporgedient hat. Untergebene sollte man nur in Ausnahmefällen zu Fortbildungen schicken. Wenn ja, nur zu solchen, die paragraphenkonform durchgeführt werden und im System keine Veränderungen bewirken.

Daß die berufliche Rolle innerhalb einer Arbeitsgruppe sehr wenig oder fast nichts damit zu tun hat, daß diese Arbeitsgruppe zu einem Team wird oder nicht, haben die meisten Vorgesetzten noch nicht begriffen. (In einem Team zählt die Aufgabe oder das Ergebnis. Welche Spezialisten dazu beitragen, das jeweilige Ziel zu erreichen und wie man dort hinkommt, ist weniger wichtig. Gute Beziehungen der Träger der Rolle untereinander, gegenseitiges Helfen und Akzeptanz sind einige

Bedingungen, die ein Team ein Team sein lassen.) Möglicherweise können sie es nicht begreifen, weil sie in einer machtorientierten Kultur groß wurden und ihnen somit die Fähigkeit verlorenging, Ebenen zu unterscheiden. Dadurch entsteht viel Verwirrung. Energie und Zeit wird vertan. Schließlich und endlich entsteht Leid. Für eine machtorientierte Führungsperson ist kaum nachvollziehbar, daß es zwischen einem autoritären Führer und seinem Untergebenen keine Kommunikation geben kann. Das wußte vor 26 Jahren schon Peter Drucker, als er sein heute noch aktuelles Standardwerk über die ideale Führungskraft schrieb. In meiner Supervisionstätigkeit der letzten 10 Jahre waren – von einigen Ausnahmen abgesehen – Ärzte der Renner unter den Personen mit negativen Führungsmerkmalen. Einige der negativen Merkmale, die Günter Ogger an Managern entdeckte, glaube ich im psychosozialen Bereich auch an Ärzten beobachten zu dürfen. In der folgenden Schilderung einer berufserfahrenen Psychotherapeutin, die sich auf Grund einer Bandscheibenoperation in die Klinik begeben mußte, kann man das Wort „Renner" wörtlich nehmen. Die Frau beschrieb die medizinische Versorgung als sehr gut. Die krankenpflegerische Versorgung sei hervorragend gewesen und würde ein wenig an die in Anlehnung an Tom Peters dargestellten „Magnet-Hospitäler" erinnern, über die wir in der Supervision gerade gesprochen hatten. Die Pfleger und Schwestern wären nicht als „Pillenverteiler" und „Handlanger der Ärzteschaft" aufgetreten, sondern als Menschen, die sich kommunikativ um die Belange der Patienten kümmerten und außerdem noch etwas von ihrer Arbeit verstanden. Die Ärzte dagegen hoben sich als scharf abgegrenztes Kontrastprogramm ab. Jedenfalls was professionelle Kommunikation anbelangt. Die fachlich medizinische Versorgung sei – wie schon gesagt – gut gewesen. In den sogenannten Gesprächen mit den „Göttern in Weiß" haben sie aber endlich ihre letzte Achtung vor der Ärzteschaft – die bis dahin noch in einer Art Autoritätsdenken bestanden hatte – endgültig und gänzlich verloren. Die Gespräche verliefen meist sehr kurz und bestanden in knappen Ratschlägen. „Menschenvermeidung" oder „Kommunikationsvermeidung" hätte man für die kurzen Begegnungen zwischen Arzt und Objekt als Überschrift wählen können. Dazu sei die Auswahl des Zeitpunktes der Visite den weißgekleideten Damen und Herren besonders gut gelungen. Er war zu früher Stunde gewählt, so daß man sich noch ganz benommen im Halbschlaf befand, wenig fähig, dem Gespräch bewußt zu folgen, geschweige denn Fragen zu stellen oder gar Bedürfnisse anzumelden. Im Sinne eines autoritären Führungsstils sei die Auswahl dieses Settings wahrlich eine perfekte Leistung gewesen. Versuchte man aber irgendeinem dieser Spezialisten im wachen Zustand während des Tages habhaft zu werden, entpuppte er sich als „Renner" – ständig auf der Flucht wie der damalige Richard Kimble, der jahrzehntelang über die damaligen Schwarzweißbildschirme geisterte. Praktiziert die moderne Führungskraft **MBWA** (Kontakt mit den Mitarbeitern und Kunden durch **M**anagement **B**y **W**alking **A**round), so scheint der deutsche Arzt diesen Begriff für sich in ein **MBRA** (**M**anagement **B**y **R**unning **A**way) umgedeutet zu haben.

Eigentlich dürfte mich das nicht wundern. Die schon an anderer Stelle erwähnte Faktorenanalyse setzte die Verliebtheit in die attraktive Machtposition innerhalb der Gesellschaft an die Spitze ihrer Berufsziele. Auf einem Stationsfest durfte ich erleben, wie ein junger Medizinstudent über die Einbindung in den „Cliquendünkel" regelrecht erschrak. War er während seiner Zeit als Zivildienstleistender von den Assistenzärzten in keiner Weise beachtet worden, so sah er sich nun, ca. einen Monat später, auf diesem Fest von seinen zukünftigen Kollegen umringt und erhielt eine Unmenge von Verhaltensanweisungen über all das, was er zu tun und zu lassen hätte, um ihresgleichen zu werden. Natürlich steht die schnelle Karriere im Vordergrund. U.a. hat man dem Chef und Professor hörig zu sein, man habe ihm zum Munde zu reden etc. etc. Das ist nur ein Teil des Problems. Ärzte werden zum Schubladendenken erzogen. Ein guter Arzt muß, bevor er handelt, eine Diagnose stellen. Dazu muß er sich intensiv auf ein Symptom konzentrieren. Wenn er innerhalb des Medizinmodelles Karriere machen will, muß er ganz rigide ein spezielles Gebiet beherrschen. Meine damalige Frau Ingrid machte die Erfahrung, daß sie während der Prüfungen ganz engstirnig ein Fach lernen und dieses dann vergessen mußte, um für die nächste Prüfung das nächste Fach zu lernen. Was nicht geschehen durfte, war, irgendwelche Zusammenhänge zu sehen oder gar zu hinterfragen. Es war gedrillte Engstirnigkeit in vielen Fächern. Sie gab das Studium auf. Sie wollte einfach nicht lernen, auf mehreren Gebieten engstirnig sein.

Wie soll ein Arzt unter diesen Bedingungen Führungsqualitäten lernen. Gottseidank gibt es auch hier Ausnahmen. So durfte ich in Günter Hole in den 12 Jahren meiner Tätigkeit als Dozent in der Weiterbildungsstätte am psychiatrischen Landeskrankenhaus Weissenau einen Klinikdirektor erleben, den ich in seiner Menschlichkeit, aber auch im Aufbau einer flachen Hierarchie wenigstens im ärztlichen Bereich, als beispielhaft bezeichnen würde. Günter Hole hatte allerdings Theologie studiert und zwar, ohne auf zwei Gebieten engstirnig zu werden. Im Gegenteil. In zahlreichen anregenden Gesprächen konnte ich immer seinen Humor, seine Akzeptanz, seine Fähigkeit bewundern, Beziehungen zwischen unterschiedlichsten Sachgebieten herstellen zu können. In dem Abschiedsreferat auf der Feier zu seinem Ruhestand betonte er die menschliche Fähigkeit, ein Problem jeweils aus dieser oder aus jener Sicht betrachten zu können. Paul-Otto Schmidt-Michel, Arzt, Diplompsychologe mit maoistischer Vorbildung während der 68er-Zeit und einem starken Bein in der Welt der systemischen Denker, verwirklichte in wenigen Jahren unter Günter Hole Projekte der psychiatrischen Familienpflege bis hin zu einer Soteria-Einrichtung (Behandlung von Akutpatienten ohne Chemie). Die Projekte laufen erfolgreich und entsprechen der oben beschriebenen Aufgabenorientiertheit. Auch Paul-Otto Schmidt-Michel verwirklicht – obgleich Arzt – einen Führungsstil, der modernen Anforderungen gerecht wird.

Der Wandel der Weltsicht wird in den Worten des Arztes Ellis E. Huber (Vorsitzender der Ärztekammer Berlin) deutlich und gibt Anlaß zur Hoffnung: „Die Biomedizin orientiert den Arzt auf ein reduziertes Menschenbild. Leben wird in mechanistischen Modellen erklärt und Krankheit zu sehr als Defekt der Körpermaschine begriffen. Der Mediziner sucht vornehmlich nach Abweichungen von der durchschnittlichen Norm. Therapie wird dann zur Reparatur von Körpervorgängen. Eine solche Zielorientierung ärztlichen Handelns begünstigt die Medikalisierung psychosozialer Probleme. Die Mediziner begegnen den Einflüssen der sozialen und physikalischen Umwelt und der Bedeutung von Person und Biographie für das Kranksein mit relativer Gleichgültigkeit. Die Mehrheit der Kranken wird vernachlässigt, und mögliche Selbstbewältigungskräfte beim Patienten werden strukturell unterdrückt. Das mechanistische Menschenbild in der Medizin ist die einflußreichste Wurzel fehlgeleiteter ärztlicher Praxis, die problemgerechte Hilfen für Menschen mit gesundheitlichen Handicaps unterdrückt und in Kombination mit falschen ökonomischen Anreizen und einer krankheitszentrierten Leistungsdefinition der ärztlichen Tätigkeit heute mehr Schaden als Nutzen stiftet" (Huber 1993).

Aus diesen Worten könnte man erschließen, daß der richtige Mann an der richtigen Stelle sitzt, wenn ein Staat vorhat, die medizinische Versorgung gleichermaßen kostengünstig und menschlich zu gestalten. Wenn der Staat vorhat, anstatt ergebnis- bzw. aufgabenorientiert machtorientiert zu handeln, würde dort der falsche Mensch sitzen. Diese Unterscheidung konnte in den Köpfen von Bürgern und verantwortlichen Personen in den letzten Jahrhunderten nicht vollzogen werden. Möglicherweise wird es in Zukunft gar nicht sinnvoll sein, Personen aus der gleichen Berufsgruppe als Führungskraft an die Spitze zu setzen. Was soll z.B. ein Arzt dort oben, der von Kommunikation und Information – geschweige denn von Menschenführung – keine Ahnung hat. Wie soll er mit den Informationen der ihm anvertrauten Menschen angemessen umgehen? Ich denke, der Staatsbürger sollte zunehmend das jeweilige Lebenslied erkennen lernen, um den richtigen Mann in die richtige Stelle hineinzuwählen, wenn er dazu beitragen will, daß Deutschland aus einer Art Massenhypnose aufwacht, die irgendwie im Laufe der Jahrhunderte stattgefunden hat und deren posthypnotische Suggestion noch heute bei vielen Menschen nachzuwirken scheint.

In unseren NKS-Kursen legen wir großen Wert auf das Erkennen nichtsprachlicher und anderer Kommunikationsmuster. Der Kommunikator sollte sie bei sich selbst wahr-nehmen können, um in die Lage zu kommen, sie bei anderen Personen

288

zu erkennen. Nicht ohne Grund haben viele Psychotherapeuten eben genau diesen Beruf ergriffen. Arbeiten über einschränkende Glaubenssätze oder Systeme lassen den Teilnehmer oft erkennen, daß seine Ursprungsfamilie macht- oder rollenorientiert war.

Vielleicht haben Sie Lust zu dem folgenden kleinen Experiment: Setzen Sie sich entspannt hin und stellen Sie sich sehr klar und deutlich einige Vorgänge vor, die für Sie von großer Bedeutung sind. Achten Sie dabei auf die Reaktion Ihres Körpers. Falls Ihre Visualisierungsfähigkeit etwas schwach ausgebildet ist, sagen Sie sich einfach die dementsprechenden Worte auf und achten dann auf die Reaktionen Ihres Körpers. Gleich anschließend denken Sie daran, daß Sie den Gegenstand, Vorgang etc. nicht mehr haben können, vielleicht wegen eines Unfalls, Tod, Krieg, Katastrophe, Krankheit, Konkurs oder etwas anderem. Nehmen Sie ganz alltägliche Dinge wie:

Bier

Zigaretten

Sex

meine Frau, Freundin

mein Auto

meine Untergebenen, Klienten, Kursteilnehmer

den Vorgesetzten

Kind

Sport

Urlaub

Arbeit

Beruf

Machtstellung

etc.

Was geschieht mit Ihnen, wenn Sie eines der Dinge davon oder mehrere nicht mehr haben könnten? Nach diesem kleinen Experiment können Sie über die Art der Bindung an äußere Dinge und Handlungen nachdenken. Terry Tafoya sagte mir (1994): „Für uns Indianer sind Steine äußere Repräsentanten unserer inneren Welt. Mit der Endsilbe -yai erkennen wir, ob Steine sprechen können (geistige Weltsicht) oder ob sie hart sind und sich anfassen lassen (objektive Weltsicht). Unsere Sprache hat mehr Wahlmöglichkeiten als die amerikanisch-europäischen Sprachen."

Beispiele zu den unterschiedlichen Lebensliedern

Die folgenden Beispiele sollen keine repräsentative Darstellung von Fällen zu den jeweiligen Lebensliedern bieten. Sie sind willkürlich gewählt und sollen lediglich den Gedanken unterstreichen, daß wir zwar nicht direkt auf die Welt einwirken können, daß aber ein Wissen über das persönliche oder betriebliche Lebenslied entweder zu Veränderungen führen kann oder aber deutlich macht, daß Veränderungen im Moment nicht möglich sind.

In einem meiner Seminare berichtete mir ein erfahrener Managementtrainer, der Direktor einer großen europäischen psychiatrischen Einrichtung habe ihm gesagt, die Vergabe von Psychopharmaka an die Patienten hat große Ähnlichkeit mit der T4-Aktion im Dritten Reich.

Der Klinikdirektor kann zwar diese Sicht haben. Er wird die Vergabe von Psychopharmaka nicht verhindern können, solange das gesamte Kliniksystem und möglicherweise auch das Gesellschaftsystem keine alternativen Behandlungsformen gelernt hat.

Ein Mordfall

Auf einer psychiatrischen Station einer europäischen universitären Klinik geschah ein Mord. Ein Patient hatte eine Mitarbeiterin erschlagen. Das Personal hatte einige Zeit vorher darauf hingewiesen, daß dieser Patient auf Grund seiner Symptomatik nicht auf diese Station gehöre. Die Klinik war zu jener Zeit innerhalb des ärztlichen Bereiches hierarchisch strukturiert, innerhalb des Pflegepersonals rollenorientiert. Die Entscheidung über die Aufnahme, den Verbleib und die Entlassung von Patienten wird über höhere Hierarchieebenen gefällt. In einer derartigen Struktur ist auch der Direktor der Einrichtung relativ machtlos in bezug auf die Organisationsideologie, da das System in ein übergeordnetes, nämlich das universitäre, eingebunden ist. Es ist klar, daß beim Personal eine Art Hilflosigkeit entsteht, die sich auch in dem Satz des leitenden Pflegers ausdrückt: „Eine Prostituierte hat wesentlich mehr Entscheidungsmöglichkeiten bei der Auswahl ihrer Freier als ein Pfleger über die Auswahl, mit welchen Patienten er sich beschäftigen muß." Der Patient hatte mehrmals gedroht, daß etwas geschehen werde. Er reagierte besonders aversiv auf Personen, die in der Rangfolge hochstanden und unklare Entscheidungen trafen.

Ein weiterer Mordfall

Eine junge Ärztin war auf eine Station gekommen und bemängelte die hohe Dosierung von Psychopharmaka und das häufige Fixieren von Patienten auf einer überbelegten Station mit relativ wenig Personal. Entgegen den Einwänden des Pflegepersonals setzte sie die Dosierungen herab. Einige Tage später wurde eine Patientin von einer anderen erschlagen. Hätte die Ärztin bei ihrer Entscheidung die Argumente des Pflegepersonals mit einbezogen, wäre die Patientin mit großer Wahrscheinlichkeit noch am Leben. Mittlerweile gibt es eine Reihe von Kliniken, bei denen sich die Kommunikationsstrukturen verändert haben. Der St. Gallener Betriebswirtschaftler Gilbert Probst berichtet von einer Umstrukturierung einer australischen Klinik in Richtung Patientenorientierung. Das Hauptmerkmal ist, daß Entscheidungen auf einer sehr niedrigen Ebene getroffen werden. Weitere Beispiele sind die systemisch orientierte psychiatrische Klinik von P. Brasja in Varashdin/Kroatien sowie die sogenannten „Magnet-Hospitäler", die die von Peters und Waterman beschriebenen Merkmale aufweisen.

Coaching mit einer Führungskraft

Ein Manager einer deutschen Firma kam zum Coaching. Er litt unter depressiven Episoden. Er hatte eine Freundin. Mit seiner Frau lebte er wieder zusammen, nachdem man ihn innerhalb der Firma darauf hingewiesen hatte, daß für einen Verbleib innerhalb der Firma ein „heiles Familienleben" erforderlich sei. (Eine handfeste Paradoxie, wo doch verschiedenste Statistiken darauf hinweisen, daß ein hoher Prozentsatz der deutschen Führungkräfte geschieden ist und mehr als 50 % der deutschen Bevölkerung die Ehe als eine überholte Institution betrachtet.) Im Gespräch stellte sich heraus, daß seine Frau aus einer typisch rollenorientierten Familie stammt, in der es verschiedene dysfunktionale Strukturen gab. Seine Firma dagegen hat er als aufgabenorientiertes System beschrieben, mit einer flachen Hierarchie und direkter Kommunikation und guten Beziehungen. Die Kommunikation mit seiner Frau unterlag den typischen Spielregeln, die ein machtorientiertes (Familien-)System kennzeichnet. Seine Frau kommunizierte indirekt. Gefühlsprozesse wurden nicht angesprochen und wenn doch, dann indirekt. Persönliche Vereinbarungen wurden nicht eingehalten etc. Seine Freundin dagegen kommuniziert direkt, spricht Gefühle an und legt mehr Wert auf die Beziehung anstatt auf gesellschaftliche Regeln. Die Unterscheidung zwischen den sehr unterschiedlichen Verhaltensmustern ließen ihn die Logik seiner depressiven Zustände erkennen und gaben ihm klare Entscheidungshilfen. Das Coaching wurde nach drei Sitzungen erfolgreich abgeschlossen.

Die Kontrolle von Arbeitszeiten

Die Lehrkräfte einer Krankenpflegeschule – sie zeichnen sich alle durch eine außerordentlich hohe Arbeitsmotivation und echten Teamgeist aus (eine Oase im regelorientierten System) – berichteten mir, der Verwaltungsdirektor des Krankenhauses hätte angedroht, ihre Arbeitszeiten in Zukunft genauer zu kontrollieren. Der Grund sei folgender: Die Statistik hätte gezeigt, daß es in den letzten Jahren sehr wenig Ausfälle durch Krankheiten gegeben hätte. Das sei nicht glaubwürdig. Aus diesem Grunde müsse man die Fehlzeiten künftig genauer kontrollieren.

Die Denunziation und der kleine Judas

Was wäre der Machthaber ohne seine Denunzianten. In einem machtorientierten System kann Information nicht gleichmäßig fließen. Innerhalb einer Person tritt dieses „Abblocken" oder diese Hemmung immer dann auf, wenn der Kopf mit Gewalt etwas vom Bauch wissen will. Solche Zustände sind jedem Menschen bekannt. Sei es ein Prüfungsblock, die krampfhafte Suche nach einem vergessenen Namen: „Wie heißt er doch bloß ... ich sehe ihn leibhaftig vor mir, aber der Name fällt mir nicht ein", oder nach einer Melodie usw. Die Hemmungsprozedur hat Ähnlichkeit mit Heisenbergs Unschärferelation. Wenn man die Wahrnehmung auf einen Teil des Ganzen richtet, blendet man den Rest der Welt **zwangs**läufig (im wahrsten Sinne des Wortes) aus. Die NLP-Pille gegen „Festgefahrenes" ist das Reframing-Six-Step Modell (Wippich 1983). In machtorientierten Systemen gibt es viele Tabus und Ängste. Deshalb wird der Machthaber von vielen Dingen nichts erfahren. Er braucht seinen Zuträger, Denunzianten oder Geheimdienste.

Der Pflegedienstleiter eines PLKs hatte sich ein System eingerichtet, welches demjenigen des rumänischen Diktators Ceausescu – von der Struktur her – nicht ganz unähnlich war. Was beim rumänischen Diktator die „Zweiten" hinter dem Minister waren, sind beim Pflegedienstleiter die stellvertretenden Stationspfleger. Diesen versprach er „Karriere" und stattete sie mit einer Reihe von formellen und informellen Rechten aus. Diese Zuträger saßen unerkannt im sogenannten „Stationsteam"* und berichteten dem „Chef", was auf dieser Station geschah.

In der schwäbischen Tageszeitung mußte ich lesen, daß die Anzahl anonymer Anzeigen im Straßenverkehr in diesem Jahr (1993) drastisch angestiegen sei. Dieses

---

* Das Prinzip war etlichen Mitarbeitern wie Bereichsärzten, Fachpflegern und anderen Personen des klinischen Personals seit Jahren bekannt. Der Pflegedienstleiter wußte aber nicht, daß viele es wußten, was wiederum immanent zum Prinzip gehört. Was neu ist, ist die Tatsache, daß sich das Personal allmählich gegen solche Machenschaften zu wehren beginnt.

Judastum bekam eine Mitarbeiterin von mir vor einigen Tagen am eigenen Leib zu spüren. Die Kleinstadt Ravensburg war an einem Samstag völlig überlaufen. Irmgard hatte ihr Auto vor dem Haus geparkt. Dort war durch eine Baustelle eine Sackgasse entstanden. Die Straße war für den öffentlichen Verkehr unpassierbar. In Ruhe und Frieden stand ihr umweltfreundlicher Japaner vor einem Gartenzaun und ließ genügend Raum für alle Ein- und Ausfahrten, bis doch plötzlich zwei Polizisten auftauchten, um zunächst mit einem anderen Fahrzeug einen engeren Rapport aufzubauen. Es stellte sich heraus, daß unser Vermieter die Polizei angerufen hatte. Der Polizist war ganz erstaunt. Er wunderte sich über den Anrufer, da ja genügend Platz zum Einparken auf dem Stellplatz vorhanden war. Unsere Diskussion hinterher hob das Problem natürlich sofort auf die Ebene der Lebenslieder, natürlich in diesem Fall auf den Wert „Gehorsam" im Dritten Reich und die Denunziation von Nachbarn, die Kommunisten, Juden und „Andersdenkende" den Nazis ans Messer geliefert hatte. Der Wunsch nach einem System mit vielen Regeln, die von anderen kontrolliert werden und in dem man selbst nichts tun muß, scheint in dieser Gegend des Erdballs immer noch sehr stark zu sein.

Selbstmord in einer psychiatrischen Station

Eine Daumenregel im Umgang mit suizidalen Patienten ist die Notwendigkeit einer intensiven Beziehungsarbeit. Die suizidale Person muß durch eine emotionale Bindung an einen Menschen, zu dem sie Vertrauen hat, ans Leben gebunden werden. Es ist klar, daß diese Bindung dann gut funktioniert, wenn diese Bindung „echt" ist, so wie es Carl Rogers beschreibt (vergl. Wippich 1983). Eines der Hauptmerkmale, u.a. psychiatrischer Systeme, ist nun aber, daß die Beziehungen zwischen den Ärzten und den Patienten eher durch eine „One-up"/„One-down"-Haltung gekennzeichnet sind. Diese Haltung entsteht zwangsläufig durch die ausbildungsbedingte psychoanalytische Abstinenz und weniger durch eine personenbezogene Grundhaltung, wie sie Carl Rogers fordert und wie sie für diese Beziehungsarbeit in der Praxis notwendig wäre.

Die Situation des Pflegepersonals vieler Akutaufnahmestationen bildet sich einerseits durch Regel- und Rollenorientierung, andererseits findet man eine Beziehungs- und Aufgabenorientierung seitens einiger Pfleger, die immer wieder versuchen, den „alten Trott" zu durchbrechen, dann aber irgendwann aufgeben. Diese sich selbst bildenden „peer-groups" könnte man mit den „Vorzeigeprojektgruppen" einiger Unternehmen vergleichen, die aber innerhalb des gegenteilig ausgerichteten umgebenden Systems irgendwann aufgelöst werden, absterben oder auf irgendeine andere Art verschwinden. Sie sind wie die Oase in einer Wüste. Eine Oase, der man irgendwann das Wasser abgräbt.

Pflegedienstleitungen passen meist gut auf, um „fortschrittliche" Mitarbeiter möglichst dann zu versetzen, wenn eine Veränderung auf einer Station über die gewohnte Regelorientierung hinauswächst, die Mitarbeiter tatsächlich zum Team werden. Die Beziehungen zwischen den Mitarbeitern dürfen nicht zu eng werden. Der Behandlungsauftrag ist medizinisch klar definiert. Der Patient ist krank und muß medikamentös eingestellt werden.

Wie in jedem regel- und rollenorientierten System sind Beziehungen nicht erwünscht und werden eben durch die Regeln ersetzt, die ja die Lebensregeln des Systems ausmachen. Auf diese Weise entsteht eine paradoxe, Schizophrenie erzeugende Situation. Vom Personal wird gefordert, Patienten auf eine Art zu betreuen, daß sie sich nicht umbringen. Dazu wäre eine persönliche Beziehung notwendig. Die Regel- und auch Machtorientierung verunmöglicht gleichzeitig diese persönliche Beziehung. Zusätzlich ist der Behandlungsauftrag einer Akutaufnahmestation, suizidale Patienten angemessen zu betreuen. In einer solchen Umgebung können Suizide nicht vermieden werden. Eine psychiatrische Fachschwester berichtete mir folgende Erfahrung:

„Der Patient war hochsuizidal. Wortlos, aber innerlich getrieben, lief er auf der Station umher. Zu jener Zeit gab es auf der Station einen Arzt, der keine andere Wahlmöglichkeit kannte, als Patienten sehr hohe Dosierungen von Psychopharmaka zu verabreichen. Mit diesem Arzt hatte ich oft Streit, weil ich die Erfahrung gemacht hatte, daß ich in den meisten Fällen mit kommunikativen Mitteln aus dem NKS und der systemischen Therapie mehr erreichen konnte. In diesem Fall entschied ich mich, mich intensiv mit diesem Patienten zu beschäftigen. Ich lief neben ihm her und erreichte seine innere Welt über eine Metapher. Ich sagte ihm, ich hätte den Eindruck, er fühle sich wie in einem Kerker. Von dem Moment an brauchte ich selbst gar nicht mehr so viel tun. Er erzählte mir immer mehr von seinen Gefühlen, die er beschrieb, als ob er in dem Verlies einer Burg eingemauert sei. In unserem Gespräch kam aber immer mehr Licht in das Verlies. Irgendwann konnte er auch draußen die Vögel singen hören. Während des zweistündigen Herumlaufens um die Tischtennisplatte – es gibt keinen Raum, in den man sich zurückziehen könnte – wurde der Patient immer ruhiger. Die anderen Mitarbeiter schauten ab und zu verständnislos zu. Ich hatte wieder einmal eine Grundregel durchbrochen, mit Patienten etwas Ungewöhnliches zu tun, mit ihnen auf der Ebene der menschlichen, persönlichen Beziehung einfach zu sprechen."

Aus dem Beispiel sollte klar geworden sein, daß Probleme sich zwar im Verhaltensbereich ausdrücken, der Konfliktbereich jedoch derjenige der z.T. nur schlecht zu vereinbarenden Ideologien, Glaubenssysteme und Lebenslieder ist. Jay Haley geht soweit zu sagen, daß kommunikative Arbeit in psychiatrischen Systemen unmöglich ist (Haley 1988).

Ein erfolgreiches Coaching *

Die Arbeitsgruppe bestand aus sechs Personen. Die äußeren Bedingungen waren hervorragend. Alle Personen arbeiteten aber nebeneinander her. Jedoch – wenn man in einer Besprechung zusammensaß, konnte man sich kaum aushalten. Bei der ersten Sitzung berichteten die Mitarbeiter über psychosomatische Störungen und Körperreaktionen, die allein durch den Anblick der anderen Mitarbeiter und des Leiters ausgelöst wurden. Der übergeordnete Leiter unterstützte die Eigenständigkeit der Arbeitsgruppe. Er hatte den Supervisor geholt. Die Gruppe war vom umgebenden System relativ unabhängig. Es gab einen klaren Auftrag: Die Arbeitsgruppe wollte zum Team werden (vgl. „Team" im Glossar).

Die hauptsächlichen Interventionen des Supervisors waren zunächst zirkuläre Fragen auf der Basis der beschriebenen Lebenslieder. Die Gruppe war regelmäßig vollständig anwesend. Die Supervision fand zunächst 3 bis 4 Mal in 14tägigen Abständen statt. Schon nach den ersten beiden Sitzungen hatte sich die Situation spürbar entspannt. In der vierten Sitzung fehlte der Chef. Es war ihm bewußt, daß dadurch die zirkuläre Fragetechnik „Klatsch über Abwesende" oder „triadisches Fragen" zur Anwendung kam. Der Vorgang hatte allerdings zur Folge, daß durch dieses Fragen eine Menge Verständnis für seine Situation entstand.

Die Kommunikation der Arbeitsgruppe kennzeichnete sich durch viel Unklarheit. Typische Sprachmuster waren Nominalisierungen, Tilgungen, Generalisierungen. Der Supervisor hatte das Beispiel der Firma Opel, die in Thüringen ein Werk mit einer modernen Teamstruktur errichtet hatte, in eine Sitzung eingebracht. Eine Mitarbeiterin hatte daraufhin beschrieben, wie bei der augenblicklichen gestörten Beziehungsstruktur alles andere als ein gutes Arbeitsergebnis, aber „niemals ein Opel" herauskommen würde. Ein Mitarbeiter schilderte einen Traum, in dem er den Leiter im Keller des Gebäudes beobachtete, wie er mit einer Herde Ratten kämpfte, während die anderen Mitarbeiter im oberen Geschoß tatenlos herumsaßen. Sinnesbezogene zirkuläre Fragen halfen der Gruppe, dem Traum Bedeutung zu geben. Den Ratten gaben sie eine Analogie zu den Regeln und Vorschriften, mit denen sich der Leiter auseinandersetzen mußte. Die Tatenlosigkeit entsprach der Lähmung, die in regel- und machtorientierten Systemen entsteht.

---

* Die folgenden Beispiele wurden bewußt in einer sehr allgemeinen Sprache beschrieben, um die Anonymität zu gewährleisten.

Im Verlauf der Supervision hatte die Arbeitsgruppe neue Werte definiert. Die Gespräche waren wesentlich klarer und die Arbeit machte Spaß. In einer der letzten Sitzungen war es möglich, mit einer klassischen Dissoziations-Technik einen Konflikt zwischen dem Chef und einem Mitarbeiter zu lösen. Die Arbeit findet ohne Sprache statt. Das geht schneller, wahrt die Anonymität, vermeidet, daß sich der Supervisor vom Problem hypnotisieren läßt, und gibt den Mitarbeitern die Verantwortung zurück. Bei dieser Prozedur sitzen sich beide Personen gegenüber. Ich frage zunächst, was der jeweilige Gegenüber im Arbeitsprozeß tun muß, daß in der Person ein unangenehmes Körpergefühl entsteht; muß er etwas sagen, ein bestimmtes Gesicht aufsetzen oder eine Handlung vollziehen. Dann frage ich, wo im Körper das Signal auftritt, im oberen oder unteren Bereich. Wenn dieser Vorgang abgeschlossen ist, bitte ich zunächst die eine der beiden Personen, mit diesem Signal in die Vergangenheit zu gehen. Das kann mit Hilfe einer Zeitlinie geschehen, mit Hilfe einer Bühne (dissoziiert), oder so, als ob sich die Situation drumherum ändert (assoziiert). Dabei wird die Person selbst immer jünger und kleiner. Hat die Person in der Vergangenheit Situationen entdeckt, bei denen ein vergleichbares Körpersignal auftritt, bitte ich sie, den Vorgang auf eine imaginäre Leinwand hinter dem Partner, in diesem Fall dem Chef, zu projizieren. Wenn das möglich ist, kann ich wieder zirkuläre Fragen stellen. Was an der Person in der Vergangenheit ist anders als beim Chef? Die Augenfarbe, die Stimme, die Gestik etc. Ziel ist, daß der Mitarbeiter einen deutlichen und spürbaren Unterschied erfährt. So etwas dauert meist nicht länger als zwanzig Minuten und hilft, tiefgreifende Konflikte zwischen Mitarbeitern und Vorgesetzten zu klären.

Im Laufe des „team-building"-Prozesses wurde der Arbeitsauftrag der Gruppe erfragt. Die Erwartungen, die die Mitarbeiter an sich selbst hatten, wurden geklärt. Dabei wurde klar, daß von den einzelnen Personen ein hohes Ausmaß an Eigenständigkeit und Selbstverantwortung in bezug auf die Arbeit erwartet wurde. Einige der Mitarbeiter schienen aber immer wieder die Verantwortung in ein Konzept oder in den Leiter der Gruppe zu verlagern. Daraus erwuchsen beträchtliche Spannungen.

Nachdem ein Teil dieser Mitarbeiter von sich aus die Entscheidung getroffen hatte, die Arbeitsgruppe zu verlassen, ergab sich die Frage, wie die ideale Person des neuen Mitarbeiters aussehen sollte; die es natürlich nicht gibt. Da das Team Einfluß auf die Neueinstellung hatte, schlug der Supervisor vor, nach „dem Prinzip des Kutschers" zu arbeiten: Wenn ein Araberpferd zusammen mit einem Ackergaul einen Wagen ziehen soll, können unlösbare Probleme auftreten. Daraufhin betrachteten die Mitarbeiter in zwei Supervisionssitzungen gegenseitig ihre Kraftquellen gemäß der in einem der nächsten Kapitel beschriebenen prozeßdiagnostischen Kriterien. Sie stellten sich die Fragen wie: Bin ich eher auditiv, One up, internal motiviert, gebend und kann ich vielleicht deshalb so gut mit Helga zusammenarbeiten. Kann ich in Verhandlungen Karl deshalb so gut unterstützen, weil ich mit meiner diffusen Wahrnehmung besser das Ganze im Blick habe, während er mit seiner punktgenauen Argumentation meistens so richtig den Nagel auf den Kopf trifft.

Nachdem die neuen Mitarbeiter eingetroffen waren — das geschah nicht auf einmal, sondern in zwei Sequenzen — konnten wir den Vorgang als gemeinsame Vorstellung auf hervorragende Weise nutzen. Die neuen Mitarbeiter lernten sich so auf der Prozeß-Ebene kennen und gleichzeitig auf der Ressource-Ebene unterstützen und akzeptieren. Damit waren die Fundamente einer Teamarbeit eingerichtet.

Ungefähr drei Monate später, nach einer Sommerpause, erfuhr ich das Resultat. Das Ergebnis war überwältigend. Alle neuen Mitarbeiter berichteten ausschließlich positiv über das, was geschehen war. Aus dem Gedächtnis kann ich mich bei diesem Team lediglich an einige Feststellungen erinnern:

- Ich fühle mich im Team sehr wohl.
- Ich kann offen über alles sprechen.
- Vereinbarungen, die wir treffen, werden eingehalten.
- Ich darf Fehler machen, sie werden mir nicht nachgetragen.
- Ich fühle mich von den anderen Mitarbeitern angenommen.
- Ich kann mich auf meine Kollegen verlassen.
- Vieles müssen wir gar nicht besprechen. Es geschieht einfach.
- Ich fühle mich unterstützt in dem, was ich tue.
- Als Leiter kann ich mich auf meine Mitarbeiter verlassen.
- Als Leiter muß ich nicht mehr der Chef sein.
- Auch als Leiter darf ich krank sein, schlecht aufgelegt etc.
- Als Leiter habe ich jetzt zum erstenmal wieder den Dienstplan mit großer Sorgfalt gemacht.
- Die Zeit für Konferenzen wurde auf ein Drittel reduziert und die positiven Ergebnisse verdoppelten sich.

früher:
- Es wurde einem vorgehalten, was im Konzept steht.
- Es gab viele Besprechungen ohne Ergebnis.
- Es wurde hintenherum gejammert und geklatscht.
- Absprachen wurden selten eingehalten.
- Man fühlte sich angespannt.
- Als Chef mußte ich mich für vieles rechtfertigen.

Lebenslieder im Spannungsfeld

Ein großer Teil der deutschen Firmen, Gesundheits- und Schulsysteme ist nach wie vor durch eine starke regelorientierte Organisationsform gekennzeichnet. Deutschland ist das Land, in dem sich diese Tradition in Form des preußischen Beamtenstaates entwickeln konnte. Seit dem Zeitalter der Aufklärung hatten nun aber viele Menschen begonnen, die Enge Europas zu verlassen. Ein Teil von ihnen landete in Kalifornien, ein Land, in dem man heutzutage eine große Anzahl von Firmen findet, die wir als aufgabenorientiert bezeichnen würden. Psychotherapeutische Institutionen, wie z.B. Esalen, zeichnen sich durch ein hohes Ausmaß an Kreativität aus. Fritz Perls, einer der Meisterzauberer, von dem Bandler und Grinder so viel abgeschaut haben, hat sehr lange Zeit in Esalen gelebt und dort seine Schule der Gestalttherapie entwickelt.

NLP hat sich in Kalifornien entwickelt. Einer der geistigen Väter des NLP ist Gregory Bateson. Er lebte in Kalifornien. Die systemische Familientherapie, die sich auf der Grundlage des Gedankengutes von Gregory Bateson, Heinz von Foerster, Paul Watzlawick, Virginia Satir und anderen entwickeln konnte, kommt aus Kalifornien. Was nun die Fortbildung von Beratern, Supervisoren, Therapeuten und anderen Manipulatoren anbelangt, die in Deutschland in macht- oder paragraphenorientierten Systemen arbeiten, entsteht nun für mich eine ganz grundlegende und zentrale Frage, die ich zunächst einmal provokativ stellen möchte: Wie hätte es Donald Duck hingekriegt, Adolf Hitler zu überzeugen, daß es doch besser gewesen wäre, wenn sich General Paulus aus Stalingrad zurückgezogen hätte?

Viele psychotherapeutische und andere kommunikatorische Maßnahmen funktionieren ganz hervorragend in den Gruppen, in denen sie gelehrt werden. Der Anwender, der in seine Firma zurückgeht, oder der Psychotherapeut, der sich einer Familie gegenübersieht, die völlig festgefahren ist und ausschließlich aus „dem Gegenteil" besteht, „steht dann auf dem Schlauch" und wundert sich, daß all die Tricks, die ihm letzte Woche so geholfen haben und die ihm so viel Spaß gemacht haben, überhaupt nicht mehr ziehen.

Die Ausbildungseinheit 0/8 der Gebirgsjäger in Füssen ist etwas anderes als Esalen in Kalifornien. In einer Ausbildungsgruppe von Offizierskandidatinnen und Kandidaten der amerikanischen Militärakademie Westpoint oder mit den Rekrutinnen/Rekruten der kanadischen Polizeitruppe „Mounties", tantrische Übungen zu veranstalten (Übungen, in denen man gemeinsame sexuelle Erfahrung macht; vgl. Thirleby 1982), ist wohl absurd. In einer Frauenzeitschrift konnte ich lesen, daß früher bei den „Mounties" Männer und Frauen in getrennten „barraks" untergebracht waren, sie jetzt aber die Schlafsäle teilten. Das stärke die Kameradschaft. Die Grundausbildung sei derartig brutal hart, daß wohl jedem/jeder die Lust nach Sex verginge.

Meine eigene Erfahrung in der Grundausbildung einer Ausbildungskompanie der Gebirgsjäger war, jedenfalls in den ersten drei Monaten, von extremem preußischen Drill geprägt. Der Gedanke, in einer solchen Einheit, in der es keine Frauen gibt, vielleicht gleichgeschlechtliche sexuelle Erfahrungen zu machen wie bei den indianischen „Berdache" (Williams 1986), ist irgendwie amüsant.

Ich denke, da stoßen Welten aufeinander. Jeder, der in seinen NKS-Anfangsphasen gefragt wird, was denn nun dies komische NKS sei, weiß, daß ein verbaler Erklärungsversuch genauso scheitert wie der Versuch, das Erlebnis eines Konzertes mit Eric Clapton mit Hilfe der Anzahl der Noten beschreiben zu wollen. Skifahren kann man eben nur durch Skifahren lernen.

Wie sollen nun kreative Lebensformen, die vom Konzept der Selbstorganisation ausgehen, in einer Umgebung wachsen können, in der die meisten Menschen nach dem Weltbild des Determinismus, also diesem Uhrwerkmodell, leben. In einem Land, in dem das Schneiden der Hecke, des Rasens, das Jäten des Unkrauts und das Scheißen des Hundes auf den Bürgersteig gesetzlich geregelt ist, gibt es große Diskrepanzen, wenn plötzlich jemand auf die Idee kommt, inmitten dieser genormten Gärten plötzlich einen Wildgarten entstehen zu lassen. Die Nachbarn werden ihn verklagen oder ihm wenigstens indirekt nahelegen, diesen Unfug zu lassen, denn plötzlich gibt es wohl mehr Ungeziefer, und das Unkraut wächst vielleicht in ihre eigenen Gärten hinein.

So sind dann auch Teamwork, Projektmanagement oder andere selbstorganisatorische Maßnahmen nur in dem Ausmaß erfolgreich, in dem die Glaubenssysteme des umgebenden Environments den notwendigen Freiheitsgrad zur Eigenständigkeit freilassen oder ihn gar unterstützen. Der Vater, der mit lauter Stimme und erhobenem Zeigefinger zum Sohn sagte: „Werde selbständig", schafft Paradoxien auf vielen Ebenen. Der Schuster sollte dann lieber bei seinen Leisten bleiben.

Moderne Therapieformen werden bei denjenigen Personen erfolgreich sein, die in der Lage sind, klare Entscheidungen zu treffen. Oft sind diese Entscheidungen aber erst dann möglich, wenn man seine persönlichen Glaubenssätze kennt. Ein Manager hat bei mir etliche Therapie- und Coaching-Sitzungen hinter sich gebracht. Damals kannte ich mich in den beschriebenen „Holodyns" noch nicht gut genug aus, um zu erkennen, daß sein Problem in dem Unterschied seines Lebensliedes und desjenigen seiner Firma, ein großer deutscher Konzern, bestand. Einen Teil seines Lebensliedes hatte ich erkannt. Es hatte externale Kontrollvariablen als Inhalt und dies hatte sich wohl früher mit demjenigen des Unterneh- mens gedeckt. Ein anderer Teil hatte sich in Richtung „Selbst" verändert. Dum- merweise hatte er sich auch noch mit dem NLP beschäftigt, wodurch sich dieser Teil nun noch mehr festigte und immer größeren Raum einnahm. Allerdings war er noch nicht in der Lage, diese Autonomie in vollständiger Konsequenz zu leben. Er machte seine Entscheidungen von äußeren Faktoren abhängig. Erst als er in einer Arbeit über Entscheidungsstrategien gemerkt hatte, mit welchem seiner Sinne er, entlang einer Zeitlinie, sich immer wieder an externale Bedingungen geklam- mert hatte, konnte er sich erlauben, „Manöver aus dem Bauch heraus" zuzulassen, und Entscheidungen zu treffen, bei denen er sich wohlfühlte. Seine psychosoma- tischen Symptome ließen nach. Endlich hatte er gelernt, was Chaos-Management heißt. Druck und externale Kontrolle erhöht die Unordnung. Externale Kontrolle war die Kontrolle seines Bauches durch seinen Kopf.

In unserer Zeit kommt es wohl weniger darauf an, eine Person und ein System oder Subsystem zu einem neuen Lebenslied zu überzeugen. Das kann sogar gefährlich sein, wie wir aus der vergangenen Geschichte unserer religiösen Umge- bung wissen (Kreuzzüge, Inquisition ect.) und in augenblicklichen Konflikten deutlich beobachten können, (Irak, Balkan, religiöser Fundamentalismus). Eifer- süchtige Götter, die keine anderen Götter neben sich dulden, geben Erlaubnis zu manchmal blutrünstigen Waffengängen, bei denen verschiedenste Subgruppen ihre persönlichen Ziele verfolgen können, bis hin zur Befriedigung sexueller Bedürfnisse in Form von Vergewaltigungen.

So wird wohl eher ein Ziel zukünftigen Chaos- und Konfliktmanagments die Integration und Akzeptanz der verschiedenen Ideologien von Subsystemen und Einzelpersonen sein, als alte Sätze wie „Wer nicht für mich ist, ist gegen mich", oder „Willst du nicht mein Bruder sein, dann schlag ich dir den Schädel ein" rigide und engstirnig auszuleben. Ein moderner Kommunikator sollte in der Lage sein, eine Führungskraft zu befähigen, Konflikte auf der ideologischen Ebene zwischen einzelnen Subsystemen zu erkennen und auszubalancieren. Das geht schneller als das langwierige Herumwursteln an Verhaltensmustern einzelner Mitarbeiter oder gruppendynamischen Prozessen.

„... Solche Organisationen werden sich sehr effektiv mit komplexen Umgebun- gen auseinandersetzen und die Bedürfnisse der verschiedensten Menschen im größtmöglichen Umfang befriedigen, aber sie werden unter mehr internen Kon- flikten und ideologischen Kämpfen zu leiden haben als die meisten zur Zeit existierenden Organisationen tolerieren würden. Zum Beispiel wird es an Stelle einer Firmenphilosophie mehrere geben, die alle verschieden und wahrscheinlich antagonistisch sein werden. In dieser Umgebung der widerstreitenden, aber von- einander abhängigen Teile wird eine Bewältigung – nicht die Lösung – des

Konflikts eine der wichtigsten Aufgaben darstellen. Man kann sich vorstellen, daß dann in der Tat die wichtigste Aufgabe des Topmanagements nicht darin besteht, das Unternehmen zu führen, sondern statt dessen die Integration seiner Einzelteile zu forcieren" (Harrison 1982).

Ein erster Schritt ist die Unterscheidung von Ideologien anstatt eine einzige Wahrheit missionarisch senden zu wollen. Einer der Gründe, weshalb ich es mehr als 10 Jahre in einem psychiatrischen System ausgehalten hatte, war das Glaubenssystem unseres Chefs Prof. Dr. Günter Hole, welches sich in Sätzen äußerte wie: „Alle Psychotherapien haben ihren Sinn, auch die esoterischen. Wer heilt, hat recht."

Um Ideologien und Schulmeinungen unterscheiden zu können, sollte ich Muster wahrnehmen können. Hierzu gibt es viele Möglichkeiten. Hocheffiziente Techniken stammen aus der strategischen und systemischen Therapie, wie ich sie unter anderem von den unten beschriebenen Meistern gelernt habe. Zunächst einige Beispiele: Werte und Glaubenssysteme kann man an Handlungen erkennen. Ob ein Arzt Elektroschocktherapie anwendet oder mit der Vergabe von hohen Dosierungen chemischer Substanzen arbeitet, sollte weniger im Bereich wissenschaftlicher Beweisführungen – diese sind wackelig –, sondern eher im Bereich seiner Werthaltungen und Glaubenssysteme diskutiert werden.

Wenn man zu früher Stunde durch die winterliche Landschaft fährt und auf den verschiedenen Landstraßen und innerhalb der Ortschaften abwechselnd mit Split oder mit Salz gestreute Straßen vorfindet, so kann das einerseits Rückschlüsse auf den Grad der ökologischen Bewußtheit des Bürgermeisters und den damit verbundenen Werthaltungen zulassen, kann aber auch ganz einfach an der Verschlafenheit des Streudienstes liegen. Das Glaubenssystem eines Skinheads erkennt man an seiner Kopfform, das eines Alt-68ers, jedoch weniger zuverlässig, an seinem zugewachsenen Gesicht und dem gehäuften Gebrauch linksorientierter Nominalisierungen über die „gesamtgesellschaftlichen Zusammenhänge". Umgekehrt kann man anhand des Gebrauchs von Metaphern, Analogien oder Nominalisierungen, die den Kontext politisch links- oder rechtsorientiert einfärben, erkennen, wie der Zuhörer mit minimalen Reizen und Reaktionen entsprechend auf diese Geschichten reagiert. Man kann eine Familie oder ein Team mit einer erotischen Metapher provozieren oder perturbieren, um zu erkennen, wer in dem System mit Spannung und wer mit Gelöstheit reagiert. Man braucht nicht erst auf solch brachiale Vorgänge zu warten wie die lebensgefährliche Verletzung eines Arbeiters und die Worte eines rechtsradikalen Deutschen: „Laß ihn doch liegen, ist doch bloß ein Türke." Um sie zu erkennen, man kann Glaubenssysteme auch durch die Beobachtung feinerer Muster erschließen.

Heutzutage kann man ständig Zeitungsberichte über Handlungen lesen, die Rückschlüsse auf das Lebenslied des Handelnden zulassen. In einem österreichischen Nachrichtenmagazin lese ich, daß im Zentrum von Wien zwei alte Frauen in einer Wohnung sieben Jahre nach ihrem Tod entdeckt worden waren. Das erste, was der Arzt mit Begeisterung von sich gab, war die Möglichkeit, einen wissenschaftlichen Bericht über den erstaunlichen Zustand von Mumifizierung schreiben zu können. In einem Magazin lese ich über Ärzte in Südamerika, die sich Augen von Kindern bringen lassen, um sie für viel Geld ihren Patienten zu transplantieren. Sie wissen natürlich nicht, daß diese Augen von armen Kindern stammen, die zunächst entführt wurden, um sie dann ihrer Augen zu berauben. Jedenfalls sagen sie, daß sie es nicht wissen.

Schweigen, zudecken und nicht sehen, hören oder aussprechen können, sind Muster mißbrauchter Menschen oder mißbrauchender Menschen und Gruppen von Menschen. Die Sinne dieser Menschen sind „verstopft", „ver-rückt" oder auf eine andere Art geschädigt. Ich denke nicht, daß man sie durch einfache NLP-Techniken wieder reparieren kann. Das wäre wohl so, als ob ich mit der Spraydose ein wenig über die Roststellen der tragenden Teile eines alten Auto führe. Ich denke, man sollte die Ebene der Lebenslieder betrachten, wenn man wirklich etwas verändern will. Dazu sollte man in der Lage sein, Muster zu erkennen.

Der wesentliche Unterschied zwischen den einzelnen Lebensliedern besteht wohl in der Art wie Menschen mit der Erkenntnis über die Kontrolle zweiter Ordnung umgehen. So wie ein Mensch erst dann Mensch ist, wenn er Sprache benutzt (auch der Taubstumme benutzt Sprache) – und Sprache ist erst dann Sprache, wenn der Anwender von Sprache mit dieser Sprache über seine Sprache sprechen kann –, ist ein System meiner Meinung nach erst dann ein menschliches System, wenn die Menschen in der Lage sind, über ihr System bewußter zu sprechen und dementsprechende Entscheidungen zu treffen.

An einigen Stellen in dem Film „Schindlers Liste" kommt sehr deutlich zum Ausdruck, daß die handelnden Personen von dieser Kontrolle zweiter Ordnung weit entfernt sind. Machtorientierte Personen handeln willkürlich. Sie kennen keine Kontrolle zweiter Ordnung. In bürokratischen Systemen soll zwar die Kontrolle der Willkür durch Gesetze gewährleistet sein, aber der Mensch selbst hat keinen Einfluß mehr auf die Vorgänge. Er darf keine eigenständigen Entscheidungen treffen. Diese übernehmen die Vorschriften. Er darf keine Persönlichkeit haben. Renate Mayntz (1971) schreibt hierzu: „Ein weiteres Moment der bürokratischen Struktur, die Betonung der Entpersönlichung von Beziehungen, spielt ebenfalls eine Rolle bei der geschulten Unfähigkeit des Bürokraten ..."

Zusammenfassung

Es ist das launische kleine „z", der innere Zustand des Systems, welches in der NTM Heinz von Foersters für die Kontrolle erster zur Kontrolle zweiter Ordnung verändert wird und damit für die Selbstorganisation eines lebenden Systems sorgt.

Im machtorientierten System behandelt nun der Führer/Chef ein lebendes System wie eine Triviale Maschine. Der innere Zustand des Systems ist ihm egal. Er tut so, als ob er gleichermaßen für den Input und das Ergebnis Verantwortung übernehmen könnte. Eine Kontrolle zweiter Ordnung ist nicht möglich, weil ja der Chef diese Kontrolle in die Hand nimmt.

Im regelorientierten System ist deshalb keine Kontrolle zweiter Ordnung möglich, weil man den Chef durch Gesetze ersetzt hat. Man tut so, als ob die Kontrolle zweiter Ordnung durch Paragraphen und Vorschriften möglich gemacht werden könnte.

Im beziehungsorientierten System wird der Unterschied zwischen der Umgebung und der Beziehung ignoriert. Die Beziehung ist alles. Sie ist nicht hinterfragbar. Die Gefahr einer Willkür wie im machtorientierten System ist groß.

Im aufgabenorientierten System ist eine Kontrolle zweiter Ordnung gegeben. Die Teilnehmer des Systems bestimmen selbst, wie lange sie als System existieren möchten.

Schlußfolgerung: Menschen, deren neurokybernetische Systeme u.a. durch Triangulation, Prügel, sexuellen oder spirituellen Mißbrauch verwirrt wurden, haben Probleme mit der „second-order-control". Sie mißtrauen ihr, können sie nicht erkennen und orientieren sich lieber an Äußerem. Daraus ergeben sich Gewalt, wirtschaftliche Katastrophen, Krieg, Folter, Umweltzerstörung etc.

Teil VI
Noch mehr Praxis

Einige Gedanken zur Modifikation
traditioneller NLP-Technologien

Mit den Techniken im NLP und NKS ist es wie mit dem Wetterbericht. Mal stimmt er hunderprozentig, mal überhaupt nicht. Jedenfalls nimmt die Genauigkeit der Vorhersage mit der Zeit drastisch ab. Wenn ich die Gewitterwolken herannahen sehe, kann ich mir die Frage stellen, ob es gleich donnern, oder ob das Unwetter vorbeiziehen wird. Diese Voraussage über zwei Tage hinweg treffen zu wollen, wäre schon wesentlich ungenauer. Wie sollte es auch anders sein. Die Eingangsbedingungen sind so komplex, daß die Ausgangsbedingungen nur mit großer Unbestimmbarkeit vorhersagbar sind.

Um die Wettervorhersage genau hinzukriegen, haben sich die Menschen „große" externe Augen gebaut. Es sind teure Satelliten weit außerhalb der Atmosphäre. Es wäre einmal interessant zu überprüfen, wie stark sich die Genauigkeit der professionellen Vorhersage von der eines Inselbewohners unterscheidet, der als Fischer jeden Tag aufs Meer hinausfährt. Dieser allerdings würde die Voraussage nur für seinen gewohnten Bereich treffen können.

Ich könnte auch von den Bereichen des NKS sprechen. In meiner Ausbildung von Supervisoren, Coaches, Therapeuten und anderen professionellen Kommunikatoren sind die einzelnen Bereiche in den meisten Fällen reflexiv miteinander verbunden. Manchmal ist es notwendig, sie klar zu trennen, manchmal wäre eine Trennung destruktiv. Wenn ich mit einer suizidalen Person arbeite, werde ich das tun, was in der Situation hilft, unabhängig davon, ob es dazu therapeutische Schulen oder sonstwas gibt. In anderen Situationen dagegen ist es hilfreich, eine bestimmte Technik auch wirklich anzuwenden. Wenn ich im Rahmen einer ordealtherapeutischen Maßnahme eine Person überzeugen will, eine bestimmte Aufgabe auch durchzuführen, wäre es unsinnig, NKS-Fragen zu stellen, weil diese das Ziel haben, eine innere Unterscheidung herbeizuführen. In diesem Fall ist es besser, klare strategische Fragen zu verwenden, weil diese eine Entscheidung auf der Handlungsebene bewirken.

Der Hauptgedanke der Modifikation klassischer NLP-Techniken besteht darin, sie eben nicht mehr als NLP-Programme zu verwenden. Trotz aller Widersprüche spreche ich ab und zu von NLP-Techniken, weil sich dieser Name eingebürgert hat. NKS ist dann der ganzheitliche komplexe Vorgang.

Mein Onkel, ein Manager in einer europäischen Mühlenbaufirma, erfüllte sich mit 56 Jahren seinen Jugendtraum. Er sagte mir nach seinem ersten Atlantikturn mit einer Zwei-Mast-Yacht: „Da draußen zählt nur Praxis und Erfahrung. All die gelernten Techniken und all das Schulwissen kannst du vergessen. Es mag im Mittelmeer oder in der Nordsee noch wichtig sein. Aber da draußen auf dem Atlantik zählt einfach die Praxis. Als uns bei schwerer See der Masttop wegbrach, mußte jemand hoch. Wir mußten improvisieren. Das hatte nichts mehr mit all dem zu tun, was man in heimischen Gewässern lernt oder etwa gar aus Büchern."

Um über den Atlantik zu segeln, sollte man allerdings einige Erfahrungen oder Techniken gelernt haben. Der eine mag dazu in eine Segelschule gehen und eine Prüfung nach der anderen ablegen, der andere nimmt sich ein Boot und probierts aus. Als ich meine ersten Semester Psychologie an der Uni mit meinem Skilehrertum verband, kam eines Tages ein junger Mann in die Gruppe, der blitzschnell alle Bewegungsabläufe begriff. Später zeigte er mir im Kieler Olympiazentrum, wie er bei starkem Wind mit seinen Freunden mit einer recht kleinen Jolle trainierte. Es war beeindruckend. Die Jungs kenterten ab und zu, richteten ihre Boote wieder auf und segelten einfach weiter. Er sagte mir, daß es ein großer Unsinn sei, in einer Schule einen Segelschein zu machen. Man müsse einfach damit anfangen und dann irgendwann Regatten segeln.

Ich denke, daß NPL-Techniken für den Anwender einen ähnlichen Sinn erfüllen, wie die Bauklötze für ein kleines Kind. Man kann ein Kind einfach spielen lassen. Man kann ihm aber auch sagen, welche Regeln es beachten muß, um ein Haus zu bauen. Dann ist der ursprüngliche Charakter des Spiels verlorengegangen. Ich bevorzuge es, dem Kind die Bauklötze zu geben, damit es spielen kann. Für dieses Spiel richte ich einen Raum her. Dabei achte ich darauf, daß es sich wohl fühlt. In manchen Situationen muß ich es schützen.

Raffael Kinde, ein Spanier und vor einigen Jahren zweiter Weltmeister im Windsurfen, leitete die Surfstation auf den Kanarischen Inseln, wo ich mit Begeisterung meine ersten Spiele mit Wind und Wellen spielte. Raffael hatte mich immer wieder ermuntert, dies und jenes auszuprobieren. Eines Tages war der Wind stärker geworden. Zunächst unentschlossen, hatte ich mir dann doch ein kürzeres Brett geholt und wollte es herrichten. Plötzlich hörte ich Raffaels Stimme hinter mir: „Wo willst du hin?" Ich sagte, daß ich surfen wolle, doch er schüttelte nur den Kopf auf eine Art, die jegliche Diskussion ausschaltete. Ein wenig später war der Wind noch stärker geworden, und ich wußte, was er gemeint hatte.

NLP-Techniken sind wie Bauklötze, Handgriffe, Kampftechniken, Windsurfmaterial, scharfes Werkzeug, das sich bei häufigem Gebrauch schnell abnutzen kann ... Wenn man schreiben lernt, muß man lernen den Stift zu halten. Jeder weiß, wie schwer es ist, ein b von einem d zu unterscheiden oder ein g von einem p ... um an eine übliche Trancetechnik von Milton H. Erickson zu erinnern.

So möchte ich zwar einige Techniken beschreiben, die sich neben den allgemein bekannten für mich als wertvoll erwiesen haben, aber wie gesagt, ich bin nicht

Petrus. Der Leser sollte selbst merken, wann er im Regen steht oder in der Sonne. Und er muß herausfinden, was ihm mehr Spaß macht. „Was ist ein schöner Tag in Phoenix, Arizona?" fragte sich Jeff Zeig einmal und gab sich die Antwort selbst: „Wenn es mal richtig gießt." Das geschieht dort höchstens einmal im Jahr.

Erickson, bei dem man sämtliche NLP-Techniken in einer schillernden Vielfalt wiederfindet, denn da kommen sie ja her, war der Meinung, man solle wieder lernen, wie Kinder Lernen lernen. Warum er dieser Meinung ist, wird aus dem Zitat über frühkindliches Lernen deutlich (s. Abkoppeln). Dieses Abkoppeln wiederum macht verständlich, warum diese „NLP-separator-states" so wichtig sind. Es sind nicht nur Grundlagen des NLP. Kinder lernen aber nicht präzise. Sie trainieren nicht. Sie spielen.

Ich habe gelernt, daß es mehr Spaß macht, von der Grobform zur Feinform zu gehen. Das geht einfach schneller und ist wirksamer. Egal, ob jemand den Umgang mit dem Computer, Skifahren oder sonst etwas lernen möchte. Spielen lernen anstatt Techniken trainieren steht im Vordergrund.

Warum der typisch deutsche Bürger so schlecht spielen kann, wenn er etwas Neues lernt – sei es Skifahren, Umgang mit dem Computer oder eine neue Therapieform – wird unten beschrieben. Grundsätzlich kann ich sagen: die Tatsache oder Annahme, daß der Mensch keine Triviale Maschine ist, führt zu außerordentlich intensiven Veränderungsprozessen beim Reframing, bei der Belief-Arbeit und beim Umsetzen sprachlicher Kommunikationstrainings.

Die theoretischen Ansätze der systemischen Sicht zeigten mir, daß es sehr wertvoll ist, zunächst seine inneren Landkarten (besser Holodyns) einmal genau kennenzulernen. Ein guter Therapeut, ein Coach oder eine Führungskraft sollte in der Lage sein, sehr schnell ein Muster zu erkennen, vergleichbar mit einem Skipper, der mit einem Blick am großen Bären erkennt wo Norden ist, anstatt einen einzelnen Stern zu bewundern. Wer die Fähigkeit besitzt, Muster zu erkennen und zu unterscheiden, merkt beispielsweise in einer Teamsitzung sehr schell, wer mit wem am Besten kooperiert, wer einen Vorgang behindert etc. Er wird auch unterscheiden können, daß der weniger gute Rapport zu einem Mitarbeiter weniger etwas mit dessen Schnauzbart oder seiner etwas verwaschenen Stimme zu tun hat, als vielmehr mit seiner eigenen inneren Landkarte und den dazugehörigen Akteuren im Musical seines eigenen Lebens.

Ziel ist es nun aber in keiner Weise, feste Programme zu erstellen, sondern vielmehr auf einer höheren oder tieferen logischen Ebene Lernen lernen oder wie der Delphin bei Bateson, das Aha-Erlebnis des Deutero-Lernens zu genießen.

Wenn der Anwender erst einmal die Wechselwirkung zwischen Land und Landkarte bemerkt hat, wird er viel Freude und Kreativität mit sich selbst und seiner beruflichen und familiären Umgebung erleben. Das Modell bleibt nicht im Individuellen oder einer Zwei-Personen-Interaktion hängen (so wie sich ein Computer manchmal aufhängt). Es macht dann einfach Spaß, Prozesse besser zu durchschauen, Ebenen zu unterscheiden und wirksamere Entscheidungen zu treffen.

Muster erkennen

Im Mikro- wie im Makrobereich ist wohl Kommunikation ohne das Erkennen von Mustern nicht möglich. Der Kugelfisch, der zwischen einer heißen und einer kalten Umgebung unterscheidet, erkennt Muster. Der politisch Verfolgte, der in ein anderes Land auswandert bevor es brenzlig wird, hat ein Muster erkannt und überlebt.

Letztlich habe ich einer Gruppe von Menschen den Unterschied zwischen Selbstorganisation und Fremdorganisation anhand sehr einfacher Muster demonstriert. Das Betrachten von vier Punkten an der Tafel machte klar, daß es sich hierbei um ein statisches Muster handelt. Das Umhertreten eines großen, grünen Balles in der Gruppe ließ erkennen, daß es sich bei demselben um ein statisches, geschlossenes System handelte. Die Frage, was der Ball bräuchte, um sich nicht umhertreten zu lassen, wurde dahingehend beantwortet, daß er äußere Sensoren bräuchte, die, ähnlich wie bei dem Kugelfisch, Signale rückbezüglich nach innen liefern, so daß Information entsteht, die rückbezügliche Fluchthandlungen auslöst.

Früher hatte ich gedacht, es sei einfacher, Muster an einem einzelnen Menschen zu erkennen. Heute weiß ich, daß das schwierig ist, kommt es doch dem Versuch gleich, sich in der Weite der Prärie an einem einzelnen Stern orientieren zu wollen. Besser ist es, wenn man einen Vergleich hat.

Als ich etwa 17 Jahre alt war, hatten mich meine Eltern nach Paris geschickt, damit ich die französische Sprache besser lernen sollte. Mir machte es jedoch mehr Spaß, mit den Beatniks – heute würde man Hippies sagen – und den Clochards die Zeit totzuschlagen. Damals lernte ich mit einem Blick deutsche Touristen von amerikanischen, englischen und anderen europäischen zu unterscheiden. Das war lebensnotwendig, wenn man durch Betteln an Geld kommen wollte. Heute kann ich nicht mehr genau sagen, wie ich damals wußte, ob es sich um einen Deutschen oder einen Engländer handelte. Damals sah ich es jedenfalls sofort.

Im Winter 1992 saß ich gewohnterweise in meinem Skiort am Arlberg in einem Cafe, in dem die Skibums (Aussteiger aus aller Welt) ein und ausgehen. Eines nachmittags hatte sich eine Gruppe aus den neuen Bundesländern in dieses Cafe verirrt. Es war für mich sehr interessant, den Unterschied dieser Gruppenstruktur im Vergleich zu den Australiern oder Canadiern und Californiern zu beobachten. Die Deutschen saßen sehr geordnet in einem Kreis. Sie bildeten eine geschlossene Runde und diskutierten darüber, wer sich anstellt und Essen holt. Alles war sehr strukturiert. Ich hörte viele Worte herüberklingen wie „Wir machen..." und „Wer wird...". Dann wurde eine gemeinsame Entscheidung gefällt, und zwei Personen wurden losgeschickt. Die Gruppe könnte durch das Lebenslied „Wir machen alles gemeinsam" zusammengehalten werden.

Der Anblick dieser Gruppe war in diesem Cafe wirklich etwas Besonderes. Denn die anderen jungen Menschen verhalten sich dort völlig anders. Man sieht bei ihnen sofort, daß es sich um eine Gruppe von Californiern handelt. Meistens „hängen" sie locker am Tisch herum. Wenn jemand kommt, wird er mit Interesse willkommen geheißen: „High Frank, how was your skiing today?" Es gibt viel Kommunikation mit starkem Rapport. Das Ganze ist aber sehr zwanglos und locker. Jeder wird so akzeptiert, wie er ist. Die Gruppe könnte durch das Lebenslied „Jeder hat ‚fun' ganz für sich selbst, und wir haben eine gute Zeit miteinander" am Leben erhalten werden.

Es gibt für mich große Unterschiede, wenn ich in diesem Skiort die Kids deutscher oder schwedischer Familien beobachte, oder Paare bzw. Familien unterschiedlicher Nationalitäten. Die Wechselwirkung in der Beobachtung und Arbeit von einzelnen Personen und Mehrpersonensystemen hilft, das Erkennen von Mustern zu schulen. Der wesentliche Unterschied zwischen der klassischen Familie mit Vater, Mutter und einem oder mehreren Kindern zu anderen Systemen liegt wohl in der Versorgungserwartung dieser Familie. Hier muß jemand über längere Dauer versorgt werden. Das wäre dann wieder so ein Innen/Außenproblem. Diese Struktur scheint es aber nicht mehr so häufig zu geben. Es wäre spannend, hier einmal mit Terry Tafoya einen Workshop über transkulturelle Phänomene zu machen.

Muster in Familiensystemen, Teams und Arbeitsgruppen

In der Arbeit mit Mehrpersonensystemen (ich denke, sie ist unerläßlich für die Entwicklung persönlicher Rapportfähigkeiten mit Einzelpersonen) haben sich die folgenden Beobachtungsmöglichkeiten als hilfreich erwiesen, um einschränkende oder auch förderliche Glaubenssätze erkennen zu lernen:

Hierarchie und Subsysteme

- Sitzordnung
- Wer sitzt wie nahe bei jemandem? Wieviel Berührungen gibt es? Welche Tonalität wird benutzt?
- Wer beginnt das Gespräch?
- Wer redet am meisten?
- Wer trifft Entscheidungen?

312

- Wer hält den stärksten Augenkontakt, um die anderen zu überwachen?
- Wer unterbricht wen?
- Welche Person in der Hierarchie unten sagt am wenigsten?
- Welche Person in der Hierarchie unten sagt am meisten?
- Unterbrechen die Kinder (Mitarbeiter) die Eltern (andere Mitarbeiter) oder beschäftigen sie sich mit sich selbst (arbeiten konstruktiv).
- Antworten die Eltern (Vorgesetzte) oder ein Elternteil für die Kinder (Mitarbeiter) – schaut ein Kind (Mitarbeiter) ein Elternteil (anderen Mitarbeiter, Vorgesetzten) an, bevor es (er) antwortet?
- Sind die Kontaktregeln eher formal? Gibt es wenig Möglichkeiten zum Unterbrechen oder für spontane Aktivität?
- Koalitionen und Allianzen? Wer verteidigt wen? Wer unterstützt wen? Welches Kind (Mitarbeiter) welche Eltern (Mitarbeiter, Vorgesetzten), welcher Elternteil welches Kind? (Welcher Mitarbeiter welchen anderen, welcher Kursteilnehmer den Leiter, wenn er angegriffen wird etc?)

Rekursive Muster

- Wer unterbricht wen und wann?
- Wer wird still, wenn eine andere Person spricht?
- Wer ändert wann seine Mimik, Körperhaltung, Gestik?
- Welche Verhaltenssequenz folgt immer wieder welcher nächsten in selbiger Verhaltenssequenz?
- Welche thematische Sequenz folgt immer wieder welcher Verhaltenssequenz?
- Wie muß eine Person, eine Subgruppe oder eine ranghohe Person handeln, damit ein Problem entstehen kann?

In einer einzelnen Person Muster erkennen

Wie man lernt, an einer einzelnen Person Muster zu erkennen, habe ich (1983, 233) sehr genau beschrieben. Üben muß man es selbst. Ähnlich wie ein guter Autofahrer, der genau hört, wenn an den inneren Teilen seines Fahrzeuges sich etwas verändert hat, sieht, hört und fühlt ein guter Pädagoge, ein Chef oder ein Therapeut, wenn sich an einem Menschen etwas verändert hat. Erickson „hörte" am Rhythmus der Schreibmaschine, wenn der Mann seiner Sekretärin wieder von seiner Geschäftsreise zurückgekehrt war. Als Supervisor „höre ich" wie ein Klient aussieht, ich sehe oft im ersten Satz das Drama der Familie vor mir und weiß dann, welche Teile (inneren Muster, Geister) im Moment eines Problemzustandes oder im Moment eines Ressourcezustandes aktiv sind. Oft lasse ich innerhalb einer Fallsupervision die direkte Bezugsperson (Pfleger, Arzt, Therapeut, Chef, Betriebsleiter) nur einen Satz über das Problem sagen. Dann müssen die anderen Gruppen-mitglieder über die innere Landkarte der Person Hypothesen und Phantasien bilden.

Ist jemand sehr still, kann man auf die Idee kommen, daß er zu Hause totgeredet wurde. Jedenfalls ist die auditive Komponente aus der Balance geraten. Hat er auch noch eine gebückte Körperhaltung, scheint etwas mit der „One up/One down"-Struktur, d.h. mit der Kontrolle der Beziehung, gestört zu sein. Braucht er für eine Aufgabe viel äußere Materialien oder mißbraucht er gar Substanzen, so wird seine Motivation außen zu suchen sein. Mit hoher Wahrscheinlichkeit hat die Person wenig Selbstwert und kommt aus einem Familiensystem mit viel Strafe und einem deterministischen Lebenslied. Gibt es noch etwas über rekursive Muster herauszu-hören, in der Art wie: immer wenn die Person mit Herrn X spricht, reagiert sie so; wenn sie mit Frau Y zusammen ist aber ganz anders ... entsteht in mir die Frage, welche kleinen Nichttrivialen Maschinen in der Person jeweils in der Kommuni-kation mit X oder Y angeschaltet sind.

Oft könnte ich über die Hypothesen und Deutungen des ersten Satzes einen ganzen Roman schreiben, und die Teilnehmer einer Supervisionsgruppe sind oft fasziniert, was ich da alles sehe oder heraushöre. Selbstverständlich prüfe ich die Hypothesen. Das Wichtigste dabei ist mir aber, und das ist ein wichtiger Unter-schied zur psychoanalytischen oder auch lernpsychologischen Denkweise, die Hypothesen im jeweiligen Kontext zu prüfen. Ich schütze mich so gut es geht vor theoretischen Bibeln, Kochbüchern oder anderen Äußerlichkeiten. Jeder Mensch ist anders, und jede Nichttriviale Maschine hat ihre eigene Geschichte. Man kann Unterschiede wahrnehmen; man kann sich an Bedeutungen erfreuen, aber man kann sie nicht analysieren.

Therapeuten, die Muster in Gruppen erkennen können, sind in der Lage, auch bei einzelnen Personen ihr „Holodyn" wahrzunehmen. (Das gilt natürlich auch für Coaches, Führungskräfte und andere Kommunikatoren.) Wenn ich Muster bei anderen Personen erkennen lernen will, sollte ich meine eigenen komplexen Muster erkennen. Es ist klar, daß ich fremde Muster schlecht erkennen kann, wenn ich mich in einem Zustand der Verwirrung befinde. Das entsteht zwangsläufig in einer paradoxen Situation, also in einer Situation, wenn logische Ebenen verwech-selt werden. Ich sollte also merken, wann ich verwirrt bin und auch in der Lage sein, diesen Prozeß zu kommunizieren.

Wird in einem rollenorientierten System die Konsequenz des Handelns in Verhaltensvorschriften verlegt, gleichzeitig aber vom Teilnehmer Eigenständigkeit, Kreativität und Selbstverantwortung bei der Lösung eines Problems verlangt, entsteht innerhalb der Person eine Unvereinbarkeit der Handlungen. Der Mensch ist einer Zerreißprobe ausgesetzt, wie die Mutter im kaukasischen Kreidekreis. Als der König befahl, das Baby in zwei Stücke zu hauen, sagte die Frau: „Gebt es der anderen!" Da wußte der König, wer die richtige Mutter war. Der Konflikt war gelöst, weil die Bindung gelöst war.

Eigentlich müßten in unserem Land viel mehr Menschen verrückt sein. Wenn ich über den Gedanken der Doppelbindung von Gregory Bateson nachdenke und die Sätze in dem oben beschriebenen Rahmen durch verschiedene Glaubenssätze ersetze:

> Die Werte in unserem Staat stimmen nicht mehr.
>
> Ich habe meinen Amtseid geleistet.
>
> Recht und Ordnung ist die erste Bürgerpflicht.
>
> Jeder Mensch ist ein eigenständiges Individuum.

könnte ich auf die Idee kommen, daß unser Staat verrückt ist. Wir sollten ihn zum Psychiater bringen. Vielleicht hilft Haldol oder eine andere chemische Substanz. Hitler jedenfalls brauchte keine Substanzen. Er hatte die Juden, die Russen und andere Feindbilder. Ein Coach oder ein Psychotherapeut, von dem verlangt wird, daß er anderen Menschen bei der Problemlösung hilft, braucht Kreativität. Diese wiederum kann er nur entfalten, wenn er frei ist. Er muß manövrierfähig bleiben, vergleichbar einem Schiff auf hoher See, das die angemessenen Segel gesetzt hat. Ein Schiff an der Ankerkette ist nicht mehr manövrierfähig. Ein Coach, Supervisor oder Therapeut, der in die Regelsysteme von Vereinigungen eingebunden ist, ist genauso in seiner Beraterfähigkeit eingeschränkt wie ein Anfänger, der sich noch in seinen Ängsten und Befürchtungen an Theorien und anderen Regelsystemen festhält, die außerhalb seiner Person liegen.

Europäische Kommunikatoren haben es wohl deshalb schwerer als Trainer aus dem angelsächsischen Sprachraum, weil sie in vielen Fällen ihre familiären und kulturellen Glaubenssätze nicht bemerken. Diese sind in den meisten Fällen mit einem macht- und/oder rollenorientierten System verknüpft.

Das trifft wohl ganz besonders auf solche Menschen zu, die deshalb in eine polare Richtung gegangen sind, weil sie in ihrem Ursprungssystem derartig schmerzhafte Erfahrungen erleiden mußten. Wenn man von Papa verhauen wurde, will man später als Lehrer, Krankenschwester, Psychologe oder Psychiater anderen Menschen helfen. Wie schon erwähnt, geht aber in Mißbrauchsstrukturen die Informationsverarbeitung den Bach runter. Man mag nicht mehr hinschauen. Die Unfähigkeit richtig hinzuschauen, auch auf grausame Vorgänge, hat natürlich für die helfende Person fatale Folgen, weil sie ihr Augenmerk nur auf ganz bestimmte Vorgänge richten kann. Manche Therapeutinnen enden in einer Männlichkeits/Weiblichkeits-Ideologie. Sie können nicht sehen, daß sich seitens der Klientinnen gegenüber Frauen ein sehr zwiespältiges Verhältnis gebildet hat. Ohnehin beziehungsgestört in Zusammenhang mit einem Mißbrauch, haben diese Klientinnen gegenüber Frauen einen verdeckten Haß entwickelt, weil sie von ihrer Mutter nicht geschützt wurden. Meine Erfahrung ist, daß es einige Sitzungen dauert, bis eine Person genügend Vertrauen gefunden hat, um wieder hinschauen zu können.

Wer in einem streng autoritären System erzogen wurde, in dem körperliche Strafen an der Tagesordnung waren, ist oft noch besser dran als jemand, der in einer religiösen Struktur groß wurde, in der sich beispielsweise die Sexualität in Form eines Mißbrauchs zwischen Vater und Tochter ihren Weg suchte, der in keiner Weise sein durfte, an den man nicht mal denken, geschweige denn über ihn reden durfte. Es ist klar, daß eine Person in einem solchen Fall große Schwierigkeiten hat, eigene Glaubenssätze zu erkennen – sie darf nicht darüber sprechen und hat somit keine Möglichkeit der Realitätsprüfung.

Es ist dann die Frage, inwieweit Männer, die durch Prügel mißbraucht wurden, nicht noch schlechter dran sind als Frauen, da es ja für einen Mann ein Tabu ist, über diesen Schmerz zu sprechen. (In vielen Fällen haben Frauen die Möglichkeit gefunden, an ihrem Mißbrauch zu arbeiten.) Hitler zum Beispiel wurde auf extremste Weise geprügelt. Er war stolz darauf, zweiunddreißig Stockschläge des Vaters aushalten zu können ohne zu schreien. Ein großer Teil der Menschen, die ihn gestützt hatten, hatte vergleichbare Prozeduren in der Erziehung über sich ergehen lassen müssen. Noch heute prügeln mehr als 10 % unserer Bevölkerung ihre Kinder. Mindestens genausoviel befinden sich in rechten Gruppen. Für einen großen Teil unserer Mitbürger scheint immer noch die elterliche Macht zum guten Ton zu gehören. Vielleicht klingen in ihren Ohren immer noch die Töne der Lebenslieder des Preußenstaates, in dem der König das Spießrutenlaufen erfunden hatte, wenn ein Soldat nicht so funktionierte, wie es gemäß dem Lebenslied des Determinismus sein sollte. Vielleicht ist es auch ein Nachhall ihrer Schmerzensschreie, wenn sie dabei fast zu Tode geprügelt wurden.

In einer der hypnotischen Schreibübungen, die ich in manchen Gruppen durchführe, flossen mir die folgenden Worte aufs Papier: „Es war in der Waschküche. Er hatte mir die Hose aufgeknöpft. Ich lag hilflos über seinem Knie. Es tat furchtbar weh. Wenn du schreist, schlage ich dich noch mehr. Er schlug mit der Faust auf meinen nackten Hintern. Ich war etwa vier Jahre alt. Ich war verstummt. Ich schrie. Ich weiß es nicht mehr. Später war ich dann ganz verstummt. Es dauerte Jahre, bis ich frei sprechen konnte. Warum? Was hatte ich getan. Ich wußte es nicht. Ich wußte, es war falsch, was er tat."

Diese Übung zum kreativen Schreiben ist ein hypnotischer Vorgang, der dem „automatic handwriting" ähnelt. Der Vorgang eignet sich sehr gut zum Wiederentdecken vergangener Erlebnisse. Als Gruppenleiter mache ich grundsätzlich beim Schreiben mit, weil das Ziel offene, risikofreudige Kommunikation ist (vgl. Wippich & Derra-Wippich 1995).

Mir persönlich gelang es erst nach einigen Jahren, dieses Erlebnis zu Papier zu bringen. Sexuelle Erfahrungen meiner Jugend und Kindheit hatte ich in großer Anzahl aufgeschrieben und verarbeiten können.

Prozeßdiagnostische Bereiche
(in Anlehnung an Jeffrey K. Zeig)

Es gibt mittlerweile eine große Anzahl von Wahrnehmungskategorien. Ich möchte noch einige hinzufügen. Je mehr Sprachen man spricht, umso besser kann man mit unterschiedlichen Menschen reden. Je mehr Möglichkeiten man hat, Muster zu erkennen, desto mehr Möglichkeiten hat man, sich zu entscheiden, wo man hinschauen will.

Wenn man in der Psychiatrie arbeitet und seine Augen und Ohren offenhält, braucht man solche Kriterien wohl kaum, weil die Patienten in den verschiedensten Bereichen der Wahrnehmung, des Verhaltens und ihrer Denkmuster ganz ungewöhnlich extreme Reaktionen zeigen. Ich glaube, daß Therapeuten wie Milton H. Erickson, Frank Farrelly und seine Lehrer Carl Whitaker und John Rosen Menschen sind, die sich ihre Fähigkeit bewahrt haben, auch in der Begegnung mit Menschen, die andere Menschen als „krank" bezeichnet haben, weiterhin ihre Augen und Ohren offenzuhalten. Diese Therapeuten sind daran gewachsen und auf eine Art weise geworden. Die nun beschriebenen Kategorien haben nicht das Ziel, dem Leser im Rahmen einer Schnellbleiche zur Weisheit zu verhelfen. Aber nicht jeder hat die Möglichkeit, einige Jahre in der Psychiatrie zu arbeiten, um an extremen Verhaltensweisen zu lernen. Beim sogenannten „normalen" Menschen äußern sich die Merkmale allerdings etwas verdeckter, sanfter und glatter. Das erschwert die Beobachtung ein wenig. Da heißt es also wieder mal: Üben, üben, üben!

Die Kategorien haben das Ziel, zu bemerken, ob eine Person innerhalb einer Kategorie einseitig oder flexibel ist. Ist er flexibel, hat er viel Wahlmöglichkeiten. Ist er einseitig, gibt es Raum für neues Lernen. Falls Sie, lieber Leser, beispielsweise bei sich bemerken, daß Sie so ein rechter Macho sind, so richtig „One up", wäre es doch einmal interessant, bei einer Amazone in die Lehre zu gehen, oder wenigstens unter diesen neuen Gesichtspunkten mal eine Wehrübung nachzuholen, oder vielleicht nehmen Sie eine Privatstunde bei Frau Emmermann. So etwas machen ja viele Menschen, die in einer gehobenen Position sind.

Ähnlich wie bei den Sinnesmodalitäten sind die beschriebenen Muster eine ausgezeichnete Möglichkeit, mit einem Menschen einen guten Rapport herzustellen, sei es für eine geschäftliche Verhandlung, eine hypnotische Sitzung, ein Verkaufsgespräch oder eine strategische psychotherapeutische Maßnahme. Wenn ich zum Beispiel bei meinem Gegenüber sein One up-Muster rechtzeitig erkenne, laufe ich nicht so schnell ins offene Messer, indem ich mich aufblase und damit eine Polarität aufbaue.

Weiterhin kann man damit sehr gut die Ziele für eine Veränderung definieren. Im psychotherapeutischen Bereich sollte immer diejenige Seite Ziel sein, die der Person fehlt, so daß sie sich mehr Wahlmöglichkeiten schaffen kann. Es ist wohl einleuchtend, daß es ein Problem ist, wenn man entweder ausschließlich internal oder external durch die Welt marschiert.

Richtung der Wahrnehmung – Externale / Internale Wahrnehmung

Man kann mit seinen äußeren Ohren und Augen innen sein, oder mit seinen inneren Augen und Ohren außen. Beides kann entweder Empfindungen an der Körperoberfläche hervorrufen oder tief innen.

Wie so viele Stunden in diesem Winter sitze ich mit dem Manuskript in einem Cafe oder in der Bergstation in St. Anton und beobachte die Menschen, die aus aller Welt in dieses Mekka des Skifahrens strömen. Meine Wahrnehmung wechselt dabei ständig von außen nach innen. Ich kann mit den oben beschriebenen Augen spielen, daran denken, daß ich beispielsweise innere und äußere Augen des Adlers habe, oder mich meinem Manuskript widmen. Nun gerade bei diesem Thema der internalen Wahrnehmung fällt mein Auge auf die Bedienung, die in diesem Winter hier in diesem Cafe verträumt zwischen den Skitouristen umherläuft und anscheinend große Probleme hat, deren Bedürfnisse zu erfüllen. Sie ist ständig gut gekleidet, gut hergerichtet, was nach einer visuellen Komponente aussieht, aber ihr Auge ist nach innen gerichtet. Sie sieht natürlich nicht, wenn man winkt. Man muß warten, bis sie in der Nähe ist und dann rufen. Dann wird sie erfahrungsgemäß sagen, „Augenblick, ich komme gleich...", was für einen linearen Denkvorgang spricht.

In Trance geht die Wahrnehmung meist nach innen, in einer Streßsituation nach außen. Auditiv external sensible Personen fühlen sich oft in der ersten Trance eines Seminars durch die Worte des Kursleiters „gestört", was mir Aufschluß über ihr Familiensystem gibt. Ein gut trainierter Karatekämpfer oder Hochleistungssportler ist in Balance. Ein Manöver beim Windsurfen sollte aus dem Bauch heraus kommen. Gemäß Heinz von Foerster und Piaget sind die sensu-motorischen Rekursionsschleifen in diesem System geschlossen, und die Person ist optimal handlungsfähig.

External motiviert – Internal motiviert

Verwandte Begriffe sind: Externale oder internale Attribuierung oder Extrapunitivität bzw. Intrapunitivität. Externale oder internale Attribuierung bedeutet, daß die Bedingungen für einen Vorgang entweder etwas Äußerem oder etwas Innerem zugeschrieben (attribuiert) werden. „Punitivität" hat etwas mit Schuld oder der Ursache zu tun. Also: die Ursache wird entweder außen oder innen gesucht.

Personen, die aus einem macht- oder regelorientierten Familiensystem kommen, sind meist external motiviert. Ebenso Menschen, die mit dem Bild eines transzendenten Gottes leben.

Die Schuld haben immer die anderen. Auditiv external motivierte Patienten zum Beispiel schimpfen auf den Arzt, das Personal, die Medikamente, die Gesellschaft. Als ich Ausbilder bei den Gebirgsjägern war, kam es oft vor, daß ein Soldat sagte: „Mein Gewehr schießt einfach nicht richtig!" Als ich Leistungssport trieb, und einen Slalom verloren hatte, sagte ich: „Mein Ski war falsch gewachst." Wohl in jedem Wintersportgebiet kann man ständig hören: „Ich kann bei dieser schlechten Sicht nicht Skifahren. Wie schön wäre es doch, wenn wir Sonne hätten." Oder nach vier Wochen Sonnenschein: „Es ist so wenig Schnee. Die Piste ist so eisig. Hoffentlich schneit es bald mal."

Noch ist es für viele Menschen total „in", sich von der Glotze, Computerspielen oder anderen Äußerlichkeiten berieseln zu lassen. Wenn innen nichts ist, braucht man eben viel „Außen". In den letzten Jahren haben sich in einigen Bereichen Bio-Feedback-Geräte den Markt erobert. Die gesteigerte Version ist Cyberspace oder die virtuelle Realität, eine Kombination zwischen Bio-Feedback, TV und Video. Dort kann man alles erleben, was man mit der eigenen Traumwelt nicht hinkriegt. Natürlich mehrdimensional und mit smell-card. (Die smell-card erzeugt recht realistische Gerüche. Von Sex über Schlachtfeld bis zu Meeresduft oder Hausbrand.) Damit gehen schon heute manche Kids ihren Eltern auf die Nerven. Der herkömmliche Computerbildschirm wird durch eine dreidimensionale Brille ersetzt, und mit einem NASA-Handschuh kann man in das Bild hineinfassen. So wird es möglich, an all den Welten, von denen man bisher „abgespalten im Sessel saß", direkt teilzunehmen. Wie war es doch bisher schade, daß man in einem erotischen Film die Lieblingsschauspielerin nicht „begreifen" durfte. Das gibt für den Leser, der ja nun über das Prinzip der Geschlossenheit lebender Systeme hinreichend Bescheid weiß, eine interessante kleine Denksportaufgabe. Wie wird sich der zukünftige Konsument pornographischer Cyberspace-Aktivitäten selbst befriedigen können, wenn beide Hände im NASA-Handschuh stecken? Aber vielleicht reicht ihm ja die virtuelle Traumpuppe oder ihr der künstliche Märchenprinz völlig aus.

Der schizophrene Arzt, mit dem ich sehr lange erfolglos gearbeitet hatte, war wie die meisten Schizophrenen extrem external motiviert. Er beschäftigte sich von morgens bis abends mit der Bibel, der Psychoanalyse und seinem Wunsch, die Schauspielerin Barbara Valentin oder den Schauspieler Rainer W. Faßbinder zu bekehren. Er stand mit berühmten Analytikern im Briefwechsel. Über sämtliche Themenbereiche hatte er umfangreiches Material gesammelt und Akten angelegt. Er hatte ausschließlich professionelle Freunde. Mich, Ärzte und anderes Klinikpersonal. Paul Dell schildert, wie unmöglich es ist, jemandem, der keine echte realitätsbezogene emotionale Beziehung hat, psychotherapeutisch zu helfen.

External motivierte Personen erkenne ich an folgenden Mustern: Eine Gruppe fragt: „Wann machen wir Pause?" Dabei wenden sich alle Köpfe mit einem großen Fragezeichen im Gesicht in meine Richtung. Ich nenne solche Gruppen die Uhrwerkgruppen. Die Menschen möchten nach den Prinzipien von Selbstorganisation arbeiten, aber tief in ihnen sitzen Glaubenssätze des Nürnberger Trichters. Oft sind es auch Gruppen, in denen andere Gruppenleiter nach einem verdeckten Machtprinzip vorgegangen waren.

Oft wird das Konzept mit dem Vorgang verwechselt. Ein Klient sieht in der Hypnose ein Mittel, das alle Probleme löst. „Mit NLP schaffe ich es schon." Eine gute Maßnahme bei external motivierten Klienten ist das übersteigerte Schimpfen auf einen gemeinsamen Feind als Übung innerhalb des provokativen Ansatzes (vgl. Wippich & Derra-Wippich 1995).

Manfred Zielke, einer meiner früheren Lehrer in Gesprächspsychotherapie, hat sich ausführlich mit empirischen Untersuchungen zum Ort der Kontrolle (LC) beschäftigt: „Die empirisch gewonnenen Zusammenhänge zwischen der erlebten Kontrolle des eigenen Verhaltens und des LC (Locus of Control) sind evident, wie aktuelle Übersichtsarbeiten berichten. Internale (überwiegende Orientierung) scheinen aktiver zu sein, mehr Verantwortung zu übernehmen und sich für Mißerfolg schuldiger zu fühlen. Sie beschaffen und verwerten Informationen wirkungsvoller und erhalten so ein realitätsgerechtes Bild ihrer gegenwärtigen Umwelt. ... Mit hoher Kompetenz steigt die erlebte Selbstkontrolle. Ähnlich sind im Leistungsbereich internal kontrollierte Schüler oder Studenten aktiver und erfolgreicher als external kontrollierte. Internales Kontrollerleben erhöht die Wahrscheinlichkeit, daß eine Person erfolgreich ihr Übergewicht verringern kann. Eine erfolgreiche Gewichtsabnahme wiederum erhöht das Erleben internaler Kontrolle. ... Deutliche Zusammenhänge liegen vor, zum Kontrollverhalten von Streß bzw. Angst. ... Daß Geschäftsleute mit überwiegender internaler Kontrollüberzeugung während eines geschäftlichen Neubeginns weniger Streß empfanden, zielgerichteter und weniger emotionsgeleitet Probleme lösten ... Erfolgreiche wurden internaler, erfolglose wurden externaler .... Daß das Auftreten eines latent vorhandenen Angstniveaus einhergeht mit starker Externalität ... Weiter haben Externale erhebliche negative Zukunftserwartungen ... sowie höhere Werte auf Depressionsskalen. ... Eine Person, die sich im hohem Maße fremdkontrolliert fühlt, sieht kaum Möglichkeiten, ihre persönliche Situation zu beeinflussen ... Die Erwartung, daß das eigene Verhalten und dessen Konsequenz voneinander unabhängig sind, läßt kaum eine Möglichkeit erkennen, etwas gegen unangenehme Ereignisse zu unternehmen" (Zielke 1982).

Verzerren von Wahrnehmung oder Verhalten – Enhancing (Vergrößern) oder Reducing (Verkleinern)

Der Enhancer steht vor einer Maus und sieht einen Elefanten. Der Reducer steht vor einem Elefanten und sieht eine Maus. Der Enhancer brüllt vor Schmerz, wenn der Zahnarzt sein Gebiß vorsichtig untersucht. Der Reducer kann sich ohne künstliche Betäubung einen Zahn ziehen lassen (so geschehen bei einem Kollegen nach einem NKS-Einführungskurs, der vor der Extraktion dem ungläubig dreinschauenden Zahnarzt sagte, er brauche keine Spritze, lediglich eine Minute Ruhe. Er konzentrierte sich dann sehr intensiv auf den „Moment of Excellence", den er im Kurs gelernt hatte und reduzierte dabei nicht nur, sondern blendete sämtliche K-Signale aus).

Der Amerikaner sagt zu seiner Freundin: „Oh Baby, I love you more, than anything in the world!", der Engländer dagegen: „Oh, my dear, I just like you." Beide meinen das gleiche.

Als Frank Farrelly einmal bei uns ein Seminar begonnen hatte, fragte er mich nach der ersten Demonstration: „How was it? – Na, wie wars?" Ich fand es hervorragend und sagte: „Not so bad! – Gar nicht schlecht!" Abends brach es dann aus Frank förmlich heraus. Er beklagte sich bei Ingrid über den Vorfall: „The demonstration was fantastic. I thought he gave me an A but he said: ,IT WAS NOT SO BAD!' – Die Demonstration war hervorragend. Ich dachte, er gibt mir 'ne eins, aber er sagte: ,ES WAR NICHT SCHLECHT!'"

Um bei einem „Enhancer" Rapport herzustellen, sollte ich in der Lage sein, provokativ zu übertreiben. Einen Reducer dagegen würde ich damit völlig überrollen. Um einem Enhancer einen guten hypnotischen Raum zu bieten, sollte ich in der Lage sein zu sagen: „Sie werden gleich einen außergewöhnlich guten Trancezustand erreichen ..." Einem Reducer muß ich sagen können: „Ich weiß nicht, ob Sie es überhaupt bemerken werden? Aber möglicherweise können Sie eine kleine Veränderung in Ihrem Atem verspüren, wenn Sie mir … vielleicht weiter ein wenig … zuhören könnten …"

Therapeuten, Verkäufer oder Verhandler, die auf dieser Schiene sich immer gleichbleibend geben, haben natürlich große Schwierigkeiten, mit einem echten Amerikaner Rapport zu machen.

Heinz von Foerster erzählte mir beim Austausch von Erfahrungen über des Skifahren von einem interessanten Erlebnis. Wir hatten darüber gesprochen, welchen Spaß es macht, im Nebel, Schneetreiben oder vergleichbaren Bedingungen Tiefschnee zu fahren, weil man dann keinen Referenzpunkt mehr hat und sich die sensu-motorischen Bedingungen im Nervensystem ändern. Wenn man langsam auf einen Gegenhang zufährt, fällt man um, wenn man schon steht. Es wird einem leicht übel etc. etc. Er berichtete, daß er zusammen mit seinem Freund unter solchen Bedingungen ganz plötzlich einen riesigen Vogel einige Meter unter sich entdeckt hatte. Einen besonders großen Adler. Beide waren ganz still und wagten sich nicht zu rühren, um ihn nicht zu verscheuchen. Nach einigen Minuten beugten sie sich langsam näher an den Vogel heran und bemerkten: Es war ein kleiner Singvogel, der sich dort obenhin verirrt hatte und zitternd an einem Schneehang saß. Ihre Wahrnehmung hatte sich so verzerrt, daß der Vogel riesig erschienen war (von Foerster 1993, persönliche Mitteilung).

Compliant – Defiant

Es sei ganz klar vorangestellt: Der Vorgang der „Compliance" sollte nicht mit dem Konzept „Widerstand" in der Psychoanalyse verwechselt werden. Ich verstehe darunter die Fähigkeit, sich auf etwas ganz spontan einlassen zu können, im Extremfall, ohne es zu hinterfragen. Das Wort kommt, so weit ich weiß, aus der amerikanischen, medizinisch soziologischen Forschung. In den USA konnte man feststellen, daß emigrierte Russen ein Medikament, das ihnen von einem amerikanischen Arzt verschrieben worden war, nicht einnahmen, obwohl ihnen der Arzt die Wirkungsweise sehr ausführlich erklärt hatte. Auch amerikanische Patienten, die zu einem aus der damaligen Sowjetunion emigrierten Spezialisten gegangen waren, nahmen die Medikamente unregelmäßig. Sie reagierten „defiant". Der Arzt hatte ihnen keine Erklärung abgegeben. Die russischen Patienten interpretierten das aufklärende Verhalten der amerikanischen Ärzte als „Unsicherheit" und reagierten „defiant". Die amerikanischen Patienten interpretierten das verschweigende Verhalten der russischen Ärzte als „Unwissenheit", waren verunsichert und reagierten ebenfalls „defiant". Meine Frau hatte eine Pilzerkrankung eines Zehennagels von einer dermatologischen Spezialistin aus dem Ostblock behandeln lassen.

Nach wie vor aufgrund ihres abgebrochenen Medizinstudiums an physiologischen Fragen interessiert, zeigte sie der Ärztin den Zeh mit den Worten: „Er gefällt mir schon wieder ganz gut" und bekam zur Antwort: „Lassen Sie sehen, ob er mir auch gefällt."

„Compliance" in der Arzt-Patient-Beziehung heißt: „Nur in einer partnerschaftlichen Arzt-Patient-Beziehung können Ärzte den kranken Menschen helfen, mündige Patienten zu bleiben oder wieder zu werden. Zu einer solchen Mündigkeit gehört, daß der Arzt sich nicht die Verantwortung für die Krankheit abnehmen läßt oder meint, sie dem Kranken abnehmen zu müssen; daß der Patient bereit ist, die Verantwortung selbst zu übernehmen. Zu diesem therapeutischen Bündnis (‚Compliance') gehört die Selbstverantwortung des Patienten ebenso wie ausreichende und verstehbare Information und Aufklärung des Kranken durch den Arzt" (Eser et al. 1989, 126).

Compliance in der strategischen Therapie heißt, daß sich jemand auf „devil's pact" einläßt, auf den Pakt mit dem Teufel. Der Klient tut die Aufgaben, auch wenn er in keiner Weise weiß, was dabei herauskommt. Es gibt keine Erklärung, kein Hinterfragen. Nur ein „Hineinfallenlassen". Daraus entsteht Erkennen. Die sich einlassende Person erkennt etwas. Beim „Aberer" dauerts länger. Offen defiant ist der ständige Aberer, der bei jedem Satz in die Polarität geht, der sogenannte „polarity responder". Innerhalb der Strategischen Therapie wird er keine Aufgabe erledigen können. In einem aufgabenorientierten Unternehmen fungiert er als Bremse. Das kann manchmal nützlich sein, wenn es als Schutz vor manischen Eskapaden dient, wird aber auf Dauer zur Last. Halb verdeckte Defiance zeigt sich durch Compliance während der Sitzung: „Ja, wir tuns" (Therapie oder Verhandlung) und einem „Irgendwie hat es nicht geklappt" beim nächsten Treffen. Verdeckte Defiance merkt man durch das Erfüllen der Aufgabe bei gleichbleibender Stabilität des Symptoms oder Problems. In den meisten Fällen sind dann tiefsitzende Glaubenssätze am Werk, denen man durch intensive Maßnahmen wie Provokative Therapie beikommen kann.

One up – One down

Über dieses Thema haben sich verschiedene systemische Therapeuten ausgelassen. Das Beispiel des Falles Rick von Milton H. Erickson (Zeig 1988), in dem der Mann mehr war als Gott und die Frau weniger als Nichts, drückt dieses Beziehungsmuster aus. Die One up-Person kontrolliert die Beziehung durch zahlreiche nichtsprachliche Muster. Hier sei nochmals erwähnt, wie interessant es ist, wenn man in einem Seminar zwei nebeneinandersitzende Personen bittet, miteinander zu kommunizieren, dann die Gruppenteilnehmer fragt, wer von beiden „One up", und wer „One down" ist, und woran sie es erkannt haben. Spannend wird es oft dann, wenn man zwei Kommunikatoren ausgewählt hat, bei denen die Unterschiede nicht so richtig sichtbar sind. Oft wird dann die Person als „One up" bezeichnet, die eigentlich „One down" ist. Sie lenkt, indem sie sich zum Opfer macht. Das Muster entspricht dann dem an anderer Stelle erzählten Rattenwitz, oder dem sich zum Opfer machenden Patienten, der genau weiß, wie er es hinkriegt, das Personal auf Trab zu halten. Ein Sozialarbeiter erzählte mir einmal über die Tricks von Patienten, denen es im Heim zu langweilig war, so daß sie sich wieder „krank" zeigen konnten, um ins Landeskrankenhaus zu kommen. Auf der Station dort war viel mehr los.

Sehr anschaulich kann ich die One up- und One down-Person in Rollenspielen bezüglich der beschriebenen machtorientierten Organisationsstruktur beobachten. Nichtsprachliche Muster werden dabei meist in allen Sinnesbereichen sehr ausdrucksvoll dargestellt. Die Teilnehmer sind anschließend meist sehr betroffen, weil es „wie aus dem Leben gegriffen" ist.

Auf einer psychiatrischen Station findet man in diesem Zusammenhang Personen, die sich als Hitler, Gott oder mehr zeitgemäß, als Rambo oder Terminator erleben. Im Sinne einer verdeckten Macht sind sie Geheimdienstler, die Kontakt zu anderen Sternen haben, die wissen, daß etwas ganz Schreckliches geschieht, wenn man ihre Wünsche nicht erfüllt etc.

Das typische Opfer dagegen ist ein „Nichts", hört Stimmen mit Schuldvorwürfen, hat Angst vor vergiftetem Essen, fühlt sich ständig von allen beobachtet und wird auf verschiedenste Weise von außen manipuliert.

Festhalten – Loslassen

Rigidität schränkt Wahlmöglichkeiten ein. Ich denke, daß Festhalten und Loslassen eine der wichtigsten Vorgänge im Leben sind. Ich kann mit dem Auge, dem Ohr und den Händen festhalten. Es ist notwendig, sich auf einen Vorgang hochkonzentriert einzulassen. Bin ich dagegen nicht in der Lage, mich aus einem pathologischen Muster, z.B. dem schizophrenie-erzeugenden, herauszulösen, werde ich möglicherweise krank.

Der uralte chinesische, taoistische Gedanke von Liebe heißt: zulassen, sein lassen, loslassen, unser europäischer ist dagegen mit Bindung, haben wollen und halten verbunden.

Aus diesem Grund erlauben mir Sportarten wie Snowboarden, Windsurfen und Skifahren, den Wechsel zwischen Festhalten und Loslassen immer wieder auf neue

Art und Weise zu erfahren. Hatte ich über dreißig Jahre am Skifahren festgehalten, kann ich nun durch das Loslassen vom ständigen Skifahren und Hinwenden zum Snowboarden neues Lernen erfahren. Wenn man etwas kann, kann man es ja nicht mehr lernen. Jedenfalls ist Lernen lernen schwieriger mit einem Vorgang, den man schon kann.

Psychiatrische Beeinträchtigungen: Der Suchtmensch hält fest. Der psychotische dagegen ist nicht mehr fähig, an einem klaren Gedanken festzuhalten.

In manchen Fällen helfen gegen solche Muster von Engstirnigkeit provokative diagnostische Begriffe. Bei Akademikern könnte man sich langsam von einer mentalen Hemmung zu Begriffen wie cerebrale Phimose hangeln und wenn man merkt, daß die Person Humor hat, bei morbus engholm cerebralis enden.

Geben – Nehmen

Liebe in unseren Breiten hat mehr mit „haben wollen" zu tun, als mit „sein lassen". Der betuchte Vater, der auf Grund seines beruflichen Stresses nicht mehr in der Lage ist, eine emotionale Beziehung zu seinem Sohn oder seiner Ehefrau aufrecht-zuerhalten, erkauft sich diese durch Geldgaben. In einem meiner ersten Referate während meines Studiums im Bereich Sozialpsychologie ging es um eine Theorie des Gebens und Nehmens beim Eingehen einer persönlichen Beziehung oder deren Beendigung. Die Idee war, daß jeder auf einer unbewußten Ebene abwägt, welche Resultate eine Balance zwischen Geben und Nehmen erbringt, so daß er entschei-det, ob er die Beziehung aufrechterhält oder nicht. Ein Zitat, welches ich noch erinnere, lautete: „Nur Heilige handeln völlig selbstlos. Die aber sind rar!"

In Familien, in denen Gewalt ausgeübt wird, entsteht diese primär im Bereich des Geldes. Später kommen die Bereiche Sexualität und Kindererziehung. Aber auch diese Bereiche werden über das Geld kontrolliert. Provokativ bezeichnen manche Menschen eine Frau, die sich von ihrem Mann nicht lösen kann, weil sie sich zu unselbständig fühlt, eine „Eheprostituierte". Werte in der Kindererziehung werden in unserer Zeit über das Geld reguliert. Im Rahmen der Strategischen Therapie hat Cloe Madanes (1990) ausführlich über dieses Thema berichtet. Im deutschsprachigen Raum gibt es einen Film zu dem Thema von Peter Krieg.

Eine sehr interessante Beschreibung der erotischen Lehrer/Schüler-Beziehung gibt Ernest Bornemann: „In dieser Hinsicht waren die Griechen nicht nur klüger, sondern auch gesünder als wir. Denn eine Gesellschaft wie die unsere, die in der Hingabe eine ‚Schwäche' sieht, ist eine schwache Gesellschaft, die eine Bloßstellung aus gutem Grunde befürchten muß. Die Griechen dagegen, die jede Hingabe als Gabe verstanden, nahmen mit Recht an, daß der Respekt, die Achtung und die

Zuneigung durch eine Gabe vermehrt und nicht vermindert wird. Und dies umso mehr, da bei einem solchen Verhältnis die Abhängigkeit des Älteren von dem jüngeren weitaus größer war als die des Jüngeren von dem Älteren. Der Lehrer mußte jede Handlung vermeiden, derer er sich vor dem Schüler zu schämen hätte. Dazu gehörten vor allem Lüge, Unaufrichtigkeit und Feigheit – also genau jene Verhaltensformen, die wir eben als nahezu unvermeidliche Anpassungsmaßnahmen des heutigen Lehrers an die heutige Schule erkannt haben. Umgekehrt war der Lehrer aber auch für jede Lüge, Unaufrichtigkeit und Feigheit des Schülers verantwortlich und wurde hierfür bestraft. Dies wiederum gab dem Schüler die Verantwortung, aufrecht, ehrlich und tapfer zu sein, damit sein Lehrer nicht seinethalber bestraft werde" (Bornemann 1965).

Fokussierte Wahrnehmung – Diffuse Wahrnehmung

Gemeint ist der Unterschied zwischen dem scharfen Auge des Falken und dem großmütigen Auge des Büffels. Der fokussiert wahrnehmende Teilnehmer kommt verspätet in eine Gruppe. Er setzt sich aufrecht hin und schaut ganz direkt umher. Später, als die Pause beginnt, bückt er sich, um ein paar Krümel aufzuheben, die ihm auf dem Velourteppich schon die ganze Zeit ins Auge gestochen hatten, so daß er nicht mehr in der Lage gewesen war, jedes Wort des Kursleiters im gewohnten Sinne auf die Goldwaage zu legen. Der internal diffuse Wahrnehmer dagegen kommt herein, setzt sich hin, geht in sich und läßt das Klima auf sich wirken. Ist er external, schaut er im peripheren Blick umher. Wird er nach seinen Erwartungen gefragt, wird er sagen, er sei „offen für alles".

In Streßsituationen ist die Wahrnehmung auf einen Punkt gerichtet, in Trance ist sie ganzheitlich. Manche Menschen sind im Dauerstreß, andere dagegen scheinen süchtig zu sein nach Trancezuständen. Fokussierte Bildschirmarbeit ist nicht jedermanns Sache, manch einer dagegen kann sich dabei entspannen. Sinnvoll jedenfalls scheint zu sein, herauszufinden, wann es besser ist, fokussiert in die Welt zu treten und wann diffus.

Eine Person, die diffus wahrnimmt, kann leicht mit diesem Muster nach innen gehen. Im Trancezustand kann dann eine sehr fokussierte Orientierung entstehen.

Lineare Denkrichtung – Vernetzte Denkrichtung

Über lineares und vernetztes Denken gibt es viel Literatur. Thema dieses Buches ist vernetztes Denken im Gegensatz zum linearen. Synonyme Begriffe sind zirkuläres

Denken, mosaikartiges Denken, ganzheitliche Weltsicht, Chaosmanagement etc. Der deutsche Psychologe Dietrich Dörner (1976) hat sich ausführlich mit diesem Denkstil und mit Problemlösestrategien beschäftigt. In den Computersimulationen „Lohausen" und „Tanaland" läßt er Versuchspersonen aus allen Lebensbereichen als Bürgermeister und Entwicklungshelfer fungieren, mit dem Ergebnis, daß einige von ihnen das jeweilige System in kurzer Zeit zur vollen Blüte bringen, andere dagegen ziemlich schnell in den Bankrott hineinlenken. Bürgermeister oder Entwicklungshelfer, die des vernetzten Denkens fähig sind, sind in der Lage, Bedingungen zu schaffen, innerhalb derer sich das System positiv entfalten kann. Mittlerweile weiß man, daß diese Computersimulation der Realität des Alltags entspricht.

Woran erkennt man lineare Denker? Im auditiven Bereich achte ich auf Worte oder Sätze wie:

- „Wir müssen erstmal ..."
- „Erst dann können wir ..."
- „Jeder sollte dann ..."
- „Zuerst mußt du mal ... tun!"

Die Stimme wird lauter. Der Zeigefinger wird angehoben. Virginia Satir beschreibt den „Blamer" (Beschuldiger – es gibt eine Ursache, eine Schuld, einen Auslöser für das Problem) in ihren vier Kategorien sehr anschaulich. Die Kleidung ist sehr klar und geordnet. Kleidung und äußerer Eindruck erinnert mich an die oben beschriebenen Jugendlichen aus Eisenbahnerfamilien. Der Blamer, dieses Wort hat sich bei Familientherapeuten mittlerweile eingedeutscht, beherrscht das diabolische Prinzip auf hervorragende Weise.* Das diabolische Prinzip schafft Choas, weil die eigenständige Ordnung gestört wird. Der Teufel dringt in die Ganzheitlichkeit ein und spaltet das natürliche Prinzip auf. Er zerreißt den Kreis.

Die Sprache des vernetzten Denkers ist vielfältig, manchmal schnell oder auch verwaschen. In seiner Ausdrucksweise kommen oft viele Zusammenhänge zum Ausdruck. Im extremen Fall kann man den Eindruck bekommen, daß er auf dem Klo manchmal nicht weiß, ob er sich zuerst die Hose hochziehen soll und dann den Hintern abwischen oder umgekehrt. Im negativen Sinne ist er verrückt oder gar psychotisch. Im positiven ungeheuer kreativ. Manchmal sind die Grenzen fließend.

Rapport: Der lineare Denker braucht eine klare Richtung. Ein Hypnotherapeut sollte sich nicht scheuen, klassisch hypnotische Muster anzubieten oder herkömmliche NLP-Programmschritte. Therapieziel dagegen wäre jedoch Ganzheitlichkeit.

---

* Diabolisch hat zwei griechische Wortstämme: dia und boli; „dia" findet sich in der deutschen Silbe „zer=auseinander" wieder, „boli" heißt „Erdscholle".

Dazu sollte der Therapeut Confusionstechniken beherrschen, um die linearen Muster zu verwirren. Den ausschließlich ganzheitlichen Denker sollte man mit einer chaotischen Technik abholen, um ihn schließlich auf einige klare Bereiche zu orientieren.

Positive Kräfte

Bei den meisten Maßnahmen lege ich die NTM zu Grunde, denke an die fünf Sinne, spiele mit Sprachmustern und versuche, bei der Intergration der verschiedenen Techniken sehr präzise zu bleiben.

Peter Druckers Jahrzehnte altes Standardwerk (1966/1993) über die ideale Führungskraft ist ein hervorragendes Beispiel für angewandtes NKS. Er hat noch nie etwas von NLP gehört, aber er weiß, daß Menschen entweder Leser oder Zuhörer sind und daß es Zeitvergeudung ist, einem Hörer einen umfangreichen Bericht vorzulegen, der vielleicht von der Sache gar nichts „hören" will, bevor sie spruchreif ist etc. (S. 149). In den meisten Reframingprozeduren gehe ich davon aus, daß ein Problem einfach überlagert wird, wenn die Person sich auf die Ressourcen konzentriert. Wenn jemand 500 Ressourcen hat und sich darauf konzentriert, wird er sich in einen positiven Zustand hineinbewegen. Ein Rollstuhlfahrer, der sich ständig auf seine Lähmung konzentriert, wird sich schlecht bewegen können. Erickson war in seinem Leben dreimal Rollstuhlfahrer gewesen.

Peter Druckers Beispiel eignet sich gut für eine Arbeit mit zwei inneren Leinwänden oder Bildschirmen. Auf dem ersten Bild entsteht eine Situation, die Streß produziert. Diesem Bild wohnt ein Geist inne, der für all den Streß verantwortlich ist. Auf dem zweiten Bild ist es umgekehrt. Diesem Bild wohnt ein Geist inne, der unglaublich kreativ, manisch und verrückt ist. Dieser Geist produziert eine Unzahl – ca. 1000 unterschiedliche – angenehmer Ideen.*

Diese Ideen können dann zusätzlich oder alternativ zum Streßbild oder zum schwachen Bild ausgeführt werden. Beide Bilder produzieren natürlich unterschiedliche hormonale Zustände. Meist Adrenalin und Noradrenalin.

Peter Drucker unterschiedete damals folgendermaßen zwischen den beiden Welten: „Der wirksam führende Mann mobilisiert Kräfte. Er weiß, daß man auf Schwächen nichts gründen kann. Um Ergebnisse zu erzielen, muß man alle verfügbaren Kräfte einsetzen – die Kräfte der Mitarbeiter, die Kräfte der Vorgesetzten und die eigene Kraft. Hier liegen die eigentlichen Möglichkeiten. Die starken Kräfte produktiv zu gestalten ist der einzige Zweck der Organisation. Sie kann natürlich die Schwächen, mit denen jeder von uns reichlich versehen ist, nicht aus der Welt schaffen. Aber sie kann sie außer Gefecht setzen. Ihre Aufgabe ist, die starken Kräfte jedes ihrer Mitarbeiter so zu nutzen und zusammenzufassen, daß ein einheitlicher Aufbau für die gemeinsame Leistung entsteht" (Drucker

---

* Vorsicht! Engstirnige könnten 1000 Mal Engstirnigkeit produzieren. Aber vielleicht hilft dem Engstirnigen sogar das, wenn er es schaffen sollte.

1966/1993, 115). Wenn man sich in einem guten physiologischen Zustand seine Schwächen anschaut, kann man darin eventuell sogar Stärken entdecken. Dazu muß ich aber erst einmal diesen Zustand erschaffen. Und das geht mit einer besonderen Art von Orientierung auf diese Stärken.

Die Vier-Stunden-NKS-Einführung

Früher hätte es vier Tage oder mehr gedauert, den Personen einer Gruppe die Möglichkeit zu verschaffen, ein persönliches Problem zu dissoziieren. Letzte Woche hat es vier Stunden gedauert. (In manchen Einzelsitzungen reichen 55 Minuten.) Dabei haben die folgenden Schritte allen Beteiligten großen Spaß gemacht:

1. Der Spaziergang

Sitzend im Raum hatte ich vorgeschlagen, daß jede/r beim Hinausgehen an ein streß-erzeugendes Erlebnis denkt und beim Zurücklaufen an ein sehr schönes. Als Metapher hatte ich von der letzten Prüfung erzählt, bei der ich jeden Prüfling zunächst gefragt hatte, wie er/sie bei sich selbst und bei einem Patienten Streß bemerkt. Da alle Kanditaten genügend über die Physiologie eines Menschen Bescheid wußten, waren sie auf hervorragende Weise in der Lage, diese Frage zu beantworten. Da die meisten Streß hatten, konnten sie die Frage gut beantworten. Was für ein Erlebnis! Die erste Frage war schnell, sehr präzise und eingehend beantwortet worden. Die nächste Frage war, wie, wo etc. man bei sich oder beim Patienten Ressourcen, Gelöstheit und Stärken wahrnimmt. Bei Patienten ist das natürlich schwierig, aber bei sich selbst ist es leicht. Der Prüfling wird bei solchen Fragen immer kreativer. Alle Prüflinge verließen den Raum in einem hervorragenden Zustand.

Im Raum bekamen die Kursteilnehmer also mit ihren fünf Sinnen die Aufgabe, kurz an einen Ärger mit dem Partner oder Vorgesetzten zu denken. Dann sollten sie, um das Ganze zu unterbrechen, einen inneren Schalter umlegen. (Denken wir zurück: „Z" in der **NTM** soll ganz drastisch die Wahrnehmung umlenken. Einen synaptischen Spalt sperren oder etwas Vergleichbares tun.) Dazu sollten sie – bei solch einem hypnotischen Wechsel der Orientierung ist es immer gut Humor einzubringen – an die Kaffeetasse beim Frühstück oder den Vorhang morgens am Klofenster denken. Der Gedanke erzeugt sofort Gelächter. Nun war es leicht möglich, sich auf etwas Schönes wie den letzten Urlaub zu orientieren. Die drei Schritte dauerten zusammen etwa sechs Minuten (ohne Vorspann). Dann kam die Anweisung:

„Geh jetzt ganz für dich allein hinaus in den Park. Laufe ca. 300 Meter, beschäftige dich mit dem ersten Erlebnis und achte darauf, wie du deine Umgebung wahrnimmst. (Ziel war u.a., zu lernen, wie Lebenslieder und innere Zustände Wahrnehmung und Handlung beeinflussen.) Denk am Endpunkt an die Vorhänge im Klo, dreh dich um und beschäftige dich mit dem angenehmen Erlebnis. Achte wieder auf deine Umgebung."

Wirklich alle Teilnehmer berichteten über dramatische Unterschiede zwischen beiden Spaziergängen, u.a. Veränderung der Wahrnehmungsvielfalt aller Sinne, Veränderung der Submodalitäten, der Körperhaltung etc. Da gab's in dem Bereich nicht mehr viel zu üben. Es wäre redundant geworden.

2. Die Bühne und die Regisseurin

Nun fand im Raum wieder ein kleines und kurzes mentales Training statt. Jede Person sollte eine innere Bühne erstellen, auf der Lustspiele, Dramen, Musicals usw. abgehalten werden könnten. Noch wichtiger aber war der Platz, von dem aus die Person Regie führen konnte. Man konnte bekannte Orte wählen, sollte aber der Phantasie freien Lauf lassen.

Die Teilnehmer gingen daraufhin wieder in den Park und beschäftigten sich ganz persönlich mit dem Regieort. Er sollte angereichert werden.

3. Sprachslalom

Der an anderer Stelle des Buches beschriebene Sprachslalom wurde in Zweiergesprächen während eines weiteren Spaziergangs genossen.

4. Der gute Freund

Nun kam die interessante Frage nach den vergessenen Freunden: Wieviel gute Freunde oder andere hilfreiche Personen hast du im Laufe deines Lebens vergessen, wenn du kurz nach der Geburt anfängst, dich wieder daran zu erinnern? Das geschah im Raum. Der gerade eingeübte Sprachslalom half, sinnesbezogene „Oder-Fragen" zu stellen. Das geschah wieder im Rahmen eines Spaziergangs. Hatte die Person helles oder dunkles Haar, blaue Augen oder dunkle usw. Es sollten nur sinnesbezogene Oder-Fragen gestellt werden.

5. Dissoziation

Nun bekam die Person die Anweisung, wieder für ca. 7-10 Minuten in den Park zu gehen, und sich im inneren Regieraum aufzuhalten und zwar zusammen mit dem Freund, den Freunden oder den hilfreichen Personen. Dabei sollte nun aber hinten auf der Bühne das streßerzeugende Erlebnis ablaufen, an das die Person beim ersten Spaziergang gedacht hatte. Allerdings sollte sie sich nicht sonderlich darum kümmern, sondern sich lieber mit der guten Person unterhalten. Auf eine Art, bei der man mit jemandem Kaffee oder etwas anderes trinkt, und nebenbei läuft Reality-TV, irgendein Horrorvideo oder ein anderer Scheiß. Aber man ist mit seinem Partner/Partnerin in solch einem Zustand von „Happiness", daß einen der „Scheiß dort hinten" wenig berührt. Und genau das geschah. Die Teilnehmer berichteten sehr kongruent lachend, daß sie all das, was sie „damals" beim Rauslaufen noch beeinträchtigt hatte, jetzt z.T. lächerlich fanden oder unberührt ließ. Bis auf einen. Er sagte, daß ihn sein Erlebnis so akut berührt, daß er nicht darüber lachen konnte. Allerdings konnte er es mit neuen Augen betrachten. Es gibt immer eine Ausnahme.

Sprachmuster

Es gibt viele Möglichkeiten, mit Sprache umzugehen. Sehr logisch (denotativ) oder sehr konnotativ, nichtverbal etc. Im folgenden möchte ich einfach einige Muster ansprechen, die sich in unseren Ausbildungseinheiten als praktikabel erwiesen haben. Der Leser mag sich die Elemente herauspicken, die er gebrauchen kann.

Begrüßungs- und Verabschiedungskontexte

Begrüßungs- und Verabschiedungsformeln bestimmen das autopoietische Setting des Kommunikationsraumes. Mit der jeweiligen verbalen oder nichtverbalen Botschaft wird die ausgewählte Information vermittelt, ob man Rapport haben will oder nicht. Wird sie verstanden, entsteht ein kongruenter autopoietischer Kommunikationsraum. Wird sie falsch verstanden, entsteht paradoxe Kommunikation. Die Wichtigkeit dieser Kontextmarkierung wird von vielen Kommunikatoren leicht unterschätzt.

Bei diesen Formeln, die den Rahmen der darauf folgenden Kommunikation bestimmen, ist das Nichtsprachliche kaum von den sprachlichen Formeln zu trennen. In manchen Fällen sind die Körpersignale, Gefühle und Empfindungen, die sich beim Rapport in diesem ersten konsensuellen Bereich bilden, so stark, daß sie einen völlig neuen Kontext schaffen können.

Der Hund wedelt mit dem Schwanz. Der Normalbürger sagt „Hallo", „Guten Tag", hebt die Hand zum Gruß. Nichtsprachliche Muster bestimmen den Kontext, z.B. wer wen zuerst begrüßt. Jeff Zeig scherzte einmal, daß sich in den „ersten 26 Nanosekunden" zeigt, wer in einem gerade beginnenden Gespräch „One up" oder „One down" ist.

Bekannt ist Ericksons Händedruck-Trance-Induktion. Der Arzt, der dem Patienten die Hand gibt, hat möglicherweise gelernt, aus diesem Händedruck Spannung, Feuchtigkeit, Dauer des Händedrucks und andere Botschaften zu entnehmen. In einem Seminar mit Ärzten und Psychologen konnten die Psychologen mit der beschriebenen „Shivas Dance-Erfahrung" zunächst nicht viel anfangen. Ein Arzt dagegen sagte ganz spontan, daß er jetzt wisse, warum er bei der Visite jedem Patienten die Hand gibt.

Der Therapeut fragt: „Wie geht es dir?", der Arzt fragt: „Wie geht's uns heute?" Der strategische Therapeut wird gleich nach der ersten Begrüßung den Umgang mit der Aufgabe prüfen, denn wenn er es nicht täte, würde er auf einer anderen Ebene der Kommunikation die Botschaft rüberbringen: „Die Maßnahmen, die ich vorschlage, taugen ja doch nichts." Der Analytiker wird sagen: „Legen Sie sich auf die Coach." Der systemische Therapeut: „Worüber wollen wir heute reden?"; der Hypnotherapeut, die anfängliche Unsicherheit für eine Konfusionstechnik nutzend: „Möchten Sie anfangen, oder darf ich Ihr Unbewußtes fragen, was das Problem ist."

Als der Spanier Cortez mit nur 50 Soldaten dem König der Azteken gegenübertrat, hatte dieser ein 100 000 Mann starkes Heer um sich versammelt. Cortez stieg zu dem König hinauf und gab ihm die Hand. Daraufhin legten die Soldaten die Waffen nieder. Sie sahen in Cortez den Gott, den sie erwartet hatten. Wer den König berührte, war Gott gleich. Cortez hatte über den Mythos und das Glaubenssystem der Azteken nichts gewußt. Er hatte gesiegt, aber er wußte nicht warum.

Max van Trommel berichtete von einer systemtherapeutischen Demonstration mit einer iranischen Familie auf einem internationalen Kongreß. Bei der Begrüßung hatte er lediglich dem Mann die Hand gegeben. Nicht aber der Frau und den Kindern. Die strukturelle Kopplung mit dem Glaubenssystem dieser Familien war gelungen.

Kommen wir nun zu sprachlichen Mustern und lassen einmal die „Ebene des Pawlovschen Dackels", also die Idee, daß der Mensch die Sprache durch Konditionierung oder Programmierung gelernt haben könnte, beiseite. Sprache bekommt ihren Sinn durch den Kontext. Jede Bedeutung ist mit einem dementsprechenden Körpersignal verknüpft, mit einer sensu-motorischen Rekursivität, auch wenn diese nicht immer stark wahrgenommen wird. Im russischen Sprachraum sollte ich die russische Sprache beherrschen, damit ich Fragen stellen kann. Sonst versteht mich keiner. Das mag trivial klingen, wird aber im Bereich der unterschiedlichen psychologischen Schulen immer wieder vergessen. Hier entwickelt jede Schule ihre Sprache und keiner versteht den anderen. Der Sprecher wundert sich dann, daß er nicht verstanden wird, oder aber er möchte gar nicht verstanden werden, weil es besser ist, den Zuhörer im Unklaren zu lassen, um der Stärkere bleiben zu können.

Eine Praktikantin der Weiterbildungsstätte für Fachkrankenpflege in der Psychiatrie erzählte von einem Psychologen, der als NLP-Master-Practitioner mit einem Patienten irgendwelche Programmschritte durchführen wollte. Dabei benutzte er die typischen NLP-Sprachmuster wie Anker, visuelles System etc. Der Patient war völlig verwirrt und wußte nicht, was er tun sollte. Die Prozedur erinnerte ein wenig an Frank Farrellys klientenzentrierten Bahnhof (an anderer Stelle in diesem Buch). Die Praktikantin hatte ungefähr eine Ahnung, worauf der Psychologe hinaus wollte. Sie hatte Erfahrungen mit den Techniken, die der Psychologe anwenden wollte. Ihm konnte sie es aber nicht sagen. Er war Verhaltenstherapeut und kehrte sein Schulwissen heraus. Sie sagte in der Supervision ganz klar, daß es mit psychiatrischen Patienten auf diese Art einfach nicht gehen kann. Vielleicht wäre es mit Ericksonscher Klarheit gegangen. Ich denke, man sollte die Sprache des Klienten sprechen können.

Weiterhin vergißt man die Tatsache, daß unterschiedliche Schulen mit unterschiedlichen Glaubenssystemen und Konstrukten arbeiten. Das psychoanalytische Konstrukt der Aggression ist etwas völlig anderes als dasjenige der Lernpsychologen. So sind dann auch die Fragen ganz anders erstellt. Wenn nun jemand auf die Idee kommt, den Erfolg einer lernpsychologisch orientierten Therapie oder gar denjenigen einer klientenzentrierten Therapie mit einem psychoanalytischen Fragebogen messen zu wollen, kommt es dem Versuch gleich, die Geschwindigkeit des Hundertmeterläufers mit dem Zollstock messen zu wollen. Diese mangelnde Kenntnis über die sogenannte Konstruktvalidität scheint für manche Forscher immer noch ein handfestes Problem zu sein – wie ein Artikel von Wolf und Machleidt (1993) aufzeigt.

Ein eindrucksvolles Beispiel berichtete mir Terry Tafoya im Zusammenhang von transkulturellen medizinischen und sexualtherapeutischen Untersuchungen. Im Rahmen einer Studie befragte eine Psychologin eine schwarze Frau aus der Unterschicht, Mutter zahlreicher Kinder, hinsichtlich ihrer sexuellen Gewohnheiten. Auf die Frage, wie oft sie in der Woche Geschlechtsverkehr hätte, reagierte die Frau zunächst mit einer wortlosen „Fragezeichenphysiologie" im Gesicht und gab dann zur Antwort, daß sie so etwas nicht hätte. Die Psychologin war etwas konsterniert und fragte: „Aber wo kommen denn die ganzen Kinder her?" Im Raum sprangen etwa 12 Kids unterschiedlichen Alters herum. Die Frau beharrte aber darauf, daß sie so etwas Schreckliches nicht habe. Schließlich rief hinten aus der Ecke der älteste Sohn, er hatte seinen Ghetto-Blaster etwas leiser gestellt um mitzukriegen, was diese komische Frau da so ergebnislos fragte: „Mam, how much do you fuck?! – Mama, wie oft vögelst du?!" Die Frau veränderte sich in ihrem Aussehen dramatisch; es war, als ob eine Last von ihr fiele. Sie strahlte und sagte: „Ah! Fuck. Three or four times a day! – Ah! Vögeln. Drei oder viermal täglich!"

Humberto Maturana erzählte uns, daß es während seiner Jugendzeit in Chile eine Syphilisepidemie gegeben hatte. Diese Epidemie hatte erst in dem Moment aufgehört, in dem man mit Hilfe von angemessenen Plakaten begonnen hatte – und das war gegen den Einfluß der katholischen Kirche –, über Sexualität zu sprechen. Seine Mutter war eine Initiatorin der Kampagne gewesen. Maturana hatte das Beispiel angeführt, um zu zeigen, auf welche Art Sprache Realität schafft.

Unterschiedliche Glaubenssysteme schaffen unterschiedliche Sprachmuster. Anhänger des Islam, Kommunisten, Neo-Nazis, Altachtundsechziger, Esoteriker, Katholiken, Psychoanalytiker, Gesprächspsychotherapeuten, Skinheads, NLPler, Fixer oder Hypnotherapeuten – alle haben unterschiedliche Sprachmuster. Schon die Nationalsozialisten hatten sich bei Verhören daraufhin geschult, am Sprachmuster zu erkennen, ob jemand Kommunist sei oder nicht.

Im folgenden soll es jedoch weniger auf Verhörmethoden ankommen, sondern darauf, daß man sensibel dafür wird, daß unterschiedliche Sprachmuster auch zu unterschiedlichen Ergebnissen führen. Ein Unteroffizier, der „Stillgestanden!" brüllt, oder ein Chef, der zu seiner Sekretärin sagt: „Rufen Sie sofort X an!", bekommt andere Ergebnisse innerhalb seines Kommunikationsrahmens als ein Therapeut, der dem Klienten die Frage stellt: „Wenn Sie an die Vorwürfe Ihrer Frau denken, bekommen Sie dann ein Gefühl irgendwo im Körper oder entstehen eher Gedanken in Form von Vorstellungen, Worten oder so?" So ist der alte Artikel von Carl Rogers und Roethlisberger über Mrs. Smith und Mr. Jones immer noch aktuell. Ein Sprachmuster, das auf dem Lebenslied oder der Grundhaltung des neugierigen Verstehens basiert, führt zu anderen Ergebnissen als eines, welches eine klare Entscheidungsfindung zum Ziel hat.

Mikroteaching

Wenn ich an dieser Stelle von Zielen spreche, meine ich Mikroziele. Ein Nervensystem hat .ja kein Ziel. Es handelt im „Hier und Jetzt". Ein autopoietischer Kommunikationsraum im Sinne der Shivas-Dance-Erfahrung steuert sich im „Hier und Jetzt". Was ich als „Ziel" bezeichne, ist der Weg der Steuerung. Dieser Weg ist lernbar. Wenn man sich auf einem Tonband oder Videoband die sprachliche Reaktion des Klienten oder des Therapeuten anhört, kann man nach einem ausgesprochenen Satz, ganz schnell, bevor die Reaktion der anderen Person kommt, auf die Pausentaste drücken, um sich Raum und Zeit zum Üben zu schaffen.

Daraufhin kann man verschiedene Sprachmuster aufschreiben. (Im folgenden sind dazu einige Anregungen aufgeführt, die sich auf Unterschiede zwischen einzelnen therapeutischen Schulen beziehen.) Gleichzeitig kann man sich die Erlaubnis geben, eine Phantasie darüber zu entwickeln, wie der andere Partner reagieren wird. Diese Reaktion bezeichne ich als Mikroziel. Ich glaube, an dieser Reaktion erkennt man den Teil einer autopoietischen Kommunikation, die Niklas Luhmann als Selektion des Verstehens oder Mißverstehens bezeichnet. Der Teil vor dem Tastendruck wäre die Selektion einer Botschaft (teile ich die Information, die in mir entstanden ist, durch Sprache oder lieber durch Gestik mit? Oder in diesem Fall, in dem wir mit ausgesprochenen Worten Unterscheidungen produzieren: Teile ich die Information, die in mir entsteht, durch konkrete, sinnesbezogene Worte mit, oder nehme ich eher allgemeine, bedeutungsvolle Sprachmuster wie Abstraktionen oder Nominalisierungen?). Hauptziel dieses Abschnittes ist nun, daß der Leser zunächst einmal unterscheidet, welche Sprachmuster im Bereich der Bedeutungen zu Mikrozielen führen, und welche im Bereich des Verhaltens und Handelns.

Die Ebene der Bedeutungen

Sprachmuster, die Mitteilungen im Kontext der Bedeutungen auswählen, bewirken andere Reaktionen als solche, die im Kontext des Handelns ausgetauscht werden. Diese Unterscheidung klingt trivial, hat aber oft dramatische Auswirkungen. Im Klartext: Bedeutungen gehören den Philosophen. Das Handeln gehört dem Macher.

Dementsprechend bekomme ich also auf meine Sprachmuster die jeweils angemessenen Reaktionen. Ich brauche mich dann nicht mehr wundern, wenn der Kunde nichts kauft, sondern lieber noch ein bißchen darüber nachdenkt, oder wenn der Klient seine Aufgabe nicht erfüllt und lieber seine Frau weiterhin ein bißchen prügelt. Er kann sich die Bedeutung seines Aggressionstriebes ja nun endlich erklären.

Feststellungen, Statements

Feststellungen bewirken in der Praxis meist völlig andere Reaktionen als Fragen. Je nach Konnotation (Tonalität, Gestik etc.) läuft man meiner Erfahrung nach mit Feststellungen und Statements eher Gefahr, Widerstand zu produzieren als mit Fragen.

Eine Feststellung impliziert, daß ich, der Fest-Steller, der Wissende bin. Mit dem State-ment baue ich sozusagen die Mauer auf, die den fest-ge-stellten Inhalt einkreist. Damit ist dann womöglich etwas Endgültiges definiert oder diagnostiziert. Das Statement steht als feste Burg einfach da. Wenn ich mich nun auch noch in eine mächtige Position oder Rolle begebe, entsteht für den Partner womöglich eine bedrohliche Position. Er bekommt den Eindruck, daß ich ihm nun diese Mauern überstülpen will. Wer mag das schon. Wenn ich nicht gerade eine Haltung habe wie der Analytiker Otto Rank, der gute Therapie als „Föderung des Gegenwillens" betrachtet, oder wie Frank Farrelly, der ganz hervorragend mit „Polarity Respondern" arbeitet, scheint es wenig sinnvoll, durch Statements Widerstand aufzubauen – auch wenn es empathische Statements sind –, ein Widerstand, den ich nachher durch andere Maßnahmen wieder abbauen muß.

In manchen Fällen, insbesondere bei Kriseninterventionen, kann ein unangemessener Umgang mit Feststellungen sogar lebensgefährlich sein. Der an anderer

Stelle beschriebene Mordfall hatte mit der mächtigen Position eines Entscheidungsträgers in der Einrichtung zu tun. Der Patient reagierte auf Grund seiner Geschichte sehr empfindlich auf unklare Festellungen, die von Personen abgegeben wurden und die in der Hierarchie höher standen. Er hatte schon einige Male gedroht, daß er etwas Schlimmes tun werde.

In einem Seminar kam die mir bekannte Kursleiterin einer Parallelveranstaltung, eine Körpertherapeutin, mit folgenden Worten auf mich zu: „Du hast eine Verspannung im Nacken. Du mußt mal was für dich tun!" Das war wohl gut gemeint. Zunächst entstand in mir ein Suchprozeß, dann Ärger, denn ich fühlte mich im Grunde genommen in den letzten Tagen und Wochen sauwohl. Allerdings hatte mich die Gruppe gefordert, was mir aber großen Spaß gemacht hatte.

Auch die Feststellungen „Du siehst gut aus!", „Das haben Sie ganz gut gemacht!" müssen vom Kommunikationspartner erst einmal angenommen werden können. Das Lob, vom Chef ausgesprochen, hebt jemanden hervor. Es findet eine Selektion statt, die neue Probleme aufwerfen kann.

1. Deutungen, psychoanalytisch: Sie sind eine orale Persönlichkeit. (Mikroziel: Der Klient soll dazu frei assoziieren.)

2. Deutungen, empathisch, klientenzentriert: Sie fühlen sich mißmutig. (Mikroziel: Der Klient soll seine Gefühle besser verstehen. Er soll darüber sprechen. Der Klient soll das Gefühl haben, der Therapeut versteht ihn. Die Beziehung zwischen Therapeut und Klient soll gut sein.)

3. Provokative Feststellung: Sie handeln so, wie es alle Männer (Frauen) machen. Die Ärzte auf dieser Station sind alles Anfänger und das Pflegepersonal sind alles Faulpelze. (Klient ist „Polarity Responder", also der typische „Aberer". Gleichzeitig ist er eher external motiviert. [Schuld haben immer die anderen.] Ziel ist, daß der Klient seine Realität prüft. Der Klient soll seinen eigenen Weg finden.)

Fragen

Offene Fragen (trance-induzierend): „Wie geht's?" Die Frage: „Wie geht es Ihnen heute?" zu Beginn einer Sitzung bewirkt bei vielen Menschen zunächst, daß der Klient in sich hineinsinkt und schweigt. Auf der Straße sagt der Ansprechpartner meist „Gut." Wohl deshalb, weil er ein tieferes In-Sich-Hineinfallen vermeiden möchte. Fühlen Sie sich wohl? Mögen Sie mir zuhören? Wo ist das Problem? Welche Lösungen könnte es geben? Wie wissen Sie, daß Sie diese Vorstellung haben? (Hierzu gehören auch NLP-Metafragen. Sie haben das Ziel, daß die Person nach innen geht.)

NLP-Metafrage: Eine Sonderform sind NLP-Metafragen. Diese Fragen haben das Ziel, dem Befragten Möglichkeiten zu geben, mehr „Choice" zu finden. Personen, die in „bedeutungsvollen Worten" wie Nominalisierungen, Tilgungen und Generalisierungen sprechen, haben wenig Wahlmöglichkeiten. Solche Menschen leben oft in einer negativen Selbsthypnose.

„Der Zustand der Handlungsunfähigkeit, in dem sich meine Frau ständig befindet, führt bei allen Familienmitgliedern immer wieder zu den selben Belastungsproben."

Oder: „Ich weiß nicht was das ist. Es geschieht immer wieder auf dieselbe Art. Alles habe ich versucht. Aber es geht einfach nicht. Man kommt da nicht weiter. Das muß man doch begreifen ..."

Eine solche sinnleere Sprache – im ersten Fall besteht sie aus einer Häufung von Nominalisierungen (N) und Generalisierungen (G), im zweiten Fall aus Tilgungen (T) und Generalisierungen – verunmöglicht Handlungen, Unterscheidungen und Entscheidungen (vgl. auch Satir, Bandler & Grinder 1976).

Das Ziel der NLP-Metafragetechnik ist, die **NTG**'s aufzulösen. Eine typische Metafrage wäre:

Frager: „Wie wissen Sie, daß Sie das Problem haben?"

Antworter: ?! (+Fragezeichengesicht oder Trance-Physiologie)

Diese Form der Frage orientiert die Person auf einen Trancezustand. Andererseits erwartet der Frager, daß eine Anwort kommt. Es entsteht eine schizophrene Situation.

Möglichkeit A (in einem NLP-Seminar, wenn die Prozedur vorher eingehend erklärt wurde): „Ich sehe ein Bild vor mir."

Möglichkeit B (Life; Bar; Geschäftspartner; Spontankontakt im Skilift etc.): „...??..." Der Angesprochene antwortet mit einem verständnislosen Fragezeichengesicht.

Das Ganze löst sich auf, wenn ich die Metafrage als zirkuläre Frage formuliere (vgl. Zirkuläre Fragen) (Lifesituation; Bar; Geschäftspartner ...) Hier Spontankontakt im Skilift mit einer älteren Dame aus England:

Ich: „Woran merken Sie, daß Sie das Problem haben? Bekommen Sie ein klares Körpersignal oder eher Gedanken im Kopf?"

Sie: „Ich denke dann, ich muß eine bestimmte Haltung einnehmen."

Ich: „Haben Sie jemand ganz klar vor Augen, der so auf den Skiern steht, so wie Sie meinen, es auch tun zu müssen, oder ist es eher so, daß Sie sich innerlich sagen: ‚Ich muß jetzt so und nicht anders auf den Skiern stehen'?"

Ich habe die Erfahrung gemacht, daß ich mit solchen neurokybernetischen Fragen sofort klare Antworten bekomme. Auch bei Leuten, die noch nie etwas von

Psychologie gehört haben. Egal, ob sie aus Japan, Australien, Frankreich, Schweden oder sonstwoher kommen.

Dabei war in den letzten 10 Jahren der Arlberg für mich mit seinem babylonischen Sprachgewirr ein gutes Feld, um diese Muster immer wieder auszuprobieren. Die Umgangssprache ist dort Englisch und ein Skilift eignet sich besonders gut für solche Übungen, weil man dort für fünf bis sieben Minuten eine unverbindliche und lockere Kommunikation eingehen kann.

Zirkuläre Fragen: Ziel ist, daß eine Person oder ein Mehrpersonensystem bewußt oder unbewußt mehr Wahlmöglichkeiten im Fühlen, Denken und Handeln erhält. Das geschieht durch unterscheidende, sogenannte Oder-Fragen. Zirkuläre Fragen werden in dem Abschnitt Systemische Therapie gesondert dargestellt.

Die Ebene des Handelns

Wenn sich bei einer Person die Werte, das Lebenslied, oder einfach nur die Position ändert, mit der sie ein Problem betrachtet oder beurteilt, werden sich ihre Gefühle oder Körpersignale zu diesem Problem auf eine Weise ändern, daß eine neue Bedeutung der ganzen Angelegenheit entsteht. Diese Veränderung wird mit einer neuen Handlungsweise einhergehen. Wenn man den Handlungskontext verändert, d.h. wenn man einfach handelt, wird sich die Bedeutung eines Problems verändern, jedenfalls in dem Fall, in dem der Handelnde sich auf diese Handlung kongruent einläßt, auch wenn sie ihm extrem zuwider ist. Die Entscheidung, an einen unangenehmen Gedanken einfach nur zu denken, ist für manche Menschen schon sehr schwer. Die Entscheidung zu treffen, sich zu einer Handlung durchzuringen, die ein Symptom verändern soll, welches durch einen starken sekundären Gewinn aufrechterhalten wird, den man nicht ansprechen mag, ist für manchen Menschen eine schier unüberwindliche Barriere. Das ist der Bereich der Strategischen Therapie. Es ist klar, daß für diese Entscheidungsvorgänge ein angemessenes Sprachverhalten notwendig ist.

Strategische Fragen

Möchte ich, daß sich der Kommunikationspartner (Klient, Patient, Geschäftspartner) auf die Entscheidung zu einer Handlung oder zu einem bestimmten Verhalten orientiert, so ist es wirklich sinn-voll Fragen zu stellen, die auch ein Verhalten produzieren können. Es ist dann völlig unsinnig, in der Bedeutungs- oder Trance-Ebene herumzuschwimmen, weil mein Partner dann gar nicht antworten kann.

Wenn ich Eltern davon überzeugen will, eine bestimmte Verhaltensmaßnahme durchzuführen, so sollte ich Fragen auf der Handlungsebene stellen können. Das Gleiche trifft auf Geschäfts- oder Friedens- oder Konfliktverhandlungen ebenso zu wie auf Verkaufsgespräche.

Fragen wie: „Wie oft geht der Sohn weg, um sich Dope zu kaufen?", „Wie oft bringen Sie Ihren Wagen in die Reparatur?", „Können Sie mir mehr darüber erzählen?", sind Fragen, die mit einer Handlung etwas zu tun haben.

Wenn ich dagegen sage: „Glauben Sie, daß Ihr Sohn unter der Sucht leidet, oder ist es ihm wurscht, wie er endet?", „Warum ist Ihr Sohn süchtig?", „Berührt Sie das Verhalten ihres Sohnes?", orientiere ich die oder den Kommunikationspartner vom Verhalten weg, in ganz andere Bereiche.

Wenn ich mit Handlungen oder Verhaltensweisen arbeite, sollte ich in der Lage sein, mein Sprachverhalten auf diesen Kontext abzustimmen. Hier hinein gehören sämtliche „W-Fragen", die sich auf eine Handlung beziehen könnten. Verboten sind „Warum-Fragen", da sie zum Nachdenken über eine Ursache-Wirkungskette anregen würden. Könnten Sie ein wenig mehr darüber sprechen? Könnten Sie genauer darüber sprechen? Wann genau tritt das Symptom auf? Vor oder nach dem Abendessen? Was tut der Sohn, wenn der Vater sein Symptom zeigt (z.B. säuft)? (Hier ist das Ziel, daß eine Handlung ausgeführt wird. Im Modell der strategischen Therapie soll der Klient eine Aufgabe ausführen. So ist es besser, Fragen zu formulieren, die diese Ergebnisse bringen, anstatt solche, die den Klienten nach innen orientieren oder Verständnis über die Bedeutung eines Vorganges zum Ziel haben.)

Falls Sie Probleme mit dem Ausblenden des „Warum" haben, probieren Sie's einfach aus. Die meisten Menschen in Deutschland sind mit diesem Ursache-Wirkungs-Problem aufgewachsen. Viele haben das „Warum-Alter" nicht überwinden können. Fragen Sie einfach einen Alkoholiker: „Warum säufst du?", oder einen Pädophilen: „Warum hast du so gerne Sex mit Achtjährigen?" Er wird Ihnen die dementsprechende Antwort geben. Vielleicht ist die Antwort ganz anders als die, die Sie erwartet haben.

Anweisungen

„Gib mir bitte noch eine Tasse Kaffee." „Rufen Sie doch mal Herrn X an." „Küß mich ganz heiß und innig." „Schließen Sie die Augen, und gehen Sie in Trance." Als Witz: „Schlag mich doch!" jammerte der Masochist. „NEIN!" sagte der Sadist.

Als Hausaufgabe in der Strategischen Therapie: Dreimal pro Woche, jedesmal am geraden Wochentag, bringen Sie Ihrem Mann von 17 bis 22 Uhr weibliches Stammeswissen bei. Jeweils am ungeraden Tag lernen Sie von Ihrem Mann männliches Stammeswissen in der gleichen Zeit. Den siebten Tag der Woche haben Sie frei. Das Ganze tun Sie einen Monat lang. Ist es Ihnen möglich, die Aufgabe durchzuführen? (Der letzte Satz wäre eine Frage, die aber notwendig ist.)

Verabschiedungskontexte

Je nachdem, wie sich der Rahmen zwischendrin gestaltet hatte, fällt die Verabschiedungsformel aus: „Tschüß", „Ciao", „Servus", „Ade", „Gfürting", „Take care", „See you ..." sind Formeln, die ich in den letzten Jahren beruflich und im babylonischen Sprachgewirr des Arlbergs benutzte.

Daß Verabschiedungsprozeduren nicht nur bei Menschen von Bedeutung sind, konnte ich seinerzeit erfahren, als meine Eltern sich bei Antritt einer längeren Urlaubsreise von ihrem Dackel nicht verabschiedet hatten. Das Tier hatte daraufhin zirka eine Woche lang mit Nahrungsverweigerung und extrem aggressiv bissigem Verhalten reagiert. Bei früheren Reisen war er es gewohnt gewesen, daß die beiden „großen Meutegefährten" ein kurzes Verabschiedungsritual mit ihm durchlaufen hatten, und er nahm andere Bezugspersonen an. Dieses Mal hatten sie es vergessen.

Auch hier kann man eine Reihe von kurzen oder ausführlicheren Vorgängen zusammenstellen, die entweder den Kontext der Kommunikation beenden, eine neue Ebene markieren, oder auch eine Fortsetzung der Kommunikation einleiten.

Hierzu gehören die Vergabe von psychotherapeutischen Aufgaben und anderen Maßnahmen, Vertrags- und Geschäftsabschlüsse, Unterschriftsrituale, Arbeitsessen etc., Prozeduren, die je nach Kultur, Subkultur und Peer-Group unterschiedlich sind.

Bewegungsmuster der Augen

Inwieweit es lediglich eine Frage des Sehens seitens des Therapeuten ist, weiß ich nicht. Im Laufe meiner zwölfjährigen Erfahrung mit Hypno- und NLP-Techniken habe ich gelernt, auf die Bewegungsmuster der Augen zu achten, die mit besonderen Körperhaltungen einhergehen. Da es sich um die inneren Augen handelt, habe ich an dieser Stelle „paradoxerweise" bewußt auf eine Illustration verzichtet und möchte den Leser lieber an eine Kirchturm- oder Bahnhofsuhr erinnern, so daß er sich hinsichtlich der Wahrnehmung seines Gesprächspartners schulen kann. Wenn sich die Augen des Gegenüber zwischen 11.00 und 1.00 bewegen, denkt jener bildhaft. Sind sie bei 7.00 Uhr, orientiert er sich auf Körpersignale. Bei 5.00 hat er innere Dialoge. Dabei hat der bildhafte Denker eine aufrechte Körperhaltung; der Mensch bei 7.00 Uhr ist gebeugt und derjenige bei 5.00 hält seine Arme und

Hände wie beim Telefonieren. Das Ganze funktioniert in einer Kommunikation recht gut, und wenn es nur deshalb ist, weil man als Verkäufer oder Therapeut die Augenbewegungen oder körperlichen Reaktionen mitmacht (Pacing). Allerdings erinnere ich mich noch recht gut an die begeisterte Schilderung eines Therapeuten, der nach einem Anfangskurs beobachtet hatte, wie die gebeugt sitzende Klientin mit den Augen bei 7.00 Uhr eine traurige Geschichte erzählte. Er hatte dann eine Kerze auf die Schrankecke gestellt und sie mit einer Begründung dazu gebracht (leading), die Geschichte nochmals zu erzählen, indem sie die Kerze fixierte. Jetzt mit aufrechter Körperhaltung und den Augen bei 11.00. Sie *sah* plötzlich alles ganz anders. Ein *Reframing* hatte stattgefunden.

Reframing

Schließlich noch einige Worte zu dem schon vorher angesprochenen Reframing. Das Wort ist schwer zu übersetzen. Neu-Rahmen klingt sehr unbeholfen. Am besten gefällt mir „Neudefinition". So wird es auch von dem Systemtherapeuten Andolfi verwendet.

Wie schon erwähnt, ist Reframing die Neudefinition eines inneren Kontextes oder einer inneren Umgebung, die Essenz von Psychotherapie. Rossi sagt, daß jeder „Access", jeder neue Zugang ein Reframe ist. Das Nervensystem schaltet dabei zwischen Zuständen von Streß und Gelöstheit hin und her.

Mir haben NKS-Programme in vielen Bereichen meines eigenen Lernens geholfen. In manchen psychotherapeutischen Sitzungen konnte ich sie auch so verwenden, wie ich es gelernt hatte. In den meisten Fällen ging ein Prozeß schneller voran, wenn ich die Programme „reframt", also neu definiert hatte.

Wenn ich an den Kugelfisch oder die Nichttrivialen Maschinen denke, geschieht bei all den Veränderungsvorgängen etwas sehr Ähnliches: 1. Die Entscheidung, ob die errechneten Eigenwerte so bleiben; 2. ob sie verändert werden sollen.

In beiden Fällen muß die autopoietische Organisation erhalten bleiben, wenn das System in seiner Umgebung überleben will.

Ein Angestellter, der jeden Montag morgen gelähmt wie die Maus vor der Anaconda vor seinem Schreibtisch sitzt und den immer größer werdenden Berg von Akten betrachtet, wird sich wohl kaum die Erlaubnis geben, mit einem Aufschrei den Raum zu verlassen, um sich erst einmal für eine Weile im Park zu entspannen. Er würde seinen Job verlieren. Jedenfalls in Deutschland. (In den USA weiß man mittlerweile, wieviel Geld der Firma durch krankheitsbedingte Streßfaktoren verlorengeht und ermöglicht es den Mitarbeitern, ihren eigenen Biorhythmus zu finden. In Deutschland weiß man das auch. Allerdings leistet man sich in diesem

Land den Luxus, dieses Geld lieber für die Lust an Macht- und Kontrollmechanismen zu investieren; vgl. Rossi 1994.)

Der Angestellte ist also sehr weise, wenn er sich für den Kontext der Macht und Kontrolle entscheidet, lieber weiterhin vor dem Berg der Akten sitzenzubleiben und die Lähmung zu ertragen, obwohl er, wie man so schön sagt, „die Wände hochgehen könnte".

Am Wochenende tut er etwas ganz anderes. Er geht die Wände hoch. Sein Hobby ist „free-climbing" und er erklimmt die höchsten Berge. Aber vielleicht ist der Unterschied gar nicht so groß, denn Arbeit ist beides: Das Abarbeiten der Aktenberge und das Erklimmen einer steilen Wand. Dazu nimmt er zusätzlich lange Autofahrten durch die halbe Republik in Kauf.

Was ist der Unterschied: Das eine ist Eustreß, das andere Disstreß. In dem einen Fall ist er mit allen Sinnen dabei, in dem anderen nur mit Augen und innerem Dialog. In dem einen Fall gibt es viel Bewegung, in dem anderen Lähmung. In dem einen Fall entsteht viel Abwechslung, in dem anderen zirkuliert das Nervensystem ständig in den gleichen Strukturen herum und alles bleibt gleich. Es werden keine neuen Eigenwerte errechnet.

Die klassische NLP-Technik, um dem armen Menschen mehr Wahlmöglichkeiten zu geben, wäre die sogenannte „Change-History-Technik", die Veränderung der persönlichen Geschichte oder das Kollabieren von Ankern. Das Ganze ist sehr einfach. Man bittet ihn, auf allen Sinnen einen „Access" zu dem guten Zustand herzustellen. Auf deutsch: er soll, wenn er „enhancer ist", mit seinen fünf Sinnen an die schönste Situation seines „free-climbing" denken. Falls er reducer ist, soll er sich die aussuchen, in der es ihm „ganz gut" ging. Dann soll er genau das tun, was Heinz von Foerster „abkoppeln" nennt. Dazu bringt man ihm bei, eventuell wie ein Adler davonzufliegen oder an Sex zu denken, und wenn er es nicht gleich alleine schafft, macht man einen Witz oder tut irgend etwas Unerwartetes, was ihm hilft, in seinem Nervensystem eine andere „Nichttriviale Maschine" anzuschalten.

Anschließend macht man dasselbe mit dem Problemzustand. Das mentale Bühnenstück geht in seinen letzten Akt, wenn man den inneren Heiler zu Hilfe holt, und ihn bittet, dem armen Menschen zu helfen, die festgefahrene Karre wieder aus dem Dreck zu ziehen. Dazu soll er auswählen, welche Bestandteile der „free-climbing-Maschine" helfen könnten, die „Anaconda-Maschine" ein wenig in Schwung zu bringen. Vielleicht hat die Anaconda schöne Farben, oder die Farben der Aktendeckel sind ähnlich grau wie der Fels. Vielleicht kann er seine kausalen inneren WARUM-Dialoge: „Warum … schaffe ich die Arbeit nicht" (geht in die Vergangenheit), oder seine zukunftsorientierte WENN-DANN-Welt:

„Wenn ich das heute nicht erledige, wird mein Chef ...“ irgendwie ans Seil hängen, und, die „Erotik des Wie“ auskostend merken, daß alles im Hier und Jetzt geschieht.

Er soll das mit allen fünf Sinnen ausprobieren, da ja der Mensch dann gesund ist, wenn er dieselben beieinander hat. Wenn er genügend mit den inneren Metaphern herumgespielt hat, soll er ganz konkret ein „Future Pace“, eine posthypnotische Suggestion, oder ein mentales Training machen. Er soll sich ganz einfach vorstellen, wie sich dieser neue Einakter „morgen früh am Schreibtisch“ anfühlt, im Grunde dasselbe, was ganz vereinfacht Mütter ihren prüfungsängstlichen Söhnen vorschlagen, nämlich sich den Prüfer in Unterhosen vorzustellen. Mütter sind aber für die Sinnesmodalitäten und andere Aspekte der inneren Welt der Söhne oft zu betriebsblind, so daß es bei ihnen leider nicht funktioniert. Früher wußten Mütter zumindest um die auditiven Anker ihrer Säuglinge. Sie sangen ihnen Schlaflieder vor, wenn sie sie im Arm hatten. Später sangen sie ihnen Wiegenlieder vor, und die Säuglinge schliefen mit dem gewohnten Anker ein und wachten lachend wieder auf. Heute gibt es empirische Untersuchungen darüber, daß die Säuglinge, die man schlafend ins Bett legt, schreiend wieder aufwachen. Diejenigen, die wach ins Bett gelegt werden, wachen ohne Geschrei auf. Viele Mütter können nicht mehr singen.

Wie sieht dieser Vorgang nun aus, wenn wir versuchen, ihn mit Begriffen des Holodyns zu erklären? Wir hätten dann eine Reihe Nichttrivialer Maschinen vor uns. Betrachten wir uns den Problemzustand:

AKTENBERGE

Ganz vereinfacht gedacht, aktiviert unser Büroarbeiter die NTM „innerer Dialog“ in Rekursion mit der NTM „Aktenberge bewundern“ und der NTM „Maus-Anaconda-Lähmung“ als motorische Komponente.

SONNENBERGE

Befindet sich unser Naturfreund dagegen vor einer steilen Wand, werden in seinem Nervensystem ganz andere NTMs aktiv. Möglicherweise geschieht das schon während der Durchquerung Germaniens auf der Autobahn. Würde er mehr über diese Prozeduren kennen, könnte er sogar Wartezeiten in einem Stau für eine mentale Vorbereitung sinnvoll nutzen. Eine Co-Trainerin erzählte mir, wie wertvoll doch diese halbe Stunde auf der Fähre des Bodensees vor einem ihrer ersten Workshops gewesen war. Konnte sie sich doch den „Moment of Excellence" ihres ersten Fallschirmabprunges herholen, um so jegliche Stressignale in positive Eustreßreaktionen zu verwandeln.

So wird unser Naturfreund beim „free-climbing" eine große Anzahl von unterschiedlichsten NTMs vernetzt einschalten ... Es entsteht eine Menge von Choice bei hochgradiger Aktivität, Lebensfreude, Trance etc.

Im dritten Zustand wird eine Entscheidung getroffen. Die Entscheidung, ob es möglich ist, andere NTMs mit der eingeschränkten zu vernetzen. Der Leser mag sich auch ohne Abbildung vor Augen führen, wie eine Kombination der beiden Bilder ausschauen könnte. Damit hätten wir den Raum betrachtet. NTMs sind aber historisch abhängig. D.h. Zeit spielt eine Rolle. Hier könnte unserem Bürohengst wieder ein weiterer Fehler unterlaufen. Er könnte die Zeit als Linie betrachten.

Bei der Neudefinition des Dramas seines Lebens zu einem Lustspiel blieb ein Klient an der Stelle hängen, an der er sich einen Helfer suchen sollte. Er sollte sich in der Kindheit oder Pubertät an eine Person erinnern, mit der er eindeutig positive Gefühle verbindet. (Die Arbeit mit dem guten Ort und dem inneren Regisseur wird einige Seiten weiter unten genauer dargestellt.) Zunächst hatte er niemanden. Die ganze Zeit war schrecklich gewesen. Schließlich kam ihm aus den unendlichen Speichern seines Gedächtnisses das Bild eines Jungen vor sein inneres Auge, der ihm im Alter von 15 Jahren das Fahrradfahren beigebracht hatte. Er sagte: „Der war nebensächlich." Aber er strahlte dabei. Es war ein kurzes, aber bedeutsames Erlebnis. Zum erstenmal hatte er etwas getan, was ihm wirklich Spaß gemacht hatte. Es war eine ganz neue Strophe in seinem Lebenslied. Etwas, das ganz anders klang. Seine Glaubenssätze gingen nämlich in die Richtung: „Nur wenn ich Leistung bringe, bin ich ein guter Mensch." Dieser Freund hatte ihm eine Strophe beigebracht, die etwas mit „Erlaubnis geben" zu tun hatte. Sicher war er mit den anderen Strophen in einer Führungsposition gelandet. Aber er war an seine Grenzen gestoßen. In vielen Bereichen.

Nun sollte er Regisseur sein, um aus dem Drama ein Lustspiel werden zu lassen. Ein neuer Akt entstand, als er sich, zunächst mental, am Gardasee mit einem Mountainbike herumeiern sah. An seinem Gesicht konnte ich sehen, daß ihm das noch mehr Spaß zu machen schien als in der Zeit von 15 Jahren. Auch die posthypnotische Suggestion – ich spreche einfach von einem mentalen Training für die nächsten Wochen –, schien ihm so viel Spaß zu machen, daß er sich darauf freute, das Erlebnis in die Tat umzusetzen. In jener Sitzung war ein weiterer Schritt getan, um dem ganzen Ouvre eine neue Überschrift zu geben.

Zeit

Die lineare Zeit ist eine Einbildung unserer westlichen Weltsicht. Vielleicht werden zukünftige Generationen uns ähnlich belächeln wie wir heute die Flachdenker vergangener Jahrhunderte. Ob man nun den Philosophen Krishnamurti, die Physiker Hawking, Bohm, Capra nimmt, den amerikanischen Biofeedback-Arzt und Wellness-Propheten Larry Dossey oder den Traumzeit-Leuten in Australien Glauben schenkt, alle wissen, daß Zeit etwas Kreisförmiges ist. Nach Dossey ist die lineare Betrachtung der Zeit eine der Hauptfaktoren der psychosomatischen Krankheiten unserer Kultur.

Meiner Meinung nach ist es gut, jemand auf diesem eingeschränkten Ausschnitt seiner Wirklichkeit abzuholen. Die Geschlossenheit des autopoietischen Nervensystems erfordert eine momentane Weltsicht. Nun ist aber eine NTM vergangenheitsabhängig. Wie läßt sich das mit unserem Veränderungsprozeß vereinbaren?

Ganz einfach. Nehmen wir die folgende Metapher: Der innere Heiler, Programm-Operator, innere Arzt etc. ist immer da. Er kann nun die direkte oder auch bewußte Sicht unseres „Free-Climbing-Bürohengstes" immer wieder nur auf einige wenige NTMs lenken oder auf den Reichtum vieler. Er kann also bei der Betrachtung einer NTM, die uralt ist, sie immer wieder auf dieselbe Art anschauen, ohne Querverbindung zu anderen NTMs. In diesem Fall werden immer wieder dieselben Strukturen durchlaufen. Die Sichtweise und die Empfindungen bleiben unverändert. Was in keiner Weise geschieht, ist, daß der innere Beobachter irgendwie hinausspringen könnte, um etwas Neues hereinzuholen. Das einzige, was er tun kann, ist, sich einen guten Ort zu wählen, und die Vielfalt der Möglichkeiten zu betrachten, um neue Strukturen durch neue Querverbindungen herzustellen oder aber, was nicht jedermanns Sache ist, ganz spontan zu handeln. Nach Heinz von Foersters ethischem Imperativ: Willst du sehen, lerne handeln.

So sind wohl Spiralmodelle oder lineare Zeitmodelle eher Metaphern, die zwar den einen oder anderen Menschen, der mit einem Problem behaftet ist, gut in seiner Welt abholen, aber im Endeffekt doch keine rechte Lösung erbringen. Ich bin mir nicht sicher, aber ich denke, daß ich Spiralmodelle bei Personen wiederfinde, die es noch nicht geschafft haben, die Eigenständigkeit einer Person, also die Selbstorganisation des Lebendigen zu achten oder die Angst haben, Verantwortung für sich selbst zu übernehmen und in Verbindung mit dem Anfang und Ende von Zeit ein „höheres Wesen" brauchen. Vielleicht diejenigen, die mit einem Auge ängstlich nach oben in die Wolken schielen, mit der Frage im Hinterkopf: „Vielleicht gibt es ihn doch?" Mit einem Spiralmodell öffnet man die operationale Geschlossenheit eines lebenden Systems. Damit kann man dann wieder so tun, als ob instruierende

Interaktion möglich wird. Man kann sich also erlauben, in eine Person einzudringen, man kann direkte oder indirekte Macht ausüben, Worte oder andere Realitätsbereiche so definieren als ob sie wahr seien; man hat schlichtweg, da es einen Anfang und ein Ende gibt im Bereich der Linearität, zahlreiche Wahlmöglichkeiten. Wie man so etwas macht, kann man erstaunlicherweise in einer Ausgabe der Zeitschrift für systemische Therapie nachlesen (Machleidt 1993).

Die Neudefinition einer Bedeutung ist wohl die Grundlage jeglicher Veränderung im negativen wie auch im positiven Sinn. Das wußten die Nationalsozialisten, die Kommunisten, und heute wissen es die Werbepsychologen. Am schnellsten finden Neudefinitionen wohl in der Provokativen Therapie wie bei Frank Farrelly und Milton Erickson statt, oder aber in betrieblichen „Coaching-Prozessen", wenn man auf ein „reflecting-team" zurückgreifen kann. So ist Reframing bzw. Neudefinition ein Bereich, der so vielfältig ist, daß er den Rahmen dieses Buches sprengt. In unserem Ansatz besteht er aus mindestens zwei unterschiedlichen Ebenen:

1. **Der Ebene des Verstehens/ Erklärens**
2. **Der Ebene des Handelns**

Zu 1. Hierzu gehören die bekannten Formen des Reframing. Aber auch Trance, Metaphern in Trance, Zen-Koans, Sufi-Geschichten, Focusing nach Gendlin, Senoi-Dreamwork-Reframing, Autogenes Training der Oberstufe.
Zu 2. Hierzu gehören Rituale (im Geschäftsleben wie in Familien), Symptomverschreibungen, Paradoxe Interventionen, Umkehrverschreibungen.

Wenn man das Handeln durch Aufgabenstellung verändert, verändert sich die Bedeutung. Wenn man die Bedeutung verändert, verändert sich das Handeln. Wer sich die Frage der Indikation, die Frage des „Wann mache ich was?" stellt, wird sie sich meiner Meinung nach wohl nur mit Lenins Zitat „Der Beweis des Puddings liegt darin, ihn zu essen" beantworten können. Eines jedoch ist sicher. Er braucht viel Erfahrung. Er muß sich die Erlaubnis geben zu handeln. Immer wieder neu. Und immer wieder anders. Er sollte jeden Interaktionsvorgang auf das Individuum abstimmen.

Ein junger Student kam zu mir und löcherte mich einen halben Nachmittag über das „Wie" und „Was" und „Warum" von Hypnotherapie. Schließlich entsann ich mich an eine Geschichte von Erickson und ging mit ihm vor die Tür.

„Was sehen Sie, wenn Sie die Straße hinunterschauen", fragte ich. „Eine Reihe von Bäumen", sagte er. „Gut. Und was sehen Sie noch?", fragte ich wieder. „Alle neigen sich in eine Richtung", sagte er nach einiger Zeit. „Schauen Sie genauer hin.

Ist das alles?", „In der Mitte ist einer ganz gerade!", „Richtig. Es gibt immer eine Ausnahme.", „Aha."

Ich verabschiedete mich und ging, innerlich kopfschüttelnd aber irgendwie stolz, in mein Zimmer zurück. Es hatte funktioniert.

Erickson hatte in seinem Leben sehr viele (tausende) Trancen mit Armlevitationen eingeleitet. Er sagte, jede sei anders gewesen.

Um mehr Wahlmöglichkeiten kennenzulernen, haben wir therapeutische Praktiker und Theoretiker wie Heinz v. Foerster, Humberto Maturana und Jeff Zeig zu Seminaren eingeladen, weil wir der Meinung sind, daß sie mit den Urprüngen des NLP in Verbindung stehen.

Im Gegensatz zu den klassischen Ansätzen, in denen man das Augenmerk auf ein Konzept richtet und damit abspaltend (apart) am Prozeß vorbeischaut, haben die NLP-Begründer ihren Fokus auf den jeweiligen Meister gerichtet. Ich möchte mich davor schützen, den Vorgang mit einem definierten und festgelegten Konzept zu verwechseln.

Der gute Ort: Egal ob Kugelfisch, Ein- oder Metazeller, jedes Biosystem besteht aus Teilen. Für meine momentanen Erklärungsversuche sind das die Geister bei der Senoi-Traumarbeit (wird einige Seiten weiter unten beschrieben), mentale kognitive Muster, oder komplexe Nichttriviale Maschinen, die wiederum aus einfachen Nichttrivialen Maschinen bestehen, und wenn man immer mikroskopischer wird, landet man bei einer Trivialen Maschine, die aber nur Teil einer NTM ist. Wenn man dann noch weiter meditiert und schließlich bei Hawkings, Heisenbergs und David Bohms Ideen ankommt, merkt man, daß es das kleinste Teilchen oder dieses „allerletzte Endliche" nicht gibt, denn das Teilchen ist mal Materie und mal Welle.

Zurück zur Realität. Wie kommen die Muster zustande? Wie haben wir uns unsere NTMs konstruiert? Wir können zu den Augen zurückdenken, mit denen man die Welt sieht. Es gibt äußere und innere Augen. Die Teile entsprechen also den Mustern und Personen der Familie, in der man aufgewachsen ist, der Kultur und der Zeit, in der man lebt.

In jedem Fall gibt es nun zwei Zustände, zwischen denen unser Nervensystem ständig hin und her schaltet: Streß und Nichtstreß. Nervenzellen feuern oder feuern nicht. Das endokrine System ist in einem Adrenalin- oder Noradrenalinzustand. Diese Zustände sind auf dieselbe Art unvereinbar, so wie man einen Berg nicht gleichzeitig rauf- und runterfahren kann oder wie nicht gleichzeitig das kleine „z" im Wort „gleichzeitig" die Bedeutung des Wortes sein kann. Man kann nicht zur selben Zeit ein- und ausatmen. Es gibt Vorgänge, die geschehen einfach hintereinander. Die meisten Menschen putzen sich auf der Toilette zuerst den Hintern ab und ziehen sich dann die Hose hoch. Die Temperatur eines Fieberkranken mißt man mit einem Thermometer und nicht mit dem Zollstock. Manche Irre, manche Wissenschaftler und einige Witzbolde versuchen zwar immer wieder, wesentliche Ebenen zu vermischen, aber es gibt keinen Sinn.

Provokativ spreche ich manchmal von dem Eintopf-Maß oder dem Grad an innerem Eintopf. Wie klar ist meine innere Suppe oder in welchem Ausmaß ist es Eintopf. In welchem Ausmaß kann ich mich oder mein Klient sich sehr klar und deutlich mit den fünf Sinnen auf einen guten Zustand konzentrieren? Wie lange? Wie stark sind meine oder seine Körpersignale? Geht das mit dem negativen Zustand auch? Kann er dissoziieren oder zieht es ihn hinein? Oder gibt es eben diesen Eintopf? Sitzt er vor mir, redet von einem herrlichen Bild, während sein Körper mit einem tiefen Seufzer eine ganz andere Sprache spricht? Der Eintopf wird meiner Erfahrung nach durch eine Sprache mit bedeutungsvollen Worten wie Energie, Aggressionstrieb, etc. gefördert.

Wie schon erwähnt, ist bei sexuellem Mißbrauch das Informationsverarbeitungssystem der Person gestört. Bei vielen psychischen Problemen sind die Ebenen durcheinander. Um irgendwo anzufangen, sollte man sich einen guten Ort herrichten. Eine anregende metaphorische Frage an eine Person, die zum erstenmal in Therapie kommt, ist: „Wenn Sie einen Speicher haben, auf dem viel Durcheinander herrscht, wie würden Sie anfangen, ihn aufzuräumen? Um wichtige Schätze und Antiquitäten nicht aus Versehen fortzuwerfen, brauchen Sie Überblick! Wie also schaffen Sie sich diesen Überblick. Bringen Sie erst einmal alles auf den Hof, um es dort zu betrachten, oder schaffen Sie sich im Speicher selbst einen Platz, von dem aus Sie in Ruhe alles betrachten können?" Ich helfe der Person also, sich den Ort einzurichten. Dazu ist der erste notwendige Grundsatz: **Schaffe klare Bedingungen!**

Die äußeren Teile sollten stimmen. Die Beziehung zwischen mir und dem Klienten, Auftraggeber des Coaching, der Familie etc. sollte klar sein. Hier hinein gehört der Begriff „Kongruenz" oder Authentizität. Sicher, niemand kann jemals völlig kongruent sein. Vielleicht wenn er tot ist. Aber dann ist er ja nicht mehr. Mir kommt es darauf an, sehr kongruent zu sein und Inkongruenzen zunächst zu erkennen, um sie akzeptieren zu können, wobei wir schon bei der Akzeptanz wären, die Essenz von allem Wachstum und von jeglicher Veränderung.

Da ich viel mit Trance, Metaphern, Ritualen und Fragen statt Feststellungen arbeite, mag ich die Idee der Bühne des Lebens sehr gerne. Ich frage die Person, ob sie sich an einen angenehmen Menschen erinnern kann, dann ganz einfach nach der Haarfarbe, nach Gesten, der Stimme und nach bestimmten Schlüsselworten und wo im Körper dabei Gefühle, oder besser, Signale entstehen.

Nehmen wir ein Beispiel: Bei einer Arbeit mit Beliefs oder Lebensliedern, bei Dissoziationen in der unumgänglichen „Rachephase" einer Mißbrauchstherapie, ermuntere ich die Person, sich viel Zeit und Raum für die Gestaltung des inneren Ortes zu geben. Viel Spaß macht der Umgang mit dem Setting der inneren Bühne. Die Klientin oder der Klient ist die regieführende Person. Sie kann das Drama zum Musical werden lassen, sie kann Videoclips herstellen, sie ist Cyberspace (ist weitaus preiswerter und viel erlebensintensiver) und braucht keine teuren Maschinen. Es ist paradox, aber in meinen Mißbrauchstherapien wird plötzlich viel gelacht. Es ist ein Alles- oder Nichts-Gesetz. Die Bedingungen müssen stimmen. Dann funktioniert alles. Wenn die Bedingungen nicht stimmen, funktioniert gar nichts. Hierfür kann es keine Regeln, Programme und Rezepte geben. Beziehung ist alles. Kreativität ist alles.

Weiterhin frage ich sie, ob sie sich in dem Theater des Lebens einen Regieplatz einrichten mag, und wie der aussieht und sich anfühlt. Dem Einrichten dieses Regieplatzes schenke ich mittlerweile während einer Therapie oder anderen Arbeit sehr große Bedeutung. Ich erinnere mich an ein Seminar mit dem Hypnotherapeuten und Ericksonschüler Paul Carter. In diesem Seminar kam mir die Zeit unangemessen lang vor, die Paul für die Einrichtung eines guten Ortes verwendete. Heute denke ich, daß alles viel schneller geht, wenn man sich zu Anfang Zeit nimmt. Das betrifft sogar Entwicklungsprozesse in der Wirtschaft, wie man bei Günter Ogger nachlesen kann. Wenn sich jemand sicher fühlt, wird tiefes Lernen möglich.

Mit dieser Bühne kann man viel machen. Man kann Vorgänge mit dem Auge des Adlers anschauen oder als Maus direkt am Prozeß teilnehmen. NLPler sprechen hier von Dissoziation und Assoziation. Ich vermeide solche Worte. Statt dessen bringe ich den Menschen bei, wie man wieder Spielen lernt. Die Regisseurin kann auf eine ganz neue Art kreativ werden. Von der ersten Sitzung zur nächsten kann sie mit dem Schreiben des Drehbuchs beginnen. Sie kann darüber meditieren, welche Helfer und Requisiten sie braucht. Sie kann sich unterstützende Literatur besorgen. Wenn es sich um etwas Schmerzhaftes wie ein Mißbrauchserlebnis handelt, kann sie z.B. ein Buch von de Sade oder der Theologin Emmermann lesen, um sich auf racheübende Folterszenen vorzubereiten. Schlichtweg sind auf dieser Bühne den fünf Sinnen keine Grenzen gesetzt. Ich habe viele Bühnen gesehen. Ich habe vielen Menschen helfen können, Dramen zu Lustspielen werden zu lassen. Mittlerweile könnte ich ein Buch mit doppelter Seitenzahl von dem, das Sie vor sich liegen haben, über die verschiedenen Bühnenstücke schreiben, an denen ich bislang teilhaben durfte.

In einem Workshop in Familientherapie ließ sich eine Frau zu einer kurzen Demonstration ein. Es ging lediglich darum, sich ein paar Minuten Zeit zu nehmen, um die Bühne und den guten Ort herzurichten. Sie sagte, ihr Problem sei, daß sie von ihrer Großmutter mißbraucht worden sei. Ihre Mutter hatte sie nicht geschützt.

Im Gegenteil. Sie hatte einen langen Weg hinter sich. Er war durch Alkoholsucht und Eßprobleme (Bulimie) gekennzeichnet. Sie hatte viel für sich erreicht. Aber das Problem des Mißbrauchs hatte sie in all den Therapien noch nie so vollständig offen angehen können.

Ich bat sie, sich für die Art der Bühne Zeit zu nehmen. Sie baute sich eine Waldbühne. Sie nahm sich genügend Zeit, einen sehr angenehmen Sitz aus Moos und Fellen einzurichten. Ein Schamane war in ihrer Nähe. Mit seiner Zauberkraft erfüllte er ihr alles, was sie sich wünschte. Die Bühne befand sich in angemessenem Abstand vor ihr.

Der nächste Schritt war, daß sie sich viele Schauspieler herholte, die sie für die Problemsituation brauchte. Ihr Spektrum männlicher Helfer wurde immer größer. Es streute von starken Personen wie Generälen, Päpsten bis hin zu Sklaven, Zuhältern und Quasimodo – der Glöckner von Notre Dame – war auch dabei. Frauen fehlten. Das zwei Tage lang abgelaufene Training in Systemischer Therapie mit den vielen zirkulären Fragen half ihr nun, die Männer zu fragen, welche Frauen sie für ihr Problem brauche. Neben der Horde von Nonnen, die schon da waren, tauchten nun Mütter, Sklavinnen, Karrierefrauen, Amazonen, Huren, Feministinnen, Feen, Hexen und Hausfrauen auf. Was noch fehlte war Musik. Es gab zunächst einen Trommler, eine Bigband, aber richtig wichtig wurde dann ein Musiktrio mit einem Stehgeiger.

Die Demonstration sollte nur ca. 7 bis 10 Minuten dauern, zog sich dann aber auf Grund der spielerischen Kreativität über 15 Minuten hin. Die Schauspieler berieten über verschiedene Szenen, die man mit der Mutter oder der Oma durchspielen sollte. Dabei war natürlich alles erlaubt. Wenn es der Regisseurin irgendwie unangenehm wurde, kam jemand, der sie auf angenehmste Art massierte. Das Ganze endete damit, daß die Mutter von verschiedenen Männern mit der musikalischen Untermalung des Stehgeigers gefoltert und vergewaltigt wurde. Die Regisseurin entspannte sich deutlich sichtbar immer mehr. Nach der Demonstration sagte sie, sie hätte sich in ihrem ganzen Leben noch nie so frei gefühlt. Als ich sie am nächsten Morgen fragte, ob es über Nacht Träume oder weitere Gedanken gegeben hätte, sagte sie: „Ich habe die ganze Nacht munter weitergefoltert ..." und strahlte ganz gelöst.

Meine Erfahrung ist, daß eine Therapie, in der es um Mißbrauch geht, erst dann in die nächste Phase kommt, wenn Rache möglich war. Ich denke, daß für den Marquis de Sade Schreiben der Weg der Lösung war. Er war in späten Jahren Pazifist und setzte sich während der französischen Revolution für die Abschaffung der Todesstrafe ein. Ich denke, daß all die Gewaltdarstellungen in den Medien Lösungsversuche sind, die irgendwann einmal langweilen werden. Allerdings ist eine Alternative notwendig. Aber darum geht es ja in diesem Buch.

Wer die Programmschritte des NLP-Six-Step-Modells mit dem Focusing vergleicht, wird schnell Ähnlichkeiten entdecken. Im folgenden eine Kurzform der von E.T. Gendlin entwickelten, mehr körperbezogeneren Erweiterung der rogerianischen Therapie: 1. Wie fühlen Sie sich ... 2. Greifen Sie ein Problem heraus ... 3. Bleiben Sie bei diesem Gefühl ... 4. Warten Sie, lassen Sie Worte oder Bilder aus dem Gefühl kommen. 5. Gehen Sie hin und her zwischen den Worten (Bildern) und dem Gefühl. Versuchen Sie, beides aufeinander abzustimmen – wenn sich das Gefühl verändert, folgen Sie ihm. 6. Prüfen Sie es. Fragen Sie Ihren Körper: „Ist das richtig?" Wenn Sie vollkommene Übereinstimmung erreicht haben, die Worte oder Bilder also genau auf dieses Gefühl passen, fühlen Sie das eine Minute lang (Gendlin 1981).

Auch diese Form könnte man mit der Forschung Piagets und Heinz von Foersters in Zusammenhang bringen, kommt doch auch hier die Auge-Körper- und Ohr/Mund-Körper-Rekursion deutlich zum Ausdruck. Zum Schluß wird geankert, würde ein NLPler sagen.

Meine Erfahrung in der Ausbildung ist mittlerweile diejenige, daß ich Programmschritte so weit wie möglich vermeide. Manchmal sind sie ganz hilfreich. Jedenfalls helfen sie dem Therapeuten oder dem Kursleiter, so daß er sich sicher fühlen kann oder seinen Teilnehmern gegenüber glaubwürdig erscheint. Solche Modelle funktionieren dann auch während des Seminars hervorragend. Hier haben sich die Teilnehmer aber auch etliche Stunden aufeinander abgestimmt und auf die eigentliche Reframing-Prozedur vorbereitet. Rechnet man die Stundenzahl zusammen, kommt manchmal mehr dabei heraus als bei einer psychotherapeutischen Langzeittherapie. In der psychotherapeutischen Praxis oder im industriellen Alltag begegnen sich Menschen nur kurz. Da ist nicht immer gewährleistet, daß diese Programmschritte greifen.

Erwähnen mag ich die Videoclip-Technik, die ich einmal in einer Sitzung über ein sehr schmerzhaftes Erlebnis zusammen mit einer Frau erfinden durfte. Ich fragte sie, an welche guten Erlebnisse sie sich während dieser „Scheißzeit" erinnern konnte. In diesen vier Jahren – vom dritten bis siebten Lebensjahr – gab es sieben sehr gute Erlebnisse. Während sie ihre Füße mental in einem heißen Fußbad hatte, konnte sie die Bilder in Form riesiger Poster im Halbkreis um sich aufstellen. Dann kam die musikalische Phase. Zunächst fand sie eine wunderschöne, gut passende Melodie zu jedem Bild. Dann bat ich sie um etwas Verrücktes: Sie sollte zu jedem Bild eine völlig unpassende Melodie finden. Das fand sie zunächst etwas blöd, mußte dann aber lauthals loslachen. Was ihr nicht klar war, mir dafür um so mehr, ist, daß die nächste Lernebene mit dem Finden von irren Ideen zu tun hat. Und diese Ebene erleichtert die Betrachtung schmerzhafter Vorgänge. Die oben erwähnte Rache wäre ein anderer Weg, aber den hatten wir hier nicht eingeschlagen. Ihr jedenfalls fiel es dann leicht, zwischen die großen Poster mit den irren Klängen kleinere Bilder aus der „Scheißzeit" einzufügen. Für sie war es absolut irre. Sie konnte mit dieser Musik und ihrem Fußbad einfach dasitzen und über diese „Scheißzeit", an die sie sich nicht einmal während ihrer mehrere Jahre dauernden Therapie so richtig rangewagt hatte, einfach einen Videoclip basteln, über den sie herzlich lachen konnte. Das alles geschah in einer Sitzung. Sie konnte endlich wieder hinschauen. Damit war es ihr möglich geworden, das ganze Erlebnis genauer zu betrachten und mit ihrem Leben in einen neuen Zusammenhang zu bringen.

Mir ist dabei wichtig, daß die Person es selbst macht, d.h. das autopoietische Grundprinzip bleibt gewährleistet. Weiterhin, daß der Vorgang sinnesbezogen ist, d.h. das von Foerstersche Prinzip der sensu-motorischen Geschlossenheit aufrechterhalten wird und daß Nichttriviale Maschinen, die Streß erzeugen, abgeschaltet werden können, während die des guten Lernens anbleiben. In diesem Fall achte ich auf die Prinzipien von Ernest L. Rossi (wobei, wie schon gesagt, in manchen Fällen der Eustreß der Rache not-wendig sein kann).

Traumarbeit der Senoi

Steve Lankton (1979) sprach, als er noch NLP machte, von Senoi-Dreamwork-Reframing. Ich lernte diese hervorragende Arbeit mit inneren Teilen in meiner ersten Begegnung mit dem NLP kennen.

Patricia Garfield bezeichnet das Traumsystem der Senoi als das reifste, das es auf der Welt gibt. Die Menschen leben in einem System psychologischer und medizinischer Gesundheit, das auf der Welt seinesgleichen sucht. Ein Arzt, der durch seine Arbeit in einer der naheliegenden Kliniken 12 Jahre lang mit den Senoi Kontakt hatte, berichtet, er habe in jener Zeit weder Gewaltakte noch neurotische oder gar psychotische Beeinträchtigungen beobachten können. Sie leben in Langhäusern und kennen Polyandrie, Polygamie oder Monogamie. Möglich, daß die soziologische Struktur ihre Gesundheit ausmacht, vielleicht auch die Art und Weise, wie sie ihre Träume nutzen. Was nun diese Traumarbeit anbelangt – als westlicher Mensch spreche ich von Arbeit, sie werden eine solche Wortbedeutung möglicherweise in ihrem Sprachschatz gar nicht kennen –, so sprechen sie schon frühmorgens in einer Stammeszusammenkunft über ihre Träume. Sobald Kinder sprechen können, werden sie angeleitet, von ihren Träume zu berichten und sie nachzuträumen.

Das Lebenslied dieses Naturvolkes ist genial einfach: Auf der Welt gibt es eine Wachwelt und eine Traumwelt. Beide Welten sind gleichwertig. In beiden Welten gibt es Geister, mit denen man sich anfreunden sollte. Es können gute und böse Geister auftauchen. Vor allen mit den bösen sollte man sich anfreunden. Wenn man das vernachlässigt, kann es geschehen, daß sich die bösen Geister untereinander anfreunden. Wenn diese sich untereinander anfreunden, werden sie irgendwann einmal eine ganze Armee bilden, die dann die Grenze zur Wachwelt überschreitet.

Hier wird mit einfachen und praktisch sehr handhabbaren Worten gesagt, was in westlichen Lehrbüchern als „Psychose" beschrieben wird.

Geist ist alles, was eine Person mit ihren fünf Sinnen erleben kann. Auch das Vergessen eines Traumes kann ein Geist sein: der Geist der Gefühllosigkeit, Blindheit oder Taubheit. Ziel ist, alles daranzusetzen, um die Kraft des Geistes kennenzulernen, und ihm eventuell ein Geschenk abzuringen, das man mit in die Wachwelt nehmen darf. Dazu sind alle Mittel recht. Man kann verhandeln, kämpfen, spielen, nur hinschauen etc. Im Traum ist alles möglich.

Eine schöne Unterscheidung logischer Ebenen drückt sich in der sehr frühen Anweisung an kleine Kinder aus: „Wenn dir im Traum ein Tiger begegnet, dann kämpfe mit ihm, um seine Kraft zu erlangen. Wenn dir am Tag im Urwald ein Tiger begegnet, dann lauf ganz schnell fort."

Im Traum ist nicht nur alles möglich und alles erlaubt, sondern die Person sollte auch verschiedene Formen des sich Erlaubnis-gebens lernen. Sie lernt im Traum zu fliegen (Auge des Adlers, Dissoziation), die verschiedenen Formen des Kämpfens bis hin zu mörderischen Gewaltakten (Assoziation, Auge des Falken) und sämtliche Formen von Sexualität (so z.B. die bei uns bekannten Formen bis hin zu homo- und heterosexuellem Inzest usw., schlichtweg alles, was denkbar und bei uns verboten ist). Das ist natürlich ein Ventil, welches in unserer Kultur völlig fehlt. Mir persönlich hat in diesem Zusammenhang gerade die Tiger-Unterscheidung in vielen Mißbrauchstherapien Mut gemacht, Frauen und Männer zu ermutigen, wirklich alle Rachephantasien zuzulassen. Irgendwann war dann der ständige Alptraum ausgeträumt. Ich denke mittlerweile, daß Menschen, die keinen Kontakt zu ihren sogenannten „Bösen Geistern" finden, andere Ventile wie Kriege, Substanzen oder Perversitäten suchen, wenn sie sich nicht als gutes Versuchsobjekt für die chemische Industrie in Form von Patienten in Landeskrankenhäusern anbieten.

Ich hatte mich längere Zeit sehr intensiv mit meinen eigenen Träumen beschäftigt. In dieser Phase las ich Patricia Garfields Schilderung über einen Traum, in dem sie mit ihrer Mutter ein hocherotisches sexuelles Erlebnis erfährt und schreibt, wie sie sich nach diesem Traum schlagartig eine Stufe gereifter erlebt.

Ich hatte ihre Ratschläge befolgt (Träume nachträumen ist eine Möglichkeit, sich auf den „realen Kontakt" mit Traumgeistern vorzubereiten ist eine andere), war dann auch sehr gespannt und voller Erwartung, wann ich nun reifen werde.

Tatsächlich hatte ich dann einen sehr intensiven Traum, in dem ich mit meiner Mutter, sie war mal älter, mal sehr jung, sie wirkte teilweise sehr fremd, sehr bekannt etc., in den verschiedensten Formen kopulierte. In den meisten meiner Träume weiß ich seit meinem „Klartraumtraining" während des Träumens, daß ich träume, so daß ich den Traum regelrecht genoß, mit dem Bewußtsein: „Jetzt ist dieser Traum endlich da!" Tatsächlich fühlte ich mich in den folgenden Wochen reifer und konnte in vielen privaten und beruflichen kommunikativen Situationen mit meiner Sexualität besser umgehen.

Das folgende Beispiel ist ein wortwörtliches Transkript aus einem Seminar an einer deutschen Fachhochschule. Die Arbeit ist noch etwas einseitig auf ein stark visuelles Leading ausgerichtet. Sie paßte aber in jenem Moment genau auf die visuell-kinästhetischen Muster der Klientin. Bei der Arbeit handelt es sich nicht um einen Nachttraum, der nachgeträumt wird, sondern um das Tagtraumsymbol „Meine schöne Blume". Man kann genauso mit dem Traum der letzten Nacht einsteigen, dem Nachttraum vor einem Jahr an einem Donnerstag wie heute, dem Traum, der sich oft wiederholt oder man kann an den Satz von Stanislaw Lem denken: „Bevor das Fliegen erfunden wurde, mußte vom Fliegen geträumt werden."

Die Klientin litt in jener Zeit an Suizidgedanken und einem Partnerproblem. Nach der Sitzung traf sie eine Lebensentscheidung. Sie verließ zusammen mit ihrem Sohn ihren Partner und zog in eine andere Stadt. Sie hatte danach keine Suizidgedanken mehr. Später traf ich sie wieder als Teilnehmerin in einem NLP-Seminar, in dem ich Co-Trainer war. Der Geist der Traumes war ihr stärkster „Anker" geblieben, der sie auf vielen Wegen begleitet hatte.

Th. (noch zur Gruppe): Ja ... dann kommen wir allmählich zur Ruhe ... Mara, versuch ganz ruhig zu werden ... laß deine Schultern einfach hängen ... ... Laß deine Schultern ganz locker und ruhig werden ... und nun versuch dir eine Blume vorzustellen ... ... und erzähl mir, was du da siehst.

Kl. (spontan): Ich seh 'ne Distel, und zwar so eine mit so n'em lila Ball, so eine mit n'em kleinen lila Ball, also (Th.: Mhm) das ist so (Mhm), die Blüte ... an so n'em Fluß oder Bach.

Th.: Kannst du dir die Blüte noch mal genauer anschauen.

Kl.: Sie ist rund (Th.: Mhm) und so wie 'ne Kugel und besteht aus ganz vielen einzelnen kleinen Blüten, so ähnlich wie Stacheln, aber (Th.: Mhm) weich (Th.: Mhm), ich weiß nicht, aber ich glaube, die gibt's auch in echt.

Th.: Schau dir die mal genau an.

Kl.: Mhm, das geht auseinander (Th.: Mhm), da werden, da fehlen so einzelne Blüten, so Stacheln (Th.: Mhm). Irgend jemand rupft die raus.

Th.: Mhm. Schau da nochmal genau rein.

Kl.: Da sind da an den Stellen, wo die rausgezogen sind, so (Th.: Mhm) sind so Löcher. (Th.: Mhm) Irgend jemand rupft die raus.

Th.: Mhm. Siehst du da irgendwas in den Löchern? (Kl.: Mhm)

Kl.: S'sind ganz normale Löcher, wo was rausgezupft ist (Th.: Mhm).

Th.: Was siehst du denn noch?

Kl.: Ich seh 'ne Hand, die da weiter rauszupft (Th.: Mhm). Immer mehr, daß nur so'n Kranz übrigbleibt ... sss ... Jetzt kommt 'ne Fliege und setzt sich da drauf ... und ... erkundet das ... so ... und krabbelt da darauf rum. (Th.: Und die Sonne scheint, s'is warm ...)

Th.: Wie sieht die Fliege aus?

Kl.: N'en dicker Brummer is das.

Th.: Schau ihn dir mal genauer an.

Kl.: Hat eklige Haare auf einmal am Körper (Th.: Mhm). Ist jetzt gar nicht mehr so schön ... ist so groß und eklig ...

Th.: Was ist da so eklig, schau dir das mal genau an.

Kl.: Da sind so ... so zwei große Augen, diese Fliegenaugen ... seh' ich jetzt unheimlich übergroß über mir (Th.: Mhm, mhm), die mich angucken und zwar böse angucken (Th.: Mhm) ... eigentlich hab' ich Angst davor (Th.: Mhm), ich will da weg (Th.: Ja). Ich will entfliehen.

Th.: Was machst du jetzt?

Kl.: Als Blume oder ...?

Th.: Wo möchtest du hin?

Th.: Schau dich mal um.

Kl.: Ich knick einfach um ... so daß die Fliege sich nicht mehr halten kann. Laß mich so zur Seite kippen ... auf so'n warmen Stein (Th.: Mhm). Ich hör das Wasser rauschen (Th.: Mhm). Das ist unheimlich schön.

Th.: Schau dir das nochmal genau an. Was siehst du da?

Kl.: Ich seh 'ne abgeknickte Distel. Aber jetzt ist die ohne die stacheligen Blätter. Es ist nur die Blüte, und von der ist jetzt nur ringsum so'n Kranz übrig. Ähnlich wie bei der Margarite, wo nur die weißen Blätter da sind.

Th.: Was siehst du da noch an der Blume?

Kl.: ... Gras

Th.: Wie sieht das aus?

Kl.: ... saftig, weich. Die Sonne, die flimmert so dabei, und der Stein, der ist so schön angenehm, als wenn ich so mit meiner Backe dranliege und so spür, wie die warme Sonne mit dem warmen Stein so ...

Th.: Was magst du tun? Ja ... Was ist das für'n Gefühl?

Kl. (schluchzt, weint): ... n'en sehr angenehmes ...

Th.: Was machst du jetzt?

Kl.: Mir wird dabei so klar, daß ich ... sowas sonst nicht hab, ... daß mir das fehlt.

Th.: Schau es dir nochmal genau an.

Kl.: Ja ...

Th.: Wie sieht das jetzt aus?

Kl.: ... s'is immer noch so, daß ich so, so ganz locker auf diesem Stein lieg ..., diese Wärme so in mich übergehen lasse ... und das tut unheimlich gut und ist unheimlich beruhigend ... ich möchte eigentlich immer so liegenbleiben ...

Th.: Schau dich nochmal um, was du noch so siehst.

Kl.: Ich seh große Bäume (Th: Ja) über mir.

Th.: Was sind das für welche? Wie seh'n die aus?

Kl.: Laubbäume ... Schöne kräftige grüne Farbe ... Auch da scheint die Sonne durch, so ruhig, so ... die Luft ist so warm, so angenehm ... Die Sonne scheint da durch ... Ich fühl mich irgendwie so beschützt, so ... unheimlich ruhig und warm ... beschützt.

Th.: Siehst du da noch was?

Kl.: Jetzt kommt n'nen Mann mit n'nem Hund über 'ne Wiese ... aber die paßt eigentlich gar nicht dazu, die gehört eigentlich gar nicht dazu. Aber auf einmal ist der da.

Th.: Mhm. Wie sieht der aus?

Kl.: Wie so'n Förster, so'n älterer, mit so'm Gamsbarthut ... und so'm grünen Mantel und ... so, so'm Knickerbocker ... und der Hund ist so'n Jagdhund irgendwie ... Im Gesicht so neutral. Nicht besonders sympathisch ... So'n Bart. N'en älterer Herr ... jetzt, jetzt läßt er den laufen ... Ganz komisch, ich seh wie der Hund ... der Hund packt die Blüte! Das geht überhaupt nicht.

Th.: Mhm, was siehst du, was macht der damit?

Kl.: Der beißt die ab, der beißt daraufrum ..., schau dir das noch mal genauer an.

Kl. (Tonlage hat sich dramatisch verändert. Einige Worte sind unverständlich): ... bin ich dazwischen! Der wird mich zerquetschen ..., richtig zwischen den Zähnen und das tut weh!

Th.: Kannst du irgendwas dagegen tun?

Kl.: Ich kann gar nichts tun ... ich kann nicht schreien. Ich merk nur, das tut weh und find das brutal, was der da macht ... Ich kann nichts tun. Ich hab keine Arme und keine Hände, um mich dagegen zu wehren. Es tut nur weh ...

Th.: Was siehst du da noch weiter? Schau dich nochmal um, ob da noch was ist.

Kl.: Ich seh wie's dunkel wird, ganz dunkel wird ... Wie ... das ist auch nicht mehr warm ... S'is kalt und dunkel.

Th.: Und was machst du jetzt?

Kl.: Ich guck voller Angst in die Schnauze von dem Hund rein. ...

Th.: Wie sieht das aus?

Kl.: Wie 'ne große Höhle ... groß und schwarz auch. Und die rote Zunge ... und da hinten ist das Loch, da n'en Schlund ... und ich ... ich will da nicht rein ... ich will da absolut nicht rein! ... Und jetzt bin ich so 'ne kleine Figur in dem Maul von dem Hund. Der hat mich zwischen den Zähnen. Jetzt krieg ich auf einmal Arme und Beine ... und nehm Gestalt an ... und ... und dann ... irgendwie schaff ich das. Das ist 'ne ... 'ne übermächtige Kraft so ... Ich weiß dann auch nicht ... ich krieg die Zähne von dem Hund auseinander! ... Ah!! ... Das ist so schwer.

Th.: Ja, versuch das mal weiter.

Kl.: Und, und ich schaff das ... Ich schaff das (schluchzt) und dann laß ich mich runterfallen, und jetzt bin ich so'n kleines Männeken (schluchzt) ..., ganz klein, so groß wie n'en

Graßhalm in der Wiese ... und der Hund interessiert sich gar nicht mehr für mich (Th.: Ja). Der hat seinen Spaß gehabt oder so ... Der trottet einfach weg und ... ich bin wieder allein.

Vorbereitung auf das Ende der Sitzung

Th.: Schau dich einmal um, und such dir einen Platz, wo du dich ganz wohlfühlen kannst.
Kl.: Ich leg mich auf 'en Blatt. Und die Sonne scheint wieder auf mich ... Mann, ich hab so das Gefühl, ich hab was Unheimliches gepackt. So geschafft. So bin ich ganz stolz auf mich und froh ... (räuspert sich) ... hab irgendwie so'n Tatendrang, erstmal. Bin am überlegen, was ich jetzt mache, nachdem ich von dem Hund losgekommen bin. Was werde ich jetzt machen ...?
Th.: Jetzt schau dich um und versuch, langsam wieder in die Wirklichkeit zurückzukommen.

In dieser Arbeit kommen wohl die visuell-kinästhetischen Muster deutlich zum Ausdruck. Weiterhin der Prozeß des „Pacing-Leading". Die Klientin sagte mir hinterher, daß die mutige Begleitung und Ermunterung des Therapeuten für sie das Wichtigste war. Die Gruppenteilnehmer (10 Frauen und neben mir noch ein Mann) sagten, sie hätten große Angst gehabt. Sie wußten, daß ihre Studienkollegin Selbstmordabsichten mit sich herumtrug. Ich wußte es nicht. Ich sagte, daß ich auch ziemlich Angst bekommen hatte. Mir war aber wichtig gewesen, Sicherheit auszustrahlen und ihr Mut zu machen zu handeln. Man könnte als Therapeut in einer derartigen Situation natürlich auch eingreifen. Man könnte als Helfer mit ins Bild treten. Das schafft aber neue Abhängigkeiten. Ich denke, daß es sehr problematisch ist, in den persönlichen Raum von jemandem einzudringen. Schon damals legte ich großen Wert auf Selbstorganisation.

Ein weiterer Punkt ist die Auswahl der Inhalte und die Art der Deutung. Hier wird wohl klar, daß der Träumer selbst entscheidet, wo es langgeht. Eine Teilnehmerin in einem späteren NKS-Seminar sagte mir einmal, daß sie diese Art der Begleitung als sehr heilsam erleben würde. In einer anderen Ausbildung hatte sie während der Traumarbeit schon immer diejenigen Fragen im Kopf gehabt, die später in ihrer Supervisionsgruppe auf Grund der tiefenpsychologisch orientierten Theorie von ihr erwartet wurden. Sie hatte immer ein unangenehmes Gefühl, wenn sie sich an diese unausgesprochenen Regeln hielt.

Ich habe mit dieser Arbeit den unterschiedlichsten Klienten Hilfe anbieten können. Mit Minderbegabten genauso wie mit Professoren. Mit psychotischen Personen genauso wie mit rigiden, stocknüchternen ehemaligen Alkoholikern. Mit Ingenieuren ebenso wie mit Hochleistungssportlern. Ich denke, jeder kann träumen. Heute bringe ich diese Arbeit Paaren bei. Ich denke, es reicht aus, sinnesbezogene Fragen zu stellen. Was bei den Senoi die Träume sind, sind die Metaphern bei den nordamerikanischen Indianern, die Medizin durch „Story Telling" oder die Metaphern bei Milton H. Erickson. Aber das ist ein Gebiet für sich. Ebenso wie die Hypnotherapie.

Hypnotherapie

Der Unterschied zwischen Hypnotherapie nach Milton H. Erickson und der klassischen Hypnose entspricht dem Unterschied zwischen dem Uhrwerkmodell bzw. dem Determinismusmodell und dem Selbstorganisationsmodell. Hypnotherapie in den verschiedensten Formen ist eines der Hauptgebiete von NKS, oder noch anders ausgedrückt: Hypnotherapie und NKS sind nur unterschiedliche Namen für eine ähnliche Sache. Allerdings ist für mich der Name „Hypnotherapie" ganz eng mit der Person Milton H. Ericksons verknüpft. Ich hätte dieses Buch auch „Hypnotherapie nach Erickson aus meiner Sicht" nennen können. Da ich weder Erickson bin, noch in seiner Zeit und Kultur lebe, denke ich über das Gebiet auf eine andere Art nach als der Meister. Ich handle auch anders. Mit Sicherheit weniger vollkommen. Ich denke, wer sich ernsthaft mit NLP-Techniken, systemischem und strategischem Handeln und anderen neuen Methoden der Verhaltensmodifikation beschäftigt, kommt nicht darum herum, sich mit den Grundhaltungen und der Ethik Milton H. Ericksons zusammenzusetzen.

Softlearning/mentales Training

Auch Softlearning und mentales Training ist für mich untrennbar mit der Person Ericksons verknüpft. Erickson selbst hat immer wieder beschrieben, wie er in seinem Leben mehrfach krank war, unter größten Schmerzen litt, die er überwinden konnte, indem er seine selbsthypnotischen Fähigkeiten stärkte. Er beschreibt, wie er „immer bei den olympischen Spielen gewinnt" oder wie er die US-Schützen trainierte, damit sie gegen die Russen gewinnen konnten (Wippich 1995; Rosen 1985). Mir persönlich macht es Spaß, einer oder mehreren Personen beizubringem, wie sie ihre mentalen Fähigkeiten entwickeln, um mit großem Spaß hohe Leistungen zu vollbringen. Die australische Hypno- und Familientherapeutin Sarah McDonald brauchte – wie schon an anderer Stelle erwähnt – nur zwei Stunden NKS-Belief-Arbeit und zwei Stunden im Schnee, um im hochalpinen Gelände Skifahren zu lernen. Sie hatte großen Spaß daran. Frank Farrelly war 54 Jahre alt und konnte nach drei Tagen gut Skifahren. Sarah war allerdings erst 37 Jahre alt und macht mehrmals in der Woche Aerobic. Frank treibt wenig Sport.

Ich selbst gehe seitdem regelmäßig zum Aerobic und genieße die Kombination zwischen Musik, Körper und klaren externen Einflüssen.

Für mich gibt es wenig Unterschied, ob ich beim Lernen von Computersprachen oder einer Sprache wie Spanisch einen Trance-Zustand genieße, indem ich alle meine Sinne aktiviere und viel Spaß daran habe, ob ich Snowboard fahre oder eine Sitzung mit einer Familie, einem Team oder anderen Menschen erlebe. Frank Farrelly nannte mich nach seinem Ski-Erfolgserlebnis nur noch „Coach". Carl Whitaker sagt, seine Rolle als Familientherapeut entspricht derjenigen eines Coach einer Footballmannschaft. Er spielt nicht selbst mit. Er fühlt sich zugehörig, aber doch außenstehend. Ich fühle mich in solchen Situationen als Katalysator.

Der systemische Ansatz

Mit dem Begriff „systemisch" wird in Deutschland viel Schindluder getrieben. Ich habe systemische TherapeutenInnen kennengelernt, die auf klassische Art Familien und Einzelpersonen konfrontierten, die versuchten, Klienten durch Einsicht zu verändern, oder die direkt oder indirekt Macht ausübten. Andererseits waren sie nicht einmal in der Lage, den Begriff klar in Worte zu fassen. In den sogenannten Familientherapien geschahen Interaktionen ausschließlich mit einzelnen Personen, ohne das System zu berücksichtigen. Das ging soweit, daß sich ein Ausbilder jemanden für eine Interaktion herauspickte wie ein Lehrer, der einen „Piek" auf einen bösen Schüler hat. Mit dem wurde dann konfrontativ gearbeitet, wie es in den frühen Siebzigern üblich war. Die kreative Arbeit mit Reflecting Teams wurde für ganz orthodoxe Deutungsarbeit mißbraucht, ebenso der Umgang mit Videoaufnahmen. All das geschah unter dem Deckmantel von „Systemischer Weltsicht". Ich denke, daß dieses Unverständnis viel mit den vorn beschriebenen Modellen von Macht- und Regelorientiertheit zu tun hat.

Als Systemische Therapie bezeichnet man die Arbeit des Mailänder Teams in Verbindung mit Mara Selvini-Palazzoli et al. und in Deutschland die Arbeit von Helm Stierlin oder die der Heidelberger Schule. Die Arbeit bezieht sich hauptsächlich auf Psychotherapie im weiteren Sinn, aber auch auf das Coaching von Unternehmen im wirtschaftlichen Bereich. Der Ansatz orientiert sich weitgehend an Gregory Bateson und mittlerweile an Humberto R. Maturana und Heinz von Foerster. Die ursprünglichen Interventionsansätze sind Neutralität, Hypothesenbildung und Zirkularität.

Neutralität

Ein Berater, der seine Neutralität verliert, kann wohl nach Hause gehen. Auch wenn ich mich zeitweise mit einem Teil des Systems verbünde, werde ich doch insgesamt neutral bleiben müssen. Ein Friedensstifter, der ideologisch mit einer der kriegführenden Parteien koaliert, wird eher Schaden stiften, als daß er Möglichkeiten schafft, daß der Krieg aufhört. Einerseits kann er selbst nicht klar genug sehen, andererseits wird er von den kriegführenden Parteien mit Mißtrauen betrachtet werden.

Während ich diese Zeilen schreibe, war ich zwischendurch als Ausbilder in einer familientherapeutischen Gruppe. In dieser Gruppe gab es mehrere Konfliktebenen. Einer der Teilnehmer, ein Unternehmensberater, beschrieb die Ebenen mit der

Metapher eines Gewirrs von Gummibändern. Er sagt, er durchschaue das Gewirr nicht. Die Gummibänder seien nicht greifbar. Gegen Ende des fünftägigen Seminars erlebte er mehr Klarheit zwischen den individuellen Ebenen, den organisatorischen und familiären und gruppendynamischen Ebenen.

Die Ausbildung wurde in einem familientherapeutischen Institut durchgeführt, welches gerade einen Konflikt innerhalb des Leitungsteams gelöst hat. Die Organisationsideologie dieses Teams würde ich als beziehungsorientiert bezeichnen. Das Institut hat aber seine Ausbildung an eine andere bekannte Einrichtung quasi „vermietet", welche für den Ablauf, Unterkunft etc. verantwortlich ist. Diese Einrichtung würde ich als regelorientiert bezeichnen. Zwischen den beiden Ebenen entstehen Konflikte, die die Teilnehmer nicht sehen können. Diese Konflikte mischen sich zwangsläufig mit anderen Beziehungsstrukturen. So sind einige Teilnehmer therapeutisch mit Trainern und Kursleitern eingebunden. Dadurch wiederum entstehen unterschiedliche Koalitionen, strukturelle Kopplungen, die auf die Gruppendynamik einen Einfluß haben. Sie unterliegen einem Tabu, das nicht angesprochen werden kann. Durch direkte und indirekte Arbeiten gelang es den Teilnehmern, sich über die Tabus und Ebenen mehr Klarheit zu verschaffen. Maßnahmen waren u.a. zirkuläre Fragen, die ich als Trainer stellte. Hilfestellung dabei gaben mir zwei Assistentinnen, die mir im Rahmen eines Reflecting Teams bei der Formulierung halfen. Weiterhin gab es Maßnahmen wie Dissoziation, bei der sich jeder Teilnehmer einen guten inneren Ort schaffen konnte, um die Gruppe im Rahmen eines inneren Theaters oder Kinos zu betrachten. Als assoziative Maßnahme hatte sich ein Gruppen-Senoi-Dreamwork-Reframe bewährt, bei der jeweils eine Hälfte der Gruppe in einem meditativen Zustand eine gemeinsame Aufgabe bewältigt – sie liegen dabei eng mit den Köpfen zusammen – während die andere Gruppe den Vorgang beobachtet. Anschließend wurde der Prozeß von beiden Gruppen selbst- und fremdgedeutet. Zwischen beiden Reframes fand ein „Restraining" statt.

Bei solchen Prozessen sollte ein Leiter manövrierfähig bleiben, d.h. er sollte sich nicht einbinden lassen. Es gibt Teilnehmer in den Gruppen, die auf Grund persönlicher Erlebnisse wie mentalem Mißbrauch oder sexuellem Mißbrauch auf den Leiter fixiert sind. Handelt es sich gar um eine „Uhrwerk-Gruppe", in der die Verantwortung für die Veränderung in den Leiter gelegt wird, wird die Sache noch problematischer. Die Gruppe erwartet, daß er die Uhr wieder aufzieht oder die herausgebrochenen Zacken wieder dranlötet. Es kann fatal werden, wenn man in diese Fallen tappt.

Früher war ich wohl ein „Macher", der unter einem „Helfersyndrom" litt. Zwangsläufig habe ich ständig einzelne Teilnehmer sowie die Gruppe daran gehindert, ihre eigenen Vorgänge zu lösen. Noch vor nicht all zu langer Zeit hatte ich mich auf die Therapie mit einer Teilnehmerin eingelassen, die nicht in der Lage war, sich in dieser Gruppe zu Wort zu melden. Meine „Helferideologie" hatte dann indirekt zu nicht allzu schlimmen, aber doch bedenkenswerten Prozessen in der Gruppe geführt, die tabuisiert worden waren. Ich erfuhr sie erst ein Jahr nach Abschluß der Ausbildung.

Es ist klar, daß persönliche Glaubenssysteme wie z.B. ideologisierte Genderprobleme, die womöglich mit traumatischen Vorgängen verbunden sind, Veränderungsvorgänge stark verzögern oder gar verunmöglichen. Stellen Sie sich einen Therapeuten vor, der mit der Einstellung lebt, der sexuelle Mißbrauch an Frauen sei erfunden. Er wird kaum mit einem Paar arbeiten können, bei dem dieses Verhalten zu vermuten ist. Oder eine Ärztin, die im Leder-Minirock auf einer psychiatrischen Station mit gerichtlich eingewiesenen Patienten in einer führenden Rolle ist, in der sie ihre eigene Geschichte an den Patienten durch Maßnahmen wie Fixationen, hohe Dosierung von Medikation etc. ausläßt. Ich glaube nicht, daß Therapeuten, die ihre Männlichkeit oder Weiblichkeit ideologisieren, ohne sich dessen bewußt zu sein, angemessen mit einer Einzelperson oder gar mit einem System von Menschen arbeiten können. Vielleicht müssen deshalb verschiedene traditionelle Heiler zunächst eine Zeitlang die Rolle des gegenteiligen Geschlechts einnehmen, bevor sie Heiler werden dürfen.

Eine interessante Aufgabe, die ich Therapeuten gebe, die unter dem Problem einer „Gender-Ideologisierung" leiden, ist, als Mann sich vier Wochen lang an geraden Tagen des Monats von einer Frau weibliches Stammeswissen beibringen zu lassen. Er muß dann mit ins Frauencafe, oder sie zeigt ihm, wie man sich schminkt. An ungeraden Tagen muß der Mann der Frau männliches Stammeswissen beibringen. Sie muß dann mit in die Kaserne, wenn er Unteroffizier ist etc.

Männlich-weibliches Stammeswissen haben wir ausführlich beschrieben (Wippich & Derra-Wippich 1995). Wie man als Jugendliche männliches Stammeswissen lernt, beschreibt Laura Cardella in ihrem Roman „Ich wollte Hosen", für den sie in Italien einen Literaturpreis bekam.

Zirkularität

Von Max van Trommel habe ich gelernt, daß jede Frage, die einen Unterschied macht, eine zirkuläre Frage ist. Dieser Gedanke hat mir die Augen und Ohren geöffnet. Er half mir, das NLP-Metamodell zu hinterfragen. Die Meta-Frage: „Woran erkennst du, daß du dich angespannt fühlst", ist im Grunde genommen eine Trance-Induktion, und oft dauert es ein Weile, bis eine Anwort kommt. Die Frage: „Wenn du dich angespannt fühlst, spürst du das eher im oberen oder unteren

Bereich deines Körpers?", bringt in den meisten Fällen sofort und ganz spontan eine Reaktion des Gesprächspartners. Sie produziert einen Unterschied. Das Ganze geschieht wohlgemerkt im autopoietischen Raum der Dyade oder eines Mehrpersonensystems.

Triadische Fragen werden oft mit zirkulären Fragen verwechselt. Sie sind ein Teil des Frage-Systems. Eine triadisch-zirkuläre Frage wäre: „Wenn die Mutter sich depressiv zeigt, kann der Vater das dann auch fühlen, oder bleibt er innerlich ganz cool?" Diese Frage, an die Tochter gestellt, hätte die Funktion einer Unterscheidung auf der emotionalen Ebene innerhalb des Familiensystems.

Zirkuläres Fragen*

„Nur eine Frage, die so gestellt wird, daß ein System einen Unterschied produzieren kann, ist eine zirkuläre Frage!" (van Trommel, persönliche Mitteilung). Die konsequente Durchführung dieses Prinzips hat sich mir in den letzten Jahren in vielen Bereichen des Umgangs mit Menschen als außerordentlich sinnvoll und auch wirkungsvoll erwiesen. Sie zwingt mich, auf klare Reaktionen meiner Kommunikationspartner zu achten. Als erstes wurde mir klar, daß die Person mir gegenüber wirklich mit gesprochenen Worten auf meine Frage antworten kann, anstatt zunächst einmal in tranceartige innere Suchprozesse verfallen zu müssen. Auf Sprachmuster, die für einen Trancezustand Raum geben, bekomme ich eben andere Reaktionen als auf Sprachmuster, die verbale Reaktionen zum Ziel haben. Auch manch erfahrener Familientherapeut scheint mit dieser Idee Gregory Batesons Probleme zu haben, indem er eine offene triadische Frage (eine hervorragende Trance-Induktion) mit einer zirkulären Frage gleichsetzt. Z.B. könnte man fragen: „Was denkt Ihre Frau über Ihren Großvater?" Die Frau schaut vielleicht zuerst nach links oben, dann nach rechts oben, anschließend nach rechts unten und dann nach links unten (aus der Sicht des Beobachters). Währenddessen hat sich der Nebel des Schweigens über die gesamte Familie gesenkt ...wie im herbstlichen Abendland, vergleichbar mit einem Gemälde von Caspar David Friedrich. Die Frage ist hervorragend, wenn man gemäß Michele Ritterman Hypnotherapie und Familientherapie verbinden will. Ein paar weitere Worte und alle versinken in einen tiefen Dornröschenschlaf. Kein Problem für einen guten Hypnotherapeuten. Hätte man aber im Sinne von G. Bateson, Heinz von Foerster oder Mara Selvini das Ziel, Raum für Klarheit durch sprachlich soziale Realität zu schaffen, also durch bewußte Unterscheidungen, dann wäre diese Intention voll in die Hose gegangen.

---

* In Anlehnung an Max van Trommel, Fritz B. Simon (Fritz B. Simon. Unterschiede, die Unterschied machen. Springer 1988).

Bei den folgenden Beispielen verbinden wir den Gedanken der sensu-motorischen Rekursion Heinz von Foersters mit Kategorien des zirkulären Fragens, wie sie von Helm Stierlin beschrieben werden (Simon 1988a). Mit dieser Integration haben wir in der Praxis gute Erfahrungen gemacht.

Wie in allen Bereichen des NKS sind Haltungen wichtiger als Techniken. Die spezielle Frageform ist die Technik. Die dazugehörige Haltung ist einerseits „Neugier", andererseits „Akzeptanz". Im Gegensatz dazu würde bei provokativen Statements die Haltung des „Nur ich bin wichtig" in den Vordergrund rücken (selbstverständlich neben der Akzeptanz, ohne die hier gar nichts geht), zu diagnostischen Feststellungen würde die Haltung „Wissen ist Macht" gehören. Ich habe die Erfahrung gemacht, daß es wesentlich schneller geht, diese Prozeduren zu erlernen, wenn man sich die Erlaubnis gibt, die dazugehörigen Haltungen zu bemerken, zuzulassen oder auszuleben.

Unterschiede in der sensu-motorischen Rückbezüglichkeit: In Trainings beginne ich oft mit einem Spiel. Es heißt „Sprachslalom", besteht aus zwei Spielrunden und hat zwei Spielregeln:

1. **In jedem Satz des Fragers ist das kleine Wort „oder" enthalten.**
2. **In jedem Satz (in der ersten Runde auch beim Antworter) soll ein sensu-motorisches Muster (V, A, K, O) genannt werden.**

In der ersten Spielrunde spricht der Antworter über ein schönes oder neutrales Erlebnis:

F: Wenn du an x, y, Y, Z, z, X denkst, kommt dann irgendwo im Körper ein Gefühl, oder kommt dir eher eine Vorstellung in den Sinn?

A: ... Gefühl ...

F: ... Sind die Körpersignale eher im oberen Bereich oder im unteren?

A: ... im oberen ... (Gestik der Hände geht in Richtung Brust).

F: ... Wenn du dich auf diese Körpersignale konzentrierst, kann daraus eine Vorstellung kommen oder könnte ein Wort dazu gehören?

A: ... es ist eine Erinnerung ... (Augen oben bei 13.00 Uhr)

F: ... Ist sie klar oder undeutlich? ...

usw...

In der zweiten Spielrunde spricht der Antworter über ein problematisches Erlebnis, eventuell den letzten Streit mit dem Partner oder Vorgesetzten.

F: Wenn du an die Situation denkst, gibt es eher ein Körpersignal irgendwo in dir, kommen Worte oder Bilder?

A: Ich kriege die Wut.

F: Wie merkst du die Wut. Sind es eher Worte oder Gefühle?

A: Ich könnte platzen! (Am Hals bilden sich rote Flecken.)

F: Dieses „platzen können", wo spürst du das? Im ganzen Körper oder eher oben?
A: Im Hals. Mir bleiben die Worte im Hals stecken ...

Das Spiel kann man dann auf triadische Fragen erweitern. Man kann die inneren Teile sprechen lassen. Man kann ein inneres Theater, das Drama des vierzehnten Lebensjahres oder das Musical des achtzehnten aufführen. Wenn man in der Lage ist, die jeweiligen Theorien auszublenden, kann man das Spiel mit dem Focusing von Eugene Gendlin in Verbindung bringen, mit dem Katathymen Bilderleben nach Leuner, mit Techniken des Psychodramas, der Gestalttherapie, der Senoi-Traumarbeit, mit Simonton-Visualisierungstechniken etc. etc.

Weitere Unterscheidungen:

Unterschiede im Verhalten: Im Gegensatz zu strategischen Fragen, mit denen man ein ganz klares Ziel intendiert, nämlich eine Entscheidung für ein Verhalten hervorzurufen, dienen zirkuläre Verhaltensfragen dazu, Unterschiede im Handeln zu erkennen. Natürlich ist eine mögliche Änderung im Verhalten damit verbunden. Bei der strategischen Frage ist das Ziel klar definiert. Bei der zirkulären ist „der Weg das Ziel".

An welchen Verhaltensweisen merken Sie, daß Ihr Symptom verschwunden ist (sich verändert hat usw.) – sind es eher ganz klar bewußte Handlungen oder geschieht etwas ganz automatisch? Merken Sie selbst, daß Sie sich anders verhalten, oder merken es eher die anderen? Gibt es etwas, was Sie selbst jetzt irgendwie anders machen, oder ist es Ihre Frau, die sich anders verhält (oder noch jemand in der Familie, Clan, erweiterte Familie...).

Rigide Muster (triadische Frage bzw. „Geschwätz über Dritte" an die Schwester oder den Vater): Was muß der Sohn tun, damit die Mutter auf die Idee kommt, er begibt sich wieder auf den Weg, sich „krank" zu zeigen. Reicht es, daß er nachts rumläuft, oder muß er so ganz beiläufig im Gespräch fallen lassen, er höre wieder Stimmen?

Welche VERHALTENSWEISEN muß Vater zeigen, damit die Mutter zu dem Schluß kommt, er sei wieder depressiv (säuft wieder heimlich, beginnt wieder psychotisch zu werden etc.).

Unterscheidungen der Umgebungsmuster: Was macht DIE TOCHTER (der Sohn, die Mutter etc.), wenn der Vater brüllt? Brüllt er anders, wenn Mutter und Tochter daneben stehen, als wenn nur die Mutter da ist? Wie brüllt er, wenn nur die Mutter oder wenn nur die Tochter dabei ist?

Klärung von Beziehungsmustern und Verhaltensweisen: Momentane Koalitionen und Subsysteme: Wer macht was mit wem? Wer geht mit wem schwimmen, spazieren etc.?

In Arbeitsgruppen oder Teams: Wer macht mit wem Dienst? Wer schaut zuerst auf den Dienstplan, um zu wissen, wer wann Dienst macht? Wer macht was mit wem nicht? Wer vermeidet mit wem was zu tun? Wer vermeidet mit Pat. „X" spazieren zu gehen, Flipper zu spielen, ihn zu baden etc.? Welche Personen stimmen in ihren Verhaltenszielen überein? (Erziehungsziele, Sexualverhalten, Diskobesuche, Behandlungsziele, Ausgangsregelungen etc.) Wer von ihnen stimmt mit den Behandlungsmaßnahmen des Arztes überein und wer nicht?

Was sagt die Mutter, wenn der Vater der Tochter erlaubt, bis *soundsoviel* Uhr in der Disko zu bleiben.

Triadische Fragen und das Auge des Adlers oder das Geschwätz über Dritte: Bei diesen Fragen wird eine Person jeweils über die Beziehung zu zwei oder mehreren anderen Personen befragt.

Frage an die Tochter: „Wie siehst du die Beziehung zwischen deinem Bruder und deiner Mutter? ... zu deinen Eltern und deinem Bruder? Ist sie eher gespannt oder gelöst?

Woran merkst du, daß ein Gewitter aufzieht, am Schweigen, an bestimmten Worten oder am Gesichtsausdruck?

Woran an Ihrer Frau erkennen Sie, daß sich der Großvater in ihr meldet? Daran, daß sie ihre Stimme verändert, ihre Mimik, oder merken Sie es an ihrer Körperspannung.

In der Sitzung (Frage an die Tochter): Wenn der Vater mit deinem Bruder streitet, läßt dich das kalt (schaust du dir das ganz cool an), oder möchtest du am liebsten dazwischengehen (einem der beiden helfen, mitmischen, Ruhe haben etc.)?

Abstufungen und Meßlatten: Verhaltensweisen, Sichtweisen und Erlebnismuster werden auf eine Art abgestuft, als ob man es messen könnte.

Rangreihen: Wer macht sich am meisten Sorgen, wenn die Mutter depressiv ist? Wer in der Gruppe redet am wenigsten mit den anderen? Wer macht sich am meisten Sorgen um die Sexualität, Mann oder Frau?

Wer von Ihnen hat am meisten / am wenigsten Sorge darüber, ob das Ziel »X« im Projekt rechtzeitig erreicht wird, der Leiter oder die Mitarbeiter.

Wer im Team hat am meisten / am wenigsten Angst, daß Herr „X" sich tatsächlich suizidiert. Der Stationsleiter, der Arzt, die Bezugsperson von Herrn „X" oder jemand anderes?

Wer in Eurer Familie zeigt sich am meisten / am wenigsten besorgt über das Verhalten deiner Schwester? Vater, Mutter, Großmutter oder jemand von deinen Geschwistern?

Vertiefung: Wo würdest du das Maß der Besorgtheit eines jeden Familienmitgliedes auf einer Skala von 0-10 einordnen, wenn das größtmögliche Maß an Sorge 10 und gar keine Sorge 0 ist.

Unterscheidung der Quantität / Qualität in Raum und Zeit: Zu welchem Zeitpunkt hat die Mutter damit angefangen, ihre Fähigkeiten sich durchzusetzen, nicht mehr zu nutzen? War das gleich nach der Heirat oder erst, als das Kind kam?

Bis wann wird die Tochter noch darauf verzichten, ihr eigenes Leben zu leben? Bis sie von sich aus die Entscheidung trifft auszuziehen, oder bis der Großvater gestorben ist? (... die Eltern mit ihrem Gezänk aufhören, oder was müßte sonst noch geschehen?)

Unterschiede in bezug auf Quantität, Qualität (mehr / weniger; eher so oder so?) und Zeit (vorher / nachher). Vor einem Ereignis, einer Änderung. Schneller, langsamer. Vergangenheit / Zukunft.) Diese Art von Fragen geht von der Vorannahme aus, daß es solche Differenzierungen gibt.

Mit wem spricht die Mutter häufiger (herzlicher) – mit der Oma oder mit deinem Vater?

Wann hat dein Bruder mehr gestottert, vor oder nach der Trennung deiner Eltern?

Zeit: Was im Moment ist genau das Problem der Familie? Zu welchem Zeitpunkt wird Andy wieder anfangen zu spinnen? Gleich nach der Entlassung oder erst viel später, wenn es niemand mehr in der Familie erwartet?

Ereignisse, Entscheidungen, die in der Geschichte tiefgreifende Veränderungen bewirkt haben: Wer hat am meisten durch das Fortgehen des Sohnes gelitten. Die Mutter oder der Vater?

Glauben Sie, daß die Trennung von Ihrem Mann etwas mit dem Verhalten Ihrer Tochter zu tun hat, oder denken Sie, daß das eher mit etwas anderem zusammenhängt?

Die Klärung der Bedeutung von Krankheit für die Interaktion: Die Bedeutung des Symptoms. Externale / internale Motivation / Attribuierung. Gilt derjenige, der es zeigt, als aktiv handelnd oder passiv leidend? Wem wird die Verantwortung zugeschrieben? Geht man davon aus, daß er eine Entscheidung trifft, so zu handeln?

Wenn der Vater eine neue Flasche Schnaps aufmacht, wer in der Familie denkt dann sofort, er könne es auch lassen? Mutter, Sohn oder Tochter?

Wer fühlt sich für das Verhalten des Vaters verantwortlich? Mutter, Sohn oder Tochter?

Angenommen, der Sohn wollte der Mutter Schuldgefühle machen. Würde er das schaffen, wenn er einfach so erzählt, daß er Stimmen hört, oder muß er schwerere Geschütze auffahren, z.B. sich ganz bizarr verhalten?

Gesetzt der Fall, die Tochter würde sich ganz genau so verhalten wie jetzt, aber die Eltern wären sicher, daß sie nicht krank ist, wie würden sie sich dann verhalten? Genauso wie jetzt oder anders?

Wenn-dann-Abfolgen: Wer von (Subsystem A, z.B. Kinder) (tut stärker) ...wenn (Subsystem B, Problembeschreibung)...? Wer von den beiden Eltern verhält sich eher besorgt, wenn der Sohn (Indexpatient) wieder anfängt, sich krank zu zeigen?

Wer von den beiden Eltern fühlt sich hilfloser, wenn Andy (Indexpatient) wieder anfängt, sich verrückt zu verhalten?

Wer aus der Familie merkt es zuerst, wenn mit dem Sexualleben der Eltern etwas nicht stimmt? Großmutter, Großvater oder jemand von den Kindern?

Vergleiche: Hat sich das Sexualleben der Eltern in der letzten Zeit verbessert oder verschlechtert? Wer versteht sich mit der Mutter am besten? Wer kommt dann? Haben Sie sich in diesem Monat mehr als Tochter oder mehr als Ehefrau gefühlt? Wem gelingt es besser, den Vater aufzuheitern, wenn er depressiv ist? Der Mutter oder der Tochter? Steht die Großmutter mehr auf der Seite der Tochter oder mehr auf der Seite der Mutter? (Wenn es bestätigt wird.) War das früher genauso wie jetzt oder anders?

Rekursionen: Was genau tut der Vater, wenn die Mutter sich weinend in ihr Zimmer zurückzieht? Tröstet er sie oder zeigt er sich hilflos?

Frage an den Vater: Jedesmal, wenn eines der Kinder spricht, ergreift die Mutter das Wort. Hat sie Angst, daß sie sich noch nicht richtig ausdrücken können oder befürchtet sie, ich könnte etwas in den falschen Hals kriegen?

Polaritätenprovokation / Konstruktion: Gesetzt der Fall, Sie wollten, daß Ihre Frau auch weiterhin keine Lust verspürt, mit Ihnen zu schlafen. Wie müßten Sie sich verhalten? Reichen Worte aus oder wäre eine bestimmte Gestik angezeigt oder etwas anderes?

Gesetzt der Fall, Sie wollten, daß Ihr Mann Sie auch weiterhin gerade dann sexuell bedrängt, wenn Ihnen nicht danach zumute ist. Wie müßten Sie sich verhalten? Hilft ein bestimmter Gesichtsausdruck, eine Geste, ein Wort oder etwas ganz anderes?

Werte: Wenn jemand in der Arbeitsgruppe eine gute Leistung vollbringt, von wem erfährt er Bestätigung? Eher vom Projektleiter »Stationsleiter etc.« oder eher von einem Kollegen?

Wenn hier jemand neu anfängt, auf welche Art kriegt er zu hören, was er tun muß und was er nicht tun darf? Wird er klar eingewiesen, oder muß er sich die Informationen selbst holen?

Werte und Gefühle: In einer Arbeitsgruppe: Wenn Herr „X" so offen über seine Gefühle spricht, gibt es hier jemanden, der dann Angst kriegt, oder ist das für alle O.K.?

Wenn Herr „X" oder überhaupt niemand über seine Gefühle oder andere persönliche innere Vorgänge spricht, würde die Zusammenarbeit dann eher besser oder eher schlechter werden?

Ähnlichkeiten und Unterschiede in Werthaltungen und Lebensliedern erfragen: Wer stimmt mit wessen Sichtweise überein? Wer sieht es entgegengesetzt? Wer schwingt mit wem auf der gleichen Wellenlänge? Wer von Ihnen kann sich besser in die Gefühlswelt des Vaters hineinversetzen? Die Tochter oder der Sohn (oder die Mutter)?

Wer ist zwischen verschiedenen Positionen unentschieden?

Sehen Sie es genauso wie Ihr Mann oder ganz anders?

Gibt es jemanden, der zu den Argumenten des Arztes eine ganz andere Meinung hat oder sind alle hier im Raum damit einverstanden?

Wer in der Familie handelt am stärksten gegen das Gebot des Vaters? Mutter oder Sohn?

Wer tut es offen oder wer hinter dem Rücken?

Fragen zu Lebensliedern und Beliefs, mit denen das Auftreten von Problemen (Symptomen) geklärt wird
Sämtliche Fragen können nun als Erklärungsfragen (auch als Denkmuster, als innere Dialoge oder in Zusammenhang mit inneren Bildern) formuliert werden.

Wie erklären Sie sich, daß gerade die Tochter es zuerst merkt, wenn die Mutter depressiv wird?

Wie erklären Sie sich, daß Ihr Partner so ein schlechtes Bild von Ihrem Sohn aus erster Ehe hat? Sieht er in ihm ständig den Schatten von Ihrem verflossenen Ehemann oder zeigt Ihr Sohn ganz klare Verhaltensweisen, die ihm gegen den Strich gehen?

Wie erklärt sich Ihre Frau, daß Ihre Tochter mit Skins verkehrt? Glaubt sie eher, daß Ihre Erziehungsmethoden zu hart oder zu weich waren?

Wann hat der Mann begonnen, sich das bizarre Verhalten des Sohnes auf diese Weise zu erklären? Hat die Frau die gleiche Erklärung dafür oder eine andere? (A) Wer in der Familie sieht es auch noch wie die Oma, daß er von Gott gestraft wurde? Sehen es alle genauso oder sieht es jemand ganz anders? (V)

Klärung persönlicher und familiärer Werte. Unterschiede und Übereinstimmungen der religiösen, politischen, sexuellen oder sonstigen essentiellen Werte

Wer außer der Mutter ist noch überzeugt, daß vorehelicher Geschlechtsverkehr in der Hölle gesühnt werden muß? Der Vater oder der Sohn? Wen von den Eltern hat es am meisten enttäuscht, daß der Sohn aus dem Kloster ausgetreten und nun bei dieser rechten Gruppe ist? Wen hat es eher erleichtert?

Flexibilität bei der Konstruktion neuer Wirklichkeiten, Phantasieübung und Trance. Gedankenexperimente in Vergangenheit und Zukunft

Stellen Sie sich vor, in dieser Familie wären keine Kinder geboren worden, wären dann die Eltern heute noch zusammen?

Gesetzt der Fall, der Sohn würde noch stärker erkranken. Wie sähe es in Ihrer Familie in fünf Jahren aus?

Angenommen, es gäbe keine Therapeuten (PLKs) auf der Welt. Was würde Ihre Familie dann machen?

Angenommen, die Therapie liefe optimal, wie sähe die Familie am Ende aus?

Angenommen, der Sohn würde sich entschließen, sich eine Freundin zu suchen und demnächst aus der elterlichen Wohnung ausziehen. Könnte die Mutter es ertragen?

Gut / böse. Aktiv / passiv. Stark / schwach: Wenn der Bruder bis mittags im Bett liegen bleibt, obwohl die Mutter ihn versucht zum Aufstehen zu bewegen, sieht sie ihn dann eher als stark oder schwach an? Wie sieht sie sich selbst? Bleibt der Sohn liegen, weil er es will oder weil ihn irgend etwas dazu zwingt? Wann würde die Mutter eher glauben, etwas falsch oder richtig zu machen? Wenn sie versucht, den Sohn aus dem Bett zu bringen, oder wenn sie ihn liegenläßt?

374

Hypothesenbildung

Man kann mit wenig Vorerwartungen und Vorannahmen in eine Sitzung hinein-
gehen. So ganz entspannt im Hier und Jetzt. Das öffnet den Blick. Das innere Auge
wird frei und kann sich unbefangen nach außen richten. Das innere Ohr öffnet
sich und nimmt neben den Inhalten und Denotationen auch die Tonalitäten und
Konnotationen wahr.

Wie wir nun aber von Heinz von Foerster gelernt haben, sind Menschen eher
Nichttrivialen Maschinen als Trivialen Maschinen vergleichbar, und diese ersteren
sind historisch determiniert. Wie wir von Niklas Luhmann gelernt haben, ist die
Selektion von Information ein Bestandteil eines autopoietischen, kommunikativen
Raumes. Wenn wir diesen Raum betreten, bringen wir also eine Unterscheidung
mit. Wir haben vielleicht eine vage Hypothese darüber, ob gesprochen werden soll
oder geschwiegen. Oder wir haben eine präzise Hypothese über irgendeinen Inhalt.
Mit dieser Hypothese ordnen wir etwas ein. In jedem Fall wird innerhalb der
rekursiven Schleifen der Kommunikation die Hypothese bestätigt, verteidigt, beibehalten oder verworfen.

Im Trancezustand gibt es keine Unterschiede. Akzeptanz und Annehmen steht
im Vordergrund. Er tritt ein, wenn, wie Krishnamurti schreibt, der ewig plappernde
Verstand einmal schweigt. Vielleicht ist das der Zustand des staunenden Kindes,
an den wir uns manchmal erinnern. Mir hilft dieser Zustand, wenn ich ein Problem
neu sehen will. Er hilft mir, einen Vorgang zu akzeptieren, so daß er sich verändern
kann. Für mich sind beide Zustände wichtig: Worte und Wachheit; Trance,
Sprachlosigkeit und Akzeptanz. Es ist wie bei einer Reise. Wenn ich mich
vorbereite, packe ich meinen Rucksack, wenn's ins Gebirge geht, oder meine
Board-bags, wenn der Atlantik das Ziel ist. Das Material ist mit den Worten
vergleichbar. Auf dem Meer bin ich in Trance. Da muß alles zusammenpassen.
Alles ist integriert. Wind, Wellen, Wahrnehmung, Material, Körper ... Die Logik
bleibt an Land. Jedes Wort wäre hier sinnlos. Manchmal machen Lustschreie Spaß.

Empathie und Kongruenz

Die Ideologie einer sogenannten objektiven Beobachtung hinter einer Spiegelscheibe
entspringt dem klassischen empirisch-wissenschaftlichen Modell. In vielen Situationen des täglichen Lebens ist es sehr sinnvoll, sich einen Vorgang mit Abstand,
vergleichbar mit dem Auge des Adlers, zu betrachten. Wenn Körpersignale oder
Empfindungen zu stark sind, kann man sie auf diese Weise reduzieren. Das Gleiche
geschieht, wenn man „eine Nacht drüber schläft". Andererseits kann man nur

sehen, wenn man fühlt. Man muß handeln, wenn man erkennen will. Ohne die motorische Seite läuft halt nichts. Es gibt dann keine Bedeutung. Einer meiner Lehrer hinsichtlich dieser ausgewogenen Wahrnehmung und Handlung war der niederländische Arzt Max van Trommel. Ich denke, daß Max van Trommel den Mailänder Ansatz um die beiden genannten Bereiche Empathie und Kongruenz erweitert hat. Bei ihm konnte ich lernen, zwischen der Familie vor mir und der „inneren Spiegelscheibe" hin und her zu gehen. Ich habe gelernt, mich innerhalb eines Gesprächs so zu dissoziieren, so als ob ich hinter einer Spiegelscheibe sitze. Andererseits kann ich mich mit einem Vorgang, einer Person oder einem Muster ganz stark assoziieren oder strukturell koppeln. Ich habe gelernt, mit der Familie zu tanzen, ähnlich wie in der Übung „Shivas Dance". In diesem Zustand würde ich mich aus indianischer Sicht „Der mit dem Stamm tanzt" nennen, im anderen Fall vielleicht „Verhaltensbeobachter" oder „Glaubenssystemanalytiker".

Ich denke, Empathie, Akzeptanz oder Annehmen hat sehr viel mit der Entscheidung zu tun, sich einlassen zu können. Dieser Vorgang führt dann zum Erkennen. Ich kann nur erkennen, wenn ich mich einlasse, ohne daß der Kopf, die Logik oder was es da sonst noch gibt, Bedingungen stellt. Es darf also kein „Aber" geben. Vielleicht ist es so bei vielen Mutproben in der Kindheit oder der Pubertät. Zum Beispiel der Sprung vom Ein-Meter-Brett bei der Schwimmprüfung. Es geht nur, wenn man sich voll und ganz auf die Handlung einläßt. Man muß sich im wahrsten Sinne des Wortes fallen lassen. Wie bei einem Orgasmus. Darüber nachdenken, verhindert alles. Darüber nachdenken kann eine gute Methode sein, den Orgasmus zu verzögern. Denken ist eine gute Methode, um bei Männern einen vorzeitigen Samenerguß zu verhindern. Erkenntnis kommt aber durch Akzeptanz. Auch durch die Akzeptanz der Barrieren. Der Beweis des Kuchens liegt darin, ihn zu essen. Wie will man etwas Neues erkennen, wenn man aus Angst oder anderen Gründen am Alten festhält. Man bleibt in seiner bekannten Logik hängen. Also geht Erkenntnis mit Akzeptanz einher. Ich treffe die Entscheidung, mich bedingungslos oder gedankenlos auf den Vorgang einzulassen. Dazu gehört Vertrauen. Das wiederum sollte aus mir selbst oder aus der Umgebung kommen. Deshalb ist dieser Vorgang nur zeitweise möglich. Der Kontext, der Raum oder die Umgebung muß stimmen. Und die Zeit auch. Man hat eben nicht immer und überall einen Orgasmus. Deshalb ist das Zurücktreten, das darüber Nachdenken genauso wichtig wie die Entscheidung, sich fallen zu lassen. Der Wechsel, das Hin und Her zwischen Festhalten und Loslassen ist es, was vielen Menschen schwerfällt. Kinder haben es da leichter.

Wie mein Schwiegervater schwimmen lernte

Die Erzählungen meines Schwiegervaters sind immer so lebendig, daß ich mir wie in einem der Filme von Heinz Rühmann vorkomme. Die folgende Geschichte drückt die kindliche Neugier, das Spiel und das Fallenlassen gut aus: „In der Nähe des Rheins gab es eine Fabrik. Dahinter war ein kleiner See, in dem wir Kinder uns in der sommerlichen Sonne tummelten. In den See ergoß sich aus einem ca. 50 cm starken Rohr ein großer dicker Wasserstrahl. Ich war ungefähr vier Jahre alt. Ich konnte noch nicht schwimmen. So setzte ich mich auf das Eisenrohr und beobachtete die anderen Kinder, die unter mir im Wasser herumtobten. Dabei spielte ich mit meinen Füßen in diesem dicken Wasserstrahl herum. Das fühlte sich gut an und kitzelte so schön. Deshalb wurde ich immer mutiger und hielt die Füße immer tiefer in diesen kräfigen Strahl. Doch plötzlich geschah etwas Unglaubliches. Eine Urkraft riß mich hinweg. Sie trug mich davon. Ich ritt auf diesem meterlangen Wasserstrahl davon und tauchte ins Wasser. Mit den ganz spontan entstehenden Bewegungen kam die plötzliche Erkenntnis ‚Ich kann ja schwimmen!‘, was mit einem Gefühl von Stolz und großer Freude verbunden war. Daraufhin ging ich schnell ans Ufer, setzte mich wieder auf das Rohr und wiederholte den Vorgang immer wieder. Das trug natürlich die Bewunderung aller Spielkameraden ein."

In solchen Situationen ist der Mensch kongruent. Körper und Geist sind eine Einheit. Inkongruenz dagegen tritt dann ein, wenn sich der Geist vom Körper abspaltet, der Mensch also mehr oder weniger schizophren wird, bzw. sich „von der Welt abspaltet", wie schon mehrfach in diesem Buch beschrieben wurde.

Strategische Therapie

Ordeal Therapie, Paradoxe Therapie, die Verschreibung von Symptomen und andere sehr wirksame Maßnahmen des genialen Kommunikationspraktikers Milton H. Erickson

Ziel des systemischen Ansatzes ist, die Person oder ein Mehrpersonensystem dazu zu bringen, daß es innerhalb seiner autopoietischen Geschlossenheit seine eigene Kraft wiederentdeckt und von innen heraus handelt. Dabei entsteht Erkenntnis durch Unterscheidungen. Diese wiederum ergeben sich aus Maßnahmen wie zirkulärem Fragen, Skulpturen, Reframing, Senoi-Dreamwork-Reframing, Focusing, Trance, Metaphern, Arbeit mit Glaubenssätzen etc. etc. Das Erkennen und die Neudefinition eines Problems entsteht innerhalb des Kommunikationsraumes zwischen Therapeut und System. Die Beziehung zwischen Therapeut und System ist von Bedeutung.

Kraß gedacht ist der strategische Ansatz eine Umkehrung des systemischen. Es kommt darauf an, den Klienten oder das Klientensystem zu einer Entscheidung, zum Handeln zu bringen. Durch die Handlung wird sich die Bedeutung des Symptoms dann neu definieren. Dieser Ansatz ist extrem praktisch. Die Philosophie des „Learning by doing" eines William James (v. Oehler 1977) oder eines John Dewey (1986) steht im Vordergrund.

Erklärungen passen nicht in diesen Ansatz. Manchmal ist schon Sprache überhaupt zuviel. Es ist der erwähnte ästhetische Imperativ Heinz von Foersters: Willst du sehen, so lerne handeln, bzw. es entspricht Milton Ericksons Aussage, daß eine sprachgebundene Therapie immer länger dauert als diejenige, die sich auf klare Handlungen stützt. Der Ansatz entspricht auch meiner Erfahrung, daß man Snowboardfahren durch Snowboardfahren lernt; weniger dagegen durch eine Diskussion über die Technik des Snowboardfahrens.

Die meisten Menschen, die sich mit Erickson beschäftigt haben, haben sich auf seine hypnotherapeutische Arbeit gestürzt. Oft sieht man das, was man sehen will, und Hypnose sieht so bewundernswert mächtig aus. Bandler und Grinder haben seine hypnotischen Sprachmuster untersucht (1975, 1977). Erickson hat aber nur zum Teil mit hypnotischen Maßnahmen gearbeitet. Ein sehr großer Teil seiner Therapie war Strategische Therapie mit Familien und Einzelpersonen. Dabei nutzte er das Symptom als Kraftquelle und verschrieb es in Form von Aufgaben und Ritualen. Der Mensch soll dabei die Entscheidung treffen, für sich selbst zu handeln. Die Beziehung zum Therapeuten oder Psychiater darf nicht zum Problem werden, das Problem muß sein, wie sich der Mensch ohne den Psychiater eigenständig entwickelt.

Ein Symptom kennzeichnet sich dadurch, daß „es" den Menschen kontrolliert. „Es" geschieht automatisch. „Es kommt einfach so über mich", „Irgendwie muß ich dann einfach trinken...". Dieses „Es" ist sehr mächtig. Manchmal ist Es wie ein böser Geist.

„Es" ist ein Trancevorgang. Der Klient ist seiner Macht ausgeliefert. Führt die Person das Symptom willentlich aus, übernimmt sie die Kontrolle. Sie kontrolliert das Symptom. Dazu muß aber erst einmal jemand bereit sein. In den meisten Fällen hat die Krankheit und das Symptom einen sekundären Gewinn. Wenn eine Frau übergewichtig ist, und sie würde abnehmen, muß sie meist zwei Dinge neu regeln. Sie muß erstens lernen, sich zur Wehr zu setzen und zweitens lernen, mit ihrer Sexualität neu umzugehen. Wenn sie abnimmt, sieht sie recht attraktiv aus und das wiederum hat Auswirkungen auf ihre Familie und ihre Umgebung. Darüber hat sie noch nicht nachgedacht, denn sie konzentriert sich schon jahrelang auf ihr Übergewicht. Vielleicht ist es leichter, sich mit dem Gewicht herumzuärgern, als ständig einen Kampf mit Männern auszufechten, die Sex wollen, was ihr extrem zuwider ist.

Der Kampf mit dem Symptom ist in den meisten Fällen ein Machtkampf. Der Kopf kämpft mit dem „Unbewußten" – was das auch immer sein mag. Was in der psychoanalytischen Therapie die Deutung ist, ist in der strategischen Therapie die Aufgabe. Allerdings gibt es noch eine Reihe weiterer Unterschiede. Milton H. Erickson soll einmal gesagt haben, daß die Beziehung zwischen Psychiater und Patient oder Klient und Psychotherapeut nicht zum Problem werden darf. Die Beschäftigung mit Ideen wie „Übertragung" und „Gegenübertragung" wäre hier also hinderlich und fehl am Platz. Das Problem, welches es zu lösen gilt, sollte sein, auf welche Art der Patient es schafft, ganz eigenständig ohne Psychiater ein wachstumsorientiertes Leben außerhalb der Klinik zu führen – und dementsprechend ambulant ohne Therapeut. Diese Grundhaltung kenne ich aus meiner Ausbildung als Gesprächspsychotherapeut. Allerdings geht es hier ums Handeln, oder um die Anwendung geschickter Strategien, jemandem die Entscheidung zum Handeln zu erleichtern. Eine paradoxe Aufgabe mit einem Alkoholiker sieht zunächst zwar verrückt aber einfach aus. Die Ehefrau z.B. ist die kontrollierende Co-Alkoholikerin. Sie versteckt den Schnaps oder fungiert als ständiges schlechtes Gewissen. Sie ersetzt quasi die inneren Dialoge des Mannes. Eine Standardverschreibung – so wie ich sie von Tony Manocchio kenne, und er hat damit ca. 20 Jahre lang erfolgreich in skandinavischen Ländern gearbeitet – wäre, Ehefrau und Kinder anzuweisen, „Flachmänner" und andere Flaschen von Papas „Lieblingssorten" zu kaufen und diese überall im Haus von Keller bis Dachboden oder im Garten zu verstecken. Papa muß suchen. Die Kinder kontrollieren die Maßnahme. Das gesamte Kontrollsystem wird auf den Kopf gestellt. Es klingt verrückt und vielen Alkoholtherapeuten sträuben sich die Haare. (Wenn ich mir allerdings die üblichen Alkoholismustherapien mit statistischen und wissenschaftlichen Kriterien anschaue, sträuben sich mir die Haare.) Wenn ich mich für eine strategische Arbeit entscheide, weiß ich, ob es funktioniert oder nicht. Es funktioniert, wenn ich die Entscheidung treffe, als Therapeut Verantwortung zu übernehmen. Wenn ich aufhöre, nach Erklärungen und Beschreibungen, also nach Entschuldigungen zu suchen und mich auf die Lösung des Problems konzentriere. Und wenn die Familie und der Klient die Entscheidung trifft, die Aufgabe auszuführen und sich an diese Vereinbarung hält. Und das ist wirklich schwer, jedenfalls in Deutschland, wo man eine machtorientierte Geschichte mit sich herumschleppt. Für den Indexpatienten kann es peinlich sein, plötzlich zu handeln. „Was, du hast plötzlich mit dem Saufen aufgehört, nur weil du bei dem Wippich so verrückte Sachen machst?! Der spinnt doch, und wir haben immer gesagt, wie's mit dir enden wird." Sowas muß Alki erstmal aushalten.

Ich denke, daß ein großer Teil der Paradoxie darin liegt, daß der Therapeut einerseits bereit sein muß, Kampf, Kontrolle und Machtposition auszuhalten. Er muß bereit sein, Verantwortung zu übernehmen und zeitweise auch Macht auszuüben. Wenn er das nicht alleine schafft, braucht er einen Supervisor oder Kollegen, der ihn unterstützt. Wenn in einer Familie der Mann seine Frau schlägt, ist es wenig sinnvoll, 30 Sitzungen lang nach einer Erklärung zu suchen, die in der Kindheit liegt. Genausowenig, wie es sinnvoll ist, für die arme Frau empathisches Verständnis aufzubringen. Die Gewalt muß aufhören. Und zwar so schnell wie möglich. Von einer Sitzung zur anderen. In diesem Fall kann es sein, daß sich ein Therapeut mit einer Maßnahme, die sehr „straight" ist, überfordert fühlt oder ist. Er braucht Unterstützung und zwar von jemandem, der in der Strategischen Therapie Erfahrung hat (vgl. Cloe Madanes, Jay Haley). Viele Dinge kann man autodidaktisch lernen. Milton H. Erickson ist ein Beispiel dafür, wie man das macht. Ich hatte ihn mir als Vorbild genommen. Für Therapie und Persönlichkeitsentwicklung. Zum Beispiel konnte ich das meiste beim Windsurfen vom Meer lernen. Bei einigen Manövern jedoch ging ich zu einen Meister. Um den Beach-Start zu lernen, habe ich eine Privatstunde bei Raffael Kinde genommen (ehemals zweiter Weltmeister) und beim Wasserstart eine Stunde bei Stickl (ehemals Weltmeister im Segeln und Windsurfen). Andererseits sollte ein Therapeut die Grundhaltung und das Wissen hinsichtlich der Selbstorganisation lebender Systeme verinnerlicht haben und zwar kongruent. Kongruent deshalb, weil er einerseits eine Autorität sein muß und andererseits die Paradoxie von einer „one-down-Haltung" vermitteln muß.

Die praktische Vorgehensweise in der Strategischen Therapie klingt sehr einfach. Der praktische Umgang jedoch erfordert außerordentliches Geschick. Einen Europäer, der seiner Logik und seinem Warum-Denken verhaftet ist, zum Handeln zu bringen, gleicht oft dem Versuch, einen Lastwagen mit zwei Anhängern rückwärts einzuparken. Folgende Vorgehensweise hat sich bezüglich der Verschreibung eines Symptoms als praktikabel erwiesen: Man fragt nach dem Symptom und dem Ziel. Das Ziel ist weniger wichtig. Es dient primär dazu, den Klienten zu überzeugen, daß er handeln muß, wenn er das Ziel erreichen will. Von großer Bedeutung sind sogenannte W-Fragen. Das sind im Gegensatz zum Metamodell Fragen, die sich auf innere Strukturen beziehen. Fragen, die den Kontext und die Verhaltensweisen im Focus haben. Z.B.:

- Wann genau tritt das Problem auf?
- Wen in der Familie berührt es noch (außer dem Indexpatienten)?
- Wo tritt es auf?
- Wie oft in der Woche?
- Was tut A, damit B das Symptom zeigt etc.?

Wie schon oben gesagt, ist es klar, daß der Therapeut jegliche „Warum-Fragerei" vermeiden muß, da sie zu einem anderen Realitätsbereich gehört. Weiterhin sollte er sich, wie schon oben erwähnt, vor sinnesbezogenen, hypnotischen Fragen hüten, jedenfalls vor solchen, die den Gesprächsverlauf von dem Ziel einer Handlungsentscheidung weglenken.

Ist das Problem klar, kann der Therapeut eine Aufgabe geben. Sie hat das Ziel, das Symptom in einem klar abgegrenzten, räumlich-zeitlichen Kontext stärker werden zu lassen. Der Vorgang entspricht der Arbeit eines Homöopathen, der eine Krankheit verstärkt, so daß sich der Organismus zur Selbstheilung entscheiden kann. Im folgenden ein Beispiel, wie Milton H. Erickson durch eine sehr praktische, jedoch weniger paradoxe Aufgabe einem Menschen die Möglichkeit gibt, sich zu verändern:

„Ein Junge kann mit einer Erektion auf die Welt kommen – ein Phänomen bei Blasendehnung. Zu den schwierigen Aufgaben, die einem Jungen gestellt sind, gehört es, zu lernen, daß der Penis drei verschiedene Arten der Nervenversorgung hat: Ein Nervengeflecht durchzieht seine Haut, eine Gruppe von Nerven (vereinfacht ausgedrückt) den Penisschaft und eine die Eichel. Der Junge muß lernen, welche Empfindungen damit verbunden sind, wenn sein Penis schlaff ist. Wenn er teilweise erigiert ist, sind die Empfindungen von anderer Art. Ebenso bei halber Erektion, bei drei Viertel Erektion und bei voller Erektion: Bei jeder von ihnen andere Empfindungen. Und der Junge muß mit seinem Penis spielen. Masturbieren nennen das die Leute. Ich sage dazu ‚die Babysprache der penilen Orientierung'. Er muß alle Empfindungen seines Penis in jedem Stadium der Erektion kennenlernen. Er muß an diesen Empfindungen Freude haben. Er muß lernen, die Erektion zu verlieren und wieder zu erlangen.

In meiner Praxis als Psychiater sind mir Männer begegnet, die nicht wußten, wie man eine Erektion bekommt. Mir sind Männer begegnet, die unter vorzeitiger Ejakulation litten, und Männer, die vor dem Eindringen des Penis in die Vagina große Angst hatten. Sie hatten vieles nicht gelernt. Und der Junge übt bei der Masturbation, wie man eine Erektion bekommt, wie man sich daran freut, wie man sie aufgibt und wie man sie wiedererlangt. Dann wird er vor ein anderes Problem gestellt. Er hat bis dahin schon mit anderen Jungen gewetteifert: ‚Schau mal, wie stark ich bin! Fühl mal meine Muskeln! Laß mich mal deine Muskeln fühlen! (Erickson demonstriert mit dem linken Arm.) Mal sehen, ob sie so hart sind wie meine!' Er muß also ein Stadium durchlaufen, indem er sich mit seinen Geschlechtsgenossen identifiziert. So wie er auch wissen muß, ob sein Penis genauso steif ist wie bei anderen Jungen. Darum wird viel ausprobiert und angefaßt. Manche Leute nennen das das homosexuelle Stadium. Ich nenne es das ‚Gruppen-orientierungsstadium' oder ‚sexuelles Orientierungsstadium' oder ‚Stadium der gleichgeschlechtlichen Orientierung'.

Dann muß er das Ejakulieren einüben. Vereinfacht gesagt, besteht das Ejakulat aus uretralen Sekretionen, prostatischen Sekretionen und Sperma. Und das erste Ejakulat ist wahrscheinlich uretral oder teilweise uretral und prostatisch.

Mit der Ejakulation ist es wie mit dem Essen. Wenn man anfängt, dem Kind halbfeste Nahrung zu geben, kann es sie schon schlucken. Dann vergeht vielleicht eine Weile, und die Nahrung gelangt durch den Magen und den Pylorus in die Eingeweide, noch ehe die Speicheldrüsen des Kindes für diese Nahrung Speichel abzusondern beginnen. Das Kind muß erst lernen, jede Nahrung zu verdauen, die Verdauung schon im Munde beginnen zu lassen und die ösophagischen Sekrete des Magens hinzukommen zu lassen, im Magen, im unteren Ende des Magens und im oberen Ende des Dünndarms. Also Sekretionen von A bis Z. Das Kind lernt in verschiedenen Altersstufen, die verschiedenen Arten von Nahrung zu verdauen.

Masturbieren muß der Junge nun, bis er dieses dreiteilige – uretrale, prostatische und seminifere – Ejakulat bekommt und bis alle drei Elemente fast gleichzeitig, aber in der richtigen Verteilung auftreten.

Einmal kam ein Arzt zu mir und sagte: ‚Ich bin seit dreizehn Jahren verheiratet. Ich habe einen elfjährigen Jungen. Weder meine Frau noch ich mögen den Verkehr. Er ist für uns unangenehme Arbeit.' Ich fragte: ‚Wieviel haben Sie als Kind masturbiert?' Er sagte: ‚Zweimal, und beide Male hat mich Gott sei Dank mein Vater erwischt. Ich wurde nicht fertig.' Ich sagte ihm: ‚Na schön, nehmen Sie eine Probe im Kondom mit in Ihre Praxis und lassen Sie es analysieren.' Er brachte insgesamt elf Kondome mit in die Praxis und ließ sie da vom Pathologen analysieren. In manchen Proben war etwas Prostatasekret und uretrales Sekret; in manchen

Prostatasekret und Sperma. Sperma war der am wenigsten häufige Teil des Ejakulats.

Er kam wieder und sagte: ‚Da hab ich nun Medizin studiert und doch nichts gelernt.' Ich sagte: ‚Sie hätten mehr masturbieren sollen, dann hätten Sie die drei Arten von Sekreten in der richtigen physiologischen Verteilung. Sie können keine volle physiologische Befriedigung finden, wenn die Sekrete nicht in der richtigen Verteilung auftreten.' Also sagte ich ihm, er solle sich jeden Tag auf der Toilette einschließen und masturbieren.

Am 28. Tag, glaube ich, begegnete ihm auf dem Flur, als er zur Toilette ging, seine Frau. Er griff sie sich, zog sie ins Schlafzimmer und hatte mit ihr Verkehr. Beide sagten mir, es hätte ihnen zum ersten Mal Vergnügen gemacht. Er lernte, das richtige Ejakulat zu bekommen. Manche Jungen nun lernen das sehr schnell. Andere müssen vielleicht erst tausendmal masturbieren, ehe sie es heraushaben. Es ist wie bei anderen Lernvorgängen auch.

Dann muß noch etwas gelernt werden. Nämlich, daß die Masturbation mit Ejakulation von der Natur nicht als manuelle Verrichtung angelegt ist. Also beginnt der Junge im Schlaf, mit der Ejakulation emotionale Reaktionen und Vorstellungen zu verknüpfen. Darum hat er im Traum Ergüsse. Die Mutter denkt, er hat an sich herumgespielt; er sollte sich was schämen, ist doch schon ein großer Junge. Tatsächlich ist dies aber ein biologischer Weg, auf dem der junge Mann herausfindet, daß er die sexuelle Betätigung von der Handbetätigung trennen kann. Dann fängt er an, nach den Mädchen zu schauen. Ich will Ihnen eine Geschichte über einen meiner Söhne erzählen ...“ (Erickson, in: Zeig 1988, 275ff).

Der Berg und der Garten

Metaphern, Rituale und die Vergabe von Aufgaben sind Maßnahmen der Strategischen Therapie. Man kann damit direkt arbeiten oder indirekt. Man kann Metaphern erzählen oder zu der symbolischen Handlung einer Person oder eines Paares eine Geschichte aufschreiben lassen. Eine Handlung kann eine Metapher für eine weitere Handlung sein. Oder für ein Gefühl oder eine Sichtweise. Man kann Bücher lesen lassen, Comics oder auf Senoi-Traumreisen gehen. Man kann Personen Handlungen ausführen lassen, daß ein Symptom verschwindet, welches sich über Jahre oder Jahrzehnte hinweg aufrechterhielt und nun plötzlich verschwindet. Manche Therapeuten fummeln einfach damit herum. Dann funktioniert es manchmal und manchmal nicht. Die Gefahr dabei ist, daß etwas sehr destruktiv werden kann. Deshalb sollte man verschiedene Bedingungen einhalten. Bedingungen schränken zwar ein, helfen aber, Verletzungen zu vermeiden. Im

Schneetreiben oder Nebel fährt man ja mit dem Auto auch langsamer als bei klarer Sicht. Mir hat Systemsicht, positive Wertschätzung des Menschen und präzise Wahrnehmung geholfen, um mit Aufgaben zu arbeiten.

In einer neuen Fortbildungsgruppe zum NKS und zur Hypnotherapie gab es das Problem, daß einige Teilnehmer viel Erfahrung mit einbrachten (zwei Teilnehmer hatten reichhaltige Kenntnisse mit NKS-Techniken und brachten eine langjährige Praxis in der Psychiatrie mit ein. Ein Teilnehmer hatte eine systemische Familientherapieausbildung in einem renommierten Institut durchlaufen. Andere Teilnehmer waren völlig unerfahren). In verschiedenen Gruppensituationen traten Abwertungen auf. Ziel war das Erlernen von grundlegenden NKS-Techniken. Die Ausbilderin dieses Abschnitts, Irmgard Hepp, präsentierte der Gruppe die folgende Geschichte Milton H. Ericksons in Form eines Rätsels: Ein Paar war wegen einer Ehetherapie zu Erickson gekommen. Die Frau hatte angerufen. Beide hatten den Arztberuf ergriffen. Beide hatten eine Praxis. Die der Frau lief gut. Die des Mannes war heruntergekommen. Beide ware lange in Psychoanalyse. Sie 10 Jahre, er zwölf Jahre. Erickson hatte sie zur ersten Sitzung zur frühesten Morgenstunde einbestellt. Er hörte sich die Geschichte des Paares an. Dann schickte er den Mann auf den Squaw Peak und die Frau in den botanischen Garten. Beide sollten mittags wiederkommen. Die Wanderung zum Squaw Peak ist anstrengend. Sie dauert einige Zeit. Von dort sieht man auf Phoenix hinab und über die Prärie. (Ingrid hat mir ein Bild von dem letzten Erickson-Kongreß mitgebracht. Sie war auf dem Squaw Peak, um ein Gefühl für diese bekannte Geschichte Ericksons zu bekommen.) Mittags bat Erickson den Mann um einen Bericht. Er schilderte die Bergwanderung in leuchtenden Farben. Er war begeistert. Die Frau schimpfte über die langweiligen Bäume im botanischen Garten. Nachmittags mußte die Frau den Berg erklimmen und der Mann in den Garten. Als sie abends wiederkamen, schimpfte die Frau auf die Anstrengung und der Mann beschrieb die Schönheit des Gartens. Erickson sagte nur noch: „Your Therapy is done." (Eure Therapie ist zu Ende.) – und schickte sie fort.

Ein paar Wochen später rief die Frau an, dann der Mann. Die Heimfahrt war lang gewesen. Sie hatten sich getrennt. Sie hatten ihre Analysen abgebrochen. Beide waren in eine andere Stadt gezogen. Beide hatten jetzt eine gutgehende Praxis.

Das Rätsel ist: Anhand welcher nichtverbalen und anderen Muster hat Erickson schon im Telefongespräch die Paardynamik erkannt und sich für die Maßnahme entschieden?

Auflösung:
- Vermutlich hatte die Frau schon im Telefonat den Mann abgewertet. Erickson hat es anhand der Tonalität sowie verschiedener Sprachmuster sofort gehört.

- Vermutlich hatte der Mann im ersten Gespräch auf der nichtverbalen Ebene gezeigt, daß er das Verhalten der Frau unterstützt. Die Verhaltensweisen bedingen sich gegenseitig.
- Erickson hat die Hypothese dreimal geprüft. Morgens, mittags, und abends. Die Paardynamik blieb bei extrem unterschiedlichen Verhaltensweisen gleich.

Die Maßnahme „Your Therapie is done" ist die eigentliche Therapie. Sie ermöglicht es beiden Personen, für sich selbst sowie innerhalb der Paardynamik eine Entscheidung zu treffen.

Das Rätsel hat in der Gruppe folgenden Sinn: Ziel der Ausbildung ist es, Menschen zu ermöglichen, eigenständige Entscheidungen zu treffen. Man kann sehr komplexe Muster erkennen, wenn man lernt, genau zu hören und zu sehen. In der Gruppe gibt es Personen mit unterschiedlichen Erfahrungen und unterschiedlichen Lebensliedern. Man muß die Entscheidung treffen, entweder damit aufhören, Menschen abzuwerten, oder es lernen, seine Sinne auf eine andere Art zu benutzen. Die Lösung des Rätsels wurde der Gruppe erst später mitgeteilt, erst in dem Moment, als die Personen angefangen hatten, das Problem auf einer unbewußten Ebene zu lösen.

Der Kotfresser oder Erickson in Weissenau*

Gesamtsystem und Entscheidung: Die Organisationsideologie eines umgebenden Systems spielt erstens eine große Rolle für die Entscheidung, sich auf eine sehr schwere strategische Arbeit überhaupt erst einmal einzulassen, zum zweiten für den Erfolg der Maßnahme und schließlich für die Stabilität der Veränderung. Die Entscheidung, eine schwere Aufgabe zu übernehmen, ist innerhalb eines jeden Systems möglich. In Kriegen gab es Menschen, die sich auf „Himmelsfahrtskommandos" einließen, mit einem Lied auf den Lippen ins feindliche Feuer des gerade erfundenen Maschinengewehrs hineinliefen, oder sich als Kamikazeflieger zusammen mit der Bombe auf den bösen Feind stürzten. Inwieweit der Erfolg der Maßnahme innerhalb eines umgebenden Systems möglich wird, welches seinen

---

* Erickson war natürlich niemals in Weissenau. Die Zwischenüberschrift lehnt sich an den Buchtitel „Erickson in Europa" an, und soll bedeuten, daß der Geist Ericksons mittlerweile auch einige Praktiker der deutschen Psychiatrie beflügelt hat. Der Weissenauer Erickson hat allerdings, im Gegensatz zu vielen europäischen Ericksons, Brüste, ist diplomierte Krankenschwester und Fachschwester in der Psychiatrie, allerdings mit einer intensiven Fortbildung in NKS & Hypnotherapie beim Autor sowie Strategischer Therapie bei Tony Manocchio und Systemischer Familientherapie bei Max van Trommel. (Gabriele Hamm in: J. Wippich: Hypnotherapie und Neurokybernetische Selbstorganisation. In Vorbereitung.)

Bestand aus völlig gegensätzlichen Werten bezieht, bleibt dabei zunächst einmal dahingestellt. In manchen Fällen funktioniert es „gerade deshalb" und in anderen Fällen wiederum „genau deshalb nicht". In diesem Falle funktionierte die Entscheidung und die Maßnahme. Gabi Hamm schildert das umgebende System folgendermaßen:

„Ich bekam einen Anruf von der Pflegedienstleitung des psychiatrischen Krankenhauses. Der Anruf war sehr ernst. Ich war in dem Glauben, daß irgend etwas vorgefallen sei, denn ich wurde zur Pflegedienstleitung zitiert. In diesem PLK ist es bekannt, daß die Pflegedienstleitung manchmal Personen willkürlich versetzt. Davor hatte ich Angst. Ich verschob das Treffen ein wenig, um Zeit ‚herauszuschinden', damit ich mich etwas beruhigen konnte.

Bei dem Gespräch wurde mir dann aber versichert, daß ich keine Angst zu haben brauche, denn ich solle lediglich auf einer anderen Station für die Dauer von vier Tagen die Betreuung eines sehr schwierigen Patienten übernehmen. Auf dieser Station herrsche Personalmangel, und sie hätten dort einen Patienten, mit dem weder der Arzt, noch der Psychologe, noch sonst jemand zurechtkäme ...

Ich hatte nun aber nicht sofort zugesagt, daß ich mit diesem Patienten arbeiten würde, sondern zu bedenken gegeben, daß ich gar nicht wüßte, ob ich mit diesem Patienten zurechtkäme ... Die Pflegedienstleitung dieses Hauses argumentierte, daß sie für die Pflege verantwortlich sei und zu bestimmen hätte, wer wo und wann arbeitet ... All diese Vorgänge flossen in meinen Entscheidungsprozeß ein. Im Nachhinein wurde mir klar, daß ein großer Teil des Erfolges der im folgenden beschriebenen Arbeit mit diesem Patienten mit dem vorangegangenen Entscheidungsprozeß zu tun hatte. Erst als ich für mich persönlich eine klare Entscheidung gefunden hatte, mich wirklich auf diese Arbeit einzulassen, konnte ich alle notwendigen Bedingungen erfüllen.

Ich war sehr aufgeregt, weil mir ja keine Wahl gelassen wurde, sondern mir diese schwierige Tätigkeit ‚aufgedrückt' wurde. Ich kam mir wie ein Spielball vor, wie jemand, den man einfach so dazwischen schiebt. Wie jemand, der dazu benutzt wird, ein Feuer oder einen Streit zu entfachen. Denn ich mußte mich ja nun mit dem Oberarzt, dem Psychologen und dem Stationsarzt über diesen Patienten auseinandersetzen. Ich bin dann zur Klärung der gesamten Situation zunächst einmal zum zuständigen Bereichsarzt gegangen. Ich habe ihn gefragt, ob er über den Vorgang informiert sei. Der Vorgang war für den Bereichsarzt völlig neu. Er wußte noch nichts davon. Zwangsläufig fühlte er sich völlig übergangen und persönlich angegriffen. Ich habe dann mit ihm abgesprochen, daß ich mir den Patienten anschauen werde, um festzustellen, ob ich mich für diese Arbeit ausreichend kompetent fühle. Nach dieser Klärung bekam ich von ihm sein Jawort. Danach bin ich dann in das Team gegangen und habe mich dort kurz vorgestellt.

Ich habe mir den Patienten kurz zeigen lassen. Der Patient war in das Raucherzimmer eingesperrt worden. Dieses Raucherzimmer ist durch eine große Fensterscheibe einsehbar. Es gibt eine Mauer, die ungefähr 1,30 m hoch ist. Vor dem Raucherzimmer befindet sich ein großer Aufenthaltsraum, in dem auch Mahlzeiten eingenommen werden. Die Räumlichkeit ist für den weiteren Vorgang von Bedeutung. Ich konnte sehen, daß der Patient in diesem Raucherzimmer allein war und wie ein Tiger in einem Käfig hin und her lief. Um seinen Mund herum und an seiner Kleidung war er mit Kot verschmiert und sah sehr unappetitlich aus. Es handelte sich um einen großen, kräftigen und breitschultrigen Mann. Er war einen Kopf größer als ich. Ich bin 1,65 m groß. Er war sehr isoliert.

Beginn des Kurzprogramms

Normalerweise beginnt meine Arbeitszeit um 7.30 Uhr. An diesem Tag erschien ich jedoch schon um 7 Uhr auf der Station. Es erschien mir wichtig, schon etwas eher dazusein, so daß ich bei anderen Arbeiten helfen könne. Aufgrund meiner Fortbildung in Ericksonscher Hypnotherapie, Familientherapie und Neurolinguistischer Selbstorganisation war mir klar, daß man das Symptom des Patienten im Kontext des pflegerischen Umfeldes sehen müsse. So war es notwendig, auch zu dem Pflegepersonal einen Rapport aufzubauen. Weiterhin war mir klar, daß sich morgens im Speiseraum schon sehr viel Aktivitäten abspielten. Der Speiseraum lag ja nun genau vor dem Raucherzimmer, in dem der Patient eingesperrt war und wie ein Tiger im Käfig hin und her lief. Es gab einen ständigen Blickkontakt zwischen dem Patienten und den Menschen in diesem Aufenthaltsraum. Deshalb hatte ich mir vorgenommen, unbedingt beim Austeilen des Frühstücks dabeizusein. Auf diese Art und Weise gelang es mir nun, mit ihm Blickkontakt aufzunehmen, einen ständigen Blickkontakt zu dem Patienten aufzubauen. Dabei fuhr ich fort, die anderen Patienten beim Frühstück zu betreuen. Mehrmals war es so, daß ich einen sehr langen Augenkontakt mit ihm halten konnte. Weiterhin mußte er auf mich aufmerksam werden, da ich ja im Gegensatz zu den anderen Schwestern keine weiße Berufskleidung trug, sondern meine Arbeit ganz in Zivil durchführte. Besonders bei ihm war es mir sehr wichtig, in ziviler Arbeitskleidung zu erscheinen. Mir war klargeworden, daß bei diesem Patienten „Nähe und Distanz" von wesentlicher Bedeutung waren.

Milton Erickson war bekannt für seine Form von symbolischer Therapie. Diese hatte er wohl in seiner langen Tätigkeit in der Psychiatrie von den Patienten gelernt. Dieser Patient zeigt ein Symptom, mit dem er sich zwangsläufig von der Normalität abgrenzt. Symbolisch integriert er jedoch den vom Körper abgespaltenen Kot wieder, indem er ihn aufißt. So sind Nähe, Distanz, Abspaltung und Integration ein wichtiger Bestandteil der pflegerischen Maßnahme. Mir war es sehr wichtig, ihm deutlich zu machen, daß ich lediglich für vier Tage als Bezugsperson bei ihm sei. Es war mir sehr bedeutsam, ihm schon von Anfang an klarzumachen, daß es sich lediglich um eine begrenzte Betreuung handle. Dies geschah auch durch die Kleidung. Er sollte wirklich wissen, daß ich nicht ständig für ihn da sei. So war der Vorgang der Ablösung schon zu Beginn der Therapie in den Vorgang des Rapports mit eingebaut.

Er solle von Anfang an gleich bemerken, daß ich nicht nur für ihn da sei, sondern auch mit den anderen Patienten arbeiten würde.

Bei dem Blickkontakt wurde er sehr sichtbar auf mich aufmerksam. So stellte er sich an die Scheibe und schaute mich sehr intensiv an. Das konnte ich aus den Augenwinkeln beobachten.

Ich bin dann an diesem Morgen in das Stationszimmer gegangen und habe mich bei dem Personal, bei dem Psychologen und dem Oberarzt vorgestellt. Ich teilte ihnen mit, daß ich nun für vier Tage diesen schwierigen Patienten betreuen werde. Das war nun für alle genannten Personen neu. Es hatte keine Information zwischen der Pflegedienstleitung und der Station gegeben. Der Stationsarzt wußte nichts davon und er fiel aus allen Wolken. Er wollte mir deshalb auch keine Information über den Patienten geben. Er war sich sehr unsicher und konnte mich nicht einordnen. Der Psychologe kannte mich vom Sehen und er wußte, daß ich auf einer anderen, einer gerontologischen Station arbeitete. Er konnte mich etwas einschätzen. Er war ganz erstaunt und fragte mich, ob ich von jetzt ab als Fachschwester auf dieser Station arbeiten würde. Obwohl er erfreut darüber war, wußte er doch nichts mit mir anzufangen. Er zeigte sich sehr aufgeschlossen und war bereit, mir wichtige Punkte über den Patienten zu berichten. Bei all diesen Berichten spürte ich den verständlichen Widerwillen der Mitarbeiter. Die inhaltlichen Informationen bezogen sich nun darauf, daß der Patient den Kot essen würde, daß er ihn aus seiner Hose herausholen würde und ihn in den Mund stecken würde. Man müsse ihn ständig frischmachen. Wenn er keinen Kot essen würde, müsse man aufpassen, daß er nicht irgendwo Kippen oder andere Objekte aufsammle und sie essen würde. In diesen Momenten wurde mir immer deutlicher, wie stark dieser Patient in seinen kinästhetischen und gustativen Sinnessystemen gestört sei. Ich begriff, daß er, wie ein kleines Kind, viele Vorgänge neu lernen müsse. Ich meinte sehr deutlich zu spüren, daß die wahren Bedürfnisse auf dieser Beziehungsebene lägen.

Milton Erickson betont immer wieder, wie wesentlich es sei, sich mit dem Patienten auf der Ebene seiner wahren Bedürfnisse zu treffen und es tunlichst zu vermeiden, ihn in ein Folterbett von Theorien über menschliches Verhalten hineinzwingen zu wollen. Obwohl ich in der Mimik und Gestik des Psychologen

Aversionen gegenüber dem Patienten deutlich sehen konnte, bemerkte ich, daß er sehr freundlich war und mir sehr bereitschaftlich helfen wollte, mit dem Patienten zu arbeiten. Er begleitete mich dann zu dem Raucherzimmer. Hier entstand nun eine sehr beeindruckende Szene. Schon von weitem konnte man ja sehen, daß der Patient mit Kot beschmiert war und die Handabdrücke waren überall sichtbar, an den Scheiben, an der Wand usw. Dem Patienten quoll der Kot zum Teil aus dem Mund, der natürlich auch sehr verschmiert war. Es triefte und tropfte auf sein Hemd. Er kaute ständig, dabei verzog er jedoch sein Gesicht. Bei mir entstand der Gedanke, daß es ihm eigentlich gar nicht schmecken würde. Mir war sehr klar, daß es in dem Raum furchtbar stinken müsse. Es war klar, daß er sich auch in seiner Hose vollkommen eingekotet hatte. Der Psychologe öffnete dann das Zimmer lediglich für einen ganz kleinen Spalt. Nachdem der Patient wie eine Rakete auf die Tür zugeschossen kam, schloß der Psychologe das Zimmer jedoch sehr schnell wieder mit den Worten: ‚Um Gottes Willen. Da kann man es ja nicht aushalten. Das stinkt ja bestialisch. Das ist ja ekelerregend.‘ Er hat also seinen Ekel wirklich so richtig ausgedrückt. Man konnte ihm wirklich ansehen, daß er die Situation in keiner Weise mehr ertragen konnte. Es war sehr deutlich, daß er Abstand brauchte. Auch der Oberarzt kam dann noch hinzu und nahm ein wenig Stellung zu dem Patienten. Er fragte mich dann, ob ich mich nun wirklich entschieden hätte, mit dem Patienten vier Tage zu arbeiten. Ich habe dann ganz klar ‚ja‘ gesagt …

Ich schloß dann die Tür auf und trat in das Zimmer hinein. Der Patient kam natürlich wieder auf die Tür zugeschossen. Als er jedoch sah, daß ich ihm entgegentrat und in dem Raum stehenblieb, blieb er auch stehen. Er schaute mich mit großen und fragenden Augen an. Mit ganz großen, erwartungsvollen Augen. Ich erwiderte den Blickkontakt. Ich reichte ihm die Hand. Auch er streckte die Hand aus, zögerte dann etwas, bevor er mir seine Hand gab. Ich vermute, daß ihm auf irgendeiner Ebene bewußt war, daß er ja mit Kot verschmiert war. Trotzdem gab er mir seine Hand. Ich hatte ihn begrüßt, ‚Guten Morgen‘ gesagt, mich mit meinem Namen vorgestellt und ihm die Situation erklärt. Dabei hatte ich ihm die Hand gegeben. Dieses kurze Zögern beim Geben der Hand war wohl für den Vorgang des ersten Rapports von großer Bedeutung.

Der Vorgang erinnert an die Schilderung Milton H. Ericksons über Joe, den Verbrecher (Zeig 1988). Bei Joe handelte es sich um einen Mann, der seine ganze Kindheit, seine Jugendzeit und auch die Zeit seines jungen Erwachsenseins in Heimen oder Gefängnissen verbracht hatte, in denen er sich auf extremste Weise aggressiv und kriminell gezeigt hatte, so daß er ständig isoliert gewesen war. Erickson hatte berichtet, wie er zusammen mit den anderen Kindern seiner Stadt zum ersten Mal diesen ‚richtigen Verbrecher‘ in ihrem Dorf betrachten konnte, der gerade entlassen worden war, wobei jeder erwartete, daß er bald wieder eingesperrt werden würde. Joe war der Tochter des reichsten Farmers auf der Hauptstraße entgegengetreten und hatte sie gefragt, ob sie mit ihm am Samstag tanzen gehen würde. Die Tochter war ihm sehr klar entgegengetreten, hatte ihm direkt in die Augen geschaut und gesagt: ‚Du kannst es tun, wenn du ein Gentleman bist.‘ Daraufhin hatte sich das Leben des Mannes vollständig geändert. Es hatte schließlich zur Heirat geführt und zu einer sehr hohen gesellschaftlichen Position. Erickson betont und hebt deutlich hervor, daß die einzige Therapie, die Joe bekam, der Satz war: ‚Du kannst, wenn du ein Gentleman bist.‘ Dieser Satz führte zu der Entscheidung, Verhalten und Kontext sehr drastisch zu verändern ...

Ich merkte dann beim Geben der Hand wie auch beim Sprechen mit ihm, daß eine sehr eigenartige Situation entstanden war. Ich spürte diese eigenartige Beziehung, die ich kaum in Worten ausdrücken kann. Der Patient war es ja gar nicht gewohnt, daß plötzlich jemand neben ihm in seinem kleinen Raum sitzt. Bislang hatte ihm ja jeder Ablehnung entgegengebracht. Bei mir hat er es nicht geschafft, durch sein Kotessen Ablehnung hervorzurufen. Ich hatte ja tief in mir eine klare Entscheidung getroffen. Für mich war der Rapport ganz klar. Während der vier Tage, in denen ich bei ihm war, hat er dann nicht ein einziges Mal mehr in die Hose gemacht. Er hat nicht ein einziges Mal mehr Kot gegessen. Ich hatte dann mit ihm zu reden begonnen und versucht, von ihm irgendwelche Antworten zu erhalten. Er hat aber kaum gesprochen. Er konnte lediglich mit ‚Ja‘ oder ‚Nein‘ antworten. Mir war nicht klar, ob er minderbegabt war oder ob es irgendwelche anderen Vorgänge in ihm waren, die zu dieser kurzen abrupten Sprache führten. Der Rapport in den ersten Minuten lief fast ausschließlich über körperliche Berührungen und über die Augen. Ich gebrauchte eine eher weiche Sprache, die aber sehr knapp und kurz war, indem ich seinen Sprachrhythmus verwendete ...

Zunächst setzte ich mich hin und nahm mir etwas Zeit für diese erste Begegnung. Ich gab ihm für diese erste Begegnung etwas Zeit. Sehr bedeutsam war der Augenkontakt. Sehr bedeutsam war das Mitgehen mit seiner Körperhaltung ...

Ich schaute ihn ganz direkt an und erklärte ihm, daß ich jetzt für ihn da sei. Ich achtete bei diesen Erklärungen sehr genau auf seine Reaktionen. Er antwortete mit ‚ja‘. Ich bemerkte, daß er nicht so flüssig sprechen konnte. Er gebrauchte eine sehr knappe und einfache Sprache. Ich bemühte mich, ihn in dieser Sprachform zu begleiten. Ich hielt auch meine Sätze sehr kurz und knapp. So gebrauchte ich Drei-Wort-Sätze wie er. Ich gebrauchte ganz kurze Erklärungen. Später hat er mit mir dann längere Sätze gesprochen. Aber zunächst versuchte ich, ihn auf seiner sprachlichen Struktur zu begleiten. Was ich in dem Moment nicht übernommen habe, war seine harte und laute Sprechweise. Wenn er antwortete, gebrauchte er eine sehr laute und barsche Sprache. Ich wußte damals nicht, ob er es nicht anders konnte oder er es nicht anders gewohnt war, als auf diese Art und Weise zu sprechen. Ich dagegen sprach ganz ruhig und ausgleichend. Aber ich gebrauchte seine Drei-Wort-Sprache. ... Eigentlich war zu diesem Zeitpunkt der wichtigste Teil der Therapie schon abgeschlossen. Erickson spricht sehr oft davon, daß er schon zu Beginn weiß, daß die Therapie irgendwie schon zu Ende ist. Die Therapie mit diesem Patienten schien mit dem Moment der Entscheidung, sich auf den Rapport einlassen zu wollen, abgeschlossen zu sein.

Das anschließende Toilettentraining oder die Integration des Patienten in das Gesamtsystem der Station können wir aus dieser Sichtweise lediglich als unterstützende Maßnahme bezeichnen. Der bedeutende Schritt ist die Beziehungsaufnahme und die eindeutige Entscheidung zu einer Veränderung, ähnlich wie in dem Fall Joe, der von Milton Erickson beschrieben wird. ... Bezüglich des Toilettentrainings dachte ich mir, daß er wohl sehr wenig zu trinken bekommen hatte. Er war ja lange Zeit isoliert gewesen. Ich konnte an seiner Haut sehen, daß er unter Flüssigkeitsmangel litt. Ein Toilettentraining erschien mir aber nur möglich, wenn er Flüssigkeit in sich hatte, die er auch ausscheiden konnte. Für das Toilettentraining war es mir zunächst unerheblich, ob er Urin oder Kot ausschied. Deshalb kochte ich ihm Tee oder gab ihm Mineralwasser zu trinken. Ich bin dann in regelmäßigen Abständen mit ihm zur Toilette gegangen. Ich begleitete ihn, ich ging mit ihm hinein. Ich gab ihm die Anweisung, sich zu entkleiden und sich auf die Toilette zu setzen. Ich forderte ihn dann auf, zu probieren, ob er Urin oder Kot machen muß, dazu sei die Toilette ja schließlich da. Dabei habe ich zunächst meine Hand auf seinen Rücken gelegt und ihm den Rücken gestreichelt. Es war mir wichtig, ihm zu vermitteln, daß ich bei ihm bin, daß er sich Zeit lassen könne und daß es so richtig sei, wie er es gerade mache. Es war bedeutsam, ihm aufzuzeigen, daß wenn er müsse, daß er es dann auch machen solle. Mir war wichtig, daß er dann diese körperliche Zuwendung auch direkt erhielt. Da er beim ersten Mal noch nicht mußte, habe ich ihm anschließend sehr viel zu trinken gegeben. Das geschah dann in regelmäßigen Abständen. Er sollte wirklich merken, daß er zur Toilette gehen müsse. Es war dann so, daß ich ihm etwas zu trinken gab und ihn dann eine halbe Stunde später zur Toilette begleitete. Ich gab ihm dann immer mehr Hinweise, daß er darauf achten müsse, wann er müsse. Daß er dann auch zur Toilette ginge, so daß er nicht in die Hose zu machen bräuchte. Am ersten Tag ging ich ständig mit ihm zur Toilette. Das ging zunächst stündlich, später zweistündlich. Ich bekam immer mehr das Gefühl, daß er es ganz gut könne, daß er es immer selbständiger lernen würde. In den folgenden Tagen forderte ich ihn immer mehr auf, zu bemerken, wann er müsse. Er solle dann, wenn ich nicht in der Nähe war, alleine gehen. Ich sagte ihm, daß er ja wüßte, wo die

Toilette sei. Ich forderte ihn auf, zu probieren, ob er es alleine könne. In der späteren Zeit ist er dann immer zur Toilette gegangen wenn er mußte. Egal, ob es Urin oder Kot war. Für mich waren das alles Zeichen, daß man bei ihm einiges aufbauen konnte ...

Mir schien es bei diesem Toilettentraining sehr wichtig, ihm auch durch Körperkontakt und durch Zuwendung zu zeigen, daß ich bei ihm bin. Ich möchte nicht, daß dieses Training mit einer verhaltenstherapeutischen Maßnahme verwechselt wird. Für mich stand die klare Entscheidung im Vordergrund, mit diesem Patienten diese Beziehung einzugehen. Mir war bedeutsam, ihm etwas zu geben, was er brauchte. Mir war bedeutsam, sehr präzise mit diesem kindlichen Teil seines Selbst in Beziehung zu treten. Er kam mir vor wie ein kleines Kind, das zum ersten Mal auf dem Töpfchen sitzt und dann zu jedem Menschen hinläuft und zeigt, was es gerade gemacht hat. So ein Kind will dann bewundert werden. Von diesem ganz einfachen und sehr natürlichen Vorgang bin ich ausgegangen ...

An seinen Händen konnte ich sehen, daß er ein starker Raucher gewesen war. Bei den Spaziergängen sammelte er Kippen auf und kaute darauf herum. Auch dabei verzog er das Gesicht, so daß der Eindruck entstand, daß das gar nicht schmecken würde. Ich habe dann gesagt: ‚Mir würde das gar nicht schmecken, ich würde das sofort wieder ausspucken. Aber Sie können noch ein wenig darauf herumkauen. Aber wenn es Ihnen nicht schmeckt, dürfen Sie es auch ausspucken. Sie können es einfach da auf die Wiese spucken, einfach dorthin!' Ich sagte ihm das mit sehr eindringlichen Worten. Er hat es dann auch getan. Es war ein Versuch, es über diesen Weg zu machen und er hat es getan ...“*

Der Patient war für längere Zeit frei von dem Symptom. Gabi Hamm hatte, in Kenntnis sämtlicher systemischer Wechselwirkungen, Mitarbeiter mit der Fortführung ihrer Arbeit beauftragt. Der Patient ist dann bald wieder rückfällig geworden. Ganz im Sinne eines „was nicht sein soll, auch nicht sein darf“, ohne aber jemand die Schuld zuweisen zu wollen. Das Beispiel macht deutlich, daß Verhaltensweisen von Einzelpersonen über Wertesysteme oder die Ideologie des umgebenden Systems kontrolliert werden. Darin liegen die Grenzen von individuellen Verfahren.

Kommentar

Der Unterschied zwischen dem von Milton H. Erickson beschriebenem ‚Joe, dem Verbrecher“ und dem Kotfresser liegt darin, daß der Kotfresser seiner Umgebung völlig ausgeliefert ist. Joe dagegen ist die Umgebung völlig ausgeliefert. Joe

---

* Hamm, G. & Wippich, J.; in: Wippich & Derra-Wippich: Neurokybernetische Selbstorganisation. In Vorbereitung.

trifft die Entscheidung. Gerade das macht ja seine schlimme 30jährige Verbrecher-karriere aus. Zum richtigen Zeitpunkt begegnete er der jungen Frau und konnte die Entscheidung treffen, sein Leben zu verändern. Die einzige Therapie, die er bekam war, so Erickson, der Satz: „You can, if you are a Gentleman." Auch der Kotfresser traf eine Entscheidung. Er war aber weiterhin der Umgebung ausgelie-fert, die sein Symptom aufrechterhielt. Auch Joe hätte die Entscheidung nicht treffen können, wäre ihm nicht zufällig an einem der wenigen Tage außerhalb eines Gefängnisses nicht diese junge Frau über den Weg gelaufen.

Symptomverschreibung

Eine Kursteilnehmerin schildert aus eigener Erfahrung sehr anschaulich, wie sie den strategischen Ansatz am eigenen Leib erleben konnte: „Da gab es eine Zeit, in der ich dann aus dem Schlaf hochschreckte, mich aber nicht traute, meinen Bettnach-barn zu wecken (schließlich hatte auch er seinen Schlaf verdient, und was nützt es, wenn beide nicht schlafen?).

So lag ich wach, und meine Wut schaukelte sich – oder schaukelte ich sie? – langsam hoch. Ja, ich hatte sogar den Gedanken, der andere wolle mich nur ärgern und schnarche absichtlich. Es ist nicht übertrieben, wenn man irgendwann den nächtlichen Gedanken hat, dem Schnarcher den Hals umzudrehen. Nach ein paar Wochen gestörten Schlafes ist man soweit. Daraufhin habe ich dann das Schlaf-gemach verlassen und mich im Nachbarzimmer aufs Sofa gelegt. Das war aber auch von geringem Erfolg, denn trotz verschlossener Tür konnte ich selbst dort noch das Schnarchen hören. Und – kaum zu glauben – ich lauschte, ja wartete gespannt, wenn dieses nervende Geräusch ausblieb. In dieser Zeit war ich schon nervös, wenn das Schlafengehen nahte.

Zu dieser Zeit nahm ich an einer Ausbildung in Hypnotherapie und Neuro-linguistischer Selbstorganisation teil. Ein Baustein dieser Ausbildungsreihe ist die Ordealtherapie M.H. Ericksons, die Verschreibung und Verstärkung von Symptomen (so wie wir es aus der Homöopathie oder aus ganzheitlichen medizinischen Lehren her kennen) oder paradoxe Interventionen. Diese The-rapieform verfolgt also auch das Ziel, dem Klienten nicht auf direktem Wege, sondern auf einem Umweg, der dem logischen Denken widersinnig erscheint, zu helfen. Kurz und vereinfachend möchte ich es am Beispiel eines Menschen darstellen, der nicht einschlafen kann. Nun hatte ich die Möglichkeit, die paradoxe Intervention auf mein Problem ‚Schnarchen' anzuwenden. Ich schil-derte dem Leiter des Seminars die Sachlage und erwähnte auch meine bisherigen Versuche, mit dieser Problematik fertigzuwerden. Der Seminarleiter verschaffte sich einen umfassenden Eindruck über das Problem; dabei gebrauchte er den Stil Tony Manocchios, der in diesem Buch beschrieben wird. Nach meinem Ziel befragt, sagte ich nach kurzer Überlegung: ‚Ich möchte nicht mit Schreck durch das Schnarchen meines Freundes geweckt werden, und ich möchte neben ihm schlafen können.'

Danach erhielt ich vom Seminarleiter folgende Aufgabe:

I. Eine halbe Stunde später als mein Freund einschlafen und dabei alle meine Symptome erzeugen und mir vorstellen, daß er jederzeit anfängt zu schnarchen.

II. Mich nachts vom Wecker wecken lassen. Dann hinausgehen vor die Tür bzw. in ein angrenzendes Zimmer und von dort aus versuchen, das Schnarchen zu hören sowie alle Gefühle, Gedanken, Bilder etc. aufschreiben.

Diese Übungen sollten innerhalb einer Woche folgendermaßen verteilt werden:

1. Nacht:	Übung I und II
2. Nacht:	Übung I
3. Nacht:	Übung II
4. Nacht:	Übung I
5. Nacht:	Übung II
6. Nacht:	Übung I
7. Nacht:	Übung II

Vom Seminar heimgekommen, besprach ich alles offen mit meinem Freund und bat ihn, ruhig zu schnarchen, denn das würde mir bei meiner Übung helfen. Schreibzeug und einen Stuhl hatte ich vor dem Schlafzimmer bereitgestellt. Ich war neugierig und gespannt. Hier folgen nun die Aufzeichnungen der einwöchigen Übungszeit.

1. Nacht: Übung I und II

Nachdem mein Freund eingeschlafen war und ich, wie es meine Gewohnheit ist, noch einige Seiten gelesen habe, lösche ich das Licht und greife mir den Wecker mit den Leuchtziffern, damit ich auch die halbe Stunde einhalte. So liege ich im Dunkeln und horche angespannt auf jeden Atemzug und jede Bewegung meines Freundes. Dabei stelle ich mir vor, daß er gleich anfangen wird zu schnarchen. Nun beginne ich die Symptome hervorzurufen, mein Herz klopft schnell, meine Nerven sind gespannt, so, als ob ich durch Schnarchen erschreckt würde. Tatsächlich fühle ich alle Körpersensationen, die ich nur durch meine Phantasie hervorrufe. Neu hinzu kommt ein kurzer Nervenschmerz am Rücken und meine linke Hand zuckt. Ich bin überrascht, was sich alles tut, obwohl mein Bettgenosse ganz ruhig und fast lautlos schläft. So verstreicht die halbe Stunde schnell, und ich bin zufrieden mit mir. Da ich in dieser Nacht eine Doppelaufgabe zu erfüllen habe, stelle ich mir den Wecker auf 4.30 Uhr. Bis dahin sind es also noch zweieinhalb Stunden Schlaf.

Um 4.30 Uhr unterbricht der Wecker meinen Tiefschlaf. Ich greife mir den Wecker und gehe leise aus dem Zimmer, schließe die Tür und setze mich dort auf den Stuhl. Ich fühle mich total benommen, kann auch noch spüren, wie mein Körper vibriert und fühle mich unfähig, einen klaren Gedanken zu fassen. Dieses Gefühl kenne ich, ich habe es, wenn ich aus einem Tiefschlaf geweckt werde. Man könnte sagen, mein Körper schläft noch, während ich hier auf dem Stuhl sitze und mit stierem Blick die Tür fixiere. Ich versuche, meine Gedanken zu sammeln und mir vorzustellen, wie der Schläfer dort schnarcht. Immer wieder schweife ich ab und muß mich erneut konzentrieren. Ich glaube, von nebenan leichte Geräusche zu hören, und der Spannungszustand meines Körpers steigt. ,Ich komme mir doch recht seltsam vor, wie ich da auf dem Stuhl vor der Tür hocke und auf die Tür starre, als käme dort gleich ein Ungeheuer aus dem Zimmer', denke ich. Plötzlich taucht das Bild eines Wolfes, der aus dem Zimmer tritt, ganz kurz vor meinem inneren Auge auf. Ich bin erstaunt, aber denke auch sofort an das Märchen ,Rotkäppchen'. Wieder fühle ich am Rücken einen stechenden Schmerz. Plötzlich höre ich ein undefinierbares Geräusch aus dem Zimmer. Für mich hört es sich an, als ob jemand eine Gardine zu- oder aufzieht. Mein nächster Gedanke ist: ,Was wäre, wenn mein Freund aufsteht und aus dem Zimmer kommt?' Diese Vorstellung berührt mich peinlich, denn den Schlaf eines anderen zu beobachten, finde ich merkwürdig. Noch ein letzter Gedanke kommt mir, bevor die halbe Stunde vergangen ist: Meine Geräuschempfindlichkeit ist sowohl positiv als auch negativ, es kommt nur auf die Situation an. Was wäre aber, wenn ich wirklich durch Türen und Wände hören könnte. Sicherlich wäre es manchmal auch sehr witzig! ... (Im Original wird die Erfahrung sehr ausführlich beschrieben.) Eines aber hat sich doch ganz deutlich verändert: Es ist mir möglich, im Wachzustand Schnarchtöne zu hören, ohne daß ich mich hineinsteigere und die ganze Nacht kein Auge zumache. Dies ist ein nicht geringer Erfolg für eine Übungszeit von einer Woche, und das läßt mich hoffen, daß auch ich bald mit diesen nächtlichen Schnarchgeräuschen in für mich akzeptabler Weise umgehen kann. Dies ist ein Lichtblick für alle, die durch solche nächtliche Ruhestörung leiden. Solche Übungen sind wirklich nicht leicht durchzuhalten, aber der Schlaf sollte uns das wert sein" (Petra Westerop in: Wippich: Hypnotherapie und Neurokybernetische Selbstorganisation. In Vorbereitung).

Provokative Therapie

Provokative Therapie ist angewandte Perturbation. Weitere Prozeßelemente sind „multi-level-communication" oder die Kommunikation auf vielen Ebenen – so wie wir sie von Milton H. Erickson kennen. In der Provokativen Therapie sind zwei Hauptebenen zunächst von außerordentlicher Wichtigkeit:

Empathie und Akzeptanz als Grundlage
und
sämtliche nichtverbalen Provokationen als Maßnahme.

Therapieziele sind:

1. Positive Selbstreferenz: Der Patient soll lernen zu sagen: „Ich bin als Mensch gut. Ich fühle mich gut, ich sehe gut aus, meine Stimme klingt gut."

2. Sich selbst angemessen verteidigen: Der Patient soll sein Selbst finden. Beispiel: Eine Frau kam zu Frank Farrelly. Sie trug ein wunderschönes Kleid und sie sprach mit einer sehr sehr schüchternen und sehr leisen Stimme. An jenem Tag hatte es draußen ganz stark geregnet und Frank hatte an seinen Schuhen noch von der Straße so richtige kräftige Dreckbollen an den Absätzen und Schuhsohlen. Und er sagte zu ihr: „Du bist für deinen Mann und alle Menschen ein Fußabtreter." Und dann nahm er seinen Fuß und begann ihn tatsächlich ganz langsam auf ihrem Kleid so richtig abzuschmieren. Und sie sagte mit ihrer ganz leisen schüchternen Stimme: „Oh, tu das nicht."

   Frank schildert weiter, daß er in der dritten Sitzung sich diese Aktion nicht mehr getraut hätte. Er hätte befürchtet, sie würde ihn ganz kräftig vor sein Schienbein treten. Die Klientin hatte sehr schnell gelernt, sich angemessen selbst zu verteidigen. Und das war etwas, was sie vorher in keiner Weise gekannt hatte. Ihr Ehemann hatte sie ständig unterdrückt, er hatte am laufenden Meter mit irgendwelchen Frauen herumgevögelt. Und sie hatte es zulassen müssen. Aber ihm gegenüber hatte sie Mordgedanken. Im Laufe der Therapie hatte sie dann all diese Mordgelüste herauslassen können. Das geschah in den Anfangsphasen von Franks Werdegang. Er hatte gelernt, daß es besser ist, mit dem Symptom direkt umzugehen, als darüber zu sprechen.

3. Intime Kommunikation: Daß es sinnlos ist, in einer Sexualtherapie über Sexualität mit Ausdrücken zu sprechen, die einem medizinischen Lehrbuch entstammen, wissen wohl heute hoffentlich die meisten Psychotherapeuten und andere

Helfer. Trotzdem werden in vielen Lebensbereichen wichtige Tabus nicht ange-rührt. Man traut sich nicht, die Suizidgedanken anzusprechen und wartet lieber, bis der Patient tot ist, nur weil man in irgendeiner Theorie aus den vorletzten Jahrzehnten dieses Jahrhunderts etwas darüber gelesen hat. Intime Kommuni-kation heißt, daß man ein Gespür dafür entwickelt, wo man Angst hat hinzu-schauen, hinzuhören, und Mut findet, eben diese Vorgänge auch in Worte zu fassen. In der Sprache des Volkes. Man sollte also wissen, wann man bumsen, ficken, vögeln oder erstmal lieber Geschlechtsverkehr sagt. (Laut Statistik sagen die meisten Frauen im deutschsprachigen Raum lieber bumsen, die Männer lieber ficken.)

4. Prüfen der Realität: Der Umgang mit psychiatrischen Patienten lehrt, daß diese in einer „Polarity-Response-Welt" leben – in einer immerwährenden Ja-Aber-Struktur. Ihnen „rogerianische Empathie" vermitteln zu wollen, führt zwangs-läufig zu großer Unglaubwürdigkeit. Sagt man einem Psychotiker: „Ich mag dich als Person", wird er eventuell antworten: „Du spinnst ja!" So hat Frank gelernt, von vornherein mit dieser Realität etwas herumzuspielen und z.B. zu sagen: „Ich sitze hier nur rum und höre mir dein wirres Gequatsche an, weil ich dafür bezahlt werde." Aufgrund seiner „Ja-Aber-Struktur" kann der Schizophrene oder der Psychotiker dann seine innere Realität prüfen und eventuell antworten: „Ich glaube dir, du sagst die Wahrheit."

Andreas Locher schildert das Ergebnis einer Sitzung mit Frank Farrelly während eines Kongresses auf folgende Art: „Ich möchte Euch gerne einmal schildern, wie ich heute darüber denke, was damals passiert ist. Ich kann das heute so gut, weil das Problem heute für mich nicht mehr existiert. Und ich habe genügend Distanz, um darüber sprechen zu können. Und ich bin darüber natürlich sehr glücklich, daß ich nicht mehr in dem Problem drinstecke. Ich möchte Euch ein bißchen schildern, wie ich das erlebt habe, zusammen mit Frank. Ich möchte Euch schildern, wie er mit mir vorgegangen ist. Man sitzt sehr nahe bei ihm und er fragt nach dem Namen, ziemlich bald darauf auch nach dem Alter. Ich war damals 22 Jahre alt. Er fragt nach dem Beruf. Und der erste und zweite Satz wird immer sein: ‚Was ist dein Problem?'

Anhand dessen hatte ich das Gefühl, daß er unglaublich viele Bilder vor sich entstehen läßt, die er dann einfach abgerufen hat und sich fragt, was alles ein Hintergrund des Problems sein könnte. Wie z.B. das Problem ganz speziell für diesen Menschen ausschauen könnte? Dazu möchte ich Euch nun ein wenig eigene Erfahrungen mitteilen und ich glaube, das geht am besten mit einer Metapher. Ich hab mich so gefühlt, als ob ich mit ihm in einen riesigen Ausstellungsraum treten würde, in dem verschiedene Bilder hängen. Und die Bilder haben teilweise mit mir zu tun und teilweise hat er sie erfunden. Er geht dann sehr schnell von einem Bild zum anderen und fragt: ‚Ist dies das Bild deines Problemes oder ist es jenes oder ist es dieses hier?' Und es geschah relativ schnell, daß ich vor einem Bild stand, zu dem ich sagen konnte: ‚Stop, das ist es.' Es ist für ihn dann auch sichtbar. Ich möchte sagen, das Bild könnte man dann am besten als ein riesiges barockes Gemälde beschreiben, so zweimal drei Meter groß. Und wenn man ein solches Bild anschaut, in diesem Fall mein Problem, dann gibt es eine Menge von Dingen, die man an einem solchen Bild besonders gerne mag, wo man sich wohlfühlt. Dann gibt es andere Partien, die man gar nicht anschaut. Und es gibt solche, die einen vielleicht nicht so sehr ansprechen. Frank macht das nun so, daß er vom Problem, vom Bild, verschiedene Partien herauspickt und sagt: ‚Schau mal dahin. Hat das mit deinem Problem zu tun, ist das der Kern?' Natürlich sagt er das nicht so. Er verpackt das alles. Das kann man nicht so theoretisch nachvollziehen, wie ich das jetzt hier tue. Wenn er dann mal so irgendeinen Bereich ausgesucht hat – er nimmt irgendeinen Bereich, er sagt das auch, er selektiert, er konzentriert sich auf irgend etwas – dann ist das so, daß ich das irgendwie auf einer ganz anderen Ebene erlebt hab. Ich war dann so wie im ‚Kern'. Im Kern meines Problems. Und diese besondere Ebene, die kann ich eigentlich am besten folgendermaßen umschreiben: das ist, als ob ich mich mit ihm zusammen auf einer Kreisfläche befand. So auf einem Umkreis. Und in der Mitte war das Problem. Und dann ist es so, daß er sehr provozierend sagt: ‚Geh mal dahin! Und schau dir mal das Problem von dort an. Geh mal etwas näher, wie ist es dann. Wie sind deine Körpergefühle?' Wobei er eigentlich kaum fragt: ‚Wie sind deine Körpergefühle?' Sondern er hat ein unglaublich feines Sensorium für das Geschehen. Für mein Geschehen. Er sagt dann auch: ‚Ach, du schluckst! Du kriegst rote Ohren!' Er bezieht das mit ein und verstärkt das. Er sagt dann auch: ‚Geh mal ganz weg. Geh mal weg und vergrößere den Kreis. Schau es mal von ganz außen an.' Er sagt auch ‚schau mal von oben nach unten' oder ‚von unten nach oben'. Oder, was gerade bei ihm so außerordentlich ist: ‚Steh mal auf dem Kopf und schau dir mal das Problem so an.' Und ich hab' es dann so erlebt, in diesem Prozeß, daß ich aus meiner absoluten Gebundenheit, aus dieser einzigen Sichtweise, die ich hatte, herausgelöst wurde. Ich hab mir natürlich bei diesem Problem andauernd unglaublich viel im Kopf zurechtgedacht. Ich habe viel reflektiert, ich habe auch mit Leuten darüber gesprochen. Und er versucht, einen aus dieser einzigen Sichtweise herauszureißen, durch seine Provokation. Und ich hab das eigentlich als unglaublich erleichternd empfunden, nämlich dadurch, daß ich plötzlich ganz verschiedene Sichtweisen über mein Problem hatte. Es gab plötzlich verschiedene Ansatzpunkte. Ich konnte mich mal auf diese Seite stellen und sagen, aha, mein Problem, das hat auch diese Seite, oder von hinten diese Seite sehen. Und ich merkte plötzlich, daß ich aus meiner verteufelten, fixierten Sicht herauskam.

Und das erste, was dann geschah, so nach der Zeit danach, grad ganz unmittelbar und auch in der nächsten Woche: Ich fühlte mich unglaublich erleichtert, indem ich plötzlich so ganz verschiedene Sichtweisen endlich einmal zur Verfügung hatte. Und mit dieser Erleichterung konnte ich dann auch verändert in diese Beziehungen eingehen. Ich, das war so mein Problem dann, so im weiten Sinne ... ich lebte nämlich in so einer Art Beziehungsdschungel, und der Farrelly hat mir dann gesagt, geh mal voll rein, geh mal raus, geh mal auf die Seite und schau mal von dort usw. Und am Schluß hatte ich dann die Möglichkeit, den Dschungel auch mal von außen zu sehen und konnte dann so auch an die Beziehungen herangehen, und so hat sich dann auch mein Leben äußerlich verändert.

Es ist auch sehr spannend, wie Frank sein Setting gestaltet. Er macht es in den Workshops genauso wie in der Therapie, er ist sehr genau mit der Zeit. Wenn die Zeit um ist, bricht er unmittelbar ab. Und zwar innerhalb von einer Sekunde oder Minute. Vielleicht macht er auch den Satz fertig, vielleicht auch nicht und dann ist die Therapie zu Ende. Es gibt ja Therapeuten, die Mühe haben sich zu lösen. Bei Frank war dieses intensive Einlassen und Loslassen sehr beeindruckend."[*]

Im Anfangsausschnitt des Interviews mit Andreas produziert Frank sehr schnell das Label „Ellbogen-Impotenz". Durch dieses „Relabeling" wird die Problematik sehr schnell in einen neuen Kontext gebracht, „hinübergehoben", wie Heinz von Foerster sagt.

Frank: Was ist das Problem?
Andreas: Oh, mein Herz schlägt wie verrückt.
Frank: Kann sein, daß du gleich 'ne Herzattacke kriegst. Das ist das Problem.
Andreas: ... diese Herzfunktionen ... aber das Problem ...
Frank: Du hast eine Dysfunktion mit deinem Herzen.
Andreas: Ich habe eine Dysfunktion, eine Herzstörung. Aber die Grundlage davon ist was Psychosomatisches. Ich möchte über mein Problem sprechen.
(Andreas schluckt):
Frank: Gulpp – gguullpp!!
Andreas: Ich hab Schwierigkeiten, in Körperkontakt mit Menschen zu kommen. Irgendwie macht das Schwierigkeiten.
Frank: Ja, du meinst von Ellbogen zu Ellbogen.
Andreas: Ja.
Frank: Von Ellbogen zu Ellbogen. Weil da soviel zarte Schüchternheit und Angst in dir ist ... Das ist 'ne Impotenz der Ellbogen! (Gruppe lacht) Ja. Ich hab noch nie

[*] Locher, A.: Therapie mit Frank Farrelly. In: Wippich & Derra Wippich: Neurokybernetische Selbstorganisation. In Vorbereitung.

was von so'nem Symptom gehört. So kann das heute ein ganz großer Durchbruch in der Wissenschaft werden.

Vielleicht ist der provokative Teil unseres Konzepts ein Training in angewandter Ethik. Hierbei gibt es keine hinderlichen inneren Dialoge. Es gibt keine Metakommunikation oder irgendwelche Theorien. Der Kommunikator, egal ob Therapeut oder Führungskraft, lernt in jeder Millisekunde, ob Schaden entsteht oder ob der Prozeß konstruktiv vorangeht.

Das Kartenspiel

Mit unserem Kartenspiel haben wir eine visuelle Möglichkeit gefunden, Menschen zu perturbieren. Ein Bild sagt mehr als tausend Wort jemals sagen können. Will man wissen, was obszön ist, so kann man jemandem ein Bild zeigen. Wenn man sieht, wie er reagiert, weiß man, wie er reagiert. Man weiß immer noch nicht, was obszön ist. Auf einer tieferen Ebene weiß man aber, ob jemand gelernt hat, Ebenen zu unterscheiden, zu verwechseln, sich hineinziehen zu lassen, hinschauen zu können, neutral zu bleiben etc. etc. – also eine Menge Prozeduren, die man als systemischer Therapeut beherrschen sollte.

Das Spiel entstand aufgrund folgender Fragen: Wie können Menschen am schnellsten lernen, einen Unterschied zu machen zwischen einer externalen Deutung und einer internalen Entscheidung?

Wie kann man es lernen, neutral zu bleiben? Also sich von einer schlimmen Sache (Familienmitglied, Ideologie, Mißbrauch, Kampf, Gewalt etc.) nicht hineinziehen zu lassen (wie Helfer sich durch ihr Helfen in einen Konflikt hineinziehen lassen, sehen wir mittlerweile überall auf der Welt).

Wie lerne ich es, Unterschiede zu machen zwischen äußeren Geistern, Mächten, eigener Abhängigkeit von Theorien, mächtigen Menschen etc. und meiner Selbstverantwortung? (In Deutschland besteht in vielen Therapierichtungen ein munteres Gemisch zwischen Esoterik, Religion, Psychotherapie. Mächtige Männer und Frauen arbeiten mit Horoskopen, Pendel, Tarotkarten und vielen Ununterscheidbar- und Nichthinterfragbarkeiten, die den Teilnehmern helfen, ihre Verantwortung – und ihr Geld – denjenigen zu geben, die dem Wissen nahe sind, und die das Geld haben wollen. So wurde mir tatsächlich berichtet, daß in einer psychosozialen Einrichtung über die Einstellung nicht die Qualifikation der Person, sondern das Pendel entschied.)

Vor einigen Jahren begann Terry Tafoya einen Kurs, indem er jeden Teilnehmer eine Karte aus dem Spiel „Stargate" (eine Art modernes kalifornisches Tarot) ziehen ließ. In der Kleingruppe mußte dann jeder Teilnehmer die gezogene Karte (insgesamt drei) hinsichtlich dreier Fragen interpretieren:

„Warum bin ich in der Gruppe?"

„Wie ist meine Lebenssituation?"

„Wie ist meine berufliche Situation?"

Der entscheidende Lernprozeß war, daß man sehr deutlich merkte, welche Auswirkungen die ganz spontan entstehende Interpretation auf die Vorerwartung der nächsten Stunden und Tage hatte. Nicht die Karte hat recht, sondern meine Phantasie, die zu meiner Vorerwartung führt. So könnte ich auch einen Tintenklecks, ein Mantra, eine Computerfraktal oder einen Haufen Kuhscheiße auf einer Allgäuer Wiese interpretieren. Hauptsache, ich habe eine Hypothese, die ich in Worte fassen kann und aus der ich mir eine Vorerwartung bilden kann. Diese Vorerwartung wird sich künftig bestätigen und ich werde meine Handlungen danach ausrichten. Nun fehlt nur noch die angemessene Attribuierung, d.h. wem lasse ich Geld und Verantwortung zukommen. Dem Heiler, dem Klingelbeutel oder mir selbst. Damals lernten die meisten, sich selbst die Verantwortung zukommen zu lassen.

Das ist nicht immer so. Unser Kartenspiel besteht aus verschiedenen Phasen und ermöglicht es, selbstgemalte und vorgegebene Bilder zu verwenden. Den selbstgemalten liegt C.G. Jungs Aussage, daß nur derjenige einen Traum interpretieren könne, der ihn geträumt hat, zugrunde. Die vorgegebenen entsprechen einem modernen Tarot. Das heißt, sie bestehen aus Symbolen unserer Zeit. Neben harmlosen Bildern befinden sich darin solche aus den Bereichen Gewalt, Technik, Sex, Mißbrauch, Krieg, Nationalsozialismus etc. Eine Familientherapeutin, die einer Familie gegenübersitzt, in der die 50jährige Frau von ihrem Vater als Kind mißbraucht wurde und die Mutter nicht in der Lage war, die Tochter zu schützen, hat schlechte Karten, wenn sie ihre Neutraliät verliert, indem sie sich in das System hineinziehen läßt. Möglicherweise ist sie selbst mißbraucht worden und entwickelte eine Aversion gegen den Vater. Möglicherweise sympathisiert sie mit einer feministischen Ideologie und merkt dabei nicht, daß die 50jährige Tochter Frauen gegenüber ein sehr zwiespältiges Verhältnis, ja teilweise aversives Verhältnis entwickelt hat, was sich darin begründet, daß ihre Mutter sie damals nicht schützen konnte. Sie ist Frauen in einer „One-up-Position" gegenüber sehr zwiespältig geworden.

Mit diesen Karten kann man nun lernen, wie man auf verschiedene externale Symbole reagiert. Läßt man sich hineinziehen, kann man neutral bleiben oder schafft man es, trotz eines Symbols, was „recht heavy" ist, eine humorvolle Umdeutung zustande zu bringen? Es gibt da eine Grundregel: Je schlimmer eine Krise oder ein Problem ist, je mehr Humor sollte ein Therapeut oder Konflikt-löser mitbringen. Bei Tod, Mord, Selbstmord, Gewalt, Prügel in der Partner-schaft, Krieg, Vergewaltigung sollte ein Therapeut sich „strukturell koppeln" können, er sollte aber auch in der Lage sein, Humor mitzubringen. Wird ein Therapeut in das Problem hineingezogen, verliert er den Überblick und ist nicht mehr in der Lage, Ebenen zu unterscheiden und Beziehungen zu sehen. Er sieht nur noch einen Teil des Problems. Er ist nicht mehr manövrierfähig. Wie ein Schiff an der Ankerkette ist er mit dem Problemteil, der ihn hineinzieht, un-trennbar verbunden.

Mit den Karten kann man nun gut ausprobieren, auf welche Symbole man als Ankerkette reagiert:

- „Ich fühle mich durch das Bild mißbraucht." Starke Reaktion auf einen sexuellen Inhalt.
- „Das Hakenkreuz hat nichts mit meiner Arbeit zu tun." Später stellte er fest, daß es in seiner Familie totgeschwiegen worden war, daß sein Großvater Teilnehmer der Waffen-SS gewesen war.
- „Das Bild kann ich nicht ansehen! Es ist unerträglich. Es bringt mich völlig durcheinander." Ein bekanntes Bild von Deix, auf dem der Vater die gesamte Familie umgebracht hatte und sich das Jagdgewehr in den Mund hält, drückt einen Konflikt aus, der durch einen banalen Vorgang ausgelöst wurde (lauwarme Leberknödelsuppe). Eine Familientherapeutin war nicht in der Lage hinzuschauen.

Das Hauptproblem angehender Familientherapeuten scheint zu sein, innen und außen zu verwechseln und die Karten, die Person des Leiters, die Theorie, das Konzept mit eigenen inneren Vorgängen zu verwechseln. Das wiederum ist Thema all der Seiten zwischen den beiden Buchdeckeln, die Sie, lieber Leser, in der Hand halten.

Teil VII
Ethik und Moral

Über Ethik, Wissenschaft, Moral und Weisheit

Ethik wird wieder modern. An den westlichen Universitäten wird ein Ethiklehrstuhl nach dem anderen eingerichtet. Blickt man auf die Medienlandschaft, scheint der Zweifel an den Prinzipien der klassischen empirischen Wissenschaft immer größer zu werden. Empirische Wissenschaft sollte doch eigentlich den Menschen dienen. Täglich liest man über Skandale großer Chemiefirmen (u.a. Hoechst), Polizeiaktionen (Bad Kleinen), Seehofers Aids-Blutkonserven-Aktion, das Klonen eines Embryos, die Aufzucht eines Fötus in einer toten Mutter etc. etc. Die genannten Beispiele verstärken die Skepsis gegenüber wissenschaftlichen Autoritäten immer mehr.* Wer in Spielbergs Film „Jurassic Parc" nicht nur die Zähne der Saurier sieht, bekommt Verständnis dafür, daß Kinder die wissenschaftskritische Mission eher aufnehmen als rigide Erwachsene, die immer noch die Welt durch eine Brille des „alles-ist-machbar" betrachten.

Mich wundert wenig, daß sich der Blickwinkel ändert. Welche Achtung soll man noch Menschen gegenüber haben, die Forschung lediglich dazu betreiben, um ihre Machtposition zu stärken. Welches Vertrauen kann man in die Prizipien der Wissenschaft haben, wenn sie lediglich dazu mißbraucht wird, um die Lobby einzelner Gruppen von Menschen, von Politikern oder von größeren Firmen zu stärken? Welche Achtung kann man für Menschen haben, die zwar einerseits von Wissenschaftlichkeit reden, aber ihre anderen, eigentlichen Ziele zudecken? In vielen Fällen wird ganz bewußt geschwiegen. Schweigen, nicht-sehen-wollen und Ausblenden, die Merkmale einer dysfunktionalen Familie scheinen auch die Merkmale eines dysfunktionalen Staates zu sein. Ist es in der Familie oft der Vater, so ist es hier der Vater Staat oder gar der oberste Staatsdiener. So durfte ich am 7. November 1993 in der Süddeutschen Zeitung lesen, der zur Zeit amtierende Bundeskanzler Helmut Kohl habe gesagt, die Stasi-Akten sollten besser geschlossen werden. Solche Äußerungen führen wohl bei vielen wachen Bürgern zu Fragen – nicht nur bezüglich der Politik, sondern auch bezüglich der Macht des Wissens. So tauchen in der Presse hinsichtlich der Verteilung der verschiedenen Nobelpreise vermehrt Fragen auf. Was hat sich die Kommission dabei gedacht, dem Herrn soundso diese hohe Anerkennung für seine „Friedensstiftung" zukommen zu lassen. Oder jenem für seine Arbeit auf dem Gebiet der Biochemie. Steckt auch hier

---

* Andererseits scheint sich die Lobby einiger Vertreter empirischer Wissenschaften verstärkt Mühe zu geben, die Erfolge ihrer Zunft unter der munteren Mithilfe schreibfreudiger Journalisten über die Darstellung von Super-Durchbrüchen – beispielsweise auf dem Gebiet der Gen- und anderen Technologien – in den Medien belegen zu wollen.

eine Lobby dahinter? In jedem Fall sind es wohl mehr Männer als Frauen, die sich mit dieser Ehre schmücken dürfen.

Die Arbeiten Humberto Maturanas, Heinz von Foersters, Francisco Varelas und anderer Konstruktivisten waren zunächst empirisch-wissenschaftlich orientiert, überwanden dann aber die damit verbundenen Einschränkungen und entwickelten sich darüber hinaus in die Richtung von Fragen über menschliche Erkenntnis. So sind sie unabdingbar mit den Gebieten Ethik und Moral verbunden.

Seit ich Erkenntnisse des Konstruktivismus mit der Hypnotherapie M.H. Ericksons und NLP-Techniken in Beziehung brachte, wurden die Ergebnisse, die Personen bei mir innerhalb von psychotherapeutischen und anderen Lernprozessen erzielen konnten, noch besser. Was mir jedoch am meisten Spaß machte, war die Erweiterung meines Horizontes hinsichtlich vermehrter Klarheit besonders auf den Gebieten Ethik und Moral. Das meiste lernte ich durch die Unterscheidung beider Begriffe in der Begegnung mit Heinz von Foerster und der daran anknüpfenden Beobachtung der gängigen Literatur, mit dem Ergebnis, dort lediglich deutsche Erbsensuppe oder anglo-amerikanisches „Irish-Stew" vorzufinden. Ich finde dort bisher keine differenzierten Berichte.

Bisher war man gewohnt, daß Gespräche über Ethik von Philosophen, Theologen oder in neuerer Zeit von gealterten alternativen Politikern geführt wurden. Dabei wird aber Ethik immer noch mit Moral verwechselt. Diese Moral wird dann auch gleich wieder verwendet, um Macht auszuüben. Vielleicht mag man deshalb zwischen diesen beiden Gebieten eine klare Trennung vermeiden: **Weil man sich die Möglichkeit nimmt, Macht auszuüben!**

Ich habe die Erfahrung gemacht, daß viele wache Menschen skeptisch reagieren, wenn sich der Gesprächspartner als Moralapostel entpuppt. Vielleicht ist meine Sicht einseitig, weil in meine Gruppen und Therapien so viele wache Menschen kommen. Jedenfalls in den letzten Jahren. Vielleicht erfordert aber unser Zeitgeist mittlerweile neue Sichtweisen oder eine Rückbesinnung auf uralte Weisheiten.

Ich möchte, bevor ich wieder auf den Gedanken der Wahlmöglichkeiten zurückkomme, mit dem ich das Buch begonnen habe, zunächst einmal einen anderen Weg einschlagen. Einen Weg, der für die meisten Europäer ungewöhnlich und beängstigend ist, weil es zunächst so aussehen mag, als ob er in den Urwald führt. Ich möchte einige Gedanken der Frage widmen, wie es kommt, daß fehlende Ethik einem Unternehmen nicht nur viel Geld kosten, sondern auch zum Zusammenbruch desselben führen kann. Dazu das folgende Beispiel: „Nehmen wir den Fall einer großen Kokerei in einer Chemiefirma. Zur Koksproduktion braucht man riesige Öfen, in denen Koks langsam und gleichmäßig gebrannt wird; die Öfen stellen in einer Kokerei die wichtigste Kapitalinvestition dar. Als 1975 die Koksöfen Anzeichen nachlassender Leistung zeigten, stand das Management der Konzernzentrale vor der Entscheidung, sechs Millionen Dollar zur Instandsetzung der Öfen zu investieren. Hier war gewiß ‚Mumm‘ verlangt.

Es wurde allerdings keine klare Entscheidung getroffen. Der Chief Executive Officer hatte nämlich die Devise ausgegeben, alle unnötigen Investitionsausgaben zugunsten anderer Projekte zurückzustellen. Also kratzten die Leiter ein bißchen Geld zusammen, um die Öfen notdürftig reparieren zu lassen, bis sie 1979 endgültig zusammenbrachen. Das hatte zwei unerfreuliche Konsequenzen: Einerseits konnte der Vertrag mit einem Stahlproduzenten nicht eingehalten werden, und andererseits handelte sich das Unternehmen wegen Überschreitung der gesetzlich zulässigen Schadstoffemissionen eine Klage der Umweltschutzbehörde ein. Prozesse und behördlich verhängte Reparaturen an der Anlage schlugen mit mehr als 100 Millionen Dollar zu Buche.

Dieses einfache und doch höchst typische Beispiel beschreibt haargenau, wie Entscheidungen in einem Unternehmen von Autoritätsstrukturen und Beförderungspraxen beeinflußt werden. Aus der Sicht der Chemiemanager bestand 1975 ein ganz anderer Entscheidungsbedarf als 1979. Hätten sie 1975 entschlossen gehandelt und die Anlagen instandgesetzt (was im nachhinein die einzig vernünftige Lösung gewesen wäre), hätten sie die Öfen retten und dem Unternehmen langfristig Millionen von Dollar ersparen können“ (Jackall 1985).

Aus dem Beispiel könnte man nun ein ethisches Negativprinzip, sozusagen eine Art Unethik ableiten. Dazu möchte ich das vorherige Zitat fortführen: „Erstens: Vermeide, wenn irgendmöglich, jede Entscheidung. Zweitens: Wenn eine Entscheidung unbedingt getroffen werden muß, dann beteilige daran so viele Leute wie möglich; läuft etwas schief, kannst du die Verantwortung auch auf möglichst viele Personen abwälzen.“

Eine Steigerung findet dieses Prinzip in der provozierenden Darstellung Günter Oggers, diesmal von einer Frau in der deutschen Playboy-Ausgabe zusammengefaßt. Hieraus einige Auszüge:

„**Beziehungen:**Wer in einem Unternehmen nach oben kommen will, braucht Helfer. Als geeigneter Gönner empfiehlt sich der direkte Vorgesetze, dem man fortan rund um die Uhr zu Diensten ist. Fähigkeiten spielen dabei eine unwesentliche Rolle, viel wichtiger sind völlige Rückgratlosigkeit und angeborener Opportunismus.

Image: Selbstdarstellung ist das A und O für ambitionierte Armleuchter. Denn: Der deutsche Manager wird nicht nach seinem tatsächlichen Können eingestuft, sondern nach seiner Darstellungskunst.

Mitarbeiter: Seien Sie arrogant und unnahbar zu Untergebenen und freundlich-distanziert im Kontakt mit Gleichrangigen.

Konkurrenten: Grundsätzlich gilt es, die Leistungen eines unliebsamen Gegners bei den Vorgesetzten herunterzuspielen.

Berater: Schonen Sie Ihr Image, indem Sie unangenehme Aufgaben wie Massenentlassungen an die allseits beliebten Berater delegieren. Anstatt sich selber die Finger schmutzig zu machen, empfiehlt es sich, ein paar professionelle Herren von McKinsay, Boston Consulting oder Roland Berger im Dreck wühlen zu lassen" (Hohwieler 1993).

Soweit die Vorschläge des provokativen Bestsellerautors Günter Ogger. Ist das nun Ethik oder ist es Moral. Wenn ich Psychoanalytiker wäre, würde ich es als intrakulturelle pseudonegative Gegenübertragung bezeichnen. Die wiederum könnte man konstruktiv nutzen, wenn man das Prinzip der Ethik von dem der Moral zu unterscheiden weiß. Dann nämlich könnte man mit diesen Vorschlägen herumspielen, so wie es Frank Farrelly tut. Das Ergebnis wären „Choice" und „Erkenntnis".

Ethik handelt von den Gesetzen in mir, Moral von den Gesetzen außerhalb von mir. Von dieser Unterscheidung haben nun, wie schon erwähnt, viele Autoren und Wissenschaftler noch nichts gehört oder aber sie würden, wenn sie sich tatsächlich damit beschäftigen würden, den Ast absägen, auf dem sie sitzen. Selbst ein so rühriger Autor und Kommunikationstrainer wie Gerd Gerken hätte sich viel Arbeit sparen und viel Klarheit schaffen können, wenn er in seinem Abschnitt über Ethik am Ende seines 1005 Seiten starken Oeuvres über die Manager als Helden des Chaos von dieser Unterscheidung gewußt hätte (1992). Darüber möchte ich nun aber Gerd Gerken keinen Vorwurf machen, denn eine klare Unterscheidung zwischen Ethik und Moral, wie wir sie in neuer Zeit bei dem Biokybernetiker und Vater des Konstruktivismus Heinz von Foerster und auch bei seinem Onkel, dem Philosophen Wittgenstein finden, war wohl selbst bei den alten Griechen nicht möglich. Die genaueste Definition von „Ethik" fand ich im marxistisch-leninistischen „Wörterbuch der Philosophie" (Klaus, Buhr 1972): „Es bedeutet erstens im Plural gebraucht, den gewohnten Aufenthaltsort, den Wohnsitz, die Wohnung, auch Heimat; zweitens ebenfalls meist im Plural, die Gewohnheiten, das Herkommen, die gewohnt Art des Menschen, sich zu verhalten, die Lebensgewohnheiten, Sitten, Bräuche usw. Drittens das sittliche Bewußtsein, die sittliche Gesinnung und Haltung, den sittlichen Charakter, das Sittliche, die Sittlichkeit." Wenn ich von der Metapher Wohnsitz zur Erfahrung Shivas Dance gehe, kann ich zu Selbstorganisation und Autopoiesis kommen. Wenn ich dagegen zum Kantschen Kategorischen Imperativ gehe, laufe ich Gefahr, zu festgeschriebenen externalen Gesetzen zu kommen. Das denke ich, ist in den letzten Jahrhunderten besonders in Deutschland geschehen.

In diesem Buch gehe ich den umgekehrten Weg. Der wundersame Verwandlungsprozeß externaler Kontrollvariablen in internale Entscheidungsvariablen berührt die Grundfesten klassischen wissenschaftlichen Denkens ebenso wie diejenigen der orthodoxen religiösen Sichtweisen. Damit wäre der liebe Gott im Himmel genauso eine Fiktion wie der strafende Gott, und der Herr Professor im Elfenbeinturm ist seiner Macht des Wissens beraubt, kann sich die Natur nicht mehr untertan machen und zieht kastriert von hinnen. Vor Jahrhunderten wäre ich für mein Nachdenken über diese Verwandlung mit Sicherheit in kürzester Zeit auf dem Scheiterhaufen oder auf einem anderen Bahnhof für die Zeitreise in die Unendlichkeit gelandet. Heute ziehe ich mir höchstens den Ärger von einigen Leuten zu, die sich vielleicht fühlen wie ein Hosenmatz, dem man sein Spielauto wegnehmen will. Schauen wir nun etwas ernsthafter auf die klassischen, wissenschaftlichen und religiösen Glaubenssysteme.

Das orthodoxe NLP birgt in sich eine Reihe von Widersprüchen, über die ich während des Schreibens auf all den Seiten nachgedacht habe. Eine der wesentlichen Aussagen, nämlich die Rückführung von externalen Bedingungen, die den Menschen kontrollieren, in persönliche Entscheidungsmöglichkeiten, also zu „Choice", Wahlmöglichkeiten, ist mit den herkömmlichen wissenschaftlichen Prinzipien und Methoden nur sehr schwer oder vielleicht gar nicht zu vereinbaren.

NLP und ganz besonders NKS in das „Prokrustesbett einer Theorie", wie Milton Erickson sagt, pressen zu wollen, gleicht dem Versuch, nach einer Zeit der Freiheit, Demokratie und Selbstorganisation wieder faschistische oder andere totalitäre Prinzipien einführen zu wollen, jedenfalls dann, wenn man es tut, ohne zu wissen, daß man es tut. Der orthodoxe Wissenschaftler beobachtet die Welt „apart from the world", also von der Welt abgetrennt. Er ist dem Glaubenssystem der Objektivität verhaftet, der Illusion, die Welt ohne den Beobachter beobachten zu können. Weiterhin glaubt er, er könne mit dem Wissen Macht ausüben.

Ein Ausweg aus dem Dilemma wäre vielleicht – ich bin mir dessen nicht sicher –, wissenschaftliche Hypothesen, Erklärungen und Theorien so zu verwenden, wie man Sprache verwendet, nämlich mit dem Wissen, daß eine Sprache nur dann Sprache ist, wenn man mit ihr über Sprache reflektieren kann. Der erste Buchstabe diese Absatzes ist ein großes E. *In diesem Satz sind zwei Fähler*. Dieser Absatz besteht aus 340 Buchstaben.

Ethik, Moralregeln und Normalität

Wittgenstein sagt in seinem bedeutsamen Satz Nr. 6.421: „Es ist klar, daß sich Ethik nicht aussprechen läßt."

Die beiden Imperative von Heinz von Foerster (1985, 41) lauten:

Ethischer Imperativ: „Handle stets so, daß die Anzahl der Wahlmöglichkeiten größer wird."
Ästhetischer Imperativ: „Willst du sehen, so lerne handeln."

Als der Psychiater Klaus Dörner sich in seinem Vortrag auf der Konferenz *Neuroworlds* 1993 in Düsseldorf an das Eingangsreferat von Heinz von Foerster anschloß, berichtete er, daß er anscheinend gerade am Abend vor der Tagung etwas ganz Wesentliches von einem Stationspfleger gelernt hatte, was diesem wesentlichen Gedanken Heinz von Foersters entspricht. Er hatte dem Stationspfleger gesagt, daß er über Ethik referieren wolle. Dieser hatte dann ganz einfach geantwortet, daß Diskussionen über Ethik für die Leute gut seien, die nicht wissen, was sie zu tun haben.

Ich möchte den Leser bitten, ein wenig innezuhalten, um sich meditativ an die Erfahrung zurückzuerinnern, die ich „Shivas Dance" getauft habe. Wenn man sich für einige Minuten auf diesen kommunikativen Raum einläßt, gibt es keine Regeln, die von außen kommen und die Erfahrung steuern. Die Bewegungen können nicht abgesprochen werden. Ganz im Gegenteil. Wenn innere Dialoge bei einer Person stattfinden, wird die Struktur dieser Erfahrung mehr oder weniger stark gestört. Die beiden Teilnehmer definieren ohne Sprache den kommunikativen Raum selbst. Er organisiert sich selbst, so lange es beide wollen. In dem Moment, in dem jemand SAGEN würde: „Wir wollen uns schnell bewegen", oder: „Wir wollen uns stärker berühren ...", hätten sie eine Regel erstellt und damit eine Moral erfunden. Diese Regel / Moral würde zwangsläufig die Wahlmöglichkeiten und die Freiheit des Handelns einschränken.

Ich halte diese sehr feine Unterscheidung für außerordentlich wichtig. Ich will damit nicht sagen, daß es schlecht ist, eine Moral aufzustellen. Vielleicht wäre es besser, wir könnten ohne eine solche existieren. Es würde wesentlich weniger Energie kosten und wäre für alle Menschen wohl angenehmer. Dann hätten wir die kybernetische Gesellschaft, so wie sie von Heinz von Foerster gefordert wird, so daß wir auf diesem Planeten ohne Energieverschwendung und im ökologischen Gleichgewicht leben könnten (von Foerster 1993). Zur Zeit brauchen wir aber noch Moral und Regeln, weil eben ein sehr großer Teil der Menschen leider immer noch lernt, der „Blasendruck ist außen, nicht innen". In Zukunft wird man es sich immer weniger leisten können, nicht über Ethik zu sprechen, obwohl man über Ethik nicht sprechen kann, wie Wittgenstein sagte. Es wird einfach zu teuer werden, das perverse Prinzip aufrechtzuerhalten, lebendige Systeme über Regeln, Moral und Normen kontrollieren zu wollen. Lenin liebäugelte zwar mit dem Vertrauen, das zwar gut sei, verließ sich aber dann doch lieber auf harte Kontrollen, die nun aber, wie wir mittlerweile erfahren konnten, in Form eines Eisernen Vorhanges irgendwann dann doch zu teuer geworden waren. Leider haben sich nun aber in vielen Köpfen trotzdem die eisernen Vorhänge erhalten können. Unabhängig von Ost und West. Immer dann, wenn man über Ethik spricht, wird man zum Moralisten. Moral schränkt Wahlmöglichkeiten ein, und damit hat man wieder den Grundgedanken, nämlich „Choice", verletzt.

Wenn sich in Deutschland zwei Skinheads auf einen Rollstuhlfahrer stürzen, um ihn zu schlagen, weil sie ihn im Sinne von Hitlers T4-Aktion als lebensunwert betrachten, und ich stehe daneben ohne zu handeln, unterstütze ich, indem ich nicht handle, eine lebenseinschränkende Ideologie.

Im Verlauf dieses Nachdenkens frage ich mich, ob Tiere vielleicht besser ethisch handeln, weil sie nicht sprechen können. Vielleicht haben junge Katzen im Spiel mehr Ethik als Menschen. Sie lassen es zu, sich gegenseitig an den empfindlichsten Stellen zu beißen und zu kneifen. Aber wehe, wenn plötzlich gefaucht wird. Sie erkennen sofort, wenn es ernst wird. Und jeder domestizierte Hund reagiert aggressiv, solange er an der Leine ist. Gorillas gehen sehr liebevoll miteinander um. Sie haben ein ausgeprägtes Kommunikationssystem. Schon Gregory Bateson fragte sich, wie Tiere diese feine Unterscheidung treffen können. Tiere können nicht sprechen. Allerdings sind Tiere durch ihre genetischen Programme in ihren Wahl- und Handlungsmöglichkeiten eingeschränkt. Ich denke, ich könnte mich mit Gorillas gut im Sinne der oben beschriebenen Shivas Dance-Erfahrung im nicht-verbalen Bereich austauschen. Viel intensiver, wie ich es mit Pferden oder Hunden gewohnt bin. Allerdings haben Tiere in dem Sinne, daß Sprache nur dann Sprache ist, wenn man mit Sprache über Sprache kommunizieren kann, keine Sprache. Vielleicht drückt Wittgensteins letzter Satz, der Abschluß seines kleinen Buches, *Tractatus Logicus Philosophicus*, diese Idee am besten aus:

Wovon man nicht sprechen kann, darüber muß man schweigen.

Daraus kann man schließen, daß Tiere unfähig sind, ein moralisierendes System zu entwickeln. Möglicherweise brauchen sie es nicht, weil sie, eingebunden in ihren Lebensraum, einfach kybernetisch funktionieren. Erst ein externaler Beobachter bewertet ihre Verhaltensweisen und beschreibt sie in seiner Ignoranz beispielsweise als „aggressiv" und kommt eventuell auf die Idee, sie hätten einen „Aggressionstrieb", den sie als „Grundtrieb" bezeichnen. Der externale Beobachter merkt nicht, daß es sich in vielen Fällen lediglich um ein Spiel von Drohgebärden handelt. Es ist wieder einmal wie mit Jonnys Blasendruck. Mama denkt, Jonny ist neugierig, aber Jonny hat einfach seinen Blasendruck entdeckt. Und da Jonny innen und außen noch nicht richtig unterscheiden kann, sucht er ihn draußen im Zimmer. Mama merkt nicht, daß sie den Vorgang anders bewertet als Jonny. Der in die Natur eingreifende Mensch schafft die Moral. Im extremen Fall definiert er Wale als „Ratten des Meeres", um einen auf einer Weltkonferenz gefaßten Entschluß unterlaufen zu können. (So geschehen anno 1993 durch einen norwegischen Minister.) Tiere, die keine Sprache besitzen, sind einer derartigen Äußerung nicht fähig und damit auch nicht in der Lage, moralische Vorschriften, Gesetze oder Gebote zu erstellen.

Sicherlich sind beispielsweise zur Lösung der Umweltprobleme sinn-volle Gesetze wichtig. Viel wichtiger ist aber die Entscheidung der einzelnen Person, dementsprechend zu handeln. Gesetze gehören zum Uhrwerkmodell und verlagern die Verantwortung wieder nach außen. So muß ich lernen, mich zu entscheiden, wo und in welcher Verpackung ich regelmäßig Nahrungsmittel kaufe und welche Unternehmen ich damit unterstütze. Ich muß lernen zu erkennen, mit welcher Ideologie welche Firma welches Produkt verkauft. Vor allen Dingen muß ich lernen, eigene Entscheidungen zu treffen.

Viele Gesundheitsprozesse in unserer Kultur, von denen man glaubt, sie seien ein Ergebnis medizinischer Forschung, sind in Wahrheit auf soziologische Veränderungen zurückzuführen. Diese wiederum geben der einzelnen Person mehr Entscheidungsmöglichkeiten. In der Vergangenheit waren Seuchen und Epidemien längst verschwunden, nachdem man endlich medizinische Mittel gefunden hatte. Eine Verbesserung der Lebens- und der hygienischen Bedingungen hatten in den meisten Fällen einen wesentlichen Einfluß auf das Verschwinden der Epidemie gehabt. Die Entscheidung, seinen Anal- und Genitalbereich sauberzuhalten, hat mit einem persönlichen Lernprozeß zu tun, der einerseits dann besser vollzogen werden kann, wenn es dafür eine Sprache gibt, andererseits müssen aber die hygienischen Bedingungen vorhanden sein, so daß man sich auch waschen kann. Humberto Maturana sagte mir – wie schon erwähnt -, daß die Syphiliswelle während seiner Jugendzeit in Chile erst dann aufhörte, als die Menschen in der Lage waren, über Sexualiät zu sprechen (persönliche Mitteilung). Seine Mutter hatte sich damals zusammen mit anderen Personen für eine Aufklärungskampagne eingesetzt.

Für mich bedeutet der ästhetische Imperativ, daß ich handeln muß, anstatt zu warten, bis es bessere Gesetze gibt, Gott die Welt verändert, oder sich mein

„Stuck State", mein innerer Zustand von Festgefahrenheit, ganz wie von selbst auflöst. Zauberei gibt es in Büchern und Träumen. Manchmal muß vor dem Handeln geträumt werden. Das wiederum kann zum Problem werden, wenn es die Handlung behindert.

Ich glaube, daß ich diese Ästhetik beim Windsurfen lernen konnte. Als Anfänger litt ich noch darunter, am Strand zu sitzen, aufs Wasser zu schauen und mich hin und hergerissen zu fühlen. In mir spielte sich folgender innerer Dialog ab: „Der Wind ist mir zu stark. Das werde ich nicht schaffen. Ich warte lieber, bis der Wind wieder schwächer ist." Dann nach einiger Zeit, während der ich unschlüssig die bunten Segel und die Wellen betrachtet habe: „Jetzt ist der Wind fast weg. Ich müßte ein größeres Segel aufriggen. Das lohnt sich nicht mehr. Es ist schon spät." Zurück blieb ein unzufriedenes Gefühl im Bauch. Ein dumpfer Ärger.

Letztlich traf ich die Mitarbeiterin eines psychiatrischen Teams auf der Straße. Wir unterhielten uns über Verantwortung und Aktivität der Mitarbeiter. Sie arbeitete in einem guten, funktionsfähigen Team. Wir sprachen über Akademiker und Praktiker. Ich erzählte ihr die Geschichte meiner inneren Dialoge mit der metaphorischen Modifikation: „Es ist wie ..." Ganz spontan sagte sie: „Genauso ist es. Das ist unser Psychologe."

Irgendwann habe ich gelernt, diese inneren Dialoge wegzulassen. Ich habe gelernt, genau hinzuschauen, hinzuhören und sehr klare und spontane Entscheidungen zu treffen – ästhetisch zu handeln. In den meisten Fällen waren die Entscheidungen richtig und es entstand ein sehr gutes Gefühl. Es sieht nicht nur ästhetisch aus, wenn jemand mit dem Snowboard elegante Bögen zieht. Es gibt auch ein gutes Gefühl.

Vor hundertfünfzig Jahren sind immer mehr junge, deutsche Familien aus den deutschen Fürstentümern weggegangen, weil sie die Umgebung nicht mehr ertragen konnten und etwas Neues sehen wollten. Sie haben gehandelt.

Mit Methoden der Hypnotherapie und besonders von NKS konnte ich meine Beobachtungsposition drastisch erweitern. Mit dieser neuen Sicht wurde ich fähig, viel schneller und eleganter Entscheidungen zu treffen, die mir persönlich und auch anderen Menschen guttun.

Ich fand eine Verbindung zwischen dem amerikanischen und europäischen Ansatz. Der amerikanische prägt sich durch das, was Heinz von Foerster den ästhetischen Imperativ nennt: **„Willst du erkennen, dann lerne zu handeln."**

In die Praxis übersetzt heißt es: „Handeln, statt aushalten, leiden und erdulden." Dieser ästhetische Imperativ ist wohl mit dem ethischen verknüpft. Wer bei den rechtsradikalen Aktionen im Jahre 1991 nicht gehandelt und weggeschaut hat, wie so viele deutsche Bundesbürger, handelt wohl genauso wenig ethisch wie ein

Skinhead, der blind angetrunken auf einem Ausländer oder einem vermeintlichen Ausländer herumtrampelt.

Ich denke, daß die amerikanische Orientierung der Philosophie deshalb gut ist, weil sie zum Handeln auffordert, statt dazusitzen und Erklärungen abzugeben. Die europäische Haltung gefällt mir, weil sie mir für den Spaß am Erklären genügend Raum läßt. Wenn ich zu beidem in der Lage bin, entsteht in mir Zufriedenheit. Wenn ich Seminare mache, handle ich. Wenn ich nachdenke, bin ich in einer Art Trancezustand, „Deep Reflection", wie Aldous Huxley im Gespräch mit Milton H. Erickson sagt (Bandler & Grinder 1975 bzw. 1977). Wenn ich schreibe, bin ich in einem Trancezustand des Erklärens.

Wissenschaft und empirische Wissenschaft

Wenn ich auf die letzten 10 Jahre Arbeit in der Psychiatrie zurückblicke, sehe ich sehr krasse Unterschiede zwischen der Kommunikationskompetenz von Akademikern und Praktikern. Mag sein, daß mein Blick durch eine Reihe von ganz frühen Erfahrungen getrübt wurde. Damals konnte ich mir die Diskrepanz zwischen Theorie und Praxis überhaupt nicht erklären. Zunächst ein Beispiel:

Mein Vater hatte in seinem Heim immer wieder Vorpraktikanten die Gelegenheit gegeben, im psychologisch-pädagogischen Feld mitzuarbeiten. Das waren Personen, die später ein Studium innerhalb des psycho-sozialen Bereiches beginnen wollten. Diese Menschen waren meist sehr begeisterte und kreative Mitarbeiter. Wenn sie allerdings nach einigen Semestern Studium wieder in das Heim zurückkehrten, gab es in den meisten Fällen handfeste Konflikte. Wenn ich meine Erinnerungen von damals mit momentanen Supervisions-Erfahrungen vergleiche, sehe ich große Ähnlichkeiten. Die innere Welt der Akademiker und die der Praktiker scheint sehr unterschiedlich zu sein. Zwischen den beiden Welten klafft wohl ein riesiger Spalt. Aus meiner heutigen Sicht würde ich mit Heinz von Foersters Worten sagen, die damaligen „neuen Akademiker" und die, die ich heute erlebe, sind „apart from the world", also von der pädagogischen Welt oder der berufspraktischen abgetrennt.

Damals durfte ich das Hin und Her zwischen Theorie und Praxis, zwischen der Universität und dem Heimalltag ganz hautnah erfahren. Für jene Erfahrung bin ich sehr dankbar. Die damalige Lehrzeit war für mich nicht immer leicht gewesen und ich bin sehr dankbar dafür, daß ich aus jener Zeit der Zerrissenheit viel lernen konnte und daß bis auf einige alkoholische Perioden in jener Zeit mir kein ernsthafter Schaden entstanden ist.

Wenn ich heute in der Psychiatrie Praktiker und Theoretiker betrachte, sehe ich auf der praktischen Seite viele Menschen, die mit Patienten außerordentlich flexibel umgehen. Personen des Pflegepersonals arbeiten sehr dicht mit Patienten. Akademiker dagegen handeln von ihrer theoretischen Warte her. Sie spalten sich ab. Sie scheinen Angst vor der Beziehung zum Patienten zu haben. Oder aber sie haben Angst, Verantwortung für diese Beziehung zu übernehmen. Für die Abspaltung haben sie sich zahlreiche Bedingungen geschaffen:

1. mit Hilfe der Theorie;
2. mit Hilfe der Hierarchie;
3. räumlich. Sie haben ein eigenes Zimmer.

Der Akademiker nimmt die Akte und schaut, ob der Patient schon einmal da war. Wenn ja, braucht er die alte Diagnose nur zu modifizieren. Wenn nicht, macht er mit dem Patienten ein Interview und prüft, ob dessen bizarres Verhalten in irgendeines seiner psychiatrisch-theoretischen oder krankenkassenärztlichen Regelsysteme hineinpaßt. In den kommenden Jahren wird er vermutlich eine Datenbank zu Hilfe nehmen, um auf Knopfdruck feststellen zu können, wo er den Patienten hinordnen muß, damit er selbst keine Verantwortung für die Beziehung zu ihm aufzunehmen braucht, sondern die Verantwortung für das Wohl des Patienten dieser Datenbank und dem damit verbundenen chemotherapeutischen Behandlungsvorschlag überlassen kann. Bateson spricht von chronischer chemotherapeutischer Intoxikation.

Die meisten akademischen Berufsanfänger haben sich über psychotherapeutisches und pädagogisches Handeln lediglich etwas Theorie angelesen. Während des Studiums hat man in multiple-choice-Verfahren Fragen beantwortet, Fragen, die eigentlich keine Fragen sind, weil es ja schon eine Antwort dafür gibt, wodurch der Vorgang des Fragens ad absurdum geführt wird (frei zitiert nach Heinz von Foerster). Der angehende Therapeut kann sich also lediglich an irgendeinem Regelwissen orientieren, was z.T. mit der „Realität" einer Psychose oder Schizophrenie nichts zu tun haben kann, weil ja, wie jeder erfahrenere Psychiater weiß, jede Psychose anders ist. Keine ist vergleichbar. Oder mit den Worten Ericksons gesagt, ist überhaupt jede theoriegeleitete Psychotherapie Unsinn, weil jeder Mensch anders ist. Der Mensch ist keine Triviale Maschine, wie Heinz von Foerster mit einigen einfachen Zahlenbeispielen gezeigt hat. Damit hat der Akademiker, der nun aufgrund eines ganz besonderen Lebensliedes diesen helfenden Beruf ergriff, ziemlich schlechte Karten. Peter Krieg (persönliche Mitteilung) sagte mir einmal, er mache immer gerade den Film mit einem Thema, mit dem er etwas Wichtiges zu erledigen habe. Der psychotherapeutische Anfänger hat zwangsläufig große Angst, alles falsch zu machen. Deshalb holt er sich die theoretischen Krücken. Auf Grund seines Lebensliedes ist er etwas blind. Damit ist es dann wie mit dem bekannten Spiel, nämlich jemandem zu sagen: „Paß auf, tritt da nicht rein!" Da das Gehirn keine Verneinung berechnen kann, orientiert man ihn so richtig auf dieses „da reintreten". Er wird sich umwenden, „Wo?" fragen, und schon ist er reingetreten.

Eine psychiatrische Krankenschwester hat natürlich auch ein Lebenslied, welches sie in der Wahrnehmung, im Denken und Handeln behindern könnte. Ihr Vorteil ist, daß sie ständig am Ball sein muß. Der Patient ist immer da. Sie ist oft da. Der Akademiker nur manchmal. Sie kommuniziert direkt, der Akademiker abgespalten, über den Umweg der Theorie. Meine Erfahrung ist, daß wenn Pfleger und Schwestern NKS und systemische Verfahren lernen, ihre therapeutische Kompetenz außerordentlich hoch ist. Viel höher als diejenige vieler Ärzte und Psychologen.

Hans-Peter Elsässer-Gaißmaier sagt zur Sprache der Pfleger und Ärzte: „Kran-kenpflege ist der Bereich des in einer Klinik arbeitenden Personals, das am längsten und am nächsten mit den Patienten zusammen ist. Pflegende verfügen auf der Basis ihrer Erfahrungen über ein großes Wissen im Umgang mit Patienten, haben aber eher eine kleine Sprache, um dieses Wissen zu vermitteln. Im ärztlichen Bereich ist oft die Sprache größer und das Wissen kleiner" (Elsässer-Gaißmaier 1993, 533ff). Gesetzgebungen und Strukturen im psychotherapeutischen Bereich geben nun aber den Akademikern den Vorzug. Unabhängig von empirisch-wissenschaftlichen Beobachtungen zeigt sich, daß hier anscheinend das macht- und regelorientierte Wertesystem stärkeren Einfluß hat als Fragen der Wirtschaftlichkeit und Effizienz. Die Lobby einer Berufsgruppe ist so stark, daß erstens andere Berufsgruppen ausgeblendet werden und zweitens nicht nur ein Teil des Systems, sondern ver-mutlich sogar das ganze System darunter leidet. Wie gesagt, auf diese Ergebnisse meines Nachdenkens komme ich ohne empirische Beobachtungsmethoden. Wenn ich jedoch diese Art der Beobachtung hinzuziehe, sieht das Bild vielleicht noch etwas trüber aus. Oder klarer. Aber manchmal kann die Klarheit ja schmerzhaft blenden.

Bei einer empirischen Beobachtung möchte ich unterscheiden, ob das, was ich sehe, zufällig geschieht oder ob es irgendeinen systematischen Einfluß auf diese Handlung gibt. Vielleicht bin ich daran interessiert, ob meine Therapie, meine pädagogische Maßnahme einen Einfluß auf die Wohlbefindlichkeit oder das Lernen meines Klienten hat, oder ob meine NKS-Maßnahme rein zufälliger Natur ist.

Wenn ich eine Münze nehme und mit jemandem um Kopf oder Zahl wette, ist das ziemlich einfach. Kopf gewinnt, Zahl verliert. Wenn ich mißtrauisch bin, kann ich nun vor der Wette die Münze prüfen. Ich werfe sie hundertmal und notiere mir, daß ich 48 Mal Zahl erhalte und 52 Mal Kopf. Mit 92-prozentiger Wahr-scheinlichkeit (48/52) weiß ich nun, daß die Chancen gleichwertig sind, also jeder die gleichen Chancen hat. Der, der Kopf nimmt, hätte die leicht gezinkte Seite. Er wäre etwas besser dran. Da ich supermißtrauisch bin, prüfe ich das ganze nochmal und mache 1000 Würfe. Diesmal bekomme ich 499 Köpfe und 501 mal Zahl. Das ergibt eine Wahrscheinlichkeit von 99 %, also fast 1. Mit fast 100-prozentiger Sicherheit weiß ich jetzt, daß es sich um eine ungezinkte Münze handelt, also daß es keinen Einfluß gibt. Außerdem handelt es sich um ein Wiederholungsexperi-ment. Es herrscht Chancengleichheit.

Die meisten Kinder einer bestimmten Altersgruppe in unserem kulturellen Bereich malen, wenn man sie darum bittet, ein Gesicht nach dem bekannten Kindervers: „Punkt, Punkt, Komma, Strich, fertig ist das Mondgesicht."

Mondgesicht

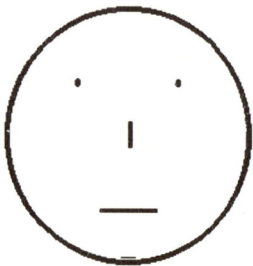

Kinder aus einem kulturellem Bereich, in dem weniger Wert auf die Entwicklung visueller Fähigkeiten gelegt wird, können das erst, nachdem sie mit dem Schulsystem des weißen Mannes in Berührung gekommen sind. Solche Kinder beobachten die Welt auf eine andere Art. Kinder unserer Kultur, die sexuell mißbraucht wurden, werden ein Gesicht auf die folgende Art zeichnen:

Zeichnung von erwachsenem afrikanischen Mann mit einem Jahr Schulbildung

Zeichnung von sexuell mißbrauchtem Kind (der Mund fehlt, weil es schweigen muß)

Das Auslassen des Mundes zeigt einerseits die Tragik des Nicht-Sprechen-Könnens, des Ausblendens eines wichtigen Lebensbereiches. Ähnlich wie der Computer des Wissenschaftlers – selbstverständlich in Verbindung mit seinen Hypothesen – hat das Gehirn die Errechnung der Wahrnehmungsbestandteile übernommen.

Innerhalb des autopoietisch organisierten und operational geschlossenen Systems Mensch errechnet das neuronale Netzwerk die Bedeutung dieser Wahrnehmungsbestandteile. Entweder man sieht ein Gesicht mit der unbefangenen Akzeptanz eines Kindes oder mit der Gewichtung des jeweiligen Lebensliedes, das man als erwachsene Person singen gelernt hat. Wie gut erinnere ich mich noch an Aussprüche meiner Eltern, oder anderer Menschen jener Generation: „Wie der aussieht!? Der ist bestimmt Jude." Diese Aussprüche waren mit einer Betonung gewichtet, die mir ein recht unangenehmes Gefühl bereitete, welches ich damals nicht so recht verstand. Aus dem Gesagten sollte hervorgehen, daß das Ausblenden oder Nicht-Sehen-Wollen, bzw. Nicht-Sehen-Können bestimmter Teile eines Bildes eine ähnliche Verzerrung einer Beobachtung darstellt, wie die einseitige Hypothesenbildung eines empirischen Wissenschaftlers, der sich über sein persönliches Lebenslied völlig unklar ist. Der Nazi-Arzt Mengele hat die Welt anders gesehen als Gregory Bateson.

Bei einer empirisch-wissenschaftlichen Beobachtung ist der Beobachter sehr mißtrauisch. Er möchte dieser subjektiven Gewichtung entrinnen. In seinem Nacken sitzt ja eine über Jahrhunderte andauernde Orientierung auf eine göttliche Macht, der er nun einen Beweis schuldig bleibt. Er war der Willkür oder der Religionsbürokratie der Vertreter dieser Macht ausgeliefert. Mit Hilfe seiner Statistik möchte er wissen, ob z.B. seine NKS-Maßnahmen einen Einfluß haben oder nicht. (Falls er diesen Weg einschlägt, was ja, wie schon erwähnt, verrückt wäre.) Die NKS-Maßnahme wäre also in diesem Fall die gezinkte Münze. Übertrieben gesagt, müßte ich also 1000 Mal Reframing machen und schauen, ob es einen Einfluß hat. Dann kann ich eine Regel aufstellen und sagen, diese Therapie funktioniert. Sie ist es wert, daß sie bezahlt wird. Ich kann Ausbildungsrichtlinien über Reframing festlegen. Ich lege eine Moral, eine Norm fest, mit der von nun an reframed wird. So und nicht anders. Da ich Gott durch die Gaußsche Normalverteilung – eine Verfeinerung der oben genannten Rechnung – ersetzt habe, brauche ich keine Verantwortung mehr übernehmen. Mein neuer Gott heißt wissenschaftliche Objektivität. Um das trockene Thema etwas aufzulockern mag sich der Leser von der nachfolgenden kleinen Statistik hypnotisieren lassen.

Jedermanns Statistik:

Jeder zehnte war schon einmal erster.
Jeder neunte bäckt noch selbst.
Jeder elfte fährt Rad.
Jeder vierte hat Probleme.
Jeder Deutsche verfügt über sechs Hosen.

Jeder achte ist im öffentlichen Dienst.
Jeder neunzehnte gibt sein Wasser noch ungeklärt ab.
Jeder fünfte wird ungern undankbarer Vierter.
Jeder zweite ist eine Frau.
Jeder vierundzwanzigste ißt gelegentlich mit den Fingern.
Jeder dreizehnte bewegt sich rückläufig.
Jeder dritte ist sich seiner selbst bewußt; davon jeder erste Politiker.
Jeder zwanzigste Urlauber erholt sich im Urlaub.
Jeder fünfte ist nach wie vor ein Chinese.
Jeder Beamte ist unkündbar.
Jeder achte Dieb stiehlt widerwillig.
Jeder zweite fährt so gut wie bleifrei.
Jeder achte geht fremd; davon jeder vierte bei Bekannten.

Na, hat man den Überblick behalten? Nachdem wir nun einen Einblick in die unermeßlichen Möglichkeiten der statistischen Wahrheitssuche erhalten haben, können wir nun den üblichen deutschen Weg gehen: wir können den vielen Theorien, psychotherapeutischen Untersuchungsergebnissen, Regeln, Normen, Vorschriften und Paragraphen einen weiteren hinzufügen, den „Reframing-Therapie-Paragraphen". Wir können uns aber auch einfach an die NLP-Six-Step-Reframing-Regel halten. Sie wäre wissenschaftlich bewiesen und statistisch abgesichert. Erinnern wir uns doch einfach wieder einmal an das Gesetz des Hammers.*

Ich denke, daß das Aufstellen solcher Vorschriften in jedem Fall bei der Herstellung von Werkstücken in einer Drehbank gut ist. Da sollte ich wissen, innerhalb welcher Normen ich das Werkstück gebrauchen kann, oder ob ich es als Ausschuß wegwerfen muß.

Da ich diese vielen Seiten lang über Triviale und Nichttriviale Maschinen nachgedacht habe, sollte endlich klargeworden sein, daß ich einen Menschen anders behandle als ein Werkstück.

Wenn ich mit jemandem pädagogisch oder psychotherapeutisch arbeite, bin ich zuversichtlich. Ich traue meiner Fähigkeit. Als ich Sarah McDonald oder Frank Farrelly Skifahren beigebracht habe, hatte ich viel Vertrauen. Das Mißtrauen, ein Zweifel, ob sie oder er es lernt, hätte uns wohl beide ziemlich verunsichert und am Lernen behindert. Es wäre wohl sehr hinderlich, wenn ich immer wieder meine Lehrvorschriften aus der Tasche ziehen würde, um nachzuschauen, wie man bei diesem Wetter und dieser Schneeart lernt.

---

*   Für den, der den Hammer erfand, wurde jedes Problem zum Nagel ...

Also prüfe ich den Erfolg meiner Maßnahme in jeder Mikrosekunde direkt an unserem gemeinsamen Erfahrungsprozeß, für den ich Verantwortung übernehme. Meine Schülerin Sarah und mein 54jähriger Schüler Frank hatten die Verantwortung übernommen, sich darauf einzulassen. Ich habe noch ganz deutlich Franks Worte im Ohr: „Hallo Coach, how was it?" Ich verzichte auf die Moral der durch empirische Beobachtung gefundenen Regeln und vertraue der Autopoiesis des Lernens. Das macht Spaß. Ich sehe, wie sich Wahlmöglichkeiten erweitern. Ich denke, das ist Ethik und Ästhetik. Es ist die Schönheit des Wie.

Die Konsequenzen werden in externale
Regeln verlagert

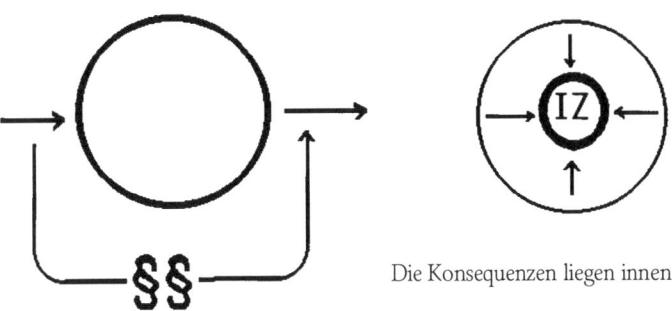

Die Konsequenzen liegen innen

Sehr ähnlich handle ich in der Therapie, beim Coaching und überhaupt in den meisten Umgebungen, in denen ich mich bewege. Sicherlich sind in vielen Lebensbereichen Regeln notwendig. Im Straßenverkehr sollte ich sehr wohl Regeln kennen und beachten. Macht und Willkür in einem Staatssystem, verbunden mit Gesetzlosigkeit ist Faschismus. Ich freue mich darüber, wenn sich Menschen entwickeln. In manchen Lebenssituationen muß ich mich entscheiden, willkürlich zu handeln. Mein Vater hat mir erzählt, daß er in all den Jahren seiner pädagogischen Karriere nur einmal einem Jungen eine Ohrfeige gegeben hätte. Und ich erinnere mich, daß es schon in jener Zeit viel Gewalt gab. Als ich 14 Jahre alt war, hatten wir jene damaligen „Halbstarken" aus Berlin-Wedding in der Kur. Ein Junge erzählte mir beispielsweise, daß sie einen Lehrer auf der Toilette erstochen hatten. Die Situation, von der mein Vater sprach, war entstanden, als ein Junge im Affekt auf einen anderen mit einer am Hals abgeschlagenen Flasche losging. Nachdem er ihm eine kräftige Ohrfeige gegeben hatte, konnte der Konflikt später in der Gemeinschaft konstruktiv gelöst werden.

Wenn ich mir verschiedene Kommunikationsbereiche unserer Zeit betrachte, entstehen mir Fragen zur Gewalt und direkten oder indirekten Anwendung von Macht und Gewalt: Was tut der Leiter / die Leiterin eines „Psycho-Workshops", der einen Teilnehmer auf den „heißen Stuhl" setzt, um ihn zu konfrontieren? Was tut der Psychiater, der mit einem Psychopharmakon in den synaptischen Spalt einer Person eingreift? Was geschieht, wenn ich einen Kurs leite, in dem es auf positive Werte ankommt, und eine Teilnehmerin gerät mit einem Teilnehmer in eine abwertende, schuldzuweisende Symmetrie, während die anderen gelangweilt zuschauen. Sie wollen etwas Neues lernen. Sie kennen solche Spiele aus vielen Kursen. Möglicherweise komme ich in die Bedrängnis, klare Regeln zu setzen. Wie eine Frau unter den Lebensliedern ihrer Doktorväter leidet, beschreibt Sylvia Curruca (1993) auf eindruckvolle Weise.

Erickson hat in seinem Leben abertausende von Armlevitationen erlebt. Es war eben eine seiner beliebten Trance-Induktionen. Es sieht für den außenstehenden, unkundigen Wissenschaftler aus, als ob alles immer wieder derselben Regel gehorcht. Erickson sagte, jede Armlevitation war anders. Es kann eben niemand auf die gleiche Art in denselben Fluß steigen.

Nun streiten sich in Deutschland seit einigen Jahren Politiker, Therapeuten und Lobbyisten darüber, wer Therapeut sein darf und wer nicht. Viele Therapieformen sind von mißtrauischen Forschern mit empirischen Beobachtungsmethoden untersucht worden. Dabei sind auch solche verglichen worden, die man eigentlich gar nicht vergleichen kann. Wie will man z.B. eine Langzeittherapie mit einer Kurzzeittherapie oder einer Kontrollgruppe vergleichen, wenn die Wirksamkeit der Kurztherapie darauf basiert, daß sich in den vierwöchigen Pausen in der Selbstorganisation des Menschen etwas ändert, während sich die Langzeittherapie auf Zusammenkünfte stützt, die zweimal in der Woche stattfinden. In diesem Bereich gibt es eine Menge Probleme, die nicht in diesem Buch angeführt werden können. Trotzdem möchte ich erwähnen, daß bei den Untersuchungen herausgekommen ist, daß jede Therapieform zu einem ähnlichen Grad erfolgreich ist, und daß die Erfolgsquote um so höher ist, je mehr Erfahrung ein Therapeut hat, daß der Erfolg also nicht an eine Berufsgruppe gebunden ist etc. Wenn nun Entscheidungen getroffen werden, in denen einer Berufsgruppe der Vorrang eingeräumt wird, so hat das wohl sehr wenig mit der „Wahrheit wissenschaftlicher Entscheidung" zu tun, sondern eher mit der „Wahrheit des Lebensliedes der Macht" oder anderen Bedingungen.

In diesem Fall wird nicht einmal die Moral befolgt, die aus empirisch gewonnenen Regeln entsteht, sondern es wird die Münze mit Macht gezinkt. Ich hoffe, der Leser kann meinen Gedanken folgen und an dieser Stelle ein wenig Halt machen, um darüber zu meditieren, was Heinz von Foerster und Wittgenstein meinen, wenn sie einen Unterschied zwischen Ethik und Moral machen. Vielleicht mögen die nächsten Zeilen moralisierend anmuten.

Nicht alles ist leicht überschaubar. In vielen Fällen ist das Auge des Adlers eine gute Beobachtungsposition. Wenn man am Meer lebt, hört man das Rauschen der Wellen nicht mehr. Hans-Peter Elsässer-Gaißmaier, Fachpfleger in der Psychiatrie, hat mehr als zwei Jahre auf einer psychiatrischen Akutaufnahmestation gearbeitet. Während der Ausbildung ist er nebenbei zum Computerfreak aufgestiegen. Im Laufe seiner Arbeit kam er dann einmal auf die Idee, regelmäßig die Häufigkeit aggressiver Handlungen und damit verbunden Isolierungen und Fixierungen und die damit verbundene vermehrte Vergabe von Psychopharmaka, die Ausfallzeiten des Personals durch Krankheiten etc. zeitlich statistisch zu erfassen, wenn Fachpfleger im Dienst sind, und mit den Zeiten zu vergleichen, wenn sie nicht im Dienst sind. In der Sprache der Wissenschaft redet man dann von der Arbeit mit nichtreaktiven Meßverfahren. Hans-Peter wußte nichts von „nichtreaktiven Meßverfahren". Er wollte einfach wissen, ob es da irgendwelche Zusammenhänge gibt, und der Shareware-Markt ist heutzutage voll von einfachen Statistikprogrammen, die einem die Arbeit erleichtern und von denen ich während meiner Zeit an der Uni nur träumen konnte.

Mit Zahlen, Statistiken und quasi-religiösen Theorien hat der Akademiker jedenfalls eine Reihe hochwirksamer Werkzeuge entdeckt, mit denen er sich die Menschen, im Fall der Psychiatrie Patienten und Mitarbeiter, im Fall der Wirtschaft Mitarbeiter, Angestellte und Arbeiter, vom Leib halten kann.

Rückzug ins eigene Zimmer: Den Rückzug ins eigene Zimmer möchte ich nur streifen. Er sieht trivial aus. Trotzdem ist er für die Organisation des Stationsablaufes bedeutungsvoll. Er ist metaphorisch interessant. Der Arzt einer psychiatrischen Station hat die Möglichkeit, mit dem Patienten in seinem Zimmer intime Gespräche zu führen. Die Gespräche geschehen in den meisten Fällen „heimlich". Man kann einerseits die Situation des sexuellen Mißbrauchs assoziieren, bei dem der Vater mit dem heimlichen Einverständnis der Mutter mit der Tochter im Schlafzimmer verschwindet, man kann andererseits an den japanischen Manager denken, der sich gemäß der uralten kulturellen Lebenslieder im Kreis der Gemeinschaft wohlfühlt, also im Großraumbüro, und sich verbannt fühlt, wenn er nun als Topmanager abgespalten und einsam im eigenen Zimmer sitzen muß.

Rückzug in die Position der Macht: Menschen, die in irgendeiner Form mißbraucht wurden, konnten wenig Selbstwert entwickeln. Ich selbst wurde als sogenanntes „Parenting-Kind" gebraucht, ich wurde trianguliert, und ich erlebte zeitweise die Gleichgültigkeit meines Vaters, vielleicht das Gegenteil von

Mißbrauch, die aber ebenfalls zu einer Minimierung meines Selbstwertes führte. Später versuchte ich dieses mangelnde Selbstwertgefühl durch eine attraktive Machtposition in der pädagogischen Arbeit auszugleichen.

Wie L'Abate und Weeks so eindrucksvoll in ihrem perversen Dreieck schreiben, bekommt man in der Machtposition des Retters oder Helfers wie auch des Tyrannen oder Verfolgers Liebe vom Opfer. Man meint es jedenfalls. In einem Bankrottsystem ist es nicht möglich, auf legitime Art die nötige Zuwendung zu bekommen. Der Retter braucht sein Opfer. Der Verfolger glaubt, daß, wenn er sich groß macht, er von seinen Untergebenen geliebt wird (Weeks & L'Abate 1982).

Damals glaubte ich jedenfalls, daß ich mir die fehlende „Liebe" – was das auch immer sein mag – holen könnte, indem ich mich in der pädagogischen und psychologischen Arbeit durch Veröffentlichungen, durch Rang, Name, Titel etc. mächtig machen würde. Aber irgend etwas klappte nicht so richtig. Irgend etwas war verdreht. Ich denke, ich suchte den Blasendruck außen. Die daraus entstandene Angst, ungeliebt zu bleiben, kanalisierte meine Kraft in eine bestimmte Richtung. In dem Wahn lebend, daß Wissen Macht sei, las ich bis vor einiger Zeit zentner-weise Bücher. Ich fraß psychotherapeutische Techniken. Das Ganze gab mir Gelegenheit, die Praxis mit dem Auge des Adlers zu sehen und führte zu dem Ereignis, jetzt vor Leubel zu sitzen und meine Gedanken ins Keyboard zu hacken.

Auf diese Weise gelingt es mir immer mehr, Verständnis für Menschen zu bekommen, die sich aus der Befürchtung, zu wenig Selbstwert zu haben, ihre Techniken und ihr Wissen irgendwo anders herholen als aus sich selbst, oder denen es noch nicht gelungen ist, ihren Blasendruck in sich selbst zu spüren, und die sich dabei trotzdem nicht in die Hose machen.

Viele Heiler arbeiten dabei nach einem Prinzip, das ich das Jesus-Jünger-Prinzip nennen möchte. Wenn ich mir die Literatur über die Qumram-Texte, über neue Forschung zur Person Jesu anschaue, finde ich Parallelen zu modernen Heilern und Glaubensverkündern wie Sigmund Freud, Milton H. Erickson und anderen. Der Jesus-Forscher Alfred Worm fragt sich, was Jesus wohl sagen würde, wenn er sähe, was manche seiner Anhänger heute mit seinen Ideen treiben. Wenn ich darüber nachdenke, könnte ich eine ähnliche zirkuläre triadische Frage auch an Milton H. Erickson stellen. Vielleicht würde einer von ihnen, oder gar beide sagen: „Nein, so doch nicht!" (Worm 1993).

Das Prinzip möchte ich folgendermaßen beschreiben: Der Mensch erkrankt, wenn er seinen inneren Weg verliert und sich statt dessen an Regeln, Normen, (moralischen) Vorschriften orientiert. Ein Heiler heilt, wenn er die Norm verläßt. Heiler wie Sigmund Freud, Milton H. Erickson und vielleicht auch Jesus hatten sich entschieden, die Norm zu verlassen. Wenn man es aushält, Außenseiter zu sein, wird man Stärke und Selbstwert entwickeln. In vielen Kulturen gehört der

Weg des Außenseiters zum Lernen des Heilers. Vielleicht ist es der Weg der Ethik. Man lernt Handlungen zu vollziehen, die von innen heraus kommen. Man lernt, Entscheidungen zu treffen, die unabhängig sind von den Bindungen an äußere Werte. Dieser Gedanke steht natürlich im krassen Gegensatz zu den Prinzipien unserer Kultur, in der man nur dann Heiler wird, wenn man den Weg der Moral geht, also die Regeln und Vorschriften einhält.

Die Schüler des Heilers möchten nun auch soviel Selbstwert haben wie der Meister. Natürlich lernen sie viel von ihm. Sie bewundern ihn. Wenn man wenig Selbstwert hat, braucht man Vorbilder. Man möchte so sein wie der Heiler. Wenn es sich um ein religiöses System handelt, darf man meist nicht gott-gleich sein. So möchte man doch wenigstens Gott nahe sein.

Nun hat man aber nicht gelernt allein zu sein. Man braucht die anderen Menschen, die ähnliche Mängel haben als man selbst, oder man braucht Menschen, die man heilen darf. Was ist der Heiler ohne den Kranken. Ein Nichts. Und er hat nicht gelernt, allein in der Wüste herumzusitzen und zu meditieren. Vielleicht fehlt ihm der Weg der Ethik. Vielleicht braucht er deshalb die Moral. Vielleicht kann er deshalb beides nicht so richtig unterscheiden. Ich persönlich kenne die Empfindungen sehr gut, die entstanden, als ich in einer selbstauferlegten Lebensphase keine Gruppen und Klienten mehr hatte.

Also ist es für die Anhänger des Meisters fast lebenswichtig, eine Gruppe zu bilden. In dieser Gruppe schaffen sie die angemessenen Normen, Rituale, Regeln und Vorschriften, Rollen und Hierarchien, die ihnen dann das notwendige Selbstwertgefühl geben, als Heiler auch arbeiten zu dürfen. Ein Teilnehmer in einer meiner NLP-Gruppen, ein erfahrener Familientherapeut und Professor einer Universität, sagte mir einmal, daß er deshalb einen Kurs bei John Grinder braucht, um sich die Legitimation zu holen, NLP machen zu dürfen. Dabei hatte er eine Unzahl therapeutischer Erfahrungen durchlaufen. Ich würde ihn als hervorragenden Therapeuten einschätzen. Ein anderer, auch Professor einer renommierten Universität, war zunächst Mathematiker und durchlief dann verschiedenste psychotherapeutische Schulen. Dann setzte er seine Suche bei Bhagwan, den Sufi und schließlich bei mehreren esoterischen Göttern fort.

In unserer Zeit bilden die Therapeuten Vereine, Institute, Schulen und Institutionen. Sie schaffen Regeln und Richtlinien und merken nicht, daß man gute Therapie dann macht, wenn man die Moral der Richtlinien wieder verläßt, also im Sinne von Heinz von Foersters ethischem Imperativ handelt. Das Prinzip hat natürlich nur Geltung, wenn man die Entscheidung getroffen hat, den Menschen als Nichttriviale Maschine zu betrachten. (Oder eben die in diesem Buch beschriebenen Varelaschen, Maturanaschen oder Luhmannschen Prinzipien der autopoietischen Organisation von lebenden Systemen anzuerkennen.) Sonst funktioniert es nicht.

Ich möchte hier nicht den Anschein erwecken, daß es gut ist, völlig ohne Regeln zu leben. Ich möchte lediglich darüber nachdenken, welche Unterschiede innerhalb der verschiedenen Handlungsbereiche möglich sind.

NLP mit seinen Programmvorschriften birgt gerade für den deutschen Anwender die Gefahr in sich, diese zum Teil hervorragend wirksamen und kreativen Techniken in eine der typischen DIN-Normen hineinpressen zu wollen.

Und die hypnotherapeutische Arbeit von Milton H. Erickson wird schon heute, in Deutschland fast ausschließlich von Männern, auf eine Art vermarktet, hinter der ich viele der gerade eben entwickelten Gedankengänge wiederfinde. So hat ein Buch den Titel „Erickson in Europa". Ich weiß nicht, wann Erickson in Europa war. So wäre diese Namensgebung eine geschickte Machtausübung. Ich kenne das Buch nicht. Aber da Milton H. Erickson zumindest in den letzten zehn Jahren nicht in Europa gelehrt hat, soll der Titel vielleicht ganz im Sinne einer indirekten multi-level-Kommunikation auf einer verdeckten Ebene die Botschaft vermitteln: „Wir, die Herausgeber, sind Schüler des Meisters. Wir sind alle kleine Ericksons."

Ich mag nicht mit Ericksons Namen herumstreiten. Er selbst soll bei der Gründung einer großen hypnotherapeutischen Gesellschaft gesagt haben, daß er einverstanden sei, wenn sein Name verwendet wird, daß er aber nicht möchte, daß man sich nach seinem Tode über seinen Namen streitet. Vielleicht geht es um eine gute Sache, vielleicht um Macht und Marktanteile. Da ich daran glaube, daß eine Nichttriviale Maschine in ihrer menschlichen Verkörperung von ihrer Geschichte abhängig ist, werden viele deutsche Therapeuten und Führungskräfte mit der Metapher der Macht irgend etwas am Hut haben. Deshalb möchte ich ein wenig über Moral und Macht nachdenken.

Ein Wissenschaftler prüft die zu entwickelnde Moral anhand oder mit Hilfe der Methoden der Standardbeobachtung und den damit verbundenen statistischen Verarbeitungsverfahren. Die Verantwortung über die Richtigkeit dieser Moral wird dann in diese Bedingungen verlagert. Sie wurden geprüft. Religiöse Führer kennen diese strengen Prüfbedingungen nicht. Sie sind einfach Gott nahe oder gar Gott gleich. Für das Volk oder die Anhängerschaft ist es oft einfacher, den blumenreichen Worten ihrer Führer Gehör zu schenken, anstatt sich Gedanken über komplizierte wissenschaftliche Kontrollbedingungen zu machen.

Es ist viel einfacher, wenn da oben jemand sitzt, der Verantwortung übernimmt über den Sinn des Lebens und die damit verbundenen Werte und Wertmaßstäbe, mit Hilfe derer man prüfen kann, was erlaubt und verboten ist.

Der religiöse Führer weiß, was gut und böse ist. Er gibt die Moral vor. Er schafft Werte, anhand derer man die jeweiligen Verhaltensweisen messen kann, die ein Teilnehmer der Glaubensgemeinschaft tun darf oder nicht tun darf. Mit dem lästigen Prozeß des Entwickelns einer eigenen ethischen Grundhaltung, die mit Selbstverantwortung und eigenständigem Handeln verbunden ist, brauche ich mich dann nicht mehr zu beschäftigen.

Im jugoslawischen Krieg wurden bisher (Mai 1994) mehr als 30 000 Frauen vergewaltigt. Ein großer Teil von ihnen wurde schwanger. Viele der Frauen befinden sich in einer extremen Doppelbindung. Vielleicht noch extremer als in dem von Rittermann beschriebenen Beispiel. Da ihre Familien die Kinder ablehnen, geben sie sie in ein Heim. Es ist zu hoffen, aber wenig wahrscheinlich, daß die Aufwuchsbedingungen dieser Kinder besser sind als in jener Zeit, als Rene Spitz zu seinen Untersuchungsergebnissen kam. Zu den Betroffenen gehören auch eine größere Anzahl von Nonnen. In einer österreichischen Tageszeitung konnte ich lesen, daß ein Kapuzinermönch darüber berichtet, daß in verschiedenen Fällen der Heilige Vater früher einer Nonne die Erlaubnis zu einer Abtreibung gegeben hatte, wenn sie vergewaltigt worden war.

Nun möchte ich meine Gedanken etwas ordnen. Ich merke, daß sich gegen verschiedene Richtungen und Schulmeinungen aversive Gefühle bilden. So gegen die GwG und die klientenzentrierte Therapie mit ihrer unerschöpflichen Empathie und emotionalen Wärme oder die Psychoanalyse als riesige Datenbank mit abertausenden von Nominalisierungen und Abstraktionen, die wirklich jedem Phänomen eine Bedeutung verleihen können ... etc. etc. Das sollte nun aber nicht geschehen. Damit laufe ich Gefahr, wichtige Ebenen durcheinanderzubringen. Wenn ich Ethik und Moral unterscheiden möchte, sollte ich auch in der Lage sein zu sehen, zu schmecken oder zu riechen, daß Sekt etwas anderes ist als die Schale, in die er hineingegossen wurde. Ohne Schale wäre er zerflossen. Ohne Faß oder Flasche hätte er sich niemals entwickeln können. Aber der Sekt ist etwas anderes als die Schale. Wenn ich dieser Verwechslung weiterhin Raum gebe, würde ich eine wichtige Grundhaltung verlieren, die ich oben beschrieben habe: In unserer Zeit sollten wir in der Lage sein, die unterschiedlichsten Ideologien, Religionen, Lebenslieder, Sitten, Gebräuche anzuerkennen und nebeneinander stehen zu lassen. Dieser Gedanke entspricht wohl auch dem, was man in der Philosophie als die Postmoderne bezeichnet (Welsch 1991).

Carl Rogers ist nicht die Gesellschaft für wissenschaftliche Gesprächspsychotherapie. Als Ausbildungsleiter der Gesellschaft für Neurolinguistische Selbstorganisation hatte ich oft Gelegenheit zu erleben, wie mich Kursteilnehmer mit dem Konzept verwechselt haben. Oft waren es Menschen, die für sich selbst ein Machtproblem noch nicht geklärt hatten. Im Stillen habe ich mich dann, etwas traurig, immer gefragt: „Hat er/sie nichts gelernt, nach all der Hypnotherapie, Familientherapie, mit all den weltbekannten Meistern? Hat er immer noch nicht bemerkt, daß der Schein, den er braucht, etwas ganz anderes ist als das Handeln? etc."

Was mich ärgert ist a) die Verwechslung von Ebenen und die damit verbundene Ausübung von verdeckter Macht und b) die moralische Position, die die jeweiligen Verbände einnehmen, indem sie Regeln erstellen, die dann, in Stein gehauen wie die Gebote, die Moses von Gott erhielt, für immer und ewig den Gehalt von Wahrheit besitzen sollen.

Deshalb möchte ich zunächst den Sekt von der Schale trennen und aus meiner Sicht stellvertretend für deutsche Therapieverbände einige Runen in harten Granit hineinätzen:

für die Gesprächspsychotherapeuten:

☐ DIE GRUNDVARIABLEN: ECHTHEIT, KONGRUENZ, EMPATHIE

für die freudianischen Psychoanalytiker:

☐ ABSTINENZ. WIR ALLE SIND TRIEBKRÄFTEN AUSGELIEFERT.

für die klassischen Verhaltenstherapeuten:

☐ DER MENSCH IST EINE TRIVIALE MASCHINE.

für die provokativen Therapeuten:

☐ ICH BIN EIN MÄCHTIGER WITZBOLD.

für die ericksonschen Hypnotherapeuten:

☐ ICH BIN IMMER IN TRANCE.

Auch für den Prozeß könnte man sich Gebote ausdenken. So muß ich als Analytiker der mächtige Gott sein, der ganz objektiv deutet und abstinent am Kopfende der Coach sitzt, weil man dort, wie Freud gesagt hat, die Gesichter der Patienten nicht sieht. (Der Adlerianer Wolfgang Kretschmer bezeichnet diesen Vorgang als eine der Kuriositäten unseres Jahrhunderts.*) Als Gt'ler bin ich nur lieb und empathisch, als Vt'ler bin ich selbst eigentlich gar nicht da. Es gibt lediglich die

---

* Wolfgang Kretschmer: Psychoanalyse im Widerstreit, Ernst Reinhardt Verlag 1982. Wolfgang Kretschmers Vater Ernst erfand neben den Persönlichkeitstypen das Bildstreifendenken, eine Meditationsform, die mit der Traumarbeit der Senoi oder dem Katathymen Bilderleben Ähnlichkeit hat. Er war ein begeisterter Leser der Aufsätze Ericksons und hat sie alle gesammelt. Auf einer indirekten Ebene drückt sich dieses Wissen in dem Buch seines Sohnes aus.

empirische Wissenschaft. Und wenn ich doch da bin, dann bin ich sehr mächtig. Ich bin ein Verwalter dieses Wissens. Als deutscher Erickson verwalte ich dann das Vermächtnis des Meisters und manipuliere ständig indirekt etc.

Nun gibt es z.Zt. mehr als 300 unterscheidbare psychotherapeutische Richtungen und Schulen. Zwei davon werden in Deutschland von den Kassen finanziert. Der Rest wird gezielt ausgegrenzt. Über den Vorgang des Ausgrenzens kann man sich ärgern. An dieser Stelle soll er aber eher dazu dienen, die Sicht auf den Prozeß zu lenken anstatt auf den Ärger. Fragen, die mir entstehen sind: Ist dieses Ausgrenzen moralisch vertretbar oder nicht, wenn man erkennt, daß aufgrund empirisch wissenschaftlicher Ergebnisse die meisten Verfahren eine ähnliche Erfolgsquote aufweisen. Sind sämtliche psychotherapeutischen Verfahren überhaupt mit empirischen Methoden meßbar? Sind die Verfahren miteinander vergleichbar?* Wird hier nicht ein Kampf auf der Basis alter Glaubenssysteme ausgefochten; d.h. ist der alte Krieg zwischen den religiösen Machthabern und den Machthabern der Wissenschaft noch nicht ausgefochten? Inwieweit werden erfolglose Modelle aufrechterhalten und mit einer Unmenge von Geld gefördert, nur um Macht und Ansehen einer Gruppe von Menschen zu stärken, während andere Verfahren eventuell der Volksgemeinschaft wirklich helfen könnten und wesentlich wirtschaftlicher wären, weil sie Selbstheilung und Eigenständigkeit fördern? Wenn man aus religiösen Gründen nicht in der Lage ist, über Sexualität zu sprechen, wird man den Menschen die Wahlmöglichkeit nehmen, sich bezüglich Aids zu informieren. Viele werden sterben.

Für mich war in diesem Zusammenhang immer wieder unser Klinikchef Günter Hole Vorbild, der, obwohl er Psychoanalytiker und Ordinarius für Psychotherapie ist, die Haltung vertritt, daß jedes psychotherapeutische Verfahren seine Berechtigung hat. Ich selbst hatte irgendwann keine Lust mehr, mich an diesem Kampf zwischen den Berufsgruppen zu beteiligen. Ich hatte mich entschieden, mit meinen Klienten ganz direkt über die Bezahlung der Therapie zu verhandeln. Weiterhin mag ich das Wort Therapie nicht mehr verwenden. Ich denke, es ist besser, von Selbstorganisation zu reden und Menschen Möglichkeiten zu geben, zu lernen, selbst zu heilen. Das ist ein lebenslanger Lernprozeß. Weiterhin umgeht man die Frage der Schuld. Es gibt Studien darüber, daß Menschen einfach nicht heilen, wenn sie im Prozeß des Gebens und Nehmens den Weg der Kassen und Versicherungen einschlagen.** Erst wenn sie dem Heiler ein Ei oder eine Kuh gebracht haben, tritt der Heilungsvorgang ein. In unserer Kultur ist es oft der Blumenstrauß

---

* In Verbindung mit welchem Lebenslied lenken manche Psychokraten und empirische Wissenschaftler ihr Augenmerk auf ganz bestimmte Verfahren und blenden andere einfach aus?
** Terry Tafoya (persönliche Mitteilung)

oder die Flasche Sekt, Dinge, die ich als Angestellter einer universitären Institution ablehnen muß.

Wenn man eine Moral schafft, sollte sie dazu dienen, daß sie allen Menschen hilft. Die Schale sollte allen Sektmolekülen Gelegenheit bieten, sich in ihr aufzuhalten, und diejenigen, die in den Mund sollen, sollten dort hineingelangen dürfen.

Da nun aber entweder empirisch-wissenschaftliche Forschungsergebnisse ebenso wie hermeneutisch-wissenschaftliche Erkenntnisse oder quasi-religiöse Wahrheiten zum indirekten Machtmißbrauch genutzt werden, möchte ich mich jetzt dieser Seite zuwenden.

Moral und Macht

Diese Kombination schränkt Wahlmöglichkeiten extrem ein. Die extremste Form findet sich wohl in der Inquisition und Folter, in Vergewaltigung und in kriegerischen Handlungen. (In unserer Zeit von der Hypno- und Familientherapeutin Michele Rittermann ausführlich beschrieben.)

Vater Ernst erfand neben den Persönlichkeitstypen das Bildstreifendenken, eine Meditationsform, die mit der Traumarbeit der Senoi oder dem Katathymen Bilderleben Ähnlichkeit hat. Er war ein begeisterter Leser der Aufsätze Ericksons und hat sie alle gesammelt. Auf einer indirekten Ebene drückt sich dieses Wissen in dem Buch seines Sohnes aus. Wenn Macht und Moral mit der Position der letzten Instanz verbunden sind, sind sie für einen Menschen, der sich mit diesen Fragen nicht beschäftigt hat, oder aus welchen Gründen auch immer nicht beschäftigen konnte, nicht überprüfbar. Möglicherweise lebt er in einer Umgebung, in der er eine Angst vor irrealen bösen Mächten gelernt hat. Mit unserer Metapher gesprochen, produzieren seine Nichttrivialen Maschinen wenig Unterscheidungen. Sie sind etwas trübe, blind oder abgeschalten.

Mit solchen Menschen haben es die Personen, die der letzten Instanz nahe sind, leicht. Sie übernehmen die Verantwortung für alles, was Sinn hat. Das funktioniert deshalb so gut, weil nichts davon, aber auch gar nichts, kontrolliert werden kann.

Im Zeitalter der Aufklärung kam es dann zur Gewaltenteilung. Politische und ausführende Gewalt wurden von unterschiedlichen Kräften ausgeführt. In der Wissenschaft begann man die Beobachtung vom Experiment zu trennen. Man erfand die Position des externen Beobachters. Darüber nachzudenken, daß diese Position nun auch nur z.T. funktioniert, hat in diesem Buch wohl genügend stattgefunden. Wem das noch nicht genügt, der sollte bei den Quantenmechanikern und anderen Vertretern der modernen Physik nachlesen. Eine aufschlußreiche Schilderung über die machtorientierten Erbsensuppen in der deutschen Wirtschaft findet sich bei dem schon mehrfach erwähnten Bestsellerautor Günter Ogger. Jedenfalls wurde mit der Erfindung der empirischen Wissenschaft der Versuch unternommen, der Willkür der allwissenden Vertreter der letzten Instanz ein für alle mal Einhalt zu gebieten. Es scheint nicht zu funktionieren. Es wurde weiter gefoltert, gemordet, mißhandelt, vergewaltigt und die Natur ausgebeutet.

An dieser Stelle interessieren mich mehr die sanften Formen, wie sie sich in Reden und Schriften äußern. So kann man wohl mit Hypnose sehr mächtig sein. Die Worte von Menschen lösten Kreuzzüge und Weltbrände aus oder erlösten – im Falle Milton H. Ericksons – Menschen, bei denen die stärksten Schmerzmittel und klassische Hypnose keine Wirkung mehr zeigten, von ihren unerträglichen Schmerzen.

Was wäre aus den Worten und Taten des Jesus von Nazareth geworden ohne die Fähigkeit eines der wohl hervorragendsten Public Relations-Spezialisten jener Zeit, des Apostel Paulus, ein ehemaliger Folterer des römischen Heeres.

Später wußten die Mitglieder des Jesuitenordens die meditativen und hypnotischen Kunststücke, die sie von östlichen Weisen gelernt hatten, hochwirksam in ihre rhetorischen Schulungen einzubinden. Wer ist nicht alles bei ihnen zur Schule gegangen. Man sagt es von Fidel Castro, Goebbels und einer Reihe anderer Politiker und hochstehender Persönlichkeiten.

Eines der Hauptmerkmale von Reden und Artikeln, die den Abnehmer in eine Richtung lenken möchten, ist meines Erachtens der gehäufte Gebrauch von „bedeutungsvollen Wörtern", im NLP Nominalisierungen genannt. Diese Worthülsen kann man nun, besonders in Verbindung mit anderen hypnotischen Sprachmustern, nach Herzenslust drehen und wenden.

Zunächst ein Beispiel von einem Manipulationsversuch durch Sprache in einer österreichischen Tageszeitung (*Salzburger Nachrichten* 78, 3. April 1993): „Täglich nimmt das Fernsehen Kinderseelen zu Geiseln. Das geschieht durch Besetzen der Phantasie mit Gewalt, Mord, Brutalität. Öffentlich rechtliche Anstalten betreiben das noch etwas ethisch gebremst, Kommerzsender hingegen ohne erkennbare Skrupel. Das TV-Programm beweist dies täglich vielfach mit Reizwörtern von Horror über Thriller und ‚Reality' bis Sex. ... Gefragt ist also nicht der grenzenlose europäische Markt für mörderischen Schund, sondern das Einschreiten der europäischen Parlamente."

Dann ein kurzer Abschnitt aus einem Buch der Hare Krishna-Sekte: „Als Sukedava Gosvmi König Pariksit von den Spielen Sri Krsnas in Dvaraka erzählte, erklärte er ihm auch, wie Sri Krsna, die Höchste Persönlichkeit Gottes, durch Seine innere Energie in das materielle Universum herabsteigt und persönlich die Prinzipien vorlebt, durch die man, wenn man sie befolgt, das endgültige Ziel des Lebens erreichen kann. Die mehr als sechzehntausend Königinnen in Dvaraka stellten allesamt ihre weibliche Anmut in den transzendentalen Dienst des Herrn, indem sie Ihm zulächelten und Ihm dienten, und dem Herrn Seinerseits gefiel es, Sich in ihrer Gemeinschaft genau wie ein vollkommener Ehemann zu verhalten. Man muß sich vollkommen darüber bewußt sein, daß solche transzendentalen Spiele von niemandem außer Sri Krsna ausgeführt werden können. Sri Krsna ist die ursprüngliche Ursache der Schöpfung, Erhaltung und Vernichtung der gesamten kosmischen Manifestation. Jeder, der den Beschreibungen der Spiele Sri Krsnas in Dvaraka aufmerksam zuhört, und jeder, der einen Prediger der Bewegung für Krsna-Bewußtsein unterstützt, wird es sehr leicht finden, den Pfad der Befreiung zu beschreiten und den Nektar der Lotusfüße Sri Krsnas zu kosten. Und so wird er in Seinem hingebungsvollen Dienst beschäftigt werden."

Bedeutungsvolle Worte sind u.a.: Besetzung der Kinderseelen mit Gewalt, mörderischer Schund, materielles Universum, transzendentale Spiele, Erhaltung und Vernichtung der gesamten kosmischen Manifestation etc. Solche Worte erwecken den Anschein einer tiefen Wahrheit. In der hypnotherapeutischen Ausbildung nennen wir solche Worte „Gemeinplätze". Es sind hervorragende Trance-Induktionen. Sie funktionieren deshalb so gut, weil der Hörer diese Worte mit seinen eigenen Bedeutungen füllen kann. Und darin liegt wohl auch der wesentliche Unterschied zwischen heilsamer Hypnotherapie und religiösen, politischen und anderen Formen der Ausübung direkter und indirekter Macht. Bei der direkten und indirekten Machtausübung wird die Wahrheit in den Gott, bzw. seine Priester gelegt, bei der Hypnotherapie ericksonscher Orientierung in die Hände des Patienten. Bei der direkten und indirekten Machtausübung liegt das Wissen um die Wahrheit bei dem Mächtigen – das gilt meines Erachtens auch für eine Reihe ärztlich-hypnotischer und verhaltenstherapeutischer Verfahren, wie auch für die orthodoxe Form der Psychoanalyse. Es gilt dann, wenn

1. die zugrundeliegende Theorie oder Ideologie dem Therapeuten einseitig oder auch ungeklärt Macht- und Behandlungstechnik in die Hand gibt;
2. unklare Sprache – in diesem Fall bedeutungsvolle Worte – sowie andere Techniken durch den mächtigen Behandler so benutzt werden, daß der Klient wenig Wahlmöglichkeiten besitzt.

Bei der Ericksonschen Orientierung besteht ein Konsens darüber, auf welche Art der Klient sich auf einen Trancezustand einläßt. Der Therapeut weiß, daß seine bedeutungsvollen Worte lediglich leere Worthülsen sind, die der Klient auf seine Art so drehen kann, daß für ihn neue Wahlmöglichkeiten entstehen können. Der Klient kann ganz klar entscheiden, auf welche Trance-Induktionen er sich einläßt. Er lernt, welche ihm guttun. Der Therapeut hat die Verantwortung, darauf zu achten, daß der Prozeß im schnellsten und bestmöglichen Ausmaß vorangeht. Diese Entscheidung wird in jeder Mikrosekunde neu getroffen. Diese Prozedur ist nicht in Sprache zu fassen. Ich denke, es ist angewandte Ethik und angewandte Ästhetik.

Machtworte

Macht kann direkt und indirekt ausgeübt werden. Die Tötung eines Polizisten sowie eines RAF-Mitgliedes im Jahre 1993 in Bad Kleinen ist ebenso eine

Maßnahme direkter Macht, wie der Abwurf der Atombombe in Hiroshima, oder der direkte Eingriff in die Regelkreise der Natur. Direkte Macht ist, wie Maturana sagt, instruierende Interaktion und zerstört das autopoietische Prinzip einer lebendigen Organisation. Durch die Ausübung direkter Macht entstehen oft Chaos, Krieg, Verwirrung oder Tod. Das Fatale ist, daß viele Menschen zunächst meinen, es entstünde Ordnung. Das ist aber nur kurzfristig der Fall. Die Ohrfeige des Vaters verändert nur im Moment etwas. Langfristig führt sie zu Ergebnissen, die sich sehr stark von den Zielen des Vaters unterscheiden. Das wußte der Chinese Sun Tzu vor einigen tausend Jahren und rät in seiner Schrift über die Kunst des Krieges von der tatsächlichen Ausübung einer Kriegshandlung ab, weil sie in den meisten Fällen zu einem Bankrott führt. Er schlägt vor, einen Waffengang lediglich als allerletztes Mittel für eine Konfliktlösung einzusetzen. Der Preuße Clausewitz wußte das anscheinend nicht. Sein Schüler Steuben bildete das amerikanische Militär aus, und nun kann man rückblickend in diesem Jahrhundert verschiedene Auswirkungen dieser unterschiedlichen Sichtweisen beobachten.

Macht wird oft als teuflisch bezeichnet. Wenn ich mir den Vorgang der Machtausübung metaphorisch betrachte, gefällt mir das diabolische Prinzip. Zum Ursprung des Wortes gelange ich mit Hilfe eines speziellen Wörterbuchs und finde dort zum griechischen Wort „dia" die deutsche Bedeutung des „zer" oder des „Auseinander" ... Im Sinne meines Nachdenkens innerhalb dieses Buches kommt mir sofort der Gedanke, daß der geschlossene Kreis eines lebenden Systems auseinandergenommen werden soll. Die Mauern des Gartens des Hermes werden gesprengt. Es wird eingedrungen. Die operationale Geschlossenheit eines Systems wird zerstört. Auch die Zeit wird so definiert, daß es einen Anfang und ein Ende gibt, daß die Zeit nicht mehr kreisförmig ist, wie man es bei Naturvölkern – u.a. den Aborigines in Australien – oder auch in der modernen Physik, z.B. bei David Bohm im Gespräch mit Jiddu Krishnamurti, wiederfindet. Unter dem Wortstamm „bolis" finde ich die „Erdscholle". Also wird im ursprünglichen Sinn die Erde auseinandergenommen. „Mother Earth", Mutter Erde wird zerrissen. Dabei fallen mir sofort verschiedene Worte, u.a. indianische von Terry Tafoya ein. Auch das Zitat des Indianers Standig Luther Bear an anderer Stelle dieses Buches paßt meiner Meinung nach zu dieser Idee. Der weiße Mann dringt ein in Mutter Erde. Er zerreißt die Erde. In unserer Zeit geschieht das alles unter dem Deckmantel der Moral, unter dem Deckmantel vieler schöner Worte, um eigene diabolische Prinzipien zu rechtfertigen. In dieser Hinsicht handeln auch die Religionsverwalter großer Religionen recht diabolisch. Da wären wir aber schon bei dem Prinzip der Ausübung indirekter Macht. Vorher aber noch einige Worte zur sinnvollen Situation einer Anwendung von Macht.

Eine Frau kam zu mir in die Therapie. Sie berichtete, daß ihr Mann Alkoholiker sei, im Suff extrem gewalttätig würde. Sie berichtete, daß er sie dann schlägt. Nüchtern sei er sehr umgänglich, und sie wolle sich im Moment nicht von ihm trennen. Die Frau hatte Humor und ich hatte den Eindruck, daß sie auch zu ungewöhnlichen Handlungen bereit sei. Ich fragte sie, wie ihr größtes Messer in ihrer Küchenschublade aussähe. Sie rollte mit den Augen, wechselte mehrfach die Farbe und es war sichtbar, daß sie verschiedene innere Zustände durchlief. Ich versicherte ihr, daß mir in keiner Weise etwas daran läge, daß sie wegen Mordes ein Jahrzehnt hinter Gittern verbringen sollte. Ich brachte sie auf folgende Idee. Während ihr Mann seinen Rausch ausschläft, sollte sie sehr genau einen angemessenen Zeitpunkt abwarten, zu dem sie ihren Mann weckt. Vielleicht sanft, vielleicht weniger sanft, aber trotzdem vorsichtig, damit kein Unfall geschieht. Denn sie solle ihm dann dieses riesige Schlachtermesser – sie hatte keines, aber sie hatte eines im Auge, welches sie sich extra für diesen Zweck anschaffen wollte – spürbar an den Hals halten. Sie sollte ihm dann mit sehr klaren Worten zu verstehen geben, daß, wenn er sie noch einmal schlagen würde, er sich besser nicht schlafenlegen solle. Sie hatte großen Spaß und meinte, daß es gut sei, ihm diesen Satz sehr eindringlich und mehrfach zu sagen, und ihn dabei das Messer so richtig am Hals spüren zu lassen, so daß das Ganze langsam in sein noch etwas berauschtes Hirn eindringen würde. In der darauffolgenden Sitzung war der Mann bereit, zur Therapie mitzukommen. Manchmal ist es gut, Macht zu demonstrieren und Gewalt anzudrohen. In diesem Fall hat Macht neue Wahlmöglichkeiten geschaffen. Ein Beispiel, welches zur Klärung der Frage, wann etwas ethisch ist und wann moralisch, hoffentlich neue Fragen aufwirft.

Es gibt Menschen, die daran zweifeln, daß Worte heilen können oder gar Materie verändern. Jene 75jährige, die Krebs hatte und zu Erickson gebracht worden war, weil weder Medikamente noch klassische Hypnose halfen, sagte zu dem ungefähr zehn Jahre jüngeren Milton: „Sonny, do you really believe, that your words are stronger that all the chemical stuff in my body!?" Erickson wußte den Humor der alten Frau sofort zu utilisieren und provozierte sie mit der humorvollen Geschichte eines Tigers, der sich in jedem Moment auf sie stürzen könne, wenn er eine der Türen öffnen würde. Als hervorragender und überzeugender Erzähler wußte er tatsächlich seine Worte so zu gebrauchen, daß die Frau vor Schreck erstarrte und schmerzfrei war. Ihr diesen Tiger in Form eines mentalen Trainings mit ins Hospital zu geben, auch mit der Anweisung, den Schwestern zu sagen, sie hätte einen Tiger unter dem Bett, war dann recht einfach. Die NLP-Leute sprechen hier von Ankern. Erickson hat einfach seine Worte wirkungsvoll verwendet. Allerdings hat er sehr lange trainiert. Ich weiß, daß Worte Weltbrände auslösten, zu Kreuzzügen führten und zur Folterung und Verbrennung von Millionen Frauen und zur Vergasung vieler Juden und anderer Menschen. Im positiven Sinne funktionieren viele therapeutische Maßnahmen mit Worten. Im folgenden möchte ich einige Beispiele kommentieren, wie aus meiner Sicht professionelle Manipulatoren mit Sprache indirekt Macht ausüben. Die Nationalsozialisten werden immer wieder als die professionellsten Beeinflusser der neuen Zeit bezeichnet. Zunächst eine bekannte Rede von Goebbels:

Appell an die Nation. Rundfunkansprache um 1932 von Joseph Goebbels
„Männer und Frauen! Das deutsche Volk hat nun fünfzehn Jahre geopfert, gekämpft, gelitten und gedarbt, und dabei ist die Nation in dumpfes Schweigen versunken. Wir haben gewartet auf den Tag der Erlösung, und wir glaubten, der Himmel werde uns die Freiheit schenken. Wir lebten seit 1918 in unerfüllbaren Wunschgebilden und ließen uns allzugern und bereitwillig von den Heutigen von einer Enttäuschung in die andere führen, immer in der eitlen Hoffnung, es werde auf das dunkle Jetzt ein lichteres Morgen folgen. Das ist nun zu Ende. Die Nation steht auf, das Volk ist im Erwachen. Aus jahrzehntelanger Duldsamkeit erhebt sich ein neuer deutscher Lebenswille, eine junge Generation von kämpferischen Aktivisten rückt vor die Front der deutschen Politik und zwingt dem Gang der Dinge ihren Kurs auf. In Fabriken und Werkstätten, in Kontoren und Schreibstuben, hinter dem Pflug, der durch die braunen Ackerschollen geht, und tief unter der Erde in den dunklen Schächten, wo die Hämmer und Äxte das ewige Lied der Arbeit singen, steht heute ein neues, waches Geschlecht: das deutsche Arbeitertum der Stirne und Faust. Es hat aus der schmerzvollen Vergangenheit gelernt und will nun handeln. Die Nation ist sein Ziel, ein sozialistisches Deutschland, das seinen Kindern wieder Brot gibt und dem Volke die Ehre. Die Unwerte der liberalen Demokratie sind im Sinken, und über ihrem unausbleiblichen Sturz steigen die Werte einer neuen deutschen Aristokratie hoch. Der Adel der Arbeit und der Leistung hat sich in Marsch gesetzt auf den Staat. Es gibt nun kein Zurück mehr, nur noch ein Vorwärts. ... Wohlan denn: arbeitet, kämpft, opfert, leidet und duldet! Es handelt sich um Deutschland! Wenn Deutschland stirbt, dann geht das Licht der Welt aus."

Ein großer Teil der sprachlichen Machtausübung geschieht über bedeutungsvolle Worte. Der Zuhörer fühlt sich angesprochen. Aus seiner Sicht sagt Goebbels die „Wahrheit". Goebbels erzeugt Spannung durch seinen Umgang mit der Zeit. Er bringt den Zuhörer dazu, eine Entscheidung zum Handeln zu treffen.

Nominalisierungen, Metaphern und bedeutungsvolle Worte: Himmel, Freiheit, Erlösung, Hoffnung, Enttäuschung, Erwachen, Nation, Volk, das deutsche Volk, Duldsamkeit, Lebenswille, Unwerte der Demokratie.

Generalisierungen: Wir, (sehr oft) immer.

Tilgungen: Es werde, es hat gelernt, es gibt kein Zurück, es gilt.

Spannung erzeugen, Zeit lassen und aushalten versus Entscheidung zum Handeln: Über 15 Jahre geopfert, gekämpft, gelitten und gedarbt. Die Nation steht auf, das Volk ist im Erwachen. Aus jahrzehntelanger Duldsamkeit erhebt sich Enttäuschung. Ist zu Ende. In der Vergangenheit. Oft die Stunde verpaßt.

Auditive, bedeutungsvolle Worte: Dumpfes Schweigen, Lied der Arbeit singen.

Visuelle, bedeutungsvolle Wort: In Wunschgebilden leben, durch die braunen Ackerschollen, in den dunklen Schächten, das dunkle Jetzt, das lichtere Morgen.

Kinästhetische, bedeutungsvolle Worte: Arbeitertum der Stirne und Faust, schmerz-und leidvolle Vergangenheit, Adel der Arbeit, sich in Marsch gesetzt.

Gustative, bedeutungsvolle Worte: Seinen Kindern wieder Brot geben und dem Volk Ehre.

Anweisungen: Wohlan denn: arbeitet, kämpft, opfert, leidet und duldet!

Aufruf zum Kreuzzug – Papst Urban II. – Konzil zu Clermont, 1095
„Die Lehre Jesu Christi, welche das Abendland in ursprünglicher Reinheit bewahrt, ist auch jahrhundertelang in Asien frei verkündet und bekannt geworden. Zwar hat das gerechte Bestreben, jede falsche Ansicht und Deutung zu vertilgen, uns bisweilen in Zwiespalt erscheinen lassen mit den Bewohnern jener Länder; allein wir haben sie stets geachtet und nie vergessen, daß wir alle Brüder eines Hauses, Kinder eines Vaters sind. Soll ich stets wiederholen, was jeder weiß? Wie jene über das Heidentum gewonnenen Länder den Christen wieder entrissen und eine Beute der Ungläubigen sind? Wer kann es hören ohne Jammer? – und doch gibt es einen Schmerz, der noch tiefer, ein Unglück, das noch größer ist: denn auch Palästina und Jerusalem sind in den Händen der Feinde!

Es gehen die Worte der Schrift in Erfüllung: wo auch nur zwei oder drei versammelt sind in meinem Namen, werde ich mitten unter ihnen sein; denn nur des Herrn Einwirkung machte es möglich, daß der gleiche Eifer sich erzeugte in euch allen und das gleiche Wort ausgesprochen wurde von jedem einzelnen. So möge dies Wort euer Feldgeschrei sein in jeder Gefahr, welche ihr übernehmt für die Lehre Christi, das Kreuz aber euer Zeichen zur Kraft und Demut. Des Apostolischen Stuhles Fluch soll jeden treffen, der sich unterfängt, das heiligste Unternehmen zu hindern, sein Beistand dagegen im Namen des Herrn eure Bahn ebnen und euch geleiten auf allen Wegen!"

Nominalisierungen, Metaphern und bedeutungsvolle Worte: Die Lehre Jesu Christi, Reinheit, gerechtes Bestreben, falsche Ansicht, Zwiespalt, Unglück,

Schmerz, Feinde des Teufels, Lehre, Erlöser unseres Geschlechts, in den Händen der Feinde.

Generalisierungen und bedeutungsvolle Worte: Wir alle sind Brüder, hören ohne Jammer, in euch allen.

Auditive Worte: Frei verkünden, hören ohne Jammer, im Namen des Herrn, Feldgeschrei, Worte der Schrift, ausgesprochen.

Visuelle Worte: In Zwiespalt erscheinen lassen.

Kinästhetische Worte: Schmerz entrissen.

Glaube mit Weitwinkel – Reinhold Stecher, Bischof von Innsbruck

„Zugegeben, es ist nicht leicht, mitten in einer Zeit, die sich in Tragödien überschlägt, so etwas wie Aufbrüche der Menschheit zu orten. Aber es gibt sie. So wie ein Golfstrom alle Winterstürme und Orkanwogen des Atlantik übersteht, und dann doch ganze Küstenstriche wohnlicher macht, so gibt es hie und da auch positive Entwicklungen des menschlichen Bewußtseins, die leise und untergründig durch die Epochen wandern, fallweise durch schwere Katastrophen hindurch, und sich dann doch ausbreiten und ein wärmeres menschlicheres Klima bewirken. Und wenn ich nun so die Einstellungen, Prägungen und Mentalitäten betrachte, mit denen ich aufgewachsen und ins Erwachsenenalter eingetreten bin, und das alles mit dem Lebensgefühl, Sinnen und Trachten von heute vergleiche, dann wage ich trotz allem Wenn und Aber den Satz: Unsere heutige Welt hat einen Zug ins Weite.

Die Breitleinwände und Weitwinkelkameras, die großen Panoramafenster, die ungehemmt den Blick in die Landschaft öffnen, die Satellitenaufnahmen von Kontinenten und Wolkenwirbeln über Weltmeeren, die phantastischen Tiefblicke neuester Teleskope in die Abgründe des Universums, die kreisenden Weltraumantennen, die die Signale fernster Energien aufnehmen – das alles sind nur technische Symbole dieser Reise des menschlichen Geistes in größere Horizonte.

Neue Weite in Wissen und Weltsicht: Es gibt eine neue Weite in Wissen und Weltsicht. Man spürt sie vom Kinderbuch bis zum Forschungsprogramm auf der Universität. Sie wandert durch Bildungswerke und Kunstausstellungen, sie beherrscht Büchermessen und die imponierenden Computerzentren der Wissenschaft. Diese Rundfahrt des Geistes geht hinein in bislang unbekannte Tiefen der Menschenseele und in die Geheimnisse der Bausteine des Lebens, sie greift in Welten hinaus, die viele Lichtjahrmilliarden von uns entfernt sind, daß sie schon vergangen sind, wenn ihr Licht uns erreicht.

Und es gibt eine neue Weite in den menschlichen Begegnungen. Wir waren noch froh, wenn wir an Gymnasien ein paar Brocken Schulenglisch stottern konnten – heute kehren die 12jährigen vom Sprachurlaub in Frankreich zurück. Wir sind zu Gast in aller Welt, und alle Welt ist zu Gast bei uns. Täglich treffen wir auf Menschen anderer Sprache, anderer Herkunft, anderer Kultur und anderer Religion. Städtefreundschaften überbrücken Kontinente. Das Wort „hinterwäldlerisch" hat bei uns kaum noch irgendeinen Sinn. Die abgeschlossenen Idyllen sind verschwunden. Gewiß – das alles kann auch viel Schwierigkeiten und Verunsicherungen bringen, und Gefahren für die Wahrung der eigenen Identität – aber es hat auch ein neues Verstehen gebracht, eine Bereitschaft zur Toleranz, und was einst fremd und unheimlich war, ist nun näher gerückt ...

Die neue Weite der Kommunikation: Unübersehbar und unüberhörbar ist die Ausweitung des Kommunikationsnetzes. Kontakt mit anderen Ländern ist eine Frage von Sekunden. Die Nachrichten umkreisen die Erde immer schneller. Wir haben Blickkontakt mit Washington, Rio und Hongkong. Wir erleben uns heute mit allen Verknüpfungen global, im Guten wie im Schlechten."

Die Schrift des Bischofs von Innsbruck ist ein hervorragendes Beispiel für den präzisen Einsatz von Trancesprache, bedeutungsvollen Worten in Verbindung mit den fünf Sinnen. Bischof Stecher braucht weiß Gott kein NLP mehr lernen.

Lobby, Ethik und Moral

Menschen, die in macht- oder in regelorientierten Systemen aufwuchsen, müssen zwangsläufig lernen, ihr Handeln an zwei Zielen auszurichten: Ein äußeres offizielles Ziel und ein inneres persönliches. Das offizielle Ziel orientiert sich an den Werten, Normen und Erwartungen des jeweiligen umgebenden gesellschaftlichen Systems, das persönliche Ziel orientiert sich an der autopoietischen Organisation der Person selbst, also an ihren ganz persönlichen Bedürfnissen. Dieses zweite Ziel ist meist stark verkümmert, wird nicht wahrgenommen, ist unbewußt und bei manchen psychisch und/oder somatisch beeinträchtigten Menschen auf einen Wert reduziert, der nahe bei Null liegt. Das alles wurde mehrfach erwähnt und ist eine der Grundlagen des Buches. Weiterhin habe ich bei meinem Nachdenken den sexuellen oder eine andere Form des Mißbrauchs als Beispiel für unangemessene Ausübung von Macht strapaziert. Denken wir in diesem Zusammenhang noch einmal an den in den USA nicht seltenen Fall eines Familienvaters, der, die Normen einer mittelständischen puritanischen Familie lebend, erst dann seine bi-sexuellen Neigungen zugibt, als bei einer Untersuchung klar wird, daß sein fünfjähriger Sohn an Aids erkrankt ist. In so einem Fall wird das äußere Ziel durch die Religion, die

Moral der Gesellschaft und ihre Erwartungen bestimmt, das innere Ziel durch seine starken sexuellen Bedürfnisse.

Wie läßt sich so ein Muster auf eine Gruppe von Menschen übertragen? Ich denke, daß die Prozedur bei Interessengruppen innerhalb eines gesellschaftlichen Systems ganz ähnlich funktioniert. So kann eine Gruppe von Menschen einerseits mit bestimmten Untersuchungsergebnissen und wissenschaftlichen Gutachten und anderen Wahrheiten argumentieren, die mächtig Eindruck machen. Funktionäre und Lobbyisten helfen, um die Interessen der Gruppe durchzusetzen. Wie genau die Ergebnisse empirisch abgesichert sind, spielt im Endeffekt keine Rolle. Was zählt, ist die Art der Darstellung und die Lobby. Wenn man irgend etwas lange genug behauptet, ist es irgendwann einmal wahr. Das alleinige Ziel ist, „auf Teufel komm raus" die Gruppe am Leben zu erhalten, egal ob das für das Gesellschaftssystem gut ist oder nicht. In diesem Fall kommt es weder auf Ethik noch auf Moral an. Die Seite der Moral würde durch das Wohlergehen der gesamten Gesellschaft bestimmt werden. Sie wird in dem Moment unwichtig, indem Gefahr besteht, daß die Gruppe auf ihre Bedürfnisse verzichten sollte, ganz ähnlich, wie der puritanische Familienvater nicht auf seine heimlichen Bedürfnisse verzichten mag oder kann oder ein Alkoholiker auf seinen Schnaps. Für die Teilgruppe des Gesamtsystems zählt also nur die Moral der „ingroup", ähnlich wie bei den Gangbankings in Los Angeles die Moral der einzelnen Gang von Wert ist (Kody 1994). Die Normen der Gesellschaft sind unwichtig. Und ethisches Handeln? Ethisches Handeln wird deshalb verunmöglicht, weil sich die Gruppe wie ein Krebsgeschwür ausbreiten möchte. Nur ihre Gesetze sollen gelten. Es gibt keine rekursive Rückkopplung mit dem Gesamtsystem. Die Wahlmöglichkeiten für das „Krebsgeschwür" wachsen; für die Gesellschaft werden sie geringer. Für diese jedoch steigen die Kosten, während die andere Seite Gewinn erzielt.

Um diese Prozedur etwas greifbarer werden zu lassen, möchte ich zunächst einige Statements aus dem psychosozialen Bereich anführen und zwar Feststellungen bezüglich der orthodoxen psychoanalytischen Therapie. Ich könnte natürlich jedes andere Verfahren wie Verhaltenstherapie oder Bachblütentherapie für die Darstellung benutzen. Das wäre in begrenztem Maße möglich. Die Bachblütentherapeuten haben allerdings keine große Lobby. Bei den Verhaltenstherapeuten sähe das schon anders aus. Die psychoanalytische Therapie ist meines Erachtens für diese Beschreibung deshalb so gut geeignet, weil sie beispielsweise im Gegensatz zur Gesprächspsychotherapie weniger präzise oder fast gar nicht empirisch-wissenschaftlich untersucht werden konnte – u.a. ist sie nicht konstrukt-valide –, vor allem aber, weil sich bei diesem Verfahren eine mächtige Lobby im Hintergrund befindet.

1. Die Kosten für eine psychoanalytisch orientierte Psychotherapie werden von den Krankenkassen übernommen.

2. Psychoanalytische Therapie ist für Patienten mit hoher Ich-Stärke geeignet, mit geringer Ich-Stärke dagegen nicht. (Das ist eine Aussage, die aus der Psychoanalyse selbst kommt. Jeder erfahrene und verantwortungsvolle Analytiker wird sich seine Patienten nach diesem Kriterium aussuchen. Zusätzlich sollte der Patient noch über gute verbale Fähigkeiten und ein angemessenes Intelligenzniveau verfügen.)

3. Psychiatrische Patienten haben wenig Ich-Stärke.

4. Ärzte in der Psychiatrie lernen während ihrer Zeit als Assistenzarzt hauptsächlich psychoanalytisch ausgerichtete Verfahren. Die Ausbildungsrichtlinien sind stark daraufhin ausgerichtet.

5. Eine solche Therapie dauerte früher 700 Stunden, dann 300, dann 150 und jetzt rechnet man wohl zwischen 70 und 150 Stunden.

6. Strategische und systemische Therapieformen wurden von Therapeuten entwickelt, die sich ganz besonders mit Symptomen beschäftigt haben, die man in der Psychiatrie vorfindet: also mit Psychosen, Schizophrenie, Anorexie, Alkoholismus, etc.

7. Diese Verfahren haben ihren Erfolg als Kurztherapien bewiesen. Sie dauern zwischen 4 und maximal 20 Sitzungen. In einer Nachuntersuchung nach einigen Jahren konnte man die Stabilität der Maßnahme feststellen.

Aus den Feststellungen entstehen in mir die folgenden Fragen:

☐ Lernt der Arzt eine psychoanalytische Therapie, um hinterher als Facharzt Geld zu scheffeln, oder weiß er zu wenig über empirisch-wissenschaftlich Forschung?

☐ Ist die Lobby der ärztlichen Funktionäre stärker als die Lobby der armen Opfer, die eigentlich Hilfe bräuchten?

☐ Ist die Psychoanalyse ein Ersatz für Religion und andere Werte, vielleicht für viele Ärzte ein Ventil, um dem mechanistischen Weltbild der Schulmedizin zu entfliehen?

Weitere Statements zu dem Thema:

8. Es gibt Autoren, die sprechen von der Psychoanalyse als der Geisteskrankheit, die sie zu behandeln vorgibt.

9. Ernest Bornemann sagt (1992, 195), sein Buch über sexuelle Marktwirtschaft beruhe auf zwei als gescheitert geltenden Weltanschauungen: dem Sozialismus und der Psychoanalyse.

10. Der ehemalige Verwalter der Archive Sigmund Freuds betrachtet die Psychoanalyse mittlerweile als ein derartig gefährliches Instrument, so daß man sie verbieten müsse (Masson 1986).

Wenn ich über diese Feststellungen nachdenke, entstehen in meinem Kopf zahlreiche Ungereimtheiten. Es bilden sich Fragen, zu denen ich die Antwort noch nicht kenne. Manchmal kann das ja gut sein. Aber in diesem Fall bekomme ich Magenschmerzen.

In seinem Buch „Zahlenbild" beschreibt der amerikanische Mathematiker Paulos (1990, 109) auf sehr einfache und eindrucksvolle Weise die große Gefahr, die aus mathematischem Analphabetismus und den daraus entstehenden Schlußfolgerungen erwachsen kann. Zur Pseudowissenschaft äußert er sich folgendermaßen:

„Betrachten wir einmal die Aussage: ‚Was auch immer Gottes Wille ist, es wird geschehen.' Manche Leute mögen darin religiösen Trost finden, klar ist aber, daß die Aussage nicht widerlegt werden kann und somit, wie der englische Philosoph Karl Popper dargelegt hat, für die Wissenschaft nicht relevant ist. ‚Wenn ein Flugzeug abstürzt, folgen immer kurz darauf zwei weitere Abstürze.' Auch diesen Satz hört man oft, und wenn man natürlich lange genug wartet, passiert alles dreifach.

Popper hat die Freudsche Theorie wegen ihrer Behauptungen und Vorhersagen kritisiert, die – auch wenn sie vielleicht in der einen oder anderen Art tröstlich oder suggestiv wirken – wie die oben zitierten Aussagen weitgehend unwiderlegbar sind. Zum Beispiel: Ein orthodoxer Psychoanalytiker sagt eine bestimmte Art neurotischen Verhaltens voraus. Wenn der Patient nicht in der vorhersagbaren Weise reagiert, sondern gänzlich anders, kann der Analytiker dieses gegensätzliche Verhalten auf eine ‚Reaktionsentwicklung' zurückführen. Ähnlich ist es, wenn ein Marxist vorhersagt, das die ‚herrschende Klasse' ausbeuterisch handeln wird; wenn dann etwas völlig Entgegengesetztes geschieht, kann er dies als einen Versuch der herrschenden Klasse bewerten, mit der ‚Arbeiterklasse' zusammenzuarbeiten. Es scheint immer Sonderklauseln zu geben, die für alles, was nicht ins Schema paßt, herhalten müssen" (Paulos 1990).

Man kann immer wieder von dem einen oder anderen Langzeittherapeuten lesen, daß eine Therapie um so länger dauern muß, je schwerer das Problem ist. Ich kann diese Aussage nicht teilen. Wenn Psychiater mittlerweile einen Unterschied machen zwischen Patienten, die noch behandelt werden und solchen, die in Heimen untergebracht werden, weil sie angeblich nicht mehr zu behandeln sind, dann kommt mir die orthodoxe Freudianische Psychoanalyse wie eine mentale Heimbehandlung vor. Orthodoxe Langzeittherapeuten erwecken bei mir das Bild

444

von mentalen Heimleitern, denen nichts mehr einfällt. Sie bewahren das Problem. Es soll hier allerdings nicht der Eindruck entstehen, daß ich diese Therapeuten grundsätzlich verteufeln will. Habe ich doch selbst mit einem Patienten sehr lange gearbeitet, der sich zu keiner Veränderung entscheiden mochte. Mir fiel nichts mehr ein. Vielleicht wäre Gunter Schmid, M.H. Erickson, Peter Müller, Jay Haley oder irgendeiner Frau auf der Straße mehr eingefallen als mir.

Was ich verwerflich finde, ist der unreflektierte Herdentrieb, der sich bei manchem Forscher auch in der Gaußschen Normalverteilung äußert. Ich denke, es ist sehr gefährlich, wenn man sagt, daß eine Psychotherapie grundsätzlich 25 Minuten dauert oder 200 Stunden. Menschen sind keine Trivialen Maschinen.

Das zweite Beispiel, welches ich kurz zusammenfassend anführen möchte, ist den meisten medienbewußten Bürgern unter dem Namen „Bad Kleinen" geläufig. Auch an Hand dieses Beispiels kann man lernen, das Wechselspiel zwischen Ethik, Machtorientiertheit und Moral- bzw. Regelorientiertheit zu erkennen. Ich würde mehrere Überschriften wählen, um der Prozedur einen Namen zu geben. Meine Schlaglichter sind: Vertuschen, verschweigen, ablenken, die eigene Haut retten. Aktenkundige Tatsachen finde ich in den Journalen „*Focus*", „*Stern*" ebenso wie in der „*Schwäbischen Zeitung*":

☐ Die Zeugenaussage einer Kioskbeschäftigten, wonach ein GSG9-Beamter auf den am Boden liegenden Grams geschossen haben soll, blieb bei der Tatortarbeit unberücksichtigt.

☐ Die Spurensuche verlief am Einsatzort oberflächlich. Noch Tage später fanden Unbeteiligte Hülsen und Geschoßteile.

☐ Eine Videodokumentation des Tatortes war nicht vorgesehen. Private Videoaufnahmen eines GSG9-Beamten wurden zu spät an die Verantwortlichen weitergeleitet.

☐ Bei der Unterrichtung des Parlaments wurden unvollständige und zum Teil unzutreffende Informationen verbreitet.

☐ Die Hände und das Gesicht von Grams wurden vor der Obduktion gesäubert, ohne Blutspuren und Anhaftungen sicherzustellen.

Interessant zu beobachten ist, wie in einem Staat, der jahrhundertelang durch Moral, Gesetze und Regeln geprägt wurde, in einer Extremsituation plötzlich die verantwortlichen Personen die wichtigsten Grundregeln außer acht lassen, für die sie ausgebildet wurden und die angestellt oder gar beamtet sind. Aber der Leser mag selbst entscheiden, wo er äußere und innere Ziele sieht, was an diesen Beispielen nun moralisch, ethisch, wissenschaftlich ist, oder was sich als reiner Kampf ums Überleben darstellt. Ich denke, daß es auf das Prinzip ankommt. Hat man es einmal erkannt, wird man es in vielen Lebensbereichen wiederfinden. Z.B. konnte ich in Günter Oggers Bestseller über Führungskräfte ein reichhaltiges Spektrum an Beschreibungen für meine persönlichen Trockenübungen wiederfinden. Selbstverständlich bietet das persönliche Arbeitsumfeld, bieten die Medien, die Presse, Spielfilme etc. weit mehr.

Metaphysik

Ethik hat zwei Schwestern: Das Dialogische Prinzip und die Metaphysik, die Lehre von den letzten, nicht mehr erfahrbaren Dingen. (v. Foerster 1990).

Paradoxien sind nicht mit logischen Prinzipien zu erklären. Psychische Probleme sind nicht logisch. Wenn sie logisch wären, könnten sie leicht gelöst werden. Warum soll ich also gute Logik für unlogische Probleme verschwenden. Ich denke, es ist gut, Respekt zu lernen; vor dem Unbewußten, wie Erickson sagt – Respekt vor der Natur und keine Angst zu lernen, wie bei Sigmund Freud, der das Es durch das Ich ersetzen wollte; Achtung und Liebe vor der Natur, wie die Indianer sagen. Luther Standing Bear, ein Ogalala-Sioux-Häuptling sagte einmal:

„Wir betrachten die großen, weiten Ebenen, die schönen Gebirgsketten und die sich windenden Ströme nicht als ‚wild‘. Nur für den weißen Mann war die Natur eine Wildnis, und nur für ihn war das Land von wilden Tieren und primitiven Menschen verseucht. Für uns war es zahm. Die Erde war großzügig, und wir waren von den Segnungen des Großen Geheimnisses umgeben" (zit. n. Keen 1985, 267).

Das Zusammenspiel von starkem Wind und den Wellen des Meeres kann ich nicht mit Logik erklären. Weder kann ich das Meer beherrschen, noch kann ich es mir untertan machen. Ich weiß, daß, wer gegen das Meer kämpft, verlieren wird. Dieser Gedanke hat etwas mit Respekt und Demut zu tun. Das hat nichts mit Unterwürfigkeit zu tun, sondern eher mit Akzeptanz und Achtung und Kongruenz. Mit dieser Weisheit macht es einen Riesenspaß zu surfen, vom Meer zu lernen oder besser von mir selbst. Auch bei einer Windstärke von 9 Beaufort. Dabei kann ich im TAO sein. Hier greift der Satz: DAS TAO, DAS MAN AUSSPRECHEN KANN, IST NICHT DAS WAHRE TAO. Die Juden sagen, daß man JAHWE nicht aussprechen soll. Für mich fällt an diesem Punkt im Sprachlos-Metaphysischen viel zusammen: Gute psychotherapeutische Arbeit, Umgang mit Energien und dem sogenannten Widerstand, taoistische und tantrische Sexualität, die Kunst des Kämpfens wie sie von Graf Dürckheim oder Sun Tzu beschrieben wird, die Erfahrungen, die mir von Spitzensportlern geschildert wurden (Wippich 1995), verschiedenste Ebenen des Lehrens und Lernens. Wenn ich also das Meer und den Wind respektiere, kann ich besser darin surfen, als wenn ich dagegen ankämpfe. Das ist jedenfalls meine Erfahrung. In diesem Fall hätte ich mich, ganz im Sinn von Heinz von Foerster, mit einer der Schwestern der Ethik liiert. Die Dame heißt Frau

Metaphysis. Das geschieht immer dann, wenn man Verantwortung für eine Entscheidung über eine im Prinzip unentscheidbare Frage übernimmt.

Diese Entscheidung hat zu tun mit dem Prinzip der Akzeptanz von Carl Rogers. Da es keinen Nürnberger Trichter gibt und instruierende Interaktion nicht möglich ist, kann ich für die Entscheidung eines anderen Menschen, sich beispielsweise krank oder gesund zu zeigen, keine Verantwortung übernehmen. Die Entscheidung hat zu tun mit dem Respekt vor dem Unbewußten, die bei Milton H. Erickson so klar zum Ausdruck kommt, der aber andererseits auch in der Lage war, ganz klar Verantwortung für seine Patienten zu übernehmen (vgl. in: Rosen 1985).

Hat jemand ein System klar definiert, kann ich keine persönlichen Entscheidungen mehr treffen. Daß die Zahl:

344520488434523452094859251252476123412351345135124523 45 634526234562,3157

nicht durch zwei teilbar ist, ist klar. Man sieht es mit einem Blick. Das logische System Mathematik ist klar definiert. Herauszufinden, ob sie durch 3 oder sonstwas teilbar ist, ist nicht so schnell festzustellen, wird aber auch nach einiger Zeit gelingen. Man braucht ja nur auf die klar definierten Rechenregeln zurückgreifen. Heutzutage sind sie ja ohnehin in einem Computer oder Taschenrechner programmiert, und ich brauche sie nicht mehr im Kopf zu haben. Ich brauche so eine Frage also nicht entscheiden. Allerdings muß ich mich auf die Regeln einlassen.

Wenn ich bei Windstärke 8 am Strand stehe und die Wellen beobachte, die zwar in Sets hereinkommen, aber doch auf eine Art und Weise, daß jede anders ist, dann muß ich die Entscheidung, wie ich mich darin bewegen werde, selbst übernehmen. Ich bin im TAO. Ich kann jetzt darüber schreiben. Jetzt bin ich im TAO des Schreibens. Das ist etwas ganz anderes, als die klare Entscheidung zu treffen, sich auf die Wellen einzulassen oder auf das provokative Spiel mit einem verrückten Patienten. Es gibt kein logisches System für Brandungswellen. Die Wellen kommen in Sets und in einem bestimmten Rhythmus, aber jede ist anders. Ich selbst bin verantwortlich für jeden Atemzug, jede Wahrnehmung und Bewegung. Wenn ich surfe, surfe ich. Wenn ich mit Klienten spreche, spreche ich mit Klienten. Wenn ich über Windsurfen schreibe, schreibe ich. Wenn ich über NKS nachdenke, dann denke ich darüber nach. In diesem Realitätsbereich macht es mir Spaß, Vorgänge zu erklären. Beim Windsurfen gibt es nichts zu erklären. Es macht Spaß zu surfen und das Meer zu respektieren. Es macht Spaß, mit Metaphysis Liebe zu machen. Ohne „Wenn" und „Aber".

Das Prinzip des Dialogs

„Ich bin, aber ich habe mich nicht. Deshalb werden wir erst." Mit diesen Sätzen beginnt der Philosoph Ernst Bloch seine Tübinger Einleitung in die Tübinger Philosophie. Wenn wir Sprache verwenden, sind wir Menschen. Menschliche Kommunikation ohne den konnotativen Anteil der Sprache ist nicht möglich. Menschen können mit der Sprache über ihre Sprache nachdenken. Erst dann ist es Sprache. In der beschriebenen Übung „Shivas Dance" können zwei Menschen erleben, wie sich ohne Worte Wahlmöglichkeiten erweitern. Auch die Kommunikation einer Mutter mit ihrem Kind ist in den ersten Tagen des Lebens wortlos. Es gibt wohl kaum eine intensivere wortlose Kommunikation als die zwischen einer Mutter und ihrem Kind. Jedenfalls dann, wenn sie das Kind mit all ihren fünf Sinnen annimmt.

Wenn sich zwei Personen in einem autopoietischen Raum in einem Dialog befinden, schaffen sie sich eine ganz persönliche Realität. Dieser Dialog schafft einen Lebensraum. Er kann wortlos sein, wie in der Übung Shivas Dance. Sie sind miteinander in Kommunion. Sie definieren, welche Botschaften sie voneinander verstehen. Damit selektieren sie die Bereiche, in denen sie leben wollen. Jedenfalls für diesen kurzen Zeitraum des Lebens.

„Ah ja, das sehe und fühle ich auch."

„Ah ja, das höre und fühle ich auch."

Es werden die Wahlmöglichkeiten geschaffen, mit denen sich leben läßt. Verstehen heißt in diesem Sinne, Worte und Gesten zu verwenden und kinästhetisch oder mit Körpersignalen bzw. Empfindungen zu prüfen, ob sie innerhalb dieses konsensuellen Bereiches strukturell gekoppelt werden können. Ich glaube, das ist es, was Maturana mit Liebe meint, ohne die innerhalb eines sozialen Bereichs kein Leben möglich ist.

Historische Schritte der Selbstorganisation

Wenn ich *Ayla und der Clan des Bären*, oder andere Geschichten aus der Urzeit lese oder mich mit den Walen, den Gorillas und anderen hohen Lebewesen beschäftige, bekomme ich den Eindruck, daß sie in einer gut funktionierenden kybernetischen Gesellschaft leben. Alles steuert sich gegenseitig, ohne daß es ständig hinterfragt werden muß, und es funktioniert über Jahrhunderte hinweg ganz einwandfrei.

Naturgewalten erzeugen Angst oder neugierige Erregung. Wer mit Tieren aufwächst, lernt, sich über die dabei entstehenden Vorgänge zu amüsieren. Nicht ohne Grund unterscheidet Erickson zwischen Menschen, die ihre ersten Entwicklungsjahre auf dem Land verbringen konnten, und solchen, die in einer Metropole wie New York City aufwachsen mußten. Ich erinnere mich daran, wie ein junger Kater zum erstenmal Schnee sah und neugierig mit der Pfote damit spielte, bis er aus Versehen das Dach vor der Mansarde herunterschlitterte. Ich erinnere mich daran, wie unser großer Schäferhund bei Gewitter unter das Bett kroch.

Ich denke, daß auch Menschen in der Urzeit in Zustände von Angst oder Erregung gerieten, wenn starke Naturgewalten, wie beispielsweise ein Gewitter auftraten. Vielleicht wurde in so einem gut funktionierenden System einer zu dem Baum vorgeschickt, wo der Blitz eingeschlagen hatte. Oder einer war einfach neugierig und wagte sich näher und spielte mit dem brennenden Ast. Er war dann der „Beherrscher des Feuers". Vielleicht wurde er in dem Moment, in dem sich immer mehr Sprache entwickelte, derjenige, der die Angst vor den externalen Mächten wegnehmen konnte. Er wurde zu demjenigen, der den Göttern nahe ist. Man brauchte dann keine Angst mehr zu haben. Es war jemand da, der die Angst wegnahm. Nun gab es jemand, der Gott nahe war. Er nahm einem die Verantwortung ab. Nun war vieles leichter.

Ich denke, daß bei Naturvölkern dieser Vorgang nach wie vor in die Kybernetik des Stammes eingebunden ist. Deffarge und Troeller (1984) berichten, wie bei Naturvölkern am Amazonas in dem Maß Krankheit, Alkoholismus und Prostitution, Abwertung der Frau und Natur beginnen, in dem äußere Einflüsse in Form von missionarischem Eifer westlicher Kirchen einsetzen. Das geschah vor der Zeit der Brandrodungen und Goldsuche. Ich möchte damit ausdrücken, daß ich denke, daß externale Kontrollvariablen in Form von Geboten, Verboten und anderen moralischen Vorschriften und Regeln die kybernetische Selbstorganisation eines gut funktionierenden Systems stören oder gar zerstören können. Bei Naturvölkern kann diese Abgabe der Verantwortung an einen Schamanen geschehen.

Ein Beispiel für die Weisheit der nordamerikanischen Indianer ist die Idee, in einer Meditation das Wild zu fragen, ob man es jagen darf. Es ist klar, daß man im Sinne des Konstruktivismus sich selbst fragt, und damit auch die gesamte Welt einbezieht. Denn alles, was zur Lösung des Problems notwendig ist, ist in der Person.

Die pathologische Abspaltung geht wohl mit Heinz von Foersters Schritt „To be APART from the world" einher. Ich denke, sie geschieht in dem Moment, in dem sich jemand aus dem Stamm mächtig macht. Noch heute ist eine hochwirksame Methode der Machtausübung das Prinzip der Verunsicherung mit subtilen, am besten nichtverbalen Methoden, um anschließend sich selbst als Heiler oder Helfer anzubieten. Es ist, als ob man jemand auf den Baum der Erkenntnis klettern läßt, zunächst einmal die Leiter wegzieht, um ihm dann auf der anderen Seite eine „bessere" anzubieten. So sagt der geistige Führer: „Hab keine Angst vor dem Donnergott. Ich rede mit ihm. Ich bin ihm nahe." Damit ist er mächtig. Es scheint ein kybernetisches Grundprinzip denkender und mit Sprache ausgestatteter Bio-Organismen zu sein. Es geht nur mit Sprache, denn ohne Sprache könnte der Mächtige nicht über die Worte der Gebote und moralischen Vorschriften sprechen. Aus diesen Vorschriften entwickelten sich später immer kompliziertere Religionsverwaltungssysteme, mit Priestern, die Werte des Systems gleichermaßen verkündeten oder kontrollierten. Sie wußten, was gut und böse ist.

Irgendwann, ich glaube es war im Zeitalter der Aufklärung, hatten die Menschen von der Mächtigkeit und Willkür dieser Kontrolleure die Nase voll. Sie befriedigten weiterhin ihre aufregende Neugier, überwanden den Herdentrieb und nutzten Sprache, um dies und jenes zu hinterfragen. Dabei halfen die OBJEKTIVE des Fernrohrs und Mikroskops gleichermaßen, um sich buchstäblich mit dem Prinzip der OBJEKTIVITÄT die Welt zu erklären. Der Vorgang der Abspaltung hatte begonnen. Und hier beginnt für mich ein ganz wichtiger Denk- und Erklärungsschritt. Ich glaube nämlich, daß sich von der Qualität her in den fünfhundert Jahren gar nicht soviel geändert hat. Jedenfalls hinsichtlich der externen Kontrollvariablen und der internalen Entscheidungsvariablen glaube ich, daß die in Ruanda lebenden Gorillas weiter sind als der weiße Mann.

Mit seiner Wissenschaft hat er lediglich den transzendenten Gott oder die transzendenten Götter mit der Gaußschen Normalverteilung und all den statistischen und mathematischen Verfahren ersetzt. Zwangsläufig lebt er in dem ständigen Streß der Beweispflicht, ein Vorgang, der sich als Faß ohne Boden erwiesen hat. Konnte er vorher die Verantwortung bei den Priestern lassen, muß er jetzt für jede Theorie und Hypothese, die er sich ausdenkt, geradestehen. Diese Theorien sind aber, genauso wie die Worte einer Sprache, lediglich Ausschnitte von Wirklichkeiten. Sie lassen sich niemals endgültig beweisen. Empirische Wissenschaft kann nur Korrelationen zwischen Ereignissen herstellen. Und das sind Ausschnitte eines Ganzen. Es sind Beschreibungen oder Erfindungen. Keine Entdeckungen. Man schaut auf eine Art hin und „findet es irgendwie ...". Man interpretiert es dann. „So habe ich das noch gar nicht gesehen!? ..." sagt jemand. Für einen Menschen liegt der Beweis der „Wahrheit" eines Puddings eben ganz einfach darin, ihn zu essen. Dem einen schmeckt er, dem anderen verursacht er Übelkeit. Ein Witz verursacht eben in der einen Gruppe Gelächter und in der anderen Peinlichkeit. Und die oben beschriebene Teilungsprozedur der langen Zahl geht nur in dem Sprachsystem, in dem gesprochen wird, und in dem mathematischen System, in dem die Zahlen Bedeutung haben. So denke ich, daß ein großer Teil der Wissenschaftler entweder

- immer noch große Angst vor der Inquisition hat,
- denkt, daß er sehr mächtig ist,
- oder einfach den Zeitgeist nutzt, um die schnelle Mark zu machen.

Ich glaube nicht, daß wir ohne wissenschaftliche Beobachtungsmethoden leben können. Ich gebe Joseph Weizenbaum recht, wenn er sagt, daß wir zwar aus der Atomwirtschaft jederzeit aussteigen können, nicht jedoch aus der Welt der Informatik, der Computer und der wissenschaftlichen Methoden (Weizenbaum 1987). Ob noch Wale leben oder alle ausgerottet wurden, sehe ich heutzutage nur mit verfeinerten Methoden. Natürlich könnte ich mich ans Meer stellen und warten, ob einer vorbeikommt. Ob Länder wie Norwegen oder Japan weiterhin Wale töten wollen, kann man natürlich aus dem Verhalten dieser Länder erschließen. Aber in diesem Fall ist wohl eine Kontrolle mit den „Objektiven" moderner Beobachtungsverfahren sinn-voller. Genauso denke ich, sollten alle Menschen wissen, ob irgendein Irrer auf dieser Welt dabei ist, chemische Waffen zu produzieren oder andere Tötungsmittel. Die mächtigen Staaten dieser Welt haben wohl deshalb keinen Krieg begonnen, weil sie, paradoxerweise, mit Hilfe ihrer Geheimdienste wußten, daß der Gegner die stärkeren Waffen hat. Die Russen wußten, daß Ronald Reagan es ernstmeint mit seinem SDI-Projekt. Daran wird einerseits klar, daß eine Paradoxie nur für einen Beobachter paradox ist und daß Offenheit eine Basis für neue Wahlmöglichkeiten und innere Entscheidungsvorgänge ist. Ich denke, daß wissenschaftliche Methoden und das Prinzip der empirischen Wissenschaft überhaupt nichts Besonderes sind, sondern lediglich ein Handwerkszeug, um bestimmte Dinge aus einer besonderen Sicht zu sehen. Ein empirischer Wissenschaftler unserer Zeit ist demnach nichts anderes als ein guter Handwerker. Sein Handwerkszeug ist die wissenschaftliche Methode – die Standardbeobachtung, wie H. Maturana sagt. Als Kind lernt man, daß man sich mit einem scharfen Küchenmesser schneiden kann. Man lernt sehr genau, wozu man das Werkzeug benutzen kann. Man lernt hinzuschauen oder richtig hinzufassen. Der Nobelpreisträger Feynman beschreibt diese schmerzhafte Erfahrung sehr anschaulich (Feynman 1993). Es wird einem gesagt, was man „schneiden" darf und was nicht. Mit Hilfe der Sprache lernt man, Bereiche zu unterscheiden und zu vermeiden, sich in den Finger zu schneiden. Man stochert also nicht wild mit dem Messer in der Gegend herum, sondern entwickelt zunächst eine Idee darüber, wo ein Eingriff vorgenommen werden soll und wo alles so bleiben soll, wie es ist, ehe einen die Eltern oder Kameraden mit dem Satz „Dreimal abgeschnitten und immer noch zu kurz ..." ärgern können.

Der Vorgang trifft auch für komplexe Ereignisse zu. Bevor ich mir etwas genau betrachte, brauche ich eine Idee darüber, was ich sehen will. Sonst geht es mir wie den mißbrauchten Menschen, die Ebenen verwechseln oder ausblenden, oder wie den schwarzen Menschen aus dem Busch, die in dem Film lediglich das Huhn sahen. Mit dieser Idee beginne ich dann zu „seh-fühlen" oder mir einen Be-griff zu machen. Lebenslieder lenken dabei die Wahrnehmung. Die Begriffe sollten klar definiert werden und zu dem jeweiligen Bereich passen. In der psychologischen Theorienbildung spricht man von „Konstruktvalidität". Ich glaube, dieser Gedanke entspricht den Beiträgen von Humberto Maturana und Heinz von Foerster (Maturana 1993), als sie vor der Gefahr des „slipping domains" warnten. Sie diskutierten zum Beispiel, daß es gefährlich sei, wenn man Begriffe aus der Welt der Computer wie „memory" bzw. „storage" auf das Gebiet des Gehirns anwendet. In der Dichtkunst kann man es sich leisten, von dem „Feuer der Liebe" zu sprechen. Wie schon vorher erwähnt, bezeichnet Terry Tafoya nicht ohne Grund die Sprache des weißen Mannes als „dumme" Sprache, weil sie zwischen geistigen und materiellen Gebieten nicht unterscheiden kann. In der Psychologie weiß man, daß Konstrukte wie z.B. „Aggressivität", „Widerstand", „Angst" in der Psychoanalyse auf eine besondere Art definiert wurden. Diese Begriffe gibt es in der Lernpsychologie nicht, oder sie werden ganz anders aufgefaßt. Es ist wohl ein großer Unterschied, wenn ich annehme, ein Tier habe einen aggressiven Trieb, als wenn ich davon ausgehe, daß es sich mit den ihm zur Verfügung stehenden Mitteln verteidigt oder wenn es beispielsweise angedrillte Verhaltensweisen ausführt, weil es als Kampfhund ausgebildet wurde. Wenn nun Forscher wie Wolf und Machleidt (1993) in der Physiologie Aggressionen entdecken, ist es wohl eher eine ähnliche Aussage über ihre Einteilung von Sichtweisen, wie ich in diesem Buch mich entschlossen habe, amerikanische und europäische Lebenslieder zu sehen. Es ist nicht wahr. Es ist eine Entscheidung, die Vorgänge sehen zu wollen.

Viele Begriffe führen zu Theorien. Diese Theorien können dann wahr werden, wenn sie, wie Maturana sagt, strukturdeterminiert sind. Die Ideen müssen mit der Umgebung in angemessener Wechselwirkung sein. Der Wahn eines Patienten, fliegen zu können, kann lebensgefährlich sein. Ebenso der Größenwahn eines politischen Führers oder einer religiösen Sekte.

Stanislaw Lems Satz „Bevor das Fliegen erfunden wurde, mußte vom Fliegen geträumt werden", halte ich für sehr weise. Irgendwann lernten die Menschen fliegen. Allerdings ganz anders als es ein Patient in einer Klinik träumt. Ich denke, er drückt den beschriebenen Vorgang aus. Es muß eine strukturdeterminierte Wechselwirkung geben. Heinz von Foersters Aussage, daß sich die harten Wissenschaften mit weichen Problemen beschäftigen, und die weichen Wissenschaften mit harten Problemen, geht in eine ähnliche Richtung. Siedlungen auf dem Mars zu bauen ist ein relativ weiches Problem. Dem größten Teil der Menschheit klarzumachen, daß jeder nur ein Kind haben darf – also pro Zweierbeziehung zwei (in polyandrischen Ehen und auch polygamen Ehen ist es einfacher), um somit die oberste Grenze der Bevölkerungskapazität dieses Planeten nicht zu überschreiten, ist wohl ein hartes Problem. Dazu müssen Kulturen und einzelne Personen Werte und Lebenslieder über Bord werfen, die jahrhundertelang die Sicherheit, den Bestand und das Überleben ihrer Familie und Kultur garantiert hatten. This is really a hard case!

Der indianische Heiler wird „Seher", wenn er eine Zeitlang auf dem Gipfel eines Berges verbracht hat, weil er die Welt von dort aus anders sieht. Und zwar mit seinem inneren und äußeren Auge. Eine Person, die sich in die wissenschaftliche Methode flüchtet, weil ihr irgendwann mal weh getan wurde oder weil sie immer noch den Blasendruck außen sucht – beides geht oft miteinander einher, weil man beim Wehtun in seiner Entwicklung verharren muß, um sich zu schützen –, hat natürlich eine eingeschränkte Wahrnehmung. Der Indianer wird in die Gemeinschaft aufgenommen, wenn er gelernt hat, die Welt mit verschiedenen Augen zu sehen. Mit dem geistigen Auge und dem Auge der sogenannten realen Welt. Im Moment habe ich den Eindruck, daß der weiße Wissenschaftler wie ein blindes Huhn in der Welt herumläuft und nach Körnern pickt.

Heinz von Foersters Konstruktivismus ist eine qualitativ neue Sichtweise. Sie gibt der Person vollständig die Verantwortung für ihr Denken und Handeln zurück. Sie ersetzt nicht einfach den alten Gott durch etwas Ähnliches, sondern ist qualitativ wirklich anders. Sie hat ebenso Raum für Metaphern wie für die Formeln der neuen Physik, Mathematik und andere Denkrichtungen. Der Religionsphilosoph Jean Guitton schließt sein Buch über Gott und die Wissenschaft mit dem folgenden Gedanken: „Vor nunmehr einem halben Jahrhundert starb Henri Bergson. Wie alle Philosophen von der letzten Frage umgetrieben, hatte er etwas Seltsames gemurmelt: ‚Das Universum ist eine Maschine, um Götter hervorzubringen ...' Das war sein letzter philosophischer Seufzer" (Guitton et al. 1992).

Ich denke da ganz praktisch. Skifahren lernt man durch Skifahren. Sex lernt man durch Sex und Verhütung durch Verhütung. Erotischer Sex kann sehr spirituell werden. Ich mag die Erotik des Denkens von Heinz von Foerster, Humberto Maturana und all den anderen.

Entscheidungen

Entscheiden und Unterscheiden ist eines der Haupthemen dieses Buches. Entscheiden bezieht sich mehr auf den strategisch / psychotherapeutischen Ansatz, also auf Milton H. Erickson und Jay Haley; Unterscheiden mehr auf den systemischen Ansatz, also auf Mara Selvini, Max van Trommel und andere. Das eine hat mehr mit Verstehen und Erklären zu tun, das andere mehr mit Handeln. So wie es Schatten nur mit Licht gibt, hängt Erklären und Handeln miteinander zusammen. Das eine geht mit dem anderen einher.

Als ich Heinz von Foersters Unterscheidung zwischen APART FROM THE WORLD und A PART OF THE WORLD in seinem Vortrag über Sprache und Realität hörte, wurde mir schlagartig klar, was ich vorher schon unbewußt gewußt hatte: Ich mußte eine Entscheidung treffen. Nachdem ich mich dafür entschieden hatte, daß ich künftig ein Teil der Welt sein wollte, verstand ich später viele Vorgänge, die mir vorher Probleme gemacht hatten.

Kurztherapie funktioniert am besten, wenn der Klient eine klare Entscheidung trifft. Die erste Entscheidung ist, eine Handlung zu vollziehen. Der Therapeut ist der Experte. Er kann vorschlagen, welche Handlung sinnvoll ist. Der Klient muß sich entscheiden, die Handlung zu vollziehen. Tony Manocchios Buch ist voll von derartigen „Wundertaten" (Hougart & Manocchio 1995). Wenn das Problem und das Ziel klar ist und die Familie die Aufgabe durchführt, hat sich das Symptom in vielen Fällen (nicht in allen wohlgemerkt!) in ein bis drei Sitzungen aufgelöst.

Die Familie kam mit der 12jährigen Tina zu mir. Die Eltern waren Geschäftsleute. Bei Tinas Geburt hatte es Probleme gegeben. Tina besuchte die Hauptschule in einem Zentrum für behinderte Kinder. Tina hatte noch einen jüngeren Bruder. Aus meiner Sicht als Diplompsychologe und früherer Experte für jene Altersgruppe verhielten die Eltern sich angemessen. Ich hatte meine psychodiagnostische und erziehungspsychologische Expertenbrille abgelegt und mich für eine Symptomverschreibung entschieden. Das Problem war Tinas allmorgendliche Klammeraktion, immer dann, wenn der Schulbus kam. Sie hing an Vater und Mutter gleichermaßen. Die Maßnahme war, daß die Mutter von nun an Tina jeden Abend zur selben Zeit grauenhafte Geschichten über die schreckliche Schule erzählte und ihr in allen Farben und Empfindungen ausmalte, wie sie sich am nächsten Morgen wieder festklammern würde, wenn der Bus kommt. Die Eltern entschieden sich, die Maßnahme durchzuführen. Das Symptom war nach 14 Tagen stark reduziert, und während der dritten Sitzung sagten die Eltern, es sei verschwunden.

Die Familie hatte eine ganz klare handlungsbezogene Entscheidung getroffen. Ich denke, es war eine bewußte Entscheidung. In der Hypnotherapie entscheide ich zwischen bewußten und unbewußten Entscheidungen. Der Vorgang, einen tiefen Atemzug zu nehmen und in Trance zu gehen, kann eine bewußte oder unbewußte Entscheidung sein. Einen Seufzer zu machen ist meist eine unbewußte Entscheidung. Hyperventilation dagegen ist ein bewußter Vorgang, bei dem das Biosystem irgendwann einmal die Entscheidung trifft, den Bewußtseinszustand zu verändern. Etwas ähnliches geschieht bei dem Satz: „Take a deep breath and go into a Trance – nimm einen tiefen Atemzug, und gehe in eine Trance"; jedenfalls dann, wenn man es gelernt hat. Entscheidungen werden auch unbewußt getroffen. Unsere Jagdhündin reagierte sofort mit einem Hinken des linken Vorderlaufs, als sie geschimpft wurde. Eine Patientin zeigt ihr psychotisches Symptom, wenn die Kommunikation zu eng wird oder in eine sexuelle Richtung geht, so daß ihr Unbewußtes lieber die Entscheidung trifft verrückt zu spielen, anstatt die alten schmerzhaften Mißbrauchserinnerungen hochkommen zu lassen, die ja niemand wissen durfte, denn er war ja Pfarrer.

In Deutschland ist man es gewohnt, Entscheidungen anderen zu überlassen. Der Erfolg von Günter Oggers Buch mit dem Untertitel: „Schuld haben immer die anderen" spricht Bände über das Lebenslied dieses Landes. So staunen die Menschen über Kurzzeittherapie und unsere Erfolge im NKS. Ich denke, daß diese Techniken und Ansätze dann gut funktionieren, wenn sich der Klient dafür entscheidet, wirklich zu handeln. Eine Frau rief an, weil sie unter verschiedenen Ängsten litt. Seit fünf Jahren hatte sie Angst über Plätze zu gehen, über lange Straßen zu laufen oder mit der Bahn zu fahren. Sie hatte deshalb ihren Beruf aufgegeben.

In der ersten Sitzung stellte ich eine Situation her, in der sie sich während einer inneren Traumreise einen hervorragenden Ort schaffen konnte. Wie oben beschrieben, bezeichne ich diese Situation als „Senoi-Traumarbeit". Sie saß auf einer ihrer Lieblingblumen. Sie konnte die Blütenblätter über sich schließen. Es herrschte völlige Stille. Sie fühlte sich absolut sicher und geborgen.

Von diesem Ort aus konnte sie mit einem kurzen Seitenblick ans Ende der Wiese schauen. Das war jetzt möglich. Sie konnte sich ganz klar für diesen Seitenblick entscheiden, weil sie jederzeit wieder ganz kurz vor sich auf den Boden schauen konnte. Es war ihr möglich, diese Entscheidung zu treffen. Der Blick in die Ferne hatte ihr vorher große Angst gemacht. Sie hatte gelernt, ihre Blickrichtung mit ihren Körperreaktionen zu verknüpfen.

Hier wurde nichts von außen „geankert" oder programmiert. Es gab keine äußeren Kontrollvariablen. Sie hatte nichts anderes getan, als ihre visuellen Submodalitäten mit ihren kinästhetischen Signalen auf neue Art zu verknüpfen. Sie hatte sich ihre Anker bzw. Verinnerungen selbst hergestellt. Sie hatte dann die Entscheidung getroffen, diese symbolische Reise mehrmals „in the privace of her home" zu wiederholen. Beim nächsten Mal, in der zweiten Sitzung, konnte sie den Vorgang vertiefen. Problemlos lief sie über den großen Platz in der Nähe des Therapieraumes. Sie war überglücklich. Sie hatte gelernt, bei jedem Schritt eine Entscheidung darüber zu treffen, wie weit sie gehen konnte, wo sie hinschauen konnte etc.etc. Zusätzlich hatte sie gelernt, eine bestimmte Musik zu erinnern, die ihr Gefühl von Sicherheit stärker werden ließ. Ich denke, daß Kurztherapie dann möglich ist, wenn ein Mensch lernt, klare Entscheidungen zu treffen.

Manche Menschen entscheiden sich zu einer Langzeittherapie. Sie attribuieren external. Sie legen die Verantwortung nach außen. Wie soll man auch eigene Verantwortung übernehmen, wenn man sich von Kindesbeinen an gegen äußere Einflüsse schützen muß und einem die Erwachsenen einreden, daß man ihnen zu gehorchen hat. Solche Menschen können sich nur sehr langsam oder gar nicht verändern, wie Manfred Zielke (1982) sehr deutlich aufzeigt. Sie sitzen da, hören zu, tun so, als ob sie der gleichen Meinung sind, handeln hinterher aber ganz gegenteilig. Auch eine große Anzahl von Therapeuten „attribuiert" external. Manche können aus ihrem Mund erst dann ein Wort herauslassen, wenn ihnen die Seitenzahl in dem wissenschaftlichen oder quasi-religiösen Zauberbuch ihres jeweiligen Meisters eingefallen ist. Darüber hatte ich schon 1983 geschrieben.

Ich denke, auch die Entscheidung zu langen Therapien, zu langen Klinikaufenthalten, zur Drehtürpsychiatrie oder anderen prozessualen Syndromen ist in vielen Fällen legitim, auch wenn sie viel Geld und Energie kostet. In einem Staat, in dem ein großer Teil verantwortlicher Politiker nach wir vor Lebenslieder des Verschweigens und Ausblendens singen, sollte es auch einem großen Teil von Klienten erlaubt sein, sich für eine längere Dauer von einem professionellen Zuhörer oder einem anderen Experten pflegen zu lassen. 70 Stunden Therapie sind für den Normalverbraucher natürlich nicht zu bezahlen. Trotzdem denke ich, daß es in vielen Fällen besser ist, daß jemand seine Zeit auf der Couch abliegt und sich die Wahrheit eines gut ausgebildeten Bedeutungsgebers anhört anstatt an schweren somatischen Störungen zu erkranken oder auf irgendeine andere Art Unheil anzurichten. Das kostet dann noch mehr Geld. Ernst Bornemann hat einmal ausgerechnet, wieviel Geld die verkorkste Sexualität eines Paares kostet, die sich in verschiedenen Symptomen eines Jugendlichen, wie z.B. Drogenmißbrauch, Delinquenz, Radikalismus etc. niederschlagen kann. Schon bei einem Kind kann es sich um Millionenbeträge handeln. Im bürokratischen Deutschland kommt dann noch das entscheidungslose Beamtentum hinzu, dem dieser junge Mensch Arbeit und Beschäftigung verschafft.

Nichstdestotrotz oder gerade deshalb denke ich, daß in einem Staat, in dem junge Menschen und erwachsene Bürger in geringem Ausmaß zur Eigenverantwortung angeleitet werden, solche Behandlungen auch von Krankenkassen und Versicherungen bezahlt werden sollen. Es wäre einerseits wenig moralisch, wenn man plötzlich von einem Klienten verlangen würde, er solle doch für seine Symptome und für seine Gesundung selbst Verantwortung übernehmen. Andererseits ist es eine Kostenfrage. Er hat niemals gelernt, eigene Entscheidungen zu treffen; deshalb kann man es von ihm auch nicht verlangen und so ist es einfach billiger, wenn er die angenehme Möglichkeit einer längeren Therapie auf Staatskosten oder auf Kosten von Kassen und Versicherungen in Anspruch nehmen kann, weil er ja ansonsten der Gemeinschaft im Endeffekt noch wesentlich teurer kommt.

Für einen weiteren Teil der Menschen, für diejenigen, die nicht in der Lage sind, sich ambulant behandeln zu lassen, sind geschlossene psychiatrische Stationen eine der wenigen Möglichkeiten, die übrigbleiben. Wer nicht handeln kann, muß sich behandeln lassen. Es mag vielleicht polemisch klingen, aber ich bewundere ambulante Langzeittherapeuten, die es mehr als 70 Stunden aushalten, ihrem Klienten zuzuhören, genauso wie Pflegepersonal, das sich jahrelang Patienten aussetzt, die gewalttätig sind, obszön oder in ihrem Wahnsystem die unterschiedlichsten verwirrenden Verhaltensweisen zeigen und im Rahmen einer „Drehtürpsychiatrie" immer wieder auf den Akutaufnahmestationen auftauchen. Ich finde solche Patienten faszinierend. Manche haben einen akademischen Grad. Andere sind einfach Penner. Sie haben herausgefunden, auf welche Art sie sich krank zeigen müssen, um zu überwintern oder dem Streß der Familie oder ihres Jobs zu entfliehen. Mich fasziniert die Art und Weise, wie Patienten sich für ihre Symptome entscheiden. Jedenfalls dann, wenn ich direkt mit ihnen arbeite. Was ich in diesem Bereich wirklich bewundere, ist die Geduld des Personals, sich immer wieder um diese Menschen zu kümmern.

Im Bereich von ambulanten Langzeittherapien finde ich es allerdings erstaunlich, wie man sich so lange mit einer Person beschäftigen kann, die keine Entscheidung zu einer Veränderung im Verhalten treffen mag. Ich werde schon unruhig, wenn sich in einer ambulanten Therapie nach der vierten Stunde nichts tut.

Zu dem Zeitpunkt der Veröffentlichung dieses Buches wird die Bundesregierung wahrscheinlich über das neue Therapeutengesetz entschieden haben. Im Vorfeld konnte ich lesen, daß jene Ärzte und Diplompsychologen zur Therapie befähigt sein sollen, wenn sie möglich viel und lange mit ihren Klienten zugebracht haben. Nur derjenige darf wirksamer Helfer sein, der 4000 Stunden mit Klienten zusammen war und 60 Fälle beschrieben hat. Wenn man 4000 durch 60 dividiert, kommt man auf einen Durchschnitt von 66.66 Stunden. In einem Schritt der Kontrolle höherer Ordnung wird also festgelegt, daß man sich 66.66 Stunden seinem Therapeuten aussetzen muß, damit es wirkt. Wie schon erwähnt, hatte ich mich vor einiger Zeit dafür entschieden, selbst Verantwortung für meine Gesundheit zu übernehmen. Ich habe dabei die Erfahrung gemacht, daß Klienten sich tatsächlich auf angemessene Art und in angemessener Zeit entscheiden, wann und wie lange sie sich die Erlaubnis geben, von ihrem Symptom loszulassen oder sich die Erlaubnis geben, ihr Symptom beizubehalten. Als ich damit anfing, ganz direkt über den Preis der Therapie mit meinen Mandanten zu verhandeln, ohne Umwege über Versicherungen und Kassen, fühlte ich mich besser und ehrlicher. Den meisten Klienten schien es auch so zu gehen. In sehr vielen Fällen lösten sich die Probleme dann tatsächlich immer mehr auf eine Art, wie man es in den Büchern von Milton H. Erickson, Jay Haley, Mara Selvini oder Bandler und Grinder lesen kann. Wenn Therapien länger dauerten – bei mir sind 12 bis 15 Sitzungen innerhalb von $1\frac{1}{2}$ bis 2 Jahren die Regel – dann gab es klare Gründe und Vereinbarungen. In jedem Fall hatte die Familie sich sehr klar für diese Art von Therapie entschieden. Die Dauer war nicht durch einen von außen bestimmten Akt festgelegt worden.

So gibt es halt jene Gäste und Kunden. Ich habe für mich persönlich mittlerweile die Entscheidung getroffen, mit Kunden zu arbeiten, also mit Menschen, die klare Entscheidungen treffen. Ganz stark beeindruckt hat mich letztlich eine ältere Klientin von ungefähr 60 Jahren. Beim ersten Termin hatte ich die Zeit durcheinandergebracht. Wir konnten nur eine halbe Stunde arbeiten. Am Telefon hatte sie mir schon erzählt, daß es um sehr schmerzhafte frühkindliche Erfahrungen ginge. Sie war ihr Leben lang immer wieder in psychiatrischen und somatischen Kliniken gewesen. Sie sagte, ihr Körper sei ein Wrack gewesen. Sie hatte ihr Leben lang Therapie gemacht. Lange Psychoanalysen und andere Verfahren. Sie wollte nun in einer Kurzzeittherapie lernen, etwas Gutes für sich zu tun. In der ersten, nur 30 Minuten dauernden Sitzung entstand eine hypnotische Situation, in der sie sich zunächst ganz real in der Tiefgarage befand, dann jedoch in einer riesigen Bibliothek, die ihren Kopf symbolisierte, der sie ihr Leben lang daran gehindert hatte, sich mit ihrem mißbrauchten Körper zu beschäftigen. Sie endete schließlich mit einer bestimmten Farbe in ihrem Bauch, der Stelle oder in jenem Chakra, das Mantak Chia „Ovarienpalast" nennen würde. Sie befand sich in einem sehr gutem Gefühl. Endlich war sie ihren Kopf losgeworden. Ich schlug ihr vor, sich Fingerfarben zu besorgen, und die Farbe linkshändig zu Papier zu bringen. Beim nächsten Mal erzählte sie, daß sie endeckt hatte, daß ihr Vater sie im Alter von 17 Monaten im Beisein ihrer Mutter demonstrativ mißbraucht hatte, indem er ihr auf schmerzhafteste Art den Finger in die Möse gesteckt hatte; nur weil es zwischen Vater und Mutter keine Sexualität mehr gab. Ihr Vater war pietistischer Prediger und forschte dann später für die Nazis im militärischen Bereich. Sie sagte in der zweiten Sitzung, daß sie ihr Leben lang das Problem umgangen hatte, indem sie tonnenweise Bücher in sich hineingefressen und mit unendlich vielen Worten, Erklärungen und Deutungen sich wieder herausgeredet hatte. Alles war Kopf, Kopf und nochmal Kopf. In dieser zweiten Trance, mit diesen Tranceworten, wo alles Kopf, Kopf, Kopf, Kopf, Kopf, Kopf war, lag zufällig Terry Tafoyas Trommel rechts neben mir, so daß ich nur hingreifen brauchte. Ich benutze sie ganz selten. Es war eine unbewußte Entscheidung. Ich schlug mit dem Mittelfinger einen ganz leichten Rhythmus und sprach einfach weiter, so wie ich es bei Terry Tafoya erlebt hatte. Ich glaube nicht, daß ich diese Entscheidung jemals hätte bewußt treffen können. So etwas kann man nicht wollen. Die Frau gab ganz spontan die Erlaubnis, in eine tiefe Trance zu fallen. Ich konnte ihren Prozeß begleiten. Sie verließ den Raum in einem sehr guten Zustand. Vor dem nächsten Mal rief sie an, um sich zu bedanken und die Sitzung abzusagen. Sie sagte, daß sie soviel gelernt hätte, und daß sie jetzt weiß, daß es das wichtigste sei, daß sie etwas für sich selbst tun kann und tun will. Das war eine klare Entscheidung.

Mir macht es Spaß zu beobachten, wenn Menschen klare Entscheidungen treffen. Im Kleinen wie im Großen. Vielleicht hängen auch Entscheidungen bezüglich globaler Katastrophen von der Fähigkeit der Menschen ab, die Verantwortung für ihr Handeln selbst zu übernehmen oder in äußere Gegebenheiten zu verlagern. Ein Tetzelscher Ablaßzettel mag zwar noch in den Köpfen mancher Katholiken herumgeistern, ist aber selbst bei gläubigen Menschen nicht mehr gefragt. Auch diese mögen die Natur nicht mehr ausbeuten, weil sie der liebe Gott irgendwann wieder heilmacht. Die Entscheidung, umweltförderliche Produkte zu kaufen oder nicht zu kaufen, den Müll auf eine bestimmte Art zu trennen etc., ausschließlich durch Gesetze regeln zu wollen, erscheint mir ebenso absurd wie die Idee, eine Firma auf eine Art leiten zu wollen, die noch vor 30 Jahren erfolgreich war. In einer kybernetischen Welt, d.h. in einer Welt, in der Information schnell fließt, sind schnelle und risikofreudige Enscheidungen gefragt. Wahlmöglichkeiten entstehen durch Information. Heinz von Foersters Beispiel in seinem Referat in Düsseldorf (1993) hat mir klargemacht, wie Information entsteht. Die Soldaten, die auf die Befehle des Unteroffiziers reagieren, reagieren auf Signale, nicht auf Information. Erst wenn jemand aus der Reihe tanzen würde, erst dann würde neue Information entstehen. Die Entscheidung, aus der Reihe zu tanzen, schafft neue Information.

Abschied

Für mich ist Festhalten und Loslassen ein Lebensprinzip. Es geschieht im Großen und im Kleinen. Der Winter ist vorbei. Ich sitze hier auf dem gewohnten Platz im Gipfelrestaurant und habe dieses Manuskript vollendet. Sie, lieber Leser, haben mich in meinem Nachdenken bis hierher begleitet. Was Sie nicht erleben konnten, ist die herrliche Winterlandschaft und die Weite vor meinen Augen, die mich immer wieder inspirierte, meinen Gedanken freien Lauf zu lassen. Irgendwann stehe ich dann auf, packe „mein Zeugs" in den Rucksack, um mich „gedankenlos" mit den Skiern oder dem Snowboard in einen Tobel oder in irgendeinen anderen Hang hineinzustürzen. Loslassen. In Trance. Meist genieße ich jede Bewegung wie eine Delikatesse auf der Zunge. Langsam. „Dancing in the moguls" heißt das bei den Ski-bums in St. Anton. Früher bin ich schnell gefahren. Heute ist der Weg mein Ziel. Die Erotik des Wie. Loslassend. Mit allen Sinnen wahr-nehmend. Die NLP-Techniken haben mein Leben verändert. In meiner Erweiterung als NKS habe ich mich in der Tiefe meines Selbst verändert.

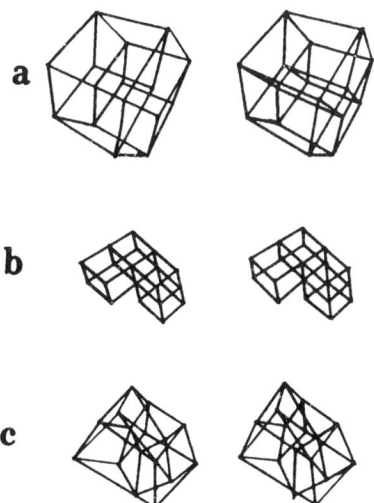

Heinz von Foerster: Normalprojektionen von schräg zum Raum des Beobachters stehenden (a) Tesseract; (b) Soma-Würfel; (c) Klein-Flasche*

Ich kann in der Zeit zurückgehen. Wobei diese Idee in meinen Augen ein kompletter Blödsinn ist. Alles geschieht im Hier und Jetzt. Manchmal kann ich so

---

*   Abb. aus: Heinz von Foerster. Sicht und Einsicht. Vieweg, Braunschweig/Wiesbaden 1985

tun, als ob die Zeit, als ich sechzehn Jahre alt war, um mich herum wieder entsteht. Alles ist möglich in Trance. Die Berge sind fast genauso wie früher. Allerdings war jeder Winter anders. Heute gibt es mehr Seilbahnen. Es ist interessant, so zu tun als ob. Es ist besser, von wahnhaften Gedanken loszulassen. Auch wenn man im Sessellift sitzt. Jede Bewegung geschieht im Hier und Jetzt. Lineare Zeit führt zu somatischer und schizoider Erkrankung. Das sagt der amerikanische Arzt Larry Dossey (1984). Beim Skifahren merkt man das sofort.

In vielen Fällen kann es gut sein, zurückzublicken. Dann, wenn ich wieder im Restaurant sitze. Ich kann zurückschauen in die Zeit, als ich mit dem Schreiben begann. Als ich vor dreißig Jahren zum erstenmal hier war. Als ich mit dem Skifahren begann. Mit fünf Jahren. Als ich meinen Leistungsbelief bearbeitete. Vor fünf Jahren. Es hatte zu tun mit Schreiben, Therapie, Abitur, Prüfungsangst, Leistungssport etc. Ich kann zurückblicken auf das Gespräch mit Heinz von Foerster. Als er mir über eine Begegnung mit einem kreativen Skibuchautor berichtete und erzählte, wie er mit seinen Freunden in den zwanziger Jahren eine Unterrichtsmethode erfunden hatte, die viel spielerischer und kreativer war als die vom Hannes Schneider. Und dabei blicke ich nach vorn. Denn da liegt schon das Manuskript mit den Interviews von den Weltmeistern. Und ich möchte gern darüber schreiben, wie Menschen mit viel Spaß hervorragende Leistungen vollbringen. Heinz von Foerster wußte schon ganz früh wie das geht. Er weiß überhaupt ungeheuer viel. Kürzlich entdeckte ich, daß er schon vor mehr als 30 Jahren das „magische Auge" erfunden hatte. Um aufzuzeigen, daß Sehen, Fühlen und Handeln zusammengehören, hatte er damals zusammen mit seinen Mitarbeitern Computerprogramme erstellt, um drei- und sogar vierdimensional sehen zu können. Ganz ähnlich wie in den Büchern vom „Magischen Auge".

Abschied nehmen heißt loslassen. Das ist eine klare Entscheidung. Da kann man nicht herumfummeln. Man muß tatsächlich handeln. Man kann nicht versuchen, loszulassen. Das geht nicht. Sie können das ja einmal versuchen. Halten Sie sich irgendwo fest, und versuchen sie loszulassen. Versuchen geht hier nicht. Entweder Sie halten fest oder Sie lassen los. Es ist die klare Entscheidung zum Handeln, auf die es ankommt. Und da haben viele Menschen Schwierigkeiten. Sie mögen zwar irgend etwas verändern wollen, aber Sie mögen nicht handeln. Sie mögen lieber darüber nachdenken. So wie ich einige Zeit über NKS nachgedacht habe. Viele Klienten mögen lieber, wenn ihnen jemand anders das Handeln abnimmt. Oder das Denken durch Ratschläge, Deutungen oder andere „externale Kontrollvariablen". Oder wenn ein Therapeut das ganze Problem weghypnotisiert. Klare Entscheidungen sind hart. Man schließt Alternativen aus. Aber so funktioniert NKS und so funktionieren andere Formen menschlicher Entwicklung.

Glossar

Im folgenden werden zur rascheren Orientierung eine Reihe von Begriffen angeführt und kurz erörtert. Der Pfeil → deutet auf weitere im Glossar stehende Ausdrücke hin.

Abstraktion. Herauslösen von Eigenschaften oder → Relationen aus dem → ganzheitlichen Zusammenhang. Schaffen von begrifflichen Modellen der tatsächlichen Gegebenheiten, Betrachtung dieser Abstraktionen, als ob sie tatsächlich existieren. → Nominalisierung. → Modell.

Algorithmus. System von Grundoperationen zur schrittweisen Lösung einer Aufgabe. Rechenregeln. S. auch evolutionärer Lern-Algorithmus (Riedl 1981, 178).

Allopoietisch. Systeme, bei denen die Regelung von außen her erfolgt. Die meisten Maschinen sind im Gegensatz zu Nervensystemen allopoietisch.

Analog. Ordnungsprinzip, das Prozesse kontinuierlich beschreibt. (Z.B. Bewegung des Uhrzeigers, Körperbewegungen, Stimmlage usw.) Ggs.: digital.

Analytisch. Zergliedernd. Zerlegen einer → Ganzheit.

A Posteriori. „Vom Späteren her". Unter einer Erkenntnis a posteriori verstehen wir jene, welche wir aufgrund von Erfahrung im Nachhinein gewinnen. Ggs.: a priori.

A Priori. „Vom Früheren her". A.p. sind Erkenntnisse, die dem Subjekt vor der Erfahrung gegeben sind wie die „angebliche" Dreidimensionalität des Raumes, Kategorien der Zeit, Kausalität usw. Ggs.: a posteriori.

Autonomie. Unabhängigkeit, Eigengesetzlichkeit. Autonome Systeme erhalten sich selbst. Unser Nervensystem ist autonom.

Autopoietisch. Sich selbst erhaltend, sich selbst steuernd (→ dissipativ).

Behaviourismus. Psychologische Forschungsrichtung, die auf der „objektiven" Beobachtung des Verhaltens eines Organismus unter verschiedenen Umweltbedingungen basiert. Der B. betrachtet einen Organismus als „black box". Die theoretischen Annahmen des B. basieren auf der Reflexlehre (bedingter Reflex, Pawlov). Der strenge B. schließt Begriffe wie Selbstaktualisierungstendenz, „Selbst" sowie Geschehnisse innerhalb der „black box" aus. Ein wichtiger Vertreter dieser Lehre ist W.F. Skinner.

Bewußtsein. Neuronale Aktivität, die stark genug ist, so daß sie als Wahrnehmungsinhalt ins „Perzept" sowie in das mittelfristige Gedächtnis treten kann. Derartige Wahrnehmungsinhalte können sprachlich repräsentiert werden.

Bezugssystem. Die Gesamtheit aller Erfahrungen aus der Lebensgeschichte eines Menschen. → Modell.

Bio-Feed-Back. Möglichkeit, physiologische Gegebenheiten wie z.B. Pulsfrequenz, die elektrische Leitfähigkeit der Haut oder die Gehirnströme mit Hilfe von technischen Apparaturen dem Organismus rückzumelden. U.a. Verfahren zur Entspannung.

Chaos. Ggs. von Ordnung. Mathematische Chaos-Theorie. Ordnungsrelationen sind nicht vorhanden. Damit sind auch keine Voraussagen möglich. Für qualitative Veränderungen sind sehr oft chaotische Zustände notwendig.

Deduktion. Schluß vom Allgemeinen auf das Besondere; Ableitung des Besonderen aus dem Allgemeinen (→ Induktion).

Denotation. Begrifflicher Inhalt (→ Abstraktion → Nominalisierung).

Determinismus. Philosophische Position. Eine eindeutige ursächliche Bestimmtheit aller Ereignisse wird zugrundegelegt. Willensfreiheit wird dabei grundsätzlich verleugnet.

Dialektik. Beweisführung durch Gegensatzbegriffe. Redekunst. Umgang mit Widersprüchen. Dynamische, sich selbst regulierende Systeme tragen grundsätzlich einen spezifischen dialektischen Widerspruch in sich.

Digital. Prozesse werden in Stufen beschrieben. Beispiele: Die Worte der menschlichen Sprache, Digitaluhren.

Dissipativ. Dissipative Strukturen erneuern sich selbst. → Autopoietisch.

Dissoziation. Auflösen, Zerlegen von Strukturen des inneren Bezugssystems.

Dominant-Hemisphärisch. Verhaltensweisen, die durch die Aktivität der dominanten Gehirnhälfte hervorgerufen werden. Beispiel: Sprachliche Inhalte, logisches Denken usw. (siehe Gazzaniga et al.).

Double-Bind. Von M.H. Erickson und/oder Gregory Bateson geprägter Begriff. Dt.: Doppelbindung. Ericksons Beispiel drückt den Vorgang anschaulich aus. Ein Kalb soll im Stall gefüttert werden. Es hat Angst vor dem dunklen Tor und stemmt sich mit allen vier Hufen gegen die am Seil ziehende Kraft des Farmers. Der junge Erickson zieht nun noch stärker am Schweif des Tieres. Das Tier entscheidet sich für die weniger starke Kraft und springt durchs dunkle Tor zum Futter. Theoretisch und sprachlich drückt sich der Vorgang bei Bateson durch die beiden Sätze: „Ich liebe dich./Ich hasse dich." innerhalb eines Rahmens aus, während über dem Rahmen der wichtige Satz steht: Alles, was in dem Rahmen steht, ist falsch. Damit ist die pathologische Doppelbindung gekennzeichnet, die durch die Festigkeit des Rahmens bestimmt wird. Das Beispiel mit dem Kalb beinhaltet schon die therapeutische Auflösung mit Hilfe einer paradoxen Handlung.

Dualismus. Lehre von dem Nebeneinander von Leib und Seele, die nach den Erkenntnissen der modernen Physik nicht mehr aufrechterhalten werden kann.

Dynamik. Bewegungslehre; Kräftespiel als Grundlage aller Erscheinungen.

Dysfunktional. Es funktioniert. Allerdings recht schmerzhaft.

Empathisch. Stark, nachdrücklich. In der klassischen Gesprächspsychotherapie das nachdrückliche Hervorheben von Gefühlsinhalten durch sprachliche Prozesse.

Empirismus. Erkenntnistheoretische Grundrichtung. Alle Erkenntnisse werden auf die Wahrnehmung bzw. die Erfahrung des Subjekts zurückgeführt. Die Sinnesorgane werden als einzige Erkenntnisquelle akzeptiert. Das Prinzip des E. bedeutet, daß Wissenschaft auf reine Sinneserfahrungen zu gründen sei.

Endorphine. Morphiumähnliche Substanzen, die vom Körper selbst produziert werden, u.a. Schmerz und Entspannungszustände regulieren.

Entropie. Maß für die atomare Unordnung (→ Ordnung); für die Qualität der im System befindlichen Energie. E. in einem geschlossenen System kann nur solange zunehmen, bis ein Gleichgewicht erreicht ist. Lebende Systeme importieren Energie, exportieren E. Das Universum strebt nach Unordnung.

Erkenntnisapparat. Die Gesamtheit erkenntnisgewinnender Strukturen und Mechanismen, wobei Erkenntnis ganz allgemein als Aufnahme und Verarbeitung von Information verstanden wird.

Epistemologie. Beschreibung lebender Systeme. Studium des, „wie wir wissen, was wir wissen". Die Art und Weise, wie wir zu einem Verständnis kommen, was wir über menschliches Verhalten, menschliche Interaktionen, Psychotherapie und Psychopathologie wissen.

Fiction. Einbildung; Erdichtung; Annahme.

Focusing. Ganzheitliches Geschehen innerhalb der Gesprächspsychotherapie, das Körperempfindungen, Gefühle und Denken mit einschließt. Aufmerksames Richten der Wahrnehmung auf internale körperliche Empfindungen.

Gestalt. Ganzheit. Einheit, die durch eine analytische Gliederung zerstört wird. Besteht wie ein → System aus einzelnen Elementen, die durch ihre → Relation die Ganzheit ergeben. Die Kenntnis der Relationen ist oft ausreichend für das → Erkennen der Ganzheit/Gestalt.

Halluzination. Trugbild, Sinnestäuschung. Neurobiologisch sind sämtliche Wahrnehmungen und Denkprozesse Halluzinationen. Wir unterscheiden lediglich zwischen gesunden und krankhaften Sinnestäuschungen.

Hierarchie. Stufenartige Ordnungsprinzipien innerhalb einer Systemorganisation. In einer gesunden H. beinhaltet die nächsthöhere Stufe sämtliche Elemente der darunterliegenden.

Holodyn. Vom Autor 1983 geprägter Begriff. Er bezieht sich auf ein „lebendes" Hologramm, in dem sich die Nervenzellen durch ihre biologische Konstitution verändern und welches, ganzheitlich wie das → Hologramm, auf der Grundlage eines strukturellen Gedächtnisses im Sinne Heinz von Foerster funktioniert.

Hologramm. Durch Laserlicht entstandene Bildplatte. Jedes Einzelteil der Bildplatte enthält sämtliche Informationen der Ganzheit. Zerbricht man ein H., so ergeben die einzelnen Splitter wiederum ein ganzheitliches Bild.

Homöostase. Regelprinzip lebender Systeme, bestimmte physiologische Größen (Temperatur, CO_2-Gehalt) konstant zu halten (→ Kybernetik). Ein Heizungsthermostat funktioniert nach dem H.-Prinzip.

Hyperzyklus. Nach M. Eigen benannter Regelkreis als Grundlage des Lebens. Die einzelnen Bestandteile des H. sind voneinander abhängig, bedingen sich gegenseitig. Grundlage autopoietischer Strukturen.

Identität. Relation zwischen Dingen, Sachverhalten, Begriffen, Aussagen usw., die die Übereinstimmung in allen Merkmalen zum Inhalt hat oder die eine Übereinstimmung im Hinblick auf bestimmte Merkmale beinhaltet.

Ideologie. Ideenlehre; Begriffslehre; positivistische Geistesgeschichte; (→ Abstraktion; → Nominalisierung; → Konstrukt; → Kategorisierung).

Ideomotorisch. Ideomotorische Signale wurden zuerst von Erickson zur Trance-Induktion verwendet. (Nicken des Kopfes, Veränderung der Hautfarbe, feine, kaum merkbare Bewegungen.)

Ikon. Wahrnehmungsinhalt, der ca. 25/msek. erhalten bleibt, bevor er zerfällt oder ins → Perzept und damit ins → Bewußtsein tritt.

Indikation. Aussage über eine Merkmalsmenge, für die bestimmte Maßnahmen der Veränderung (Heilung, Lernen usw.) angezeigt sind.

Induktion. Schluß vom Besonderen auf das Allgemeine; von Einzelerfahrungen wird auf allgemeine Aussagen geschlossen. I. ist nicht Erfahrung, sondern erwartungserweiternd und führt zu Gesetzen, die mittels → Deduktion überprüft werden. Die I. wurde als Methode der Erkenntnisgewinnung (→ Erkenntnisapparat) im Rahmen des → Empirismus verwendet.

Induktionsproblem. Problem des Schlusses vom Bekannten auf Unbekanntes, der niemals zwingend sein kann (Kant, Popper, Vaihinger). Die Lösung liegt in der evolutionären Erkenntnistheorie. Dabei beruht die Verrechnung der Welt im Bereich des Lebendigen auf Wahrscheinlichkeiten (Riedl 1981). Induktion eines Trancezustandes: Ihr Ausatmen wird zu einem immer tieferen und angenehmeren Trancezustand führen.

Information. Marktgröße für die Ungewißheit/Unbestimmtheit des Eintretens von Ereignissen. Gegeben sei eine Menge von Ereignissen mit einem hohen Ausmaß von Ungewißheit (→ Chaos). Der Gehalt von Information, der gewonnen werden kann, ist um so größer, je größer die Unbestimmtheit vor demjenigen betreffenden Ereignis war, das aus einer Menge sämtlicher möglicher Ereignisse tatsächlich stattfindet (→ Kybernetik; → Zirkularität; → Kommunikation).

Input. Einwirkung der → Umgebung auf ein Element oder ein System.

Integration. Einigender Zusammenschluß; Einordnung verschiedener Elemente unter einem einheitlichen Gesichtspunkt.

Interaktion. Wechselseitig → isomorpher Austausch von Informationselementen im Gegensatz zu → Kommunikation, die auch einseitig verlaufen kann.

Irradiation. Neuronale Erregungsausbreitung. Lichthofbildung (Halo-Effekt).

Isomorphie. Gleichgestaltigkeit, Gestalt-(→ Identität). Isomorph sind zwei beliebig strukturierte Mengen, die gleichviel Elemente enthalten und deren → Strukturen ähnlich sind bzw. sich entsprechen. In der allgemeinen Systemtheorie bedeutet I. im weiteren Sinne die Ähnlichkeit oder Gleichheit in der Struktur und Dynamik verschiedener Systeme. Isomorphe Prinzipien sind Phänomene, die in unterschiedlichen Bereichen der realen Welt, auf unterschiedlichen → Komplexitätsstufen der Wirklichkeit manifest werden (→ Kongruenz; → Komplexität; → Übung „Shivas Dance").

Instrumental. Auf ein Werkzeug bezogen; handhabbar; → operationalisierbar.

Kalibrieren. Messen; Eichen. Im NLP das Aufeinanderabstimmen isomorpher Reaktionen zweier menschlicher Systeme.

466

Kategorie. Künstliches Ordnungsprinzip, mit dessen Hilfe ein lebendes System Informationen der Umwelt zusammenfaßt, um in dieser → Umwelt überleben zu können (→ Klassifikation; → Konstrukt; → Nominalisierung). Bei Vaihinger sind K. meist künstlich. Bei Kant (1778) reine → a priori gegebene Verstandesbegriffe. In seiner Tafel der K. unterscheidet Kant vier Grundkategorien: Quantität, Qualität, Relation und Modalität.

Kausalitätsprinzip. Name für die Aussage, daß jedes Ereignis eine Ursache hat. Mittlerweile widerlegte Annahme, daß auf ein Ereignis A die dementsprechende ausschließliche Wirkung erfolgt.

Klassifikation. Künstliche Einteilung von natürlichen Gegebenheiten, um Ordnung zu konstruieren.

Kognition. Erkenntnis. Induktives Handeln eines lebenden Systems in einem Interaktionsbereich zum Zwecke der Selbsterhaltung.

Kommunikation. Abfolge von Nachrichten oder Informationen zwischen einem Sender und einem Empfänger (→ Interaktion).

Komplexität. Die K. eines Sachverhaltes hängt ab von der Anzahl und Art (Quantität und Qualität) der Relationen zwischen den Elementen oder Komponenten, die unterschieden werden können.

Koinzidenz. Zufälliges Zusammentreffen von Sachverhalten oder Elementen.

Konditionierung. Bedingter Reflex (Pawlov). Willkürliche, absichtsvolle Verbindungen von durch die Natur gegebenen Notwendigkeiten. Jeder Reflex eines Organismus besitzt einen entsprechenden, isomorphen Auslöser aus seiner Umgebung. Veränderte Abfolgen von Lichtquanten verändern die Größe der Pupillen. Wenn kurz vor dem natürlichen Reiz (A) wiederholt ein anderer Reiz (B) geschaltet wird, so entsteht eine Verbindung (→ Koinzidenz) zwischen den beiden Reizen (B-A), so daß schließlich der erste willkürliche Reiz (A) als bedingter Auslöser genügt, um den Reflex ablaufen zu lassen.

Kongruenz. Völlige Übereinstimmung zweier Figuren. In der Gesprächspsychotherapie verwendeter irreführender Begriff für das isomorphe, wechselseitige Zusammenspiel verschiedener Sinneselemente auf verschiedenen Sinnesebenen während eines guten Rapports zwischen oder innerhalb zweier oder mehrerer menschlicher Systeme.

Konnotation. Nebensinn. Alles das, was mit anklingt, wenn man einen Begriffsinhalt (→ Denotation) spricht oder hört (D. Dörner, H. Maturana).

Konsensueller Bereich. Gemeinsamer Sinnesbereich. Der wechselseitige Austausch isomorpher Information (→ Interaktion) führt zum Gebrauch gemeinsamer Symbole mit Hilfe der Wahrnehmung und Sinnesorgane innerhalb eines K. In Westeuropa bewegen wir den Kopf bei Verneinung seitwärts im Gegensatz zu Indern, bei denen diese Geste bejahend konnotiert (→ Konnotation) wird. Sämtliche sprachliche Symbole sind Beispiele für einen K.

Kontext. Milieu; → Umwelt. Der Kontext eines Systems (Mensch) besteht aus einer Anzahl von Untersystemen. Diese müssen mindestens ein Element enthalten, das in wechselseitiger Interaktion mit dem Nervensystem des Organismus innerhalb des K. steht.

Konstitution. Aufbau einer Verbindung von Einzelelementen (Atomen, Sprachelementen, Gesten). Verfassung, Erstellung.

Konstrukt. Künstliches, vorläufiges Gedankengebilde, Ordnungshilfe (→ abstrakt; → Nominalisierung; → Klassifikation).

Konstruktivismus. Ökologische Lehre über die Tatsache, daß wir die Welt, in der wir zu leben meinen, uns selbst zu verdanken haben. (Ggs. → Behaviourismus; → Positivismus; → Determinismus.)

Korrelation. Wechselbeziehung. Statistische Wahrscheinlichkeitsrechnung zur Untersuchung des Zusammenhangs beobachteter Größen.

Kurzzeitgedächtnis. Gedächtnis mit sehr geringer Kapazität. Kann nicht mehr als 7 Einheiten zugleich enthalten. Zeitverfall innerhalb von 1-40 Sekunden.

Kybernetik. Steuerungs- und Regelungslehre. Behandelt als übergreifende Betrachtungsweise Steuerungs- und Regelungsprozesse in der Technik ebenso wie in Biologie, Psychologie und Soziologie. Lehre von Systemen, die offen sind für Energie, aber geschlossen für Information; Regelung und Steuerung von Systemen, die „informationsdicht" sind.

Langzeitgedächtnis. System von anscheinend unbegrenzter Kapazität, jedoch mit begrenzter Einspeicherungsgeschwindigkeit. Enthält Fähigkeiten, Fertigkeiten, Wissen usw.

Leading. Menschen können nicht nicht kommunizieren. Im Zusammenhang mit der dominant/submissiv-hemisphärischen Funktionsweise des menschlichen Gehirns erfüllt innerhalb einer dyadischen Interaktion immer ein Partner in irgendeiner Weise eine führende (L.) Obenauf- (One up-) Position. Ggs. Pacing.

Linear. Zeitlicher Ausschnitt aus einem Ursache-Wirkungs-Realitätsbereich (→ Realität). Viele Verhaltensweisen erscheinen dem Beobachter irrigerweise in Form von „als ob" Ursache-Wirkungs-Ketten.

Logik. Denklehre; Folgerichtigkeit. Die Aussagelogik abstrahiert von der inneren Struktur der Bedeutungen. Sie behandelt nicht den pragmatischen Aspekt der Aussagesätze, sondern berücksichtigt nur einen Moment der semantischen Zusammenhänge, nämlich die Wahrheit oder Falschheit von Aussagesätzen (→ Semantik).

Matrix. Matrize. Zusammenstellung von Größen, mit denen nach bestimmten Rechenregeln verfahren wird.

Matching. Vermischen von ähnlichen oder gleichen Elementen oder Komponenten.

Meta. Vorsilbe für „über", z.B. Metasprache: Sprache über die Sprache; Metakommunikation: Kommunikation über die Kommunikation.

Metabolismus. Stoffwechselveränderungen.

Mechanistisch. Mechanismus in der Biologie bzw. Biophilosophie ist jene Position, in der jegliche Lebenserscheinungen auf mechanistische Prinzipien zurückgeführt werden. Die

Wurzeln des M. reichen bis in die Antike zurück (Theophrast). Die Gegenposition zum M. ist der Vitalismus.

Metapher. Anekdote; bildhafte Umschreibung; eine der wichtigsten Maßnahmen in der Hypnotherapie Milton Ericksons.

Milieu. → Kontext, → Umgebung. Mittelfristiges Gedächtnis. → Kurzzeitgedächtnis.

Modulation. Änderung der Schwingungsfrequenzen von Wellen. Z.B. Übergang von einer Tonart in die andere.

Modul. Anordnung; Zahl zur Logarithmenrechnung.

Molekular. In Moleküle geteilt, auf Moleküle bezogen.

Mutation. Veränderung der Erbanlagen.

Negentropie. Ableitbar aus Entropie. In der Informationstheorie mittlerer Informationsgehalt. Umkehrung der Entropie. → Ordnung.

Operator. Handhabungen, um während eines Problemlöseprozesses Anfangszustände in einen Zielzustand zu überführen.

Operationalisieren. Physikalisch aus der → Entropie ableitbar; Umkehrung der atomaren Unordnung eines Systems und als → Negentropie (negative Entropie) darstellbar. Ist Unordnung die große Zahl der Möglichkeiten der Zuordnung von Elementen in einem System, so gibt es für O. nur einen einzigen Zustand. Der Zustand des Schreibtisches strebt nach Unordnung, wenn nicht aufgeräumt wird.

Organisation. Entwicklung von Gesetzmäßigkeiten innerhalb eines Systems zur Erhaltung der → Autopoiese. Geschieht ohne Vitalkräfte im Gegensatz zu → Mechanismus in lebenden Systemen, die als organisierte Ganzheit zu verstehen sind. Hängt zusammen mit Prinzipien der → Rückbezüglichkeit.

Output. Ausgabe. Wechselwirkung eines Elementes eines Systems mit Elementen der → Umgebung.

Paradoxie. Widerstreit zweier gleich richtig erscheinender Meinungen. Widerspruch in sich. Widersinnigkeit. Paradoxe Interventionen bewirken bei „festgefahrenen Systemen" einen negentropischen Effekt und führen rasch und drastisch wirksame psychotherapeutische Veränderungen herbei.

Perzept. Wahrnehmungsinhalt zwischen Ultrakurzzeitgedächtnis und Kurzzeitgedächtnis, bestehend aus → Ikons.

Phylogenese. Stammesgeschichtliche Entwicklung der Lebewesen im Rahmen der Evolution.

Pacing. Mitgehen mit Verhaltens- und Handlungsinhalten eines Gesprächspartners. Ggs. → Leading.

Plastizität. Formbarkeit. Bandbreite der Möglichkeit, innerhalb derer das Nervensystem verschiedenste Zustandsbereiche einnehmen kann.

Polarität. Fruchtbare Gegensätzlichkeiten innerhalb eines ganzheitlichen Systems (→ Dialektik).

Prozeß. Kontinuierlicher Wandel in unendlich kleinen Schritten im Gegensatz zu stetigen Veränderungen, die in meßbaren Sprüngen erfaßt werden können, wie z.B. die Summe auf einem Bankkonto sich immer um mindestens 1 Pfennig ändert.

Rationalismus. Im Gegensatz zum → Empirismus nimmt der R. an, daß die wahre Grundlage jeglicher Erkenntnis nicht in der Sinneswahrnehmung, sondern im Verstand liege. Da die Ergebnisse der Sinneswahrnehmungen durch vielerlei Täuschungen beeinträchtigt seien, könne nur die rationale Vernunft mit ihren → a priorischen Anschauungs- und Denkformen Sicherheit für wahre Erkenntnis geben (Vertreter: Descartes, Spinoza, Leibniz und Pascal).

Realismus. Erkenntnistheoretische Position, daß es eine vom Subjekt unabhängige objektive reale Welt gibt. Während der naive R. meint, wir würden die Welt genauso erkennen wie sie tatsächlich beschaffen ist, geht der hypothetische R. auf der Basis der evolutionären Erkenntnistheorie davon aus, daß der Erkenntnisapparat in systemerhaltend-zweckmäßiger Weise Ausschnitte aus der realen Welt abbildet. Das Nervensystem verrechnet diese Ausschnitte mit dem Ziel der → Autopoiese (→ Konstruktivismus). Das Gegenteil des R. ist der Idealismus, eine Lehre, derzufolge die reale Welt als Idee (Geist) – die Materie als Erscheinung des Geistes betrachtet wird.

Redundanz. Eine wesentliche Voraussetzung für das Erkennen von Gesetzmäßigkeiten ist, daß diese wiederholt auftreten. R. bezeichnet jenen Teil einer Nachricht, den man im Prinzip weglassen könnte, ohne ihren Informationsgehalt zu verringern. Bei der vorliegenden Schrift (Auflage: N Stück) sind N-1 Exemplare redundant – sie vergrößern ihren Informationsgehalt in keiner Weise.

Regression. Rückbewegung. In der Trancearbeit Rückbewegung in die frühe Kindheit.

Reframing. Übersetzt: wieder-rahmen. Neu rahmen.

Relation. Prozeßartige, verhältnisartige wechselseitige Zuordnung. Wechselbeziehung. Für die Erkenntnis eines komplexen Gebildes ist die Erkenntnis der R. ausreichend.

Relativität. Wechselseitige Bedingtheit der Beziehungen der Dinge zueinander.

Replikation. Sich selbst erneuern. Sich selbst wiederherstellen. Grundbedingung für die Entstehung von Leben sowie die → Selbsterhaltung von Systemen.

Ressource. Energiequelle. Positiver Anteil in einem System. Wechselseitige Umkehrbarkeit.

Restraining. Eine Einzelperson, Familie, Arbeitsgruppe wird bewußt von einer Veränderung abgehalten. Der Begriff „strain" läßt sich für den technischen Bereich visuell mit dem Bild eines Seiles darstellen. Das Seil ist waagerecht zwischen zwei Haken gespannt. Ein Gewicht hängt an dem Seil und verursacht „strain". Wenn der „strain" zu stark wird, reißt das Seil und beide Enden schnellen davon. Ein lebendiges Bild geben die beiden bellenden Hunde ab, die an der Leine zerren. Macht man sie gleichzeitig los, können sie aufeinander zu laufen und sich in Ruhe beschnuppern.

Rückbezüglichkeit. Auf sich selbst zurückwirkend. Der Lügner, der sagt „ich lüge", stellt eine R. her. Es entsteht eine kreisförmige Kausalität, ein „Paradox".

Rückkopplung. Feed-back. Kybernetisches Prinzip. Funktionsprinzip von Regelkreisen. Ein dynamisches System hat eine R., wenn die Änderung einer seiner Ausgangsgrößen auf Eingangsgrößen zurückwirkt. R. bewirken Paradoxien. So war die kreisförmige Kausalität des Zusammenwirkens der Teile einer Dampfmaschine dem linearen Ursache-Wirkungs-Denken in der Zeit ihrer Erfindung paradox. R. ist eine notwendige Bedingung für die Entstehung des Lebens, für psychotherapeutische und pädagogische Veränderungen.

Semantik. Lehre von den Bedeutungen.

Selbstaktualisierungstendenz. Von Carl Rogers angenommene, angeborene allgemeine Tendenz des Organismus, alle seine Fähigkeiten zur Aufrechterhaltung oder Förderung des Organismus einzusetzen. Nur der Organismus als Ganzes ruft diese Tendenz hervor (→ Autopoiese; → Hyperzyklus, selbstbewußter Geist). Von Eccles angenommenes, von der Ganzheit des Organismus abgespaltenes Konstrukt zur Erklärung der Eigenständigkeit des Individuums. Selbstorganisation. Nach M. Eigen und R. Winkler „die aus definierten Wechselwirkungen und Verknüpfungen bei strikter Einhaltung gegebener Randbedingungen resultierende Fähigkeit spezieller Materieformen, selbstreproduktive Strukturen hervorzubringen. Das Prinzip der S. von Materie ist eine Grundvoraussetzung für die Evolution des Lebendigen. Vor etwa 3,5 Jahrmilliarden entstanden lebendige Systeme als Folge der S. von Materie. Der Prozeß kann im Modell des → Hyperzyklus dargestellt werden.

Selbstreferentiell. Rückwirkend auf sich selbst bezogen (→ Hyperzyklus; → Selbstorganisation).

Selektion. Auswahl. Auslese. Innerhalb der Evolutionsgeschichte bei der Entstehung des Lebendigen Auswahl der wechselseitigen Interaktionen eines Nervensystems innerhalb einer → Umgebung zur Anpassung an das → Milieu zur Erhaltung seiner → Autopoiese.

Sensorischer Speicher. Ultrakurzzeitgedächtnis.

Signale. Informationsträger, Zeichenträger. Zustand oder Prozeß eines materiellen Systems, das von kybernetischen Systemen dazu benutzt wird, informationelle Kopplungen zu realisieren. Es gibt keine Pfeilinformation, die nicht durch Signale realisiert sind. Eine Trennung von Signal und Information ist nur in der Abstraktion möglich.

Spezifizieren. Präzisieren, Weglassen von → Redundanz und Fehl- → Information.

Strategie. Verhaltensplan innerhalb einer festgelegten Organisationsform mit schrittweisen Entscheidungen über die Abfolge der jeweiligen Verhaltensweisen.

Struktur. Organisation. Gesamtmenge der Relationen, die die Elemente eines Systems miteinander verbinden sowie sämtlicher dazu → isomorphen Relationsgefüge. Die Oberfläche eines Gewässers bildet eine Struktur. Strukturprozeßelement. Struktur der Struktur. Zeitliche Veränderung von Strukturen bei menschlichen Lernprozessen.

Suggestion. Vorschlag. In der personenzentrierten Psychotherapie der Bereich „Pattern" in der Abfolge „Pacing, Disrupt, Pattern".

Surrogat. Ersatz.

Symbol. Ding, Bild, sprachliches Zeichen usw., das für ein anderes steht, ein anderes vertritt. Symbole können von dem, was sie symbolisieren, nicht kausal erzeugt werden. Hierin liegt der Unterschied zu → Signalen. Es ist nicht zulässig, Wahrnehmungen und Empfindungen als Symbole zu bezeichnen.

Syntax. Regelsystem einer Sprache (verbal oder nichtverbal), welches festlegt, wie aus einer Gesamtheit von Grundelementen (Signalen), z.B. Gesten oder sprachlichen Zeichen, die zulässigen bzw. gültigen Bedeutungen zu bilden sind.

Systemisches Denken. Denken in Wirkungsnetzen (Ggs.: Wirkungsketten), zirkuläres Denken, ganzheitliches Denken, mosaikartiges Denken.

Team. Der Teambegriff wird in vielen Fällen für alle möglichen chaotischen und dysfunktionalen Arbeitsgruppen strapaziert. Präzise definiert ist ein Team in bezug auf eine Aufgabe, wenn a) jeder jedem hilft, b) jeder jeden achtet, akzeptiert und toleriert.

Thermodynamik. Von Bedeutung für komplexe, lebende Systeme ist der 2. Hauptsatz der Thermodynamik. In der unbelebten Welt herrscht die natürliche Tendenz, sich auf einen Zustand immer größerer Unordnung hinzubewegen. Die Ordnung in einem Kasten, in dem weiße und schwarze Kugeln in einer bestimmten Weise angeordnet sind, wird durch Schütteln nicht zu-, sondern abnehmen. Das Maß dieser Unordnung heißt ENTROPIE. Entropie kann man sich durch die am Schreibtisch langsam entstehende Unordnung veranschaulichen, die entsteht, wenn nicht fortgesetzt aufgeräumt wird. In einem abgeschlossenen System ist dann die Wahrscheinlichkeit für einen bestimmten Zustand in diesem System um so größter, je größer seine Unordnung ist. Jedes sich selbst überlassene und in sich abgeschlossene System erfährt mit der Zeit einen Zustand immer größerer Entropie. Leben dagegen besitzt die erstaunliche Fähigkeit, entgegen dem Zwang zur Unordnung eine phantastische Ordnung aufzubauen (→ Hyperzyklus; → Autopoiese).

Topologie. Bestimmung einzelner Elemente in einem System entsprechend ihrer Lage oder lagemäßigen Veränderung zueinander.

Trance. In dieser Schrift angenommener Bewußtseinszustand, der sich von einem Grad hoher Aufmerksamkeit hin bis zum Zustand des Schlafes kontinuierlich verändern kann. Als T. werden sämtliche Handlungen und Verhaltensweisen bezeichnet, die von einem Organismus automatisch und elegant durchgeführt werden können.

Transzendenz. Übersinnliche, letzte Wirklichkeit. Hinausgehen des Denkens über das Sinnenhafte.

Triangulation. Ein Kind hat zu zwei Personen, meist den Eltern, eine enge Bindung. Beide Personen sind für das Kind sehr wichtig. Es besteht eine Abhängigkeit oder starke Bindung. Das klassische Beispiel ist das Einzelkind, welches zwischen den zerstrittenen Eltern hin- und hergerissen wird und sich gleichzeitig dafür verantwortlich fühlt, daß die Ehe bestehen bleibt, weil es auf die Versorgung der Eltern angewiesen ist.

Umgebung. → Milieu, → Umwelt, → Kontext.

Unschärferelation. Von Heisenberg erkannte physikalische Gesetzmäßigkeit, nach der kleinste Teilchen nicht mehr teilbar sind, sondern jeweils entweder als Teilchen oder als Welle auftreten.

Ultrakurzzeitgedächtnis. Sensorischer Speicher. Enthält die in nervöse Erregungen umgesetzte physikalische Energie der Elemente des → Milieus – das isomorphe Korrelat der Reizsituation. Das U. hat eine sehr große Kapazität, hält aber die Informationen nicht sehr lange. Nach ca. ½ Sek. ist wenig übriggeblieben → Ikon.

Verifikation. Bewahrheitung. Nach Popper ist eine vollständige V. nicht möglich. Durch → Falsifikation werden lediglich immer mehr Irrtümer ausgeschlossen.

Wahrnehmungsfeld. Gesamtmenge aller möglichen Interaktionen eines Nervensystems in wechselseitiger Interaktion mit einem Kontext.

Wandel. Kybernetischer Begriff über die Gesamtmenge von Veränderungen, mit denen ein ganzheitliches System innerhalb eines Zustandes sich von einem anderen unterscheidet.

Zirkulär. Kreisförmig. Grundbedingung für die Organisationsform des Nervensystems. Weiterhin ist zirkuläres Denken Grundlage für paradoxe Interventionen sowie die Hypnotherapie Milton Ericksons. Theoretisch haben Bateson und B. Russell Aussagen zum zirkulären Denken gemacht. Der Satz „Alle Kreter sind Lügner" – gesprochen von einem Kreter – ist zirkuläres Denken.

Literatur

Alt, F.: Alles Kranke ist Last. Fernsehfilm

Amendt, G.: Wie Mütter ihre Söhne sehen. Ikaru-Verlag, Bremen 1993.

Anders als Naseputzen. Psychologen und Soziologen erforschen den Inzest zwischen Mutter und Sohn. *Der Spiegel* 19/1993.

Anderson, H., Goolishan, H.: Der Klient ist Experte: Ein therapeutischer Ansatz des Nicht-Wissens. *Zeitschrift für systemische Therapie*, 10. Jahrg., III, Juli 1992, 176-190.

Ärzte-Pfusch: Wenn Patienten Opfer werden. *Stern* 33, 12.8.1993.

Ashby, R.: Einführung in die Kybernetik. Suhrkamp, Frankfurt 1974.

Bandler, R., Grinder J.: Patterns of Hypnotic Techniques of Milton H. Erickson, I. Meta Publications, Cupertino 1975.

Bandler, R., Grinder, J.: Patterns of Hypnotic Techniques of Milton H. Erickson, II. Meta Publications, Cupertino 1975.

Bandler, R., Grinder, J. & Satir, V.: Mit Familien reden. Pfeiffer, München 1976.

Bateson, G.: Geist und Natur. Suhrkamp, Frankfurt 1979.

Bateson, G.: Ökologie des Geistes. Suhrkamp, Frankfurt 1983.

Bea, F.X. et al.: Allgemeine Betriebswirtschaftslehre, Bd. 2: Führung. UTB, München 1985.

Beahrs, J.O.: Unity and Multiplicity. Multilevel Consciousness. Bruner & Mazel, New York 1982.

Bense, A.: Erleben in der Gesprächspsychotherapie. Beltz, Weinheim 1977.

Bleicher, K.: Organisation. In: *Bea, F.X.* et al.: Allgemeine Betriebswirtschaftslehre, Bd. 2: Führung. UTB, München 1985.

Bloch, E.: Tübinger Einleitung in die Philosophie I. Edition Suhrkamp, Frankfurt 1968.

Bly, R.: Eisenhans. Kindler, München 1990.

Bohr, N.: In: *Heisenberg, W.*: Das Teil und das Ganze. dtv, München 1973.

Bornemann, E.: Das Geschlechtsleben des Kindes. Ernst Reinhardt Verlag, München 1965.

Bornemann, E.: Sexuelle Marktwirtschaft. Promedia, Wien 1992.

Bower, T.G.R.: The Object in the World of the Infant. *Scientific American* 225/4, Oktober 1971, 30-38.

Brajsa, P.: 10 Jahre Systemisches Paradigma in der Varazdiner Psychiatrie. *Zeitschr. f. systemische Psychiatrie* 2/1993.

Brajsa, P.: Systemische Psychiatrie. In: *Wippich, J., Hepp, I.*: Systemische Psychiatrie oder psychiatrische Systeme (in Vorbereitung).

Brandau, H.: Supervision aus systemischer Sicht. Otto Müller Verlag, Salzburg 1991.

Buber, M.: Ich und Du. Lambert Schneider, Heidelberg 1979.

Cameron-Bandler, L.: Wieder zusammenfinden. NLP – neue Wege der Paartherapie. Junfermann, Paderborn [5]1991.

Cardella, L.: Ich wollte Hosen. Fischer, Frankfurt 1990.

Chia, M.: Iron Shirt Chi Kung I. Healing Tao Books, Huntington 1986.

Ciompi, L.: Affektlogik. Klett-Cotta, Stuttgart [2]1989.

Corwin, M.: The Sun 1987. West 1987.

Curruca, S.: Als Frau im Bauch der Wissenschaft. Herder, Freiburg 1993.

Deffarge, M.-C., Troeller, G.: Frauen der Welt. Verlag 2001, Frankfurt/Main 1984.

Dell, P.: Klinische Erkenntnis. Verlag Modernes Lernen, Dortmund 1986.

Derra-Wippich, I.: Supervision von Supervisoren. Interview mit Toni Manocchio. In: *Brandau, H.*: Supervision aus systemischer Sicht. Otto Müller Verlag, Salzburg 1991.

Deschner, K.: Kirche und Faschismus. Moewig, Rastatt 1993.

Dewey, J.: Erziehung durch und für Erfahrung. Klett-Cotta, Stuttgart 1986.

Dilling, H. et al.: ICD-10. Internationale Klassifikation psychischer Störungen. Hans Huber, Bern 1992.

Dilts, R. et al.: Strukturen subjektiver Erfahrung. Junfermann, Paderborn 1985.

Dilts, R.B.: Einstein – Geniale Denkstrukturen und Neurolinguistisches Programmieren. Junfermann, Paderborn 1992.

Dörner, D.: Problemlösen als Informationsvermittlung. Kohlhammer, Stuttgart 1976.

Dörner, K.: Neue Ethik für die Hirnforschung? In: *Fedrowitz, J., Matejovski, D. & Kaiser G.*: Neuroworlds – Gehirn, Geist, Kultur. Schriftenreihe des Wissenschaftszentrum Nordrhein-Westfalen, Bd. II. Campus Verlag, Frankfurt 1994 (in Vorbereitung).

Dossey, L.: Die Medizin von Raum und Zeit. Sphinx-Verlag, Basel 1984.

Drucker, P.: Die ideale Führungskraft. Econ, Düsseldorf 1966/1993.

Elsässer-Gaißmaier, H.-P.: Weiterbildung zur Fachkrankenpflegekraft für Psychiatrie – Lohnt das überhaupt? *Deutsche Krankenpflege Zeitschrift* 8/93, 533ff.

Emmermann, H.-M.: Credo an Gott und sein Fleisch. Hoffmann und Campe, Hamburg 1991.

Erickson, M. Rossi, E.L.: Hypnotherapie. Pfeiffer, München 1981.

Erickson, M.H.: In: *Zeig, J.*: Meine Stimme begleitet Sie überallhin. Klett-Cotta, Stuttgart 1985.

Eser, A. et al.: Lexikon Medizin, Ethik, Recht. Herder, Freiburg 1989.

Fadiman, J.A.: Korruption in der dritten Welt. Harvard Manager. Unternehmensethik. *Manager Magazin*, 1987.

Fedrowitz, J., Matejovski, D. & Kaiser, G.: Neuroworlds – Gehirn, Geist, Kultur. Schriftenreihe des Wissenschaftszentrum, Bd. II. Campus Verlag, Frankfurt 1994 (in Vorbereitung).

Feynman, R.P.: Sie lieben wohl zu scherzen Mr. Feynman. Piper, München 1993.

Foerster, H.v.: Kausalität, Unordnung, Selbstorganisation. In: *Kratky, K.W., Wallner, F.*: Grundprinzipien der Selbstorganisation. Wissenschaftliche Buchgesellschaft.

Foerster, H.v.: Bibliothekare und Technik: ein Mesalliance? In: *Foerster, H.v.*: Sicht und Einsicht. Vieweg, Braunschweig 1985a.

Foerster, H.v.: Gedächtnis ohne Aufzeichnung. In: *Foerster, H.v.*: Sicht und Einsicht. Vieweg, Braunschweig 1985a.

Foerster, H.v.: Kybernetik und Erkenntnistheorie. In: *Foerster, H.v.*: Sicht und Einsicht. Vieweg, Braunschweig 1985a.

Foerster, H.v.: Sicht und Einsicht. Vieweg, Braunschweig 1985a.

Foerster. H.v.: Entdecken oder Erfinden. In: *Gumin, H., Mohler, A.*: Einführung in den Konstruktivismus. Oldenburg, München 1985b.

Foerster, H.v.: Language and Reality. Tonband 317-K3, Milton Erickson-Konferenz, Phoenix, Dezember 1986.

Foerster, H.v.: Erkenntnistheorien und Selbstorganisation. In: *Schmid, S.J.*: Der Diskurs des radikalen Konstruktivismus. Suhrkamp, Frankfurt 1987.

Foerster, H.v.: Abbau und Aufbau. In: *Simon, F.B.*: Lebende Systeme. Wirklichkeitskonstruktionen in der Systemischen Therapie. Springer, Berlin 1988, 19-33.

Foerster, H.v.: Ethics and Second-Order Cybernetics. Referat: Congres International Systemes & therapie familiale. Ethique, Ideologies, Nouvelles Methodes. Paris, Oktober 1990.

Foerster, H.v.: Über Unwissenschaft oder über Unentscheidbares, Unbestimmbares und andere Wurzeln von Freiheit und Kreativität. Konferenz Balance und Metabalance II, Ravensburg 1992. Archiv Little bit brainware, Charlottenstraße 8, 88212 Ravensburg.

Foerster, H.v.: persönliche Mitteilung, 1992, 1993,1994.

Foerster, H.v.: Die Verantwortung des Experten. In: Wissen und Gewissen. Suhrkamp, Frankfurt 1993a.

Foerster, H.v.: KybernEthik. Merve, Berlin 1993b.

Foerster, H.v.: Lethology. A Theory of Learning and Knowing Undeterminables, Undecidables, Unknowables. Referat: Seminario Internationale „Conoscenza come educazzione", San Martino di Castrozza, 26. April 1990a, dt.: Lethologie, in: *Foerster, H.v.*: KybernEthik. Merve, Berlin 1993b.

Foerster, H.v. In: *Fedrowitz, J., Matejovski, D., Kaiser, G.*: Neuroworlds – Gehirn, Geist, Kultur. Schriftenreihe des Wissenschaftszentrum Nordrhein-Westfalen, Bd. II. Campus-Verlag, Frankfurt 1994 (in Vorbereitung).

Gazzaniga, M.S., LeDoux, J.E.: Neuropsychologische Integration kognitiver Prozesse. Enke, Stuttgart 1983.

Gendlin, E.T.: Focusing. Otto Müller Verlag, Salzburg 1981.

Gerken, G.: Management by Love. Econ, Düsseldorf 1991.

Gerken, G.: Manager, die Helden des Chaos. Econ, Düsseldorf 1992.

Gerken, G., Kapellner, R. (Hrsg.): Wie der Geist überlegen wird – Mind Management. Junfermann, Paderborn 1993.

Gilligan, St.G.: Therapeutic trances. Brunner & Mazel, New York 1987.

Glöer, N., Schmiedeskamp-Böhler, I.: Verlorene Kindheit. Kunstmann, München 1990.

Gribbin, J.: Auf der Suche nach Schrödingers Katze. Piper, München 1991.

Guitton, J., Bogdanov, G. & I.: Gott und die Wissenschaft. Artemis und Winkler, München 1992.

Haefner, K.: Plädoyer für eine neue Elite. In: *Stern* 35/93.

Haley, J.: Ablöseprobleme Jugendlicher. Pfeiffer, München 1979.

Haley, J.: Direktive Familientherapie. Pfeiffer, München 1979.

Hamm, G., Wippich, J.: Der Kotfresser. In: *Derra-Wippich, I., Wippich, J.*: Hypnotherapie und Neurokybernetische Selbstorganisation (in Vorbereitung).

Harrison, R.: Führungsphilosophie und Unternehmenscharakter. Unternehmensethik. Harvard Manager. *Manager Magazin*, Hamburg 1982.

Hawking, St. W.: Eine kurze Geschichte der Zeit. Die Suche nach der Urkraft des Universums. rororo, Reinbek 1992.

Heisenberg, W.: Das Teil und das Ganze. dtv, München 1973.

Held, R., Hein, A.: Movement-produced Stimulation in the Development of Visually-Guided Behavior. *Journal of Comparative and Physiological Psychology* 5 (58) 1963, 872-876.

Hellman, A.: Ausbildung – am Patienten vorbei. *Deutsche Ärzteblatt* 16, 23. April 1982, 78.

Hochwieler, Ch.: *Playboy*, August 1993.

Hoffmann, S.: NLP und Windsurfen. In: *Derra-Wippich, I., Wippich, J.*: Hypnotherapie und Neurokybernetische Selbstorganisation (in Vorbereitung).

Holup, K.: Mind over Murder. West. *San Jose Mercury News*, 8. November 1987.

Hougaard, B., Manocchio, T.: Paradoxe Fallarbeit (in Vorbereitung).

Huber, E.E.: Manifest der Ärzteschaft in sozialer Verantwortung. Entwurf zur Diskussion. Ärztekammer, Berlin 1993.

Jackall, R.: Ein Moralisches Labyrinth: Manager in der verwalteten Welt. In: *Manager Magazin* 1985.

James, T., Woodsmall, W.: Time Line. Junfermann, Paderborn 1991.

Jansch, E.: Die Selbstorganisation des Universums. dtv, München 1982.

Jockusch, U., Scholz, L.: Verwaltetes Morden im Nationalsozialismus. Roderer, Regensburg 1992.

Keen, S.: Die Lust an der Liebe. Beltz, Weinheim 1985.

Klaus, G., Buhr, M.: Wörterbuch der Philosophie. rororo, Hamburg 1972.

Kosko, B.: Fuzzy Logisch. Carlsen, Hamburg 1993.

Kramer, M., Schmalenberg, C.: Magnet-Spitäler. *Pflege*, Bd. 3, Heft 1/1990.

Kretschmer, W.: Psychoanalyse im Widerstreit. Ernst Reinhardt Verlag, München 1982.

Krieg, P.: Das Auge des Betrachters. Festschrift für Heinz von Foerster. Piper, München 1992.

Krieg, P.: Suspicious Minds. Die Ordnung des Chaos. Film mit Heinz von Foerster, H. Maturana, Helm Stierlin etc. Barfuss Film GmbH.

Krishnamurti, J.: In Kommunion mit dem Leben. Sieschuverlag, Zeppelinheim 1981.

Krishnamurti, J.: Liebe – ein Dialog mit mir selbst. Diskussionssitzung während des Brockwood-Parktreffens am 30. August 1977.

Krüll, M.: Freud und sein Vater. Die Entstehung der Psychoanalyse und Freuds ungelöste Vaterbindung. Beck, München 1979.

Kügler, E.: Auf Signale der Kinder achten. Wenn Mütter ihre Söhne verführen. *Stern* 19/1993.

Lankton, St.: Practical Magic. A translation of Basic Neuro-Linguistic Programming into Clinical Psychotherapy. Meta Publications, Cupertino 1979.

Lankton, St.: Persönliche Mitteilung, 1983.

Lem, St.: Also sprach Golem. Suhrkamp, Frankfurt 1986.

Lin Yutan: The Wisdom of Lao Tse. Random House, New York 1948.

Locher, A.: Therapie mit Frank Farrelly. In: *Wippich & Derra-Wippich*: Neurokybernetische Selbstorganisation (In Vorbereitung).

Luhmann, V.: Was ist Kommunikation. In: *Simon, F.B.*:Lebende Systeme. Springer, Berlin 1988, 11-18.

Lutzius, F.: Staatsgesellschaft der Unkündbaren. Populär-Verlag, Essen 1992.

Machleidt, W., Wolf, K.: Der Spiralprozeß der fünf Grundgefühle. *Zeitschrift für systemische Therapie*, 2/1993.

Madanes, C.: Sex, Love and Violence. Strategies for transformations. Norton, New York/London 1990.

Manocchio, T.: Ingrid Derra-Wippich über Toni Manocchio. In: *Brandau, H.*: Supervision aus systemischer Sicht. Otto Müller Verlag, Salzburg 1991.

Manocchio, T.: Paradoxe Therapie. In: *Derra-Wippich, I., Wippich, J.*: Hypnotherapie und Neurokybernetische Selbstorganisation (in Vorbereitung).

Masson, M.J.: Die Abschaffung der Psychotherapie. Ein Plädoyer. Goldmann, München 1993.

Masson, M.J.: Was hat man dir, du armes Kind getan? Sigmund Freuds Unterdrückung der Verführungstheorie. Rowohlt, Reinbek 1986.

Matsushita, K.: In: *Ogger, G.*: Nieten in Nadelstreifen. Droemer/Knaur, München 1992.

Maturana, H.R., Varela, F.J.: Der Baum der Erkenntnis. Wie wir die Welt durch unsere Wahrnehmung erschaffen – die biologischen Wurzeln des menschlichen Erkennens. Scherz, München 1987.

Maturana, H.R.: Bewußtsein findet nicht im Gehirn statt. Interview mit Humberto Maturana von Thomas Saum-Aldehoff in: *Psychologie heute*, Februar 1994.

Maturana, H.R.: Erkennen: Die Organisation und Verkörperung von Wirklichkeit. Vieweg, Braunschweig 1982.

Maturana, H.R.: Neurophilosophy. In: *Fedrowitz, J., Matejovski, D. & Kaiser, G.*: Neuroworlds – Gehirn, Geist, Kultur. Schriftenreihe des Wissenschaftszentrum Nordrhein-Westfalen, Bd. II. Campus Verlag, Frankfurt 1994 (in Vorbereitung).

Maturana, H.R.: Persönliche Mitteilung, Seminar Ravensburg 1986.

Maturana, H.R.: Wissenschaft und Alltag. Die Ontologie wissenschaftlicher Erklärungen. In: *Watzlawick, P., Krieg, P.*: Das Auge des Betrachters. Festschrift für Heinz von Foerster. Piper, München 1992.

Mayntz, R.: Bürokratische Organisation. Kiepenheuer & Witsch, Köln 1971.

Miller, H.: Wendekreis des Krebses. rororo, Reinbek 1979.

Möller-Streitberger, W.: Es gibt keine Wahrheit – nur Verantwortung. Interview mit H.v. Foerster in: *Psychologie heute*, März 1994.

Napier, A.Y., Whitaker, C.A.: Die Bergers, Rowohlt, Reinbek 1982.

Nerin, W.F.: Familienrekonstruktion in Aktion. Junfermann, Paderborn 1989.

Nickel, H.: Entwicklungspsychologie im Kindes- und Jugendalter. Huber, Bern 1975.

Oehler, K.v. (Hrsg.): Der Pragmatismus. Verlag F. Meiner, Hamburg 1977, 380.

Ogger, G.: Nieten in Nadelstreifen. Droemer/Knaur, München 1992.

Paulos, J.A.: Zahlenblind. Mathematisches Analphabetentum und seine Konsequenzen. Heyne, München 1990.

Peter, L.J., Hull, R.: Das Peter Prinzip und die Hierarchie der Unfähigen. Rowohlt, Reinbek 1987.

Peters, T., Waterman, R.H.: Auf der Suche nach Spitzenleistungen. Moderne Industrie, Landsberg 1982.

Peters, T.: Jenseits der Hierarchien. Liberation Management. Econ, Düsseldorf 1992.

Petzold, H. (Hrsg.): Widerstand. Ein strittiges Konzept in der Psychotherapie. Junfermann, Paderborn 1981.

Piaget, J., Inhelder, B.: La représentation de l'espace chez l'enfant. P.U.F., Paris 1948.

Probst, G.J.B.: Selbstorganisation. Ordnungsprozesse in sozialen Systemen aus ganzheitlicher Sicht. Paul Parey, Berlin 1987.

Retzer, A.: Zur Theorie und Praxis der Metapher. *Familiendynamik* 18. Jahrg., 1993, Heft II, 126-145.

Riedl, R.: Biologie der Erkenntnis. Verlag Paul Parey, Berlin 1981.

Rittermann, M.: Liebe und Terror in Chile. Verlag Modernes Lernen, Dortmund 1988.

Rittermann, M.: Using Hypnosis in Family Therapy. Jossey-Bass, San Franzisco 1983.

Rogers, C.R., Roetlisberger, F.J.: Komm mit. Die hohe Kunst des Zuhörens. *Harvard Manager*, II. Quartal 1992, 74-80.

Rosen, S.: Die Lehrgeschichten von Milton H. Erickson. Isko, Hamburg 1985.

Rosenhan, D.L.: Gesund in kranker Umgebung. In: *Watzlawick, P.*: Die erfundene Wirklichkeit. Piper, München 1981.

Rossi, E.L.: Die 20 Minuten Pause. Junfermann, Paderborn ^{2}1994.

Rossi, E.L.: The Collected Papers of Milton H. Erickson. Volume I-IV. Irvington Publishers Inc., New York 1980.

Rossi, E.L.: The Psychobiology of Mind-Body Healing. Norton, New York 1986.

Roth, G.: Erkenntnis und Realität. Das reale Gehirn und seine Wirklichkeit. In: *Schmid, S.J.*: Der Diskurs des radikalen Konstruktivismus. Suhrkamp, Frankfurt 1987.

Ruede-Wissmann, W.: Satanische Verhandlungsstrategien. Wirtschaftsverlag Langen Müller/Herbig, München 1993.

Salzburger Nachrichten 78, 3. April 1993.

Satir, V.: Selbstwert und Kommunikation. Pfeiffer, München 1972.

Satir, V.: Kommunikation, Selbstwert, Kongruenz. Junfermann, Paderborn 1990.

Satir, V. & Englander-Golden, P.: Sei direkt – der Weg zu freien Entscheidungen. Junfermann, Paderborn 1994.

Saum-Aldehoff, Th.: Bewußtsein findet nicht im Gehirn statt. Interview mit Humberto Maturana in: *Psychologie heute*, Februar 1994.

Schmid, S.J.: Der Diskurs des radikalen Konstruktivismus. Suhrkamp, Frankfurt 1987.

Scholz, W.: Hypnose und Taoismus. AV-Verlag, Augsburg 1986.

Schott, B.: Chancenmanagement: Fehlerlust statt Fehlerfrust. In: *MultiMind – NLP aktuell* 3/1992.

Scott, K., : Monster Kody. Ich war ein Street-Fighter. Heyne, München 1994.

Simon, F.B.: Lebende Systeme. Springer, Berlin 1988a.

Simon, F.B.: Unterschiede, die Unterschied machen. Springer, Berlin 1988b.

Spencer-Brown, G.: Laws of Form. E.P. Dutton, New York 1979.

Stahl, T.: Triffst du 'nen Frosch unterwegs. Junfermann, Paderborn 1988.

Stahl, T.: Neurolinguistisches Programmieren (NLP). PAL Verlagsgesellschaft, Mannheim 1992.

Stahl, T.: Das Konzept „Widerstand" in der Psychotherapie Milton Ericksons, in der Kommunikationstherapie und im Neurolinguistischen Programmieren. In: *MultiMind – NLP aktuell* 2,3,4/1994.

Stecher, R.: Glaube mit Weitwinkel. *Tiroler Tageszeitung* 10/12. April 1993.

Steger, U.: Future Management. Fischer, Frankfurt 1992.

Süddeutsche Zeitung 257, 7.11.1993, 7.

Sun Tsu: The Art of War. Oxford University Press, London 1963; dt.:Wahrhaft siegt, wer nicht kämpft. Bauer, Freiburg i.B. 1990.

Tafoya, T.: Die dysfunktionale Familie. Deutsche Bearbeitung: *Derra-Wippich, I., Wippich, J.* Video-Archiv, GHNS e.V., Ravensburg 1988.

Tafoya, T.: Neurokybernetik, Rituale und Sprache. Archiv GHNS, Ravensburg 1994.

Thirleby, A.: Das Tantra der Liebe. Ullstein, Berlin 1982.

Trommel, M.v.: persönliche Mitteilung.

Tulku, T.: Raum, Zeit und Erkenntnis. Scherz, München 1985.

Vaihinger, H.: Die Philosophie des als ob. Verlag Felix Meiner, Leipzig 1918, 217.

Varela, F., Maturana H.R.: *Psychologie heute,* September 1982, 91.

Varela, F., Maturana, H. & Uribe, R.: Autopoiesis: Die Organisation lebender Systeme, ihre nähere Bestimmung und ein Modell. In: *Maturana, H.*: Erkennen: Die Organisation und Verkörperung von Wirklichkeit. Vieweg, Braunschweig 1982.

Varela, F.: Autopoiese, strukturelle Kopplung und Therapie – Fragen an Francisco Varela. In: *Simon, F.B.*: Lebende Systeme, Springer, 1988.

Vester, F.: Denken, Lernen, Vergessen. dtv, München 1982.

Watzlawick, P.: Die erfundene Wirklichkeit. Piper, München 1981.

Watzlawick, P.: Einleitung. In: *Watzlawick, P., Krieg, P.*: Das Auge des Betrachters. Festschrift für Heinz von Foerster. Piper, München 1992.

Weeks, G.R., L'Abate, L.: Paradoxical Psychotherapie. Brunner & Mazel, New York 1982.

Weizenbaum, J.: Kurs auf den Eisberg. Piper, München 1987.

Welsch, W.: Topoi der Postmoderne. Carl Auer Verlag, Heidelberg 1991.

Westerop, P.: In: *Derra-Wippich, I., Wippich, J.*: Hypnotherapie und Neurokybernetische Selbstorganisation (in Vorbereitung).

Wexler, D.A.: Innovations in Client-Centered Therapy. John Wiley, New York 1974.

Whitaker, C.A., Blumberry, W.M.: Dancing with the family. Brunner & Mazel, New York 1988.

Whitaker, C.A., Keith, D.V.: Symbolic-Experiental Family Therapy. In: *Gurman, A.S., Kniskern, D.S.*: Handbook of Family Therapy. Brunner & Mazel, New York 1981.

Whitaker, C.: Das David & Goliath Syndrom. Junfermann, Paderborn 1991.

Wild-Missong, A.A.: Neuer Weg zum Unbewußten. Focusing als Methode klientenzentrierter Psychoanalyse. Otto Müller Verlag, Salzburg 1993.

Williams, W.L.: The Spirit and the Flesh. Sexual diversity in American Indian Culture. Beacon Press, Boston 1986.

Wippich, J.: Psychologie im Heim. In: *Hockel, M., Feldhege, F.J.*: Handbuch der angewandten Psychologie, Bd II. Verlag Moderne Industrie, Landsberg 1981.

Wippich, J.: Klientenzentrierte Psychotherapie und veränderte Bewußtseinszustände. *GwG-Info* 47, Juli 1982, 92-105.

Wippich, J.: Begegnung – Arbeitsgrundlagen des personenzentrierten Handelns und neurolinguistischen Programmierens zur komplexen Psychotherapie Milton H. Ericksons. Rössler Verlag, Konstanz 1983/1985.

Wippich, J.: Hypnotherapie und Neurokybernetische Selbstorganisation, Provokative Klientenzentrierte Therapie, Biologie der Kognition. *Hypnose und Kognition*, Bd. 3, Heft 2, Oktober 1986, 55.

Wippich, J.: Neurokybernetik, Rituale und Sprache. Interview mit Terry Tafoya. Archiv GHNS, Ravensburg 1994.

Wippich, J.: Champions' Brainware. Mentale Strategien von Weltmeistern (in Vorbereitung), 1995.

Wippich, J.: Hypnotherapie und Neurokybernetische Selbstorganisation (in Vorbereitung).

Wippich, J., Derra-Wippich, I.: Frank Farrelly – Playing the Devil's Advocate. Verstehen & Erlernen der Provokativen Therapie. Junfermann, Paderborn 1995.

Wippich, J., Hepp, I.: Systemische Psychiatrie oder psychiatrische Systeme (in Vorbereitung).

Wittgenstein, L.: Tractatus Logicus Philosophicus. Suhrkamp, Frankfurt 1963.

Witz, K.: Models of Sensory-Motor Schemes in Infants. Research Report, Department of Mathematics, University of Illinois, Urbana/Ill. 1972.

Worm, A.: Mein Gott Jesus. *Pilot* 15/1993, 10. April 1993.

Zeig, J.: Ericksonian Approaches to Hypnosis and Psychotherapy. Brunner & Mazel, New York 1982.

Zeig, J.: Meine Stimme begleitet Sie überallhin. Klett-Cotta, Stuttgart [3]1988.

Zielke, M.: Fragebogen zur Erfassung der symptomspezifischen Veränderungskontrollerwartung. In: Diagnostik in der Psychotherapie. Kohlhammer, Stuttgart 1982.

481